日本仏教の形成と展開

伊藤唯真編

法藏館

はじめに

伊藤　唯真

一

私は、滋賀県湖南地方の宿場町にある小さな浄土宗寺院に生まれ育ち、結婚後、ひと山越えた草深い田舎の貧寺の住職となった。檀家はわずか二十六軒。まわりの寺もそのようなものであった。しかし、それでも住職たちは家庭をもち、身なりは都市の住職の足許にも及ばなかったが、他寺の檀家に対しても自らの檀家と同じように親愛の情をもって接していた。村中の家々が自分の檀家のように隔てるところがなかった。マチ方の寺で育った私にとっては一つの驚きであった。死者があれば他寺の檀家であろうが、通夜や葬式に出ていた。

ムラ方の僧や尼は村人のさまざまな信仰、相談、時には生活の苦労話に耳を傾け、少しばかりの野菜をもらって糊口の助けとしていた。しかし僧尼は卑屈でもなく、村人も尊大ではなかった。教義を説かなくても、僧尼は村人の一員として敬愛されていた。すっかり地域に溶け込んで、辛うじて寺院生活を支えていた。私もこのようなムラ寺のオッサンとなった。

かつて「ひじり」（聖）とよばれた民間教化僧が存在したが、いつしか私はムラ寺の僧尼こそ現代におけるひじりではないのかと思うようになった。村人と生活を共にしているからこそ、僧尼が勧募を頼めば村人は彼らを見捨てることはなかった。現代の教団はこのようないま風のひじりによって支えられているのではないか、とすれば私自身がひじりなのだ、と考えた。

村人はさまざまな信仰状況のなかにあった。真宗門徒も神社の行事に奉仕し、七日間も水垢離をとって山ノ神祭りを行い、神歌を詠じて田楽踊りにうち興じた。「大将軍」への信仰をもち、地蔵が土中から出てくれば供養をした。私が暮した土地は宗教民俗の宝庫であった。それも民俗を否定する真宗地帯であったから、興味は尽きなかった。このようなことが私の学問的関心を宗教民俗学に向けさせることになった。

このように私が居住した環境が強く働き、私に二つの学問方向すなわち「ひじり」と宗教民俗を志向させることになった。いま一つ、私が育った寺院環境から日本仏教史、とくに法然とその教団、浄土宗史への関心を私は最初からもっていた。学問を志してから、すでに半世紀に近い歳月が経つ。この間、関心の趣くまま折を見て発表した諸論考は主として三つの領域に分けることができる。右のような事情が背景となっているが、一つにはひじりなる無名の民間教化者を課題にしたもの、二つには法然及び浄土宗史を論じたもの、三つには宗教民俗、なかでも仏教民俗を取り扱ったものである。

著作集を法藏館から出版することになったとき、私は右の課題上の類別を生かして、『聖仏教史の研究』上・下、『仏教民俗の研究』『浄土宗史の研究』という書題で構成することにし、平成七年五月から刊行を始め、十カ月がかりで全四冊を完成させることができた。

私の学問領域はわずかこの三者にとどまっているが、私はこの三主題に対して三者三様にではなく、実はいずれにも共通した研究態度で臨んできた。それは「基層仏教」の解明という視座である。もし私の研究に特色があるとすれば、それこそ基層仏教への研究視角にあろうかと自負している。

二

謂うところの「基層仏教」とは、民俗学が国民文化を層序的次元で表層文化と基層文化とに分けたのに倣い、仏教を層序的次元で分類し、表層仏教の対概念として用いたものである。

時・処・階層などを超えて、過去から現在に貫流している伝統仏教、あるいはそのような仏教を担っている平々凡々の「常民」の仏教を指している。常民とは、どのような時代の、いかなる階層の人々にも最もポピュラーに、また最もコンスタントに貫流している文化の担い手をいう。貴族階級にも常民の側面はある。しかし庶民階級とは違う。階級概念でもって分類したものではない。

このような考えからすれば、基層仏教とは、換言すれば常民仏教である。階級概念でいう庶民仏教とは全く同じではない。ポピュラーでコンスタントな性格を保有している人々、換言すれば常民とは、竹田聴洲の理解に従えば「民の常」を抱いている人間をいう。つまり「常民」とは文化概念なのである。基層仏教といった場合もまたどの時代の、どの階層の、どの宗派にも含有されている恒常的な性格をもつ仏教を指すのである。私がこのような基層仏教にひき寄せられ、常民仏教の研究にのめりこんだのも、冒頭に述べたような生育境域、生活環境に因るところが極めて大きかった。

日本仏教の従来の研究は、高僧の著作や伝記または文人知識層などの受容動向など――私のいう表層仏教――が中心になっていて、基層仏教には関心があまり向けられていなかった。高僧などの仏教はいわば日本仏教の表層にしかすぎない。もっとも高僧にも凡僧の文化が内包されているが、日本仏教の研究には凡僧性を排除した高僧のみによる日本表層仏教の研究にとどまっていた。この表層仏教に対する「基層仏教」の領域をこそ、もっと明かす必要がある。

この基層仏教を領導したのが無名無数の庶民教化者、日本仏教史の各時代を通した名称でいえばひじりとよばれる教化者である。彼らは仏教史上では奈良時代に出現した。自度の半僧半俗的な「沙弥」「優婆塞」「禅師」「菩薩」などであり、平安時代には「聖」、「聖（上）人」などと表記され、また浄土教の興隆にともなって現れた「阿弥陀聖」や「阿弥陀仏号」をもつ法師や尼は、中世では「阿弥」とよばれるものが多く、民衆的世界と密着していた。近世の「三昧聖」もまた「沙弥」「優婆塞」の宗教を継承するものであった。時代によって呼称は異なっていても、彼らは半僧半俗性を基本的な性格とし、この性格をもつ宗教者の間に一つの系譜が成立していた。今日の村里の僧もその性格を辿っていけば「ひじり」の系譜に属しているとみてよい。

このひじりの仏教こそ日本仏教の基層をなすものであり、ひじり仏教の体系的把握は日本仏教研究上の重要課題である。私の著作集の第一・二巻（『聖仏教史の研究』上・下）は、このような問題意識で論述されている。

三

ひじりはまた宗派仏教の形成、発表にも大きく関与していた。平安時代、顕密教団から離脱したり、また別所を拠点にした信仰集団を形成したものたちは、ひじりの世界に身を投じたが、ひじり仏教は著しく教学性を帯びることになり、ひじり仏教のなかに浄土教が進展した。天台教団に身を置いていた法然が比叡山から離れ、ひじりの世界に身を投じて、思索を深め、道俗男女、貴賤、学僧堂衆の別を問わず、易行の専修念仏によって救済される方途を示して、新しい教学を樹立するや、まず念仏系ひじりの多くがその傘下に集結してくるようになった。法然を統合的人格と仰ぎ、ゆるやかに結合する専修念仏教団が新たな宗派仏教すなわち浄土宗（教学上は「浄土宗」、教団的には「念仏宗」、新宗派としては「専修」などとよばれる）として成立した。「基層仏教」の担い手が思想性をもつことによって、基層に位置していた「ひじり」の仏教が「表層」へと高揚する宗教現象が、古代から中世への変革期に浄土宗の成立となって現れてくる。

このような観点から、私は浄土宗の成立と展開についても、ひじり仏教の史的研究の一環として行ってきた。法然はひじりの収攬者であり、ひじりの浄土宗への流入が教団の肥大化を進めたが、それらひじり自体は自己流に法然の思想を受容したこともあって当初から異端性が見られた。法然の門下と称するミニ念仏宗が各地に多く出現しているので、顕密教団の法然教団への弾圧も徹底化できなかった。これは法然教団がひじり集団を基本としていたからである。

浄土宗史にはその開創期だけにひじりが関与しているのではない。融通念仏系のひじりや、弾誓、澄禅などの修験系念仏ひじり、また阿弥号または阿号をもつ道心者が浄土宗寺院の開創に活躍している。中世末の浄土宗の周縁には「三昧聖」「十穀聖」などがいた。私をしていわしむれば、表層の教学僧はいざ知らず、基層の浄土宗を形成し、また基盤となっていたのはひじりであったといわねばならない。

法然とその教団がひじりと関連をもって存立し、法然の滅後も浄土宗教団がひじり教団として展開し、その拡大を果たしたのは無数無名の念仏勧進のひじりや上人であったとは、私の長年の持論であり、いままでに発表した論考のほとんどはこのことの解明に当てられていたが、この説を裏づけてくれる有力な史料が発見されるに及んで、私は限りなく勇気づけられた。それは昭和五十四年八月、滋賀県甲賀郡信楽町勅旨にある真言宗玉桂寺の阿弥陀仏像から発見された、法然高弟の源智による造立願文と数万人にのぼる道俗過現者の念仏結縁交名（エゾの交名もみられる）であった。この史料は、専修念仏教団が念仏上人（ひじり）によって指導された同法集団の連合体であるとの私見を裏づける貴重なものであった。

基層仏教形成者たるひじりの仏教史の一部として、浄土宗史を跡づけようとするのが私の研究視角なのである。この点、ひじりの研究も浄土宗の研究も同じ視点でなされている。実は、ひじりの歴史研究のなかの浄土宗の部分だけを取り出したのが、著作集第四巻『浄土宗史の研究』なのである。もし従来の浄土宗史に関する著作と比べ、多少なりとも新味があるとすれば、それは「ひじり仏教史」からみた浄土宗の成立と展開の解明というアプローチがもたらしたものだといえよう。

四

次に、日本人や日本仏教の基層文化を民俗学の領域で明かそうとしたのが、著作集第三巻『仏教民俗の研究』である。この書の研究視角や研究の軌跡については先に刊行した古稀記念の論文集『宗教民俗論の展開と課題』に述べたので、ここでは多くを述べないが、なお一言しておきたいことがある。

民俗学者のなかには、はたして外来宗教の仏教から民俗宗教の原質が把握できるであろうかとの疑念がかなり強くあることを私は否定しない。しかし、もし固有のものとよべるものがあるとすれば、それは仏教と融合することによって伝承されてきたし、日本に仏教が定着して今日に至るまでの時間の長さを思えば、民俗世界が仏教に溶け込んでしまっている事実の上に展開していることは疑えないのである。仏教の民俗化か、民俗の仏教化か、はたまた固有宗教の仏教化か、それとも両者が渾然一体をなしているのか、などについてよく考究しなければならないが、ともかく仏教民俗には基層宗教が顕現している。このような見地から私の仏教民俗研究はなされている。

拙著『聖仏教史の研究』上・下、『仏教民俗の研究』『浄土宗史の研究』の各冊に一貫している課題を一言で表すならば、「日本基層仏教の究明」にある。著作集に収めた論考だけでどこまで解明できているか心もとないが、残された課題も多いことを思えば、「基層仏教」という概念に肯定的であれ、否定的であれ、拙論を一つの提起として議論が展開されることを願ってやまない。

日本仏教の形成と展開＊目次

I 古代

Ⅲ　中世後期

Ⅳ　近世・近代

日本仏教の形成と展開

法隆寺一切経と『貞元新定釈教目録』

宮﨑　健司

はじめに

平安時代後期の著名な一切経に法隆寺一切経がある。法隆寺一切経の経緯については、保安三年（一一二二）三月二十三日付「林幸等連署一切経書写勧進状」および現存写経の識語によっておおよその様子が分かる。またこれらを踏まえた研究も多くあるが[1]、とくに堀池春峰氏の研究[2]と法隆寺昭和資財帳調査による新知見を加えて報告された山本信吉氏の研究[3]によって、以下のように跡づけることができよう。

法隆寺一切経は、承徳二年（一〇九八）頃に法隆寺前五師興円大法師らが願主となって書写した『大般若波羅蜜多経』を契機として一切経書写に発展したと考えられる。永久二年（一一一四）～元永元年（一一一八）頃にかけて僧勝賢を勧進聖として本格的な勧進一切経の事業が推進され、約二千七百巻が書写された。その後保安三年になって林幸が勝賢の意志を継ぎ勧進僧となり、大治年間（一一二六～一一三一）頃まですすめられ、およそ七千百巻が書写された（**表1**）。

ここで目指された一切経は、当該時期や書写巻数から円照の『貞元新定釈教目録』の五三五一巻を基本とし、恒安の『続貞元釈教録』の七三九九巻をも視野に入れて企画されたとされている。(4)また一切経書写の背景には、法隆寺の聖霊院新造と本尊聖徳太子像の造立という、聖徳太子信仰の高揚があったという。

表1　法隆寺一切経の成立

	時期	勧進僧	目的
第一次	承徳二年（一〇九八）頃	不明	不明
第二次	永久二年（一一一四）頃	勝賢	一切経欠如のため
第三次	保安三年（一一二二）頃	林幸	聖徳追善のため聖霊院へ安置

このように多くが明らかになっているが、書写の具体的な状況については、そのすべてが明らかになっているとはいえない。そこで法隆寺一切経についての重要な目録とされたと思われる『貞元新定釈教目録』の書写例の分析を通して、解明の一助としたい。

一　『貞元新定釈教目録』の書写例

法隆寺一切経は、上述のごとく、その総巻数から『貞元新定釈教目録』を基本としながら『続貞元釈教録』をも視野に入れたとされている。現存写経のうち、後者は見出せないものの、前者はいくつかの書写例が知られ、管見によれば、**表2**に示すように二十二例を数えることができる。(5)

年紀から分類すると、康和二年（一一〇〇）書写のもの、永久二〜三年（一一一四〜五）書写のもの、大治三〜四年（一一二八〜二九）書写のものに分けることができるが、以下、それぞれ康和本・大治本・永久本と呼ぶことにする。なお年紀をもたないものが九例あるが、装丁や書写者などにより、（c）（g）（h）（i）（k）（o）（p）（q）は大治本に、（v）は永久本巻二十九の中間欠部分に属するものといえる。

表2　『貞元新定釈教目録』の書写例

	巻次	年紀	筆者	所蔵
(a)	『貞元新定釈教目録』巻1	大治三年	隆暹	大谷大学
(b)	『貞元新定釈教目録』巻2	大治四年	隆暹	法隆寺
(c)	『貞元新定釈教目録』巻4		隆暹	同朋大学
(d)	『貞元新定釈教目録』巻7	大治四年		大谷大学
(e)	『貞元新定釈教目録』巻10	大治四年		同朋大学
(f)	『貞元新定釈教目録』巻12	大治四年	隆暹	宮内庁書陵部
(g)	『貞元新定釈教目録』巻16			大谷大学
(h)	『貞元新定釈教目録』巻16			同朋大学
(i)	『貞元新定釈教目録』巻19			大谷大学
(j)	『貞元新定釈教目録』巻21	大治四年	尋海	法隆寺
(k)	『貞元新定釈教目録』巻22			同朋大学
(l)	『貞元新定釈教目録』巻22	大治四年	隆暹	祐誓寺
(m)	『貞元新定釈教目録』巻24	大治四年		宮内庁書陵部
(n)	『貞元新定釈教目録』巻24	大治四年		大谷大学
(o)	『貞元新定釈教目録』巻25			同朋大学
(p)	『貞元新定釈教目録』巻26			同朋大学
(q)	『貞元新定釈教目録』巻27			大谷大学
(r)	『貞元新定釈教目録』巻29	康和二年	静因	大谷大学
(s)	『貞元新定釈教目録』巻29	永久二年	林幸	大谷大学
(t)	『貞元新定釈教目録』巻30	康和二年	静因	祐誓寺
(u)	『貞元新定釈教目録』巻30	永久三年	林幸	大谷大学
(v)	『貞元新定釈教目録』巻29			大谷大学

また（g）（h）はともに巻十六であるが、前者が後欠、後者が前後欠で、同本と思われる。さらに（k）（l）もともに巻二十二であるが、それぞれ後欠、前欠で同本といえよう。

1　康和本

康和本は、康和二年（一一〇〇）に書写されたもので、巻二十九と巻三十の入蔵録に相当するもののみが知られるが、前者は巻子を折本状に改装し、包背装としており、後者も同様であったと思われるが、現状は一紙ごとに裏打ちをしてバラの状態である。巻二十九には陽刻黒方印「法隆寺一切経」（以下、「黒方印」と略す）をもたないが、巻三十の裏表紙の右下に黒方印をもつことから、法隆寺一切経の一部と考えられる。

それぞれ識語にはつぎのようにみえる。

（r）『貞元新定釈教目録』巻二十九[6]（大谷大学）

『同日挍了（花押）』／康和弐季庚辰二月廿日於法隆寺東室第七房奉書写畢／求法僧静因之

（t）『貞元新定釈教目録』巻三十（祐誓寺）

比校了／康和二年庚辰三月二日書写了　僧静因之

巻二十九と巻三十が僧静因によって連続して書写されたことがうかがえる。静因は、この目録書写の康和二年から大治三年[7]（一一二八）にかけてみえる人物で、法隆寺一切経の書写事業の全時期にわたって書写にかかわった人物といえる。静因については能筆として注目されている[8]が、彼が単に書写事業に参加した一能筆僧でなかったことは彼の蔵書などからもうかがえる。たとえば、南都系の蔵書目録あるいは蔵書整備用の目録ではないかとされている平安前期書写の『大小乗経律論疏記目録』[9]（法金剛院）の識語には、

（上巻）　法隆寺僧静因之

（下巻）　法隆寺沙門延清文／五師静因伝賜之

とみえ、この目録が静因の手にあったことを示している。このような目録を所持していたことは、彼が仏典にかなり詳しかったことを示すものであろう。

また法隆寺一切経が当時の一切経信仰が形式的であったのに対して、学問寺たる法隆寺にふさわしく、テキストとして内実のあるものであったとされる根拠に、「一切経音義料」として天治元年（一一二四）に『新撰字鏡』を書写し、一切経の一部としていることがある[10]（**表3**）。その『新撰字鏡』の巻一を静因が書写しているのである[11]。

『新撰字鏡』の書写については、『新撰字鏡』巻八の識語に「法隆寺之一切経之料満寺学文輩各一巻書之」とあり、重要な書物として法隆寺一山のうちより有数の学問僧が書写に当たったと思われ、この点においても法隆寺一切経事業における静因の役割が重要であったことがうかがえる。そして永久三年（一一一五）には彼は五師の地位にもあった(12)。

一方、法隆寺一切経の特徴の一つに、新写のみでなく古写経もその一具に当てられることが挙げられるが(13)、管見のかぎりでは、その経緯を記す唯一の例である承和八年（八四一）写『大乗広百論釈論』巻十（大東急記念文庫）の識語(14)には、

承和八年七月八日／「此是雖古書加法隆寺一切経蔵畢／以大治二年丁未四月之比修治之僧静因」、

とみえ、静因によって大治二年（一一二七）に修治、備えられたことがわかる。大治二年は法隆寺一切経事業の最終段階に当たっており、完成が急がれたであろうことは想像に難くなく、そのことから古写経の具備という方法をとるようになったものと思われる。このことは書写事業にとって大きな方針の変更と考えられるが、それに関する識語に古参僧の静因の名が見出されることは、やはり彼が写経事業で重要な役割を担っていたことをうかがわせる。

さて、上述のような静因が法隆寺一切経事業で重要な人物であるとするならば、康和本の書写年紀や内容が注目される。そこで書写年紀の康和二年が第一次書写事業の直近にあること、そして入蔵録のみである点に注意したい。つまり康和本が第一次書写事業当初の書写台帳として書写されたものではないかと思われるの

表3 天治元年『新撰字鏡』（宮内庁書陵部）の筆者

	巻次	筆者
(a)	『新撰字鏡』巻1	静因
(b)	『新撰字鏡』巻2	林幸
(e)	『新撰字鏡』巻5	覚厳
(g)	『新撰字鏡』巻7	静尋
(h)	『新撰字鏡』巻8	隆進
(i)	『新撰字鏡』巻9	覚印
(j)	『新撰字鏡』巻10	応順

である。ただし本目録には合点などの書き入れがなく、実用に供したかどうかは不明であるが、注意を要する写本といえよう。なお後述のように、大治本との関係も想定される。

2　永久本

永久本は、永久二〜三年（一一一四〜一一一五）にかけて書写されたもので、巻二十九と巻三十の入蔵録のみが知られるが、いずれも和綴になっている。この装丁はもちろん原装ではないが、折目のようすから元来も冊子状になっていたと思われる。現在の装丁になったのは明治四十二年（一九〇九）の改装によっている。(15)

巻二十九は、冒頭の十行ほどがなく、また中間も十五帖ほどを欠いている。しかし中間欠部分は十四紙からなる（v）が相当しており、なお四帖ほどを欠くものの、ほぼその全容が知られる。永久本には合点や墨書・朱書が散見するほか、附箋痕なども見受けられる。また永久本には黒方印が認められず、識語等で法隆寺一切経であることを明示しないことから、法隆寺一切経そのものということができない。ただし、後述する諸点より法隆寺一切経事業に密接にかかわっているものと考える。

さて永久本の識語には次のようにみえている。

（s）『貞元新定釈教目録』巻二十九（大谷大学）

永久二年甲午十二月十七日於法隆寺東花薗法静房奉書写畢／求法僧林幸之

（u）『貞元新定釈教目録』巻三十（大谷大学）

永久三年乙未三月七日書写了為令法久住利益人天也／僧林□／「都合二千三百十四巻」

永久二〜三年にかけて林幸によって書写されたものであることがわかる。林幸は、はやく永久三年（一一一五）

には『大威徳陀羅尼経』巻七[16]（法隆寺一切経三二〇）を筆師僧として書写しており、勝賢の第二次書写事業時から参加していたことがわかるが、保安三年（一一二二）三月の勧進状では「勧進僧」として、勝賢の意志を受け継ぎ、第三次書写事業、つまり法隆寺一切経書写事業の最終段階を主導している。[17]勧進状ではその地位を明記しないが、その六カ月後の保安三年九月には「五師僧」としてみえ、[18]法隆寺内の中心的な学侶としての地位を占めていたと考えられる。

したがって、永久本は、法隆寺一切経そのものではないものの、林幸が書写し、しかもその年紀が第二次書写事業の当初に当たっていることや、巻二十九・三十の入蔵録のみで、墨書や朱書などがあることから、単なる書写経というよりも、書写目録あるいは蔵書目録として活用されたことが容易に想像される。つまり法隆寺一切経書写事業に深くかかわって書写されたものと考えられよう。

3　大治本

大治本は、大治三～四年（一一二八～二九）にかけて書写されたもので、巻一・二・四・七・十・十二・十六・十九・二十一・二十二・二十四・二十五・二十六・二十七の十四巻が知られる。いずれも粘葉装であり、表紙および表題を同じくしている。すべてに黒方印があるわけではないが、巻一・十・二十四・二十六・二十七にはあり、巻二の識語には「法隆寺一切経析也」と明示するなど、明らかに法隆寺一切経の一具と考えられる。なお（g）（h）はいずれも巻十六とされているが、これは、前者は後欠、後者は首尾欠の断簡であることから、両者はもと一具であったと考えられる。

年紀をもつもののうち、最も早いものと遅いものにつぎのような識語がある。

（a）『貞元新定釈教目録』巻一（大谷大学）

大治三年十二月廿五日辰時許書写了／筆師専寺住僧之隆暹／「交了」

（n）『貞元新定釈教目録』巻二十四（大谷大学）

大治四年四月十五日書写畢／「一交了」

これによれば、大治本の書写は、法隆寺一切経事業の最終段階に当たる大治三年末から翌年にかけて順次書写されていったものと考えられる。筆者も巻一の隆暹と巻二十一の尋海[19]が知られるが、隆暹は大治元〜四年（一一二六〜二九）にかけてみえる人物[20]であり、尋海は永久三年（一一一五）写『光讃般若波羅蜜経』巻六・巻七[21]を校正したことがみえるが、書写者として大治二〜四年（一一二七〜二九）にかけて頻繁にみえる人物[22]で、両者ともに主に最終段階で参加した僧侶といえよう。

さて大治本には巻二十九・三十の入蔵録を見出せないが、これは両巻が伝存しなかったというよりも、もとより大治年間には書写されなかったと考えることができるのである。大治本のうち原装と思われる表紙の題字をすべて同筆とみることができるが、実は上述の康和本の表紙および題字とも、大治本と同表紙で同筆とみられるのである。つまり最終的には康和本と大治本はワンセットであり、この一揃こそが法隆寺一切経蔵内の『貞元新定釈教目録』であったと考えられるのである。

しかし書写時期が大きく異なる両本が一具にされた経緯は検討を要するといえる。上述のように康和本について第一次書写事業時の台帳とされた可能性を示唆したが、何らかの理由で活用されずに残存し、最終段階で『貞元新定釈教目録』を書写するに際して転用されたと思われるのである。

ところで康和本の書写者静因の活動状況を現存経の識語でみると、上述のように大治三年を下限としているが、大治元年には「励愚矇老眼移点了」[23]という状況にあり、この段階でかなり高齢であったと推定される。このことを念頭におくと、静因が一線を引退、あるいは死去したことによって、彼の手許にあった康和本が大治本の入蔵録としてあわされたのではないかと思われる。ひとまずこのように考えておきたい。

以上、『貞元新定釈教目録』の三種の写本である康和本・大治本・永久本の概要について述べてきたが、法隆寺一切経の書写事業との関係でもっとも注目されるのは、永久本ということができよう。つぎに永久本の記載内容をもう少し詳しくみていき、その性格に迫ってみたい。

二　永久本の記載状況とその性格

永久本には多くの合点や墨書・朱書のほか附箋痕などがあり、さまざまな情報を提供している。そこで合点や墨書・朱書などの状況と意味についてみていくことにしたい。

1　合点類

合点は仏典名に記すものと巻数に記すもの、さらに紙数に記すものの三種類が認められる。おおむね巻二十九が多種であるのに比して、巻三十は極端に減少していると思われる。

仏典名に記すものが最も多種で、少なくとも右肩に墨の合点が二種（濃・淡）、朱の合点が二種（濃・淡）の計四種が認められ、左肩には墨の合点が二種（濃・淡）、朱の合点一種の計三種が認められる。いずれも重ね書きされた状況なので、精査することによって多少、種類の異同が生まれるかもしれない。なかでも比較的共通して記されるのは、右肩に濃・淡二種の墨と朱（淡）の合点を、左肩に朱の合点を記すものである。また仏典名の上部に墨点や朱点、墨の圏点などを施す例も認められる。

これらの点が何のために記されたのかを明らかにするには詳細な検討を必要とするが、一般的に考えて、書写や校正に際しての記録と考えるのが妥当であろう。しかしきわめて多種の点であることから、同時期に付されたというよりも、いくつかの時期に分けて付されたものとするのが自然であろう。つまり書写事業がいくつかの時期かに分かれている場合など、書写や校正といった同じチェックを何度か記入していくと、このような多様な状況になると思われる。

また巻数に記すものは、右肩に墨の合点と朱の合点の二種が認められ、左肩に朱の合点一種が認められる。これらは後述の関連墨書などから推定すると、目録に調巻の異説が「或〇巻」などと示される場合、書写経がどれに当たるかを明示したものと推定できよう。

また紙数に記すものもごく稀に存するが、右肩に墨の合点と朱の合点の二種が認められる。これもやはり後述の関連墨書などからすると、目録に記載される紙数と書写経の紙数の異同を問題にして記入されたと思われる。

さらに附箋跡も多くあり、しかもそこには墨痕が多く認められる。たとえば、巻二十九の「金剛頂瑜伽真実大教王経」の項には附箋跡がみられ、「進」の字が記されていることが分かる。この附箋痕も永久本の内容を知るうえで重要な手がかりになると思われるが、明治の開装時に天地を切断して揃えたため、痕跡をとどめるのみとなっている。

2　墨書と朱書

墨書と朱書も散見するが、それが抹消されている場合もあり、朱書の抹消が比較的多いように思われる。その内容は、所在の有無にかかわるもの、底本にかかわるもの、書写にかかわるもの、そして校異にかかわるものなどが見受けられる。以下に代表的なものを紹介しておく(24)。

まず所在の有無にかかわるものであるが、この場合、底本かあるいは書写本に関する註記と想定されるが、おおむね書写本に関するものといえよう。たとえば、巻二十九の『大宝積経』には、

五六七八九十 八十一二三四五六 九百
大宝積経百廾巻　十二帙　一千・九十紙　廾留支〃　『第三帙□三四欠』

とみえ、第三帙の巻二十三・二十四ともう一巻の三巻が欠巻となっていることを示すものと考えられる。また書写済みの本がある場合でも、目録の調巻と異なる場合もあったらしく、同巻の『道神足無極変化経』にはつぎのようにみえている。

道神足無極変化経四巻 一名合道神足経或二巻或三巻 『但二巻本書了』 四十九紙

『貞元新定釈教目録』には四巻本であったとするが、調巻の異なる二巻本・三巻本も註記している。これに対して実際に書写されたのは「但二巻本書了」とあるように、二巻本であったことを示している。書写に当たって四巻本の底本がなかったためと思われるが、註記されること自体、やはりイレギュラーなテキストとして認識され、四巻本を備えることを期そうと配慮されていたものと思われる。

同じく調巻がイレギュラーな事例の註記に同巻の『観仏三昧海経』がある。

『有八巻□本古経』
観仏三昧海経十巻　一帙 或云観仏三昧経 或八巻　一百五十六紙　覚賢〃

『貞元新定釈教目録』には十巻本であったとし、調巻の異なる八巻本を註記するが、朱書によれば、八巻本が書

写され、しかもそれは古経であるとしている。やはり十巻本の書写が念頭にある記載といえよう。またここでは一切経の一具に古経を転用しようとする姿勢もうかがえ、法隆寺一切経との関係で注目される。

また同様な事例であるが、巻数は一致するものの、紙数が『貞元新定釈教目録』と異なる事例もあり、巻二十九の『三転法輪経』にはつぎのようにみえる。

三転法輪経一巻　二枚経在　五氏（ママ）　義浄〃

『貞元新定釈教目録』には五紙としているが、実際に存在するのは「二枚経」であったと註記するのである。このような事例は他にも散見する。わずかな紙数の相違なら書写の誤差とも考えられるが、これは倍以上の紙数の相違があり、明らかに文字量が異なるといえよう。ただし一紙の法量も問題になって、『貞元新定釈教目録』が想定する唐代の料紙と日本の料紙が同基準であるかは、はなはだ疑問で注意を要する。しかしそれを考慮するにしても紙数の大幅な相違は文字量に影響せざるを得ないであろう。

つぎに書写の底本にかかわるものがいくつかみえている。たとえば、巻二十九の『決定毘尼経』にはつぎのようにみえる。

本在
決定毘尼経一巻一名破壊一切心識　一十七紙

ここにみえる「本在」は底本が存在することを意味していると思われ、底本の所在に関する註記と考えられる。また底本を提供した具体的人物を挙げる例もみえる。同巻の『大七宝陀羅尼経』には、

本経ハ善法房進上
大七宝陁羅尼経一巻失　一紙

とみえ、「本経」つまり底本は善法房という人物が進上したことを記している。この註記は『菩薩修行経』『八名普

蜜陀羅尼経』の合計三例を数えている。それに類すると思われるものに、同巻の『大乗起信論』にはつぎのようにある。

澄師本見之
『未』大乗起信論巻二巻　馬鳴井造　真諦〃　卅五紙

「澄師本見之」も底本の所在を示すものであろう。また経題の上に朱書で「未」とみえるが、この朱書も多くみられ、未書写を意味していると思われる。このような書写にかかわるものに、同巻の『摩訶般若波羅蜜大明呪経』には、

『交了』
摩訶般若波羅蜜大明呪経一巻亦云摩訶大明呪経与次下同　一紙　羅什〃

とみえる。「交了」の朱書は校正の終了を示すものと思われるが、このような校正の状況を示すものも多くみられる。

さらに校異にかかわるものもいくつか知られる。たとえば、同巻の『香上菩薩陀羅尼呪経』にはつぎのようにみえる。

王異本
香上井陁羅尼呪経一巻　義浄　二紙

これは仏典名に関するもので、「香上菩薩陀羅尼呪経」とするものに対して、「香王上菩薩陀羅尼呪経」とする異本があることを示すもので、永久本を他の『貞元新定釈教目録』と対校したことを示している。さらにつぎのような『開元釈教録』と対校した形跡もみられる。

「開元本无二字」
根本説一切有部苾芻戒経

これは『開元釈教録』との仏典名の相違を記したものだが、さらに、

表4 永久本への挿入仏典

巻次	仏典名（巻数）
巻29	新訳大虚空蔵菩薩所問経（8）
	大乗造像功徳経（2）
	金剛頂瑜伽他化自在天理趣会普賢修行念誦儀軌（1）
	観自在菩薩心真言瑜伽観行儀軌（不空訳：1）
	慈仁問八十種好経（1）
	菩薩戒羯摩文（1）
	龍樹十地論（10）
	金剛仙論（10）
	大荘厳論経（羅什訳：15）
	唯識二十論（1）
	観所縁縁論（玄奘訳：1）
	観所縁論釈（義浄訳：1）
巻30	三論宗祖師伝
	金光明経（4）
	随願往生経（1）
	旧薬師経（1）
	三階仏法（4）
	十大叚明義（3）
	根機普薬法（2）
	三十六種対面不論錯法（1）
	大乗験人通行法（1）
	対根浅深発菩提心経（1）
	対根浅同異法（1）
	末法衆生於仏法廃興所由法（1）
	学求善知識発菩提心法（1）
	広明法界衆生根機法（1）
	略明法界衆生根機法（1）
	世間出世間両階人発菩提心法（1）
	世間十種悪具足人廻心入道法（1）
	行行同異法（1）
	当根器所行法（1）
	明善人悪人多少法（1）
	就仏法内明一切仏法一切六師外道法両巻（1）
	明大乗無尽蔵法（1）
	明諸経中発願法（1）
	略発願法（1）
	明人情行行法（1）
	大衆制法（1）
	敬三宝法（1）
	対根起行法（1）
	頭陀乞食法（1）
	明乞食八門法（1）
	諸経要集（2）
	十輪依義立名（2）
	十輪略抄（1）
	大集月蔵分依義立名（1）
	月灯経要略（1）
	迦葉仏蔵抄（1）
	広七階仏名（1）
	略七階仏名（1）
	沙門法琳伝（3）

※巻数で同本異訳のある場合のみ訳者を示した。

集諸経礼懺儀二巻　　智昇

（中略）

護命放生軌儀一巻或云軌儀法　二氏《(ママ)》　義浄

上六集十三巻同帙　「開元録了」

といった具合に、巻三十の現行の入蔵録の最後に当たる部分について『開元釈教録』の範囲の註記もみられる。

さらに現行の『貞元新定釈教目録』にはみえない仏典も挿入されている。三階教関係の仏典が記され、『貞元新定釈教目録』の宋代以前の状態を知る貴重な資料であることは、すでに指摘されているが(25)、**表4**に示すように、それ以外にも多くの仏典がみえている。

これら現行本との相違が意味するところは、『貞元新定釈教目録』の原形を示すものである場合、永久本の底本になった『貞元新定釈教目録』への加筆の場合、永久本への加筆の場合などが想定される。第一の場合は説明を要しないが、第二、第三の場合は、永久本あるいは永久本の底本が、『貞元新定釈教目録』入蔵録を基準とした一切経の蔵書目録であったことを示すものとなるであろう。ただしこれらを判断するには、挿入された仏典を一々吟味していく必要があろう。

3　帙番号

仏典名の右肩あるいは合帙関係の上部に数字を墨書する例が散見する。これに関しては、たとえば、巻三十には、

樓炭経八巻或五巻或六巻 或加大字　百三氏　法足共法

（中略）

中本起経二巻 或云太子中本起経題云出長阿含検无
廾四帙　上三経十一巻　同帙　四十七氏　曇果

とみえており、帙番号を示したものと考えられる。巻二十九と巻三十とでは通し番号になっておらず、それぞれに帙番号がふられていたと考えられる。このことは永久本が『貞元新定釈教目録』入蔵録の単なる写本ではなく、実際のコレクションにかかわって、利用されたことを示すものといえる。

興味深いのは、巻二十九の現存冒頭部分の『道行般若波羅蜜経』に記された「七十」という墨書である。これが七〇番の帙であることを示すとすると、首欠部分の経典の巻数から帙構成は、

帙　一～六〇	『大般若波羅蜜多経』	六〇〇巻
帙六一～六三	『放光般若波羅蜜経』	三〇巻
帙六四～六七	『摩訶般若波羅蜜経』	四〇巻
帙六八・六九	『光讃般若波羅蜜経』	一五巻
	『摩訶般若波羅蜜鈔経』	五巻
	『金剛頂瑜伽般若理趣経』	一巻
	『般若理趣経釈』	二巻

ということになり、これに続く『道行般若波羅蜜経』は帙七〇で合致することになる。つまりこのコレクションには『大般若波羅蜜多経』以下が備えられていたことを示しているのである。

以上、永久本の合点や墨書・朱書などについて概観したが、これらの存在は、永久本が『貞元新定釈教目録』入蔵録を基準としたある一切経の書写台帳あるいは整備台帳として使用されたものと考えることができよう。また合

点の種類の多さからして、その書写事業は何次かに亙ったものと目されるのである。先に書写者が林幸であること、書写年紀が永久二〜三年であることから、法隆寺一切経と密接にかかわるものと推定したが、これがまさに法隆寺一切経の書写台帳であるとしたら、書写状況をより詳細にする重要な資料となる。また帙号に関してみれば、法隆寺一切経は、承徳年間に興円らの発願した『大般若波羅蜜多経』には法隆寺一切経の一具であることを明示しない[26]が、この目録は明らかに『大般若波羅蜜多経』を内包しており、興円らの『大般若波羅蜜多経』はやはり法隆寺一切経の一具として認識されていたことを明らかにしてくれるのである。そこでこの目録が法隆寺一切経の書写台帳であったことの検証をしておきたい。

三　永久本註記と法隆寺一切経

管見によれば、法隆寺一切経のうちで現存する巻数は千四百巻以上であるが、その現存経と永久本の註記との関係について、いく例かを検討してみたい。

まず巻二十九の『如幻三昧経』の記載に注目したい。

如幻三昧経二巻 或三巻或四巻 元魏世留支訳 『四〃』 五十七紙　法護訳

『貞元新定釈教目録』によれば、『如幻三昧経』は二巻本であったが、三巻本や四巻本の存在も註記している。これに対して、「或四巻」に墨と朱の合点が付され、さらに朱書で「四〃」とされていることから、この一切経は四巻本であったと考えられる。これに対して、法隆寺一切経には三巻が現存しており、それは『如幻三昧経』巻二（法隆寺　一切経七一三）・巻三（法隆寺　一切経七一四）・巻四（法隆寺　一切経七一五）であった。つまり四巻本であり、永久本の記載と一致している。また永久本の巻三十には、現行本にはみえない「三論宗祖師伝一巻三枚」という記載があるが、やはりこれに対応する『三論宗祖師伝』（法隆寺　一切経八九〇）が現存している。

また法隆寺一切経の特徴の一つである古写経との関連も注目される。巻二十九の『観仏三昧海経十巻』に古経の注記があったことは上述したが、巻二十九の『大法炬陀羅尼経』にはつぎのような記載がある。

大法炬陁羅尼経廿巻　二帙　二百九十八紙　隋闍那崛多〃
『六九□七□巻欠』

「六九□七□巻欠」は『大法炬陀羅尼経』の有無を註記した朱書であるが、これによれば、巻六・九・十七ヵ・廿ヵの四巻が欠巻であることを記したものと考えられる。これに対して、法隆寺一切経の現存状況は、**表5**のように七巻が知られる。このうち法隆寺蔵の巻四・五・八・十・十二は年紀はないが、平安時代書写と考えられている。一方、根津美術館蔵の巻六・九はいずれも奈良時代の光覚知識経[27]であり、永久本の欠本註記に対応するものと思われる。つまり法隆寺一切経内として『大法炬陀羅尼経』が書写されたものの、欠巻を生じたため、それを補完するために光覚知識経を利用したようすを伝えるのではないだろうか。

さらに上述した「交了」の朱書のある事例を列記したのが**表6**であり、該当する現存経が八巻存在している。「交了」を林幸自身の校正と推定すると、現存経三巻のうち二巻の識語が注意される。

『稲芋経』（法隆寺　一切経一八〇）

挍了／保安三年壬寅七月十三日書写畢／法隆寺一切経之内藤井常定伴中子

『天王太子辟羅経』（法隆寺　一切経七三九）

一挍了／保安三年壬寅六月二十七日法隆寺一切経之内書写了／為滅罪生善後世井也、五師林幸了

表5 法隆寺一切経の『大法炬陀羅尼経』現存状況と永久本の註記

	巻次	書写年代	所蔵	註記
(a)	『大法炬陀羅尼経』巻4	平安時代	法隆寺・一切経二一三	
(b)	『大法炬陀羅尼経』巻5	平安時代	法隆寺・一切経二一四	
(c)	『大法炬陀羅尼経』巻6	奈良時代	根津美術館・光覚知識経	欠
(d)	『大法炬陀羅尼経』巻8	平安時代	法隆寺・一切経二一五	
(e)	『大法炬陀羅尼経』巻9	奈良時代	根津美術館・光覚知識経	欠
(f)	『大法炬陀羅尼経』巻10	平安時代	法隆寺・一切経二一六	
(g)	『大法炬陀羅尼経』巻12	平安時代	法隆寺・一切経二一七	

表6 永久本の朱書「交了」注記と法隆寺一切経の現存状況

	巻次	存否	書写年代	所蔵
(a)	『採蓮遠王上仏授決号妙蓮華経』	×		
(b)	『稲芋経』	○	保安三（一一二二）	法隆寺・一切経一八〇
(c)	『自誓三昧経』	×		
(d)	『金剛頂瑜伽千手千眼観自在念誦法』	○	平安時代	法隆寺・一切経一九一
(e)	『勝幢臂印陀羅尼経』	×		
(f)	『金剛手光明灌頂経』	×		
(g)	『如意輪念誦法』	×		
(h)	『天王太子辟羅経』	○	保安三（一一二二）	法隆寺・一切経七三九

後者は林幸の書写にかかるものであるが、前者も同筆で、「藤井常定伴中子」は布施者として結縁し、実際には林幸が書写に当たったと思われる。両者の校正にかかわる「挍了」と「一挍了」を年紀のあるものと同筆とみるか否かは、にわかに判じ難いが、少なくとも同筆と目されるのである。

さて林幸が書写し、自ら校正した事例として『大菩薩蔵経』巻十八（法隆寺　一切経七一一）に「交了／大治二年丁未五月六日書写了僧林幸」とみえるものがある。ここでも「交了」が林幸の筆かどうかは慎重を期する必要があるが、「書写了僧林幸／并挍了」とみえることから、明らかに書写と校正を林幸が行ったことを示すものといえよう。そして、この「挍了」が先の「挍了」および「一挍了」と同筆とみられるのである。つまり『稲芋経』と『天王太子辟羅経』も林幸が書写し、自ら校正したものと考えられよう。迂遠ながら先のように推定すると、ここでも永久本の註記と現存経の一致をみるのである。

永久本にみえる註記のいく例かを法隆寺一切経の現存経と比較、検討してみると、やはり永久本は法隆寺一切経の最終段階の書写台帳あるいは整備台帳であったと推定することは十分な蓋然性のあるものと考えるのである。[28]

おわりに

以上、法隆寺一切経に深くかかわる『貞元新定釈教目録』の書写例を紹介するとともに、以下の諸点を指摘することができたと思う。

・康和本は法隆寺一切経の第一次書写事業時の基本台帳であった可能性がある。
・大治本は法隆寺一切経の一具として書写され、入蔵録は康和本によって補われた。

・永久本は法隆寺一切経の最終的な書写台帳あるいは整備台帳であった。
・永久本には現行の『貞元新定釈教録』にはみえない記述があり、その原形を考えるうえで重要である。

永久本の存在とその性格は、法隆寺一切経を考えるうえできわめて重要であると思われる。したがって、永久本の詳細な分析によって、最初に触れた法隆寺一切経書写の具体的状況をかなり描き出すことができるように思われる。また永久本には『貞元新定釈教目録』の現行本と異なる点が多々あるが、同時期の目録に目を転じてみると、七寺本との類似も見出せる。[29] 明らかにできたことに対して、残された問題は多く重要であるが、これら諸点に関しては今後の課題としたい。

註

（1）大屋徳城「法隆寺一切経の由来」（『性相』二、一九二八年）、同「法隆寺一切経」（法隆寺勧学院同窓会編『日本上代文化の研究』、法隆寺勧学院同窓会、一九四一年、のち『大屋徳城著作集』〈仏教古板経の研究〉、国書刊行会、一九八八年に再録）、奈良六大寺大観刊行会編『奈良六大寺大観』四〈法隆寺（四）彫刻・典籍〉（岩波書店、一九七一年）、堀池春峰「平安時代の一切経書写と法隆寺一切経」（『南都仏教』二六、一九七一年、のち同『南都仏教史の研究』下　諸寺篇、法藏館、一九八二年に再録）、同朋学園大学附属図書館「山田コレクション古写古版経典目録――法隆寺一切経を中心に――」（『同朋大学学報』二七、一九七二年）、重要文化財編集委員会編『新指定重要文化財』八〈書跡・典籍・古文書Ⅱ〉（毎日新聞社、一九八一年）、小島恵昭「蓬戸山房文庫所蔵古写古版経目録」（『東海仏教』二七、一九八二年）、法隆寺昭和資財帳編集委『法隆寺の至宝』写経・版経・版木〈昭和資財帳七〉（小学館、一九九七年）、同朋大学『〈東海印度学仏教学会〉第一回大蔵会展観目録』（同朋大学、一九九七年）、竺沙雅章編『法隆寺一切経の基礎的研究――大谷大学所蔵本を中心として――』（科研報告書、一九九九年）、などがある。

（2）堀池註（1）前掲論文参照。

（3）山本信吉「法隆寺の経典」および「個別解説」（『法隆寺の至宝』写経・版経・版木〈昭和資財帳7〉、註（1）参照、以下『法隆寺の至宝』と略す）。

（4）『貞元新定釈教目録』は全三十巻で貞元十六年（八〇〇）に僧円照の撰になり、『続貞元釈教録』は全一巻で、保大三年（九四五）に僧恒安の撰になる。

（5）このうち大谷大学・同朋大学・祐誓寺各所蔵分は実物を調査したが、宮内庁書陵部所蔵分については実見しておらず、とくに（m）と（n）は同じ巻二十四であり、年紀が同一であることから、重複する可能性が大きいと思われる。なお宮内庁書陵部所蔵分は田中塊堂編『日本古写経現存目録』（思文閣出版、一九七三年）による。

（6）以下、経典名下の（　）内は所蔵を示す。また識語で「　」内は異筆を、『　』は朱筆を、「／」は改行をそれぞれ示す。

（7）『大唐南海寄帰内法伝』巻一（法隆寺　一切経八八四）

以同本移点了／惟大治三年戊申十月十五日法隆寺一切経之内／為結縁僧静因所奉書写之也

以下、法隆寺蔵本の「一切経八八四」は『法隆寺の至宝』の整理番号を示し、とくに断らない限り、識語は本書による。

（8）堀池註（1）前掲論文参照。

（9）梶浦晋「法金剛院蔵『大小乗経律論疏記目録』について」（『七寺古逸経典研究叢書』六〈中国・日本経典章疏目録〉、大東出版社、一九九八年）。

（10）堀池註（1）前掲論文参照。以下、『新撰字鏡』の識語は『平安遺文』題跋編による。

（11）『新撰字鏡』巻一（宮内庁書陵部）

天治元季甲申五月下旬書写之畢／法隆寺一切経書写之次為字決諸人各一巻書写之中／此巻是五師静因之分、以

矇筆所写耳

（12）『中阿含経』巻十三（法隆寺　一切経三三一）

法隆寺結縁一切経内五師静因請申普超三昧経中下幷／中阿含第十一十三十四合五巻之中此巻女檀主礒陪氏／
為現在安穏後生菩提永久三年乙未十月二十六日敬奉写之

（13）堀池註（1）前掲論文参照。なお現存最古の写経である丙戌年（六八六）の『金剛場陀羅尼経』（個人蔵）も法隆寺一切経の一部である。

（14）『平安遺文』題跋編による。

（15）巻二十九の表紙見返に次のようにみえる。

貞元目録永久古写本二巻／明治四十二年十一月加修補了／真宗大学図書館

（16）『大威徳陀羅尼経』巻七（法隆寺　一切経二二〇）

永久三年乙未九月二十八日書写了筆師僧林幸／施主僧道寂小野姉子為現当二世所願円満也

（17）現存写経では、次の大治三年（一一二八）の『大唐南海寄帰内法伝』巻三（法隆寺　一切経八八六）の識語にみえるのがが最下限にあたる。

大治三年歳次戊申十一月二十五日書写了但為令法久住也／法隆寺一切経之内勧進五師大法師林幸／筆師覚春敬白／一点交了

（18）『大方広仏華厳経』巻二十一（法隆寺）

保安歳次壬寅三年九月廿九日勧進沙門法隆寺五／師大師林幸結縁書写施主五百井村住人田／中延元女子部中子以薬師寺本一校了

本巻は『法隆寺の至宝』にはみえず、識語は田中塊堂編『日本古写経現存目録』（註（5）参照）によったが、『法隆寺の至宝』には巻十九（法隆寺　一切経六九七）がみえ、次のような識語をもつ。

以薬師寺本一交了／保安三年歳次壬寅十月四日書写了勧進法隆寺沙門五師大／法師林幸結縁施主弟原村住人僧厳真女橘／姉子敬奉書写了

（19）『貞元新定釈教目録』巻二十一（法隆寺　一切経九四一）

大治四年歳次己酉四月十日法隆寺之一切経之内／奉於東花薗僧尋海書写畢／「一交了」

(20)『大唐西域記』巻四（法隆寺　その他〇一一）

大治元年三月十五日未剋書写法隆寺一切経之料満寺／大衆各為助成結縁仍為滅罪生善僧隆暹／「同年丙午五月廿九日点移了僧林幸」

『貞元新定釈教目録』巻二十三（祐誓寺）

一校了／大治四年己酉四月九日書写了法隆寺之一切経新也／寺僧隆暹書之

識語は小島註（1）前掲論文による。

(21)『般若波羅蜜光讃経』巻六（法隆寺　一切経六六〇）

「一校了」／永久三季歳次乙丑五月五日書了／「僧尋海一交了」

(22)『小品般若波羅蜜経』巻四（法隆寺　一切経六七二）

願以斯校普遍於一切我等与汝等同証無上果／大治二年四月二十一日僧尋海交了

『貞元新定釈教目録』巻二十一（法隆寺　一切経九四一）

大治四年歳次己酉四月十日法隆寺之一切経之内／奉於東花薗僧尋海書写畢／一交了

(23)『大唐西域記』巻一（法隆寺　その他〇〇九）には、

『同年四月上旬励愚曚老眼移点了／僧静因之』／法隆寺一切経蔵之内此巻是五師静因結縁所書写也

とあり、巻二（大谷大学）には、

『同年六月□□五師静因写点畢以此結縁力出離生死海云々』／大治元年歳次丙午五月十六日法隆寺一切経之内勧進／五師林幸書写僧静尋　廻向无上大井

とみえ、さらに『大唐西域記』の年紀を有するものすべてが大治元年である。

(24) 以下、引用史料に際しては墨書・朱書のみに注目し、合点類は省略して示すことにする。

(25) 塚本善隆「日本に遺存する原本『貞元新定釈教目録』」（『塚本善隆著作集』三、大東出版社、一九七五年）、同「日本に伝存する古本貞元録について」（『神田喜一郎還暦記念論文集』、同刊行会、一九八七年）。

(26) 山本註（1）前掲論文参照。

(27)『光覚知識経』については、勝浦令子「光覚知識経の研究」(『続日本紀研究』二四二、一九八五年、のち同『日本古代の僧尼と社会』〈吉川弘文館、二〇〇〇年〉に再録)。また光覚知識経が法隆寺一切経にされていたことは、堀池註(1)前掲論文参照。

(28)巻数や紙数に関する合点や註記は、多くの異本の存在をうかがわせるが、これは諸般の事情によって異本しか底本として入手できなかったことを示すもので、当然、異本として具備した仏典についても目録に明記するものを取り揃えようとする動きはあったであろう。そう考えると、法隆寺一切経が『貞元新定釈教目録』に基づく一切経でありながら、約七一〇〇巻という総巻数に及んだのは、このような多種の異本の存在によって膨れあがっていった巻数とみることもできよう。

(29)宮林昭彦「貞元新定釈教目録巻第二十九・巻第三十」(註(9)前掲書『七寺古逸経典研究叢書』六)。

付記　拙稿は二〇〇一年十月二十八日に大谷大学で開催された第三十四回日本古文書学会大会での報告をもとに成稿したものである。また校正中に伊東ひろ美「法隆寺一切経にみる『貞元新定釈教目録』――同朋大学所蔵本を中心に――」(『同朋大学佛教文化研究所紀要』二一、二〇〇二年)に接した。拙稿と関わる部分も多くあるが、詳細な検討は後日を期すことにしたい。なお康和本の装丁について、当初、粘葉装と考えていたが、伊東氏の指摘により包背装と改めた。

甲賀宮・甲賀寺と近江国分寺

中井　真孝

はじめに

現在、滋賀県甲賀郡信楽町黄瀬に「史蹟紫香楽宮阯」（以下、「史跡」という）がある。ここは昭和五年、肥後和男氏によって発掘調査が行われ、礎石の配置が中門・金堂・講堂・僧房・塔など寺院の伽藍形式であることが判明した。(1) そこで、史跡と寺院の関係をどのように考えるか、諸説を生み出してきたのである。その代表的なものは、紫香楽宮と甲賀寺とは別の場所に造営され、紫香楽宮が廃された後に近江国分寺となったと考える説である。(2)

ところが、かつて整備事業を担当した水野正好氏が「史跡」は甲賀寺の遺構であり、紫香楽宮跡は近接地に別個に存すると考えた(3)その予想のとおり、「史跡」の北方約二キロに位置する同町宮町から宮殿遺構と思われる建物群が発見された。宮町遺跡は、昭和五十九年の第一次調査より平成十年の第二十二次調査におよび、「造大殿所」と書かれた木簡の出土(4)などから、紫香楽宮の遺跡であると断定されるに至った。(5) そして平成十二年には、「史跡」と宮町遺跡のほぼ中間に位置する新宮神社遺跡から大型の橋脚遺構が出土して、「朱雀路」を推測することが可能なところから、(6) 甲賀寺を含むかなり広範な宮都の造営が考えられるようになった。

こうした発掘調査の成果をうけて、「大願を発す・大仏建立と紫香楽宮」と題する歴史フォーラムが催された。[7] 筆者は発言の機会を与えられ、「聖武天皇と仏教」について概略を述べたが、その際改めて紫香楽宮と甲賀寺、近江国分寺に関して考えたことどもを披見したいのである。

一　紫香楽宮と甲賀宮

まずはじめに宮号の表記から検討しよう。辞書的解説をすれば、[8] 紫香楽宮は信楽宮とも書き、甲賀宮ともいうが、どうであろうか。手はじめに『続日本紀』のなかから「紫香楽宮」の宮号が出てくる記事を抜粋する。

行幸紫香楽宮、（中略）即日、車駕至紫香楽宮、（天平十四年八月己亥条）

行幸紫香楽宮、（後略）（天平十四年十二月庚子条）

行幸紫香楽宮、（後略）（天平十五年七月癸亥条）

東海東山北陸三道廿五国今年調庸等物、皆令貢於紫香楽宮、（天平十五年十月壬午条）

皇帝御紫香楽宮、為奉造盧舎那仏像、始開寺地、於是行基法師率弟子等勧誘衆庶、（天平十五年十月乙酉条）

初壊平城大極殿幷歩廊、遷造於恭仁宮四年於茲、其功纔畢矣、用度所費不可勝計、至是更造紫香楽宮、仍停恭仁宮造作焉、（天平十五年十二月辛卯条）

取三嶋路行幸紫香楽宮、（後略）（天平十六年二月戊午条）

運金光明寺大般若経致紫香楽宮、（後略）（天平十六年三月丁丑条）

紫香楽宮西北山火、城下男女数千余人皆趣伐山、（後略）（天平十六年四月丙午条）

以始営紫香楽宮百官未成、司別給公廨銭惣一千貫、交関取息永充公用、不得損失其本、（後略）（天平十六年四月丙辰条）

（前略）斯二人並伐除紫香楽宮辺山木、故有此賞焉、（天平十六年八月乙未条）

つぎに「甲賀宮」の宮号の記事を引こう。

太上天皇幸甲賀宮、（天平十六年十一月癸酉条）

是日、車駕還恭仁宮、以参議従四位下紀朝臣麻路為甲賀宮留守、（天平十七年五月壬戌条）

発近江国民一千人令滅甲賀宮辺山火、（天平十七年五月丙寅条）

是時甲賀宮空而無人、盗賊充斥、火亦未滅、仍遣諸司及衛門衛士等令収官物、（天平十七年五月戊辰条）

以上の用例をみるかぎり、『続日本紀』において「紫香楽宮」は天平十四年八月から天平十六年八月まで、「甲賀宮」は天平十六年十一月から天平十七年五月までと、二つの宮号の使い分けは判然としている。紫香楽宮と甲賀宮の宮号表記が混在して現れないとすれば、単純に別名と考えることは、躊躇せざるを得ないのである。

続いて、正倉院文書における宮号表記を検証しよう。「信楽宮」は三件[9]しか現れない。「律論疏集伝等本収納并返送帳」の、天平十六年五月十日の項に、

十日納花厳経疏一部廿巻（注記略）

右従信楽宮給出使舎人茨田久治万呂　受酒主

同年八月十日の項に、

十日納十一面神呪心経義疏一巻（注記略）

右従信楽宮給出使阿刀酒主　受人成　判進膳令史

とあり、もう一件はこの文書の案文と思われ、五月十日の項と同じ記載であるから、実質的には二件となる。[10]

一方、「甲賀宮」は「甲可宮」「甲加宮」とも書き、五十件[11]も現れる。そのうち最も早いのは「経師等行事手実帳」で、天平十六年三月六日付け杖部子虫手実に、

起信論疏上巻用卌七　弁中辺論疏上巻卌八已上二巻写甲加宮者

とあり、同月七日付け志紀久比万呂手実に「弁中辺論疏中巻卌一已上一巻写甲加宮者」、同日付け漢浄万呂手実に「法花宗要一巻用十二張　肇論疏上巻用卌四　弁中辺論疏下巻用卌七已上三巻写甲加宮者」とあるのがこれに続く。[12]しかし、ここの箇所は「甲加宮」で写経した経典名と用紙数を追記した部分であり、[13]同年七月十七日付け阿刀息人手実および同月二十五日付け「写疏所解」を参照すると、[14]追記は三月から七月までの上半期中に行われたと考えられる。そこで「写疏料紙等納充注文」に、

天平十六年四月十九日収納播磨国紙玖千捌佰伍拾枚疏料者

且充二千枚受広公収継紙八十二巻進甲可宮十八巻

とあり、天平十六年四月十九日に二十枚を一巻とした十八巻分三百六十枚が写経用紙として「甲可宮」に送られ、五月十六日に紙六枚が雑疏裏料として「甲可宮」に送られたとする記載あたりが確実な事例となろう。[15]

そして周知のとおり、天平十七年二月二十日付け玄蕃寮解を始めとして、同年十月二十一日付け造宮省移まで、[16]諸司から民部省あてに出された甲賀宮における直丁等の月粮請求の文書が二十通残っている。これより時期的に孤立して最後に現れるのは、天平勝宝三年十二月十八日付け「奴婢見来帳」で、佐伯伊麻呂が逃亡した奴忍人を「以二月十四日捉得於甲賀宮国分寺大工家」ことを報じている。[17]

これまで検討した宮号の用例から、およそつぎのことがいえるのではないか。第一に、宮号も地名もすべて「紫

香楽」は『続日本紀』にのみ使われ、正倉院文書では「信楽」の表記だけである。これをどう解釈するのか、即断を避けるが、『続日本紀』編纂時の修辞が考えられなくはない。第二に、甲賀（可・加）宮という宮号は天平十六年四月ごろから現れだし、翌十七年五月の廃都後の十月ごろまで「宮」としての機能をもっていたらしく、この宮号がずっと使われている。ところが信楽宮の宮号は、この間の正倉院文書では天平十六年の五月から八月までの期間に現れるにすぎない。しかも前掲の「律論疏集伝等本収納幷返送帳」に、天平十六年八月十日に「信楽宮」から受納した十一面神呪心経義疏一巻を「以十六年八月廿九日付高向太万呂進納甲加宮人成」と注記しており、「甲加宮」と並行して使用されている。

こうした用例に鑑みると、天平十六年の四月ごろ、シカラキ宮[18]はカフカ宮に改められたのではないか。しかし旧名になずみ、八月ごろまではシカラキ宮・カフカ宮が並称されることもあったが、まもなくカフカ宮に統一されたと思われる。そこで、つぎに考えるべきは、宮号の変更は何を意味するのかである。

二　甲賀寺の建立

シカラキ宮からカフカ宮へ宮号が変えられた天平十六年の四月ごろといえば、聖武天皇が五度目の行幸中のことである。『続日本紀』によれば、天皇が紫香楽へ行幸したのは、天平十四年八月二十七日から九月四日まで、十二月二十九日から翌天平十五年正月二日まで、四月三日から四月十六日まで、七月二十六日から十一月二日まで、天平十六年二月二十四日から翌天平十七年五月五日までの五度におよぶ。はじめの三度は滞在がきわめて短く、四度目は『続日本紀』が「車駕留連紫香楽、凡四月焉」と特筆するごとく三カ月以上にわたり、そして五度目はじつに一年二ヵ月を超えた。この四度目と五度目の行幸中のできごとが重要なのである。

『続日本紀』の記事を追っていくと、天平十五年の九月二十一日に、甲賀郡の調庸は畿内に准じて徴収されることとなり、また当年の田祖が免ぜられた。田祖の免除は行幸にともなう臨時措置と考えられるが、調庸の減免は「京」と「畿内」に適用される賦役令の規定に従った恒久的な措置である。これをのちに紫香楽宮が「京」になる前段階と解しがちである。[19]だがこの時点では、甲賀郡が「畿内」に准じた扱いをうけたとしかいえず、恭仁京に接する近江国甲賀郡を畿内に編入したと考えられなくもない。十月十五日に有名な盧舎那大仏造顕の詔が発せられ、翌十六日には東海・東山・北陸三道二十五国の今年の調庸物を紫香楽宮に運ばせ、十九日には盧舎那仏を造るためにはじめて寺地を開き、ここで行基が弟子らを率いて衆庶を勧誘している。こうした一連の記事をみると、東日本諸国の調庸物を紫香楽宮に運ばせたのは、紫香楽宮の造営を本格化させるというよりも、盧舎那大仏造顕のためであったと解さざるを得ないのである。

聖武天皇は、天平十六年になって閏正月十一日、恭仁京から難波宮に行幸したが、二月二十四日には三嶋路をとって紫香楽宮に行幸している。しかし、元正太上天皇と右大臣橘諸兄は難波宮に留まり、天皇が不在の難波宮を「皇都」と定める勅を宣した。三月十四日には「運金光明寺大般若経致紫香楽宮、比至朱雀門、雑楽迎奏、官人迎礼、引導入宮中奉大安殿、請僧二百、転読一日」という記事がみえ、その一方で十五日の記事に「難波宮東西楼殿、請僧三百人、令読大般若経」とあるので、天皇の紫香楽宮と太上天皇の難波宮が対抗しあい、政治的な緊張の高まりを印象づける。[20]結局、太上天皇は十一月十七日に甲賀宮へ行幸し、皇権の分立を招くような危機は収まった。

太上天皇が甲賀宮に到着する四日前の十三日に、

甲賀寺始建盧舎那仏像体骨柱、天皇親臨、手引其縄、于時種々楽共作、四大寺衆僧僉集、襯施各有差、

と、甲賀寺に盧舎那仏の体骨柱が建ち、聖武天皇が自ら臨んで縄を引いている。盧舎那仏を造る寺を「甲賀寺」と称したが、寺地を開いて一年余で体骨柱を建てるまでに盧舎那仏の造営は進捗した。十二月八日の夜、「於金鍾寺及朱雀路、燃灯一万坏」している。この記事を平城京の金鍾寺（後の東大寺）と朱雀路に解読する向きもあるが、新宮神社遺跡から「朱雀路」の存在が推測される現在では、甲賀宮での燃灯と解読するのが最も妥当であろう。そうなれば、金鍾寺は甲賀寺の誤りといわざるを得ない。[21] 盧舎那仏の体骨柱が建つ甲賀寺、朱雀路、甲賀宮（の朱雀門）までを結び、南北に一万坏の灯火が燃やされた光景が想定できること、甲賀寺と甲賀宮が一体で捉えられていたことを端的に示している。『続日本紀』天平十七年正月己未条の「乍遷新京、伐山開地以造宮室、垣牆未成、繞以帷帳」という記事の「伐山開地」は、宮町遺跡が位置する地形にはふさわしくない。おそらく「宮室」は甲賀宮だけでなく、甲賀寺をも含んだ表現であったと考えられる。

甲賀寺は、正倉院文書では甲可寺とも書くが、[22]「信楽寺」の名で現れることはない。シカラキ宮の宮号にちなむ寺号ではないが、しかしカフカ宮の宮号より先に命名されていたと思われる。そこで宮号の変更についていえば、シカラキ宮からカフカ宮への変更は、「離宮」から盧舎那大仏を営む「寺」と不可分の宮都、という意味をもたせる意図が存したのではないか。足利健亮氏の宮域画定は宮町遺跡の出現によって訂正されようが、足利氏が指摘された「紫香楽宮が、甲賀寺を中心施設とする法都、法城として営まれた可能性」は、いまなお否定できないのである。[23] なお、燃灯会に関して言及すると、類例として『日本書紀』白雉二年十二月晦条の「於味経宮、請二千一百余僧尼、使読一切経、是夕燃二千七百余灯於朝庭内、使読安宅・土側等経、於是、天皇従於大郡、遷居新宮、号曰難波長柄豊碕宮」および白雉三年十二月晦条の「請天下僧尼於内裏、設斎大捨燃灯」がある。この二度にわたる仏事の目的は同じと考えられ、難波宮の安鎮であろう。燃灯会が都宮の安鎮に関連した仏事として行われた前例に鑑みると、天平十六年十二月八日の燃灯会は、甲賀宮と甲賀寺を安鎮するための仏事であった。

仏師として塑像（中子）製作に当たったと思われる国中公麻呂が天平十七年四月二十五日、いちやく正七位下から外従五位下に昇叙されており、これが公麻呂に対する論功行賞であったなら、盧舎那大仏の塑像完成を示唆する。[24]しかし、五月十一日に平城京へ還都したため、盧舎那大仏の造営はおのずと中断されることになったが、なお「造甲可寺所」「甲可寺造仏所」という機関が存在した。造甲可寺所は、天平十七年十月二十一日付けで百六十七人の「仕丁等公粮」を請求している。[25]甲賀寺は大仏鋳造それ自体をやめたものの、仕丁等の人数の多さから、塑像を廃棄したうえで改めて伽藍の造営を継続したと考えられる。天平十九年正月十九日付けで甲可寺造仏所が金光明寺造仏官に当てて、「応奉請」べき仏像一具（仏菩薩三尊像）の担夫・裹料・綱料などを見積もっている。[26]金光明寺（後の東大寺）へ運搬した仏像を甲賀寺の本尊と見なせば、これは盧舎那仏でなければならず、また甲賀寺の廃絶を意味する。しかし、手・台座・光背などに分解して梱包した状態で百六十四人の担夫が運べる大きさの三尊像となれば、「天平十六年十一月に体骨柱の建てられた盧舎那仏そのものであった可能性[27]」はあり得ない。甲賀寺の造営に関して作製されたいくつかの仏像のなかの一具と考えられる。

三　近江の国分寺

甲賀寺に関する文献史料は以上に尽きるが、ここに前引した天平勝宝三年の「奴婢見来帳」にみえる「甲賀宮国分寺」が接続する。水野正好氏は「於甲賀宮国分寺大工家」を⑴甲賀宮国分寺の大工の家に於て、⑵甲賀宮の国分寺大工家に於て、の二通りの読み方が可能であるとして、⑵をとる場合に、近江国府域に所在する国分寺の大工家が甲賀宮にあって、近江国分寺の修理等の資材を求めていたことも考えられるという。[28]しかし、それはうがちすぎというべきで、(1)をとるのが妥当であって、「甲賀宮国分寺」はどうしても「甲賀宮（があった故地）の国分寺」と解さなければ、意味が通じない。現在、甲賀宮の故地には「史跡」以外に寺院遺跡が発見されていないので、甲賀寺が国分寺に転じたと考えざるを得ない。

それでは、甲賀寺が国分寺に変わったのはいつからであろうか。史料的には「甲可寺」の最後の天平十九年正月から、「国分寺」の最初の天平勝宝三年十二月までにある。この間の国分寺政策で注目されるのが、『続日本紀』天平十九年十一月己卯条の詔で、

朕以去天平十三年二月十四日、至心発願、欲使国家永固、聖法恒修、遍詔天下諸国、国別令造金光明寺・法華寺、其金光明寺各造七重塔一区、并写金字金光明経一部、安置塔裏、而諸国司等怠緩不行、或処寺不便、或猶未開基、以為、天地災異一二顕来蓋由茲乎、朕之股肱豈合如此、是以差従四位下石川朝臣年足・従五位下阿倍朝臣小島・布勢朝臣宅主等、分道発遣、検定寺地、并察作状、国司宜与使及国師、簡定勝地勤加営繕、又任郡司勇幹堪済諸事、専令主当、限来三年以前、造塔金堂僧坊悉皆令了、若能契勅、如理修造之、子孫無絶任郡領司、其僧寺尼寺水田者除前入数已外、更加田地、僧寺九十町、尼寺四十町、便仰所司開墾応施、普告国郡知朕意焉、

とある。国分寺建立の勅は天平十三年二月に出されたが、「諸国司等怠緩不行、或処寺不便、或猶未開基」と、寺地の選定すら行っていない国があった。寺地の検定と作状を視察する使者を派遣し、主当の郡司を任じて三年以内に塔・金堂・僧房の造了を命じ、僧寺に九十町、尼寺に四十町の水田を施入している。天平二十年十月には塔裏に安置する「国分最勝王経七十一部」の書写を終え、[29]天平勝宝元年に諸寺の墾田地の限度を決めたとき、諸国の「国

分金光明寺」は千町、「国分法華寺」は四百町とするなど[30]、国分寺造営の条件は整備されていたが、各国における実際の進捗状況は前掲の詔のごとく、いまだしの感があった。国分寺造営の督促は、天平勝宝八歳六月にも出ている。

こうした一連の施策の中で、天平十八年九月戊寅条の「恭仁宮大極殿施入国分寺」を理解する必要があろう。山背国では恭仁宮の造営に忙しく、天平十五年十二月に恭仁宮の造作を停止するまで、とても国分寺の造営に着手できる余裕はなかったに違いない。既存の寺院あるいは寺院に改めることが可能な宮室などの建築物を、国分寺に転用または改造する方が、国郡司にとって新建するよりも現実的な対策であったに違いない。近江国もまた紫香楽宮と甲賀寺の造営で同様の事情が想定され、天平十九年十一月から三年以内の時点で、甲賀寺を近江国分寺に改めたと考えられる。山背国分寺と甲賀寺で同笵瓦が出土するのは[31]、山背国分寺と近江国分寺の造営がほぼ時を同じくし、その工人組織を共通にしたことを示している。

ところで、初期の近江国分寺が甲賀宮の故地に所在したことを認めたうえで、その後まもなく大津市瀬田地区（瀬田川東岸）の近江国府域に移り、さらに延暦四年の火災で焼失しても再建されず、弘仁十一年に定額寺の国昌寺をもって国分寺に当てられたが、その国昌寺の遺址は大津市石山地区（瀬田川西岸）にあるという、国分寺三転説が有力である[32]。いま、この近江国分寺三転説に対する疑義を呈して、二転説をとなえたい。

平安時代の国分寺が近江国府域に存したことは、多くの文献から確かめられるが、甲賀宮の故地から移転の時期を、柴田実氏は肥後氏の見解[33]に引きずられて、「天平宝字六年石山寺創建に関する正倉院文書の中に信楽故京の遺材を以て石山に法備国師を入れ奉るべき板屋を造る旨の見えてゐる事は頗る注意すべく、これ或いは国分寺の移転を意味するのではないかと思はれる」と、石山寺造営に関連させている。国師は国司とともに一国の寺務を検校し、国分寺に止住するのを常例とするから、法備国師を入れ奉るべき板屋が石山に建てられることは、「そこに国分寺が移される事を告げるものではないかと思はれる」というのが推測の論拠であった。しかし、論拠となった正倉院文書の読解に誤りがある。近江国師の法備は天平宝字五年十二月、信楽にあった「二条殿」（平城京の二条に邸宅を構えた貴族）の建物三宇のなかの板殿一宇（三丈殿）を買い取って、翌年正月これを石山寺に「奉入」した。[34] 板屋は法堂に改作されたが、この「法備国師奉入」は、「法備国師を入れ奉る」ではなく、「法備国師が入れ奉る」と読むべきで、「奉入」とは寄進の意味である。したがって、法備国師の住むべき板屋が石山寺に建てられたわけではないから、国分寺の移転を示唆する史料とはいいがたい。むしろ法備国師は信楽の国分寺に止住していた可能性が大きいのである。

石山寺への板屋運搬に関して、二通の丈尺勘注解が残っている。[35] その一通は法備国師奉入の三丈殿、もう一通は信楽宮辺より買った板殿（筑紫帥藤原豊成の板屋）の五丈殿の丈尺勘注解で、それぞれに某寺の三綱等が連署している。福山敏男氏はこの某寺を「甲賀寺即ち当時の近江国分寺」と考えられたが、[36] 福山氏の推定は正しいと思われる。第一に、信楽から壊し運ぶに当たり、板屋を解体した部材とその法量（丈尺）の確認に立ち会った現地の寺院とは、信楽にあった近江国分寺以外に想定できない。第二に、三綱等の名前が寺主僧最善、上坐僧最貞、可信僧最琳、鎮僧最信というように、全員「最」字が共通する。これは偶然だろうか。天台宗の開祖・最澄は宝亀十一年十一月、「国分寺僧最寂死闕之替」として得度したが、[37] 最澄の「最」字は最寂の死闕による得度であることを示すために付けられたと考えられる。国分寺の僧尼は定員制をとり、もし欠員が生じた場合には、随時に代わりのものを得度させたが、[38] 補欠で得度したものの法名に「最」字が付いたことは、近江の国分寺僧は全員その法名に「最」字を付けていたことを示唆する。そうすると、三綱等の法名に「最」字が付くこの某寺は、近江国分寺といわざるを得ない。[39]

ところで近江国分寺は、平安時代に入ると信楽から移転する。その所在地を文献上で確認しよう。正中二年十一月に、承鎮法親王から尊雲法親王に譲られた本尊聖教・房舎・寺領等のなかに「諸国末寺所々御領」として「勢多国分寺敷地」がある[40]。鎌倉時代の後半に、近江国府が存した勢多（瀬田）に国分寺の敷地があって、梶井門跡の諸国末寺庄園散在御領に数えられていたことが分かる。ただこれは敷地の存在が判明するものの、伽藍の存在証明とはならない。つぎに『西宮記』巻十八（伊勢使）に、

出会坂関、近江国祇承到勢多駅、（国分寺前、勢多橋不下馬、）国司羞供給、次到野洲河祓、（其儀如前、）次到甲賀駅宿、国司供給、

とあるのに注意したい。これは伊勢例幣使が伊勢神宮までおもむく経路を記している。会（逢）坂関を出ると、近江国司が祇承して、勢多駅に至り、供給をすすめる。つぎに野洲河に至り、祓いを行う。つぎに甲賀駅に至り、宿にて国司が供給する。このような文脈のなかで、「国分寺前、勢多橋不下馬」という割注は、「国分寺前」が勢多駅の位置を指し、「勢多橋不下馬」は伊勢使が下馬しないで勢多橋を渡る、という補足説明である。国分寺は（京都から来て）勢多橋を渡った（瀬田川東岸の）勢田駅の前に位置したのである。延喜の斎宮式に「凡頓宮者、近江国国府・甲賀・垂水」とあり、伊勢使と斎宮群行の経路がほぼ一致しているので、勢多駅は国府の近辺にあらねばならない。現在、大津市大江（瀬田川東岸）の国府遺跡の南に点在する諸遺跡に、国分寺や勢多駅を比定するのが妥当であろう。その一つの瀬田廃寺（大津市野郷原）は、近江国分寺の遺址である可能性が最も高いと考えられる[41]。

おわりに

平安時代の中ごろの文献で、近江国分寺が国府域に所在したことが判明した。信楽から国府域に移転したのはい

つか、を最後に推測しておこう。『日本紀略』弘仁十一年十一月庚申条に、

近江国言、国分僧寺、延暦四年火災焼尽、伏望以定額国昌寺就為国分金光明寺、但勅本願釈迦丈六更応奉造、又応修理七重塔一基、云々、許之、

とある。通説によると、延暦四年に焼失した国分寺は国府域に所在し、弘仁十一年それに代わった定額寺の国昌寺は瀬田川西岸に位置したと考えられている。だが、平安中期の文献からうかがわれる国分寺が依然と「勢多」にあった点で問題が残る。瀬田川の東岸は栗太郡勢多郷、西岸は滋賀郡古市郷、荘郷制の粟津荘に属し、東岸の地名「勢多」が西岸におよぶことはないのである。国昌寺が瀬田川の西岸側に所在したとみなす最大の典拠は、『沙弥十戒威儀経疏』を著した唐僧法進が巻五の巻末にそえた「天平宝字五年十月十五日随賀（駕乎）往保良宮、住国昌寺」という跋文にある。国昌寺は保良宮の近傍に存し、保良宮跡が現在の大津市石山地区の台地上に想定されるところから、国昌寺の遺址も同地区内のいずれかと考えられて、光が丘町の寺院址が「国昌寺跡」に比定されている(42)。しかし、法進が孝謙上皇の保良宮行幸に随駕し、国昌寺に住んだというだけであって、国昌寺の所在を保良宮の近傍にかぎる必要はなにもない。保良宮の上皇に近侍するために往復できるところ、すなわち勢多橋を渡った東岸側の大津市瀬田地区に所在を求めても差し支えないのである。要するに、この跋文から国昌寺の位置を推定することは困難であろう。

結論を急ぐと、延暦四年焼亡の国分寺とは信楽にあったもの、弘仁十一年に代替の国分寺に措定された国昌寺は国府域に存在したと考えている。このように考える方が、両者の遺跡から得られた考古学の知見と整合性が出てくるのである。最初の近江国分寺は甲賀寺を改めたものであるから、甲賀寺の遺跡すなわち「史跡」が国分寺の遺跡でもある。「史跡」の調査報告によれば、出土瓦のうちⅡ型式は平安前期の特徴をもち(43)、遺跡は平安時代に火災に

遭っているという。(44)この国分寺が石山寺造営にかかわって国府域に移転したとすれば、平安前期まで存続した遺跡の性格をどのように理解するかである。国府とは大戸川沿いの道で通じ、国分寺としての機能を果たしているのに、移転しなければならない理由が見当たらないのである。

一方、国府域における国分寺遺跡と推定されている瀬田廃寺は、白鳳期にまで遡ることができる寺院である。最も多く出土するⅢ型式の瓦は奈良後期とみられ、この寺院の発展期に当たるが、そのことは国分寺に転用されたことを意味するとは限らない。平安時代に属するⅣ型式・Ⅴ型式の瓦も出土しており、瀬田廃寺は平安時代を通じて存続したという。(45)こうした遺跡の特色は、延暦四年に焼失した後、ついに再建されなかったとする国分寺の遺跡にふさわしいのであろうか。結局、信楽の「史跡」と瀬田廃寺の両方を矛盾なくつなぐのは、前掲した『日本紀略』弘仁十一年十一月庚申条の記事である。私は瀬田廃寺こそが国昌寺と考えたいのである。瀬田廃寺の塔の礎石の配置が通常の寺院址のものと異なるのは、国分寺の代替として「応修理七重塔一基」に関連しているからではないか。

註

（1）肥後和男「紫香楽宮阯の研究」（『滋賀県史蹟調査報告』四、一九三一年）。
（2）同右。
（3）滋賀県教育委員会『史跡紫香楽宮跡保存施設事業報告書』、一九六八年。
（4）信楽町教育委員会『宮町遺跡出土木簡概報』一、一九九九年。
（5）信楽町教育委員会『今よみがえる紫香楽宮』改訂版、一九九九年。
（6）滋賀県教育委員会ほか『新宮神社遺跡現地説明会資料』、二〇〇〇年。
（7）平成十二年十二月十日、於びわ湖ホール、滋賀県教育委員会ほか主催。

（8）『国史大辞典』六、一九八五年。
（9）直木孝次郎『正倉院文書索引』官司・官職・地名・寺社編（平凡社、一九八一年）には四件を挙げるが、『大日本古文書』一六巻二〇六頁の「信楽」は単なる地名であって、宮号とは解せない。
（10）『大日本古文書』八巻、一八九頁・一九一頁・一九六頁。なお文書名は『大日本古文書』に従う。
（11）註（9）に同じ。
（12）『大日本古文書』八巻、四三九頁・四四〇頁。
（13）川原秀夫「紫香楽宮写経に関する一考察」（『正倉院文書研究』一、吉川弘文館、一九九三年）。
（14）『大日本古文書』八巻、四四八頁、同二巻、三五五〜三五七頁。
（15）『大日本古文書』八巻、四五九〜四六〇頁。
（16）『大日本古文書』二巻、三九〇頁・四七四頁。
（17）『大日本古文書』三巻、五三五頁。
（18）「紫香楽」は字音仮字（万葉仮名）を用いた嘉好表記と思われる。「香」は〈カ〉の字音仮字であるから、シカラキと濁らずに読むのが正しい。
（19）註（1）に同じ。
（20）直木孝次郎「天平十六年の難波遷都をめぐって」（『飛鳥奈良時代の研究』、塙書房、一九七五年）
（21）林陸朗『完訳・注釈　続日本紀』二（現代思想社、一九八六年）注四七頁、直木孝次郎ほか『続日本紀』二（平凡社、一九八八年）一三一頁。
（22）『大日本古文書』二巻、四七六頁・五七六頁、同二四巻、三一五頁。
（23）足利健亮「紫香楽宮について」（藤岡謙二郎編『山間支谷の人文地理』、地人書房、一九七〇年）
（24）畑中英二「甲賀寺雑考」（滋賀県文化財保護協会『紀要』一四、二〇〇一年）。
（25）『大日本古文書』二巻、四七六頁。
（26）『大日本古文書』二巻、五七六頁。

(27) 註(24)に同じ。
(28) 註(3)に同じ。
(29) 『大日本古文書』三巻、一二八頁。
(30) 『大日本古文書』二四巻、六〇四頁。
(31) 林博通「甲賀寺跡」(小笠原好彦ほか『近江の古代寺院』、近江の古代寺院刊行会、一九八九年)。
(32) 柴田実「近江国分寺」(角田文衞『国分寺の研究』上、考古学研究会、一九三八年)、林博通「近江国分寺に関連する発掘調査」(角田文衞『新修国分寺の研究』三、吉川弘文館、一九九一年)。
(33) 肥後和男「近江国分寺阯」(『滋賀県史蹟調査報告』五、一九三三年)。
(34) 『大日本古文書』五巻、三四九頁、同一六巻二二七頁。
(35) 『大日本古文書』四巻、五二八～五三一頁。
(36) 福山敏男「奈良時代に於ける石山寺の造営」(『日本建築史の研究』、桑名文星堂、一九四三年)三五三頁。
(37) 『大日本古文書』六巻、六〇四頁。
(38) 拙稿「奈良時代の得度制度」(『日本古代仏教制度史の研究』、法藏館、一九九一年)。
(39) 栄原永遠男「石山寺と国分寺」(『新修大津市史』一、一九七八年)。
(40) 『滋賀県史』二、一九二八年、四三六～四三八頁。
(41) 林博通「瀬田廃寺」(前掲『近江の古代寺院』二九〇頁)。
(42) 西田弘「国昌寺跡」(前掲『近江の古代寺院』)。
(43) 註(31)に同じ。
(44) 「史跡」の調査報告には「(塔の礎石は)いづれも火に遭った形跡があり」(註(1))、「平城遷都後も存続し、出土屋瓦から見て、平安時代罹火して焼失したものと考えられる」(註(3))とある。
(45) 註(41)に同じ。

付記　本稿を伊藤唯真先生古稀記念会の編集担当者に手渡したのは、平成十三年七月のことである。その後、桜井信也「近江国分寺の所在をめぐる二、三の問題」（西田弘先生米寿記念論集『近江の考古と歴史』、真陽社、二〇〇一年）の抜刷を平成十四年二月に受領したが、桜井氏の研究成果を本稿に参照できなかったことを付記しておく。

寺院配置からみる大津宮遷都

葛野　泰樹

はじめに

七世紀以降、律令体制を確立しようとする国家は、中央や地方の行政システムをはじめとする諸制度を整えていくなかで、視覚的に都城を整備するのと併行して仏教を積極的に取り入れていく。仏教は国家仏教として国土安寧の役割を展開していくのであるが、一応の完成をする時期について、藤原京、平城京、そして長岡京、平安京と続く条坊制の都市計画と寺院配置が一体的に存在していることから、天武・持統朝頃とすることが一般的である。

しかし、それまでに六世紀中頃に公式な外交ルートを使って伝えられた仏教は、諸豪族や王族を中心に信仰され、律令体制の確立の進捗にあわせて鎮護国家のための国家仏教へ変貌していくのである。仏教をいち早く取り入れようとする理由について田村氏は、東アジアの漢字文化圏で信仰されている仏教をあえて排除する必要はなく、仏教のもつ教義にとどまらず、仏教を通じて大陸の新しい技術・文化的要素を積極的に取り入れることが得策と判断したのではないかと解説されていることは示唆的である（田村圓澄『図説日本仏教の歴史　飛鳥・奈良時代』、校成出版社、一九九六年）。その技術・文化的要素を含めた仏教の総合構造物が「寺院建築」といえる。

飛鳥では諸宮都や寺院が建立され、律令国家体制成立期の中心地として展開しているなかで、六六七年に中大兄皇子は飛鳥から脱出してはじめて畿外の大津に遷都している。この脱出については旧豪族系に連なる政治力を排除して政治革新をねらったものといわれている。しかし、大津宮遷都に伴い崇福寺、穴太廃寺、南滋賀廃寺等を新たに整備しているが、飛鳥には国家寺院として建立された川原寺や橘寺などの諸寺院は存続させているところに、飛鳥を無視できない遷都であったことがうかがえる。では藤原京以前の大津宮時代にこれら諸寺院がどのような理念によって配置されたのか、大津宮遷都における寺院の役割と仏教が天智朝に深くかかわっていた可能性について考えてみたい。

一　大津宮の調査

1　発掘調査から

大津宮の所在地については早くから大津市北郊の滋賀里説、南滋賀説、錦織説や旧大津市内説さらに草津市説など議論され続けていたが、錦織遺跡に所在していたことは、これまでの考古学的発掘調査で明らかにされている。すなわち昭和四十九年（一九七四）に大型建物の柱跡が検出され、その構造が内裏南門跡であることが判明して以来、同遺跡からは複廊跡や長殿、内裏正殿、朝堂院建物等々がつぎつぎとみつかり、建物跡等の検出された地点は「史跡近江大津宮錦織遺跡」として史跡指定され、大津宮所在地論争は一応の完結をみた。

錦織遺跡の所在する大津北郊は、西側に連なる比叡山から派生する小河川により形成された扇状地が発達して、地形は琵琶湖側に傾斜している。大津宮時代の琵琶湖の汀線は湿地帯が現在より陸地部まで入り込み、標高八六メートル付近（現ＪＲ湖西線の通過する付近）に想定できることなどから、宮殿や官衙、邸宅建物の建設可能な土地範囲は南北に細長い部分に限られ、さらに、各扇状地間の低地を除くと利用できる土地はさらに狭くなる。大津宮の所在する錦織付近は水晶谷の扇状地にあり、その扇頂部には前期の前方後方墳である皇子山古墳の築造された独立丘陵がある。東方は皇子山古墳から約五〇〇メートル付近で湿地帯の痕跡が認められていることから、宮城域として土地利用できる東西幅はわずかである。

この、錦織遺跡を中心にして起伏の多い南北に細長い土地に、北から穴太廃寺、崇福寺、南滋賀廃寺、園城寺前身寺院跡の四寺院が、大津宮建物と同じ南北方位を持って同時期に存在する。さらに、琵琶湖を隔てた東方の草津平野の湖岸近くにも、白鳳時代の瓦を葺く宝光寺跡や観音堂廃寺、花摘寺が建立している。これら寺院の立地関係をみると、大津宮を取り囲むように存在していることから、林博通氏は、各寺院は大津宮に入る道路部分に当たり、都城を防御する軍事的色彩が強いことを指摘し、それが計画的に行われていることから寺院に囲まれた地域を「大津京」として、京としての都市空間を設定している（林博通『大津京跡の研究』、思文閣出版、二〇〇一年）。

大津京と条坊制研究についてはこれまでに種々論議されてきたが、所在地が錦織遺跡に確定した以降は錦織を中心とした大津京の条坊制復原研究が行われ、小笠原好彦氏（「大津京と穴太廃寺」〈『考古学古代史論攷』、伊藤信雄先生追悼論文刊行会、一九九〇年〉）、阿部義平氏（「日本列島における都城形成（二）近江京の復元を中心にして」〈『国立歴史民俗博物館研究報告』四五、国立歴史民俗博物館、一九九二年〉）は錦織から穴太に認められる道路が当時の方格地割りを踏襲することを前提に、「大津京」ないし「近江京」として条坊制を持つ都市形態を想定している。実際に発掘調査では大津宮や南滋賀廃寺は中軸を南北方向にとり、穴太廃寺では寺院伽藍を南北方向に変更していることが判明している。また、現存する南北方向の道路を旧来の道筋に推定し、そこから条坊制復原を考えることは地図上では可能であるが大部分は比叡山地や琵琶湖内に含まれることになり、地形的に条坊制を施工するにはあまりにも狭い。これまでの発掘調査でも条坊制に関係する考古学的資料は検出されていないことなどから、現状では大津宮には条坊制は施工されず、南北方向を基軸とする道路網で結ばれた都城構造であったとみるほうが妥当である。

当時の宮都であった飛鳥をみると、小盆地のほぼ中央に南北軸線に方向を揃える飛鳥寺が東西約二町、南北約三町の寺域を持ち建立され、その北に小墾田宮推定地や官衙施設が造営され、西側の飛鳥川との間には迎賓施設である槻木の広場と関連する石神遺跡や漏刻跡といわれている水落遺跡があり、その南側に川原寺が建立されている。飛鳥寺の南側には岡本宮、飛鳥板蓋宮、嶋宮、後岡本宮や浄御原宮に推定されているエビノコ郭遺跡などの諸宮が狭い空間に重複して造営されている。嶋宮、後岡本宮、浄御原宮は天武天皇が壬申の乱後に飛鳥に戻り造営した宮であるが、飛鳥の諸宮には大極殿や朝堂院など宮中枢部の整備や条坊制といわれる計画的都市空間はみられない。これは、狭い飛鳥盆地のなかに多くの寺院伽藍や宮殿建物、諸官衙施設を配置しようとすると、計画的な土地利用と配置など規制が必要になる。その規則が飛鳥寺を中心とする南北軸であると推定できる。このような都市計画理念があるなかで、大津宮も限られた空間にあって南北軸を基準として計画的に諸施設が配置されたと考えられる。近江国には他に広大な平面空間があるにもかかわらず、あえて錦織地区を選定した理由の一つは、その飛鳥に似た空間や諸寺院の立地する理想的な環境にあり、条坊制を基本とする都市空間設定は想定していなかったと思われる。

2　大津宮の寺院配置

大津宮遷都が飛鳥の人々にとって大問題であったことは『日本書紀』巻二七、天智五年条の「是冬、京都之鼠、向近江移」という有名な記事から推測できる。さらに急遽遷都したため六六七年にすべての建物が揃っていたとは

図1　大津宮跡および古代寺院と推定道路

1．穴太廃寺跡　2．崇福寺跡　3．南滋賀廃寺跡　4．園城寺前身寺院跡　5．花摘寺跡　6．観音堂廃寺跡　7．宝光寺跡
8．北白川廃寺跡（京都府）
A．西近江路　B．東海道　C．小関越　D．白鳥越　E．山中越　F．水晶谷ルート　G．如意越

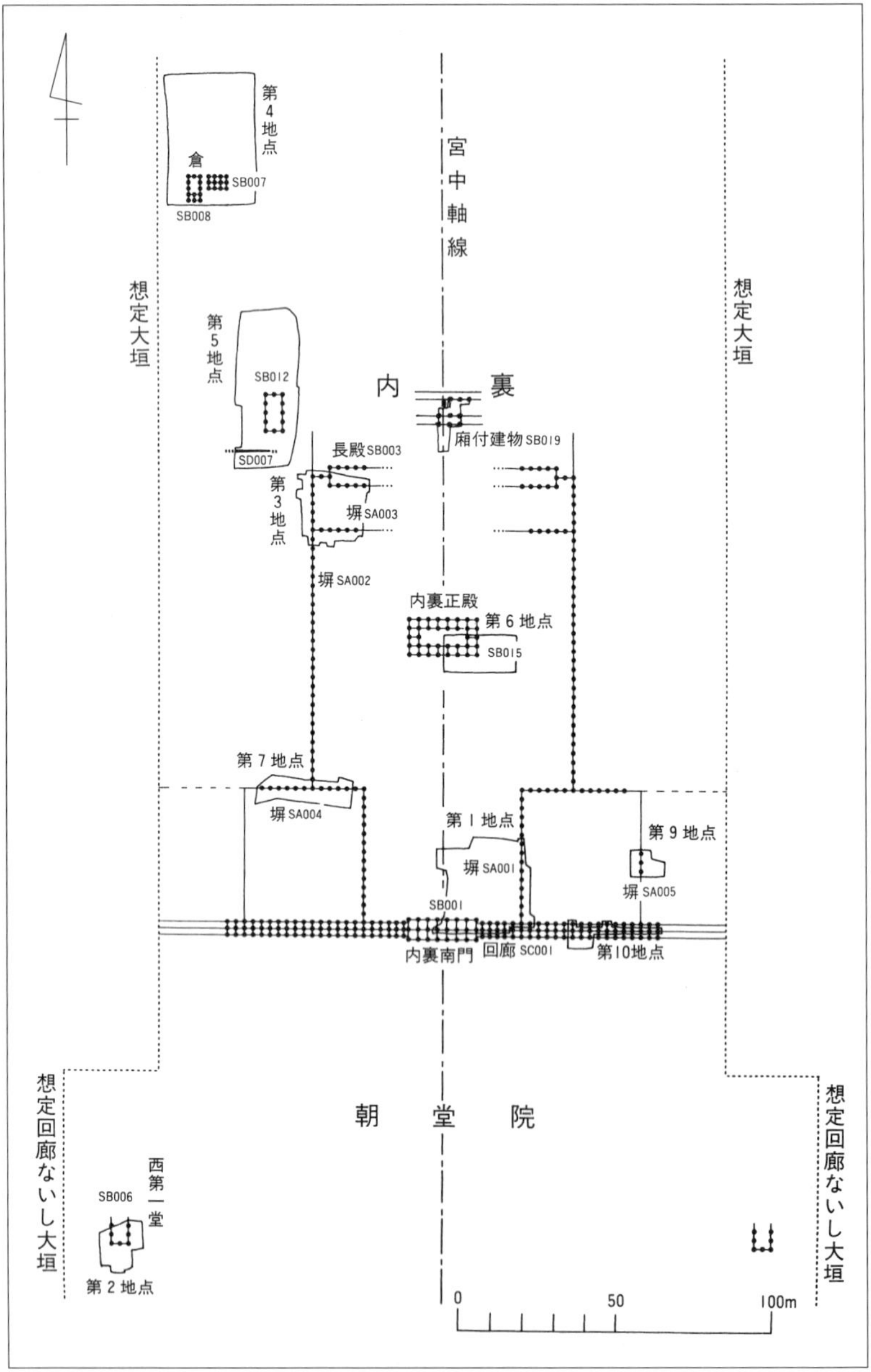

図2　大津宮中枢部建物配置図

考えられず、新天地で宮殿や各役所建物、官人の家屋、寺院など諸施設を建設するには大量の木材や瓦などの建設資材の調達や工人の確保、建設時間の確保を考えると工事は六六七年以前から始まり、六六七年以降もあちこちで土木工事と建物建設が行われていたとみてよい。とくに、寺院について短期間で一度に四つの官寺に加えて草津市所在の寺院を建設することは困難と考えられる。水野正好氏が南滋賀廃寺と穴太廃寺は本来大友村主、穴太村主の氏寺を整備した可能性を指摘されたことは注目される（「滋賀郡所在の漢人系帰化氏族とその墓制」〈『滋賀県文化財調査報告書』第四冊、滋賀県教育委員会、一九六九年〉）。園城寺前身寺院跡（園城寺遺跡）についても氏寺からの転用の可能性について述べたことがある（林博通、葛野泰樹「滋賀県大津市穴太遺跡の瓦窯跡」〈『考古学雑誌』、第六四巻第一号、一九七八年〉）。そうなると、新たに建立した寺院は崇福寺と草津市の寺院になる。

①各寺院の位置と構造

【北方　穴太廃寺跡】

大津宮跡の北方にある寺院跡で、七世紀中葉に創建され十一世紀末頃まで存続していた。創建寺院は穴太周辺に認められる斜方向の水田区画にあわせ主軸を約三五度東に振り、西に金堂、東に塔を配置している。再建寺院は南北方向を主軸に西に金堂、東に塔、その北に講堂を配する法起寺式伽藍配置を持つ。再建金堂の規模は飛鳥にある山田寺跡金堂と類似している。再建寺院講堂須弥壇跡からは丈六と考えられる塑像螺髪や小形火頭形三尊塼仏、銀製押出仏（押出菩薩像頭部残欠で法隆寺釈迦三尊像の両脇侍に似る）、泥塔などが出土している。また、多くの白鳳時代瓦類のほかに飛鳥時代末頃の素弁八葉蓮華文軒丸瓦もあり、さらに、瓦類には二点の文字瓦が含まれ、「庚寅年」（六三〇年ないし六九〇年）と「壬辰年六月」（六三二年ないし六九二年）とヘラ描きし、創建・再建寺院の時期を考

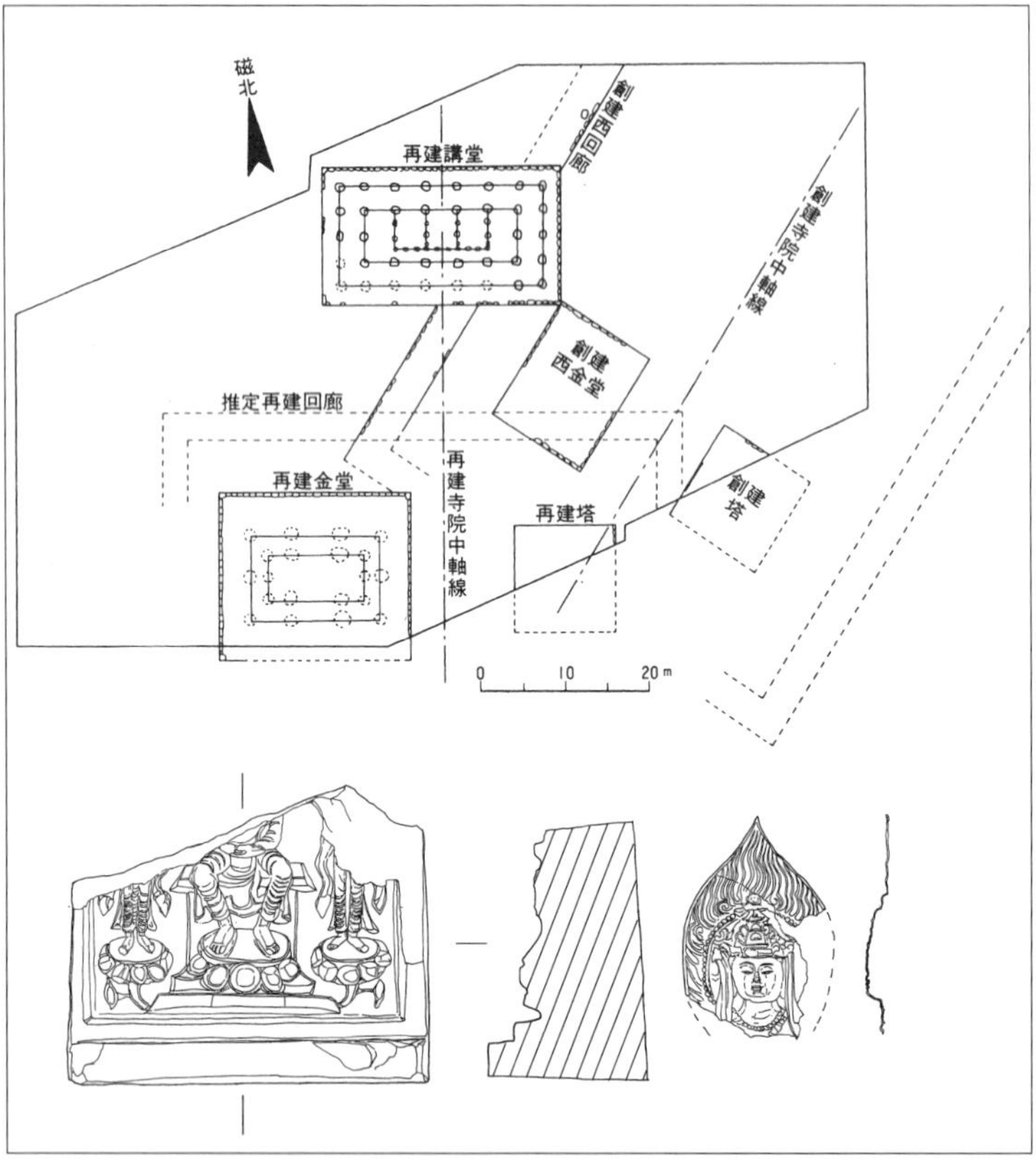

図3　穴太廃寺跡・出土遺物（右：押出仏／左：塼仏）

える資料になっている。なお、創建寺院より古い遺物から前身の寺院も推定されている。

【北方　南滋賀廃寺跡】

大津宮の北方一キロメートルにある寺院跡で、白鳳時代に建立され平安時代まで存続している。塔、西金堂（西塔説もある）、金堂、講堂、三面僧房、中門などで構成され川原式伽藍配置を持つ大寺院である。寺域は北築地などから三町（約三二〇メートル）四方であるとみられている。出土瓦は川原寺と同じ複弁蓮華文軒丸瓦や独特の蓮華文方形軒瓦（サソリ文）があり、また、平安時代の流雲文軒丸瓦なども多く出土することから、平安時代の寺院を桓武天皇が天智天皇

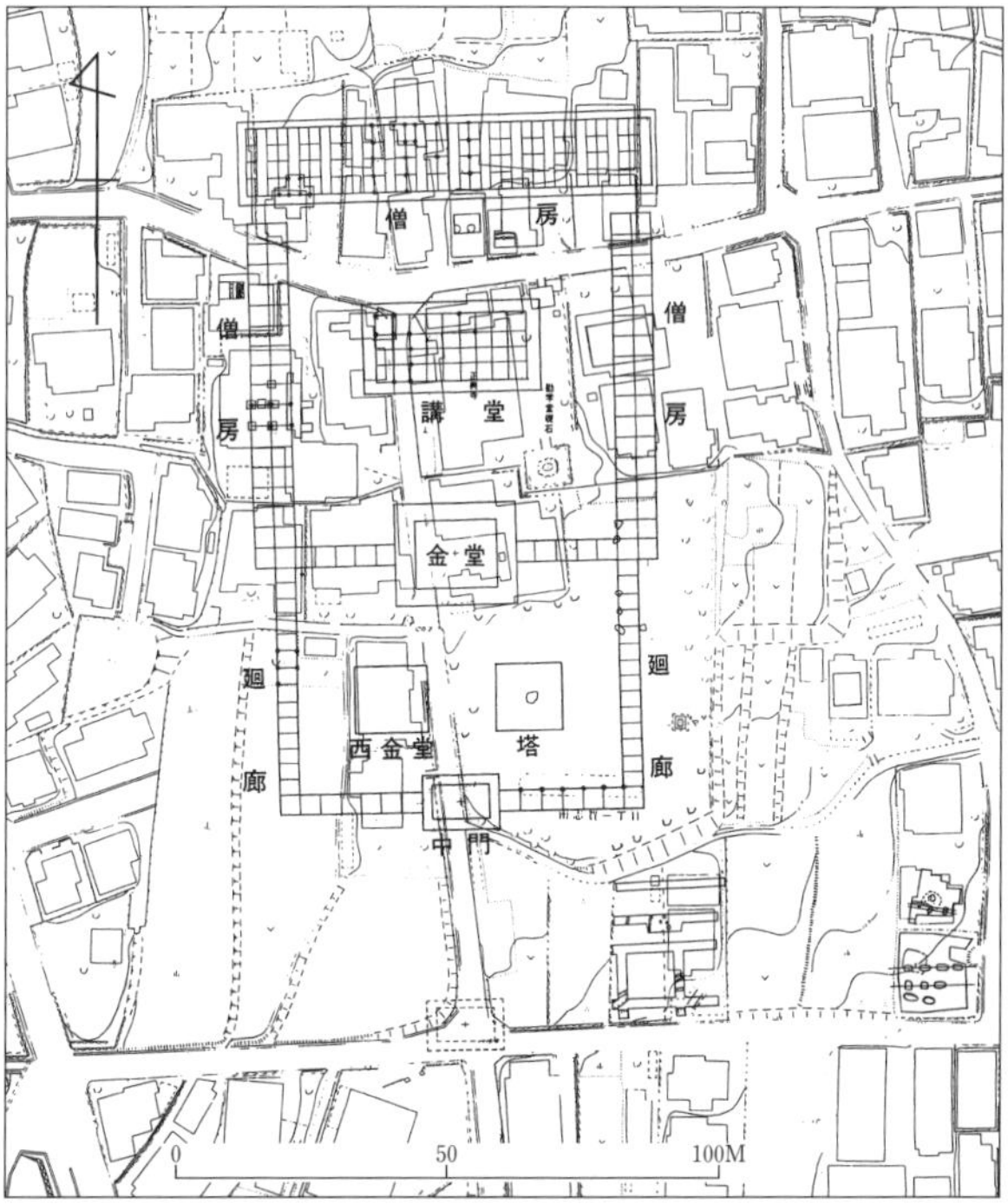

図４　南滋賀廃寺跡

を追慕するために建立した「梵釈寺跡」とする考え方もある。

【北西方　崇福寺跡】

大津宮跡の北西方向の山中にある寺院跡で、『扶桑略記』には天智七年（六六八）に天智天皇勅願により、大津宮の「乾之方角」に崇福寺を建立されたとあり、昭和三年と十三年の発掘調査によりこの寺院跡が崇福寺に確定された。寺院跡は三尾根に建立されており、南尾根に金堂跡と講堂跡、中尾根に塔跡と小金堂跡、北尾根に弥勒堂跡が配置されている。塔心礎の小孔には舎利容器を安置し、その内外には荘厳具が納められ紫水晶およびガラス小玉は外箱と中箱の間に入れられていたほか、鉄鏡、無文銀銭、銅鈴、硬玉製丸玉などが周囲に納められていた。また、周辺から独尊像塼仏が出土している。崇福寺は持統天皇、文武天皇、聖武天皇などをはじめ歴代天皇からの信仰が厚く、隆盛を極め、鎌倉時代までその名をみることができる。なお、各尾根の建物の方位が異なることなどから、北・中尾根の建物群を「崇福寺跡」に、南尾根建物を「梵釈寺跡」とする考え方もある。

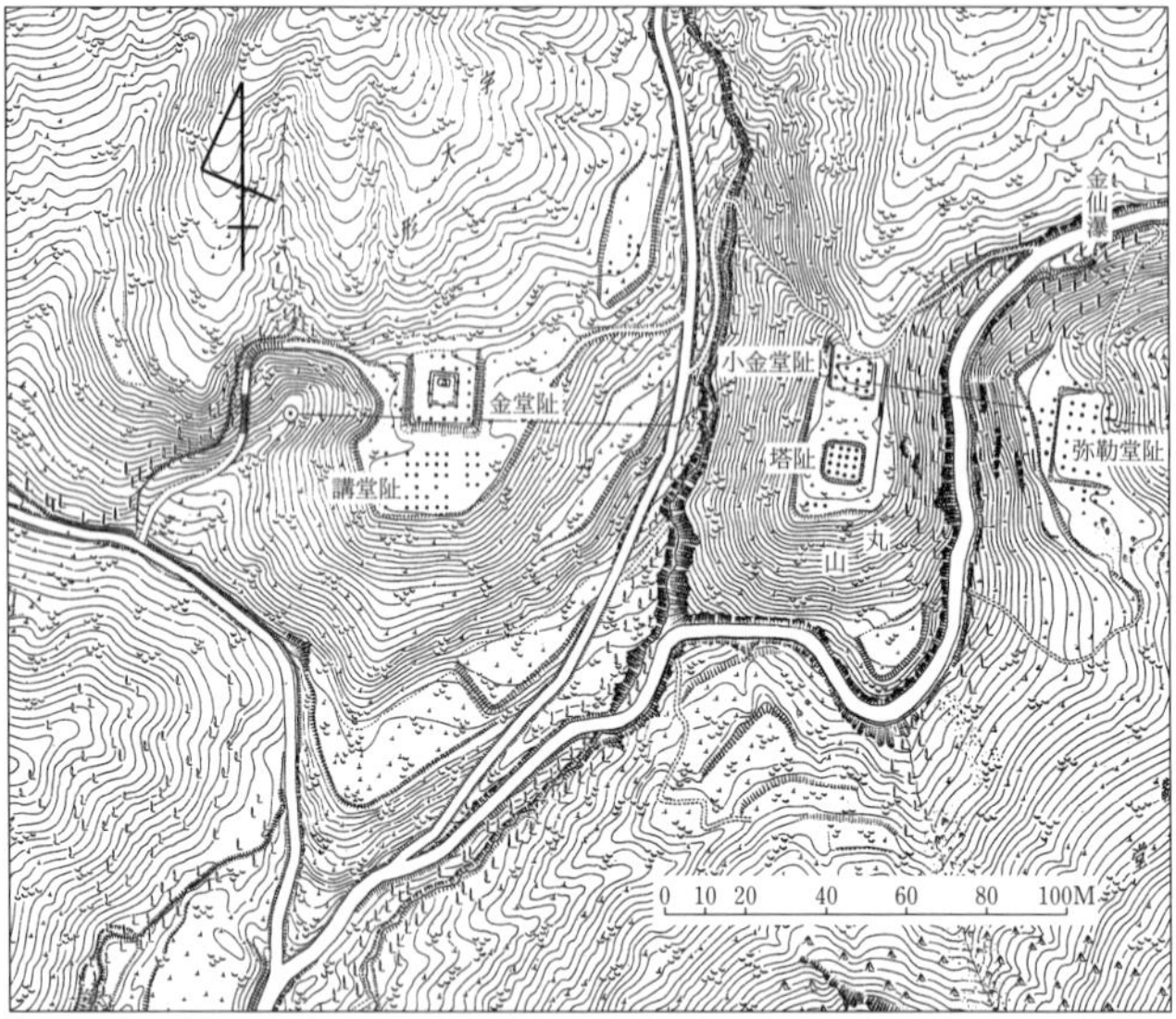

図５　崇福寺跡

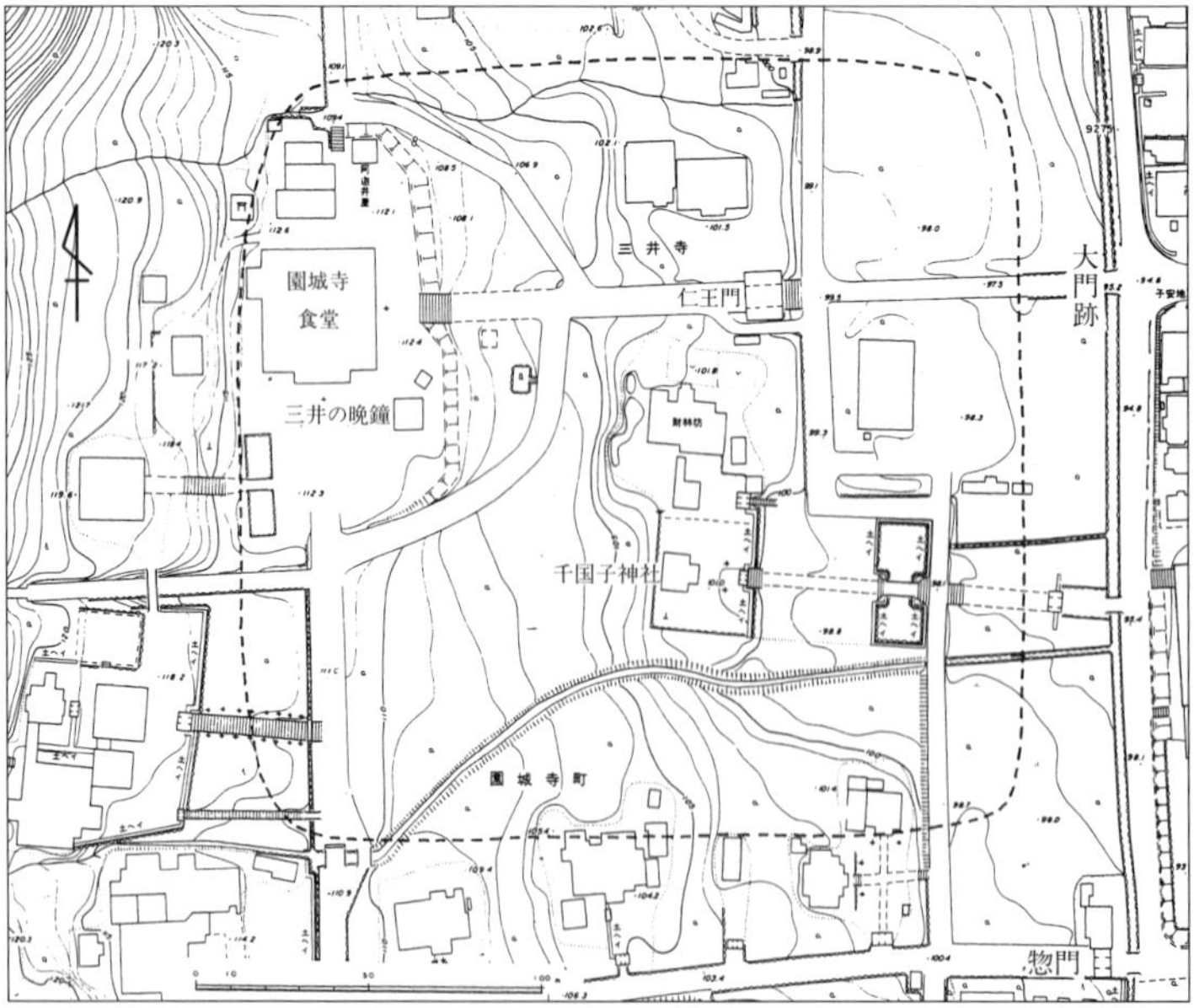

図６　園城寺前身寺院跡推定地

【南方　園城寺前身寺院跡（園城寺遺跡）】

大津宮跡の南方にある寺院跡で、天台宗寺門派の総本山園城寺の境内にある。『園城寺縁起』では大友皇子の子に当たる「与手王」建立を伝えている。境内の金堂や釈迦堂（食堂）付近から白鳳時代の複弁蓮華文軒丸瓦など瓦類が多数出土したことから、現在の堂宇下層に大津宮時代の寺院跡が存在することが推定されている。

【東方　琵琶湖対岸宝光寺跡・観音堂廃寺跡・花摘寺跡】

大津宮から琵琶湖の対岸の草津地域には宝光寺跡、観音堂跡、花摘寺跡の白鳳寺院が立地する。すべて南北方向を主軸としている。宝光寺跡は「興福寺官務牒疏」（『勘録興福寺末派寺社疏記』嘉吉元年〈一四四一〉四月十六日奥付）によると白鳳四年（六七五）に天武天皇勅願の寺院として僧定恵が薬師仏を本尊に十二の坊舎と四至別院の存在を記している。発掘調査では講堂跡とみられる瓦積基壇が検出され、周囲の地割りから二町四方の寺域を有していたと考えられている。出土瓦は南滋賀廃寺跡や穴太廃寺跡と同種の軒丸瓦や方形平瓦が出土する。

宝光寺跡の北方に観音堂廃寺跡・花摘寺跡がある。観音堂廃寺跡は二町四方の寺域を持つ寺院で、寺域内から礎石とみられる石材や白鳳時代の瓦類が出土している。花摘寺は東西約一町半、南北二町の寺域を持ち、寺域内にある天満宮境内には円形柱座を造りだした礎石や塔心礎とみられる石材、大型石製露盤などがある。発掘調査では雑舎と考えられる掘立柱建物などが検出されている。出土瓦などから白鳳時代から平安時代中頃まで存続していたと考えられている。草津地域の寺院の創建は文献資料から天武朝に建立された宝光寺跡もあるが、出土瓦類は南滋賀廃寺跡、穴太廃寺跡と同種で天智朝まで遡る可能性を示唆している。

これら大津宮を取り囲む寺院はどのような教義に基づき、何を本尊として安置していたのか明らかではないが、四方を意識して整備された寺院であることは確かであろう。

②寺院の立地と幹線道路の整備

遷都により幹線道路の起点が変更され、道路網も変わってくることは、足利健亮氏が説いているように〈「古代の交通」〈『草津市史』第一巻、草津市、一九八一年〉〉、情報・軍事・行政・思想の一極集中の徹底と租税の安定的確保を図ったものである。起点は飛鳥から大津宮に移り、それに伴う道路網の整備の概念は後の五畿七道の整備につながっていくと思われる。

五畿七道の制定について千田稔氏は、四方位観と陰陽道思想があったことを想定している〈「唐文明の導入 宮都の風光」〈『日本文明史』第三巻、角川書店、一九九〇年〉〉。すなわち、東海道と東山道・北陸道・南海道・西海道は四方位観により設定され、山陽道・山陰道の制定には陰陽道の考えが支配し、さらに畿内は四畿内から和泉が分国し五畿内になったことより、もとは四方位観で設定されたと述べていることに、筆者も同意見である。

この千田氏の考えに基づき、林氏のいう大津宮から四方へ延びる官道と寺院との位置関係を後の五畿七道に重ねてみると、西方へは錦織遺跡から水晶谷に沿って如意寺跡を経るルートと南滋賀廃寺跡および崇福寺跡から志賀越えルートがあり、畿内の山背国に通じている。北方へは北陸道が延びており、穴太廃寺から若狭・越前国へ通じ、さらに日本海から朝鮮半島・中国大陸にもつながっている。南方へは園城寺前身寺院から瀬田橋を渡河して草津で東海道と東山道とに分岐して、東海道は伊賀・伊勢国へ、東山道は湖東平野を北上して美濃国へ通じ、さらに逢坂関・小関越えで畿内、山陰・山陽道に延びている。東方へは琵琶湖を渡り宝光寺跡・観音堂廃寺跡・花摘寺跡から東山道と東海道につながっている。

また、琵琶湖と琵琶湖に注ぐ河川をつかった湖上・河道ルートも大津宮を支える重要な交通路であったことを述べたことがある〈葛野泰樹「古代近江南部における湖上交通と河道交通について」『〈史学論集』、佛教大学文学部史学科創設三十周年記念、一九九九年〉・同「考古学からみた古代水上交通に関する一試論」〈『鷹陵史学』第二五号、佛教大学鷹陵史学会、一九九九年〉)。

これら寺院は交通路の要衝に建立して政治的・軍事的に直接かかわり合うだけではなく、視覚的に都城を荘厳にみせるとともに、寺院を結界として仏教の持つ宗教的尊厳に期待し、さらに、四方位の四神に対する信仰も併せて期待したと考えることはできないであろうか。

二　四方位と四神・四仏に対する信仰的要素

寺院を四方に配置した理由と四神信仰がそこに存在したことについて考えてみたい。後の平安京や鎌倉は、都市形成に当たって陰陽道の「四神相応」の思想が強く働いていたことが想定され、方格地割りないし南北地割りに規制される視覚的都市空間形成に宗教的思想・理念が強く働いていたといわれている。

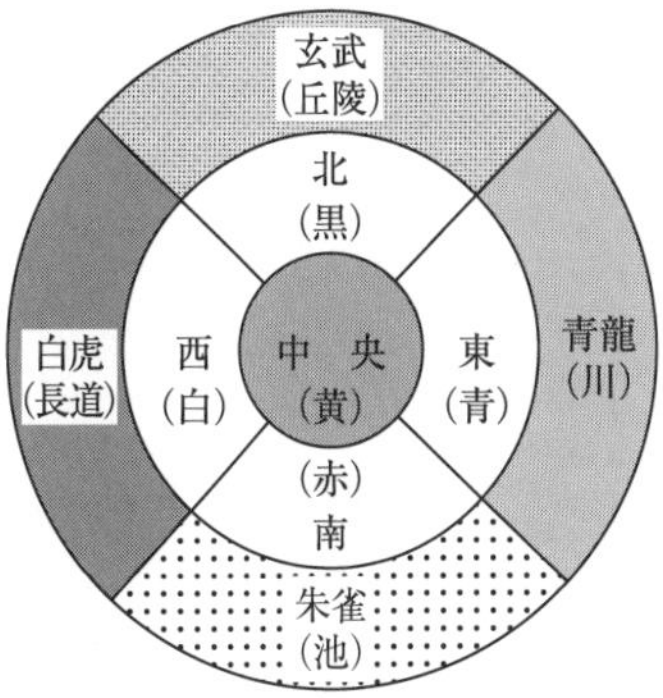

図７　四神図

四神思想は東西南北の四つの方角で、諸国、天下を表し、四神は中国漢時代頃からさかんに用いられた神獣である。四方から降りかかる悪災を鎮め守護する四神は四霊ともいわれ、四方七宿の星座から生まれた神である。東の青龍、西の白虎、南の朱雀（鳳凰）、北の玄武の四方を具象する四神獣が守護するのである。すなわち、青龍は東・春・青を表し天から恵みの雨を降らせ、家運を隆盛させる神で、白虎は西・秋・白を表し女性に子宝と安産を授け、夫婦円満に導く神といわれている。朱雀は南・夏・赤を表し翼で災厄を祓い、大いなる福を招く神で、玄武は北・冬・黒を表し長寿と福を招く亀と、災厄を寄せ付けない蛇の霊力を併せ持ち、長寿と繁栄をもたらす神といわれている。

仏教では四方の仏土に住する四仏として、東方には妙喜世界の阿閦仏が、南方には歓喜世界の宝相仏が、西方には極楽世界の無量寿（阿弥陀）仏が、北方には蓮華荘厳世界の微妙声仏がそれぞれ四方を守護している。さらに、密教の金剛、胎蔵両界曼荼羅では大日如来の四方に鎮座する仏として金剛界では東方に阿閦、南方に宝生、西方に無量寿、北方に不空成就が守護し、胎蔵界では東方に宝幢、南方に開敷華王、西方に無量寿、北方に天鼓雷音がそれぞれの方位を守護している。

一方、古墳をみると、高松塚古墳の壁画に四神（南壁には朱雀が予想されるが漆喰が剥離しているため不明）が配されている。高松塚古墳の築造年代は七世紀第４四半期から八世紀第１四半期に比定され、大津宮より後の天武朝から文武朝にかけて活躍した皇族関係者を被葬したと考えられている。また、その直後に築造されたキトラ古墳には朱雀も認められる四神像が描かれていることが明らかにされている。

このようにいままでの古墳儀礼に加えて東西南北の四神を配した空間を造りだしており、この時期になると四方位に対し非常に敏感であったといえる。四神は平城宮での天皇即位礼や元旦朝賀などに御旗として大極殿前に飾られ、四神信仰はかなり浸透していたとみてよい。四神は薬師寺の薬師如来座像の台座にも配されており、四方位に対する宗教的理念の確立する時代でもある。また、文殊古墳の石棺文様や八角墳の出現などのように仏教的色彩を帯びた古墳もある。さらに、火葬も行われているように、古墳の葬送儀礼に仏教観念が入り込み、仏教信仰と諸信仰とが深く習合する時期である。

仏教と他宗教との習合について金子裕之氏は、平安時代に密教が隆盛し神祇信仰と習合して神宮寺が建立された理由として、神仏習合思想の背景に道教信仰の影響を受けた陰陽道とかかわって発展していることを指摘し、藤原京や平城京の調査成果から「道教的信仰が広く浸透したこと、それが仏教、神祇信仰などと結びついた混然一体とした姿であった」とし、道教的信仰が人気を保つ理由に仏教との結びつきを七世紀後半から広まる呪符を事例に挙げて解説している。また、天武末年（天武五年〈六七六〉八月十六日に始まる大祓は道教的信仰が国家儀礼として重要視されていることなど、道教的信仰など信仰世界の原点を七世紀後半の天武朝に一端をみることは示唆的で、七世紀初頭の推古朝頃から持統天皇間の律令制が展開する時代は信仰世界の萌芽期でもあると説き、天武朝をその画期として位置づけている（金子裕之「仏教・道教の渡来と蕃神崇拝」〈『古代史の論点』五　神とまつり、小学館、一九九九年〉）。

大津宮からは直接仏教と道教的信仰に結びつく遺構・遺物は出土していないが、『日本書紀』天智天皇十年（六七一）十月十日と二十三日条に仏殿である西殿が存在したこと、宮都建物を南北軸に揃えることなどを勘案すると、すでに天智朝において仏教は国家行事のなかに組み込まれて大きな影響力を持ち、仏道習合に基づく諸儀式、諸施設の存在する様相をうかがわせてくれる。

この、大津北郊の地を中大兄皇子が選定した理由について吉野裕子氏は、陰陽五行の関係から「東および東南にかけて大海にも似た琵琶湖があり、西北に比叡山、北方に比良山系が連なっている。南は開豁な平野、西には山城国に通う道がある。このように東から南にかけて水があり、西が高地で、南が低く、西に長道のある地勢は「四神相応の地」といって、中国ではもっとも吉祥の地とされている」と解説し、「大津に移り、この吉相の土地に首都を建設し、大唐国にあやかって国運を開こう。天智の胸中はこうした祈りにも似た思いで、いっぱいだったに相違ない」と大津の地をみている。さらに、大津の地は飛鳥の東経約一三五度五〇分の線上に近い北方約六〇キロメートルに位置していることに注目して、「子」の方向に首都を求めたことは偶然ではなく、五行説でいう中央の「穴」を北の「坎宮」に移し重ね、北は中国思想において太極の精で太一神が居を占める坎宮であるとして、大津はそれに適した地だったのだろうと推察している（『隠された神々』、人文書院、一九九二年）。

すなわち、大津宮の土地は四神相応思想からみると「左（東）に流れある之を青龍という。右（西）に長道ある之を白虎という。前（南）に池ある之を朱雀という。後（北）に丘陵ある之を玄武という」（諸橋轍次『大漢和辞典』、大修館書店、一九五六年）の条件を満たした最高の吉相であるといえる。

宮都設計には内裏の設置と宮都から各地にのびる道路等の交通網整備の理論に四神信仰を求めたと思われる。大祓について『日本書紀』天武五年（六七六）八月十六日条に「詔して四方大解除をなす」と記して四方に向かって天皇の災いを除く祓えを定型化している。文献には出てこないが、天武朝以前の大津宮はこの道教的信仰の四方に当たる宮都の出入り口に寺院を配置して、道教神の威力と仏教の加護を期待した宮空間として成立していると考えられる。

仏教を重視する諸施策を展開していく近江朝廷は、律令国家確立の一環として巨大寺院建築や宮殿建築を可視的に加えて精神的に律令国家の尊厳施設として建設したといえよう。

引用文献

図2　林博通「大津京発掘20年史」（『古代の宮都　よみがえる大津宮』、大津市歴史博物館、一九九三年）より。

図3　『一般国道一六一号（西大津バイパス）建設に伴う穴太遺跡発掘調査報告書Ⅳ』（滋賀県教育委員会㈶滋賀県文化

財保護協会、二〇〇一年）より。
図4　『史跡南滋賀町廃寺跡保存管理計画策定報告書』（滋賀県教育委員会、一九八一年）より。
図5　「大津京阯（下）崇福寺阯」（『滋賀県史蹟調査報告』第十冊、滋賀県、一九七四年）より。
図6　林博通『大津京』（ニュー・サイエンス社、一九八四年）より。

最澄と一切経

牧　伸行

はじめに

最澄による一切経の書写に関しては、『叡山大師伝』をはじめとする諸伝記によると、延暦十六年（七九七）に発願されている。そして、一切経の書写の目的については、「発弘法之心。起利生之願」と記される。また、このときの写経に際しては、南都や東国の僧侶達による助写が行われているが、最澄の事績のなかでは取り上げられることが少なく、たとえば、田村晃祐氏[(1)]や佐伯有清氏[(2)]は最澄の伝記を考察されるなかで触れてはおられるが、内容的にはその事実確認が中心となっている。

しかし近年、最澄の一切経書写事業についての意義を確認するような研究が行われており、上川通夫氏は一切経の保有を前提に天台法華の主張がなされたとの指摘を行われた。ただ、上川氏はその目的を古代仏教の体制的特質との関係で論じられており、官僧である最澄にとっては鑑真や賢璟が担った国家の一切経事業を継承したものであると位置付けておられる。そして、天皇の事業として書写される一切経が国家主権の汎東アジア的正当性を象徴するという発想のもとに行われたという指摘をも行われている[(3)]。

また本間孝継氏は、天台法華宗が大同元年（八〇六）に公認されたのに対し、一宗の理念及び人材養成等、独自の構想が弘仁九年（八一八）の山家学生式の制定によって宣揚されるまでの十五年の隔たりについて、経蔵整備事業を立脚点に考察された結果、最澄が経蔵整備を天台法華宗運営の根幹事業として位置付けたという指摘をしておられる。(4)

両者の指摘はそれぞれに傾聴すべき点が多いが、なぜ延暦十六年から一切経書写が開始されたのかという点が明確ではない。また、両説に従うならば、最澄が天台法華宗の立宗を意識したのが延暦十六年ともなるが、いささか早すぎるのではないだろうか。そこで、本稿においては最澄が一切経書写を発願した契機、理由などについての考察を行いたい。

一　叡山の経蔵

平安時代前期の比叡山には、佐藤英哲氏によって「初期叡山の三経蔵」と名付けられた、「御経蔵」（根本経蔵・叡山蔵）・「真言蔵」（前唐院蔵）・「山王蔵」と称する三つの経蔵が存在し、それぞれ最澄・円仁・円珍の蒐集になる仏典等が納められていた。(5)このうち「御経蔵」に関しては、『山門堂舎記』の冒頭の項目に「根本経蔵」として、根本中堂・法華堂に続いて三番目にその名が挙げられており、山門において重要視されていたことがうかがわれる。

『山門堂舎記』における根本経蔵に関する記述は、

根本経蔵　〈在二虚空蔵堂南一。〉

葺檜皮五間一面経蔵一宇。一切経律論。賢聖集。幷唐本天台章疏。新写経。伝記。外典。伝教大師平生資具。

八幡給紫衣等安二置之一。

右経論。大師所二書写一也。又大安寺沙門聞寂。招提寺僧道慈。殊成二随喜一。書二写経論二千余巻一。部帙満。設二万僧斎会一以供二養之一。今所二安置一経論蔵是也。

天元二年移二作根本経蔵一也。是欲レ令レ作二中堂礼堂幷廻廊中門一。本地最狭。仍以二南岸土一為レ塡二北谷一也。即如剋令二造作畢レ功。

建保四年月日経蔵之門塡倒。

とあり、最澄の発願書写になる一切経をはじめとして、最澄が唐より将来した章疏類を含む諸典籍や最澄自身の所持物が納められていた。そのために、叡山における三経蔵のなかでもとくに重要なものであったといえよう。その所在は虚空蔵堂の南に位置することが記され、天元二年（九七九）に移築されたということが記されている。

移築以前の所在地について『山門堂舎記』によって確認しておくと、まず「根本中堂」の項に、延暦七年（七八八）に最澄によって根本中堂が建立されたことが記述されているのに続いて、

此堂。元者三宇各別。文殊堂。薬師堂。経蔵也。薬師堂以レ在レ中。故曰二中堂一。但彼経蔵。今大師堂也。

と、最澄によって根本中堂すなわち薬師堂を中心に文殊堂と経蔵とがそれぞれ建立されたとある。また、同項目の別の箇所には、

貞観元年九月廿五日勘定資財帳云。葺檜皮根本薬師堂一宇。長三丈。広一丈五尺五寸。高一丈二尺。葺檜皮五間文殊堂一宇。長三丈三尺。広一丈六尺。高一丈二尺。葺檜皮五間経蔵一宇。長三丈三尺。広一丈六尺。高一丈二尺。

と貞観元年（八五九）の資財帳(6)を引用してその規模を記している。さらに「元慶六年智証大師為座主之時」として、「然会三宇別堂以為九間四面一宇」として三堂を一堂へという改築が行われている。その後、天元二年に至って、

経蔵のみが虚空蔵堂の南に移築されているのである。

叡山における認識としては、最澄が叡山を開いた当初より根本薬師堂（根本中堂）と文殊堂、経蔵の三施設が存在していたと考えられていた。このことは、『叡岳要記』に延暦七年に根本一乗止観院とともに経蔵を造立したことが記されていることからも確実であろう。ただし、実際に最澄が一切経書写を発願したのが延暦十六年であるということは、経蔵の整備が行われたのはそれ以降であると考えることもできるのではないだろうか。もちろん、最澄が個人的に所有していた経典類に関しては、その安置場所が必要であったということを否定はできないが、はたして根本経蔵と称されるほどの規模であったのかどうかは不明とするしかない。むしろ、一切経を完備して以降は明らかに、『山門堂舎記』に記されている規模となったと考えるほうが自然ではないだろうか。

ところで、最澄自身が経蔵を重要視していたであろうことは、最澄が弘仁三年（八一二）に作成したといわれる遺言からも推測できる。

老僧最澄遺言

山寺総別当泰範師兼二文書司一。伝法座主円澄師。一功経蔵別当沙弥孝融。近士主茂足。雑文書別当近士壬生維成。

右為レ住二持仏法一。検二校経蔵文書一。唱二導一衆一。充行如レ件。宜下我同法随二件別当一。言応承行。勿中左右是非上。但三年之間。文書並道具。雑物等不レ得レ出二入於経蔵一。雖レ過二三年一。不レ得レ出二散於院内一。以遺言。

弘仁三年五月八日　老病僧最澄

知事僧泰法

遺言においては、とくに経蔵の管理・運営に関することが指示されている。すなわち、経蔵に納められているものについての、出納に関する規定を最澄自身が遺言として定めているのであり、その内容としては三年の間は経蔵への出入が禁じられており、さらに三年を経過した後であっても院外への持ち出しを禁止するなど、その扱いについて細心の指示が行われている。

なお、佐藤氏は経蔵の内部を推定されるとともに、櫃目録によって一切経の全貌を推測されており、それによると、経蔵には六十八個の唐櫃が置かれており、一切経のみならず、最澄の真跡や新渡唐本なども納められているが、一切経は六十一櫃またはそれに近い数の唐櫃に納められていたであろうことを明らかにしておられる。[7] したがって、経蔵とはいっても経典のみが納められていたのではないが、量的にやはり中心となるものは一切経であり、当然最澄にとってその存在は欠かすことのできないものであったと推測できる。

二　一切経書写の経過

最澄による一切経書写に関して、『叡山大師伝』延暦十六年（七九七）条には、内供奉に任命された記事とともに以下のような記述がある。


以二延暦十六年一。天心有レ感。預二供奉例一。以二近江正税一。充二山供費一。中使慰問山院無レ絶。

於レ是発二弘法之心一。起二利生之願一。時告二談弟子経珍等一。我思レ写二一切経論章疏記等一。凡在弟子。各奉二教喩一。

随二梵網之教一。依二涅槃之文一。一レ心同レ行。助二写一切経一者。叡勝。光仁。経豊等。大師随写随読。昼夜精勤。

披二覧新経一。粗悟二義理一。是時山家。本自無レ備。不レ能レ尽二部巻一矣。唯願七大寺々別衆僧。鉢別受二一匙之飯一。

> 充二経生之供一。即差二使経蔵。妙証等一。謹勤二願文一。看二於諸寺一。時有二大安寺沙門聞寂者一。道心堅固。住持為レ懐。見レ書知レ志。赴二応至願一。即於二其寺別院龍渕寺一。助二為此願一。爾時衆僧。傾レ鉢添レ供。経生捨レ功成レ巻。又有二東国化主道忠禅師者一。是此大唐鑒真和上持戒第一弟子也。伝レ法利レ生。常自為レ事。知二識遠志一。助二写大小経律論二千余巻一。纔及レ満二部帙一。設二万僧斎一。同日供養。今安二置叡山蔵一。斯其経也。

一切経書写に関して、最後の「又」以降は『山門堂舎記』と同じ内容であるが、その成立から考えて、『叡山大師伝』から引用されていることが明らかである。ただし、一切経の書写の経過については『叡山大師伝』のほうがはるかに詳細であり、『山門堂舎記』はこれを省略する形で引用している。

では、ここで写経の経過について史料に則して簡単にみておきたい。

まず、発願の動機としては、「発弘法之心。起利生之願」とあるように、仏法を世に広めるためであり、衆生に利益を授けるためであったということが記されている。そして、弟子である経珍をはじめ叡勝・光仁・経豊らとともに書写を行うと同時に、その経典を読むということに昼夜を問わず励むことによって、内容の理解を深めていった。

ただし、当時の叡山には一切経の備えがなく、自分たちだけでの全巻書写には限界があったため、そこで南都の七大寺に対して助縁を請い、経蔵と妙証たちを派遣して写経生に対する経済的な援助をも依頼している。そして、それに応じたのが、大安寺僧である聞寂であり、大安寺の別院の龍淵寺において写経に勤めている。さらには、鑑真の弟子で持戒第一と称され東国の化主といわれた道忠が最澄の求めに応じて、大小経律論二千余巻の書写を行っている。その結果一切経書写は完成して、供養が行われているのである。

ただし、このときの一切経書写が完了したのがはたしていつであったのかは、その時期に関する記述がないことから明確にはできないものの、記事の順序から考えると道忠の援助によってようやく完成に至っている。時間の経過は不明ではあるが、多くの年月を費やしたであろうことは想像に難くない。

ところで、このときの写経は当然のことながら『開元釈教録』で行われているであろうから、その総数は五〇五八巻であり、(8) 最澄とその弟子たちが写経した巻数は不明であるが、二千余巻が道忠によって写経されている事実を鑑みるならば、全体の約四割が東国において書写されたこととなる。さらに、そのことに関しては、弘仁三年（八一二）に最澄が作成した『長講法華経後分略願文』下には、

日本国比叡山止観法華院　釈最澄

敬白冥顕衆　諦聴二此願文一　我今発二弘誓一　住二持釈尊法一（中略）

南無阿閦仏

願今諸施主　弘仁聖皇帝　春宮坊殿下　皇妃及婦人　親王及王族　公主及駙馬　内侍及采女　諸王及王族
大臣及宰相　内人野継継　足人道世峰　守取守門人　主成綱世吉　田熟野綿綿　帝苑諸施主　七道諸施主
一切経知識　十大寺小寺　信謗衆僧等　及諸童子衆　及至浄人等　東土上野国　般若浄土院　道忠大禅師
信心弟子等　教興及道応　助写一切経　同法弟子等　道俗諸施主　信濃国檀主　助写一切経　道俗諸人等
越前越後国　甲斐美濃国　助写一切経　筑前及肥後　豊前及豊後　日向及薩摩　道俗諸人等　近江諸施主
長講諸檀越　造伽藍知識　造作九方院　同法四衆等　敬田及悲田　十方無尽蔵　助修一切人　過去者成仏
現在及未来　一切知識衆　見聞随喜者　悪口罵詈者　四事供施主　三二一事供　乃至一捕食　一銭一針施
一木一草施　財是及法施　乃至無畏施　已施及現施　先成仏道者　来集此道場　願必相度脱　護持日本国
変成安楽城

南無阿閦仏

（中略）

弘仁三年歳次壬辰四月五日　求法釈最澄記

と記されており、ここで挙げられている一切経知識は延暦十六年の一切経書写に関係すると考えられよう。そして、道忠を中心とする「東土上野国」の知識以外に、個人名は挙げられてはおらず、残念ながらどのような人物の存在があったのかを明確にすることはできないが、信濃・越前・越後・甲斐といった国々における知識の存在をも示している[9]。

なお、東国における一切経の写経活動等についてはすでに堀池春峰氏が指摘しておられるが[10]、上野国緑野寺（浄院寺）の一切経を底本とする一切経書写を承和元年（八三四）以降数度にわたって朝廷が命じている[11]。また、願文にみえる道忠の弟子である教興も弘仁六年（八一五）六月十八日の奥付を持つ一切経に「掌経」「写経主」として関与している[12]。

以上のことから、一切経書写については、『叡山大師伝』にも記述されているように南都に助写を請うなどその成果は発願主である最澄を中心としながらも、外部の援助に負うところが大きいといえる。この事実を勘案するならば、天台法華の主張を根底に有していた可能性を否定することはできないが、むしろこの写経に関しては一切経を完備するということが第一であったと認められ、その目的の背景には天台法華の主張というよりは他の意義あるいは目論見が、最澄にはあったと考えられる。

三　発願の契機

ところで、この延暦十六年の段階で最澄が一切経書写を発願したのは何ゆえであろうか。この年には、最澄にとって一切経書写以上に重要な出来事として内供奉に任じられたということが挙げられる。そして、それに伴って近江国の正税が山供の費用として充てられるという処置を受けている。

内供奉十禅師については、『続日本紀』宝亀三年（七七二）三月丁亥（六日）条に、

丁亥。禅師秀南。広達。延秀。延恵。首勇。清浄。法義。尊敬。永興。光信。或持戒足レ称。或看病著レ声。詔充二供養一。並終二其身一。当時称為二十禅師一。其後有レ闕。択二清行者一補レ之。

とあり、十名の僧が十禅師に任命され、終身にわたり供養を受けることとなっている。そして、そのなかで欠員が生じた場合には、「清行者」を選んで補すことになっており、最澄に関しても、内供奉となったのは欠員のための補充として任じられたと考えて、何ら差し支えはない。また、『類聚三代格』巻三「僧綱員位階幷僧位階事」に収められている宝亀三年（七七二）三月廿一日付太政官符には、

太政官符

応二供養一禅師十人　童子廿人毎レ師二人事

師日米三升　童子日米一升五合

右奉レ勅。古人云。人能弘レ道非二道弘一レ人。宜下分二省営稲一供二禅師一。割二正税稲一給二童子一。以息中乞食之営上。其畿外国者並用二正税一。所レ在国司随二師情願一。若米若潁。領二送住処一。必使二清潔一。

宝亀三年三月廿一日

とあり、禅師と童子の給米が定められることによって、この頃に制度化が図られていたということが指摘されている。[13] なお、禅師への給米について、畿外の者については所在国の正税が給されることとなっている。

そして、最澄に対しては当然、畿外の近江国の比叡山に住していることから、近江国の正税から給米が支給されることになったのである。このことについては、『叡岳要記』下に「同十六年十二月十日、補㆓内供奉㆒、官符曰」として延暦十六年十二月十日付で近江国へと発給されたのであろう文書が収録されている。

僧最澄。住㆓滋賀郡比叡山㆒。

右被㆓太政官今月六日符㆒偁。件僧補㆓十禅師之闕㆒者。宜承知。依㆑例施行者。国宜承知、依㆑件施行。符到奉行。

従五位上権大輔兼行造西寺次官信乃守笠朝臣江人

従五位下行少録太鳥村主真公

この文書についてはすでに指摘されていることではあるが、[14]『叡岳要記』には「官符曰」とあるものの、署名者である笠朝臣江人が民部省の官人であることから、太政官より民部省に下された官符に基づき、民部省から近江国へ下された「省符」であることが明らかとなっている。また、その詳細は省略されてはいるものの、近江国に対して正税を供養料として支給することを命じたものである。つまり、畿外である近江国に住していた最澄が当該国の正税を支給されるのであり、宝亀三年の太政官符と何ら矛盾はなく、最澄本人に対しては十禅師として、近江国の正税から日に米三升が支給されるようになったのであった。そして、このことで一切経を書写するための費用を捻出することが可能となったのではないだろうか。

ただし、このような経済的な基盤を有しているにもかかわらず、『叡山大師伝』にみえるように、人的な援助だけではなく経済的な援助をも南都に対して求めており、一見矛盾するような事柄ではある。しかし、最澄の写経方法に関しては、佐伯有清氏が指摘しておられるような方法、すなわち「たんに経典を書き写すことだけに終始するのではなく、仏の教えを受けて覚えこむこと（受持）と、声をあげて経文を読むこと（読誦）が、かならずともなっていた」[(15)]のだとすると、その成果は決して順調とはいえず、むしろ遅々として進捗しない状況に陥っていたのではないだろうか。そして、その遅れを取り戻して一切経の完成を早めようとするならば、当然さらなる費用が必要となることは想像に難くない。その結果として、南都への人的・経済的な援助を求めることになったと考えられる。

最澄に対して正税を給付されるようになったということが、最澄が一切経書写を発願する契機の一つであったと考えられる。また、『叡山大師伝』では内供奉任命と一切経書写発願については「於是」という言葉で繋がっており、両者の間には何らかの関係を推測することができる。したがって、延暦十六年条に記されている記事は、決して無関係のことが記述されているのではなく、むしろ両者の間に密接な関連性を有していたと考えるほうが自然であろう。

四　発願の背景

では、最澄による一切経書写の発願であるが、冒頭でも述べたように天台法華の主張をなすものであったり、運営のための根幹事業といった位置付けについて、はたして妥当であるのかどうかという点をみておきたい。

天台法華の主張を行うためには、天台の教え自体が宗として公認された時期が重要になってくる。そして、日本において天台宗が公認されたのは延暦二十五年（八〇六）正月二十五日に、「天台業二人一人令読大毘盧遮那経。一人令読摩訶止観。」と、遮那業と止観業にそれぞれ一人ずつの計二人が天台法華業の年分度者として勅許を得たことに始まる。[16]この年分度者については、同年の正月三日に最澄自身による上表文によって申請が行われており、『顕戒論縁起』に収録されているその上表文には、

請加新法華宗表一首

沙門最澄言。最澄聞。一目之羅。不能得鳥。一雨之宗。何足普汲。徒有諸宗名。総絶伝業人。誠願。准十二部律呂。定年分度者之数。法六波羅蜜。分授業諸宗之員。即両曜之明。宗別度二人。華厳宗二人。天台法華宗二人。律宗二人。三論宗三人。法相宗三人。加小乗倶舎宗。然則。陛下法施之徳。独秀於古今。群生法財之用。永足於塵劫。不任区区之至。謹奉以聞。軽犯威厳。伏深戦越。謹言。

延暦二十五年正月三日　　沙門最澄上表

とある。すなわち、この上表によってはじめて最澄は天台法華宗の立宗を宣言したものといわれている。そして、この上表について二日後の正月五日には僧統（僧綱）の賛同を得て、[17]太政官符によって許可が下されているのである。この延暦二十五年は最澄が唐より帰朝して後のことであり、自他ともに認める天台法華の学僧として第一人者と認められたうえでの結果であるのはいうまでもない。そうすると、一切経の書写を始めた延暦十六年とは年代的にも若干の相違が生じ、写経事業の当初から天台法華の主張を行うことを目的としていたとは考え難くなる。

一切経を書写するに当たって、もちろん限界が生じたということもあろうが、南都をはじめとする広範囲にわたる援助を得ている。これは、前にも述べたように、一切経を完備するという目的を優先した結果であると考えられるが、なぜ早急に事業を進める必要があったのであろうか。

そのことに関係して、時代は下るが『本朝文粋』巻第五「奏状上」に収録されている正暦五年（九九四）二月十

七日付「為二関白一請下以二積善寺一為中御願寺上状」には、つぎのように記されている。[18]

為二関白一「内大臣」請下以二積善寺一為中御願寺上状　　江匡衡

請下准二先例一以二積善寺一為二御願寺一。誓中護国家上状。

一　可レ置二年分諸国講読師一事

一　可レ置二年分度者三人一事

一　可レ置二三綱十禅師一事

右。茲寺。先公入道太政大臣在世之日。卜二東郊吉田野一。所二建立一也。当二爾之時一。怪異頻示。既知二此地之不レ宜。結構不レ幾。遂遭二所天之長逝一。臨命之間所レ誡。造寺之事為レ先。因レ茲尋二興福寺之例一。移二土木於他所一。逼二法興院之傍一。混二風流於同居一。斯乃一懐二先公起居之難一レ忘。一取二微臣往返之不一レ遠也。嗟呼。風樹一擢。年華五改。春籬鶯喧。猶妬二大廈之遅成一。秋砌蛍乱。空悲二常灯之未一レ挑。朝務為レ之或懈。夜眼自然易レ寤。爰能事纔畢。適為二伽藍一。構雲之甍。暗摸二上天知足之様一。満月之相。自出二西土毘首之心一。攀二林花一而散レ香。雖レ礼二諸仏之容一。臨二池水一而拭レ鏡。恨隔二亡父之影一。臣朝家之恩溢レ身。不レ可レ不レ報。尊親之命銘レ骨。不レ可レ不レ陳。若不レ尽二荘厳之美一。謂二先公何一。若不レ廻二長久之謀一。謂二後代何一。今所レ為二御願一。蓋償二先志一。抽二新誠一也。抑雖レ有レ寺無レ法不レ能レ守也。乃造二一切経一。雖レ有レ法無レ人不レ能レ弘也。乃置二阿闍梨一。可レ有二綱維住持之職一。故定二三綱十禅師一。可レ有二修学出身之道一。故請二度者講読師一。昔郭子之立二祠堂一。偏只報レ恩謝レ徳。今微臣之興二仏寺一。抑亦移レ孝為レ忠。望請。鴻慈曲垂二矜照一。准二先例一以二件寺一為二御願一。興二隆仏法一。誓二護国家一。功徳無辺。善根無量。謹請二処分一。

正暦五年二月十七日　　関白「内大臣」正二位藤原朝臣

これは積善寺を御願寺となすための上表文であるが、このなかに「雖有寺無法不能守也。乃造一切経」と記されていることに注目したい。「雖有法無人不能弘也。乃置阿闍梨」と対句で表現されていて、寺にとっては法としての一切経が必要であり、その法を弘めるためには人材としての阿闍梨が必要であると述べており、両者はともになくてはならない存在として意識されているのである。仏法僧を意味する三宝のなかで法を示すのが一切経であるという認識が存在し、そのために積善寺の場合では御願寺となるための過程で一切経の存在はなくてはならないものの一つとして認識されていたと考えられる。

この考え方が最澄にも当てはまるとするならば、最澄が一切経書写を開始した理由の一つとして、内供奉十禅師に任じられたのを契機に、自らが開いた一乗止観院を「院」としてではなく、国家が公認した寺院へと格上げすることを意図していたのではないだろうか。そのことは、上表文等には自らは「沙門最澄」と記すにもかかわらず、朝廷の公文書においては「国昌寺僧最澄」[19]と記されていることも、その要因として挙げることができるのではないだろうか。

ただし、本間孝継氏は経蔵整備事業と当時叡山を去る者の多発という懸案は同時期の問題であると指摘される[20]が、厳密には前節でみたように時期がずれており、明らかに経蔵整備のほうが時期的にはかなり早くから行われている。また、結果としてではあるがその懸案を打開する方策の一つとして、天台宗が公認されて以降に一乗止観院を国家公認の寺院にする必要がより一層生じたのではないだろうか。同様のことは、後の大乗戒壇設立に関してもいえ、大戒問題が「門弟の離散を防ごうという、極めて切実な動機から出ていた」とも指摘されているように[21]、この一切経書写についても、現実的な動機を想定することも可能であろう。すなわち、内供奉十禅師となると同時に、一乗止観院をも公的に認められた寺院となすことによって、既存の寺院からの脱却を図ろうとする意図を汲み取ることも可能ではないかと考える。

おわりに

最澄が一切経を書写するに際しては『開元釈教録』に基づいたと思われるが、現存する奈良時代の寺院の資財帳のなかでは、孝謙天皇によって創建された西大寺の宝亀十一年（七八〇）に作成された『西大寺資財流記帳』に記載されている一切経が、『開元釈教録』に基づくものであった。『開元釈教録』が玄昉によってもたらされたのが天平七年（七三五）であり、それ以前において『開元釈教録』に基づく一切経の存在は当然認められないものの、『大安寺伽藍縁起幷流記資財帳』『法隆寺伽藍縁起幷流記資財帳』という同じ天平十九年（七四七）に作成された資財帳において、それぞれ所蔵している一切経の総数に違いがみられるなど、必ずしも量的な規定が存在していたわけではなかったようである。むしろ、一切経に准ずる経典類を所蔵しているということのほうが重要であったのではないだろうか。このことは、仏法僧という所謂三宝の一つである法を意味する経典類をある程度以上所蔵しているということが大事なのであり、私寺あるいはそれに准ずる院が寺院として公認を受けるためには、当然のことながら一切経を所蔵しておく必要があったのであろう。

そして、延暦七年（七八八）に最澄が比叡山山頂に創建した一乗止観院であるが、弘仁十四年（八二三）にはじめて寺号を延暦寺と賜っていることから、弘仁十四年以前の延暦寺は国家に正式に認められた寺院ではないと考えることができよう。内供奉となったのを契機に、自らが創建した寺院を国家の認可を受けた寺院としたいと最澄が考えても、何ら不思議なことではないと思われる。そして、その場合に寺院が本来持っていてしかるべき仏法僧のうち、法すなわち一切経を完備する必要があったのであろう。そのために、最澄は南都をはじめとして写経の援助を願い出て、一切経を完備するということを行ったものと考える。

註

(1) 田村晃祐『最澄』〈人物叢書一九三〉、吉川弘文館、一九八八年。

(2) 佐伯有清a『伝教大師伝の研究』(吉川弘文館、一九九二年)、b『若き日の最澄とその時代』(吉川弘文館、一九九四年)。

(3) 上川通夫「一切経と古代の仏教」(『愛知県立大学文学部論集(日本文化学科編)』第四七号、愛知県立大学、一九九八年)。

(4) 本間孝継「最澄の蔵経整備についての一考察」(『天台学報』第四二号、天台学会、二〇〇〇年)。

(5) 佐藤英哲a「初期叡山の経蔵について――新出の『御経蔵目録』『御経蔵櫃目録』を中心として――」(『仏教学研究』第八・九合併号、一九五三年)、b「伝教大師の仏典収拾とその保存」(天台学界編『伝教大師研究』、一九七三年)。

(6) 「貞観元年九月廿五日」の資財帳に関して、『九院仏閣抄』では「勘定資財帳云」に続けて、「師云、智証大師御記也」と注記が付せられている。

(7) 佐藤註(5)前掲a論文。

(8) 佐藤英哲氏は、註(5)前掲a論文において「『開元釈教録』入蔵録に示された五千四十八巻が完備されたか否かは問題としても、唐櫃の数量からして、大体これに近い数量に達していたように考え」ておられる。

(9) 『群馬県史』通史編2〈原始古代2〉(群馬県、一九九一年)では、道忠の活動およびその範囲について「当時上野・下野両国を中心に武蔵、信濃の方まで布教活動を展開し、多くの弟子を養成していた」とするが、その活動範囲に関しては再考を要すると考える。

(10) 堀池春峰「平安時代の一切経書写と法隆寺一切経」(同『南都仏教史の研究』下　諸寺篇、法藏館、一九八二年、初出は一九七一年)。

(11) 承和元年(八三四)五月に東国六カ国(相模・上総・下総・常陸・上野・下野)に対して翌年の九月を期限とし、緑野寺一切経を底本とする一切経の分担書写が命じられ(『続日本後紀』承和元年五月乙丑条)、翌年正月には書写した一切経に対して増補分の書写が命じられている(『続日本後紀』承和二年正月庚申条)。さらに、承和六年(八三九)三月に武蔵国を加えた七カ国に再び一切経の分担書写を命じている(『続日本後紀』承和六年三月乙酉条)。その後、仁寿三年五月には下野を除き新たに陸奥を加えた六カ国に一切経書写を命じる(『日本文徳天皇実録』仁寿三年五月癸巳条)とともに、武蔵と信濃の二国に対してそれぞれ一切経書写を命じる(『日本文徳天皇実録』仁寿三年五月癸卯条)。増補を命じたものを除いても、四回書写の命令が出され、五部の一切経書写が東国で行われている。なお、東国における一切経書写に関しては、別稿で詳しく論じる予定である。

(12) 『群馬県史』資料編4〈原始古代4〉(群馬県、一九八五年)に、高山寺所蔵の「金剛頂一切如来真実摂大乗現証大教王経瑜伽経」の奥書・識語が収録されており、若干考察の余地もあるがここではこれに従いたい。

(13) 青木和夫・稲岡耕二・笹山晴生・白藤禮幸校注『続日本紀』四〈新日本古典文学大系15〉、岩波書店、一九九五年、補注32―一四。

(14) 小山田和夫「内供奉十禅師職と円珍」(同『智証大師円珍の研究』、吉川弘文館、一九九〇年、初出は一九八二年)、および佐伯註(2)前掲a著書。

(15) 佐伯註(2)前掲b著書。

(16) 『顕戒論縁起』所収「定諸宗年分度者自宗業官符一首」。

(17) 『顕戒論縁起』所収「加年分度者定十二人僧統表一首」。

(18) 当該史料については、田中文英氏のご教示による。

(19) 最澄自身について「国昌寺僧最澄」(『顕戒論縁起』所収「賜向唐求法最澄伝法公験一首」他)と記されており、一乗止観院が朝廷によって公認された寺院ではなかったといえよう。

(20) 本間註(4)前掲論文。
(21) 薗田香融「最澄とその思想」(安藤俊雄・薗田香融校注『最澄』〈日本思想大系4〉、岩波書店、一九七四年)。

院政期の松尾社における一切経供養をめぐって

中尾　堯

はじめに

平成五年の夏、京都市上京区にある妙蓮寺の土蔵から、はからずも三千五百余巻もの大量の経巻を発見した。これは、平安時代後期の十二世紀前期に書写されて、洛西の松尾社神前に捧げられてその読経所に伝え、幕末の頃に行方がわからなくなっていた『松尾社一切経』である。[1]現存する経巻に記された、書写と校合の記事によってみると、完成当時は五千余巻にも上ったこの巻子本の写経は、十年間の中断はあるものの、永久三年（一一一五）二月から康治二年（一一四三）五月にかけて、秦氏二代にわたる二十三年余の歳月をかけて完成した墨書の一切経写経である。

この一切経は、経箱に納められて松尾社に伝来したが、管理の不徹底や経年劣化によって多くの経巻が失われてしまった。幸いに残存した経巻を整理して、その目録を作成するに当たって、各巻末に豊かな跋文があることがわかり、この写経の成立事情を物語るものとして注目された。とくに、願主として姿を現す神主の「秦宿禰親任」と、その一族による松尾社と末社の祭祀組織、それに松尾社の社領がうかがえるとともに、一切経の書写をめぐる仏事の営為を明らかにできると、期待されたからである。

『松尾社一切経』そのものについての問題点は、すでに『京都妙蓮寺蔵松尾社一切経調査報告書』(2)のなかで報告し論じている。ここでは、秦氏一族の総力をあげて成就された大規模な写経事業が、洛西の名社と謳われる松尾社の神祇信仰をはじめ、その眼下に広がる松尾社領を舞台として構築された、宗教的な色彩を濃厚に帯びる一族の結合とどうかかわりあうかについて、写経に記された跋文を検討することによって、古代末期の宗教史の方面から、いくつかの問題点を論じてみよう。

その問題点の一は、巨額の費用を必要とする一切経の書写供養という大事業を、松尾社を舞台とした神祇信仰のなかに、どう位置づけるかということである。二は、松尾山麓に位置する松尾社と月読社の二社と、その眼前に広がる松尾社領を舞台に形成された、松尾社神主である秦宿禰親任を長とする、秦氏一族の族的結合を明らかにし、その位置づけを考えることである。三は、松尾社における一切経の書写供養という大事業を、これに深くかかわった天台宗の諸寺院や筆僧について考察することによって、神仏習合思想のなかで意義づけることである。

一　写経跋文の検討

永久三年(一一一五)二月に、神主の秦宿禰親任をはじめとする一族の発願によって、『松尾社一切経』の写経事業が始まった。その直後、七月七日に書写された『大方広仏華厳経』巻第二十に、写経の願意をこめた詳しい跋文が記されている。それは、秦氏一族の写経事業への結縁を示すもので、ほぼ同文の跋文が、現存する四十七巻にのぼる経巻に記されている。(3)これが最初にみられるのが、七月七日に書写された『大方広仏華厳経』巻第十であるが、欠損した部分があるので、二番目に執筆されたこの巻の跋文を掲げることとする。

○『大方広仏華厳経』巻第二十の跋文

(異筆)「重一見了(花押)」

松尾社一切経之内　　執筆僧範快(花押)

永久三年七月九日　申時許書了

願主神主秦宿禰親任　於二三歳一任権神主　於二十三歳一任二神主職一了

親父秦宿禰頼任　悲母尼妙蓮　外姑尼　妻中臣氏

一男権神主秦宿禰頼親　姑姒婦秦氏　禰宜頼継一女

二男権禰宜秦親元

女子秦太子　婿月読禰宜秦宿禰相元祝相真一男　女子秦中子　同三子

祝秦宿禰相真　伯父禰宜秦宿禰頼継　舎弟月読祝秦宿禰頼元

舎弟権祝秦宿禰頼貞　目代小野是依

願以書写力　上録并法縁　上中衆生等　現世身堅固

所願皆成就　後生々浄土　同修普賢行

(異筆)「延暦寺西塔東谷東林房ニテ僧厳覚　一交了」

この跋文を一見すると、松尾社の神主秦親任をはじめとする、秦氏一族の血縁構成と松尾社の神社組織のなかでの役割が、あたかも系図を眺めるように、一目瞭然の感がある。今日では東氏を称する、秦氏の系図によってその系譜をたどりながら、各人の一族内での血縁上の立場と、神社組織のなかで帯びる役割を明らかにしてみよう。

神前での一切経の写経供養を発願した秦氏の長は、松尾社の神主をつとめる、秦宿禰親任である。親任が神主職を継承した過程は、跋文に注記されているとおり、わずか三歳で権神主に任じられ、十三歳で正神主職についていて、幼少のときからすでに神主職が約束されていたことがわかる。東氏所蔵「東家系図」の記載によると(4)、親任が正神主に就任したのは寛治四年（一〇九〇）である。したがって、親任の生年は承暦二年（一〇七八）で、わずか三歳で権神主となり、父の頼任の譲りを得て十三歳の若さで神主に就任したことになる。したがって、松尾社の神主職にあった親任が、一切経の写経供養の大事業を発願した永久三年には、生年三十八歳であった。

秦親任が神主職を一男（長子）で権神主の秦頼親に譲ったのは、「東家系図」によると大治三年（一一二八）のことで、この年に親任はすでに五十一歳であった。頼親は、『大方広仏華厳経』巻第二十の跋文によってわかるように、永久三年（一一一五）には権神主になっていたから、これから十三年後の当時には二十歳をすぎていたかもしれない。いずれにしても、長子が幼少のときに権神主になり、若年にして神主職に就任するというのは、秦氏一族の慣例であったとみえる。

秦親任の父は秦頼任で、長久二年（一〇四一）に松尾社神主職につき、寛治四年（一〇九〇）に十三歳の親任にこの神主職を譲っている。親任の実母、つまり頼任の妻は、在家のままで出家して、名を妙蓮という法名に改めている。親任の妻は中臣氏で、その母もまた在家出家を遂げて尼の姿になっているように、仏教色の濃い一族の姿がうかがわれる。

松尾社神主親任の長子は秦頼親で、やがては神主の職を継承する立場にあった。つぎの「姑姒婦秦氏」の関係については難解であるが、姒婦とは兄嫁のことであり、それは頼親の伯父に当たる禰宜頼継の長女であったから、秦氏を名乗るのは当然である。二男は権禰宜の地位にあって、神主職を継承する立場にはなかった。

女子には秦太子と中子と三子の三人があって、太子には祝秦宿禰相真の長子に当たる秦宿禰相元を婿となし、その相元を月読社の禰宜としている。また、秦宿禰相真は祝で、舎弟の秦宿禰頼貞は権祝、伯父の秦宿禰頼継は禰宜として、それぞれ松尾社に奉仕している。頼継のもう一人の舎弟秦宿禰頼元は、月読社の祝をつとめている。このように、松尾社と月読社の神主と社司は、秦氏一族の面々で固めている。なお、目代として社務を取り仕切ったのは、小野是依である。

跋文には、松尾社神主秦宿禰親任をはじめとする一族の名と、その系譜や地位などを列挙したうえで、改めてつぎのように願意を掲げている。

願以書写力　上録幷結縁　上中衆生等　現世身堅固

所願皆成就　後生々浄土　同修普賢行

(釈文) 願わくは書写力をもって、上録ならびに結縁、上中の衆生、現世の身は堅固にして、所願皆成就し、

後生は浄土に生まれ、同じく普賢行を修せんことを。

願文の文言には、経典の巻によって全体的に多少の出入りはあるものの、その趣旨はほぼ同一である。ここには、一切経を書写して松尾社の神前で供養するという作善業によって、自ずから湧き出てきた「書写力《しょしゃりき》」という法力による、一族の平安を願う祈りがこめられている。それは、跋文に列挙された秦氏一門の人々をはじめとして、書写行に加わった筆僧、写経供養の勧進に応じて資金を提供した結縁者、さらに広くは上下万民に及ぶ救済への願いが捧げられる。現世にはその心身ともに健やかで、心中の願いがすべて成就され、後生には仏の浄土に生まれることを祈り、一切経の写経供養というこの善行の功徳が、すべての信仰上の行いに深く通じあうことを、あわせて念じている。松尾社神主秦親任は、「現世安穏　後生善処」のあくなき願いを、一切経の写経供養という善行に託した

のである。

二　松尾社の景観と信仰

松尾社をビジュアルに物語るとき、しばしば用いられるのは、室町時代中期に作成された「松尾大社古図」[5]である。西方に深く豊かな松尾山を仰いで、大井川（桂川）から取水した一井の用水路を山際にめぐらし、社領の水田を越えて二井の用水路を渡って、大井川の氾濫原に至るというのが、松尾社の神領の大要である。山全体が神域とされる松尾山を背景にして、向かって右側に松尾社、左側に月読社があり、その中間に神宮寺と宿院がある。神領の中央を参道が東西を貫き、三重塔があって仏教色の濃い宿院に向かい、一鳥居と中鳥居が立っている。神領のあちこちの小さな杉林のなかには、それぞれ小規模な末社が設けられていて、周辺には耕作農民の家々が点在する。このように限られた地理的条件のもとでは、松尾社をめぐる近郷農村の景観は、「松尾大社古図」が作成された室町時代と、平安時代とはさして変わることはなかったであろう。

中世から近世を通じて、松尾社の領域には、本社をはじめ四大神社・三宮神社・衣手神社・月読神社・櫟谷神社・宗像神社など、あわせて七社があって、これを「松尾七社」または「七所の本所」と呼んでいた。

本社である松尾社と末社の祭祀権はもとより、神社の前面に広がる社領の支配は、秦氏の長で松尾社の神主をつとめる、秦親任をはじめとする一族が掌握していた。前述のように、祭祀の中心となる松尾社の神主は、秦氏の長子によって継承されていた。これと肩を並べる月読社の祭祀は、娘の秦太子の婿に当たる秦宿禰相元が禰宜を、秦宿禰親任の舎弟に当たる秦宿禰頼元が祝を、それぞれつとめている。絵図をみると、秦氏が祭祀権を掌握する松尾

図１　「松尾大社古図」（室町時代　松尾大社蔵）

社と月読社が、御神体と仰ぐ聖なる山を背にして並び立っている姿が、視覚的によく感じ取れる。

　松尾社と月読社との中間地帯には、神宮寺と宿院が設けられ、三重塔があって、仏教信仰の場所であることを示している。一鳥居と中鳥居を貫く大路は、三重塔のわきを通って宿院の門に直進するような構成になっている。参詣者は、まず宿院で休息した後に、松尾社の本殿に参拝するのだろうか。

　『長秋記』の記事[6]によると、永久元年（一一一三）八月十一日に松尾行幸があった。この日、鳥羽天皇の一行は、雅楽寮の楽人たちが竜頭の船で奏する音楽を聞きながら大井川（桂川）の浮橋を渡って、松尾社の前に到着した。その経路は、一鳥居の下で馬から降りて、徒歩で宿院の蔀屋に入り、いささかの饗応があった後に本殿に参り、その正面の舞殿で宣命が読み上げられた。このときに社司七人が「歓賞」に預かっているから、行幸を迎えて神事をつつがなく進行させる、おそらく秦氏一門からなるものと推測される「社司」が組織されていたことがわかる[7]。

　松尾社関係の記録をみると、摂関期から院政期にかけて、朝廷から松尾使が立てられて、祈念穀奉幣が恒例として行われていたが、その参詣の形式はこの場合と同様であったはずである。社司の役割を明確に規定することは困難であるが、神前での礼拝をはじめ、万般にわたって参拝者の世話をする役割で、単に神事に限らず仏事にも十分に関与して、歓賞に値する働きをみせていたことは、想像に難くない。

鳥羽天皇の行幸があった永久元年八月といえば、秦親任が一切経の書写を開始する二年あまり前で、この大事業の計画もすでに意中にあったはずである。その秦氏一族のなかにも、親任の母尼妙蓮と外姑尼のように、在俗のままではあるが出家者を見出すことができる。また、貴人の松尾社参のときには、鳥居をくぐる参詣路を進んで、三重塔や神宮寺に囲まれた宿院にまず落ち着いたのち、装束を整えて舞殿に臨んで儀礼を行っている。このことは、当時の松尾社における神祇信仰が、仏教信仰を積極的に取り入れて、神宮寺を拠点とする神仏習合の色彩を濃くしていたことを物語るものである。

平安時代末期に盛んとなった信仰習俗として注目されるものに、有名な仏寺にいく日間も籠って念仏などを称え続け、満願の日に仏の啓示を得るという、いわゆる「籠りの信仰」がある。観音堂をはじめとして、霊場寺院の霊仏の堂に礼堂が設けられて、旅の聖者を迎え入れることが行われた(8)。松尾社の宿院も、このような役割を帯びるようになり、たとえば一切経を書写する写経聖(筆僧)を受け入れたのは、この場所のことではなかっただろうか。

松尾社の神域には、玉垣に囲まれた主神殿・仮殿の二棟の神殿と摂社があり、その前面中央に拝殿、左右に御料屋と講坊を構えている。主神殿は、松尾神の社殿である。仮殿については、『中右記』嘉保二年(一〇九五)十一月廿六日の条に、「松尾社仮殿遷宮日時勘文事」とあって、同月十二日の「彼社(松尾)怪異あり」という記事と関係があるであろう。何か異変があったとき、勘文の示すところに従ってご神体を一時遷座する仮の神殿が、この仮殿である。神殿の前にある拝殿は、勅使が神前に宣命を読み上げたりする、松尾社における神事の舞台となる建物である。
楼門と回廊によって外界から区切られた、神殿前の広い前庭には、舞殿を中央に囲むように、祝屋・神輿宿・正禰宜局・正祝局・経所・楽所・庁屋などが、規則正しく設けられている。このエリアは、御前鳥居をくぐって来る参拝者の要請に応じて、神前で祈願の儀礼を執行する場所で、禰宜や祝の社司と、供僧と呼ばれる社僧たちが信仰行為を営む神聖な場所である。

神前における仏教信仰の場としては、講坊と経所が注目される。講坊の役割はよくわからないが、神仏習合の形をとる松尾神の信仰を抱く信仰集団を率いる、社僧の活動を窺うことができる。かれらは、神像や仏画を祀る講坊に信者を導き、本地垂迹の思想に基づく霊験譚を語り聞かせたことであろう。

もう一つ、経所の存在は注目される。十二世紀前半に書写された『松尾社一切経』の一部は、その跋文によると松尾社の「読経所」で書写されたことが知られ、のちにこれが「経所」と呼ばれるようになったのであろう。写経と校合を終わり表装を施した経典は、分類して所定の経櫃に納めたうえで、おそらくこの経所の棚に並べて所蔵し管理されていたのであろう。その反対側に位置する庁屋は、神社に信者を招き入れて、儀礼を執行する手配をするとともに、社領の運営に当たる拠点であった。このように、神域の前に広がるこのエリアは、松尾社の神祇信仰を中心に据えながらも、仏教色の強い神仏習合の雰囲気を持つ聖域であった。

この状況は月読社においても同様である。月読社の本殿の前に舞殿があり、その前面の楼門の両脇に庁屋と講坊が設けられ、その周囲にはいくつかの摂社が建てられている。その外側にはもう一つの楼門と回廊それに斎館がある。月読神の祭祀を旨としながら、仏教信仰の要素が濃いのも、松尾社と同様である。

神社祭祀の形態は、院政期の頃に従来の奉幣型から新しい参詣型に変化したと、三橋正氏(9)は指摘する。これを神社の運営形態についてみるならば、信者を神社に迎え入れる態勢が整ったことを意味するものであり、松尾社ではこのような動向に社僧が果たした役割は大きかったのではなかろうか。

三　仏教信仰の系譜

『松尾社一切経』の跋文を一覧すると、写経事業をめぐる実に豊かな情報を得ることができる。書写と校合の作業を行った筆僧は、秦親任の願経の部分では、珍秀・酉詣・中原雅遠・範快・有範・藤原頼盛・惟仁・隆尊らが、秦親任の願経の部分では、宗清・実永・賢仁・静厳・長暹・伴童清□・朝慶・園城寺次官阿闍梨・叡《(ママ)》運・増喜・林秀らの、あわせて十九名の名が現れる。しかしながら、かれらが属した宗派を明確にすることは、宗派の記載がないのでおおむね困難である。校合者については、三十九名の名が挙げられ、良範と澄覚の二人が三井寺の僧で、良暁・賢智・厳覚・道賢が天台宗に属していた。

一切経の書写や本文の校合に用いた親本についてみると、比叡山山麓に位置する天台宗の梵釈寺に蔵する、いわゆる『梵釈寺一切経』が重用されていることがわかる。また、校合の場所としては、松尾宮御読経所があることは先述したとおりであるが、そのほかに比叡山西塔や東谷の坊舎が挙げられ、書写が終わった経巻を社域の外に帯出して校合の作業を行ったこともある。

『松尾社一切経』の書写事業にかかわった人々は、このような写経の雰囲気からみると、天台宗の写経聖たちによって占められていたと考えても、大過はあるまい。これらの見通しによって、松尾社の神宮寺が天台宗の系列のなかに位置付けられ、神仏習合の濃厚な信仰情況のもとで運営されていたことがわかる。

書写された経典を観察すると、いずれもよどみのない慣れた速筆で書写行が行われ、写経を身上とした職業的な写経僧を予見するに十分で、実際に「筆僧」と呼ばれる僧がいたことを、跋文によって知ることができる。その筆写速度は驚くほどで、『松尾社一切経』書写年表によると、永久三年（一一一五）七月五日に、僧ではないが、中原雅遠は『大方広仏華厳経』の第二十二と第二十四の二巻を一日で書写している。これはとくに早いほうであろうが、一日一巻というのが大体のペースのようである。

当時の天台宗では、貴族の発願によって法華経を書写する如法経をはじめ、一切経や大般若経の書写供養など、大規模な写経供養が盛んに行われていた。その写経を専らにする聖たちは、天台宗にかかわりを持つ有力な檀越のもとを転々としながら、書写行を営み続けた。松尾社を根拠に洛外の社領を支配し、一族を組織して勢力を持つ秦氏が発願した、『松尾社一切経』の書写という大規模な経典書写事業は、このような写経聖にとっては絶好の機会であったから、これに組織的な関与をしたのであろう。貴重な梵釈寺本の一切経を、写経の原本として借用することは、このような僧団組織と書籍貸借ルートの介在を前提として、はじめて可能であった。

松尾社に奉献された『松尾社一切経』は、読経所でしばしば閲読されたという痕跡は少く、むしろ仏教信仰の象徴として経所に仕舞われたのであろう。虫損や湿害によって欠損した部分が多く、のちにこれを他の経本によって補足している。なかでも顕著なのは大般若経で、そのほとんどが失われて、紺紙に金泥で写経して、見返しに金銀泥の経意絵を描いた美麗な表紙をつけた写経をもって補っている。その現存する混入分のうちの十九巻には、康平六年と七年（一〇六三・六四）の跋文のあるものが十巻、治暦元年（一〇六五）の跋文のあるものが九巻ある。これらの経巻は、比叡山の西塔院、比叡山の横川、下賀茂神社等の、いずれも天台宗の範囲のなかで書写供養されている。これらが混入された時期については不明であるが、いずれにせよ松尾社の神宮寺が後々まで天台宗の勢力下にあり続けたことは確実である。

四　一切経の完成

『松尾社一切経』の写経事業は、開始から四年目の元永元年（一一一八）の末に、一時中断する。その理由はわからないが、これから十一年後の大治三年（一一二八）に、親任の長子の秦頼親が権神主から神主に昇格しているので、親任の死去による後継問題が起こったのではないだろうか。写経事業が本格的に再開されたのは保延四年（一一三八）で、「松尾社神主」の秦頼親が代わって願主となっている。この頃に書写された『増一阿含経』巻第十一などには、つぎのような跋文がある。

○『増一阿含経』巻第十一

保延四年六月一日　書写了　松尾一切経之内　願主頼親

筆師　賢仁

（異筆）「一交了」

（同月十三日に書写された『増一阿含経巻』第四十四には、「大願主依近」となっている）

○『大智度論』巻第八十一

保延四年戊午六月廿七日　園城寺（割書）〈次官阿闍梨執筆之、願主松尾神主秦頼親〉

○『雑阿含経』巻第二十六

保延四年六月廿九日　書了　大山崎別所円明寺本

善峯寺住僧長暹書写了
願主松尾神主

（異筆）「一交了」

○『阿毘達磨大毘婆沙論』巻第八十一
保延四年戊午七月十日甲午　奉二書写一畢　知足院
成業伝灯住位僧増喜令二同法書一耳
願主松尾神主秦宿禰頼親

これらの跋文によって、父に代わり松尾社の神主となった秦頼親とその写経事業について、いくつかの留意すべき点をうかがうことができる。まず、秦頼親はその名を「依近《よりちか》」ともいい、父の親任の「通り名」に必ずしも忠実ではなく、秦頼親が父とある程度の距離を置きながら、神主職を継承していることを物語っているように思われる。

写経の「筆僧」やその親本については、園城寺・大山崎円明寺・善峯寺など、秦宿禰親任の時代とは異なって、比叡山延暦寺以外の天台宗系寺院の名が散見する。とくに『雑阿含経』巻第十七から『雑阿含経』巻第二十九までの十三巻は、同じく保延四年の六月二十九日に、善峯寺住僧長暹の手によってその善峯寺で書写されているから、『雑阿含経』全体は善峯寺において書写されたものとみられる。また、筆僧としては、園城寺の次官阿闍梨や善峯寺の住僧長暹のように、寺僧として大寺に定住する地位のある僧がみえ、さらには「知足院成業伝灯住位僧増喜」というような、地位の高い僧名が注目される。

このような跋文の記事からみると、秦頼親が父の秦親任から継承した一切経の写経事業は、前代とは異なった性格を帯びるようになったことがわかる。秦親任の写経事業は、比叡山延暦寺の枠のなかで、大勢の写経聖を松尾社に集めて行われた。これに対して、秦頼親の写経事業は、松尾社内の仏教施設を主たる写経の場としながらも、他の由緒ある天台宗寺院で執筆し校合することがあった。これと同様に、筆僧も、同じ天台宗系ではあるものの、延暦寺の枠を越えた、権威のある寺僧の名のもとに進められている。

秦頼親が願主となって、保延四年の半年ばかりのうちに急いで書写した経典は、全体からみてごく少数で、『増一阿含経』『大智度論』『雑阿含経』『阿毘達磨大毘婆沙論』などが主たるものであった。いわば、秦親任がやり残した部分の写経を書き補って、急ぎ完成させたというべきである。しかしながら、秦頼親の行うべき事業は、これまで書写された一切経の全巻を、権威ある経典を親本として厳密に校合するという、さらに大きな事業であった。『松尾社一切経』の写経がほぼ完了したのは、現存する経巻の跋文による限り、保延四年七月のことであった。これに続いて、翌年の保延五年（一一三九）正月から、康治二年（一一四三）の五月にかけての四年を費して、ほぼ全体の校合事業を終えた。この校合も入念に行われ、初校と再校は異なる校合親本を用いている。たとえば『大宝積経』巻第七十三は、保延五年十月三日に観音寺において「東陽御房古本をもって」校合し、さらに康治二年五月十七日に僧頼暹が「新院御本をもって」再校を終わっている。松尾社で書写された経典の一部を、まとめて観音寺に帯出して初校を行ったうえで持ち帰り、再校は松尾社の境内にある「松尾宮御読経所」で完了したのだろうか。その親本も、梵釈寺本をはじめ、東陽房座主旧本・比叡山東堂南谷香縁房旧点本・南谷春敬古点本・浄土房古本・伏見本・南京新院本など、由緒正しい経典を広く渉猟して正確を期している。(10)

秦頼親は、一時中断した一切経の写経事業を、さらに続けて完成させるに当たり、天台宗延暦寺の枠を越えて、著名な筆僧と親本を求めるなど、前代とは異なった方針をもって臨んだ。これは、『松尾社一切経』の評価をさらに高めようとする、当然の営みといえよう。当時の一切経書写について、その最も妥当なテキストとされていた梵釈寺本を親本としながら、さらに信頼すべき古点本を他に求めたことは、もちろん当時の風潮とはいえ、松尾社の信仰をもととする一族の平安を祈念する秦親任の願意を、一歩踏み越えた幅広い営みとみてよかろう。

神社に神宮寺を建てて仏をまつる神仏習合の思想は、神は読経によって法味を嘗めることによって威光を増すという、本地垂迹説の考えに基づく。『松尾社一切経』の書写も、もちろんこの論理によるもので、写経という善行による松尾神の威光倍増を祈って、神主の秦氏によって発願された。二十八年間にわたるこの写経事業の過程で、比叡山延暦寺をはじめとする、天台宗の大寺と信仰関係を生み、著名な僧侶を松尾社に招き入れることができたことは、特筆すべき大きな成果であった。

一方、松尾社とその社領を支配する秦氏一族にとって、『松尾社一切経』の書写供養は、族的結合を貫徹するうえでまことに意義深い事業であった。この写経の後跋のいくつかには、神主職をつとめる「秦宿禰親任」をはじめとする松尾氏一族が、まるで系図を眺めるように名を連ねている。ここには、松尾社と月読社の神主職を掌握することによって、松尾山麓に広がる末社と社領の支配を見事に貫徹し、秦氏一族の繁栄と永遠を願う、熱い願意がこめられている。

秦親任がはじめた写経事業が、長子の秦頼親に受け継がれたとき、その経典に記される跋文には、明らかに変化が認められる。ここには、秦親任の願経にみるような、一族の名を連記した願文はまったく記されず、「松尾社神主秦頼親」の名のみが挙げられている。それは、あたかも武士の惣領制を思わせるように、松尾社の神主を一族の長に仰ぐ強力な族的結合が、洛西の松尾社領を舞台に確立したことを物語ることにほかならない。いまや、天台宗の伝統的な大寺や著名な僧の協業によって完成した『松尾社一切経』は、松尾社神主の権威を輝かす仏宝として、武力以上の力を発揮することになる。

おわりに

十二世紀前期に秦氏の族長をつとめた親任と頼親の父子は、洛西の松尾社と月読社の、神主職をはじめ禰宜・祝など社司の地位と職掌を、一族の血縁的紐帯によって掌握し、宗教的な族的結合と社領支配を完成した。この時期に親任が発願した『松尾社一切経』書写という大事業は、強固な族的結合の実力を背景に、松尾社の神威を誇示するとともに、秦氏の聖俗にわたる権威を高め、松尾社のさらなる展開を期するものであった。

この時期の松尾社は、天台宗の延暦寺の系譜に連なる仏教信仰の色彩を濃厚に帯びるようになり、神域に仏教信仰の施設を設けるなど、神仏習合の傾向を強めていく。神主の秦親任による『松尾社一切経』書写の発願は、このような松尾社の方針の、顕著な現れにほかならない。

秦親任と頼親の父子二代にわたって進められた写経事業は、十年ばかりの中断をはさんで、前後二期に分けられる。秦親任による前期の写経には、「筆僧」と呼ばれる写経聖の組織に拠りながら、松尾社を舞台に写経事業を進めた。秦頼親による後期の写経事業は、写経の場を延暦寺の枠を越えた天台宗系の大寺に拡大し、著名な僧を筆写や校合を行う筆僧に招いてこの事業を見事に完成した。

『松尾社一切経』の書写供養は、神仏習合思想に基づく松尾社の信仰が、仏教教団の広がりに沿って拡大するうえで、大いに意義ある事業であった。この書写行によって得られた「書写力」によって、松尾神は威光を倍増し、秦氏一族の繁栄はさらに進む。一切経の書写行を完成して松尾社の神前で供養を遂げたとき、松尾社神主を長とする秦氏一族の、まるで武士領にみるような強い族的結合が、松尾社領を舞台に構築されていた。

註

（1）中尾堯「平安写経の世界――妙蓮寺蔵『松尾社一切経』をめぐって――」（『仏教史学研究』四〇―一一九）。
（2）中尾堯編『京都妙蓮寺蔵松尾社一切経調査報告書』、大塚巧藝社、一九九七年。
（3）生駒哲郎「松尾社一切経の奥書」「松尾社一切経書写年表」「松尾社一切経校合年表」（前掲『京都妙蓮寺蔵松尾社一切経調査報告書』）。
（4）「東家系図」（『松尾大社史料集』典籍篇一、吉川弘文館、一九八〇年）。
（5）「松尾大社古図」、松尾大社蔵（前掲『京都妙蓮寺蔵松尾社一切経調査報告書』）。
（6）『長秋記』永久元年（一一一三）八月十一日の条。
（7）三橋正『平安時代の信仰と宗教儀礼』、続群書類従完成会、二〇〇〇年、第一篇第一章「古代から中世への神祇信仰の展開」。
（8）中尾堯『日蓮信仰の系譜と儀礼』（吉川弘文館、一九九九年）第一章「聖者信仰と祖師信仰」。
（9）三橋註（7）前掲書参照。
（10）生駒註（3）前掲論文参照。

天満天神信仰の成立と変遷

――鎮国と衆生守護――

今堀　太逸

はじめに

『北野天神縁起絵巻』によると、筑紫に流罪になった道真は、無実の祭文を作り、我が身に罪がないことを天道に訴えた。高山に登り七日間訴えると祭文は天に昇り、雲をかき分け帝釈宮をも打ちすぎ梵天までも昇っていった。釈迦は底沙仏のもとで七日七夜足の指をつまだて弥勒に先立ち仏となったが、道真は現身に七日七夜蒼天を仰ぎ、身をくだき心をつくして、恐ろしい天満大自在天神となった。

一方、序文では、北野社、天満天神のことにあらたかな利生とは、現当二世にわたる王城鎮守神としての霊験であり、衆生擁護の神として上は天皇から下は万民に至るあらゆる階層の人々に尊崇されているという。文道の大祖・風月の本主であるとともに、天下の塩梅として帝図を輔導し天上に日月として国土を照臨している。その本地は観音菩薩であり、道真は権者の化現、現人神であると讃歎されている。

すなわち、現身に天満天神となり死後は怨霊となって恨みをはらし、のちには災害を支配する神（日本太政威徳天）となった。託宣により廟社が北野に造営されて国土を鎮護し衆生を守護するにふさわしい鎮守神として鎮座しているという、道真の生涯と後生が説き明かされるのである。本稿では、このような天満天神信仰の成立と変遷に与えた仏教の影響を検討することにしたい(1)。

一 天神の託宣と仏法

1 北野廟堂と国土鎮護

道真の霊を「天神」として祭祀する廟堂が北野に造営されたのは「天神」の託宣による(2)。

『最鎮記文』は、冒頭「北野寺僧最鎮記文云」として、近江国比良郷居住の神主良種が「火雷天神」の託宣を最鎮らに伝えたことを掲載する。良種が語るには、右近の馬庭(場)は興宴の地であり、彼の馬場の辺に移りたいとの託宣があった。馬場の乾の通りの朝日寺の僧最鎮・法儀・鎮世らがどこを在所とすべきかと尋ねると「可レ生シレ松ヲ云々」とのことであった。一夜のうちに数十本の松が生えたので、託宣文に従い「当宮」が草創されたという。託宣のあった年月、草創の年についての記載はない。

その祭祀については、菅家の人々と両都の上下が、春秋二季の霊奠を勤仕し種々の祈禱を致し、霊験は日にあらたかであった。ようやく年序を経るの間、「寺家」(寺)が焼失した。氏人と住僧らはわずかに「玉殿」を構造し、故《もと》のごとくに欽仰していた。天徳三年(九五九)になり、藤原時平の弟忠平の子である九条師輔が屋舎を造増するとともに、宝物を奉供した。そのときの祭文には、「天神、朝廷の間は、古き名を揚て高く崇班に昇り給て、四海の内に舟檝として綱紀を意に任せ給へり。夜台の後には跡を垂しめて、普く祈禱に叶ひて、一天下の尊卑を護持し給ふ事、自在なり。これによつて師輔、力を竭し誠を至して、祈り奉ること極りなし」とみえる。

道真の霊を祀る北野宮は「火雷天神」の託宣により草創されたのであるが、その祭祀は住僧が勤める仏事であった。したがって、師輔の祭文に「普く祈禱に叶ひて」というのは「僧侶の祈禱に応えて天下の人々を守護する」という意味である。ついで、貞元元年（九七六）の太政官符を引き、造立の功ある最鎮と、寺印を相伝する増日とが北野寺の支配を争ったが、勅により最鎮の寺務が認められたことが述べられている。(3)

『北野天満自在天神宮創建山城国葛野郡上林郷縁起』（以下『創建縁起』と略記）では、「天神」が天慶五年（九四二）七月十二日、西京七条二坊に住む多治比奇子《たぢひのあやこ》に、右近の馬場に「禿倉《ほくら》」を構えてほしいと託宣したことに始まる。注目したいのは、左遷の恨みはすでに薄らいでおり、「すでに天神の号を得て、鎮国の思いあり」との記載である。いつ「天神」の号を得たのか、また誰から得たのかについての記載はないが、北野において「天神」として祭祀してほしいと要求しているのである。奇子は賤妾の重さを憚かり、自身の住居の辺に五年の間「禿倉」を構え安置して崇めていたが、久しく託悩を蒙り堪忍にたえずして、天暦元年（九四七）六月九日に北野に移した。その後、松の種がたちまちに生いて数歩の林となったことをして、「神妙眼にあり、万人の殖えるがごとし」と記している。

建立造営ののち、天徳四年（九六〇）までに十四年が経過したが、その間、五度にわたり造営した。最後の造営では、三間三面の檜皮葺の廟堂には影像が安置され、法楽増長のため奉写された『法華経』『金光明経』『仁王般若経』の護国三部経が納められ、卒塔婆四本が立てられた。また託宣により、観音菩薩を安置する堂が建立され、五間の僧坊が二宇あった。

この造営が九条師輔の造営を指すとすれば、『最鎮記文』にいう「寺家焼失」「僅構二造玉殿一、如レ故欽仰」との関係が注目される。創建当初は道真の霊を祀る「廟」と仏事のための「仏堂」が建てられていたのが、道真の影像を本尊（祭神）として安置し僧侶が勤行する「天神廟堂」が新たに建立されたということである。この廟堂の色は筆端に尽くしがたいと語っていることより、従来の仏堂とは異なる神廟建築であった。(4) 最後に天徳四年（九六〇）六月十日の日付があり、根本建立禰宜多治記とみえる。(5)

このように北野社の創建を語る『最鎮記文』『創建縁起』においては、怨霊となり災害を引き起こしたのは過去のことだとし、護国経典の廟堂奉納と法楽増長が語られているように、その草創は鎮護国家の祈禱のためだと主張されたのである。

2　菅原家と安楽寺の興隆

大宰府安楽寺の廟堂禰宜藤原長子への託宣に「永観二年（九八四）六月廿九日戊申辰時以禰宜藤原長子託宣記」（以下「永観二年託宣記」と略記）と「正暦元年（九九〇）十二月四日御託宣記」（以下「正暦元年託宣記」と略記）がある。「永観二年託宣記」によると、廟堂の奉仕は禰宜長子と二、三人の宮司法師によりなされていた。「黄昏の錫杖の音、後夜の懺法の響き、念仏読経」とみえることからも、日常の廟堂祭祀は道真供養のための仏事であった。「我れ及び眷属、尤もその益あり」との記載から、廟堂には「眷属」も祀られていた。廟君は長子に託宣する理由を「三摩耶形は皆釈衆なり、この人を用は法威無かるべし」、よって「愚昧の女をもつて軽々に言はしむ」と述べている。廟堂禰宜（託宣巫女）の役目は、廟君の意向を宮司（僧）に伝達することにあった。廟君を慰められるのは仏法であり僧侶であった。(6) 託宣のある予兆を「雷公大鳴し大雨が降る。その間、電光日の如く、雷の響きは地を振わせた」と記すので、廟君は雷公として化現すると意識されていた。

この二つの「託宣記」が期待しているのは、道真子孫による氏寺安楽寺の仏法興隆である。「永観二年託宣記」ではつぎのように記されている。昔日、讒言により我れ（道真）を放つの日、藤原時平・源光・藤原定国・藤原菅根朝臣らは勅宣と称して陰陽寮の官人を召した。我れとその子孫が永く絶え相続できないようにと、皇城の八方の山野に雑宝を埋め置き厭術し、神祭（陰陽道祭）をした。我れはこれを絶つ術を構えるが、姓名を指された人はみな短命となった。次々の子孫の官位が高くなく、家が貧しく才が乏しいのはこの厭術のためである。

子息高視・淳茂朝臣等は我れに切々に「子々孫々の家業断ち給わざれ」と祈念する。我が家の文殿の書等が空廃することなく、淳茂—在躬—輔正と子孫相続できているのは、一向に我が加護の力による。呪詛・厭術を妨げているためである。大弐（輔正）朝臣が式部大輔を兼ねるのは希有のことだと語り、菅家の人々が深く仏法に帰依し安楽寺の造塔、写経の大願を成就することが、道真の加護による子孫繁栄が約束されることになる。また合力の人々も現世・後生の大願等の成就が約束されると告げている。

「正暦元年託宣記」においても、道真が末孫輔正による我が寺安楽寺の興隆を喜び、輔正の不信を「不勘」にしたことを、「大弐になりし時に、我が寺に一基の多宝塔を造立し、千部の法花経を書写して安置供養するに、その善は無量なり。国土を鎮護し、沙界を所益す。これによりて彼の朝臣の不信をは不勘なり」と託宣している。

安楽寺別当の初代は道真の子息淳茂の子息平忠である。二代は淳茂の兄兼茂の子鎮延で、氏牒により天暦九年（九五五）に任命、天徳三年（九五九）改めて太政官符による任命となり、官寺的性格が付与された(7)。

ところで、『吾妻鏡』文治二年（一一八六）六月十五日条によると、安楽寺別当安能が平家に同意するとの聞こえにより、頼朝が憤り改替しようとした。そのとき関東に「安能寺務の後、始めて置く仏神事」、永久六年（一一一八）正月十二日の起請、保延七年（一一四一）六月二十日の大宰府に下した宣旨を提出している。宣旨には大治年中（一一二六〜一一三一）に北野聖廟に進納した起請文に偁《いわ》くとして「件んの寺は、天満天神終焉の地」であり、その別当は器量の氏僧のなかから任じるのが慣例だと主張されている。

安能は日常の天神宝前の勤行については、拝任ののち新たなる信心をもって勤行する所として、毎日御供えを調味（古来この事なし）し、毎月二十五日の天神御月忌には、もとは『阿弥陀経』を転読するばかりであったのを、碩学八口による法華八講を修すとともに、毎月十口の僧による如法経書写供養をし、銅筒に入れて宝殿に納めていると報告している。両「託宣記」が道真の霊を「神」とみなしていることは疑いない。だが、「廟君」「我」とはみえるが、「天神」の称号（神号）は使用されていない。禰宜長子が登場するが、安楽寺廟堂は天神道真の墓堂であり、その勤行は祖霊追善の仏事であった。

「永観二年託宣記」では、冥途の道真は自在の身であり救済者である。「我れ一時の間に三界を廻る。常の住所は済度衆生界なり」と語り、「此の界に普賢・文殊・観音・地蔵四体の菩薩たがいに来りて化度す。我れ毎日に帝釈宮・閻羅王宮・自在天宮・五天竺の国・大唐の長安城幷に西明寺・青龍寺・新羅国祥武城・当州《（日本国）》の皇城幷に当府、及び諸国の所々に往詣し、帰依して別宮等を占むるなり」と説明する。また「我が随身の伴党は一万二千八百余人。惣じて恨を含み世に背く、貴賤の霊界皆ことごとく集まり来たる。但し、理無く恨を含むの輩は、専らあい共《（伴）》なわず」という。

道真が無実の罪を負ったまま亡くなると、帝釈宮に日本鎮国の明神たちが召し集められ、勘糾された。そのため日本国においては種々の災害が起こった。公家はその譴《せめ》に堪えられず、延長と改元し、道真を本官に復し、左遷の文書を焼却し、太政大臣を追贈した。しかし、それは無益のことだとし、「我れが皇城に向かう度に焼亡度々なり。我れ更に不屑にして伴類の中に成す所なり。公のために常に以て嘲弄す。大なる費を致さしむ、後々に又断たざる歟。上は崇道天皇、下は菅家の小臣、帝釈宮を去らざれば、愁緒断ち難し」と、道真が内裏に向かうたびに伴類中が火災を引き起こしているが、このような災害は、帝釈宮にいる限り絶えることはないという。

「正暦元年託宣記」でも、昌泰三年（九〇〇）の朱雀院行幸における宇多院と醍醐天皇の密議と道真の優遇、時平讒言による大宰府左遷ののち、「その事に同心の人々等、いくばくの程を経ずして皆ことごとくに死亡き。子孫各絶たり」とする。また、死去の後、清涼殿において醍醐天皇に対面し、つぶさに古事を奏じると、天皇は「合掌して涙を流し給て、彼の時の事を宣らる。しかして臣下に知らしめず、皇威無きによつてなり」と語る。復官、延長改元、左遷文書の焼却、大臣追贈を語り、時平の弟忠平が兄の謀計にくみせず左遷ののちも慇懃の交流があったことにより、忠平子孫の繁栄を喜び、故入道摂政が北野宮社を通過するのを悦びみていたこと。さらに「我がために志ある輩をは、何て守らざらん哉。（中略）末世の事、皆よく慎むべし」と託宣するとともに、

我れ毎日に三度ひ帝釈天に参謁て、愁訴の後、すこぶる自在の身を得たり。我が心に思う所を、帝釈天暗に知り給はず。我が昔の名を損し時に、心中に五言絶句を思き、「離レ家《ヲ》三四月、落《ル》涙《ハ》百千行、万事皆《ハ》如《シ》レ夢、時々仰《ク》二彼蒼《ヲ》一」。この句、口の外に未だ出ざるに、帝釈天これを知りて、またもつて感歎す。後集の中に載りてあり。すこぶるる憐むべき詩なり。大唐の人皆暗に誦る事あり。我れ今、一の絶句を懐て寺僧等に示す。「家門一《ヒ》閉《テ》幾風煙《ソ》、筆硯抛《テ》来《テ》九十年、我《レ》仰《キ》二蒼天《ヲ》一懐二古事《ヲ》一、朝々暮々涙連々《タリ》」。寺僧等これを奉り、感歎あり涙を拭う。

と結んでいる。そして、最後に輔正下向の際には他の善事のために果たすことができなかった作善として、「一切経論書写せしむを欲す。道心の人にあい難し。我が家の末孫の此願を遂ぐべき人、忽に以てあり難し。向後に出で来るべし」と一切経書写供養を要求している。

この二つの安楽寺託宣では、道真は「没後」に無実を帝釈天に訴えて自在の身である「天神」となったとされている。帝釈天の支配下にある「仏教の神」である天神の祭祀は、仏事でなければならない。廟堂宮司を僧侶が勤め

るのは当然のことである。氏寺安楽寺においては仏典に基づいて冥途の道真が語られたのである。大江匡房の談話を筆録した『江談抄』第六長句「聖廟西府祭文上天事」に、「聖廟昔於二西府一造二無罪之祭文一、於山〈山名可レ尋〉訴、祭文漸々飛上レ天〈云々〉」と山上で天道に訴えたところ祭文が天に昇っていったとみえるのは、上記の安楽寺託宣により創作したものであろう(8)。

3　菅公像安置と衆生守護

『北野天神縁起』の天神観となり、北野天満宮において重んぜられたのが「天慶九年(九四六)三月二一(あるいは三)日酉時天満天神御託宣記」(以下「天慶九年天満天神託宣記」と略記)である。「北野天神」が天慶九年に比良宮禰宜神良種の子息太郎、生年七歳の童に、「我れ云べき事あり。良種ら聞け」と託宣したとする。

その目的の第一は、「我が像《かたち》を作るを、笏は我が昔持しあり、それを取らしめよと仰せ給なり」と、我が束帯天神像の造像であった。良種らが笏の所在を尋ねると、「筑紫より北野に来住の際に仏舎利・玉帯・銀造の太刀・尺の鏡などを持参し、宮前の少し小高い所の地下三尺ばかりに入れておいた。笏は従者老松、仏舎利は富部に持たせて来たもので、二人ははなはだ不調のものだが我が左右に置いている。年来は像も無かったので告ることはなかったが、これからは笏により言うぞ」と託宣している。

この託宣により北野天神が示現する際の姿が、雷神ではなく、生前の道真となったのである。また、宮草創の当初から衣冠束帯の菅公像が廟堂に安置されていたとの社史が語られることになる。笏とともに仏舎利が強調されているのは、その神像祭祀も僧侶による仏教儀礼であったことを物語っている。北野宮の崇敬が現人神の信仰に展開しているのである(9)。

現人神である北野天神は、眷属と世間の災難のことについて、つぎのような託宣をしている。[10]「永観二年託宣記」では随伴の伴党は一万二千八百余人。それも無実の罪に亡くなった人たちの霊であった。それが、随類の雷神鬼などは十万五千という。帝釈天に訴えて自在の身を得たとされていたのが、北野天神は世界の災難の事を支配する神であり、随類の眷属たちを使い不信のものたちを懲らしめる主神である。このことをして帝釈天より一向に任されてのことだと説明するので、北野天神は帝釈天と同等の立場にまで、神格を上げている。

また、それればかりでなく、賀茂・八幡といった神社よりも霊験があらたかであることを、生前における冤罪の苦しみの体験により慈悲深い神となることができたとして、北野宮への帰依、崇敬をすすめている。[11]生前に筑紫において仏天を仰ぎ祈願したように、死後は邪悪を糺す神となることができた、我が宮が今年造営されたことは喜びだと述べ、天慶九年（九四六）の造営だとする。北野には天神（雷神）の託宣により「北野寺」が創建されたのではなく、天満天神菅公（現人神）の託宣により「北野宮」が創建されたとの歴史が主張されるようになる。

その北野宮には「賀茂・八幡・比叡なむとも常に座し給へり。便無きにいと善し。自余の神達も常に来り座し給なり」と諸神が常座されている。常座の諸神よりも衆生守護の思いが深いことを説明する。[12]終わりに、良種が「己か身の上にあるべき事、また天下にあるべき事、あらば仰せ」と問うと、

我れ此界にありし間に、公事を勤とて、仏物をなむ多く申止たる。その中に天台の堂寺の灯分をなむ申し止たりし。その罪惣じて深くして、自在の身と成たれとも、苦しき事はなはだ多し。彼の代に此辺に法華三昧堂を立て、大法の螺を時毎に吹せよ。さらは何に喜《うれ》しからむ。一大事の因縁は、不可思議なり。

と宣って、道真が降りていた童が覚めた。よって見聞の人々「禰宜神良種、神主善浦満行、見聞人六人皆在署名、但略之」はこのことを記した。北野社が天台宗の支配の下で、その信仰を展開させようとしていることが読み取れる。

二　『大鏡』と『道賢上人冥途記』

1　京都の天神信仰

天徳二年（九五八）五月十七日、朝廷は、疾疫多発し死者が多く出たため「般若の斎会」を修したが、いまだ病悩の消除がないため、長引く病気が除愈することと、年穀豊稔を祈るため、寺社に詣でて『仁王般若経』を転読することを僧綱所に命じた。そのなかに西寺御霊堂・上出雲御霊堂とともに祇園天神堂の名がみえる（「北野」はみえない）。また、御霊会においては『金光明最勝王経』とともに『仁王般若経』が読誦された。醍醐天皇の延喜年間においても、災害の対策として仁王会を修し、諸寺社において『仁王般若経』『金剛般若経』が読誦されていた。このような護国経典に説かれている天神祭祀、ことに『仁王般若経』の天神観に基づき祇園天神堂が建立されたのではないか、ということを検討したことがある(13)。

先に紹介した託宣において、道真の霊が北野に「天神」として祀られることを望んでいるのは、十世紀の中頃になり祇園や稲荷における仏典に基づく天神祭祀に刺激されて、かつて喜田貞吉が指摘したような天神祭祀の場であった北野の地に道真を天神として祭祀する北野寺が創建されたのではないだろうか(14)。

北野社が『日本紀略』に登場するのは、天延元年（九七三）の火災の記事が初見である(15)。『日本紀略』では道真の神号は「天満天神」であるが、永延元年（九八七）八月五日を一条天皇が官祭日と定めた際の宣命にも「天満宮天神」と記載されている（『本朝世紀』）。天満天神の神号が定着していることがうかがわれるが、その前年、寛和二年七月二十日の慶滋保胤の「賽二菅丞相廟一願文」には「沙弥某前白レ仏言、往年為二栄分一、為二声名一、祈二廟社一、祈二仏法、一有レ日矣」とみえ、廟社において文道の祖、詩境の主として崇敬するとともに、自身の仏道成就を祈っている。[16]『百錬抄』永久三年（一一一五）六月一日条には、ある聖人が北野廟前において一切経を供養したのに、天下の貴賤が結縁したとの記事がみえるように、北野廟堂は、鎮護国家の祈禱の道場となり、仏道成就を願う人々の信心により興隆していったのである。[17]

また、その一方で、説話文学においては北野社における天神（怨霊）の物語が成立した。

道真の学才を賛美しその左遷が不当なものとして、道真の恨みを強調し、生前の恨みのため「現人神」として時平の子孫に祟ったことを強調するのが『大鏡』第二巻「左大臣時平」である。以下、その物語を紹介する。[18]

醍醐帝の御時、右大臣（道真）は、「才よにすぐれめでたくおはしまし、御こゝろをきてもことのほかにかしこくおはします」のにと、年若い左大臣時平がそれに比べて格段に劣っていると評する。そして、道真のほうが天皇の寵遇も格別なため時平が心穏やかでなかったと語る。左遷の理由についての記載はないが、「みかどの御をきてきはめてあやにくにおはしませは」と醍醐天皇の処置がきわめて厳しかったとする。

道真は宇多法皇に「流れゆくわれはみくずとなりはてぬ　君しがらみとなりてとどめよ」との歌を差し上げ、山崎より船で旅立つに際し「出家」を遂げた（文献上の初出）。筑紫に到着後も、「夕暮れに」「浮き雲の漂うのをみて」「月の明るく照る夜に」「雨の降るのをうち眺めて」詠んだ和歌を紹介し、流罪を恨んだ無念の死であることを強調し、北野に「現人神」として祀られていることを、「やがてかしこにてうせ給へる、夜のうちに、この北野にそこらの松をおほしたまひて、わたりすみ給をこそは、只今の北野宮と申て、あら人神におはしますめれば、おほやけも行幸せしめ給ふ。いとかしこくあがめたてまつりたまふめり」と叙述している。

道真自身の濡れ衣（無実の罪）は乾くすべもないのだとの歌とともに、北野宮に祀られていることを語るので、読者は恐ろしい怨霊神が北野に祀られていることを知る。『大鏡』は、道真の霊が北野宮において祭祀され、天皇の行幸があったのちの成立であるから、読者は以下の怨霊譚も北野社の怨霊譚として理解することになる。

内裏が焼けてたびたび造営されたのであるが、円融天皇の御宇（九六九～九八四）、工たちが裏板に丁寧に鉋《かんな》をかけたのに、一夜のうちに虫が文字のように喰っていた。その文字は、「つくるともまたもやけなん、すがはらやむねのいたまのあはぬかぎりは」と読めたので「それもこの北野のあそばしたるとこそは申めりしか」という。

道真が亡くなって七年ばかりのち、時平が延喜九年（九〇九）四月四日、三十九歳で亡くなり、時平の女の女御、御孫の春宮（慶頼王）、一男八条大将保忠卿も亡くなった。保忠が「物の怪」に悩まされ苦しみ亡くなったときの状況を紹介し、「これよりほかの君達皆三十余・四十にすぎ給はず。夫故は、たの事にあらず、この北野の御なげきになんあるべき」と、北野の神（道真の霊）の怨霊による一族の衰退を語る。また、清涼殿に現れた北野の神は、姿は雷神であった。この清涼殿化現は延長八年（九三〇）の霹靂をモデルにして創作されたものであろう。(19)

興味深いのは、上記文中の「やがてかしこにてうせ給へる、夜のうちに、この北野にそこらの松をおほしたまひて、わたりすみ給」との叙述である。『最鎮記文』の「北野寺僧最鎮記文云」によるものであるが、『最鎮記文』『創建縁起』では道真が北野に住むのは天暦元年（九四七）からであるのに、『大鏡』では延喜三年（九〇三）に亡くなってまもなくより北野に「神」として住んでいると読み取れる。だからこそ、京都において死亡直後より怨霊として活躍することを物語ることができる。

すなわち、時平やその子孫に怨霊として被害を与える物語は、『大鏡』において成立したものといえる。清涼殿化現、時平抜刀は『北野天神縁起絵巻』の名場面であるが、史実ではなく『大鏡』を材料にした伝説なのである。内裏焼亡ほか、和歌の引用など安楽寺託宣との関係も慎重に検討しなければならないが、いまのところ筆者は、道真の生涯と死後北野に祀られ怨霊神として活躍する「北野天神の物語縁起」は、『大鏡』を出発点とするとの見方をしている。

2 日本太政威徳天と仏典

『道賢上人冥途記』（『扶桑略記』所収）は、天慶四年（九四一）の出来事とするが、北野社創建以後の編纂である。災害と仏教との関係を説くことにより、北野社における道真祭祀（火雷天神）を批判し真言密教による祭祀（日本太政威徳天）を提案するために制作されたものである。道賢が道真の霊である日本太政威徳天に対して、日本国では上下ともに道真の霊を火雷天神と世尊（仏）のごとく祭祀していると述べたのに対して、太政天は、火雷天神は自身の名ではない、したがって尊重されていない、成仏しない限り「旧悪の心」を忘れることができないと答えているのは、真言密教の立場から、北野宮草創、祭祀を批判したものである。[20]

その『道賢上人冥途記』においては、日本国の災害の原因となる悪神と、それらから守護する善神たちとが登場しているが、これらの神々の住所は「冥途」の天界である。天界の悪神と善神とが日本国に示現しているのであり、日本国は天界の神々に支配されているのである。つまり道真の霊のような怨心により仏法を焼き滅ぼす悪神が日本に出現すると、国土に災害をもたらし人民に損傷を与えるのである。この天界の悪神の仕業とする災害観は護国経典である『金光明最勝王経』の災害観と一致する。[21]

『金光明最勝王経』巻五「四天王観察人天品第十一」の冒頭は「多聞天王・持国天王・増長天王・広目天王がともに座より立ち、右肩を袒ぎ、右膝を地につけ、合掌して仏に向かい、仏足を礼し終わり、世尊、この『金光明最勝王経』は一切諸仏の常に念じ観察し、一切菩薩の恭敬するところ、一切の天・龍の常に供養し、および諸々の天衆の常に歓喜の生じるところ、一切護世の称揚讃歎し、声聞・独覚の皆ともに受持するところである。ことごとくよく明らかに諸天の宮殿を照らし、よく一切の衆生に殊勝の安楽を与え、地獄・餓鬼・傍生・諸趣の苦悩を止息し、一切の怖畏をことごとくよく除殄《じょてん》し、あらゆる怨敵が退散し、飢饉の悪事をみな豊稔とし、疾疫病苦をみな蠲愈《けんゆ》し、一切の災変、百千の苦悩をみなことごとく消滅させる」と述べることから始まる。四天王ならびに諸《もろもろ》の眷属は『金光明最勝王経』の甘露法味を聞くことで、気力充実し威光増益し、精進勇猛神通がますます勝れるのである。「諸悪を遮去し、あらゆる鬼神、人の精気を吸うもの、慈悲なき者、ことごとく遠く去らしめん」と述べられている。『金光明最勝王経』を恭敬供養し、受持・読誦するときには、四天王以下天界の神々が皆共に一心に、贍部洲の人王とその国の人民をあらゆる災難から護り安穏ならしめることが説かれている。

巻六「四天王護国品第十二」においては、国王が『金光明最勝王経』を信仰し国内に流布させると、天衆が国土と人民をいかに擁護するかが繰り返し説かれている。また、その一方で人王が国内にあるのに流布させず、捨離の心を生じて聴聞を楽《ねが》わなかったり、持経の人がよく尊重供養されないときには、遂に我ら四天王および余の眷属、無量の諸天は甚深の妙法を聞くことを得ず、甘露味に背き正法の流れを失い、威光および勢力あることがなくなってしまう。よって悪趣を増長し人天を損減し、生死の河に墜ち、涅槃の道に背かせることになると説いている。

贍部洲の国々の無量の国土を守護する「諸大善神」の存在を明らかにし、「世尊、我ら四王、及び無量百千の天神、并に国土を護る諸の旧善神、遠く離れ去る時、是の如き等の無量の百千の災怪と悪事とを生ぜん」と、国土守護の善神が去ると悪神がはびこり災害が頻発するとして、災害の由来を説き明かすのである。

巻八「堅牢地神品第十八」では、贍部洲の国王が支配する国々において「堅牢地神」が国土を守護していることを説いている。筆者は、災害をもたらす悪神を慰諭する『金光明最勝王経』の「無量国土守護諸大善神」「護国土諸旧善神」「堅牢地神」が、『道賢上人冥途記』では仏菩薩が日本に身を変えやってきた「神明」、「金峯・八幡・満徳天等」の神々として叙述されていると理解している。

すなわち、『道賢上人冥途記』では災害の原因となる悪神たちを、日本太政威徳天の十六万八千の眷属である毒龍・悪鬼・水火・雷電・風伯・雨師・毒害・邪神等であるとし、彼らが天界から日本国にやって来て国土に遍満して大災害を行い、日本の仏法を滅ぼし国土と人民を害していると説明するのである。

『道賢上人冥途記』では道真が死後天界に生まれ日本太政威徳天となったと語られているが、「堅牢地神品」には衆生が命終ののち、来世には三十三天および余天に往生することを説いている。巻八「王法正論品第二十」でも、「もし人善行を修すれば、まさに天上に生ずることを得べし。もし悪業を造れば、死して必ず三塗に堕す」と説く。巻九「長者子流水品第二十五」では、「もし衆生ありて、命終の時に臨んで、宝髻《ほうけい》如来の名を聞くことを得れば、すなわち天上に生ず」として、十方界所有の衆生は、命終ののちには三十三天に生まれると述べている。

このような仏典の来世観により、道真が命終ののち天神となり、その福力により太政威徳の天となるとする話、醍醐天皇には国王としての五罪があり鉄窟地獄の住人となっているとの話が成立したと考えられる。

三 『北野天神縁起』と梵天・帝釈

1 天満大自在天神と天台宗

生きながら天満天神となった道真は、延喜三年（九〇三）二月二十五日、大宰府の榎木寺で五十九歳で亡くなる。筑前国四つ堂の辺りに墓所を点じたのが、いまの安楽寺である。死後、日本国の災害に道真の霊である「天満天神」がいかにかかわってきたのかが、先行する北野社、天神信仰の文献を史料として語られている。以下『北野天神縁起』（『建久本』）により考察を進めることにする。[22]

没後、幾日もたたないうちに、天満天神（道真の霊）は、延暦寺第十三代の座主尊意を訪れた。持仏堂へ招かれると、天神は「われ梵尺のゆるされも蒙りたり。神祇のいさめも有まじ。花洛にいりて鳳城にもちかづき、愁をものべ怨をも報ぜんとおもふに、禅室ばかりぞ法験をほどこして、おさへ給べき。たとひ勅宣なりとも、あなかしこうけかへし給へ。年来の師檀の契はこれにあり」と懇願した。

尊意は「師檀のむつびは一世の契にあらねば、眼をぬくとも何かいたからん。たゞし天下はみな王土なり。地の上にすみながら勅宣三度にいたらば、いかゞ」とのつれない返事をした。すると天神の血相がたちまちに変わり、喉の乾きにとすすめられた柘榴を妻戸に吐きかけると炎となって妻戸に燃えついた。しかし、尊意が灑水の印を結ぶとその火は消えた。焦げた妻戸はいまも本坊に残っている。

やがてまもなく雷電霹靂し、天満天神は清涼殿に雷となって化現した。時平ひとり太刀を抜き、天神を睨み「朝に仕へ給ひし時は、我が次にこそものし給ひしか。けふたとひ神に成給ふとも、我に所をかでは、ひが事にてぞ侍らん」と叫んだ（『大鏡』時平伝）。その間に、尊意は三度の宣下を蒙り、比叡山より北闕（禁裏）に馳せ向かうことになる。ときに鴨川は大洪水であったが、尊意の前では洪水も去り退き陸地となった。このことをして『建久本』は「法験も目出たく、皇威もおそろしき。その後にぞ、しばし天神をばなだめ奉り給ける」と記している。天満天神は、梵天・帝釈天の許しがなければ復讐できない怨霊であり、天台座主の法力にはかなわず退散せねばならない悪神なのである。

延喜八年（九〇八）十月の頃、道真の推挙により春宮時代の醍醐天皇の侍読になったにもかかわらず、道真左遷のとき宇多上皇の左遷反対の意志を天皇に奏上しなかった藤原菅根は、天神の神罰により亡くなった。

同九年（九〇九）三月には、道真左遷で権力を掌握した藤原時平が病に臥せた。「老域《書婆》か方薬なむれと験なく、安賀二家の秘術いたつらに祭物をつゐやす」ばかりで、氏神春日大明神からも見捨てられた。これは菅丞相の霊気に違いないとさとった時平は、法験（仏法の力）のほかに助かる手だてはないと、叡山清涼房の玄照律師の弟子で、三善清行の息子浄蔵を招請した。四月四日に招かれ祈った。その日の午時、父清行が見舞いに訪れると、時平の左右の耳より青龍が頭を出し、清行に、「われ申文を作りて、梵天・帝釈に訴え申により、はやくことはりを蒙りて、怨敵を報ぜんとするほどに、尊閣《ママ》の男浄蔵たちまちに降伏せんとす。制せられよ」と語りかけた。伝え聞いた浄蔵が夕方退出すると、時平はまもなく亡くなったという。ついで『大鏡』時平伝により子孫の絶えたことを語る。天満天神の神罰の恐ろしさを説くとともに、その対策としては天台宗を中心とした仏法による祈禱、怨霊から逃れるのには出家が有効であることを説くのである。

延喜二十三年（九二三）卯月の頃、小松天皇《光孝》の孫で延喜帝《醍醐》の従兄弟の右大弁源公忠は頓死したが、やがて蘇った。公忠は、その頓死中の体験を天皇に奏達した。(23) 限りなく恐れられた聖主は、菅丞相をもとの右大臣とし、一階を加へて正二位を贈るとともに宣旨を焼き捨て、この奏上により延長と改元されたとする。またこの頃には、菅丞相が清涼殿に化現し延喜帝にまみえ、昔のことを述べたこともあったとのことである（「正暦元年託宣記」）。

そして、部類神等の面々が災い変化したのもこの頃のことだと、《清涼殿落雷の事》と《延喜帝崩御》について記している。延長八年（九三〇）六月二十六日、清涼殿の坤の柱の上に霹靂の火事があった。大納言清貫は上衣が燃え、火が消えなかった。右中弁希世は顔に火傷をし柱の下に倒れた。弓をとり立ち向かった是茂は、たちどころに蹴殺され、近衛忠包は鬢が焼けて死亡し、紀蔭連は焔に咽び悶絶した。これは天満天神の十六万八千の眷属のうち、第三の使者火雷火《ママ》気毒王の仕業である。毒気が延喜の聖主の身の内に入ったのもその日のことであった。玉体ようやく例に背き、九月二十三日、御位を皇子朱雀天皇に譲られ、九月二十九日、御年四十六歳にて出家、崩御されたという。(24)

天台座主尊意の祈禱の効験が強調されていながら、『扶桑略記』と同様に、醍醐天皇の臨終出家の戒師であることにはふれないのは、座主尊意が戒師となり臨終出家したのに、天皇が浄土往生できず冥途で地獄に堕ちたからである。座主が戒師であるにもかかわらず、地獄の醍醐天皇を語ることは、天台宗の祈禱の効験を説く立場からはできないことであったためである。(25)

ついで日蔵が冥途の太政威徳天を訪問する話を載せるが、そのはじめに説明しているように、あくまでも北野宮の祭神「天満大自在天神」として描くため、太政威徳天は天満天神の別名にすぎないとしている。『道賢上人冥途記』において、真言密教の立場から主張された日本国の災害を支配する太政威徳天の信仰が、『北野天神縁起』においては、天台宗の立場から北野社の天満天神の信仰として唱えられたのである。(26)

2　廟社北野宮の繁盛

『北野天神縁起』制作の目的は、鎮守神としての北野社の霊験を説くことにある。したがって、その祭神である天満大自在天神は衆生を擁護する神でなければならない。天神が国土の災害を支配する神であるとともに、崇敬の人々を守護する神であることを、天神の託宣を引用しながら明らかにしている。

《綾子《あやこ》託宣の事》天慶五年（九四二）七月十二日、西京七条二坊に住む多治比の女綾子に託宣があった。住居の辺りに瑞籬《みずがき》を結び五年の間崇め祝ったが、天神の神慮にかなうことがなく、天暦元年六月九日北野に遷したと日記

(『創建縁起』)にはみえていると記す。《太郎丸託宣の事》では「御託宣記」(「天慶九年天満天神託宣記」)によると、天慶九年近江国比良の宮の禰宜神良種の子、七歳になる童に託宣があったと引く。《右近の馬場相議、社殿建立の事》では、良種がこの御託宣を身に添え、右近の馬場に来て朝日寺の住僧最鎮・法儀・鎮世らと子細を相議している間に、一夜のうちに数十本の松が生い出てたちまちに数歩の林となった(『最鎮記文』)。神雲眼にみえて万人が植えたようである(『創建縁起』)と、『最鎮記文』『創建縁起』両方の主張を尊重しながら、僧最鎮と狩弘宗、それに綾子の伴類の寺主満増と星川秋永とが力を合わせて社殿を建造したとする。

そののちは霊験殊勝、賞罰掲焉《けちえん》である。天暦元年(九四七)より天徳に至る十四年の間に、御殿の造替は五度である(『創建縁起』)。ついで、九条家の北野社崇敬(『最鎮記文』)を紹介したあと、《天神三界自在の事》においては、我が天満大自在天神は、一時の間に三界を巡られる。常の住所は済度衆生界であるとの託宣を引用する(「永観二年託宣記」)。そして、この託宣からも明らかなように、天満大自在天神の霊験は、日本一国に限るものではない、贍部洲(全世界)に及ぶものであり国際的なものであるとする。また、同託宣を引いて、延喜の末年の日本国の災変は、日本の鎮国の明神たちが帝釈宮に招集されていたためであるとするので、明神たちが日本を留守にしていなければ、災害は起こらなかったということになる。

《内裏造営虫食和歌の事》《官位追贈の事》に続く《北野宮繁盛の事》では、およそ菅丞相の廟社北野宮の繁昌は村上の御代よりと承っている、無実に罹る輩は歩みを運び首を傾けたならたちどころに霊験に預かる、官位を求め福寿を願う類の人も祈請すれば違うことはない、まのあたりに信心をおさめあらたかに不信を誡められる、として正直・正義の神としての北野社の霊験を強調するのである。

ところで起請文の神文には、破約した場合にその罰を蒙るべき神々の名を記載している。佐藤進一氏が指摘されたように、通例は、梵天・帝釈・四大天王に始まり「日本国中大小神祇冥道」といった包括的な表現ののちに個別の神明を記載する。(27) 起請文の神々が上記「託宣記」『北野天神縁起』にみられるように、護国経典に説かれる天界の神々の信仰、ことに帝釈宮の支配下に日本の鎮守神があるとし、帝釈宮から日本国の鎮守として派遣されたものとする信仰から成立したものであること、また、そのことを北野社が普及させたことを、最後に指摘しておきたい。

以上、三章にわたって考察したように、北野天満宮に鎮座する道真天神の信仰は、仏教経典、とくに護国経典に説かれる国土の災害と天界の神々の信仰の強い影響をうけて成立していることは明らかである。したがって、天神信仰の展開のうえで一番重要なことは、道真は天道に訴えて「天神」となることができたとの主張であり、道真の霊を護国経典に説かれる天部の仏法守護神として位置付けることから創出されたものであることである。天満天神信仰とは、人々の救済を模索する僧侶たちが神威を高揚させ全国に弘めた信仰なのである。

註

（1）『国文学　解釈と鑑賞』第六七巻四号（二〇〇二年）が「学問の神様・菅原道真」を特集している。とくに竹居明男「天神信仰の歴史――怨霊から「天満大自在天神へ」――」が研究史を簡潔に整理している。今堀太逸『本地垂迹信仰と念仏――日本庶民仏教史の研究――』第一章「北野天神縁起にみる本地垂迹信仰の展開」（法藏館、一九九九年）参照。

（2）「託宣記」の年号が成立年代ではない。本稿では恩頼堂文庫蔵『北野天神御託宣記文』（『神道大系北野』）を読み下して引用しているが、文意の通じないところは荏柄天神社蔵『北野天神并御託宣等』（同）、『最鎮記文』（『群書類従』第二輯）、『天満宮託宣記』（同）、『北野文叢』巻一一・一二、『扶桑略記』等を参考にした。

（3）『群書類従』所収の『最鎮記文』には「太政官符」が掲載されている。文章博士菅原文時ら菅原氏の氏人の奏上によると、大宰府の安楽寺は延喜年中に味酒安行がはじめて建立したが、安行没後、天徳三年（九五九）より、菅原氏の氏人の解状をもって太政官に言上し、寺司が補任される例になっている。北野寺は最初は僧最珍と狩弘宗が造立し、それを僧満増（奇子三男）が修治した。弘宗と満増が死去後の天延元年（九七三）に焼亡した。それを検校となっていた最珍が重ねて造立した。ところが、今年、貞元元年になって僧増日というものが現れ、満増の異父兄星川秋永より寺印を伝得し自らを寺司と称している。最珍は造立の功を、増日は寺印所持を主張して、寺は二方に分かれ支配権を諍論している。よって天裁を蒙り宣旨を下され、安楽寺の例にまかせて領知するようにと、諍論を制止して国家を鎮護することを奉す、というものである。西田長男「北野天満宮の創建」（同『神社の歴史的研究』、塙書房、一九六六年）、真壁俊信『天神信仰史の研究』（続群書類従完成会、一九九四年）参照。

（4）北野寺を北野宮寺と呼ぶようになるのは、この建立によると筆者は考えている。吉原浩人「八幡神に対する『宗廟』の呼称をめぐって」（『東洋の思想と宗教』一〇号、一九九三年）参照。

（5）『北野天神御託宣記文』は根本建立禰宜多治比・三男寺主大法師満増と満増の一男権禰宜鯉川秋末・二男祝橘康明・女佐伯安町子、姪出雲親弟子丸の六名連署である。近在地の証判からも最鎮らと奇子一族との対立がうかがわれる。

（6）太宰府天満宮所蔵『天満宮安楽寺草創日記』（永禄二年〈一五五九〉筆写）では、康和三年（一一〇一）になってはじめて御神事施行するという。

（7）味酒安則「太宰府天満宮の創建と発展」（上田正昭編『天満天神』、筑摩書房、一九八八年）。『天満宮安楽寺草創日記』では、延喜五年（九〇五）八月十九日、味酒安行が御殿を建立し、永観二年（九八四）に輔正が中門廊一宇、廻廊四十六間を造営（件の差図、御宝殿にあり）したとする。

（8）『群書類従』第二十七輯雑部、六二一頁。大江匡房の康和二年（一一〇〇）八月の「参安楽寺詩」に「皇居頻有火、製造課班倕。虫成三十一字、板上著其詞」とみえるのは、後述『大鏡』時平伝と同内容である。匡房の道真崇敬については、吉原浩人「説話文学に見る菅原道真――『江談抄』と天神縁起の形成――」（前掲『国文学　解釈と鑑賞』第六七巻四号〈註1〉）参照。

(9) 後述の『大鏡』時平伝が道真を「現人神」と語る初見である。ただし怨霊であり人に被害を与えるばかりで仏教との関係も説かれないので、衆生を守護する神ではない。本託宣では衆生を守護する神、仏法の神として説かれていることから、神社における「現人神」祭祀の成立を考察するうえで重視すべき託宣である。中世の社寺縁起に与えた影響は大きい。一例を紹介すれば、『諏訪縁起』は口承文芸としても注目される甲賀三郎を主人公とする物語縁起である。その『天文本』には、「あら人神」となった三郎と姫宮大明神は、二人して天竺に赴くが、天竺では垂迹を崇めることがないので、日本に帰ってきたという。そのことを「てんちくの人あかめ参らする事おろかなりけれは、あら人神おほせられけるは、此国はひろしといへとも、人の心かいぬにて、すいしやくをあかめ奉らぬなり。我朝日本国は小国なれとも、人こゝろかしこくて、すいしやくをあかめまいらするなり。おなしくは我朝をまもらむとて、又日本国へかへらせ給ふ」と述べて、諏訪の上社・下社として鎮座したことを物語っている。今堀太逸『神祇信仰の展開と仏教』第二部「神社と悪人往生――諏訪信仰の展開――」(吉川弘文館、一九九〇年)参照。

(10) 「我れ瞋恚の焰となりたり。その瞋恚の焰天に満たり。諸の雷神鬼は皆我が随類となりて、惣じて十万五千になりたり。只我所行の事は、世界の災難の事なり。帝釈も一向に任せ給たり。その故は、不信の者、世に多くなりたり。疾病の事をも行と宣へば、此に我が随類をなむ所々に使て行はしむるなり。今は只不信にあらむ人をは、雷公・電公等に仰せてたちまちに踏殺しむそ。無瘡そ吉物にてあんめる。汝等も我がために不信ならば、子孫ながら絶てんするそ」(『天慶九年天満天神託宣記』)。

(11) 「あはれかく云ふ許そや。世界に侘び悲ふ衆生共をみれは、何て救むとのみそ思ふ。我れ筑紫にありし程に、常に仏天を仰て祈願せし様は、もし命終なは、当生に我が如き慮外の災に遇む人、惣じて侘び悲む者をは、助け救ひ、人を沈め損せむ者をは、糺す身とならむと願て、思の如くになりたり。我が敵はようやく無くなりたり。今少そある。それは我を切に帰依すれは、暫く免たるなり。我が宮を今年造たるこそ喜ひはなはだ面目なる所なり」(『天慶九年天満天神託宣記』)。

(12) 「皆人は賀茂・八幡とのみ云て、我をは不屑なり。我を憑人をは守と思心深し。(中略)都に良き友但一人そある。筑紫にて我が居所に人を送て祈願せし人の思叶ぬと云て、近くあるも不問めり。又賀茂・八幡とのみそ祈める。何れの神も我をはえ押し伏せたまはし。吾に違はむ云う人の宅をは焼払てむ」(『天慶九年天満天神託宣記』)。

(13) 今堀註(1)前掲書、第三章「牛頭天王と蘇民将来の子孫」。

(14) 喜田貞吉「北野神社鎮座の由来管見」(『國學院雑誌』二〇—四、一九一四年。のち村山修一編『天神信仰』、雄山閣出版、一九八三年、収録)。

(15) 『日本紀略』天延元年(九七三)三月十三日「子時、天満天神北野宮御在所幷礼殿焼亡」と記している。正暦四年(九九三)五月七日に「奉㆓幣伊勢・石清水・賀茂・平野・稲荷・北野等㆒」と奉幣の記事。同二十日に「贈㆓故右大臣正二位菅原朝臣左大臣正一位㆒」。閏十月二十日に「重贈㆓故正一位左大臣菅原朝臣太政大臣㆒」と追贈の記事。長徳二年(九九六)十一月六日「今夜北野社焼亡」の記事、寛弘元年(一〇〇四)閏九月十三日「有㆓行幸点地㆒、依㆑可㆑行㆓幸松尾・平野・北野㆒也」、同十月二十一日「行㆓幸平野・北野両社㆒」との一条天皇行幸の記事と続く。

(16) 「其一願曰、就㆓天満天神廟㆒、会㆓文士㆒献㆓詩篇㆒、以㆓其天神㆒為㆓文道之祖㆒、詩境之主也、某暮年出家、一旦求㆑道。今老沙弥、無㆑便㆑営㆓風月之賽㆒、此一乗教(『法華経』)、有㆑心㆑展㆓香花之筵㆒。嗟乎、花言綺語之遊、何益㆓於神道㆒。希有難解之法、可㆑期㆓其仏身㆒」(新日本古典文学大系『本朝文粋』巻第十三、三五一頁)。その信仰は『法華経』を中心としたものであった。北野天満宮には本殿西側の経塚遺構から掘り出された「青銅経筒」一口(十二世紀)と「陶制甕」一個(同)が伝来する。経筒に納められた紙本経残塊は十巻分で、『法華経』八巻、『無量義経』一巻、『観普賢経』一巻のいわゆる法華三部経と推定されている。また、界上・界下に金銀箔砂子を散らし、紙背に銀小箔を散らした料紙の『法華経』(書写年代、十二世紀)が伝来する。図録『北野天満宮神宝展』(京都国立博物館、二〇〇一年)参照。

(17) 後宇多天皇が永仁二年(一二九四)十一月十五日発願書写された宸翰『紫紙金字金光明最勝王経巻第一』一巻が伝来する。その奥書によると、聖武天皇を追慕し国家鎮護と人民安穏のため、聖武天皇を追慕(国分寺経の先例)し「撫育民俗、百王福田、百姓帰依、金光以照、如宝無尽、以斯功徳、遍施一切」(金字奥書)ため奉納されたものである。また、応永十九年(一四一九)年北野宮天満天神法楽如法一切経のため大勧進聖人沙門増範が発願し、僧俗二百余人の助力による四千八百十六帖が、翌年建立された「輪蔵」に納められた。図録『北野天満宮神宝展』

（注(16)）。

(18) 引用は日本古典文学大系本によるが、新編日本古典文学全集『大鏡』（小学館、一九九六年）を参考にした。

(19)「又、きたのゝの神にならせ給ひて、いとおそろしくかみなりひらめき、清涼殿におちかゝりぬとみえけるが、本院のおとゞ、大刀をぬきさけて、「いきても、我つぎにこそものしか給しか。今日、神となり給へりとも、このよには、我にところをき給べし。いかでかさらではあるべきぞ」と、にらみやりて、のたまひける。一度はしづまらせ給へりけりとぞ、世人申はべりし。されど、それは、かのおとゞのいみじうおはするにはあらず、王威のかぎりなくおはしますによりて、理非をしめさせたまへるなり」（『大鏡』時平伝）。

(20)『道賢上人冥途記』の成立は、北野社創建以後ということになるのであるが、「日本太政威徳天」「太政天神」との称号が、正暦四年（九九三）閏十月に「太政大臣」が贈られて以後の神号だとすると、それ以後の成立となる。「上下ともに」の「上」を天皇行幸と理解するならば寛弘元年（一〇〇四）年の一条天皇行幸以後の成立となる。近刊の『大隅和雄先生古稀記念論集』（吉川弘文館）掲載の今堀太逸「日本太政威徳天と国土の災害――『道賢上人冥途記』の成立――」参照。

(21)『大正蔵』一六巻。『国訳大蔵経』経部第十一巻、壬生台舜『金光明経』（大東出版社、一九八七年）参照。

(22) 引用は日本思想大系『寺社縁起』による。書誌と研究史は今堀註（1）前掲書参照。

(23) その内容は、冥宮の門の前に至ると、身のたけ一丈余り衣冠うるわしい人が、金の申文を文挟に差し上げて訴えている。耳をそばだてると、延喜の聖主の仕業どもやすからざる事を詞をつくし訴えているので、菅丞相であることを覚った。朱や紫を纏った冥官三十四人が並び居るなか、第二の座の人が少しあざ笑い「延喜の帝こそすこぶる荒涼なれ、もし改元もあらばいかゞ」と語ったとの体験である（『古事談』巻一）。

(24) 延長八年六月の清涼殿霹靂と邪気については、『吏部王記』逸文の記事からも明らかなように、醍醐天皇不余の祈禱、中陰、追善の仏事においては、東寺・醍醐寺の僧が勤仕していた。天皇不余を『日本紀略』は霹靂の際の邪気によると記すが、道真の怨霊の仕業とは述べていない。父宇多法皇との関係も、臨終の記事や「五事の遺誡」が事実とするなら親子間に対立した関係はない。その追善には卒塔婆供養もされているし、真言僧を中心に懇ろな仏事が修されている。よって『道賢上人冥途記』で醍醐天皇が日蔵に語った内容は、史実とはかけ離れたものである。今堀註(20)前掲論文参照。

(25) そのこととの関連でも注目されるのが、『道賢上人冥途記』にはみえない延喜王の「さらにわれをうやまうことなかれ。冥途には罪なきを主とする、貴賤を論ぜず」との述懐を増補し、「我位にありし事ひさしかりしに、その間種々の善を修し、種々の悪をつくりき。悪報先感して苦をうくる事ひまなし。善法愛重の故には、後には化楽天に生ずべし」として、延喜帝も地獄に常住するのではなく、化楽天に生まれるとすることである。

(26) 『建久本』における省略・変改・増補に着目すると、道賢が金峯山で修行する山岳密教僧であり、その目的が国土の災難に対する祈禱と寿命の延長であったのが、金剛蔵王菩薩の方便で三界六道を廻るためだとし、日蔵を真言密教僧としては描かない。また日蔵との改名は金剛蔵王菩薩のすすめだとし、道真との関係を説かない。蔵王菩薩と真言密教の信仰が天台宗・北野社の天神信仰の立場から削除されているばかりでなく、『北野天神縁起絵巻』の諸本の詞書では、日蔵を密教僧から浄土僧へと展開させている。また、その一方で、太政天の宮城にも天台宗の寺院があるとして、その住所を「花鳥樹林の荘厳、阿弥陀経等に極楽世界をとけるに異ならず」「(妙法蓮華経の)金字の玉軸なるものをおほく申とゞめたる。その中に天台の堂寺あり」と語っている。さらに太政天の怨心を慰めた仏法が密教であったのが、「普賢・龍猛の仏教をひろむる国なれば、教法を愛する心かろからず。顕密聖教の力にてむかしの怨心十分の一はやすまりぬ」と改変されている。

(27) 佐藤進一『新版古文書学入門』(法政大学出版局、一九九七年)二二八頁。『御成敗式目』の神文は「梵天・帝釈・四大天王、惣日本国六十余州大小神祇、別伊豆・筥根両所権現、三嶋大明神・八幡大菩薩・天満大自在天神部類眷属、神罰冥罰於各可罷蒙也、仍起請如件」というものである。

「厭離穢土」考
——摂関期浄土教をめぐる諸問題——

笹田　教彰

はじめに

日本における浄土教思想の特質を明らかにし、その発達の意味を探ろうとする場合、平雅行氏が一九八八年に発表された論考「井上光貞氏の浄土教研究についての覚書」[1]は、現在においてなお、さまざまな示唆を含んでおり、そこに示された見解をどう評価し、発展させていくかが重要な課題であるといえよう。平氏の論考に対する評価として注目したいのは末木文美士氏の見解である。末木氏は平氏の論が井上光貞氏の論考に対してのみならず「従来ほとんど常識化していた浄土教中心史観に対する極めてラディカルな挑戦である」とされ、黒田俊雄氏の顕密仏教論を継承・発展させられた平氏の鎌倉新仏教論をも踏まえられたうえで、浄土教中心史観や鎌倉新仏教中心史観が批判されるのは適切なことであると、平氏の論を肯定的に評価されている。ただし、浄土教のもつ仏教史上の意義に関しては「いささか性急な全面否定に陥っているような感がある」とされ、具体的に述べておられないものの、浄土教が教理史的に特記され得る点を有していることを指摘しておられる。[2]

法然や親鸞という頂点的思想家（インテリゲンチャ）論に関しては、平氏の近刊によって新しい局面を迎えたといって過言ではないが[3]、それと連動する形で、従来の浄土教研究も大きく見直される必要があると思われる。しかしながら、『往生要集』の広範な受容を考えても、末木氏のご指摘のとおり、浄土教の果たした役割は決して低いものとはいえないように思われる。現代人にとって「異様ともいえる信仰[4]」とも評される浄土教思想発達の歴史的意義を、平氏の見解を踏まえつつ、どのように評価し、位置づけていけばよいのだろうか。

そこで問題としたいのは浄土教思想の基本的な特質についてである。かつて小原仁氏はその著のなかでつぎのように述べておられる。

A浄土教の思想的特質は、現世否定と凡夫観にあると思う。現世内的諸価値に対する否定的態度を媒介として、浄土を欣求する信仰が存在し、無力で卑小な自己の認識（凡夫観）を前提として、絶対の弥陀に対する救済の願望も深くなるのである[5]。

B浄土教の思想的基調は現世を否定し来世を欣求することにある。厭離穢土・欣求浄土の文言はその最も適切な表現といえる[6]。

ここには浄土教の思想的基調が『往生要集』の基本的なモチーフと連関して捉えられていることがうかがえるが（B）、一方で、その思想的特質を「現世否定（現世内的諸価値に対する否定的態度）と凡夫観（無力で卑小な自己の認識）」と理解した場合（A）、「厭離穢土」の内容に力点を置く結果となろう。それは従来の研究においても浄土教受容の契機として注目され、「浄土教が現世否定的であったとの前提に立って議論を構築して[7]」いくこととなったのである。しかしながら「厭離穢土」ならびにそこから演繹される現世否定的な態度は、必ずしも浄土教固有の特色とはいえない。小原氏の指摘される「現世否定と凡夫観」は、むしろ「諸行無常」「一切皆苦」等、原始経典以来、繰り返し説き示されてきた仏教思想の原点から導き出される特質であるといえよう。しかも後述するように、浄土教に関する主要な経典や論・疏は、「欣求浄土」の内容を詳述してはいるけれども、「厭離穢土」の思想内容を説くのはむしろ例外的なのである。つまり極楽往生を願うということは、この世を苦とみて、迷いの世界でしかない娑婆世界（穢土）を厭い離れることであるから、仏教思想の原点ともいえる「厭離穢土」の内容は個別には論じてはこなかったのである。

ただし『往生要集』が撰述されて以降、冒頭の二つの章が注目を浴び、近世にはこの二章のみを内容とする『往生要集絵巻』まで制作されるようになるのは事実である。(8) つまり浄土教の思想的特質を「厭離穢土・欣求浄土」と捉えるのは、実は日本における『往生要集』受容の結果であって、その意味で『往生要集』の影響を受けた見解であるとみることもできるだろう。「厭離穢土」をその導入部に説き示す『往生要集』は、浄土教関係の論疏のなかでも、実は特異な存在ではなかったのだろうか。その内容を浄土教思想一般の思想的特色と捉えた点に問題があったのであり、浄土教思想の特色を『往生要集』の厭離穢土＝現世否定と理解し、それを前提とした論考は、まさに「崩壊」を余儀なくされたのである。

「厭離穢土・欣求浄土」を浄土教思想の特質として無批判に受け入れていった要因の一つは、『往生要集』が質・量ともに当時の浄土教思想を代表する内容を有していたことから、『往生要集』撰述期の叡山浄土教の特色が十分に顧みられてこなかったことにある。たとえば良源の『極楽浄土九品往生義』も、教学史の立場から研究されてはいるが、なぜ『観無量寿経』中の九品段のみの注釈書なのかといった理由は十分に解明されてこなかったように思われる。いま、この著作が藤原師輔の依頼に拠るとするならば、『往生要集』撰述以前に上流貴族が阿弥陀浄土への知識を持ち合わせ、『観無量寿経』中の九品段に注目していたということも考えられるだろう。摂関期の浄土教思想を考えるうえで、従来の研究は『往生要集』に偏りすぎていたように思われるのである。しかもその研究は、法然や親鸞によって乗り越えられるべき難行でしかないというシェーマに拘束されていたのである。日本の浄土教信仰の基調が『往生要集』の影響下にある点を踏まえ、護教的な視座から解放された『往生要集』論、さらには興隆期浄土教の特色が解明される必要があるように思われる。そこで以下では、これらの問題を踏まえつつ、摂関期における天台浄土教の発展のなかで『往生要集』がどのように位置づけられるのか。また浄土教思想を取り上げる歴史的意義がどこに存するのかといった点を明らかにしていきたい。

一　浄土教思想と「厭離穢土」

阿弥陀仏の西方極楽浄土への往生を説く信仰が、『往生要集』撰述以降、広く浸透していくことは改めて指摘するまでもないが、「厭離穢土・欣求浄土」という特色も、『往生要集』以後に成立する教学書には説かれるようになる。しかしながら『往生要集』の中心思想は大文第四・五・六に詳述される「正修念仏論」であって、「厭離穢土」を表題とする大文第一はその導入部にすぎない。しかも「厭離穢土」に関しては浄土教関係の経典や論・疏において中核をなす思想ではなかったのである。

そもそも『往生要集』大文第一「厭離穢土」とはいかなる教学的内容を有しているのか。それはいうまでもなく、地獄の凄惨なありさまをはじめとする六道のありのままの姿である。ただし、その記述のみでは思想たり得ないから、その意味で注目すべきは第七項の「総結厭相」であろう。上来、つぶさに述べきたった迷いの世界たる六道を厭い離れるため、わが身は不浄・苦・無常なることを観じ、五欲・三毒等の惑業を断除し「疾生厭離心、速随出要路」[9]うべきことが説かれているのである。しかしながら周知のように「厭離穢土」章には、いわゆる浄土三部教やその異訳、ならびにその注釈書類がまったく引用されていない。大文第一の内容を構成しているのは、『大智度論』『瑜伽論』『倶舎論』『正法念処経』『優婆塞戒経』『観仏三昧経』『六波羅蜜経』『宝積経』『次第禅門』『大般若波羅蜜多経』『摩訶止観』『涅槃経』『大方等大集経』『法華経』『仁王経』『成唯識論』『大荘厳論』などの経典である。したがって「総結厭相」のなかで「勤修出離因」(『法積教』)、「応修真実解脱諦」(『龍樹菩薩為禅陀迦王説法要偈』)、「勤求解脱処、速超生死海」(『法積教』[10])等と説かれているのは、阿弥陀仏の西方極楽浄土というような特定の浄土への往生を前提とするものではなく、煩悩を断除し悟りの境地の獲得を勧めるものである。つまり、その意味では通仏教的な思想であるといえよう。したがって「厭離の心」といっても、たとえば『法華経』「随喜功徳品」に「世皆不牢固、如水泡、汝等応当疾生厭離心[11]」とあるのをはじめ、広く説かれていたのであって、その意味では決して浄土教固有の思想でも、また源信独自の思想でもなかったのである。仏国土への往生は結果的に六道輪廻から解放されることを意味するから、解脱の方法の一つにすぎなかったのである。

もちろん、『往生要集』「厭離穢土」章で浄土三部教やその異訳等にまったく触れていないとはいっても、浄土三部教という概念自体は法然の創出にかかり、いわば後世のものである。その意味では、何を基準に浄土教の経典論疏といえるのかが問題になろう。そこで注目したいのは『往生要集』大文第十「問答料簡」の第十「助道人法」である。ここでは念仏実践の助けとなる教文を常に受持し、披読し、修学すべきことを説いているが、引き続いて「何等教文、念仏相応[12]」との問いを立て、源信自ら「其余雖多、要不此過[13]」ずと列挙しているのは以下のとおりである。

『観無量寿経』(正しく西方の観行、九品の行果を明かす)

『無量寿経』(弥陀の本願、極楽の細相を明かす)

『観仏三昧経』（諸仏の相好、観相による滅罪を明かす）
『般舟三昧経』『念仏三昧経』（色身・法身の相、三昧の勝利を明かす）
『観仏三昧経』『般舟三昧経』『念仏三昧経』『十往生経』『十住毘婆娑論』（修行方法を明かす）
『阿弥陀経』（日々の読誦）
『無量寿経優婆提舎願生偈』（結偈総説）
『摩訶止観』『観念法門』『六時礼賛』（修行の方法）
『浄土十疑論』『安楽集』『西方要決』『釈浄土群疑論』（問答料簡）
『浄土論』『瑞応伝』（往生人を記す）

これらの経典や論疏のうち、「厭離穢土」章に名前がみえるのは『摩訶止観』のみである。また娑婆世界の厭相を説くという意味で「厭離穢土」に関して言及しているのは、迦才の『浄土論』と道綽の『安楽集』のみである。迦才の『浄土論』巻下第九「教人欣厭勧進其心」では、第四五百年に当たり、ただ懺悔念仏のみによって堅固を得るが、一切衆生をして娑婆世界を厭悪し、浄土に往生させるため、いかに欣厭の心を教えるかとの問いを設け、『無量清浄覚経』『涅槃経』『遺教経』を引用して、娑婆世界の苦相を説き示し、「観察此身」（不浄観の実践）を勧めているのである。[14] 一方『安楽集』では、この娑婆世界が「三毒八倒、憂悲嫉妬、多病短命、飢餓寒熱、常為伺命害鬼之所追逐」すがゆえに、「深可穢悪」べきことが述べられているが、[15] その記述はごくわずかなものでしかない。しかも源信は『浄土論』『安楽集』ともに、これらの箇所を『往生要集』中に引用してはいない。先にも述べたように、源信が『浄土論』に注目したのは、『往生要集』「問答料簡」のなかで「記往生人、多在迦才師『浄土論』幷『瑞応伝』[16]」と記しているように、往生人を列挙する第六章であったといえよう。また穢土に対する厭離の思いをなすための実践として不浄観を勧めるのは『浄土十疑論』[17]にもみられ、これは千観の『十願発心記』[18]にも引かれているが、迦才の『浄土論』同様、源信はそれを引用してはいないのである。

ところで『往生要集』大文第一と対照的に大文第二に引用されている経典・論・疏は以下の通りである。『観無量寿経』『無量寿経』『十往生経』『十住毘婆沙論』『阿弥陀経』『安楽集』『釈浄土群疑論』『浄土論』『無量清浄平等覚経』『称賛浄土教』『宝積経』『思惟経』『心地観経』『華厳経』『文殊般涅槃経』『弥勒上生経』『地蔵十輪経』『法華経』など。

このうち傍点を施したものが、先の『往生要集』「助導人法」のなかで源信が念仏に相応する教文として挙げていたものであって、「欣求浄土」章に引用される経典論疏の多くが該当していることが看取できる。このことからも「厭離穢土」章が、仏教一般の思想内容を説くものであることがうかがえよう。

このような傾向は、『往生要集』撰述前後に著された天台浄土教の文献にも指摘できることである。今日現存する天台初期浄土教の文献は決して多くはなく、『往生要集』撰述以前の成立とされるのは『西方懺悔法』『十願発心記』『極楽浄土九品往生義』『阿弥陀新十疑』『十六相讃』等である。これらの書物に思想的な影響を与えているのは、天台大師智顗に仮託された『浄土十疑論』であるが、「厭離穢土」に関する包括的な記述内容はみられない。日本天台浄土教の発展のなかで説かれた「厭離穢土」の内容とは、通仏教的な諸行無常観を前提として、この世に対する厭相を確固たるものとする実践としての不浄観が中心であったといえよう。

一方『往生要集』の加点本が完成した延久二年（一〇七〇）四月直後の成立とされる『安養集』は、『往生要集』では直接引用されなかった要文を多数収録した補足書であり、浄土教に関する論議のための資料的性格を有すると評されているが[19]、全十巻七大門九十五項目をたてるなかで厭離穢土に関して述べるのは、わずかに冒頭の第一項目のみである。そこには『無量寿経』巻下中の三毒段、『観無量寿経』序文の王舎城の悲劇、ならびに吉蔵の『観無量寿経義疏』から同個所の注釈部分、そして迦才の『浄土論』巻下、および道綽の『安楽集』巻下厭穢釈の都合五つの引文からなる。「厭離穢土」は、確かに『安養集』にあげる七大門の一つをなしてはいるが、全九十五項目中のわずか一項目にすぎず、全体で延べ七百七十五文の引用がみられるうち、[20]「厭離穢土」項には五引文のみである。つまり浄土教の経典・論・疏では阿弥陀仏の特色や浄土の荘厳、往生のための実践などが中心の命題であって、むしろ通仏教的な厭離穢土の認識はほとんど述べられていないのである。このような教学上の特色をもった思想が広がりをみせたところで、現世否定的な考えが展開するはずはないのである。換言すると浄土教関係の論書でありながら、厭離穢土をわざわざ記すのは特異なことなのであって、『往生要集』ではむしろその点にこそ注目する必要があるのである。その意味で浄土教思想とはまさに欣求浄土を中心に説く教えだったのである。凡夫観（自己の煩悩や罪悪の自覚）と現世否定という特色は、実は仏教思想の特色だったのであり、従来の研究の多くは、浄土教思想一般では特異なことがらでしかない思想を浄土教の基調と捉えていた点に問題があったといえよう。

また「不浄観」を説くとはいっても、現世否定的な考えが天台浄土教の教学においても必ずしも重要な要件ではなかったということである。従来、叡山浄土教の発展を述べる際、必ずといってよいほど注目されるのは「山の念仏」である。つまり『摩訶止観』に説く四種三昧のうち、常行三昧は円仁によって移植された法照流の五会念仏をもって実践されるようになり、それが「山の念仏」（不断念仏）として定着していった。ただし『摩訶止観』に説く常行三昧は成仏を目的とするのに対して、五会念仏は往生を目指した実践であった、と。[21]

しかしながら、これは行の体系を中心とした説明でしかないとみることができる。確かに五会念仏は思想的には善導の流れを汲み、彼岸往生的な性質が強かったかもしれないが、それが此土成仏を目指す天台思想のなかでどう位置づけられていたのかという点には、十分納得のいく説明がなされてはこなかったといえよう。たとえば佐藤哲英氏は、法照の念仏は実践の形式では善導系の口称念仏の流れを汲むものの、その思想的根拠は「中道実相の正観と相応する天台の事理双修の念仏」であったと述べておられる。[22]また五台院安然の『普通授菩薩戒広釈』には「若有宿世障。現身不成仏。願臨命終時。決定生極楽」[23]とあり、基本的には此土成仏を目的としつつ、彼土往生は補助的な意味づけがなされているのである。まして院政期以降、現世肯定的な本覚思想が発展していく土壌のなかで、現世否定的な思いがどれだけ醸成され得たか疑問であるといわざるを得ないのである。

このように浄土教を現世否定的なものと規定して立論したところに多くの問題が存したわけであるが、そのような意識は浄土教を受容した平安貴族はもとより、教学的にも中心の問題ではなかったのである。浄土教の論疏として、たとえ導入部分ではあったとしても、『往生要集』が「厭離穢土」を説いている点こそが特異なのである。この点を見失って、浄土教の思想的特質を無批判に厭離穢土・欣求浄土と捉えていたために、浄土教が現世否定的であるという大前提が崩壊したという痛烈な批判を浴びる結果となったのである。

もちろん、現世を否定的にみる態度は、『往生要集』撰述以降、独自の展開をみせ、中世の無常観を形成していくことになるが、この世の儚さに対する素朴な心情自体は、必ずしも浄土教の発達とは関係なく、仏教の伝来以降、諸行無常を説き、この世を苦とみる仏教の原点ともいうべき思想自体は、一部の知識人を中心に徐々に浸透していったと考えられよう。たとえば聖徳太子の言葉とされる「世間虚仮・唯仏是真」などはその典型であるといえよう。『維摩経義疏』や『上宮聖徳法王帝説』などにもみえる「虚仮」の言葉に、現世否定的な意識（現世内価値に対する相対的な思い）をみてとることができるだろう。また『万葉集』には「仮れる身」「数なき身」「もろき命」「うつせみの世」という表現がみられ、自らの命の儚さや、現世否定的な想いが表明されていることがうかがえるが、仏教本来の無常観との径庭をひとまず置くとするならば、世の中を無常と関連づけるのは柿本人麻呂に始まるとされている。[24]奈良時代に入ると、山上憶良が大伴旅人の凶事（妻の死と身内の不幸が重なったこととされる）に際して詠んだ歌の一節にも「愛河波浪已先滅、苦海煩悩亦無結。従来厭離此穢土、本願託生彼浄刹[25]」とあり、諸行無常の思いが浄土に生を託したいという思いに連接していることがうかがえるのである。つまり仏教思想の基本的特質である諸行無常の認識が浸透していく、そのバリエーションの一つが願生浄土の思想だったとみることができるだろう。現世否定的な認識の広がりは、日本における仏教思想の広がりとして捉え直す必要があり、浄土教の発展はその展開の一部分であったというべきではないだろうか。

二 「厭離穢土」と道心

平雅行氏によると、「浄土願生は厭離穢土という現世否定の心情から登場してくるのではなく、現実には堕地獄への恐怖心に支えられて」おり、「厭離穢土はたてまえに過ぎない。」という。また、「十世紀以降の人々の宗教意識は、鎮護国家・現世安穏・後世善処・死者追善という四要素で構成されており」、この四要素は、「個々の局面や年齢に応じて力点の置き方が変化するものの、基本的には当時の人々は現世と来世の二世を祈って」おり、この時期の浄土教が「現世安穏・後世善処」という「平凡な二世安楽信仰として登場してきた」とされている。[26]かつて小原仁氏は『日本往生極楽記』の編者である慶滋保胤自身に現世否定的な側面が希薄であり、朝廷に出仕する公人としての立身出世と、私人としての浄土信仰とが、何の矛盾もなく併存していたことを明らかにされたが、確かに平安期の往生伝類を通覧すると、貴族のなかには、公人としての立身出世と私人としての浄土信仰とが併存していたり、晩年における前者から後者への傾斜を指摘することができる。同様に僧侶の場合でも、朝廷や上流貴族との交流を通して、地位や名声を獲得していった人物たちが往生人に名を連ねているのも事実である。

しかしながら一方で、世の無常を観じ、世事を擲《なげう》ち、世俗社会での栄達を断念して出家・入道していった人物もまた数多く記されている。もちろん自身の煩悩や罪業を自覚し、現世に対する厭心を起こすに至った経緯やその程度は、人それぞれ異なっていたとみたほうが自然であるが、現世安穏から後世善処へ「力点の置き方が変化」しているのは事実であり、そのありさまを「発心＝発菩提心」として、宗教的に意味づけることは可能であろう。もちろんその発心のさまを過大に評価することは慎まねばならないが、仏教の果たした役割がどの程度のものであったかを見届けておく必要があるだろう。以下では紙数の都合上、平安期の往生伝を中心に、発心のありさまを明らかにしておきたい。

たとえば『本朝新修往生伝』所収の円宗寺少綱某は「多日臥病、万方不瘳」[27]えなかったため、「遂厭浮世、唯祈後世」ったといい、また『三外往生記』所収の大納言源雅敏卿は、堀川天皇の外舅であったが、天皇の死後、「更厭生死無常、建立一堂、奉安九体阿弥陀丈六像」[28]し、『後拾遺往生伝』巻下所収の快賢上人は西塔菩提房に師事したが「師縁已闕、依枯已絶」って「忽発道心、移住大原江文寺」[29]している。一方、『本朝新修往生伝』所収の沙門行範は「厭有漏身、観無常理、一心精進、参天王寺（中略）投身海水」[30]したといい、『三外往生記』所収の入道念覚は「廿余年念仏為事、弥厭余生、伐焼其身」[31]いている。また『三外往生記』所収の叡山宝幢院の住僧は病気によって寺役を辞したものの、病気が平癒してしまった後は、道心の起こらないことを嘆いたと伝えられている。[32]このように現世への厭心を発こし、日常社会での価値観に対して相対的な観念を抱くに至った理由はさまざまであり、発心以後の身の処し方も、出家・入道、遁世から異相往生を遂げた者を含めて、またさまざまであったといえよう。

ただし、このような「厭離穢土」の認識は、必ずしも弥陀信仰につながるわけではない。たとえば『大日本国法華経験記』巻上所収の比良山持経者蓮寂仙人は、『法華経』「比喩品」火宅の喩えを学んで菩提心を発し、「離人間厭世以後、法華為父母、妙法観師長」[33]じ、都卒への上生を期している。平安時代の浄土教が平凡な二世安楽信仰として発展していったとしても、「厭離穢土」の認識もまた浸透していったとみることができるだろう。もちろん個々の事例は一様ではないが、平安時代の往生伝類では、とくに「厭離穢土」という現世否定的な態度への発心のありようを「道心」として捉えている場合が多く、しかも平安末期に、その用例が増加する傾向にあるといえる。たとえば『日本往生極楽記』には、「僧都済源。心意潔白不染世事。一生之間念仏為事」[34]、「大日寺僧広達。俗姓橘氏。数十年来。専楽極楽。不事世事」[35]、「尼某（中略）寡婦観世無常。出家為尼」[36]、「源憩者。（中略）行年廿有余。臥病廿余日。遂厭世間出家入道」[37]など、無常を観じ、世間を厭うといった厭心のありようを示す記述がみられるが、自身の厭心を表明する言葉としての「道心」の用例は一切みられない。しかしながら、『日本往生極楽記』を出典とする『今昔物語集』巻十五に至っては、書承関係の認められる十五の説話に関して「道心」の文字が付加されていることがうかがえる。[38]一例を示せば以下のようになる。

『日本往生極楽記』

梵釈寺十禅師兼算。
性好布施。心少瞋恚
自少年時念仏弥陀。
帰不動尊。[39]

『今昔物語集』

梵釈寺住僧兼算、往生語第七

今昔、三井寺ノ北ニ梵釈寺ト云フ寺有リ。其ノ寺ニ兼算ト云フ僧住ケリ。心ニ瞋恚ヲ発ス事ヲ離レテ、諸ノ人ヲ見テハ必ズ物ヲ与ヘムト思フ心有ケリ。（中略）亦、兼算幼ノ時ヨリ道心有テ、弥陀ノ念仏ヲ唱、亦、殊ニ不動尊ヲ念ジ奉ケル。[40]

近江国坂田郡女人。
姓息長氏。毎年採筑
摩江蓮花。供養弥陀
仏。偏期極楽。(41)

近江国坂田郡女、往生語第五十三

今昔、近江ノ国、坂田ノ郡、□□ノ郷ニ一人ノ女有ケリ。姓ハ息長ノ氏。心柔軟ニシテ因果ヲ悟リ、仏法ヲ信ジテ殊ニ道心有ケリ。日夜ニ極楽ヲ願テ念仏ヲ唱ヘケリ。(42)

また同じく『今昔物語集』巻十五に収録された説話のうち、『本朝法華験記』と書承関係が認められる十例のうち、五例については『今昔物語集』において「道心」が付加されている。(43)『今昔物語集』巻十五には全五十四話の往生譚が収録されているが、半数の二十八話に「道心」の用例がみられる。これは『今昔物語集』現存の各巻に収録されている説話における「道心」の用例のなかで、最もその頻度が高い。(44)周知のように、巻十五はすべて往生譚で構成されているが、その意味では浄土信仰の特色の一つが「道心」を起こすことにあると認識されていたことがうかがえよう。

とくに出家や遁世をするわけでもなく、世俗での生活を継続しつつ極楽往生を願う者にとっては、この「道心」を起こすことが重要だったといえよう。たとえば『日本往生極楽記』所収「少将義孝」の往生譚に関しては、先の例と同様『今昔物語集』へ伝承されているが、その内容は大幅に増補され、基本となるモチーフにも変更が認められる。というのも冒頭部分に「今昔、一条ノ摂政殿ト申ス人御ケリ。其ノ御子ニ、兄ハ右近少将挙賢ト云フ、弟ヲバ左近ノ少将義孝ト云ケリ」(45)と記されているように、右近少将挙賢と左近少将義孝という兄弟の物語になっている。ただし弟の義孝少将については、「幼カリケル時ヨリ道心有テ、深ク仏法ヲ信ジテ悪業ヲ造ズ魚鳥ヲ食ズ」、「自ラ殺生スル事ハ永ク無カリケリ。只、公事ノ隙ニハ常ニ法華経ヲ誦シ、弥陀ノ念仏ヲ唱ヘ」、あるいは内裏にあって

『法華経』方便品の比丘偈を誦したとか、世尊寺に詣でて西に向かい「南無西方極楽阿弥陀仏、命終決定往生極楽」と礼拝したといった記述がみられ[46]、浄土願生者であったことが強調されている。

さてこの兄弟はともに疱瘡に冒されて、兄の没後三日で弟も死去してしまうが、母の夢に兄が現れていうには、自分は閻魔王の御前に行ったものの、寿命がいまだ尽きていないというので許されて帰ってきた。しかしながらすでに葬送のことが済んでいたので蘇ることができずに迷っているのだと「恨タル気色ニテ泣ク、ト見ル程ニ夢覚[47]」めたという。これに対して弟のほうは親友であった藤原高遠の夢に現れて「昔ハ契ギリ、蓬莱ノ宮ノ裏ノ月ニ、今ハ遊ブ、極楽界ノ中ノ風ニ[48]」という一首を詠んだというのである。これを受けて『今昔物語集』の末部には「此レヲ聞ク人、道心有ル人ハ、後ノ世ノ事ハ憑シカルベシトナム云テ、讃メ貴ビケル[49]」と締めくくられている。

『今昔物語集』所収の本説話は、『江談抄』や『大鏡』などの当該説話を吸収して構築されていると考えられているが、『大鏡』においてこの世への蘇生を阻まれたことを恨んでいるのは、実は弟の義孝のほうなのである。したがって『今昔物語集』においては、平素浄土信仰の篤かった義孝の往生譚として相応しいように改変していることがうかがえるが、末部のコメントからも判断されるように、往生の得否を決定するのは「道心」の浅深であり、朝廷への出仕を続けるということ自体に、ネガティブな評価は下されていない。換言すれば、名聞利養を求める政務の場に身を置きながらも、「道心」を起こして公事のあいまに誦経念仏すれば往生はできるということである。

このように『日本往生極楽記』に収録された在家信者の往生譚の内容が、そのまま『今昔物語集』に収録されているということは、このような説話の生成ならびに発展の背景にある貴族社会の往生に対する認識が、同じように変化していないということの現れであるとみることができるだろう。確かに貴族社会において浄土信仰は受容・発展していくが、それは従来指摘されているような意味での現世否定を契機とするものではなく、公の政務と併存する形で発展していったのである。もちろん自らが仕える天皇や摂関家の要人の死あるいは肉親の死に際して、この世に儚さを感じ、後世を憂慮することはあっても、それがただちに仏門への帰入につながらないのであり、基本的には、宮内卿高階良臣のように「官爵思ひの如くなり」往生も遂げるという——つまり現当二世にわたる安楽を得るという——ことが貴族たちの理想であったとみることができるだろう。そのような俗人でありながら往生を可能にする要件とは何かといえば、それが「道心」ということだったのである。

『今昔物語集』の「道心」の用例は巻十五に集中している。これは俗人の目からいえば、世俗の中に身を置きながらも、その価値観に対して相対的な態度を取り得ているかを示すものにほかならなかったのである。したがって、往生は基本的には心のありように大きく左右されることとなっていったのである。このような傾向を生み出していった要因の一つが、『往生要集』によって、往生極楽の前提としての厭離穢土が説かれたことを指摘することができるのではないだろうか。仏教伝来以降、徐々に浸透していった厭世観が、『往生要集』の成立以降、浄土信仰と結びつくことによって発展し、浄土教の性格を決定づけていったのである。つまり、程度の差はあるものの、自己の罪業を見つめ、世間を厭う心を起こすことが浄土願生者の思想的特色となっていったのである。それは「世の中は空しきものと知る時しいよよますます悲しかりけり(50)」という万葉歌人の無常という現実を前にして、ただ嘆き悲しむよりほかなかった態度とは、大きく隔たっているということができるのではないだろうか。そこに仏教思想の果たした役割を見届けることができるだろう。

おわりに

浄土教の経典・論疏において、「厭離穢土」を説くことは、むしろ例外的であったことはすでにみたとおりである。源信が『往生要集』冒頭に掲げた「厭離穢土」は、浄土教学のなかでは異色であり、当時の社会では十分に浸透してはいなかったといえよう。仏教伝来以降、徐々に浸透していった現世否定的な観念は、一部の知識人を中心に緩やかに受容されていったと考えられるが、源信によって弥陀信仰と結びつくことによって西方極楽信仰の思想的特色として定着していったといえるのである。

もちろん、その思想の有する穢土観自体は、個々人のなかで、どれほど熾烈なものであったかは判然とはしない。この世での望みも遂げ、往生極楽も獲得しようとするのが、浄土信仰の一つの傾向であったといえるだろう。ただし浄土往生という新しい価値観への傾斜が現世の価値観を相対化させ、穢土の思いを受容させていったと考えられるのであり、たとえ在俗の生活を送りながらも、そのような認識を持つことが「道心者」として評価されていったのである。もとより道心は菩提心と同義語であり、願生浄土への発心が仏教の原点である無常観の認識と通底していたのである。したがって、現世否定意識の深まりが浄土信仰を受容させたのではなく、浄土信仰の広がりが、穢土観や凡夫観を定着させていったのである。この世の安楽を願い、来世の安楽も願うというその意味で、平凡な浄土信仰とは一線を画しているように思われるのである。仏教の現世否定的な思想が、その程度はどうであれ、弥陀信仰と結びつくことによって浸透していったということができよう。

このように、浄土教の発達は、日本における仏教の原点的思想が展開していく過程における一バリエーションとして位置付けることが必要なのではないだろうか。人生を苦とみ、世の無常を説くその思想が、多くの人々に受容されていく過程の一端に浄土信仰は位置付けられるのである。同時にその展開は、たとえば人生は苦であるがゆえにそれを乗り越えようとする機運も活性化させたし、鎌倉時代における、明恵の菩提心重視の立場や、あるいは道元の「無常迅速　生死事大」の思想にも通じていったのである。法然や親鸞に焦点を絞った浄土教中心史観ではなく、広く仏教の思想的展開のなかに浄土信仰を特色を見出していくべきではなかろうか。

註

（1）『新しい歴史学のために』一九二、京都民科歴史部会、一九八八年（後、『日本中世の社会と仏教』（塙書房、一九九二年）序Ⅱ「浄土教研究の課題」として収録）。
（2）『春秋』三二四、一九八九年。後、同『日本仏教思想史論考』（大蔵出版、一九九三年）に収録。
（3）平雅行『親鸞とその時代』、法藏館、二〇〇一年。
（4）末木文美士『日本仏教史――思想史としてのアプローチ――』、新潮社、一九九二年。
（5）小原仁『文人貴族の系譜』（吉川弘文館、一九八九年）「序論」。
（6）同「第四　慶滋保胤の思想と信仰」。
（7）平註（1）前掲書。
（8）西田直樹・西田直俊編著『往生要集』（おうふう、一九九四年）解説参照。
（9）『源信』〈日本思想大系6〉岩波書店、一九七〇年、三三四頁。
（10）同前書。
（11）大正新脩大蔵経。
（12）註（9）前掲書、四〇四頁。
（13）註（9）前掲書。
（14）浄土宗全書本。
（15）同前書。
（16）註（9）前掲書、四〇四頁。

(17)『浄土十疑論』(佐藤哲英『叡山浄土教の研究』、百華苑、一九七九年)所収。
(18)『十願発心記』(同前書所収)。
(19)西村紹監修・悌信暁著『宇治大納言源隆国編　安養集　本文と研究』、百華苑、一九九二年。
(20)『安養集』を全九十五項目に分けるのは悌信暁氏の見解であり、また引文の合計数も悌信暁氏の指摘による。
(21)浄土教の歴史的展開に関して従来の見解を踏まえて論考したものとしては、速水侑『浄土信仰論』(雄山閣出版、一九七八年)が代表といえる。
(22)佐藤哲英『叡山浄土教の研究』、百華苑、一九七九年。
(23)天台宗全書。
(24)末木文美士「『万葉集』における無常観の形成」(同前掲書所収)。
(25)『万葉集』巻五〈新日本古典文学大系1巻〉、岩波書店、一九九九年。。
(26)以上の引用は平註(1)前掲書。
(27)『往生伝　法華験記』〈日本思想大系7〉、岩波書店、一九七四年、六八四頁。
(28)同、六八〇頁。
(29)同、六六五頁。
(30)同、六八五頁。
(31)同、六八〇頁。
(32)同、六七八頁。
(33)同、五二一~五二二頁。
(34)同、五〇四頁。
(35)同、五〇六頁。
(36)同、五〇八頁。
(37)同、五〇九頁。

(38)『今昔物語集』巻十五中、第二・四・七・十・十六・十八・二十六・三十一・三十二・三十六・三十八・四十八・四十九・五十二・五十三の十五話が『日本往生極楽記』を出典にしているが、出典には「道心」の用例はない。『今昔物語集』では、いずれもが主人公の発心の様を「道心」の語を追加して表している。

(39)平註(1)前掲書、五〇五頁。

(40)『今昔物語集』三〈新日本古典文学大系35〉、岩波書店、一九九三年、三八六

(41)平註(1)前掲書、五〇九頁。

(42)同、四六二頁。

(43)『今昔物語集』巻十五中、第二十九・四十・四十二・四十三・四十五話の五話が『大日本国法華経験記』を出典としているが、出典には「道心」の用例はなく、『今昔物語集』で追加されている。

(44)『今昔物語集』において「道心」の用例がみられるのは、巻一・二・四・五・十一・十二・十三・十四・十五・十六・十七・十九・二十・二十四・二十五・二十六・三十一の都合十七巻である。このうち巻十五には十七例確認でき、最も頻度が高い。ただし、本来同義である菩提心や単なる「心を起こす」等の語句や表現をも含めて検討する必要があり、別稿を予定している。

(45)平註(1)前掲書、四四四頁。

(46)同、四四五頁。

(47)同、四四六頁。

(48)同、四四七頁。

(49)同、四四七頁。

(50)末木註(24)前掲書。

『扶桑略記』と末法

佐々木令信

はじめに

『扶桑略記』は、神武天皇から堀河天皇の世までにわたる叡山僧皇円による私撰の史書である。[1]堀河天皇を今上天皇とすることから、成立は、最末記事の嘉保元年（一〇九四）から、堀河天皇の崩じた嘉承二年（一一〇七）の間であると考えられている。本書は、本来三十巻よりなっていたが、現在では、十六巻の本文と、神武から平城天皇までの抄本、および巻第二十三、二十四、二十五の裏書とが残されている状況にある。本書については、皇円が著者であったかどうかを含めた著者の問題[2]や、あるいは、多種多岐にわたる史料を引用して編纂されていることから、逸文研究の対象として議論されることが多い。[3]また、一方で、各天皇の元年を仏滅年代と対比する記述手法をとっていることから、末法思想の浸透という面での一般的な評価をうけることもよくみられる。しかし、『扶桑略記』においてみられる末法の捉え方の特徴について、具体的な検討を行ったものはあまりみられないと思われるので、本稿ではその点についての検討を行うこととしたい。

一　末法思想の展開の概観

三時思想とは、釈迦の入滅を基点として、時が経つにつれて教理が次第に光を失い、最後には仏法滅尽に至るという、仏教史における下降史観である。正法とは、仏の教法によって修行者がその証果を得ることができる、教・行・証の三法の具足した理想的な時代であるが、像法に至ると教・行の二法は存在するが、証果が得られなくなり、それにつぐ末法は、仏の教法のみが空しく残り、行も証も得られなくなる時代として捉えられる。

インドにおいては、正法・像法については説かれるものの、それと末法をあわせた三時思想を明確に説く経論はなく、他方、それとは別に末世法滅と五濁を説く経典が存在した。それらの法滅尽の思想を集大成し、後の三時思想の展開に大きな影響を与えた経典に『大方等大集経』が存在する。その巻第五十六の月蔵分第十二法滅尽品第二十では、「今我涅槃後　正法五百年　住在於世間　衆生煩悩尽　精進諸菩薩　得満於六度　行者速能入　無漏安隠城　像法住於世　限満一千年　剃頭著袈裟　持戒及毀禁　天人所供養　常令無所乏」(4)と正法と像法を説明するとともに、僧をはじめとする諸人の破戒、背徳を原因とした法滅尽の状況が詳細に説かれている。また、『大方等大集経』巻第五十五の分布閻浮提品巻十七では、世尊が月蔵に対して入滅後の法の運命を告げた言葉として五堅固説が説かれている。それは「於我滅後五百年中。諸比丘等。猶於我法解脱堅固。次五百年我之正法禅定三昧得住堅固。次五百年読誦多聞得住堅固。次五百年於我法中多造塔寺得住堅固。次五百年於我法中闘諍言頌白法隠没損減堅固」(5)と、仏滅後の五百年後ごとの状況を説くものであった。

この『大方等大集経』が、那連提耶舎によって漢訳されたのは北斉の天統二年（五六六）である。それに先立つ陳の永定八年（五五八）には南岳慧思の『南嶽思大禅師立誓願文』において、「滅度之後正法住世逕五百歳。正法滅已像法住世逕一千歳。像法滅已末法住世逕一万年。我慧思即是末法八十二年。太歳在乙未十一月十一日。於大魏国南予州汝陽郡武津縣生」[6]とあるように、自身の誕生を入末法の八十二年とするとともに、正法五百歳・像法一千歳・末法一万歳とする三時思想が説かれていた。以後、浄影寺慧遠の『無量寿経義疏』[7]、三論吉蔵の『中観論疏』[8]、また律の道宣や法相の窺基らによって、正像末の三時思想が説かれていくこととなる。

しかし、その三時の年代については、経典によって諸説がみられた。（一）正像各五百年説[9]、（二）正法五百年・像法千年説[10]、（三）正法千年・像法五百年説[11]、（四）正像各千年説[12]がそれである。また、基点となる仏滅年代自体にも諸説がみられたが、中国仏教において最も有力な説とされたのは『周書異記』に説かれる周穆王五十三年壬申（紀元前九四九）であった。

このような三時思想は、日本には関係経論の伝来とともに伝えられた。日本における末法思想の展開についての一般的な見方は、飛鳥・奈良時代においては、正法五百年説の影響を受けて、当時すでに末法に入っていると考えられていたが、五五二年は日本に仏教が伝来し、その年を日本仏教の開創の年と考えてもいたので、国家的な仏教のもとでは、末法思想が主体的に受け入れられるには至らなかったということ。その後、最澄は、正法千年説を採り、同時代を像法の時代と考え、像法も後半に入った時期にふさわしい仏教を説こうとした。それ以後、像末とみる見方は天台宗の後継者たちによって受け継がれ、入末法年を一〇五二年とする見方が浸透したとされるものであろう。

本稿では、このような三時思想が、当時の歴史的状況でどのように主体的に受け止められたのか、という点に着目しつつ検討を試みたいと思う。

二　『日本霊異記』にみえる末法思想

薬師寺僧景戒が著した『日本霊異記』は、弘仁年間（八一〇～八二四）の成立とされているが、その下巻の序文には以下のような記述がある。

夫れ善と悪との因果は内経に著れ、吉と凶との得失は諸の外典に載せり。今是の賢劫の釈迦一代の教の文を探れば、三の時有り。一は、正法五百年、二は像法千年、三は末法万年なり。仏の涅槃したまひしより以来、延暦六年歳の丁卯に次るとしに迄るまでに、一千七百二十二年を逕たり。正と像との二を過ぎて、末法に入る。然うして日本に仏の法の伝り適めてより以還、延暦六年に迄るまでに、二百三十六歳を逕るなり。夫れ花は咲みて声無し、鶏は鳴きて涙無し。代を観れば、善を修ふ者は石峯の花の如し。悪を作す者は、土山の毛の似し。因果を績はずして罪を作る。名利と殺生とを嗜み、善根と悪種とを疑はば（中略）悪しき報の遄く来らむこと、水の鏡の向はばすなはち現るるが如し。(13)

ここにみえる、景戒の末法の理解を整理すると、第一に、景戒は、正法五百年・像法千年説を採っていること。第二に、延暦六年（七八七）の時点は、仏滅後一七二二年に当たるとみられていること。よって、仏滅の年代は、紀元前九三五年に比定されていることになる。第三に、日本に仏教が伝来した年を、延暦六年からみて、二三六年前、すなわち五五一年とみていることになる。そのうえで、「入末法」の年とは、延暦六年からみて二二二年前、すなわち五六五年となる。ここでの景戒の認識のポイントは、日本に仏教が伝来して以来、ほとんどの時間が末法に位置づけられるということにある。

そこで、その末法の世の現実を景戒がどのようにみているかというと、善を行う者がきわめて少なく、悪をなすものがほとんどである。それに対して、悪報は即座に現報として現れるので、人々は慎むべきであるというのが景戒の捉え方である。景戒は前掲の文章に続いて、つぎのように述べている。

既に末劫に入る。何ぞ勿めざらむ。噫矜言れ惻ぶ。那で劫の災を免れむ。ただし衆の僧に一摶の食を資施さば、善を修ふ福に当来の飢饉の災の苦に逢はず。一日の不殺の戒を頼持たば、道を行ふ力に末劫の刀兵の怨の害に値はず。

ここでは、先の末法に対する認識と並んで、末劫に対する認識があわせて述べられている。末劫とは、人の寿命が減少する時期である減劫の末期のことであり、その時期には、人の寿命が十歳のときに、刀兵災が七日間、疾疫災が七月七日間、飢饉災が七年七月七日間おきるとされていた。それに対し、僧に食を施すこと、また不殺生戒を保持することで、それらの災害から免れることができるとしている。

『日本霊異記』では、全編を通じて、善悪の行為に対する現報の事例を述べるとともに、僧への施しや、不殺生または放生の勧めが説かれている。その背景には、景戒の末法・末劫に対する認識が存在していたと考えられる。

さて、つぎに、景戒の王権に対する評価のあり方についてみておきたい。景戒の右の構想のなかで天皇は、末法において善を行う者がきわめて少ないなかで、それを行う主体として現れることになる。しかし、すべての天皇をそうしたものとして描くのではなく、特定の天皇に象徴化される。その例が、上巻の聖徳太子、中巻の聖武天皇である。上巻の序文では、

ただし代々の天皇、或るいは高き山の頂に登りて悲ぶる心を起したまひ、雨の漏る殿に住みて庶民を撫でたまふ。或るいは生まれながら高き弁ありて、兼ねて末の事を委りたまひ、一に十の訴を聞きて一言漏したまはず。

生く年二十五にして天皇の請を受けて大乗経を説きたまひ、造りたまふ所の経疏長に末の代に流る。或るいは弘き誓願を発して敬ひて仏の像を造りたまひ、天は願ふ所に随ひ地は宝の蔵を敞く。

とし、聖徳太子と聖武天皇の事蹟を挙げて、代々の天皇の仏教に対する関係の基本を描き出そうとしていることが分かる。そして、景戒の王権に対する姿勢は、『日本霊異記』の最終話である下巻—第三十九縁「智と行と並び具はる禅師重ねて人の身を得国皇の子に生るる縁」の最後の部分に象徴的に表現されていると考えられる。そこには、

其の名を神野親王と為す。今平安宮に天下統治めたまふ賀美能天皇是れなり。是を以ちて定めて知る、此れ聖の君なりといふことを。また何を以ちてか聖の君と知る。世俗云はく「国皇の法に、人を殺したる罪人は、かならず法に随ひて殺す。而れども是の天皇は、弘仁の年号を出して世に伝へ、殺すべき人を流罪と成して彼の命を活けて、人を治めまたふなり。是を以ちて䛐に聖の君なりといふことを知る」といふ。或る人誹謗りていはく「聖の君にあらず。何を以ちての故に。此の天皇の時に、天下の旱の厲有り。また天の災と地の妖と飢饉の難と繁く多有り。また鷹と犬とを養ひて鳥と猪と鹿とを取る。是れ慈悲ぶる心にあらず」といふ。是の儀然あらず。食す国の内の物は、みな国皇の物なり。針指すばかりの末だに、私の物かつて無し。国皇の随自在の儀なり。百姓といへども、あに誹らむや。

と述べられている。これは、嵯峨天皇の事蹟についての記述であるが、前半では、死刑者を減刑することで流罪としてその命を活かしたことを聖の君としての事蹟として挙げるが、後半では、天災や飢饉が頻繁に起こったこと、また遊猟を盛んに行ったことを挙げ、それゆえ聖の君ではないとする世俗の誹謗を挙げている。しかし、注目すべきは、景戒が「食す国の内の物は、みな国皇の物なり」として、嵯峨天皇の行為を肯定していることである。殺生は、景戒が『日本霊異記』の全編を通じて説くところでは悪報を受けるべき行為であるにもかかわらず、天皇にお

いては、それが適用されない存在とされているのである。そしてその根拠が、「食す国」という、きわめて古代的な根拠によりつつも、九世紀以後に展開していく「王土」思想によって論理化されているところに、八世紀末から九世紀初頭の社会を背景として成立してきた、『日本霊異記』の特質が見出せるのではないだろうか。

以上、検討してきたことをまとめれば、『日本霊異記』の場合、正法五百年・像法千年説に立ち、延暦年間を末法の世、さらに末劫の世として捉え、因果応報の説話を説く構成となっている。その際、王権はそれら末法・末劫、さらに悪報の論理を超えた存在として認識されている点がその特徴として理解できるものと思う。

三　最澄の末法観

平安期以降の末法思想の展開において、最澄が果たした役割が重視されてきている。しかし大乗戒壇設立に際して最澄と対立した南都の玄叡や護命も当代を「像季」「像末」と捉える点においては、共通していた。そこで、最澄が当代を「像末」と捉えた際の特徴を簡単に整理しておきたいと思う。

最澄は、光定の「伝述一心戒文」巻上によると、つぎのような仏滅後の年代観をもっていたことがわかる。

右我大師南贍部州中天竺国一切義成釈迦文仏者。十九出家。三十成道。五十住世。説法利生。機縁已畢。薪尽火滅。其歳即当周国周氏穆王満五十二年壬申春二月十五日。自爾以来。至于大唐大暦四年己酉。即当大日本国神護景雲三年己酉也。正経一千七百九年。始乃大乗上座文殊師利菩薩。安置大唐天下諸寺食堂。自爾来。至于大唐貞元二十二年丙戌歳。即当大日本国延暦二十五年丙戌也。正経三十八年。自仏入滅。至于大日本国延暦二十五年丙戌。正経一千七百四十七歳。始乃桓武皇帝発円頓心。殖利生本。法花一乗宗。建立日本国。自聖帝登

駕。以後。弘仁十年龍集己亥季春三月十七日。敬写三部大乗三巻。(14)

これによると、仏の入滅は穆王満五十二年壬申に求められ、それ以後唐の大暦四年己酉（七六九）・日本の神護景雲三年己酉に至るまでが、一七〇九年。大唐貞元二十二年丙戌（八〇六）・日本の延暦二十五年丙戌までが一七四七年経過しているものとしている。この場合、基点となる仏滅年は、穆王満五十二年壬申としつつ、それを西暦で換算すれば紀元前九四〇年もしくは九四一年を基点としている。それに基づいて、入末法年を算出すれば、一〇六〇年もしくは一〇六一年となる。いまだ、後にみられるような一〇五二年（永承七）入末法説とはなっていないことをここでは確認しておきたい。

そのうえで、最澄の特徴はといえば、やはり当代を「像末」と捉えたことにあるといえよう。なぜ、「像末」と捉える必要があったのか。『顕戒論』巻上では、護命の「仏在世時、弟子無諍、及至正像、異見競起、遂令弱植之徒、随偽弁、以長迷、倒置之倫、遂邪説而永溺」とする見解に対し、

弾曰、調達異見、豈非仏世、善星不信、已在仏時、仏性之諍、雖正像興、而能洗過、何称偽弁、空有之見、雖像末起、而能断迷、何為邪説、其長迷永溺者、是猶学者之失也、(15)

と断じている。正像に至ると、異見が起こり、偽弁に迷い、邪説に溺れる状況にあるとみる護命に対し、最澄は、空有の見は「像末」に起こったが迷いを断つものであり、一概にすべてが否定されるべきものではなく、学ぶ者の側に問題があることを主張している。

その「像末」の時を、『法華秀句』巻下では、

語代則像終末初、尋地唐東羯西、原人則五濁之生、闘諍之時、(16)

と記し、自己を像の終末に生きる存在として位置づけ、「五濁の生、闘諍の時」とみていることが分かる。そのよ

うに、最澄が自己の存在時を位置づけた理由は、『法華秀句』巻下で普賢菩薩勧発品について、

経又云、爾時普賢菩薩、復白仏言、世尊、於後五百歳、濁悪世中、其有受持是経典者、我当守護、除其衰患、令得安穏。已上経文当知、法華真実経、於後五百歳、必応流伝也、普賢正身、守果分故、護持経者、令得安穏、他宗所依経、都無此勧発、天台法華宗、具有此勧発、[17]

と述べる点にあったと考えられよう。「後の五百年」について最澄は、『払惑袖中策』巻下で「然後五百、当末法初、大教可行」[18]と述べ、末法のはじめの状況として捉えていることが分かる。末法において真実なる法華経は必ず流布させるべきであるという認識が、最澄自身の存在を「像末」に生きるものと認識させたものと考えられる。この「像末」観は、その後の天台宗において引き継がれることになる。それは、天禄元年（九七〇）十月十六日の良源の「二十六箇条起請」の八条目「応登壇後必参布薩堂兼練習誦戒梵唄維那作法事」において、

近代釈衆、不守制戒、不自習学、亦闕聴聞、布薩大道、不久将絶、釈尊帰寂以来、聖賢相続遷去、像末仏弟子、唯尸羅為師、[19]

と述べられていることにも現れているものと思う。

四　扶桑略記と末法

『扶桑略記』には、歴代の天皇の元年に対して、仏滅後の年数が付されているのが特徴である。それを、従来は、末法思想の浸透として評価してきた。ここでは、まず、その仏滅後年数の記載を少しく検討してみたいと思う。

まず、『扶桑略記』の仏滅後の年数比定の根拠については、永保四年（一〇八四）二月七日条に、

改為応徳元年。如来滅後経二千三十三年。已上准智証大師之記文所筆記也。

とあり、智証大師円珍の記文に准じて筆記したものであることが示されている。

円珍の仏滅後の年数比定については、「六祖智証大師授菩薩戒儀裏書」[20]に、

周穆王壬申仏涅槃。至日本貞観十二庚寅。凡一千八百一十八年。

至貞観十六年。一千八百二十二年也。

至元慶五年。正経千八百二十九年。元慶七年。千八百三十一年。

至仁和二年。則千八百三十四年也。

至仁和五年。一千八百三十七年。

とあるものが、円珍自身によるもので確認できる唯一のものである。この円珍による年数比定によると、入末法年は永承八年（一〇五三）ということになる。しかし、『扶桑略記』永承七年（一〇五二）正月二十六日条には、

屈請千僧於大極殿。令転読観音経。自去年冬疾疫流行。改年已後。弥以熾盛。仍為除其災也。今年始入末法。

とあり、『扶桑略記』では、永承七年を入末法の年に比定しており、円珍のものと一年のずれが存在する。『扶桑略記』がもととしたのは、一体何であったのだろうか。そこで『扶桑略記』天慶五年（九四二）四月二十九日条をみてみると、

或記云。仏滅度後。歴一千十六年。仏法始伝漢土。其後経四百八十六年。相伝本朝。以後。今至天慶五年壬寅。三百九十一年也。并如来滅後惣計一千八百九十一年。已上

とあり、「或記」によると、天慶五年が、仏滅後一八九一年に相当するとしており、それを『扶桑略記』が引用し

ている。この仏滅後の年数比定によると、入末法年は永承七年となり、『扶桑略記』は、円珍の年代比定そのものに準拠したのではなく、実際には、この「或記」にみられるような、円珍以後に展開した年代比定に準拠したものと考えられよう。そのうえで気になるのは、この「或記」の年数計算が、単純な誤りを犯していることである。それは、中国に仏教が伝来するまでの一〇一六年と、日本に伝来するまでの四八六年と、天慶五年までの三九一年を合計すれば一八九三年となり、「如来滅後惣計一千八百九十一年」という記述と合わないのである。このような誤りが犯される原因は、永承七年入末法年で、天慶五年が如来滅後一八九一年に相当するという前提が一方で存在し、それとは別に三国伝来の年代比定を記述したがために起こったものと考えるのが自然であろう。永承七年が入末法年であるという見方は、『三宝絵』の序文に、

尺迦牟尼仏隠給ヒテ後、一千九百卌三年ニ成ケリ。像法ノ世ニ有ム事、遺年不レ幾。憐、人ノ身ト成リ、仏ノ教ニ値事、梵天ノ上ヨリ垂ル糸ノ大海ノ中ニ有ル針ヲ貫ムヨリモ難カナレバ、徒此身ヲ過テハ又行末ヲ可憑時モ無シ。忩テ仏ヲ念、法ヲ聞、僧ヲ敬ム事只近来耳ノミナリ。（中略）于時永観二タ年セ中ノ冬ナリ。(21)

とあることにより、永観二年（九八四）、すなわち十世紀末の段階では明らかに確認することができる。上記のことよりすれば、その永承七年入末法という考えは、少なくとも十世紀前半には一般化していたと考えることができると思われる。『扶桑略記』が準拠したものは、そうした永承七年を入末法とする、十世紀前半には一般化していた考え方であったとみることができよう。

それでは、なぜ『扶桑略記』は、年代比定を「円珍の記文」に準拠したと記したのであろうか。『扶桑略記』において、具体的な「末法」観が記されているのは、永保元年（一〇八一）の山門・寺門の闘争に関する記事の部分に限られる。永保元年四月二十八日条には以下のようにある。

辰刻。叡山大衆引率数千軍兵。来向於三井寺。爰三井寺大衆亦率数千随兵。各張其陣。防征欲戦。漸及晩景。山上大衆引楯逃去。

其後六月五日庚申。殊有宣旨。恒例神事不可闕怠。官使相具比叡祭使等。如例重被催之処。三井寺大衆中不得心者。年少下臈不覚之輩。背宣旨。追却官使。打止祭使等了。因茲有違勅罪。大衆長発等各注其名。共蒙追捕宣旨已了。爰武芸之徒多皆遁隠山野。勢徳之人悉以怖悚朝威。尊卑不知。合戦無力之間。

九日甲子。叡山僧徒数千人。或著甲冑引率戦士。行向三井寺。焼亡寺塔僧房等。仏像経巻悉為灰燼。免余炎之堂舎等七分之一也。開闢以来。世未有如此之災禍矣。

十八日癸酉。勅遣右大史江重俊并史生等。勘録寺塔房舎焼失。其記云。御願十五所。堂院七十九処。塔三基。鐘楼六所。経蔵十五所。神社四所。僧房六百廿一所。舎宅一千四百九十三宇也。（已上官使実録記也）広考天竺震旦本朝仏法興廃。未有如此破滅。今記此災。落涙添点。智証大師門人頻注子細。雖上奏状。全无官裁。時人云。非但仏法之陵遅。兼又王法之澆薄矣。智証大師入滅以後。歴百九十一年。有此災乎。仏法渡本朝後。至于今年。歴五百三十九年矣。

ここには、叡山の僧徒が、三井寺を焼き討ちしたことについて記されているが、その際に何を参考にしたと考えられるであろうか。焼亡の事実関係については「官使実録」によったことが記されているが、「智証大師門人頻注子細。雖上奏状。全无官裁。時人云。非但仏法陵遅。兼又王法之澆薄矣。智証大師入滅以後。歴百九十一年。有此災乎」という記述などをみると、智証大師円珍の門人たちの手によって記されたものを参考にして記事がまとめられたと考えることができるのではないだろうか。『扶桑略記』において、年代比定以外で、直接末法に関して述べられた箇所は、同年九月十五日条の記事にみられるつぎの箇所のみである。

未時。山僧引率数百兵衆。行向三井寺。重焼残堂舎僧房等畢云。堂院二十処。経蔵五所。神社九処。僧房一百八十三処。但舎宅不注載之。不知其数幾千而已。門人上下各皆逃隠山林。或含悲入黄泉。或懐愁仰蒼天。今年入末法。歴三十年矣。

このように、末法を直接意識した記載が、永保八年における山門と寺門との闘争に関わる部分のみであることから考えると、『扶桑略記』が、手元で参照したもののなかに、この山門と寺門との闘争についての記述を含む、智証大師円珍の門人の手によって記されたものが存在し、そこには、智証大師の記文として末法の仏滅後年代比定などの文言が記されていたのではなかろうか。それをもとにして仏滅後の年代比定を行ったがゆえに、「已上准智証大師之記文所筆記也」と『扶桑略記』には記されたものと考えられる。

また、末法を直接意識した記載が、入末法後の山門・寺門闘争にかかわる部分のみに限られることは、皇円が、末法を、最澄によって意識化された後の五百年における闘諍堅固の捉え方の枠組みのなかで認識していたことを一方で表しているものと思われる。

さて、そのうえで、『扶桑略記』における時代観について考えてみたい。先に引用した永保元年四月二十八日条には、傍線部に示したように、著者皇円の時代観もあわせて記されている。それは、三井寺の焼き討ちに際して、(一)「開闢以来。世未有如此之災禍矣」と捉え、さらに(二)「広考天竺震旦本朝仏法興廃。未有如此破滅。今記此災。落涙添点」とし、(三)「仏法渡本朝後。至于今年。歴五百三十九年矣」と展開し、最後に九月十五日条の「今年入末法。歴三十年矣」として、末法観により締めくくられている。ここで注目すべきは、著者皇円の時代観の前提に「開闢以来」という王法の時間が存在することであろう。そのうえで、仏法の時間が述べられているのである。

表1 『扶桑略記』の歴代天皇仏滅後年数記事

天皇	代	西暦	記事	B.C.九四九基点	巻
応神天皇	16	二七〇	同元年如来滅後一千二百一十九年也。	一二一九	巻2
仁徳天皇	17	三一三	元年癸酉。如来滅後一千三百十二年。	一二六二	巻2
履中天皇	18	四〇〇	同元年如来滅後一千三百四十九年。	一三四九	巻2
反正天皇	19	四〇六	同元年如来滅後一千三百五十五年。	一三五五	巻2
允恭天皇	20	四一三	同元年如来滅後一千三百六十一年。	一三六二	巻2
安康天皇	21	四五四	同元年如来滅後一千四百三年。	一四〇三	巻2
雄略天皇	22	四五六	元年丁酉。如来滅後一千四百六年。	一四〇五	巻2
清寧天皇	23	四八〇	同元年如等滅後一千四百廿九年。	一四二九	巻2
顕宗天皇	25	四八五	同元年如来滅後一千四百三十四年。	一四三四	巻2
仁賢天皇	26	四八八	同元年如来滅後一千四百三十七年。	一四三七	巻2
武烈天皇	27	四九九	同元年如来滅後一千四百四十八年。	一四四八	巻2
継体天皇	28	五〇七	同元年如来滅後一千四百五十六年。	一四五六	巻3
安閑天皇	29	五三四	同元年如来滅後一千四百八十三年。	一四八三	巻3
欽明天皇	31	五四〇	同元年相当如来滅後一千四百八十九年。	一四八九	巻3
用明天皇	33	五八六	元年如来滅後一千五百三十五年。	一五三五	巻3
舒明天皇	36	六二九	元年己丑。如来滅後一千五百七十年。	一五七八	巻4
皇極天皇	37	六四二	元年壬寅。如来滅後一千五百九十一年。	一五九一	巻4
孝徳天皇	38	六四五	元年乙巳。如来滅後一千五百九十四年。	一五九四	巻4
斉明天皇	39	六五五	元年乙卯。如来滅後一千六百四年。	一六〇四	巻4
天智天皇	40	六六二	元年壬戌。如来滅後一千六百一十一年。	一六一一	巻5
天武天皇	41	六七三	元年壬申。如来滅後一千六百廿一年。	一六二二	巻5

持統天皇	42	六八七	元年丁亥。如来滅後一千六百三十六年。	一六三六	巻5
文武天皇	43	六九七	元年丁酉。如来滅後一千六百四十六年。	一六四六	巻5
元明天皇	44	七〇八	和銅元年。如来滅後一千六百五十七年。	一六五七	巻6
元正天皇	45	七一五	霊亀元年。如来滅後一千六百六十年。	一六六四	巻6
陽成天皇	58	八七七	元慶元年。如来滅後一千八百二十六年。	一八二六	巻20
宇多天皇	60	八八八	仁和四年。如来滅後一千八百三十七年。	一八三七	巻22
醍醐天皇	61	八九八	昌泰元年。如来滅後一千八百四十七年。	一八四七	巻24
朱雀天皇	62	九三一	承平元年。如来滅亡一千八百八十年。	一八八〇	巻25
村上天皇	63	九四七	天暦元年。如来滅後一千八百九十六年。	一八九六	巻26
冷泉天皇	64	九六八	安和元年。仏滅後一千九百一十七年也。	一九一七	巻26
華山院	66	九八五	寛和元年。如来滅後一千九百三十四年。	一九三四	巻27
一条天皇	67	九八七	永延元年。如来滅後一千九百三十六季。	一九三六	巻28
三条天皇	68	一〇一二	長和元年。如来滅後一千九百六十一年。	一九六一	巻28
後一条天皇	69	一〇一七	寛仁元年。如来滅後一千九百六十六年。	一九六六	巻28
白河天皇	73	一〇八四	改為応徳元年。如来滅後経二千三十三年。	二〇三三	巻30

そこで、この問題を、別の角度からみてみることにしたい。『扶桑略記』の特徴は、歴代の天皇の元年に対して、仏滅後の年数が付されていることにある。そこで、各天皇に対する仏滅後年数記載を整理したものが**表1**である。

『扶桑略記』には、原則として、歴代の天皇に対する仏滅後年数が記されているのであるが、そのなかには、記載がみられない天皇も存在する。それは、十五代神功、二十四代飯豊、三十代宣化、三十二代敏達、三十四代崇峻、三十五代推古、五十九代光孝、六十五代円融、七十代後朱雀、七十一代後冷泉、七十二代後三条天皇である。仏滅後の年数がこれらの天皇について記されていない理由については、さまざまな推測を重ねることも可能であろうが、ここでは、とくに、七十代以後の天皇について、それまでの原則的な記載方法がとられなかったことに注意したいのである。七十三代の白河天皇については、確かに仏滅後の年数の記載が存在するが、それは先にも引用した永保四年二月七日条の「改為応徳元年。如来滅後経二千三十三年。已上准智証大師之記文所筆記也。」というもので、それは全体の仏滅後年数比定の根拠を示すために記された可能性が強く、また、全体の記載の原則からはなれて天皇治世の元年ではなく、改元の年を採用している点においても異なっている。

そこで、七十代以後の天皇の仏滅後年数が記されなかった原因は何かといえば、それらの天皇の治世が、三時思想における像法の最末期から、入末法にわたる期間に該当していたからではないかと思われるのである。『扶桑略記』は、歴代の天皇の治世、すなわち王法の時間を、仏滅後の年代を付することで三時思想に基づく仏法の時間軸のなかに包摂する構成をとったものの、像法最末から入末法にかけての下降史観の分岐点を、個別の天皇に付することを憚ったのではないかと考えてみたい。それは、著者皇円の時代観の前提が、先にみたように「開闢以来」という王法の時間にあったことによるものと思われる。このような、王法と仏法の時間に対する認識を、平安末期の特質の一つと捉えることも可能なのではないだろうか。

おわりに

本稿では、日本における三時思想の展開について、『日本霊異記』、最澄、『扶桑略記』を取り上げて、そこにおける末法の捉えられ方について、若干の検討を行った。

『日本霊異記』は、正法五百年・像法千年説に立って延暦年間を末法の段階と捉え、その時代を悪報が速やかに現れる時と捉え、因果応報の説話を全編において説くものである。そこでは、王権は、末法・末劫、さらに悪報の論理を超えた存在として認識されていた。

景戒とほぼ同じ時代を生きた最澄は、自己を「像末」に生きる存在と捉えた。最澄は、正像へと経過する時間を、単純な下降史観で捉えるのではなく、そこに学ぶ側の主体の問題を基点とし、末法に当たる後の五百年においてこそ真実なる法華経を必ず流布させるべきであるという認識にたって、天台宗を開く機として末法を捉えたといえる。『扶桑略記』においては、歴代の天皇の治世、すなわち王法の時間を、仏滅後の年代を付することで、三時思想に基づく仏法の時間のなかに包摂する構成がとられた。また、『扶桑略記』が仏滅後の年代比定の根拠としたものは、智証大師円珍の門人の手によって記されたものであったと考えられ、一方、末法に対する直接的な言及が入末法後三十年を経過した、山門・寺門の闘争にかかわる記事にのみみられることは、末法に対する意識が、最澄以来の、末法を後五百年の闘争堅固の時代と捉える視点に立っていたことの表れであると考えた。『扶桑略記』において、このような構成がとられたことは、三時思想を超えた存在として王権を認識していた『日本霊異記』からの、王権を相対化する方向での歴史的展開として捉えることができよう。しかし、王権の存在を相対化しきれていなかったことは、「開闢以来」という時間軸の記述の存在や、像法の最末から末法にかけての歴代天皇の治世に仏滅後の年代比定を記載し得なかったところに表れているものと考える。

以上にみられるような、『扶桑略記』における末法の捉え方は、『春記』など当時の公卿の日記に散見される「末代」の語が、宮廷の権威の失墜を表すさまざまな悪行や旧例の破壊などを含めた、己の力では如何ともしがたい理不尽な出来事に対する非難の言葉として使用されている[22]こととは、いささか趣きを異にしている。僧の世界における末法が持った意味と俗の世界においてもった末法の意味を、それぞれに位置づけなおす必要があるのではなかろうか。また、その問題は、後に著される『愚管抄』における時代観、世界観ともあわせて検討する必要があろうと思う。本稿をそれらの課題のきっかけとして位置づけたい。

註

(1)『扶桑略記』は、新訂増補国史大系本による。
(2) 堀越光信「『扶桑略記』皇円撰述説に関する疑問」(『国書逸文研究』一一号、一九八四年)、同「『扶桑略記』撰者考」(『皇學館論叢』一七ノ六、一九八四年)。
(3) 平田俊春『私撰国史の批判的研究』(国書刊行会、一九八二年)、小山田和夫「『元亨釈書』の編纂材料と『扶桑略記』について」(高嶌正人先生古稀記念論文集『日本古代史叢考』、雄山閣、一九九四年)。
(4)『大正新脩大蔵経』第一三巻、三七九頁下。
(5)『大正新脩大蔵経』第一三巻、三六三頁上。
(6)『大正新脩大蔵経』第四六巻、七八七頁上。
(7)『大正新脩大蔵経』第三七巻、一一六頁上。
(8)『大正新脩大蔵経』第四二巻、一八頁上。
(9)『大乗三聚懺悔経』、『賢劫経』千仏興立品など。
(10)『大集経』法滅尽品、『摩訶摩耶経』など。
(11)『悲華経』など。
(12)『大悲経』。
(13)『日本霊異記』については、新日本古典文学大系『日本霊異記』(岩波書店、一九九六年)の訓読文にしたがって引用する。

（14）『大正新脩大蔵経』第七四巻、六三七頁下。
（15）『伝教大師全集』第一巻、三三頁。
（16）『伝教大師全集』第三巻、二五一頁。
（17）『伝教大師全集』第三巻、二七四頁。
（18）『伝教大師全集』第三巻、三二六頁。
（19）『平安遺文』三〇三号。
（20）『智証大師全集』中、五二五頁。
（21）『三宝絵』は新日本古典文学大系『三宝絵　注好選』（岩波書店、一九九七年）の訓読文に従って引用する。
（22）数江教一「公卿日記に現われる末法意識」（『日本の末法思想』、弘文堂、一九六一年）。

報恩蔵の一切経について

落合　俊典

はじめに

法然が黒谷の報恩蔵と称されていた経蔵に入って一切経を披閲したことは諸伝記にみえるところであるが、その由来について、また概要については不明なところが多く、問題の残るところでもある。一般には慈恵大師良源の弟子、黒谷僧都禅瑜（または禅祐）（九一三〜九九〇）の経蔵といわれている。異説には法性寺殿の藤原忠通（一〇九七〜一一六四）の創建とするものや桓武天皇の建立というものもある。桓武天皇説は直接報恩蔵にかかわるものではないだろうが、忠通説は当時の有力公卿であったこともあり、捨て難い。

また、報恩蔵はどのような性格の経蔵であったのだろうか。近年の写本一切経の研究の進展によって、平安・鎌倉一切経といわれるものでも内実は相当に複雑であり、決して活字本全集のような同一の刷り本ではないことが実証されつつある。本稿ではこれらのことについて考察を加えていきたい。

一　報恩蔵の伝承と史実

報恩蔵の伝承は法然の諸伝記に頻出するが、三田全信氏がいみじくもいっているように黒谷の経蔵を報恩蔵としているのは、良忠（一一九九～一二八七）の『決答授手印疑問鈔』である。[1]

黒谷。入報恩蔵、披一切経。[2]

良忠はまた『選択伝弘決疑鈔裏書』（一二五九年成立）のなかで報恩蔵の内容について伝えている。

黒谷報恩蔵禅祐僧都経蔵。諸宗章疏鈔物整束無所少経蔵也。叡空上人伝領之間、故上人入此経蔵、一切経披給也。[3]

とある。この良忠の記述は報恩蔵が禅祐僧都にかかわるものであり、しかも諸宗の多くの章疏・鈔物が整然と収蔵されている経蔵であると明言している点に注目しなければならない。

一方、異説として『知恩寺旧記』を引いた『円光大師行状翼賛』巻六には、

一説ニ此蔵ハ法性寺忠通公之所建也。一説ニ桓武帝為父帝所立也（已上知恩寺旧記）、[4]

と書かれている。藤原忠通は摂政・関白になった公卿であるとともに、晩年には出家し法性寺に隠退していることから、報恩蔵の建物と一切経を供養したことも十分考えられる。しかし、この説はつぎの史料によってほぼ否定されるのではないだろうか。

それは妙蓮寺蔵『松尾社一切経』の奥書にみられるもので、校合のために報恩蔵一切経本が使用されている。中尾堯氏によれば、この『松尾社一切経』は京都の松尾社神主秦親任とその長男秦頼親が願主となり、秦一族の助力

によって、平安時代の永久三年（一一一五）から保延四年（一一三八）にかけて書写された写本一切経であるという。

報恩蔵の記述がある史料は五点である。[5] 報告書の奥書をつぎに示す。

(1)『大方広仏華厳経』巻第二十一（六十華厳）

（奥書）西塔□（東）谷於善見房以報恩蔵本一校了

（朱書）以伏見本一交了、僧賢智

(2)『大方広仏華厳経』巻第二十二（六十華厳）

（奥書）松尾一切経之内　願主神主親任　執筆中原雅遠

永久三年七月五日　書了

西塔東谷善見□（房カ）以□（報カ）恩蔵本一校了

（朱書）同二月以同本重交了、僧□□

(3)『大方広仏華厳経』巻第二十三（六十華厳）

（奥書）松尾一切経之内　願主神主親任　執筆中原雅遠

永久三年七月晦日　書了

西塔東谷於善見房以報恩蔵本一校了

（朱書）永治元年辛酉十一月三日　以伏見本一交了、天台僧賢智

(4)『大方広仏華厳経』巻第二十四（六十華厳）

（奥書）松尾一切経之内　願主神主親任　執筆中原雅遠

永久三年七月五日　書了
西塔東谷善見房以報恩蔵本一交了
（朱書）閏二月以同本重交了、僧□□
以観音寺本交了　忠延

(5)『大方広仏華厳経』巻第二十九（六十華厳）

（奥書）
松尾一切経之内　執筆　中原雅遠
永久三年七月九日　奉書了
願主神主秦宿禰親任　於三歳任権神主　於十三歳任神主職了
親父秦宿禰頼任　悲母尼妙蓮　外姑尼　妻中臣氏
一男権神主秦宿禰頼親　姒婦秦氏禰宜頼継一女
二男権祢宜秦親元
女子秦太子　聟月読禰宜秦相元祝相真一男　女子秦中子　同三子
伯父祝秦宿禰相真　次伯父禰宜秦宿禰頼継　舎弟月読
祝秦宿禰頼［元脱］次舎弟権祝秦宿禰頼貞　目代小野是依
願以書写力　上録幷結縁　上中衆生等
現世身堅固　所願皆成就　後生々浄土
同修普賢行
西塔東谷於善見房以報恩蔵本一校了

(1)および(3)には、天台（山）僧の賢智が伏見本を対校に用い校訂したという記述がみられる。賢智に関しては『松尾社一切経』の奥書以外にその名は知られないが、『松尾社一切経』のなかでは、上記以外に永治元年書写の『大方等大集経』巻十七、同年『阿毘達磨順正理論』巻六十三、七十、『阿毘達磨識身足論』巻二等の校合者として名が出てくる。

これら五点はいずれも比叡山の西塔東谷にある善見房という場所で報恩蔵一切経本をもって校訂しているが、黒谷僧都の禅瑜が住した場所は比叡山の西塔（院）北谷黒谷であるから善見房とは若干離れていることになる。とはいえ同じ比叡山の西塔院の区域である。おそらく賢智は善見房に関係ある天台山僧だったのだろう。ちなみに西塔院北谷黒谷での校合は僧相順なるものが行っている。

『大般泥□経』巻第四・巻第五

（奥書）延暦寺西塔院北谷黒谷之青龍寺ニシテ一交了　僧相順

『大般泥□経』巻第六

（奥書）比叡山延暦寺西塔院北谷黒谷之青龍寺ニシテ一交了　僧相順

これらの巻二は西塔院東谷東林（房）で僧厳覚が校合しているので、同じ経でも巻によって書写場所、校合場所が異なることもあったということである。

以上の五点の史料から、校合のために報恩蔵一切経の六十華厳経を使用した年月日は永久三年七月五日、九日と晦日である。ところで藤原忠通が内大臣になったのは、奇しくも同年の四月二十八日のことであった。数え年十九歳の春である。いかに権勢を誇った忠通とはいえ、二十歳以前に莫大な費用を要する一切経を完成させ、経蔵を建立することは無理であったろう。

二　禅瑜と報恩蔵

前節の考察から報恩蔵は禅瑜にかかわる経蔵である可能性が高まってきたが、しかし禅瑜と報恩蔵を結び付ける資料は『選択伝弘決疑鈔裏書』以外見当たらないのである。これだけでは信憑性に欠けるといっても過言ではない。禅瑜の伝記ないしはその行状にヒントとなるものがまったくないのであろうか。禅瑜の伝を洗ってみよう。(6)

禅瑜は僧伝類に単独では立伝されていないが、その業績からみると当然僧伝に入るべき学僧であった。特筆すべきは良源とともに加わった応和の宗論であろう。村上天皇の応和三年（九六三）、宮中の清涼殿で南都北嶺の学僧各々十人を召して行われた宗論であったが、ここで法相の「五性各別」と天台の「一切皆成仏説」との論戦となった。勝敗は決まらず両者ともども恩賞を賜っている。良源は翌康保元年（九六四）内供奉十禅師に挙げられ、同二年僧綱の権律師となり、さらに同三年には天台座主に補せられ、律師に昇任している。

一方、禅瑜のほうは康保三年（九六六）には講師に任じられて僧綱となっている。天元二年（九七九）律師に転任し、さらに寛和二年（九八六）には権少僧都に転任している。両者の栄達ぶりは応和の宗論に始まるといってもよいだろう。このような環境下で京洛の公卿から禅瑜に対して経蔵建立ならびに一切経供養の申し出があっても不思議ではない。加えて禅瑜は学問への関心も高く『本朝高僧伝』の安海伝に、天台の学はもとより密教学をも博渉したことが記されている。(7)その一面が禅瑜著とされている書物名に現れている。禅瑜の著述はつぎの六点である。

①『新十疑論』一巻（現存、『永超録』『長西録』）
②『二十往生大願』一巻（散逸、『長西録』）

③『観心要論』（散逸、『天台霞標』ほか）
④『被接義私記』（散逸、『天台霞標』）
⑤『属累義私記』（散逸、『天台霞標』）
⑥『阿字観門』一巻（散逸、『日本天台宗章疏目録』）

①②は天台浄土教の書物であり、③④⑤は天台の章疏、⑥は台密の書であろう。この点から諸宗に亙った学僧とはいえないが、北嶺を代表する立場から一切経および章疏記伝集録を蒐集する必要性を有していたことは確かである。このようなことから、前述したように『選択伝弘決疑鈔裏書』以外の証拠資料は見つからないのであるが、禅瑜と報恩蔵を結び付けることは首肯されてよいものと考える。

三　法然披見の一切経の内容

それでは法然が実際に繙いた報恩蔵の一切経とはどのような内容の一切経であったのであろうか。一切経といえばどれも皆同じと考えがちであるが、一切経もその依って立つところの経録の相違によって分類・総巻数等が異なってくる。加えて同じ経録に基づくといっても、それすら時代や地域によって若干の相違を生じてきている。また形態からみると書写された一切経、すなわち写本一切経と版木に鏤刻された刊本一切経との二種がある。ではこの時代、すなわち平安時代の院政期はどうであったろうか。十世紀末に宋に渡った奝然が北宋勅版の刊本一切経（蜀版・開宝蔵）を将来していた時期であるから、刊本の可能性もないとはいえないが、やはり写本一切経の集合であったろう。もっとも実際には刊本そのものはなくても、刊本からの書写本が混入していたケースも想定され得よう。(8)

報恩蔵一切経は写本の一切経であったと想定したが、つぎにそれはどの経録に依るものかという点については、きわめて興味深いことに法然自らそのことを書き記している。『選択集』の第十二章私釈段の文に、

読誦大乗者、分而為二。一者読誦、二者大乗。読誦者、(中略)。大乗者、簡小乗之言也。別非指一経。通指一切諸大乗経。謂一切者仏意、広指一代所説諸大乗経。而於一代所説、有已結集経。有未結集経。又於已結集経、或有隠龍宮不流布人間之経。或有留天竺未来到漢地。而今就翻訳将来之経、而論之者、貞元入蔵録中始自大般若経六百巻終于法常住経顕密大乗経総六百三十七部二千八百十三巻也。皆須摂読誦大乗之一句。

〔読誦大乗とは、分ちて二と為す。一は読誦、二は大乗。読誦は(中略)。大乗は、小乗を簡ぶの言なり。別に一経を指すに非ず。通じて一切の諸大乗経を指す。謂わく一切とは仏意、広く一代所説の諸大乗経を指す。一代の所説に於いて、已結集の経有り、未結集の経有り。又た已結集の経に於いて、或は龍宮に隠れて人間に流布せざるの経有り。或は天竺に留まりて未だ漢地に来到せざるの経有り。而るに今翻訳将来の経に就いて、これを論ぜば、貞元の入蔵録の中に、始め大般若経六百巻より法常住経に終わるまで、顕密の大乗経総べて六百三十七部二千八百十三巻なり。皆な須らく読誦大乗の一句に摂すべし。〕

とある。この文によって法然は明らかに貞元録に依拠したことがわかるであろう。一般に貞元録は平安時代の写本一切経の書写指針であったが、この貞元録にもいくつか種類がある。従来は刊本と写本とで入蔵された経論の相違が数十巻あるといわれていたが、写本にも大別して二種類あることが分かってきた。

まず高麗版、これはいわば刊本系である。祖本貞元録に記載されていた三階教の典籍三十五部四十巻が削除されている。(9) 三階教は前後五回、国家からの禁圧を受けているが、円照が貞元録を編纂した後の唐の後期に起こった禁圧の結果削られたものであろう。そのほかにも写本系と異なる箇所があるが、大きくは三階教の部分の違いにすぎ

ない。

つぎに写本系であるが、甲本系と乙本系に分けられる。

甲本系……法勝寺金字一切経・梵釈寺蔵経・伏見本・法隆寺一切経・石山寺一切経・七寺一切経

乙本系……比叡山黒谷報恩蔵一切経・清水寺御経蔵・七寺貞元入蔵録ニ引用スル異本

などである。この相違の主要な点はどこにあるかといえば、大乗経の総数が一部一巻異なっていることにある。右記に引用した『選択集』の第十二章私釈段には、貞元入蔵録の大乗経の総数六三七部二八一三巻となっている。このなかの二八一三巻は二三一三巻の誤りであるが、興味深いことは貞元入蔵録の大乗経典の総数を挙げるとともに、首の『大般若経』と尾の『法常住経』を明確に記述している点である。これは乙本系であるが、甲本系には大乗経の尾に『法常住経』ではなく『慈仁問八十種好経』という経典が目されている。これは『法常住経』に一部一巻付加されたものである。『慈仁問八十種好経』は中国撰述の経典である。(10)

一見すると僅かな相違にみえるが、一切経の書写方針を立てる基本書の相違は瑕瑾であっても看過できない。この系統は右記の分類でも容易に想定できるように、平安時代にあっては主流の一切経とはいいきれない要素を持つ。何ゆえこのような相違が生じたか不明であるが、一切経の系統は、章疏記伝集録の諸書を蒐集するうえでも影響してくると考えられる。当然、報恩蔵にもこれら章疏記伝集録の諸書が蔵されていたが、その全容についてはまったく手掛かりとなる資料が存在しない。

おわりに

法然が学んだ経蔵・報恩蔵の存在確認は、従来浄土宗の伝承のみに頼ってきたが、京都妙蓮寺蔵『松尾社一切経』の出現によって十二世紀初頭には確実に存在していたことが判明した。また報恩蔵の由来についても浄土宗の資料だけであったが、種々の状況証拠によって蓋然性が得られた。

報恩蔵にあった一切経の性格についても、法然の『選択集』の記述と近年の写本一切経の研究成果とが合致し、新たな展開をみることができた。

註

（1）三田全信『成立史的法然上人諸伝の研究』（平楽寺書店、一九六六年）一九頁。
（2）『浄土宗全書』一〇巻、三一頁。
（3）『浄土宗全書』七巻、三五三頁。
（4）『浄土宗全書』七巻、三五三頁。
（5）中尾堯編『京都妙蓮寺蔵松尾社一切経調査報告書』奥書集、大塚巧藝社、一九九七年。
（6）禅瑜の伝に関する研究は戸松憲千代「僧都禅瑜とその浄土教思想（上）」（『大谷学報』二一―一、一九四〇年）、同「僧都禅瑜とその浄土教思想（下）」（『大谷学報』二二―一、一九四一年）および佐藤哲英『叡山浄土教の研究』、百華苑、一九七九年、七九～八八頁、井上光貞『日本浄土教成立史の研究』（岩波書店、一九八五年、一六四頁）などがある。また三田全信前掲書にも考察がある。
（7）『大日本仏教全書』六三巻。
（8）平安・鎌倉の写経である興聖寺一切経の現存総点数は五二六一帖であるが、そのうちの六帖に北宋勅版（蜀版）の刊本の刊記を有する奥書がみられるという。赤尾栄慶「西楽寺一切経の特色について」（『興聖寺一切経調査報告書』、京都府教育委員会、一九九八年）。平安末期書写の七寺一切経には現存四九五四巻のうち、六巻に刊記がみられる。また妙蓮寺蔵『松尾社一切経』現存三五四五巻中、刊記を有するものは八点である（中尾堯編『京都妙蓮寺蔵松尾社一切経調査報告書』、大塚巧藝社、一九九七年）。これらの平安鎌倉時代の一切経の具体相を概観して分かるように、一部刊本からの書写経本が混入していたようである。

（9）宮林昭彦「『貞元新定釈教目録』巻第二十九・巻第三十解題」（七寺古逸経典研究叢書第六巻『中国・日本経典章疏目録』、大東出版社、一九九八年、一二四頁）。

（10）拙稿「慈仁問八十種好経の基礎的研究」（木村清孝代表『疑偽仏典の綜合的研究』〈平成九年度〜平成十一年度科学研究費補助金基礎研究（B）（2）研究結果報告書、研究課題番号 09410010〉）。

Ⅱ　中世前期

鎌倉における顕密仏教の展開

平　雅行

はじめに

本稿の目的は、東国鎌倉における顕密仏教の展開を概観し、それを通じて鎌倉幕府の宗教政策の変化を明らかにすることにある。そのために本稿では、権僧正以上の地位で鎌倉で活動した人物の数を比較検討することによって、その目的を果たそうと考えた。権僧正は参議に准ずる待遇を受けており、参議と同様、法印権大僧都から権僧正への昇進は容易ではなく、時期による量的偏差を比較検討するには適切な素材であると考えたからである。実際、法印以下の人物ともなれば事績の判明率が極端に落ちるため、データの精度が下がるし、人数的にもあまりに大量となり処理能力の限界を超える。それに比べれば権僧正以上の僧侶はその活動が史料に残る確度が高いし、権僧正・正僧正・大僧正は鎌倉時代を通じて定員枠が意識されており、補任の総数もさほど多くはない。幕府僧全体で七十名前後であり、量的にも手頃である。こうした理由から、鎌倉の権僧正以上の人物を網羅的に検出してみた。

本稿では鎌倉時代を四期に分けて分析を進めることとする。第一期は源氏将軍時代であり、源頼朝が挙兵した治承四年（一一八〇）八月から、三代将軍実朝が暗殺されて九条頼経が鎌倉に下向する承久元年（一二一九）六月までである。第二期は将軍頼経時代で、頼経が下向してから、寛元四年（一二四六）七月に追放されるまでの期間である。第三期は時頼・時宗期であり、頼経追放後から北条時宗が没する弘安七年（一二八四）四月までをいう。そして第四期は貞時・高時時代であり、時宗の没後から鎌倉幕府が滅んだ正慶二年（一三三三）五月までである。この四期に分けて鎌倉で宗教活動をしていた権僧正以上の僧侶を**表1**として掲げた。(1) ここに挙げたのは、あくまで鎌倉で活動中に権僧正以上の地位に就いていたことが確認できる僧侶たちであって、帰洛後に権僧正となった者や、訴訟のために鎌倉を訪れた者、および堂塔供養のため一時的に招請された僧侶は除外した。(2) ある程度、長期滞在して宗教活動を行う僧侶は、幕府から鎌倉の所職を与えられて、その主従制のなかに組み込まれると考えたためである。

さて**表1**をみると、ここに挙がっている僧侶はすべて密教僧である。唯密の者がほとんどで顕密兼修の僧もいるが、唯顕の僧侶はいない。中世の顕密仏教が密教中心であったことの反映である。そして密教は秘密の教えであることもあって伝法される者は限られており、密教僧としての力量と官位とは相関性が高い。したがって**表1**をみれば、鎌倉における顕密仏教、とくに密教の整備状況が把握できるはずである。そこで**表1**を通観してみると、第一期は三十九年間でわずか一名であったのに対し、第二期は二十七年間で十二名と増えている。ところが第三期の三十八年間では逆に九名に減少し、第四期になると四十九年間で五十名と爆発的に増えている。もちろん、それぞれの期間に長短があるし、鎌倉時代を通じて官位のインフレ現象もおきており、単純な比較は慎まなければならない。しかし第三期の途中から『吾妻鏡』の記事が消えて、以後は史料の残存率が悪くなることを考慮すれば、**表1**のおよその傾向はほぼ信頼に足るとみてよい。この表でとくに重要なことは、第三期に人数が落ちこむ事実である。時代が降るにつれて権僧正以上の数が次第に増えていくのではなく、減少期をはさんだのちに爆発的な増加をみせている。このことは、鎌倉顕密仏教が直線的な発展を遂げたわけではないことを示しており、時期によって幕府の宗教政策に変化があったことを示唆していよう。

宗派別の構成をみると、第一期は栄西の禅宗だけであるが、第二期は東密四名、山門五名、寺門三名、第三期も東密三名、山門三名、寺門三名とほぼバランスがとれている。第四期は東密二十三名、山門十六名、寺門十一名となっていて東密が突出している。これは史料残存のかたよりも一つの原因であろうが、それよりもこの時期に頼助・有助・顕助といった北条出身の大物の東密僧が輩出されたことが主因であったろう。時期的に重複した人物を除くと、鎌倉時代全体を通して、東密二十八名、山門二十三名、寺門十六名、禅宗一名となっている。先に私は拙稿「鎌倉山門派の成立と展開」(『大阪大学大学院文学研究科紀要』四〇号、二〇〇〇年、以下拙稿Aと略称)で、北条氏出身で僧侶となった人物の宗派別構成を検討した。それ以後の判明分を加えると、東密十四名、山門八名、寺門二十四名、宗派不明の顕密僧五名、禅律僧五名、不明三名である。この二つのデータからすれば、幕府僧および北条出身僧の宗派構成は全体としてバランスがとれていたとみてよかろう。佐々木馨氏は鶴岡八幡宮別当に山門僧が補任されていないことを主な論拠として、鎌倉幕府が反山門派政策をとっていたのではないかと推測したが[3]、これらのデータをみる限り、その推測は妥当とはいえない。

なお本稿は、拙稿Aおよび「定豪と鎌倉幕府」(『古代中世の社会と国家』、清文堂出版、一九九八年、以下拙稿Bと略称)、「鎌倉幕府の宗教政策について」(『日本古代の葬制と社会関係の基礎的研究』、平成6年度科学研究費成果報告書、一九九五年、以下拙稿Cと略称)と密接に関わっている。紙数の関係で史料的根拠をこれらに譲ったものも多いが、この点、ご了解をお願いしたい。

表1　鎌倉で宗教活動をした権僧正（法親王も含む）以上の僧侶

第1期　源氏将軍時代（1180〜1219）◆1名	
①栄西(禅)	1194弾圧, 1199鎌倉, **1213権僧正, 1215没**

第2期　将軍頼経時代（1219〜1246）◆12名：東密4名, 山門5名, 寺門3名	
②定豪(東)	1191鎌倉で, 1220鶴岡, **1223権僧正, 1228東大寺, 1232正僧正, 1235大僧正, 1236上洛**・一長者, 1238没
③厳海(東)	1234鎌倉, **1235権僧正, 1240→**, 1240正僧正, 1242一長者, 1251没
④良瑜(東)	九条家, 1232鎌倉で, **←1237権僧正で, 1267没**
⑤実賢(東)	1238権僧正, 1241正僧正, **←1242鎌倉で, 1242→**, 1249一長者・大僧正・没
⑥成源(山)	1238鎌倉で, **←1238権僧正で, 1246帰洛**, 1265→
⑦快雅(山)	1232鎌倉で, **1239権僧正, 1244正僧正で, 1245→**, 1247没
⑧良信(山)	1216鎌倉で, **1240権僧正, 1253没**
⑨印円(山)	1245鎌倉で, **1245権僧正, 1246→**, 1257没
⑩良禅(山)	九条家, 1238権僧正, **←1245鎌倉で, 1246→**, 1257没
⑪道慶(寺)	九条家, 1232権僧正, 1237長吏, 1240大僧正, **←1242鎌倉で, 1246帰洛**, 1285没
⑫猷尊(寺)	1244鎌倉で, **1244権僧正, 1244→**, 1252没
⑬道禅(寺)	1221鎌倉で, **1244権僧正, 1256没**

第3期　時頼・時宗時代（1246〜1284）◆9名：東密3名, 山門3名, 寺門3名	
⑬道禅(寺)	**前掲, 1256没**
⑭隆弁(寺)	1234鎌倉, 1247鶴岡, **1252権僧正, 1258正僧正, 1265大僧正, 1267長吏, 1276長吏, 1283没**
⑮頼兼(寺)	1231鎌倉で, **1254権僧正, 1261没**
④良瑜(東)	**前掲, 1267没**
⑯良基(東)	1229鎌倉で, **1260権僧正, 1266逐電, ←1294鎌倉で, 1296流罪**, 1308没
⑰定清(東)	御家人後藤氏, 1227鎌倉で, **1276権僧正, 1280没**
⑧良信(山)	**前掲, 1253没**
⑱承澄(山)	1253鎌倉で, **1272権僧正, 1282没**
⑲最源(山)	九条家, **←1281鎌倉で僧正で, 1282上洛**, 1282座主, 1283失脚→

第4期　貞時・高時時代（1284〜1333）◆50名：東密23名, 山門16名, 寺門11名	
⑳頼助(東)	北条氏, 1262鎌倉で, 1283鶴岡, **1286権僧正, 1288正僧正, 1292大僧正・東大寺, 1296没**
㉑親玄(東)	1290鎌倉で, **1292権僧正, 1306大僧正・一長者, 1322没**
㉒道朝(東)	1270権僧正, **←1292鎌倉で, 1297没**
⑯良基(東)	前掲, **←1294鎌倉で, 1296流罪**, 1308没
㉓益助(東)	1293正僧正, **←1299鎌倉で, 1305没**
㉔定融(東)	1258鎌倉で, **←1302前権僧正で, 1304没**
㉕成恵(東)	1300権僧正, **←1303帰洛**, 1309正僧正, 1310一長者, 1315没
㉖益性(東)	法親王(亀山院息), **←1304鎌倉で, 1316→**, 1333滅亡, 1343二品, 1352没
㉗元瑜(東)	1252鎌倉で, **1305権僧正, 1319没**
㉘宣覚(東)	北条猶子, 1292鎌倉で, **←1309権僧正で, 1313→**, 1325大僧正→
㉙隆勝(東)	1294鎌倉で, **←1309権僧正で, 1314没**

㉚頼乗(東)	1254鎌倉で，**1309権僧正，1322没**
㉛聖済(東)	1308鎌倉で，**←1310権僧正で，1321没**
㉜経助(東)	**←1313鎌倉で僧正で，1320大僧正で，1326➡**→
㉝信忠(東)	1299僧正で，1300一長者・大僧正，**←1316鎌倉で鶴岡，1322没**
㉞栄海(東)	1310鎌倉で，**1320権僧正，1323➡**，1333滅亡，1345一長者，1347没
㉟有助(東)	北条氏，1296鎌倉で，**←1322権僧正で，1324正僧正，1325一長者，1326大僧正，1331鶴岡，1333滅亡自害**
㊱道承(東)	1301鎌倉で，**←1323僧正で，1333滅亡**，1339→
㊲道乗(東)	**←1324鎌倉で僧正で➡**→
㊳頼演(東)	御家人伊東氏，1268鎌倉で，**1325権僧正，没**
㊴頼源(東)	1308鎌倉で，**1325権僧正，1331➡**，1333滅亡，1342没
㊵顕助(東)	北条氏，1317鎌倉で，**1326権僧正，1330上洛，没**
㊶豪親(東)	1302鎌倉で，**←1332正僧正，1333滅亡**，1336没
㊷源恵(山)	将軍子弟，1274鎌倉で，**1282権僧正，1289大僧正で，1292座主，1307没**
㊸忠源(山)	北条猶子，1292鎌倉，**←1295権僧正で，1303➡**，1303正僧正，1308大僧正，1319没
㊹道潤(山)	**←1297鎌倉で僧正で，1302座主，1305大僧正で，1329没**
㊺安忠(山)	1286鎌倉で，**1301➡**→，**1330僧正跡**
㊻尊深(山)	1286鎌倉で，**←1303権僧正で，1303➡**→
㊼実誉(山)	1285鎌倉で，**←1303権僧正で，1303➡**→
㊽定祐(山)	**←1303鎌倉で権僧正で，1303➡**→
㊾承教(山)	1290鎌倉で，**1305権僧正，1305没**
㊿経恵(山)	1305権僧正，**←1307鎌倉で，1308➡**，1314没
(51)憲雅(山)	1285鎌倉で，**1307権僧正，1308➡**→
(52)仁澄(山)	将軍子弟，1306正僧正，**←1308鎌倉で大僧正，1316座主，1317➡**→
(53)良斅(山)	**←1314鎌倉で前権僧正で，1333➡**→
(54)雲聖(山)	1295鎌倉で，**←1315前権僧正で，1323没**
(55)澄助(山)	1301鎌倉で，**←1323前大僧正で座主，1333滅亡**，1346没
(56)聖恵(山)	将軍子弟，1323鎌倉で，**←1329僧正で，1332大僧正，1333滅亡**，1338座主，1346没
(57)源瑜(山)	1305鎌倉で，**←1331権僧正で，1333➡**→
(58)公朝(寺)	北条猶子，1263鎌倉で，**←1287権僧正で，1296没**
(59)覚乗(寺)	1242鎌倉で，**←1292権僧正で，1294正僧正，1299没**
(60)道瑜(寺)	**←1292鎌倉で僧正で，1294大僧正，1297長吏，1303鶴岡，1309没**
(61)道珍(寺)	1303正僧正で，**←1306鎌倉で，1308長吏，1309鶴岡，1311前大僧正で，1313没**
(62)房海(寺)	1303鎌倉で，**←1307権僧正で，1313鶴岡，1314大僧正，1316没**
(63)上智(寺)	1293鎌倉で，**1310権僧正，1323没**
(64)顕弁(寺)	北条氏，1304鎌倉で，**1319僧正で，1322鶴岡，1327長吏，1330前大僧正で，1331没**
(65)契覚(寺)	**←鎌倉証菩提寺別当，1321僧正で没**
(66)行讃(寺)	**←永福寺別当権僧正➡**→
(67)房朝(寺)	北条氏，1303鎌倉で，**←1323僧正で，1324➡**，1330前大僧正で長吏，1331→
(68)増基(寺)	1315僧正で，**←1323鎌倉で，1324長吏，1327前大僧正で，1331➡**，1352没

(注)　(禅)は禅宗，(東)は東密，(寺)は寺門，(山)は山門を指す。「鎌倉」は鎌倉への来訪年，「鎌倉で」は来訪年が不明により鎌倉での活動記事の初年を記した。「➡」は鎌倉での活動記事の下限，「→」は本人の活動記録の下限，「滅亡」は鎌倉幕府の滅亡，「権僧正」は権僧正への就任年，「権僧正で」は就任年が不明により権僧正での記事の初年を記した。また鎌倉で権僧正以上の官位で活動している時間をゴチで示した。「←」は権僧正以上での鎌倉での活動年がさかのぼる可能性があることを示す。「北条氏」は北条氏出身，「御家人」は御家人出身。「一長者」は東寺一長者，「東大寺」は東大寺別当，「長吏」は園城寺長吏，「座主」は天台座主，「鶴岡」は鶴岡八幡宮別当への就任年を示す。

一　源氏将軍の時代

第一期に鎌倉で活動した権僧正以上の人物は、①栄西（数字は表1、以下同じ）だけである。この時期は鶴岡八幡宮・勝長寿院・永福寺や大慈寺など、将軍御願寺が次々に建てられた。しかし権僧正以上の官位をもつ顕密僧は栄西一人しかおらず、全般的にこの時期の鎌倉の僧侶たちの官位はたいへん低い。たとえば建久四年（一一九三）に後白河院一周忌の千僧供が鎌倉で行われたが、その際、千名の僧侶を十組に分けて「宿老僧」十名を各組の「頭」としている。その「頭」となった僧侶の官位を調べてみると、法眼二名、法橋三名、阿闍梨四名、非職一名となっており、たいへん官位が低い[4]。法眼・法橋のような散位僧綱はしばしば売官されており、いまだ成功の対象となっていなかった律師・僧都といった正員僧綱の官位を有する者は一人もいないのである[5]。また鶴岡八幡宮別当は鎌倉の顕密僧の中心的位置を占めていたが、第一期における鶴岡別当の最終官位は、阿闍梨一名、法眼二名、少僧都二名であって、二期以降が法印権大僧都二名、正僧正一名、大僧正九名であったのと比較すれば、官位が非常に低い[6]。

しかも栄西が権僧正に補された経緯も尋常ではなかった。法勝寺九重塔の再建がはかばかしく進まないため、朝廷は栄西に造立を委ねた。建暦三年（一二一三）にそれが完成すると、栄西はその勧賞として大師号を求めた。生前の大師号は前代未聞であったため、それは却下されたが、紆余曲折の末に権僧正への補任が認められたのである。これについて藤原定家は「内構㆓賄賂㆒、外成㆓懇望㆒、先非㆓上人之法㆒」と栄西を激しく非難しているし、後鳥羽院ものちに「アルマシキ事シタリ」と後悔の念を漏らしている[7]。実際、下級の僧官位ならともかく、寺院造営の賞によって権僧正に補任されるのは前代未聞である。

このように第一期の鎌倉在住僧たちの官位はたいへん低かった。その原因は二つある。第一の原因は彼らの官位昇進について、幕府が十分な対応をしなかったことである。そもそも僧侶の官位昇任権は朝廷にあり、天皇・院・女院・親王らに対する祈禱などが勧賞の対象となっていた。つまり幕府のための祈禱や、将軍護持の祈禱は公請とは認められず、それだけでは官位昇進は不可能であった。鎌倉の僧侶たちは将軍や幕府のために祈禱をするのが本分だが、その職務を貫いている限り官位昇進はあり得ない。ここに鎌倉在住僧の特殊性がある。

では、どうしたのか。海老名尚氏の分析によると、鎌倉在住僧の昇進方法には、(a)本人が一時的に上洛して公請活動を行う、(b)在京僧の勧賞を譲ってもらう、(c)将軍など幕府が吹挙する、の三つのパターンがある。(8)ところが当代では、第二期から増加する(c)将軍吹挙が確認できない。たとえば、勝長寿院別当定豪は建仁三年(一二〇二)と承元三年(一二〇九)に、仁和寺隆暁・東寺長者俊証から勧賞を譲られて、法眼・法印に昇任している。(9)この二人は定豪と師弟関係があったわけではなく、しかも俊証は当該僧事の二十年近く前に没している。だが隆暁は源頼朝の子・貞暁の師であるし、俊証も頼朝から奥州藤原氏の調伏祈禱の依頼を受けており、(10)二人とも幕府と関わりの深い人物であった。彼らおよびその弟子と、定豪との間を幕府が仲介したのか、それとも定豪が個人的に交渉したのかは不明であるが、幕府が関与したのであれば将軍家挙状が発せられてしかるべきケースである。にもかかわらず、それが発給されなかったこと、また二期に登場するような自由昇進禁止規定がみえない事実は、幕府僧の官位について明確な政策が定まっていなかったことを示している。これが鎌倉在住僧の官位を全般的に低いままで終わらせた原因であり、また栄西の権僧正就任が違例の形で進められなければならなかった要因でもあった。

この時期の鎌倉在住僧の官位が低かった第二の原因は、彼らの能力の低さである。このことを示すために、表2

表2　鎌倉での堂塔供養の導師

年　(西暦) 月日		供養の内容と導師および出典
文治1 (1185) 1024	☆□	勝長寿院の供養,導師は公顕僧正(77歳,寺門),伴僧20も引率『吾』
文治5 (1189) 0609	☆□	鶴岡五重塔の供養,導師は観性法橋(全玄座主代官),伴僧7の内4口は導師伴僧『吾』
建久3 (1192) 1125	☆□	永福寺の供養,曼荼羅供導師は公顕大僧正(84歳,寺門),帰途に没『吾』
建久4 (1193) 1127	☆□	永福寺薬師堂(阿弥陀堂?)の供養,導師は真円前権僧正(77歳)『吾』
建久5 (1194) 1226	☆□	永福寺薬師堂の供養,導師は勝賢東大寺別当前権僧正(57歳,東密・醍醐寺)『吾』
建仁2 (1202) 0314	★	永福寺多宝塔の供養,導師は栄西律師,頼家乳母の菩提のため『吾』
承元3 (1209) 1010	☆	二階堂行光が永福寺辺に寺院建立,供養導師に公胤園城寺長吏『吾』
建保2 (1214) 0727	★□	大慈寺供養,導師は栄西僧正,実朝は京都僧を希望するも宿老が反対,伴僧20『吾』
建保4 (1216) 0819	★	鶴岡別当定暁が北斗堂を建立,供養導師は忠快法印(山門)『吾』
建保4 (1216) 0819	★	北条義時妻らが永福寺に伊賀朝光追福のため塔婆造立,導師は行勇律師『吾』
承久1 (1219) 1227	☆	北条政子が実朝菩提のため勝長寿院辺に五仏堂,供養導師は明禅法印(山門)『吾』
貞応2 (1223) 0826	★	北条政子が大姫菩提のため勝長寿院奥に南新御堂,導師は定豪僧正『吾』
元仁1 (1224) 0808	★	北条義時の墳墓堂(新法華堂)の供養,導師は走湯山浄蓮房『吾』
嘉禄1 (1225) 0613	★	北条義時の周忌のため泰時が釈迦堂を造立,供養導師は定豪僧正,請僧20『吾』
嘉禄2 (1226) 0614	★	北条時房が政子1周忌に大慈寺三重塔を建立,導師は忠快法印(山門)『吾』
嘉禄2 (1226) 0711	★	北条時房が政子1周忌に塔婆を建立,供養導師は行勇律師『吾』
安貞1 (1227) 0711	★	北条政子3周忌に大慈寺辺に丈六阿弥陀堂,供養導師は行勇律師,請僧20『吾』
安貞1 (1227) 0725	☆	二階堂行盛が北条政子の追善のため寺を造立,導師は京都の聖覚僧都(山門)『吾』
寛喜2 (1230) 1225	★	将軍実朝13回忌のため勝長寿院に三重塔造立,供養導師は良信別当法印『吾』
貞永1 (1232) 1218	★	岩殿観音堂の修理供養,導師は頼兼僧都『吾』
貞永1 (1232) 1227	★	後藤基綱が実朝追善のため大倉堂供養,導師は定豪僧正『吾』
嘉禎1 (1235) 0629	★□	将軍頼経御願の五大堂(明王堂)供養,曼荼羅供大阿闍梨は定豪別当僧正『吾』
嘉禎2 (1236) 0605	★	北条義時13回忌,泰時が願成就院に塔,曼荼羅供大阿闍梨は行勇僧都,讃衆12『吾』
嘉禎2 (1236) 1125	★□	新造持仏堂(久遠寿量院)の供養,導師は定豪僧正,密供養『吾』
嘉禎3 (1237) 0623	☆□	北条政子追善のため大慈寺丈六堂供養,導師は円玄僧正(南都),呪願は厳海僧正『吾』

嘉禎3(1237)1213	★	北条泰時が妻の母追善のため山内懫墓に寺を造立,供養導師は行勇律師『吾』
延応1(1239)1013	★	藤原定員が堂を造立,供養導師は成源僧正『吾』
仁治2(1241)0825	★□	明王院北斗堂の供養,曼荼羅供大阿闍梨は快雅僧正,讃衆8『吾』
寛基2(1244)0822	☆	御所持仏堂(久遠寿量院)の供養,導師は竹中法印(宗源,山門)『吾』
宝治1(1247)0320	?	北条経時1周忌に懫墓に寺を造立,供養導師は信助宰相法印『吾』
建長1(1249)1123	★□	永福寺供養,導師は隆弁法印,職衆20『鎌倉年代記裏書』
建長4(1252)1121	★	新造御所の持仏堂供養,導師は厳恵法印『吾』
建長5(1253)1125	★□	建長寺の落成供養,導師は蘭渓道隆『吾』
建長6(1254)0603	★	安達義景1周忌のため塔供養,導師は厳恵法印,真言供養『吾』
建長6(1254)0615	★	北条泰時13回忌のため懫墓青船御塔の供養,導師は道禅僧正,真言供養『吾』
正嘉1(1257)1001	★□	大慈寺の修理供養,鬮により曼荼羅供大阿闍梨は頼兼僧正,職衆30『吾』
正嘉2(1258)0604	★□	勝長寿院の再建供養,鬮により曼荼羅供大阿闍梨は良基法印,職衆30『吾』
弘長3(1263)0310	★	北条義時御願の大倉薬師堂の修造供養,導師は公朝僧都,真言供養『吾』
文永2(1265)0603	★	安達義景13回忌のため多宝塔供養,導師は隆弁僧正『吾』
建治3(1277)0823	★	将軍御所持仏堂の供養,導師は隆弁前大僧正『建治三年記』
弘安5(1282)0206	★	鶴岡八幡神宮寺の再建供養,導師は隆弁社務『鶴岡八幡宮御遷宮記』
弘安10(1287)0824	★□	永福寺の修理供養,導師は公朝僧正『鎌倉年代記裏書』
永仁5(1297)1224	★	神護寺の供養,導師は覚乗僧正,社務政助は病『鶴岡社務記録』
正安2(1300)0229	★□	建長寺の供養,導師は長老の一山一寧『鎌倉年代記裏書』
乾元1(1302)0914	★	最勝園寺の供養,導師は源恵僧正『鎌倉年代記裏書』
正和2(1313)0808	★	鶴岡神宮寺の供養,導師は房朝権大僧都,社務道珍の病により代官『鶴岡社務記録』
正和5(1316)0611	★	神護寺の供養,導師は房海社務『鶴岡社務記録』
元亨3(1323)1026	★	北条貞時の13回忌に法堂供養,導師は円覚寺長老,請僧10『県史』2364
嘉暦2(1327)0220	★	万寿院の塔供養,導師は清拙正澄『鎌倉年代記裏書』

(注) ☆京都僧,★幕府僧,□将軍御願もしくはその可能性の高い供養,『吾』は『吾妻鏡』,『県史』は『神奈川県史　資料編古代中世』を指す。

を掲げた。これは鎌倉で行われた堂塔供養の導師を一覧表にしたものである。史料残存の精粗により抜けている記事も多いだろうが、おおよその傾向がわかるはずだ。これをみると、第二期からは供養の僧侶を京都から招くのは例外的であるが、第一期では高僧を招いて導師とするのが一般的であった。勝長寿院・永福寺供養は園城寺公顕が招かれ、永福寺阿弥陀堂供養では園城寺真円が、鶴岡の五重塔供養では天台座主全玄が、そして永福寺薬師堂の供養では東大寺別当勝賢が招請されている。しかも勝長寿院供養では導師だけでなく伴僧二十口まで京都から迎えているし、鶴岡五重塔供養でも伴僧七口のうち四口が京都から下向している。当時の鎌倉には堂塔供養の導師はもとより、伴僧の役割すら満足に果たすことのできる僧侶がいなかったのである。

もちろん源頼朝が京都から高僧を招いたのは、単に供養の威儀を荘厳するためだけでなく、彼らを媒介にして京都の顕密仏教界との交流を深める目的もあった。そのことを考慮するにしても、旅宿の設営や警護・輸送に莫大な労力と経費を費やしてまで、京都からわざわざ導師や伴僧まで招請しなければならなかった事実は重い。幕府は経供養や仏像供養の導師なら鎌倉の僧侶たちに委ねたが、より本格的な堂塔供養となると鎌倉在住僧には任せなかったのである。彼らの能力が劣ると判断した結果であろう。

ところが第一期に、堂塔供養の導師を鎌倉在住僧に任せた事例が四例だけある。建仁二年（一二〇二）永福寺多宝塔供養の栄西、建保二年（一二一四）大慈寺供養の栄西であり、彼が没したのちは建保四年に忠快と行勇が導師を勤めている。このうち行勇は栄西の弟子であり、忠快は将軍実朝に招かれて東国社会に本格的な台密修法を導入した延暦寺僧である（拙稿A）。この時期の鎌倉仏教界全体を見渡してみたとき、彼らが能力の面で枢要な位置を占めていたことがうかがい知れるだろう。人的整備の遅れていた鎌倉にあって、栄西は堂塔供養を委ねることの可能な唯一の存在であった。第一期の鎌倉で権僧正の地位に就いたのは栄西一人であったが、それはこの時期の鎌倉仏教界において、官位のうえでも、また能力のうえにおいても、栄西が第一人者であったことを示している。鎌倉にあっては、栄西は禅僧としてよりも、むしろ顕密僧として評価されていたのである。

速水侑氏が指摘したように、第一期の幕府仏事の中心は読経・転読・講会といった顕教法会であった[11]。将軍実朝は忠快を招請するなど密教の充実を図ったが、その試みも実朝の横死によって頓挫した。密教修法の本格的整備、これが第二期の課題となる。

二 将軍九条頼経の時代

第二期になると、権僧正以上の数は十二名と一挙に増加する。その一因は、将軍九条頼経が鎌倉在住僧の官位昇進に積極的に関わったことにある。もちろん、この時期でも将軍祈禱は朝廷の勧賞の対象とはならなかった。しかし九条頼経が弟の青蓮院慈源と交渉し、慈源の勧賞を鎌倉の良信に譲らせて「関東御挙」によって権僧正に昇任させたように、将軍の吹挙による昇進事例が数多くみえる[12]。しかも幕府僧の自由昇進を禁じる法令も発布されるようになり、幕府がこの問題に積極的に関与するようになったことを示している。御成敗式目四〇条では、鎌倉在住僧が幕府の許可なく昇進すれば所職剝奪処分に付すと規定している。鎌倉幕府は御家人と同様、幕府僧に対する実質的な官位叙任権を掌握し、彼らを序列化する権能が幕府にあることを明示したのである。この条項が、御成敗式目の制定当初（一二三二年）から存したのか、それとも延応元年（一二三九）の追加法一〇九がのちに御成敗式目に編入されたと考えるべきなのかについては意見が分かれているが[13]、いずれにしても、これが鎌倉顕密仏教の発展に対応する措置であったことは明白である。自由昇進を禁止する以上、将軍吹挙が不可欠であるし、それが積極的に行われなければ優秀な人材の確保は叶わない。自由昇進の禁止とは、鎌倉在住僧の官位昇進に幕府が責任をもつことの表明でもあった。

ただしこの段階では、将軍の吹挙はいまだ決定的な力をもっていなかった。たとえば将軍頼経が叔父の道慶を大僧正に吹挙した折に、頼経はその「許否」を幕府陰陽師に占わせ、占いどおりに認可されると大喜びをしている[14]。この事実は将軍が僧事に積極的に関わるようになったとはいえ、その吹挙は諸権門からの吹挙と同程度の位置しか占めていなかったことを示している。とはいえ、十二名という数字が物語っているように、将軍の積極的吹挙によって鎌倉在住僧の官位が全般的に上昇したし、将軍の周辺を密教の高僧で固めることにも成功した。**表2**によれば、第二期から鎌倉の堂塔供養の導師は基本的に鎌倉在住僧で賄うよう変化している[15]。これまた鎌倉仏教界の自立と充実ぶりを示すものである。

さて、この時期の鎌倉には権僧正以上の僧侶が十二名いたが、それを二つのタイプに分けることができる。第一は、承久の乱以前から鎌倉で活動していた僧侶が昇進したケースであり、第二は乱後に鎌倉に招請され定住した僧侶たちである。前者には、②定豪（東密）と⑧良信（山門）・⑬道禅（寺門）がおり、彼らはいずれも承久の乱で、幕府方の中心となって祈禱を行っている[16]。なかでも重要なのは定豪（一一五二～一二三八）である。定豪は仁和寺兼豪の弟子であるが、身分出自が低く不遇な前半生を送っていた。ところが鎌倉に下向すると、鶴岡八幡宮供僧や勝長寿院の別当に補任され、さらに鶴岡別当公暁による実朝暗殺の混乱のなか、承久二年（一二二〇）には鶴岡八幡宮別当に任じられた。その直後に承久の乱が起こり、乱後は西国に進出して東大寺別当や東寺一長者になるとともに、鶴岡八幡宮の「本主」権を掌握して、その死没まで鎌倉顕密仏教の頂点に君臨し続けた。第二期前半の鎌倉仏教界は定豪を基軸に展開している（拙稿B）。

一方、残りの九名は、将軍護持のため新たに鎌倉に進出した僧侶たちである。乱前からの僧が三名であったことからすれば、新たに鎌倉に進出してきた僧侶群が今期の発展を支えた中心勢力であったことがわかる。なかでも九条家出身の⑪道慶（寺門）・④良瑜（東密）・⑩良禅（山門）がその代表であるし、③厳海も将軍頼経の要請で鎌倉に下向している。また⑥成源・⑦快雅・⑨印円らの山門僧は、いずれも九条家出身の青蓮院門主に仕え、九条家の祈禱に密接に関わってきた知法の仁である（拙稿A）。将軍頼経と九条家・青蓮院門主らの意向で鎌倉に派遣されたのであろう。

彼らが鎌倉に進出する主な契機となったのは、文暦元年（一二三四）七月の竹御所の産死であった。彼女は二代将軍源頼家の娘であり、北条泰時らは彼女を将軍頼経と結婚させ、二人の子に将軍職を継がせて源氏の血統を維持しようと考えた。ところが最初の御産で竹御所もその子も死亡してしまい、その構想は完全に潰えた。その祈禱の中心となったのが定豪とその一門であった。定豪は繰り返し五壇法などを修して必死に祈禱を行ったが、無残な結果に終わり、その責任をとるべく、東寺長者や東大寺別当を辞任して謹慎している（拙稿B）。そしてこの事件の直後に、将軍頼経は東寺一長者親厳（大江広元の甥）を介して弟子厳海の下向を要請した。『明月記』同年九月十一日条によれば、「非二日頃事一者、無レ断之由申云々」とあり、幕府の下向要請が非常に強いものであったことをうかがわせる。竹御所の産死を契機に将軍護持体制を転換し、定豪一門だけでなくさらに幅広い人材を京都に求めるようになったのである。

やがてその中心となったのが⑪道慶である。道慶（一二〇五～一二八五）は九条良経の子で、将軍頼経の叔父に当たる。四条天皇の護持僧や園城寺長吏となり、暦仁元年（一二三八）に将軍頼経が京都に凱旋の上洛を果たすと、道慶は六波羅邸で五壇法の中壇を勤めた。さらに頼経の吹挙によって大僧正となると、まもなく天皇護持僧を辞して関東に赴き、仁治三年（一二四二）から頼経・頼嗣のために五壇法・北斗法・七壇薬師修法や八字文殊法などの祈禱を盛んに行っている（拙稿C）。とくに、将軍御所に隣接する場所に道慶の壇所が新造されたことは重要であり、[17]彼が祈禱面から頼経を支える中心人物であったことを示している。さらに九条頼経と執権との緊張が増した寛元二年（一二四四）には、⑫猷尊や⑨印円、⑩良禅らが鎌倉に下向して五壇法を修するなど、頼経・頼嗣の護持体制がいっそう整えられている。

このように将軍頼経の時代は、京都の密教系高僧が数多く鎌倉に下向し、鎌倉顕密仏教は質的な充実をみせた。その充実と発展はやがて幕府僧の京都進出をもたらしてゆく。鶴岡八幡宮別当の②定豪と弟子の定親は大伝法院座主・東大寺別当となったし、②定豪と⑪道慶は熊野三山検校・新熊野検校に補されている。さらに②定豪・③厳海は東寺一長者・天皇護持僧となって東密の頂点に昇ったし、⑤実賢も醍醐寺出身としては百年ぶりに一長者に就いている。また寺門でも⑬道禅・⑫猷尊が園城寺別当となっている（拙稿B・C）。定豪を東寺一長者にしたいと九条道家から打診された幕府首脳は「関東眉目」と喜んだが、[18]東国仏教界はいまや東寺一長者を出すまでに成長を遂げたのである。

鎌倉諸堂の供僧・別当の師資相承を否定した追加法九七（一二三八年）と追加法二〇三（一二四二年）は、こうした発展と密接に関わるなかで発布された。まず追加法九七では、病となった供僧らが「非器弟子」にそれを譲ったり、供僧の得分を得ながら破戒妻帯して寺役を「名代」に勤めさせたりするのを非難して、こうした相承には免許を与えないと述べて、「法器抜群之人」への譲りを督励している。また追加法二〇三では、器量や年齢を無視した別当職の相続を非難して、その師資相承を全面否定して別当補任を「時儀」としている。この師資相承の禁止や制約は何を目的としたものであろうか。

のちに勝長寿院別当となる最信法印がこの頃に子息・今川国氏（一二四四〜一二八三）をもうけているなど（拙稿A）、鎌倉の顕密仏教界で破戒や妻帯が行われていたのは事実である。しかし、当該期に数多くの顕密高僧を京都から積極的に招いていたことを勘案すれば、この法令の存在から、鎌倉在住僧たちがこの時期に実態として質的に低下していたと想定するよりは、むしろ人的充実を図る手段として幕府がこれらを採用したと考えるべきだろう。

第一期には鶴岡八幡宮寺をはじめ数多くの寺院が創建されたが、そこに招き据えられた僧侶は、栄西・忠快など一部を除けば、ほとんどが中央では無名の僧侶ばかりであった。彼らによる師資相承を容認している限り、新たに京都から高僧を招いたとしても、処遇すべきポストが足りない。将軍頼経が明王院（一二三五年）や久遠寿量院（一二三六年、一二四四年）を創建したのは、それへの対応という側面もあったが、それでも十分とはいえない。そこで幕府は、師資相承を否定して人材の入れ替えを図ったのではあるまいか。たとえば永福寺別当は、栄西・行勇と相承されてきたが、行勇の後任にはその弟子を補すことなく、④良瑜権僧正（東密）や⑪道慶大僧正（寺門）といった九条家一門を別当に補任している。[19] つまり供僧については京都から迎えた「法器抜群之人」への譲りを奨励し、別当については「時儀」によって京都の高僧を招き据える、こうした人材入れ替えを主眼として、この法が制定されたのであろう。

以上、この第二期は多くの高僧が鎌倉に下向し、また鎌倉在住僧が京都の権門寺院に進出するなど、鎌倉顕密仏教は大いに質的な充実をみせた。しかしそれを主導したのが将軍頼経であったことは、むしろ次代の停滞をもたらす原因となった。

三　北条時頼・時宗の時代

第二期に権僧正以上の僧侶が十二名いたのに対し、第三期は九名に減少している。第二期が二十七年間、第三期が三十八年間と十年以上長いにもかかわらず、数が減っているのである。しかもそのうち、⑲最源以外の八名はいずれも前代から鎌倉で活動してきた僧侶ばかりであり、京都からの高僧下向が極端に減少したことを示している。まず、山門派三名についていえば、⑧良信は宮騒動からのちは活動記事がまったく残っていない。⑱承澄は鎌倉での活動期間が長いようにみえるが、実際には鎌倉と京都を頻繁に往還しており、その活動も『阿娑縛抄』の編纂に注がれていた。承澄が第三期に鎌倉で祈禱を行った記事は確認できない。唯一、祈禱記事のあるのが⑲最源である。彼は文永三年（一二六六）の宗尊親王追放による東国仏教界の混乱のなか、鎌倉に赴いて山門派の中心となったようだが、実際には密教僧としての力量に乏しく、最源の祈禱ぶりは「（最源）護摩壇作法、一々解レ頤切レ腹了」と、京都では嘲笑の的となっていた[20]。こうした人材が中心となっている事実は、この時期の鎌倉山門派が量的にも、質的にも停滞期に入っていたことを物語っている（拙稿A）。

東密もその低迷ぶりは著しい。④良瑜、⑯良基、⑰定清の三名の権僧正を出しているが、いずれも定豪門下であって前代のような多彩さは影を潜めている。しかも三名とも権僧正どまりであって、前代のような大僧正は出ていない。また良瑜が鎌倉で活動を再開する康元元年（一二五六）までの十年間は東密の僧正がいなかったし、その後も文永四年に良瑜が死没すると、定清が九十二歳の高齢で権僧正に補任されるまで[21]、十年近く鎌倉には東密の僧正がいなくなる。東密系幕府僧の畿内権門寺院への進出もまったく皆無となり、東寺一長者はおろか、四長者になった者すら存在しない。第二期には②定豪、③厳海、⑤実賢と東寺一長者を三名も出し、また嘉禄元年（一二二五）に定豪が三長者になってから宝治合戦（一二四七年）までの間はほぼ連年、②定豪・③厳海・定親・⑤実賢と幕府とつながりの深い人物が東寺長者に就いていた。ところが第三期には一転して東寺長者が皆無となっている。もちろん守海や厳恵・能厳・寛位・定憲・厳雅・能禅など法印クラスの東密僧が活動し、次代を担うべき頼助が成長しているのも事実であるが、当該期の低調ぶりは否定すべくもない。

このように第三期に山門・東密が低迷しているが、しかし官位叙任に関しては、逆に幕府の優位が決定的となりつつある。まず建長四年（一二五二）に親王将軍宗尊を迎えた結果、将軍祈禱は公請と認定されるようになった。源氏将軍や摂家将軍とは異なって、親王将軍への祈禱は朝廷の勧賞の対象なのである。隆弁や良基が権僧正に補任されたとき、その除書に「三品親王（宗尊）御祈賞」「御験者（宗尊の）賞」との尻付が付されていたのはその証左である。(22) しかも隆弁の場合は、幕府評定の場で祈禱の賞として所領の宛行いと権僧正への補任を決定している。(23) このように、将軍祈禱が公請と認定されて官位昇進の対象となったし、僧官位についての幕府の吹挙も実質的決定といってよいほどの重みをもつようになっている。これほど有利な条件が揃ったにもかかわらず、権僧正以上の人数は前代よりも減少しているのである。これは幕府が、顕密僧の官位昇進に関わる権能を積極的には駆使しなかったことを物語っていよう。

その原因は将軍頼経の敗北にあった。第二期に将軍頼経の主導のもとで鎌倉顕密仏教の整備・充実が図られてきたが、その結果、宮騒動から宝治合戦に至る将軍と得宗との権力闘争の過程では、鎌倉の顕密僧の多くが反得宗側となって祈禱活動を行った。実際、『吾妻鏡』は頼経が「関東鬼門」に明王院を建立し「有験知法高僧及陰陽道之類」に祈らせたことが宮騒動の原因であると述べているし、『岡屋関白記』は頼経が「以二僧徒一令レ行二調伏法一、又令二呪咀一」めた結果、執権経時が早世したという。[24] 事実か否かはともかく、これが事実と信じられ流布していたことが重要である。そして寛元四年（一二四六）の宮騒動で九条頼経が京都に追放されると、「三室戸（道慶）大僧正、宰相僧正（成源）以下、高僧数輩」が頼経とともに帰洛したし、[25] さらに翌年の宝治合戦では鶴岡別当定親が追放されている。この苦い体験が北条時頼に、将軍護持僧の肥大化の抑制、および顕密高僧の東西交流の縮小へと踏み切らせ、禅律など従来とは異質な宗教の保護育成へと向かわせたのである。この時期に鎌倉で創建された大寺院が建長寺（一二五三年）・円覚寺（一二八二年）という禅宗寺院であったことは、そのことを象徴していよう。このように、第二期における鎌倉顕密仏教の飛躍的発展が将軍頼経の主導で進められてきただけに、その政治的敗北は鎌倉の仏教界に深刻な影響を及ぼし、第二期と第三期との断絶をもたらした。

こうした鎌倉顕密仏教の低迷のなかにあって唯一隆盛をみたのが寺門派であり、その中心となったのが⑭隆弁である。隆弁（一二〇八～一二八三）は大納言四条隆房の子で、「当時有験無双」と讃えられた人物であった。[26] それだけに北条時頼は宮騒動ののち、隆弁に鎌倉への再住を懇請し、宝治合戦では時頼方としてただ一人祈禱合戦に尽くした。[27] これによって北条時頼の絶大な信頼を勝ち得た隆弁は、三浦方の定親が解任されたのちの鶴岡八幡宮別当に補任され、死没するまで鎌倉顕密仏教の頂点に君臨した。この第三期は隆弁の時代といっても過言ではない。

しかも彼はただ単に東国仏教界で活動しただけでなく、園城寺別当や園城寺長吏を歴任して、延暦寺―園城寺関係に多大な影響を与えた。まず隆弁は幾度となく幕府に園城寺興隆を訴え、その助成によって園城寺北院坊舎や如意寺造営を行ったし、文永元年（一二六四）の園城寺全焼の折にも、隆弁は幕府と朝廷に訴えてその復興を果たしている。しかも正元二年（一二六〇）の戒壇独立問題にも積極的に関わるなど、隆弁は園城寺の興隆に大いに力を尽くした。[28]

そして幕府もそれに応えている。正元二年の院落書が「園城寺ニ戒壇アリ、山訴訟ニ道理アリ、寺法師ニ方人《(幕府)》アリ」と述べているように、第三期における鎌倉幕府の園城寺への肩入れは顕著なものがある。その一例として、四天王寺別当職をめぐる寺門と山門の争いを取り上げてみよう。園城寺実慶の死没をうけて、承元元年（一二〇七）に延暦寺慈円が四天王寺別当に補任されると、それ以降は一貫して延暦寺が別当職を掌握した。仁治三年（一二四二）園城寺は青蓮院慈源の別当就任に強硬に反対して、園城寺への付属を要求したが、「園城寺鬱陶事、関東不ㇾ甘心ニ」とあるように(29)、幕府は園城寺に対して冷淡であった。慈源が将軍頼経の同母弟である以上、その態度も当然であろう。ところが第三期になると一転して、園城寺が四天王寺を掌握することになる。建長元年（一二四九）幕府の意向によって円満院仁助が四天王寺別当となり(30)、第三期は一貫して寺門派が四天王寺を管領している。後嵯峨院と円満院仁助、そして幕府と隆弁の関係が、この時期の園城寺政策を規定したのである。

しかも幕府の権威を一身に背負った隆弁の存在は、園城寺大衆にも影響を与えた。まず隆弁が園城寺別当となった直後の文永元年（一二六四）三月に、園城寺の仙朝権僧正が三昧耶戒の授戒を強行したし、長吏となって十カ月後の文永五年八月には、寛乗法印が授戒を強行している。隆弁の存在が戒壇独立を願う園城寺強硬派の動きを誘発しているのである。また二度目の長吏就任時の弘安元年（一二七八）五月、隆弁は園城寺金堂供養を准御斎会とすることに成功したが、延暦寺の強訴を招いて隆弁の坊が破却され、供養が延期されているし、弘安五年には四天王寺別当職を要求する延暦寺の強訴によって長吏を辞している。

このように隆弁の存在は、この時期の延暦寺—園城寺関係に大きな影響を与えている。前代の定豪が鶴岡八幡宮の本主権を保持したまま、京都に進出して東寺一長者となったとき、幕府権力を背景とした定豪と仁和寺御室との間で真言宗の主導権をめぐって緊張が走ったが（拙稿B）、それと同様に、鶴岡別当隆弁が園城寺の別当・長吏となったことは、延暦寺と園城寺との力関係に新たな波乱要因を持ち込むことになったのである。

四　北条貞時・高時の時代

第四期になると権僧正以上の僧侶の数が、第三期の九名から五十名へと爆発的に増えている。東密・山門・寺門いずれの宗派においてもその増加ぶりは著しい。この時期に、幕府の宗教政策がもう一度転換したことを示唆している。

僧侶の官位叙任については、前代にほぼ実質的昇任権を幕府が保持していたが、第四期にはそれがさらに明確となる。正応五年（一二九二）に親玄が権僧正になったとき、「曾無二公請之労一、其身居二住関東一、超二数輩之上臈一、昇二極官一、雖レ不レ可レ然、近日風儀、無力事也」と伏見天皇が書き記しているように[31]、治天であった天皇の反対にもかかわらず、その人事が承認されている。もはや幕府の吹挙は、治天の君ですら抗し得ないものとなっていた。こうした優位性は前代にほぼ確立していたが、第三期とは異なり、第四期にはこの実質的叙任権を幕府が積極的に駆使するようになっている。この変化が五十名という爆発的増加の大きな原因である。

こうした政策転換を象徴的に示すのが、追加法六一二（一二八八年）の自由昇進の禁止規定である。ここでは自由昇進を改めて禁じて寺社別当に違犯の注進を義務づけているし、免許なき叙任に関しては本人のみならず師匠も処罰すると厳しく規定している。こうした自由昇進の禁止が第二期と第四期にのみ登場しているのは、理由のあることだろう。いずれも鎌倉顕密仏教が隆盛して官位昇進が活発となった時期である。ここにおける統制の強化は、鎌倉顕密仏教に対する幕府の保護の強化と表裏一体であった。

さて、第四期の大きな特徴は、北条氏や将軍子弟が顕密仏教界に大量進出したことである。権僧正以上の地位に就いたのは、東密では⑳頼助大僧正・㉟有助大僧正・㉘宣覚大僧正・㊵顕助権僧正・禅秀権僧正の五名、寺門では64顕弁大僧正・67房朝大僧正・58公朝僧正の三名、そして山門では北条氏猶子の㊸忠源大僧正と将軍子弟の㊷源恵大僧正・52仁澄大僧正・56聖恵大僧正の計四名がいる。これまで僧正となった北条出身僧が皆無であったことからすれば、大きな変化である。

そして、彼らが中心となって鎌倉顕密仏教を支えるようになっている。⑳頼助・政助・㉟有助・64顕弁が鶴岡八幡宮別当に補せられているし、盛朝・58公朝が永福寺別当、そして将軍子弟の㊷源恵・52仁澄・56聖恵が勝長寿院別当となるなど、北条氏や将軍子弟が鎌倉の顕密寺院の中核を掌握している。当該期における鎌倉顕密仏教の発展は、ただ単に北条氏による外護が充実したというに留まらず、北条氏や将軍子弟がその中心的担い手となることによって実現されたのである。

しかもこの時期には、宗派を問わず、幕府僧の京都進出がきわめて顕著である。山門では第三期の最末期に⑲最源が天台座主となったが、第四期では㊷源恵・㊹道潤・52仁澄・55澄助が座主・天皇護持僧となっているし、56聖恵は南北朝時代に座主となっており、将軍子弟を中心に天台座主を輩出している。とくに重要なのは仁澄である。彼は鎌倉でも京都でもほとんど祈禱の実績がなく、天台座主を辞して間もなく妻帯して子供をもうけている。[32] こうしたレベルの僧侶ですら天台座主に就任できた事実は、鎌倉山門派が青蓮院・梶井・妙法院門跡と並んで、座主を輩出し得る新たな門跡としての地位を確立したことを物語っている（拙稿A）。

東密でも北条出身の頼助・有助を中心に盛んに京都に進出した。第三期に東寺長者が皆無となったのに対して、⑳頼助を皮切りに㉕成恵・㉑親玄・㉘宣覚・㉙隆勝・㉟有助・㊵顕助・㉞栄海・禅秀が東寺長者となり、東寺一長者も親玄と有助を出しており、とくに有助は後醍醐天皇の正護持僧となっている。また頼助が東大寺別当、宣覚が醍醐寺座主となったし、鎌倉末期には北条出身の時宝と顕宝がそれぞれ東大寺の尊勝院・西室の院主に就任して、元弘の変（一三三一年）における後醍醐天皇の東大寺入寺を阻止している。寺門でも顕弁ら北条出身僧を中心に、園城寺に進出した。前代の⑮頼兼・⑭隆弁に続いて⑲覚乗・⑱公朝・親性・㉒房海・㉔顕弁・覚伊が園城寺別当となっているし、⑳道瑜・㉑道珍・㉘増基・㉔顕弁・㉗房朝が園城寺長吏に就いている（拙稿A・C）。このように鎌倉で高僧が活躍したばかりか、膨大な数の幕府僧が宗派を問わず京都に進出した。第三期では寺門のみが京都進出を認められたが、いまや三流すべてが京都の顕密仏教界を席巻している。この時期が鎌倉顕密仏教の最盛期であることを如実に示していよう。

しかしそれはまた新たな問題を引き起こした。第二期の②定豪、第三期の⑭隆弁など、京都に進出した幕府僧は鎌倉と京都の双方で祈禱活動を行わなければならず、彼らは両都の往還を余儀なくされた。鎌倉に拠点を置く幕府僧の宿命であるが、第四期になると京都進出の激増に伴って、畿内権門寺院の長官に就任しても入寺しない例が増えている。さすがに山門の場合は、天皇護持僧に補任されることもあって上洛するのが一般的で、天台座主に就任すると数カ月から一年未満で辞任し、座主・護持僧の箔付けをして鎌倉に戻ったが、東密や寺門では事情が異なる。

たとえば⑳頼助は正応五年（一二九二）に東大寺別当に補任されたが、在任中の五年間は東大寺に入った形跡がまったくなく、結局、拝堂を行わないまま死没している。[33] ㉑親玄は嘉元四年（一三〇六）に東寺一長者に補されたが、関東居住のまま東寺に入ることなく寺務を代官に委ねている。これは一長者としては前代未聞であった。[34] また、永仁六年（一二九八）に親玄が醍醐寺座主となった際にも、入寺も拝堂もしないまま任を終えているし、㉘宣覚も延慶二年（一三〇九）に醍醐寺座主となったが、ほとんど入寺せず、結局、関東在国と造営遅延により、大衆に訴えられて三年後に座主を解任されている。[35]

寺門ではその傾向はいっそう顕著であり、「居拝堂」がこの時期に案出された。居拝堂とは上洛して拝堂の儀式を行う面倒を避けるため、鎌倉に滞在したまま用途のみを送付して拝堂を済ませたことにするものである。⑥⓪道瑜（一二九七年）・⑥①道珍（一三〇八年）は園城寺長吏の拝堂をこれで済ませたし、⑤⑨覚乗（一二八九年）・⑤⑧公朝（一二九二年）・親性（一二九五年）・⑥⑦房海（一三〇九年）の別当拝堂も居拝堂であった。とくに長吏道珍・別当房海の在任中には両者ともに鎌倉に留まり、「長吏別当共御在国、傍寺他門無二其例一」と園城寺大衆の抗議を受けているが、結局上洛しないまま任を終えている。[36]

もちろん、上洛は自分勝手に決めることのできる問題ではなかった。なぜなら幕府の恩顧をうけた僧侶が上洛するには、将軍・得宗の許可が必要であったからである（拙稿A）。許可のない上洛は鎌倉での所職剥奪の処分を受けた。それゆえ、畿内権門寺院の長官に就任しても上洛しない僧侶が増えたことは、北条得宗が鎌倉での祈禱を優先するよう命じたか、もしくは僧侶自身が上洛を自粛したかの、いずれかである。しかし他方からみれば、このように上洛・入寺すら果たすことのない僧侶であっても、畿内権門寺院が彼らを長官に迎えなければならないところに、この時期の幕府と権門寺院との力関係が表れている。

このほか、第四期には⑳頼助が仁和寺御流を東国に伝え、㊷源恵が山門四箇大法を勤修するなど、質の面においても東国密教は京都に比肩し得る水準に達している。そのこともあって、法親王や宮僧正といった貴種も鎌倉を拠点に活動するようになった。東密では㉖益性法親王（亀山院の息）や㉓上乗院宮益助（順徳院の孫）が頼助の弟子となって鎌倉で活動しているし、山門でも将軍惟康の息である㊾仁澄・㊿聖恵という二人の「宮」を擁していた。[37]また将軍護持僧だけでなく、得宗護持僧が登場するようになったのも当該期の特徴である。「最勝薗寺殿護持僧六人之内」とあるように、北条貞時が六名の得宗護持僧を抱えていたことが確認できる[38]。

このように第三期が禅律と寺門優位の時代であったのに対し、第四期は禅律のみならず山門・東密も含めた顕密仏教が全面的な発展を遂げた。ではこの転換をもたらしたのは何であろうか。その答えは、おそらく文永・弘安の役であろう。幕府はモンゴル襲来に対処すべく諸国一宮や有力寺院に異国降伏祈禱を命ずるなど祈禱体制の強化を図ったし、「神風」による勝利は、弘安・正安・正和の神領興行法など寺社保護政策をもたらしている。モンゴル襲来を契機とする神仏依存の深化が、第三期の禅律・寺門重視政策に修正を加えさせ、顕密仏教全体の発展を図る方向に幕府を向かわせたのであろう。

おわりに

佐々木馨氏は黒田俊雄氏を批判するなかで、西国の顕密主義とは異なる宗教秩序が東国で展開したと主張した[39]。確かに禅律や寺門を重視した氏の「武家的体制仏教」像は、本稿で検討してきた第三期には基本的に当てはまる。しかし佐々木氏には、第二期や第四期における鎌倉顕密仏教の全面的な発展がまったく視野に入っていない。鎌倉幕府の宗教政策の時期的変遷を解明することは、こうした一面的な捉え方や、幕府＝禅律僧といった素朴な認識を克服する試みでもある。九条頼経による将軍護持体制の整備強化は、北条時頼に禅律保護へと向かわせたし、モンゴル襲来の衝撃は鎌倉顕密仏教の全面的発展へと幕府の方向を再修正させている。東国仏教をめぐる顕密体制論の当否は、少なくともこうした実証的基礎のうえで、改めて論じ直されなければならない。

第四期に幕府僧は、宗派に関わりなく畿内権門寺院に大量進出していった。しかしこのことは、西国における寺院内矛盾や寺院間矛盾を幕府がその内部に抱え込むことを意味する。戒壇独立問題、本覚大師号問題、真言宗の本末相論など顕密体制の流動化に伴う無数の強訴が噴出するなか、幕府僧は延暦寺・園城寺・東寺・東大寺・醍醐寺へと進出していったが、その結果、それら相互の確執や武士・御家人との対立は直接幕府に跳ね返ってこざるを得ない。畿内権門寺院に対する幕府の優位性と、それを背景とした幕府僧や北条出身僧の大量進出は、逆にさまざまな矛盾の結節点に鎌倉幕府があることを鮮明にした。東国仏教の飛躍的発展と西国への膨張は、北条得宗専制が顕密体制にも波及したことの表れであるが、それだけに、鎌倉幕府が西国社会で沸きおこる利害衝突に歯止めをかけることに失敗したとき、幕府は急速に瓦解への道を歩まざるを得なかったのである。

註

(1) 紙数の関係で出典の多くは拙稿A・B・Cに譲り、そこで取り上げていない僧に限って鎌倉来訪と権僧正就任の典拠を挙げた。『神奈川県史　資料編古代中世』は『神奈川県史』と略記し、『常楽記』は『群書類従』二九を、『親玄僧正日記』は『内乱史研究』一四～一六号での翻刻を使用。『東寺長者補任』は『続々群書類従』二を用い、『血脈類集記』は『真言宗全書』三九を、『鶴岡八幡宮寺諸職次第』は鶴岡叢書本を、『三井続燈記』は『大日本仏教全書』一一一を使用し、それぞれ頁数を記した。

栄西は『吾妻鏡』正治元年九月二十六日条、『大日本史料』四―一二、五五三頁。定豪は拙稿B。厳海は拙稿C。良瑜は『吾妻鏡』貞永元年十月十七日条、嘉禎三年六月二十二日条。なお『東寺長者補任』五九二頁には御影供「執事良瑜前大僧正」とみえるが、『尊卑分脈』『血脈類集記』二三五頁とも彼の極官を権僧正としており、これは誤りとみるべきだろう。実賢は拙稿C。成源・快雅・良信・印円・良禅は拙稿A。道慶・猷尊・道禅・隆弁・頼兼は拙稿C。良基は『吾妻鏡』寛喜元年三月一日条、文応元年十二月二十七日条、文永三年六月二十日条、『親玄僧正日記』永仁二年四月二十三日条、『鎌倉年代記裏書』永仁四年十一月三日条。

なお良基は文永三年、将軍宗尊の御息所宰子との密通が発覚して逐電し、高野山で断食して翌年に死没した。ところがこの話は御息所と夫婦となって暮らすために良基が流布させた偽情報であり、十三年後にそれが発覚して幕府は御息所の所領を没収している。良基はのちに再び鎌倉で活動したが、吉見義世の謀反に連座して流罪となった。

定清は『吾妻鏡』安貞元年十一月十五日条、『勘仲記』建治二年九月十六日条。承澄・最源・頼助は拙稿A。親玄・道朝は拙稿C。益助は『親玄僧正日記』正応六年九月十五日条、『血脈類集記』二六五頁。定融は『吾妻鏡』正嘉二年六月四日条、『神奈川県史』一三三二号。成恵は『東寺長者補任』六三三頁、『公衡公記』三巻九七頁。益性は『神奈川県史』一三七二号。元瑜は『続真言宗全書』二五巻二一六頁。宣覚は拙稿A。隆勝は拙稿C。頼乗は『吾妻鏡』建長六年六月三日条、『続群書類従』四上四一五頁。聖済は『神奈川県史』一六三八号、一七九一号。経助は『東寺長者補任』六三四頁。信忠・栄海は拙稿C。有助は拙稿A。道承は醍醐寺本『伝法灌頂師資相承血脈』（『醍醐寺文化財研究所紀要』一号、五三頁）、『東寺長者補任』六四〇頁。道乗は『鶴岡社務記録』正中元年条。頼演は『血脈類集記』二三四頁、『常楽記』正中二年条。頼源は『神奈川県史』一六三八号、『鶴岡八幡宮寺諸職次第』一〇七頁。顕助は拙稿A。豪親は『鶴岡八幡宮寺諸職次第』八一頁、『花園天皇日記』正慶元年五月二十二日条。源恵・忠源・道潤・安忠・尊深・実誉は拙稿A。定祐は『三井続燈記』一九〇頁。承教・経恵・憲雅・仁澄・良斅・雲聖・澄助・聖恵・源瑜・公朝は拙稿A。覚乗・道瑜・道珍・房海は拙稿C。上智は『親玄僧正日記』正応六年一月十日条、『続群書類従』四上四一五頁。顕弁は拙稿A。契覚については湯山学「山内本郷の証菩提寺と一心院」（同『鎌倉北条氏と鎌倉山ノ内』、自費出版、一九九九年）、『常楽記』元亨元年条。行讃は「永福寺別当次第」実相院文書二六函一二六号。房朝は拙稿A。増基は『公衡公記』二巻二六頁、『花園天皇日記』元亨三年十二月二十七日条。

なお第二期に鎌倉に滞在した可能性のある人物に、東寺一長者大僧正良恵（一一九二～一二六八）がいる。『吾妻鏡』寛元三年五月二十三日条（『大日本史料』五―一九、六八頁）には、将軍頼嗣が結婚にそなえて「大僧正御房〈良恵〉御壇所」に方違えの渡御をしたと記している。写本によって「良恵」「恵良」と記載が異なっているが、同時代に恵良大僧正が存在しないため、良恵と判断してよかろう。良恵は九条兼実の子であり、仁治元年に大僧正・東寺一長者・四条天皇護持僧に補され、その後も二度一長者に還補された大物の東密僧である。九条頼経の大叔父に当たる良恵が、道慶とともに鎌倉で活動しても不思議ではない。しかし先の割注は良恵ではなく道慶の誤りであると思われる。第一に良恵は寛元元年六月から宝治二年三月まで、後嵯峨天皇・後深草天皇の正護持僧として長日延命法を勤修し続けている（『門葉記』巻五三）。これは毎日三度修するもので、ときには手代に勤めさせることがあるにしても、正護持僧の在任中に長期間、遠国下向することは考えられない。第二に東寺一長者良恵は寛元三年四月十三日から東寺講堂で仁王経法を修しており、四月二十八日にはその勧賞として東寺金堂に阿闍梨五口を置くよう奏上し、五月九日に認められている。この経緯からして五月二十三日に良恵が鎌倉に滞在し、彼専用の壇所があったとは考えられない。もちろん、良恵が寛元元年以前に鎌倉に赴き、その壇所がそのまま残った可能性はある。しかし彼が使っていたほどの壇所であれば、その帰洛後に何年もそれを空けたまま放置しておくのは不自然に過ぎる。解釈の可能性として残るのは、この壇所を道慶大僧正のものと考えて、「良恵」の割注を誤りとみなすことである。実際、『吾妻鏡』寛元元年十二月十日条などによれば、「三室戸大僧正坊壇所」が「御所巽角」に完成したと述べており、道慶の壇所は将軍が方違えに利用するには手頃な場所にある。しかも『吾妻鏡』は道慶の活動や、壇所の造営については詳細に触れているが、道慶よりも地位の高い良恵については活動記録がみえない。良恵は鎌倉に下向しておらず、この時期の『吾妻鏡』に登場する「大僧正」は道慶のことと判断すべきである。

（2）たとえば公顕（寺門）、真円（寺門）、勝賢（東密）、公胤（寺門）、円玄（興福寺）、道宝（東密）、能厳（東密）、道源（東密）、乗恵（山門）、禅助（東密）、憲淳（東密）、親性（寺門）、覚雄（東密）、覚伊（寺門）、禅秀（東密）、顕宝（東密）は除いた。

（3）佐々木馨『中世仏教と鎌倉幕府』（吉川弘文館、一九九七年）、同『中世国家の宗教構造』（吉川弘文館、一九八八年）、同『執権時頼と廻国伝説』（吉川弘文館、一九九七年）。

（4）『吾妻鏡』建久四年三月十三日条。

（5）正員僧綱・散位僧綱の語は『初例抄』『釈家官班記』（『群書類従』二四）に拠った。

（6）最終官位は初代円暁が法眼、二代尊暁が阿闍梨、三代定暁が少僧都、四代公暁が法眼、五代慶幸が少僧都、六代定豪が大僧正、七代定雅（教雅）が法印権大僧都（『血脈類集記』二六九頁）、八代定親が正僧正（『東寺長者補任』五九九頁）、九代隆弁が大僧正、十代頼助が大僧正、十一代政助が法印権大僧都、十二代道瑜が大僧正、十三代道珍が大僧正、十四代房海が大僧正、十五代信忠が大僧正、十六代顕弁が大僧正、十七代有助が大僧正であった（『鶴岡八幡宮寺社務次第』）。

（7）『明月記』建暦三年五月三日条、『愚管抄』（日本古典文学大系本）二九七頁。

（8）海老名尚「鎌倉の寺院社会における僧官僧位」（福田豊彦編『中世の社会と武力』、吉川弘文館、一九九四年）。官位叙任をめぐる以下の論述においても、本稿は海老名論文に多くを負っている。

（9）『東寺長者補任』五八八頁。

（10）『東寺長者補任』五六一頁。

（11）速水侑「鎌倉政権と台密修法」（『中世日本の諸相』下、吉川弘文館、一九八九年）。

（12）『大日本史料』五―一三、五九頁。このほか、『鎌倉遺文』四六三五号、『吾妻鏡』仁治二年一月十一日条、『続真言宗全書』二五巻二〇六頁、『大日本史料』五―一九、一一九頁、および海老名註（8）前掲論文を参照。

（13）佐藤進一「御成敗式目の原形について」（『日本中世史論集』、岩波書店、一九九〇年）、河内祥輔「御成敗式目の法形式」（『歴史学研究』五〇九号、一九八二年）。

（14）『吾妻鏡』仁治二年一月十一日条。

（15）一部に招請される京都僧もいたが、明禅・聖覚・円玄・宗源のように唱導説法に巧みな高名の顕教僧ばかりであり、前代の権門寺院長官クラスとは趣を異にしている。

（16）『吾妻鏡』承久三年五月二十七日条。

（17）『吾妻鏡』寛元元年十二月十日条。

（18）『吾妻鏡』嘉禎二年十一月十五日条。

（19）「永福寺別当次第」実相院文書二六函一二六号。

（20）『門葉記』（『大正新脩大蔵経　図像部十一』巻一五、一五八頁）。

(21)『勘仲記』建治二年九月十六日条。
(22)『吾妻鏡』建長四年十一月三日条、文応元年十二月二十六日条。
(23)『吾妻鏡』建長四年九月七日条。
(24)『吾妻鏡』宝治元年五月二十八日条、『岡屋関白記』寛元四年六月十六日条。
(25)『吾妻鏡』寛元四年七月十一日条。
(26)『吾妻鏡』寛元二年三月十八日条。なお湯山学「隆弁とその門流」(『鎌倉』三八号、一九八一年)を参照。
(27)『吾妻鏡』宝治元年六月三日条。
(28)『吾妻鏡』建長二年二月二十三日条、同九月四日条、建長三年閏九月一日条、建長六年三月七日条、『三井続燈記』巻一隆弁伝、『吾妻鏡』文応元年三月一日条。
(29)『百錬抄』仁治三年五月十四日条。
(30)『一代要記』(改訂史籍集覧本)建長元年九月六日条。
(31)『伏見天皇日記』正応五年二月二十六日条。
(32)「園城寺伝法血脈」(東京大学史料編纂所写真版)一二〇乗基の項。
(33)『東大寺別当次第』(『群書類従』四巻、五九四頁)。
(34)『東寺長者補任』六二九頁。
(35)『醍醐寺新要録』九一七頁。
(36)『三井続燈記』一五八頁、一五九頁、一六六頁、一六七頁。
(37)『神奈川県史』一三七二号、前掲註(32)、『鎌倉遺文』三一二七四号。
(38)『鶴岡八幡宮寺諸職次第』五二頁。
(39)佐々木註(3)前掲書。

重源・鑁阿と勧進の思想

原田　正俊

はじめに

俊乗房重源の東大寺復興をはじめとした勧進活動についてはこれまで数多くの研究が積み重ねられ、重源自身の事績についても、小林剛氏による『俊乗房重源伝記史料集成』をはじめ網羅的な史料の収集をもとにいくつもの研究が重ねられてきている。(1) こうした状況下、重源について新たに論じる余地などないかの感があるが、一九八九年より進められてきた大阪府狭山池の改修工事により、重源の狭山池改修への関与の具体的状況を示す碑文が発見され、話題を呼んだ。この碑文については、すでに市川秀之氏(2)によりその紹介と碑文内容の持つ意味の問題提起がなされ、その後、和多秀乗氏(3)、大山喬平氏(4)をはじめ、その内容をもとにした研究も出されてきてはいるが、三百字足らずの文とはいえ、この碑文の内容は興味深く、さまざまな方面からの取り組みがさらに必要といえよう。

河内国狭山池は、『日本書紀』では崇神天皇の代、『古事記』では垂仁天皇の時代にその名がみえ、その内容をそのまま信じることはできないとしても、推古天皇の時代、七世紀の初頭の造営とされ、日本最古の溜め池の一つとして知られている。その後は、行基による改修を経て、中世には重源の改修があった。さらに、慶長十三年（一六〇八）豊臣秀頼の命で片桐且元が大改修を行い、近世近代の営々たる修築のもと、摂津・河内・和泉の五十余郷の田畠を潤してきた。一九八九年よりダム化工事が始まり、発掘調査が行われ、土木技術の解明をはじめ多大の成果があげられている。[5]

本稿では、狭山池出土の重源碑文に導かれながら、重源と彼を取り巻く勧進聖集団の在り方、中世初頭における勧進聖の活動のもたらすもの、時代的意義、その背後にある思想を探っていきたい。もとより、重源については、中世的勧進の典型として、あるいは東大寺大仏復興をめぐる後白河院、鎌倉幕府の葛藤など、政治史、宗教史のうえでもさまざまな考察が重ねられており、屋上屋を架すことを恐れながらも、いくつかの史料を加え、知見を述べてみたい。

一　重源碑文にみる勧進聖

重源による狭山池改修は、彼の生涯の作善行を書き記した『南無阿弥陀仏作善集[6]』のなかでは、

河内国狭山池者、行基菩薩旧跡也、而堤壊崩既同㆓山野㆒、為㆑彼改㆓複臥石㆒事六段云々

とあり、狭山池は行基菩薩の旧跡でありながら、当時堤も崩れ山野と化しており、これを回復するため石樋を六段造ったとしている。

碑文では、

敬白三世十方諸仏菩薩等

狭山池修復事

右、池者昔行基菩薩行年六十四
歳之時、以二天平三年歳次辛未一、初築レ
堤伏レ樋、而年序漸積及毀破、爰依二摂津
河内和泉三箇国流末五十余郷人民之
誘引一、大和尚南無（重源）阿弥陀仏行年八十二
歳時、自二建仁二年歳次壬戌春一企二修復一、
即以二二月七日一始堀（掘）レ土、以二四月八日一始伏二石
樋一、同廿四日終功、其間道俗男女沙弥少
児乞丐非人迄、自レ手引レ石築者也、是
不二名利一偏為二饒益一也、願以此結縁□□
一仏長平等利益法界衆生　敬白

（キヤカラバア）

大勧進造□（東）大寺大和尚
南無（重源）阿弥陀仏
少勧進阿闍梨（鏤）阿弥陀仏

（オンアボキヤベイロシヤ）
浄阿弥陀□（仏）

（ナウマカーボダラマ）
順阿弥陀仏

（ニハンドマジンバラハラ）

（バリタヤウーン）□

阿□

番匠廿人之内

造東大寺大工伊勢□

同物部為里

造唐人三人之内　大工守保

といった文字が刻まれている。(7) 石碑は和泉砂岩を使用し、樋の開口部の護岸用材に混じり出土した。完全な長方形ではないが幅五八・五センチメートル、横一九二センチメートル、奥行七九・五センチメートルで、自然石の表面を平にして文字を彫りつけたものである。

内容は右にみるように狭山池の改修の意義を三世十方の諸仏諸菩薩に報告する表白文で始まり、後半部分は南無阿弥陀仏（重源）以下、改修工事に関わった僧、職人の名が記され、その上部に地水火風空の五大種字・光明真言が梵字で記されている。

これによれば、天平三年（七三一）行基六十四歳のとき、堤を築き樋を伏せ築造したが、年を経、土が積もり、崩れ破れてしまった。そこで摂津・河内・和泉三カ国の池の水を引く五十余郷の人民の招きで重源八十二歳のとき、建仁二年（一二〇二）二月七日より土を掘り始め、四月八日に石樋を伏せ、同二十四日に完成した。その間、僧侶俗人、男女、沙弥小児、乞丐非人などが手で石を運び堤を築いたとする。人々のこうした行動は個々人の現世での名誉や利益を求めてのものではなく、広く世のために利益を与える行動であり、この結縁をもって多くの人々に利益が及ぶようにと願っている。工事に関わったものとしては、大勧進重源のもと少勧進鑁阿弥陀仏、浄阿弥陀仏、順阿弥陀仏の名がみえ、この他の同行の名も存在したようであるが、残念ながらそのあとは摩滅している。関わった番匠は二十人で造東大寺大工伊勢（後欠）、同物部為里、造唐人大工守保の名がみえる。

碑文の内容分析は先にも述べたように大山喬平氏[8]により、本格的な分析が加えられているので、この研究に導かれながらその概要を示し、本稿で問題とする点を提示していきたい。氏は碑文中の人名分析に始まり、非人を動員した工事をのちの叡尊の活動の先蹤として挙げるとともに石田尚豊氏[9]の研究を引き、重源の思想的背景には覚鑁の思想があるとする。また、重源の修造の際には、六、七世紀の家型石棺が運ばれ樋に転用されているが、これを重源の真言の呪力による動員と評価する。さらに一番の力点として狭山池流末五十郷の具体的姿を解明している。

本稿でさらに検討していきたいのは、碑文により重源の率いる勧進聖集団の姿をうかがうことができることである。まず注目したいのは鑁阿の名である。鑁阿の名は高野山で活躍した勧進聖で、後白河法皇の援助を受け、高野山に根本大塔の法会用途として備後国大田庄を寄進したことで有名であるが、この法華坊鑁阿が碑文に出てくる鑁阿とすると、重源・鑁阿という著名な勧進僧が共同で狭山池の改修に関わったことになり、勧進聖の組織や勧進活動の背景を考えるうえでも大きな問題を提起するといえる。碑文中の鑁阿を高野山の法華坊鑁阿と同一人物とみなしたのは市川氏の碑文紹介に始まり、その後、和多秀乗氏も鑁阿の事績を述べ、これを支持している[10]。もっとも、研究者のなかでは有名な鑁阿をすぐに碑文中の人物と同一視することに慎重な向きもあり、いまだこの問題は十分検討されてきているとはいえない。以下いくつかの史料をあげながら、重源・鑁阿・浄阿・順阿といった人々の姿を追ってみたい。

重源と鑁阿の名が揃って出てくるものとしては、大山氏紹介の②③も含め、以下の事例を挙げることができる。

①遺迎院阿弥陀如来像納入結縁交名、快慶作の像のなかに約一万二千名の結縁者の交名が納入されている。この史料は建久五年（一一九四）頃の勧進によるとされ、青木淳氏による精査な研究がある。[11] 結縁者には平氏一門、藤原信西一門、慈円や東大寺別当勝賢、重源、鑁阿さらには栄西等の名がある。

②東大寺南大門金剛力士阿形像内に納入されていた『一切如来心秘密全身舎利宝篋印陀羅尼経』[12]のなかでは、

建仁三年歳次癸亥八月七日書了、執事沙門浄阿弥陀仏

一交了

光明真言

（梵字三行略）

勧進造東大寺大和尚南無阿弥陀仏（重源）

𑖪𑖽（鑁）阿弥陀仏　重阿弥陀仏　恵阿弥陀仏　釈阿弥陀仏

真阿弥陀仏　蓮阿弥陀仏　来阿弥陀仏　千阿弥陀仏

禅阿弥陀仏　順阿弥陀仏　已上十人仏所行事（以下略）

とあり、狭山池碑文にも出てくる重源、鑁阿、順阿、さらに経文の執筆には浄阿が関わっていることがわかり、鑁阿以下は仏所行事や執筆といった役職・役割を務める重源同行の有力な聖であったことがわかる。つぎの③史料とともに大山氏論文でも言及されている。

③同じく阿形像の持つ金剛杵墨書には、建仁三年（一二〇三）七月二十四日から造立が始まったことを記し、大仏師運慶・安阿弥陀仏（快慶）のもと小仏師十三人、番匠十人がこれに当たり、行事には鑁阿以下、禅阿・順阿・身阿・来阿の名がみえる。[13]

④同根幹材の墨書には阿弥陀仏と大きく墨書された下に七段にわたって結縁者の名がみえ、第一段目の十一人のなかに順阿弥陀仏・鏤阿弥陀仏の名がある。また、中心部には重源と関わり深いといわれる村上源氏の左大臣俊房・右大臣師房・師時・師任の名もみえる。場所は異なるが懸木の墨書人名のなかには浄阿弥陀仏の名がある。[14]

⑤東大寺南大門金剛力士像吽形内に納められた建仁三年（一二〇三）八月八日付『一切如来心秘密全身舎利宝篋印陀羅尼経』では、執筆は恵阿弥陀仏、造東大寺大和尚南無阿弥陀仏（重源）、聖阿弥陀仏の大書の後、番匠、仏師の名が続き、結縁者の名が連なり、筆頭に鏤阿、順阿の名がみえ、六行後には（物部）為里、（桜島）国宗、九行後には浄阿の名もみえる。[15]

⑥奈良法華寺丈六仏頭部内墨書[16]には、

実海

乗海

重兼

源運

過去権僧都覚鏡

過去前大僧正勝賢　宗□

同公重尼阿弥陀　女久□

僧経海沙弥信房法師　尼如□

頼政

（バン）（アーク）法界衆生平等利益

皆成仏道　宗慶
願以此功徳普及於一切我等与衆衆(生カ)
皆共成仏道　願共諸衆生往生安楽国
修造大勧進南無阿弥陀仏(重源)　𑖪𑖽(鑁)阿弥陀仏

とあり、醍醐寺関係の僧名が連なり、最後に南無阿弥陀仏（重源）と鑁阿の名がみえる。源運や覚鏡は醍醐寺金剛王院流に連なる人々で重源の密教の系譜上の師にあたり[17]、勝賢は夭逝してしまうが、重源が自らの主な所領を譲ろうとした重要人物で[18]、藤原信西の息、明遍の兄弟でもある。重源と醍醐寺の密接な関係を示すものであり、それに鑁阿も関わっていることは注目される。勝賢の没年は建久七年（一一九六）であり、建仁三年（一二〇三）に書かれた『南無阿弥陀仏作善集』[19]に法華寺について「御堂一宇塔二基、丈六仏一体、脇侍」造営の記事がみえ、胎内銘文はこの間のことである。

⑦「高野山文書又続宝簡集」所収の文書に延応二年（一二四〇）勧進上人浄阿による勧進名簿が残る[20]。浄阿の名は阿弥号のなかでもありふれたものであり、これを即、狭山池碑文や東大寺金剛力士像胎内銘に出てくる浄阿と同一人物であるとすることには躊躇するが、そのなかで四月九日結縁者に鑁阿弥陀仏の名がみえる。鑁阿の没年は承元元年（一二〇七）で年代的に合わないが、浄阿による勧進の趣意書には西方浄土への往生の善根のためとあり、鑁阿の名は同行による追善の結縁とも考えられ、浄阿、鑁阿の名が同一史料に出るものの一つとして挙げておきたい。また、浄阿がこうしたとりまとめをする人物として、勧進聖のなかでも有力な人物であったことはいうまでもない。

⑧「金剛峯寺恒例彼岸廻向道俗結縁過去帳」[21]には東寺本願桓武天皇から始まり、高野山に関係し、功労のあった道俗の名が列記されているが、そのなかに「東大寺大和尚重源聖人」「宝幢院鑁阿聖人」の名が並んで記載されて

いる。この過去帳の奥書によれば、寛仁四年（一〇二〇）、建久五年（一一九四）と書き継がれ、永仁五年（一二九七）に音曲相承のため写され、それを文明五年（一四七三）に書写したものである。

以上、狭山池碑文中の人名と関係する史料を列挙した。阿弥号は一字名であり、使用される文字も経典のなかからの文字を採ったりしているので、同名異人の場合も多々あり、実名や房号が判明しないと同一人と特定できない場合もある。したがって人名の確定は慎重に扱うことが必要であるが、重源のもと鑁阿・順阿・浄阿といった人物が同行衆のなかでも重要な地位にある人物として出てくることがわかる。碑文中、鑁阿が少勧進とされているように、あるいは他の史料で行事などと称されるように、重源配下の重職の者であることがわかる。法華寺仏頭のように重源の私的な追善の思いが込められている場合にも、鑁阿の名がみえ、その親密さをうかがうこともできる。このような出方からみても狭山池碑文は決して孤立した史料ではないのである。

勧進の取りまとめ役としての地位は、重源同様の才覚、行動力を要したであろうし、院や公家、上級僧侶などとの密接な関係がなければ勤まるものでなかったと考えられ、鑁阿は高野山で活躍した法華房鑁阿である可能性はきわめて高い。

重源が養和元年（一一八一）以降、後白河院の意を受け、東大寺再建に関わり活発な勧進活動を行い、九条兼実をはじめ貴族層のところに頻繁に出入りする頃、同様に高野山を中心に勧進活動を行っていたのが鑁阿である。

鑁阿の事績は、先の和多秀乘氏[(22)]の論考に詳しいが、高野山領備後国大田庄支配との関係で触れられることが多かった。上川通夫氏[(23)]の論考にみられるように宗教領主としての高野山の発展のなかに、鑁阿の行動を積極的に位置付けようとするものなどもある。また、平雅行氏[(24)]はこうした宗教領主の支配下、民衆の勧農に励み年貢の弁済に努めることが、現世安穏・後世善処の宗教的善行と位置付け、領主への奉仕が即神仏への奉仕とし、鑁阿など聖の積極的活動により中世寺社の荘園支配が確立していくプロセスを明らかにしている。

以下、先学の成果に導かれながら、重源の活動と比較しつつ鑁阿の事績をみていく。

鑁阿も重源以上に前半生が不明な人物であるが、寿永二年（一一八三）十月二十二日付官宣旨[25]にその経歴をうかがうことができる。鑁阿は高野山住僧と名乗り、無智無行・非修非学とへりくだっての自称とはいえ、正規の学侶層に列しているわけでも、有力な密教諸流の後継者でもない。後白河上皇にはたらきかけ蓮華王院の経蔵から空海真筆の曼荼羅を高野山大塔に寄進してもらうことに成功し、百三十四口の禅僧を置き、長日不断の供養法を行い、播磨国福井庄の寄進を受けたことは有名なことである。鑁阿が院権力と何らかのパイプを持ち、後白河上皇の宗教政策の一端を担う者であったことは注目される。また、伊勢豊受度会二宮で高野山僧を招いての長日大日護摩二壇、石清水宮寺において毎年七日七夜の理趣三昧、七日の法華八講、高野山の鎮守天野社法華八講の興行とその活動範囲は広く、伊勢神宮における法会などは、重源が文治二年（一一八六）に東大寺造営を祈って行った。六十人の学侶を率いての大般若供養[26]などとも似通った行動である。

天野社の社頭に寺を建て、無縁の尼六十人を住まわせ、他の寺々においても密教を学び修する無縁の僧尼の生計を支えるよう院の庇護を請うている。鑁阿のもと数多くの聖集団が存在し、鑁阿は広範に存在した聖たちを糾合する立場にあったともいえよう。

この後、寿永三年（一一八四）には鑁阿は九条兼実のもとに現れ、その話の内容に対して兼実はいたく感じ入っており、舎利を分与してもいる[27]。重源の熱心な舎利信仰とも比較されよう。

文治二年（一一八六）には、後白河上皇より備後国大田庄を金剛峯寺根本大塔料として寄付される[28]。これはもちろん鑁阿の院への積極的なはたらきかけの結果であるが、このなかで鑁阿は戦乱と人々の恐怖、多数の死者の苦しみの救済のためには、密教の効力に勝るものはないとして、根本大塔への寄進を請うたことがわかる。ここに鑁阿の立場から密教興隆を行い、補完しようとする明確な意志をみることができる。また、自ら「三衣一鉢之外、更有二何貯一」というように、鑁阿には聖としての自負をみることができる。

後世の説話ではあるが、重源が大原における往生要集談義ののち、法然より「此ノ程ノ談義所詮、イカガ御心エ候」と問われ「秦太瓶一ナリトモ、執心トドマラム者、可レ捨事トコソ心エテ侍レ」(29)と答えており、重源と鑁阿の姿勢の共通性をみることができる。

重源による備前国や周防の国における開発は周知のところであり、聖による別所の設置自体が開発を伴うものであることは、これまでの研究で随分明らかになっているが(30)、鑁阿による開発への関わりも注目されるところである。建久四年（一一九三）には大田庄内での地頭所の開発を認めており、建永元年（一二〇六）には和泉国における開発に着手している。鑁阿は書状(31)のなかで、器量の沙汰人を下すことを要請し、「上品沙汰人者、上我百姓共大吉也、中(品脱カ)沙汰人者、領家預所於富貴、百姓存亡、下品沙汰人者、上下我三人共不吉也」といい、庄務経営の詳細にまで配慮し、もし、鑁阿の意向に背くなら、御山（金剛峯寺）から鑁阿のもとに取り返すと、検校並びに諸衆に言い渡している。このような鑁阿の態度は後白河院の決定によるものとしており、院権力の強力な援助のもと鑁阿の開発、庄務が執り行われていたことがわかるとともに、在地の百姓などの要求も汲み上げた立場であったことは注意しておく必要がある。

この文書に出てくる地域は、のちの史料から日根郡日根野鶴原で、無主の地を開発しようとしていたことがわかる(32)。和泉での開発地は狭山池の水かかり地とは離れるが、この地域における鑁阿の関与は、狭山池碑文に出る鑁阿が高野山の鑁阿であることをより積極的に証明するものであろう。

鑁阿の高野山における拠点は従来あまり注目されていないが、宝幢三昧院で、大楽院信堅（一二五九～一三二二）によってまとめられた高野山内の寺院名・由来書き上げである『信堅院号帳』には、「後白河院御願也、願主丹後二位殿下」(33)とされ、鑁阿が後白河上皇の寵妃で政局を左右した丹後局と結んでいたことは注目される。日根野の開発はこの宝幢三昧院領としての経営であり、先の書状にみえる金剛峯寺への寄進は本家とするつもりであったとみられる。日根野の地は、殿下渡領たる長滝庄に接し(34)、このような地の開発許可を得るには、近衛・九条家の分割にも容喙した丹後局のような人物の後押しがあってのことと考えられる。

鑁阿は宝幢三昧院のほか蓮台院にも関係しており、最初は常喜院心覚が建立したものを、のちに鑁阿が勧進して建立している。院内に梨子坊（のちに来蔵院）があった。両院は文明五年（一四七三）の写本が残る『高野山諸院家日記』(35)では高野山内東谷道南に位置し、周辺には覚鑁の密厳院、鎌倉幕府御家人佐々木高綱の蓮華三昧院、頭阿弥陀仏の乗蓮房堂、道南奥十町には重源の専修往生院があった。高野山上における鑁阿と重源の拠点は意外に近接しているのである。

以上のように重源と鑁阿はその活動、拠点、院との結びつきなどからみて、きわめて近い立場にあったのであり、両者が協力し合い大規模な勧進作善を行うことは当然ともいえるのである。狭山池碑文の示している内容は、勧進聖集団の内実をより明瞭にしてくれるのである。

二　勧進聖の役割と思想

前章でみてきたように、重源と鑁阿の関係が想像以上に密であったことがわかったことにより、重源をはじめとしたこの時代の勧進活動に高野山の聖たちが組織だって関わっていたことが想定される。重源が高野山内に新別所（専修往生院）を定め、小堂・食堂・三重塔を造り、阿弥陀像・観音像・唐本の十六羅漢像を安置し、二十四蓮社を結び往生を願ったことは周知のことである(36)。

鑁阿のもとにも宝幢三昧院や蓮台院を中心に天野や河内の弘川山善成寺などに勧進活動を支える聖たちがいたことは想定される。院政期から鎌倉時代にかけての大規模な勧進活動は高野山を一つの中核としていたといえよう。

それでは、重源たちの勧進活動の思想的背景はいかなるところに求めたらよいのであろうか。重源については、法然やその門弟など浄土教との関係が、後世さまざまに伝記や説話などで語られることから、浄土信仰との関わりを強調する研究傾向もあったが、やはり醍醐寺僧としての出発、『南無阿弥陀仏作善集』にみる事績からしても、密教的世界観をもとにした法華信仰、弥陀信仰といった位置付けが有力視されてきている(37)。また、その思想的位置は平安浄土教や院政期、鎌倉時代の聖の信仰の発展形態であっても、法然の思想とは大きく隔絶していたことは平雅行氏(38)の研究により明確に指摘されている。

しかし、密教的世界といっても密教自体が時代により変化を遂げていくこともあり、重源の行動や思想がどのような背景を持つかは、より詳しくみていく必要もあるだろう。そのなかで注目されるのが、石田尚豊氏(39)の研究で、氏は重源の一連の勧進活動のうえでも初期のもので明確な史料が残ることで知られる高野山延寿院の鐘に着目し、その銘文中の阿弥陀三尊の種子、阿弥陀如来の真言、光明真言、釈迦三尊の種子の存在、さらには重源の作善行のなかでの五輪塔の重視などから、重源の浄土信仰をあくまで真言密教に包摂されたものとした。さらに、延寿院が覚鑁作の不動明王を本尊とし、覚鑁一族から出た融源阿闍梨を開基とすること(40)、覚鑁の著作『五輪九字明秘密釈』が五輪思想を大きく取り上げることなどから、重源への覚鑁の影響の大きさを指摘している。その後、石田氏の説は前掲の大山氏[41]が狭山池碑文の真言などとの関連で支持するほか、あまり分析も深められてこなかったが、本稿ではさらに別方向から検討していきたい。

まず覚鑁の事績とその後の大伝法院方の動向である。覚鑁については、すでに櫛田良洪氏をはじめとした研究があり[42]、これらに導かれながら要点を確認すると、覚鑁は九州の一在地領主の出身ながら、鳥羽上皇の帰依を受け、ついには高野山に大伝法院を中心とした勢力を作り上げ、積極的な著述、講説活動をした。鳥羽上皇の高野参詣の折には大伝法院方の法会が行われ、院の手厚い保護を受け成長し、やがて金剛峯寺方の警戒するところとなり、院政期から鎌倉時代後期まで大伝法院方、金剛峯寺方で何度も熾烈な抗争が起こることは周知のことである。この一連の動向のなかで注目しなければならないのは、高野山と院との関係は覚鑁をはじめとした大伝法院方が太いパイプを持つことであり、京都の貴族の所へも九条兼実のもとへしばしば出入りしていた仏厳[43]が、覚鑁の著作をもとにした書を兼実に提示していることなどからも、大伝法院方と京都との関係は密であり、その思想的影響も大きかったとみられる。

安元二年（一一七六）二月六日の銘を持つ延寿院の鐘には、「勧進入唐三度聖人重源」の名が記され、願主は尼大覚で、僧照静・僧聖慶・源時房・尼妙法の追善のための鋳造であったことがわかる。つぎの系図にみるように源時房、聖慶は村上源氏一門である。

従来、村上源氏と醍醐寺との密接な関係から、醍醐寺出身僧の重源の経歴と重ねて、この銅鐘の勧進に重源が関わ

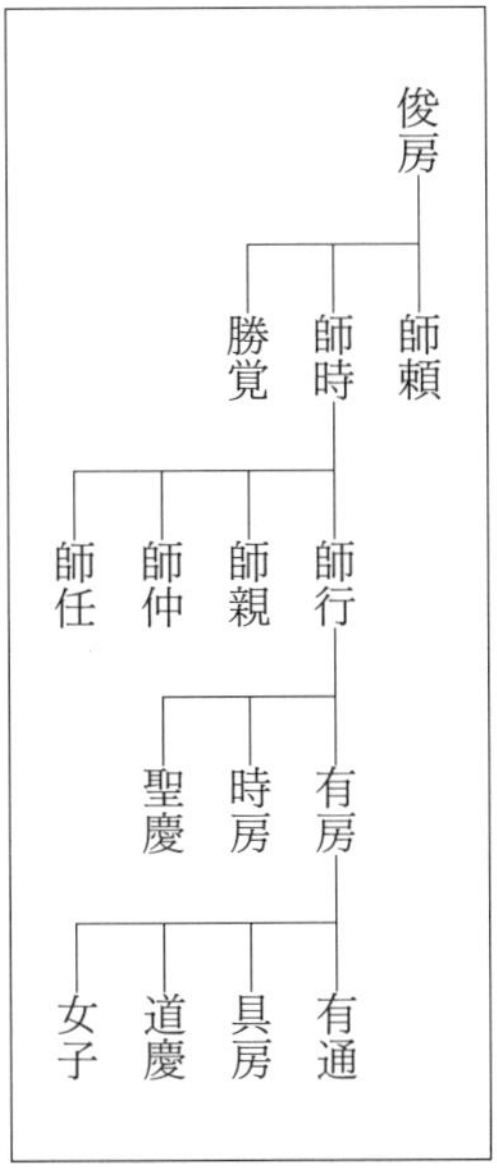

ることを説明付けてきた。[44]また、聖慶、道慶が東大寺東南院院主であり、道慶の後、勝賢（醍醐座主）が東大寺東南院主になるにあたっては、重源と源師行一族の介在があったとも考えられ、勝賢が東大寺別当に補任されるにあたっては重源の口入があったことが指摘されている。[45]重源が当初、自らが経営する寺領堂舎別所の多くを譲り渡そうとしたのは、この勝賢であった。

ここで再検討しておきたいのは醍醐寺と村上源氏の関係に加えて、高野山大伝法院方と村上源氏、重源の関係をみておく必要があることである。まず、村上源氏のなかでも、師行の父、師時に遡り考えると、鳥羽院の近臣として活躍していたことがわかる。[46]鳥羽院と大伝法院覚鑁との関係が深いことは先にも触れたが、源師時の兄、師頼は覚鑁に親しく教えを受けていたことも知られており、[47]大治二年（一一二七）の白河・鳥羽上皇の高野詣でのときには、源師時は同行している。[48]高野山上の大伝法院方と村上源氏のつながりは密接であった。

修学のうえでも覚鑁は仁和寺寛助、醍醐寺理性院賢覚に学んでおり、醍醐寺との関わりもあった。覚鑁の死後も大伝法院方がいくたびかの金剛峯寺との抗争を繰り広げながらも、高野山上に位置し得たのは、院権力との密接な関係があったからであり、村上源氏との交流も続いたといえよう。それゆえ、覚鑁に関係する延寿院の鐘に源師行の子息たちの名がみえるのである。重源が早くに醍醐寺から高野山に移ってきていたことからも、大伝法院方を介して村上源氏との結びつきが強まったと考えられる。

重源と源俊房流の関係はその後、より密接となり、前章でみた④東大寺金剛力士阿形像胎内の墨書銘には左大臣（源）俊房・源師時・師任・右大臣師房の名がみえ、同吽形像の背面には右大臣師房・左大臣俊房・源中納言師時・源師任の墨書があり、金剛力士像勧進においても村上源氏が深く関わり、重源が手厚くその一門の追善供養を表明しているのである。

つぎに重源の作善行の特色と思想的背景をみていく。作善行の中身は、『南無阿弥陀仏作善集』にみるように、ア、顕密寺院の復興（造寺造仏）、イ、絵像・経巻の寄進、ウ、舎利塔・五輪塔の造営、エ、湯屋・湯釜の設置、オ、別所における浄土教施設の整備、カ、別所の経営（開発）、キ、橋・道・港湾・池の整備修築などに分類することができる。

重源が密教の興隆とともに阿弥陀如来への信仰を如実に現す浄土堂や阿弥陀如来像の造寺造仏を行い、高野山での二十四蓮社の結成、各地での迎講の執行などは、現世での浄土の表出でもあった。こうした、密教と浄土教の一致を教え示すものは、覚鑁の『五輪九字明秘密釈』(49)であり、

密蔵大日即弥陀極楽教主、当知十方浄土皆是一仏化土、一切如来悉是大日、毘盧・弥陀同体異名、極楽密厳名異一処、

と説かれる。重源の作善の中身は覚鑁思想の実践であったともいえよう。

覚鑁は『一期大要秘密集』(50)のなかで極楽についての観念の仕方を説き、

密教云十方極楽皆是一仏土之土、一切如来皆是一仏之身、無レ殊二娑婆一更観二極楽一、何必隔二十万億土一、

といい、極楽は十方に遍し、自らの住坊も極楽となるとした。娑婆即極楽の心得を説くのである。

重源が自ら南無阿弥陀仏と号し、同行の者たちに阿弥号を付与し、弥陀との一体を示し、別所に阿弥陀如来像を安置し、湯屋を構え、現世に浄土を現出するのは、覚鑁思想の影響が大きいとみることができよう。重源の活動は覚鑁の死後とはいえ、大伝法院方が高野山上で依然力を持っていたことは周知のことであるし、覚鑁以来、院の御願のもと、聖たちへの供料の設置など(51)、大伝法院方と聖との交流は密であったこともその背景にあるのである。

重源は盛んに舎利の供養を行うが、覚鑁の著作のなかでは、不動や愛染の講式とともに舎利講式も充実しており(52)、

舎利供養が通仏教的なものとはいえ、重源が覚鑁門下大伝法院方の舎利供養の影響を受けているともみられる。

荘園の開発についても、覚鑁が紀伊国石手庄・山崎庄・山東庄などで活発に荒野を開発し、山崎庄氷山村の大池は覚鑁の工事により六カ村千石余の地を潤したともいわれ(53)、重源や鑁阿に先駆けた勧進聖としての覚鑁の活動を確認することができる。

また、金沢文庫所蔵の覚鑁作とされる「神祇曼荼羅」には「以㆓空躰房本㆒写㆑之」とあり、空体房なる人物がこれを相承していたことがわかる(54)。

この空躰房を詳しくみておくと、彼は重源の弟子で、室生寺舎利盗掘事件の張本人とされる空諦房鑁也のこととみられる。鑁也についてはすでに室賀和子氏(55)による研究があるので、それによれば空諦房鑁也（一一四九～一二三〇）は室生寺舎利を盗みだしたとして、興福寺大衆から訴えられた人物で、師の重源も巻き込み、事件は大問題となる。結局、二人は後白河院のもとに召し出されるが、東大寺別当勝賢の立ち会いのもと、後白河院は深く舎利に帰依し、それを受け取る。こうして舎利は世上に流布し、重源、鑁也ともにお咎めなしとなっており、この一連の事件を記した九条兼実も釈然としない書きぶりである(56)。室賀氏論文によれば、鑁也は宋人であり、伊勢の地で没し、私家集『露色随詠集』を著し、『新勅撰和歌集』にも一首入集している人物である。和歌のなかには覚鑁の『心月論秘釈』の影響もみえ、さらに西行との関係も想定されている。

こうしてみていくと、重源の弟子、鑁也が覚鑁の遺品に関わったことは確実のようで、重源と大伝法院方の関係の深さをここからもうかがうことができる。

つぎに法華房鑁阿と大伝法院方との関係をみると、両者の関係を明瞭に示すものはないが、先に『高野山諸院家日記』でみたように、鑁阿の住坊、宝幢三昧院が大伝法院方の拠点、密厳院と隣接することから、当然、交流は深いとみられる[57]。

もっとも、重源や鑁阿が大伝法院方の僧であったとはいえず、あくまで聖として、顕密仏教の興隆を願い、金剛峯寺方の寺門興隆にも奔走したことは先にみたとおりである。聖たちはむしろ、両者の調停者としての役割を果たしたともみられ、背後には院権力の意向もあったと考えられる。

治承元年（一一七七）、西行が、五辻斎院頌子内親王（鳥羽天皇皇女・母は徳大寺実能娘春日局）に勧めて宝幢院谷にあった蓮華乗院を壇上に移し、南部庄を寄進し、伝法大会を修したのも、金剛峯寺と大伝法院の和談会合の場を作るためであった。この背景には、後白河院の意向があり、また、蓮華乗院のもとあった場所が、東別所、宝幢院谷という大伝法院方、鑁阿の拠点近くであったことは注目される[58]。

西行が重源とも関係し、東大寺大仏復興勧進のため鎌倉幕府、東国、奥州を勧進したことは有名であるが、重源や鑁阿、西行は聖の立場で公武の間に存在し、彼ら自身の思想のもと、院の宗教政策の力を借り、大がかりな勧進活動を進めたのである。

以上点と点を結ぶような論証ながらも、重源、鑁阿への覚鑁・大伝法院方の影響、深い関わりをみることができたと思う。

おわりに

狭山池碑に記された重源と少勧進鑁阿の名から、鑁阿が高野山で活躍した法華房鑁阿であることを明らかにした。

重源のもとで勧進聖たちが組織され活動したことは多々触れられてきたが、甥の観阿弥陀仏[59]が浄土寺で活動したことなど以外、その内容はほとんど具体的にわからないし、聖たちの人物像も不明瞭であった。研究史上、少勧進鑁阿の判明は、重源の勧進組織の在り方のイメージをより明確にするのに役立つと思われる。

むろん重源の東大寺復興にあたっては各地のさまざまな聖が関係し、神護寺の文覚もこれに協力し、播磨国を知行国として預かり、弟子や檀越の俗人に宛行い運営するなど、重源と同様の活動を行う聖は多かった。文覚についても彼自身の事績かどうかは別としても、文覚による紀伊国桛田庄の文覚井や丹波国吉富庄の文覚池など、在地の開発、荘園経営に関わる伝承もあり[60]、こうした聖たちの荘園運営がいかに在地と密接に結びつき、人々の欲求を汲み上げながら進められたかがわかる。文覚のもとでは弟子上覚が湯浅氏の出身でもあり、紀伊国で活躍した。上覚は明恵の師でもあり、歌人としても知られる[61]。西行や空諦房鑁也とも共通する性格なのである。神護寺領の運営にあたっては、こうした聖が丹波国にいたことも想定される。

狭山池碑のなかで、重源の非人乞丐を動員しての修築に関連しては、貞慶がはやくに非人の動員を行っており[62]、貞慶が重源に招かれ伊勢神宮や浄土寺等で法会の導師を勤めたことも知られ[63]、重源と貞慶の関係は深く、非人や浪人などの宗教的救済と労働力としての編成が、中世初頭に聖たちによって積極的に進められたのである。こうした動向がのちの律僧たちに継承されるのである。

重源の周防国での知行国経営においても、飢饉に苦しむ民衆に施行を行い、種籾を配り[64]、『沙石集』に描かれたように、貧しい子供に食料を与え救済するとともに労働力として参加させていく[65]。まさに、狭山池碑の内容とも合致する様相である。こうした広範な民衆の編成が重源、鑁阿、文覚など勧進聖のもと行われたとみてよいだろう。

また、重源と鑁阿の関係がわかることにより、この時期の高野山における院との人脈、聖たちの組織が勧進の重要な核であり、覚鑁以来の大伝法院方と院や院近臣との深い関係をもとに、重源たちの活動も可能となったと考えられる。また、思想的にも、高野山内の活動の拠点からみても、重源、鑁阿は大伝法院方とも密接な関係を持ち、西行にみるように院の意向も踏まえ、大伝法院、金剛峯寺の調停者としての役割も果たしたのである。
聖たちは真摯な求法の過程で、造寺造仏、荘園経営、勧農、社会施設の整備を包含した勧進活動を行うことにより、治承寿永内乱後の荒廃した在地社会に現世の極楽を築き上げることを目的とした。その結果、仏法の表象としての寺院、法会の再建を図ることにより、この時期、高野山、東大寺といった顕密寺院が中世的宗教権門としての内実を整えることに大いに寄与したのである。

註

(1) 小林剛『俊乗房重源史料集成』(奈良国立文化財研究所、一九六〇年)、同氏『俊乗房重源の研究』(有隣堂、一九七一年)。重源研究の流れについては、堀池春峰編『重源上人の研究』(南都仏教研究会、一九五五年)、中尾尭・今井雅晴編『日本名僧論集』第五巻 重源 叡尊 忍性(吉川弘文館、一九八三年)が主要な論文を集め、文献一覧を示し、近年では四日市市立博物館特別展図録『重源上人』(一九九七年)がよく問題点を整理し、文献一覧も付している。また、五味文彦『大仏再建』(講談社、一九九五年)、中尾尭氏のこれまでの重源関係論文を収録した『中世の勧進聖と舎利信仰』(吉川弘文館、二〇〇一年)などがある。
(2) 市川秀之「狭山池の発掘調査」(『日本歴史』五八一号、一九九六年)。
(3) 和多秀乗「法華房鑁阿について」(『高野山大学論文集』、高野山大学、一九九六年)。
(4) 大山喬平「重源狭山池改修碑について」(『狭山池 論考編』狭山池調査事務所、一九九九年)。
(5)『狭山池 論考編』(狭山池調査事務所、一九九九年)。
(6) 小林註(1)前掲書『俊乗房重源史料集成』。複製本としては奈良国立文化財研究所編『南無阿弥陀仏作善集』(同研究所、一九五五年)のものがある。

（7）大阪狭山市史編纂室提供史料による。
（8）大山註（4）前掲論文。
（9）石田尚豊「三角五輪塔考」「重源と法然」（同『日本美術史論集――その構造的把握――』、中央公論美術社、一九八八年所収、初出は一九五九年）。
（10）市川註（2）前掲論文、和多註（3）前掲論文。
（11）青木淳「快慶作遣迎院阿弥陀如来像の結縁交名」（『仏教史学研究』第三八巻二号、一九九五年）、同『遣迎院阿弥陀如来像像内納入品資料』（国際日本文化研究センター、一九九九年）。
（12）松島健「東大寺南大門金剛力士像（阿形）像内史料」（『南都仏教』六七号、一九九二年）一〇九頁。
（13）同右一〇六頁。
（14）同右一〇一頁。
（15）松島健「東大寺南大門金剛力士像（吽形）像内史料」（『南都仏教』六四号、一九九〇年）一二〇頁。
（16）四日市市立博物館特別展図録『重源上人』（一九九七年）二三頁。
（17）『醍醐寺新要録』七〇五頁、「法流血脈事」。
（18）建久八年六月二十五日重源譲状（『鎌倉遺文』第二巻―九二〇）。
（19）『俊乗房重源史料集成』四九一頁。
（20）『大日本古文書　高野山文書』之八、又続宝簡集一三〇―一九一八。
（21）『大日本古文書　高野山文書』之三、続宝簡集五九―五〇九。
（22）和多註（3）前掲論文。
（23）上川通夫「中世高野山と備後国大田庄」（『立命館史学』八号、一九八七年）。
（24）平雅行「専修念仏の歴史的意義」（同『日本中世の社会と仏教』、塙書房、一九九二年、初出は一九八〇年）。
（25）『大日本古文書　高野山文書』之四、又続宝簡集一―一。
（26）「東大寺八幡大菩薩験記」（『続群書類従』第三輯上）。

(27)『玉葉』寿永三年四月二十・二十一日条。
(28) 文治二年五月後白河院院庁下文(『大日本古文書　高野山文書』之一、宝簡集一―三)。
(29)『沙石集』巻第四(九)〈日本古典文学大系85〉、岩波書店、一九六六年、一九三頁。
(30) 高木豊『平安時代法華仏教史研究』第六章(平楽寺書店、一九七三年)、久野修義「中世成立期の地域開発と聖――備前国滝山別所の成立をめぐって――」(同『日本中世の寺院と社会』、塙書房、一九九九年、初出は一九九七年)。苅米一志「俊乗房重源による大勧進事業の民衆的基盤――諸国別所と所領の経営を素材として――」(『日本史学集録』二一号、一九九八年)、大山喬平「俊乗房重源の非世俗的経済活動」(『大谷学報』七八巻一号、一九九九年)。
(31) 建永元年七月十三日鑁阿書状(『大日本古文書　高野山文書』之一、宝簡集一―九)。
(32) 天福二年六月二十五日官宣旨(『図書寮叢刊九条家文書』一―四七)。
(33)『堯榮文庫研究紀要』一号、岩田書院、一九九七年。
(34) 三浦圭一「鎌倉時代における開発と勧進」(同『中世民衆生活史の研究』、思文閣出版、一九八一年、初出は一九七八年)。
(35)『堯榮文庫研究紀要』一号、岩田書院、一九九七年。
(36) 五来重『増補　高野聖』(角川書店、一九七四年)。
(37) 中尾註(1)前掲論文など。
(38) 平雅行「浄土教研究の課題」(同『日本中世の社会と仏教』、塙書房、一九九二年、初出は一九八八年)。
(39) 石田註(9)前掲論文。
(40)『紀伊続風土記』第五輯、高野山之部総分方巻之一三西院谷。
(41) 大山註(4)前掲論文。
(42) 櫛田良洪『覚鑁の研究』(吉川弘文館、一九七五年)、『根来寺の歴史と美術』第一章一～三(小山靖憲)(中央公論美術出版、一九九七年)。

(43) 仏厳房聖心については、和多秀乗氏がその著とされる『十念極楽易往集』は覚鑁の『一期大要秘密集』と内容が同一であることを指摘している(「『十念極楽易往集』について」『印度学仏教学研究』三二―一、一九八三年)。
(44) 小林註(1)前掲論文など。
(45) 藤井恵介「俊乗房重源と権僧正勝賢――東大寺東南院の聖宝御影堂の創建をめぐって――」(『南都仏教』四七号、一九八一年)。
(46) 槇道雄「鳥羽院政論」(同『院政時代史論集』、続群書類従完成会、一九九三年)。
(47) 「聴聞集」上(『興教大師伝記史料全集』史料Ⅰ、六四四頁)。
(48) 『中右記』大治二年十月二十九日条。
(49) 『興教大師全集』下。
(50) 同右。
(51) 保延五年七月二十八日鳥羽院庁下文案(『根来要書』)。
(52) 『興教大師全集』下。
(53) 櫛田註(42)前掲書二三〇・二六六頁。
(54) 金沢文庫架蔵「差図・絵図類写真集成」一一、一〇二一頁、さらに別の「神祇曼荼羅」(一〇二六頁)にも同様の書き入れがある。なお、空躰房については櫛田註(42)前掲書三九八頁で、「五蔵曼荼羅」「月輪曼荼羅」中の記載のように書かれているが、正しくは「神祇曼荼羅」に書かれている。もっとも櫛田氏も空躰房を重源の弟子とする可能性を指摘している。
(55) 室賀和子「空体房鑁也の内面世界」(『大正大学大学院研究論集』二二号、一九九八年)、同「鑁也における西行」(『国語と国文学』九三八号、二〇〇二年)。この他、鑁也の関わる聖教類の広がりについては、牧野和夫「疑経・仮託などの周辺――『舎利要文』・『大乗毘沙門功徳経』――」(『実践国文学』第六〇号、二〇〇一年)がある。
(56) 『玉葉』建久二年七月三日条。
(57) 註(33)前掲書。

(58) 『高野春秋編年輯録』安元元年六月二十四日、治承元年三月二十三日、同五月十日、十一月九日条。西行の蓮華乗院移転については、目崎徳衛『西行の思想的研究』第六章（吉川弘文館、一九七八年、初出は一九七五年）がある。
(59) 和多秀乗「高野山と重源および観阿弥陀仏」（『仏教芸術』一〇五号、一九七六年）。
(60) 『紀伊続風土記』巻四三　萩原村・宝来山明神社。
(61) 仲村研「神護寺上覚房行慈とその周辺」（同『荘園支配構造の研究』、吉川弘文館一九七八年、初出は一九六三年）、山田昭全「神護寺聖人上覚房行慈伝考」（『櫛田博士頌寿記念　高僧伝の研究』、山喜房佛書林、一九七三年）。
(62) 承元□（三カ）年　十月日奈良北山宿非人曼荼羅堂修造願文（「解脱上人文草」『部落史史料選集』第一巻、一六八頁、平雅行氏解題）参照。
(63) 「東大寺造立供養記」（『続群書類従』第三輯上）、「浄土寺縁起」（『兵庫県史』史料編寺社縁起類、三二四頁）。
(64) 「東大寺造立供養記」（『続群書類従』第三輯上、四〇二頁）。
(65) 『沙石集』巻第九（八）〈日本古典文学大系85〉、岩波書店、一九六六年、三八一頁。

仏師快慶とその信仰圏

青木　淳

はじめに

仏師快慶の生涯は、保元・平治の乱から源平争乱を経て、承久の乱に至る動乱の時代に重なる。この不安定な世相を背景として中世の芸術や宗教文化は生まれ、そして快慶が頭角を現したのもそうした時代のことであった。快慶の生涯の前半生に当たる部分、すなわち東大・興福両寺が平重衡による焼き討ちで灰燼に帰した治承四年（一一八〇）以前の彼の動向は定かでない。史料では寿永二年（一一八三）六月に仏師運慶が発願した『法華経』の写経（「運慶願経」）に結縁したのを初見とし、その後は東大寺の復興造営を契機として康慶・定覚・湛慶など運慶一門と行動をともにしている。快慶はその後も東大寺復興の大勧進職となった俊乗房重源（一一二一～一二〇六）との関係を深め、以後重源が入滅するまでの約二十五年間、その勧進活動と造像の仕事に従ったものと考えられる。

しかし、この重源を中心とした勧進のネットワークは建永元年に重源が入滅すると急速にその求心力を失い、多くの職能民たちもまた、新たな活動の場を求め東大寺を後にしている。快慶の場合も、重源が入滅してのちの時代をその後半生と呼んでよいと思うのだが、その足跡は次第に天台座主慈円（一一五五～一二二五）や源空（一一三三

～一二一二）の周辺へと移行している。小稿ではこうした快慶の後半生に関わる天台関係の人々との交流、あるいは快慶とその工房に関わる造像活動の背後にある勧進活動、そして快慶の後半生を取り巻く信仰圏の形成過程について考えてみたい。

一　重源入滅の前後

運慶と快慶はいうまでもなく鎌倉時代を代表する仏師で、ともに運慶の父康慶を師とし、一門あげて南都の復興造営を契機として日本彫刻史に新時代を切り開いたことは周知の通りである。運慶と快慶は康慶門下の大仏師であったが、両者の作風の違いは別にしても、その作例にみられる像内納入品の構成などを比較していくと、両者の造像の環境や社会的な位置関係に明らかな違いが認められる。

運慶が治承四年の南都焼亡後、文治二年（一一八六）北条時政の発願による静岡・願成就院諸尊、同五年和田義盛の発願による神奈川・浄楽寺諸尊など東国での造像活動を相ついで行う一方、快慶は文治五年にボストン美術館所蔵の弥勒菩薩像（旧、興福寺伝来）、建久三年（一一九二）に京都・醍醐寺三宝院弥勒菩薩像、建久五年頃の京都・遣迎院阿弥陀如来像など、その一連の造像は畿内を中心としたものであった。

また運慶の場合、特定の施主による、そして鎌倉幕府に深く関係した造像に比重がおかれているのに対して、快慶は重源を中心とした勧進活動に関係した不特定多数の人々による結縁造像が主流を占めている。その実態は東大寺僧形八幡神像の結縁交名など当時の造像史料により知ることができるのだが、重源入滅以前の快慶は、重源を介して作られた南都ならびに醍醐寺・高野山などを中心とする地縁と法縁関係のネットワーク、また村上源氏、藤原通憲や葉室顕時一門との血縁関係を背景としての造像を中心に行っている。

しかしその後、運慶と快慶は、建久六年の東大寺中門二天像（多聞天―快慶、持国天―定覚）をはじめとして、ともに東大寺の復興事業に当たり、同七年の大仏殿脇侍六尺観音菩薩像（快慶・定覚合作）、同四天王像（持国天―康慶、増長天―運慶、広目天―快慶、多聞天―定覚）、建仁三年の東大寺南大門金剛力士像など運慶一門との合作による造像を多く手掛けている。『東大寺続要録』によると、快慶は東大寺中門の二天像製作の功により造仏賞を受けるが、それを運慶の長子湛慶に譲っており、これらのことからも当時の慶派工房における運慶と並ぶ大仏師としての快慶の位置を知ることができる。

ところが建仁三年東大寺総供養を終え、三年後の建永元年六月に重源が八十六年の生涯を閉じたことを境として、快慶を取り巻く環境にも変化がみえるようになる。運慶との関係も、その理由は定かでないが、重源の入滅前後から袂を分かつことになり、結局、貞応二年（一二二三）に運慶が亡くなるまで、両者は再び場を同じくして造仏活動に関係することはなかった。『猪熊関白記』によると、運慶は重源の死後、承元二年（一二〇八）には湛慶・康運・康弁・康勝・運賀・運助ら六人の子息、ならびに源慶・静慶といった運慶工房の上足を率いて興福寺北円堂諸尊の造像に当たる一方、快慶は重源が遺した播磨浄土寺阿弥陀三尊像などの仕事を終えると、その活動の拠点は東大寺や醍醐寺など重源所縁の場所から次第に離れ、天台座主慈円を中心とした場所へと移っていくことになる。

二　遣迎院阿弥陀如来像の造像

快慶と天台僧との関係は、その初期の代表作の一つである京都・遣迎院阿弥陀如来像（以下、「遣迎院像」と略記）

の像内納入品の結縁交名にみることができる。遣迎院像はその像内より結縁交名と印仏、造立願文・毛髪などの納入品が確認され、この結縁交名の一紙（遣迎院交名II―⑦―1）に「建久五年六月廿九日始之」という端書がみえることから、この結縁勧進が建久年間を中心として行われたものであることが知られる。(1)

この像内納入品資料の特色は、一万二千名にのぼる膨大な数の結縁交名にある。詳しくは旧稿に譲るが、そのなかには平経盛・忠度・有盛・行盛・基盛・経正・通盛・惟盛・資盛・清経・教盛・宗盛・重盛・重衡・知盛・時盛・時忠など平家一門の名がみえるほか、源行家・義仲・義経・頼政、藤原良通など保元の乱以来の戦死者たちの交名がみえる。

この時期の快慶は、大阪・八葉蓮華寺阿弥陀如来像など重源による東大寺関係の勧進活動に応じた造像を行っており、そこには死者追善を意味する「過去□□」または「□□之尊霊」と記された交名が多くみられ、造像勧進の手段として死者たちの鎮魂の儀式が行われていたことも特色の一つといえる。そうした様子は『平家物語』に描かれた重源像にもみられ、(2)物語のなかでの重源は、その生涯で関係した平家一門の後生を弔う聖であり、高野山や光明山寺などの重源の居所は『平家物語』に語られる鎮魂の舞台とも密着している。遣迎院像頭部に納められた、梵字種子の墨書された紙に包まれた一括りの毛髪なども、そうした物故者の供養のために包入されたものであろう。

この快慶による結縁造像では二つの勧進組織が複合的に関係して行われていたことが、像内納入品資料の解析から知られるところとなった。その一つは周知のように中世の南都東大寺・光明山寺・高野山を本拠とする重源・栄西・明遍・鑁阿といった東大寺・高野山系の勧進聖の集団であり、もう一つは慈円・顕真・湛斅・薬忍・縁念・印西・観性など比叡山の僧綱、ならびに大原・西山など天台別所系の勧進聖の集団である。重源・明遍・慈円・顕真・湛斅・印西などは東大寺・高野山・大懺法院・四天王寺など平家所縁の地にあって、この戦乱期に命終した人々の鎮魂の儀礼に関係した僧侶たちであり、それゆえに、この結縁造像は死者たちの鎮魂と供養を目的としたものと考えて間違いあるまい。

ついで快慶は建仁元年（一二〇一）に東大寺鎮守八幡宮の御神体の僧形八幡神像を造立している。その像内銘に快慶は「奉造立施主巧匠[梵字]阿弥陀仏快慶」と銘記しており、これは快慶がこの造像に当たり「造立施主」、すなわち製作者であると同時に「施主」という特別な立場から、この僧形八幡神像の造像に関係したことを物語る。

この造像は、当時まだ仏師僧綱すら与えられていない快慶を施主としたものであったが、後白河法皇（故人）・土御門天皇・後鳥羽上皇・七条女院（殖子）・八条女院（暲子）・守覚法親王・東大寺別当弁暁・敏覚（故人）・四天王寺長吏長厳・禅林寺静遍・高野山蓮華谷明遍・栂尾明恵・安居院澄憲など当代を代表する皇族や僧綱位にあるものが結縁者にみえる。[3]

またこの遣迎院ならびに東大寺僧形八幡神像交名の成立過程を検討するにあたって、大阪・一心寺に伝来する「一行一筆結縁般若心経・阿弥陀経」（以下、「一心寺結縁経」と略記）は、遣迎院像における勧進集団の中核的な役割を果たした勧進集団の実態を伝える、重要な資料といえる。一心寺結縁経の特色は総数百三十六名にのぼる結縁写経者の多彩な顔触れにある。その概要は高野山僧[梵字]・覚禅ほか二十九名、東大寺僧南無阿弥陀仏（重源）ほか十三名、光明山僧明遍・玄理・明恵・印西・恵敏ほか四十三名、その他天台僧慈円・成円・観性・真性、源空ほか四十名によって構成される。

一心寺結縁経における結縁者の「結衆」は、重源、明遍といった東大寺・光明山寺・高野山新別所・天野山金剛寺など東大寺・高野山関係の僧綱と勧進聖、また慈円・顕真・観性・真性など比叡山・大原・善峰往生院・四天王寺を中心とする比叡山・善峰往生院系の僧綱と勧進聖によるものである。この結縁経製作の目的やその背景などは明らかでないが、快慶による遣迎院像の造像と勧進のネットワークが一心寺結縁経の成立の「場」とほぼ同一の環境と人的な連関のなかで形成されている点は興味深い。(4)

三　熾盛光堂造像と天台座主慈円

重源の入滅後、快慶による東大寺に関係した造像活動も終息に向かい、快慶は新たな造像の場を、遣迎院像の造像勧進の周辺よりはじまる慈円、顕真、真性、印西といった当代を代表する天台僧との関係のなかに見出すことになる。快慶と慈円との関係は遣迎院像への結縁で確認されるが（遣迎院交名Ⅱ—⑤—2）、実際に両者が造像に関係したものとしては、承元四年（一二一〇）青蓮院熾盛光堂の造像に関する『門葉記』（第二）のつぎの記事を初出とする。(5)

承元四年七月八日、於熾盛光堂、被始修恒例大熾盛光法日記（中略）後戸釈迦像、法主和尚依為年来御願、此次奉造立、今日自仏師之許奉渡之、仏師法眼快慶参居之、於仏前単衣一領賜之、豪円僧都御前祗候可取賜之由有御気色、仍賜之了、御馬一匹同賜畢云々、総道々者等御馬禄物等、随其事終賜之、委不能記之、於釈迦仏前者、法花御修法並今夜同被始行之。

熾盛光堂は建永元年（一二〇六）六月に慈円が建立した大懺法院の一宇で、「先悲王法之衰微、鎮愁仏法之□薄、而間観吾日本国近古、仏子受生七十年以来、一向乱世也、久寿第二暦乙亥歳出母胎了、二歳秋七月内乱、国中興悪政、其後怨霊在王臣、々々懼怨霊」と「大懺法院再興願文」（『伏見宮御記録』）の冒頭で慈円自らが語るように、国中に蔓延する怨霊の滅罪と国土安穏を祈願する大熾盛光法を修する道場として建立された御堂である。

大懺法院は、はじめ元久二年（一二〇五）に慈円の自坊である白川三条坊に建立されたが、翌年二月には同地に後鳥羽院が新たな護願寺を建立するとの下命を受け、慈円はやむなく同堂を洛東吉水坊に移転している。慈円はここで天台四秘法の一つである熾盛光法を修す道場として熾盛光堂を造営している。上記の『門葉記』の記事は、慈円が年来の宿願だった熾盛光堂後戸の釈迦像を「仏師法眼快慶」に造像依頼し、この日仏師のもとより奉渡されたことを伝える。

慈円はまた、この大懺法院を顕密兼修の道場とすると同時に建永元年（一二〇六）に「大懺法院条々起請事」を定め、遁世した貴族、武士、それに僧侶などのなかから和歌や管弦、舞楽など諸芸に通じた人々をここで扶持し、諸芸創作の場としている。(6)『徒然草』に「後鳥羽院の御時、信濃前司行長、稽古の誉ありけるが、楽府の御論義の番にめされて、七徳の舞をふたつ忘れたりければ、五徳の冠者と異名つきにけるを、心うき事にして、学問をすてて遁世したりけるを、慈鎮和尚、一芸あるものをば下部までも召しおきて、不便にせさせ給ひければ、この信濃入道を扶持し給ひけり。この行長入道、平家物語を作りて、生仏といひける盲目に教へて語らせけり」と語られ、『平家物語』創作の場所と考えられたのが、すなわちこの大懺法院であった。

ついで快慶は建保四年（一二一六）にも大懺法院本堂で熾盛光法のための曼荼羅諸尊、半浮彫りの三十六獣形像を造立したことが、『門葉記』（巻二）の以下の記事にみえる。

建保四年十一月三日、於本堂被修恒例大法今年三月二十三日炎上、八月二十一日本仏以金銀奉鋳之

大阿闍梨〻〻〻

助修二十人

（中略）

道場回禄之後、新被造営御堂御本尊、御帳之上構天井、其上被奉安曼荼羅諸尊（木像、仏師快慶作之）仍今度不用敷曼荼羅也七十天供、又直廻土壇四面、任曼荼羅座位、壇上居之、図様在別、大壇下四面、三十六獣形像作半出付之、但皆人形也、如十二神将等也、其本頗残不審事在之、不被甘心事也、成弁法師所進也、件形像等被付法橋功、快慶造之、以弟子叙法橋云々

慈円により吉水房に移転した大懺法院であったが、建保四年三月二十三日に炎上し、その復興造営で快慶はこの曼荼羅諸尊を造立することになる。『門葉記』によると熾盛光堂の本尊は「八尺金銅一字金輪種字」で、それを中心に熾盛光曼荼羅諸尊や三十六獣形像などを配した大規模なものであった。快慶はこの造像では独自の工房の弟子たちとともに造作を行った模様で、快慶はここで勧賞により法橋位を授かるが（快慶はこのときすでに法橋位にあり誤記か）、それもまた弟子（長快ヵ）に譲っている。

四　東寿院阿弥陀如来像と四天王寺別当真性

大懺法院熾盛光堂をめぐる造像の翌年の建暦元年（一二一一）、快慶は岡山・東寿院に伝来する阿弥陀如来立像（以下、東寿院像と略記）を造立している。東寿院像の足ほぞには「巧匠／法眼快慶／建暦元年三月／廿八日」という墨書銘がみられ、造立の時期を知ることができる。従来この東寿院像造像の背景としては、重源の造営した備前別所に関係したものとする小林剛説、東寿院の本寺である弘法寺と比叡山の関係によるものとする毛利久説が知られているが、近年牛窓町教育委員会などによる調査でその像内納入品資料の全貌が明らかになり、本像をめぐる造像の背景について新たな知見を得るところとなった。

東寿院像の像内納入品資料として以下のものが確認されている(7)。

一「紙本墨書　阿弥陀種字（キリーク）」　阿弥陀種字　吉水宮前大僧正御房真性」
二「紙本墨書　覚勝造像夢想記」　承元五年辛未　正月廿九日覚勝記注之」
三「紙本墨書　阿弥陀経転読巻数注文」
四「紙本墨書　阿弥陀経転読巻数注文紙背文書」、（一）「諸仏名号念仏功徳書上」、（二）「習書」（千字文の一節）「久安六年十一月十日」、（三）和歌切、（四）「某氏書状」、（五）「所当注文」、（六）「ふんのしろう処分状」嘉応二年五月廿五日」、（七）「某氏書状断簡」、（八）「大般若経転読記録「大般若経衹配元暦二年八月九日始之」、（九）某氏書状（一〇）、「和歌五首」沙門蓮阿」、（一一）「某氏書状断簡」、（一二）「和歌三首」天台宗学生感聖」、（一三）「天王寺少人の記」、（一四）「元聖書状」

快慶をめぐる信仰圏の問題を検討するうえでまず注目されるのは、前天台座主真性による「阿弥陀種字」である。この「阿弥陀種字（キリーク）」の端書には「（端裏書）阿弥陀種字　吉水宮前大僧正御房真性□□」とみえ、吉水宮真性（一一六七～一二三〇）が揮毫したものであることがわかる。真性は後白河法皇の孫で、源平争乱の発端を開いた以仁王の遺児であったが、そののちは鎌倉幕府と慈円の庇護を受け青蓮院門跡となり、建仁三年（一二〇三）八月座主職に就き元久二年（一二〇五）十一月まで天台座主職にあったことが知られる（『天台座主記』）。東寿院像が造立された建暦二年（一二一二）当時は、承元二年（一二〇八）十一月に慈円が「所労」を理由に別当職を辞したのを承けて以来、四天王寺別当の職にあり、「吉水宮前大僧正御房」の記事はそうした事情を物語るものである。

つぎに「天王寺少人の記」（二七・九×四九・一センチメートル）は同じく「阿弥陀経転読巻数注文紙背文書」の一つで、記事は、

少人の天王寺にてのありさま、
とし十五かを《(顔)》まろらかにて
あい〳〵《(愛)》しくてさくら《(桜)》い
ろなり、
○ふたつ《しろき》こそてニきすゝしの
おほくちニすなかし《(洲流)》つけたる
ゐこはのひたゝれこはかま
のしろきすゝしのうらつけたる
にうるしはきてそらいろの《しろきいとにてひほくゝりしてしろきゝくとちしたるニひきやう》
あふきのつきいたしたるもち
てふゑ《(笛)》こしにさしたり、
さりたう《(舎利堂)》のうちのつまとの
まにつくゐニさり□たし
まいらせたるニむかひ□□うるわ
しくゐてすもんしたるすか
たなり、

というようなもので、四天王寺の舎利会で舞楽を奉納した、十五歳ばかりの少年の愛らしい姿を書き留めた散文の紙片である。(8) この紙片ならびに四天王寺別当真性の梵字種子、同じく紙背文書の「ふんのしろう処分状」は、その

図1　岡山・東寿院阿弥陀如来立像

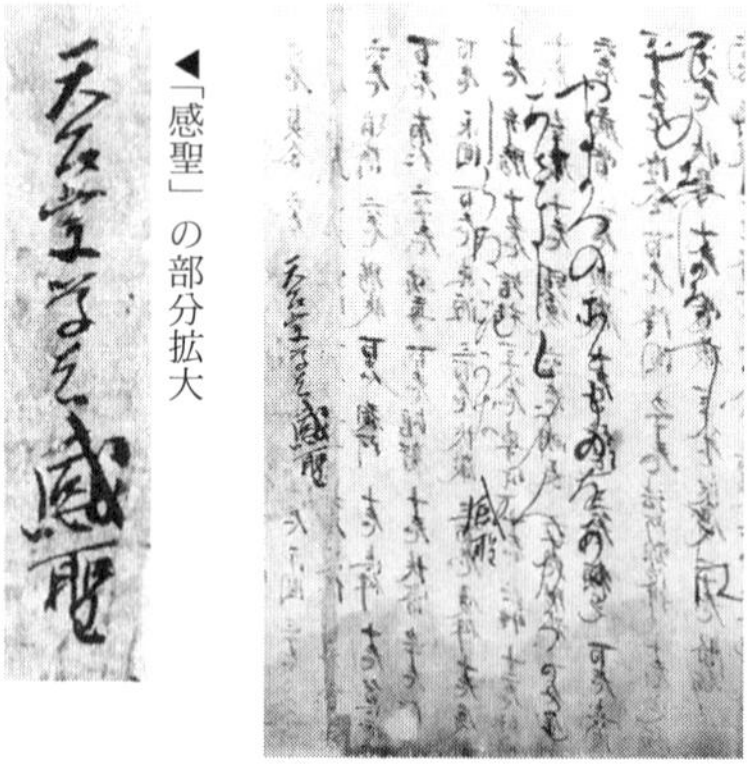

図2　東寿院納入品文書

◀「感聖」の部分拡大

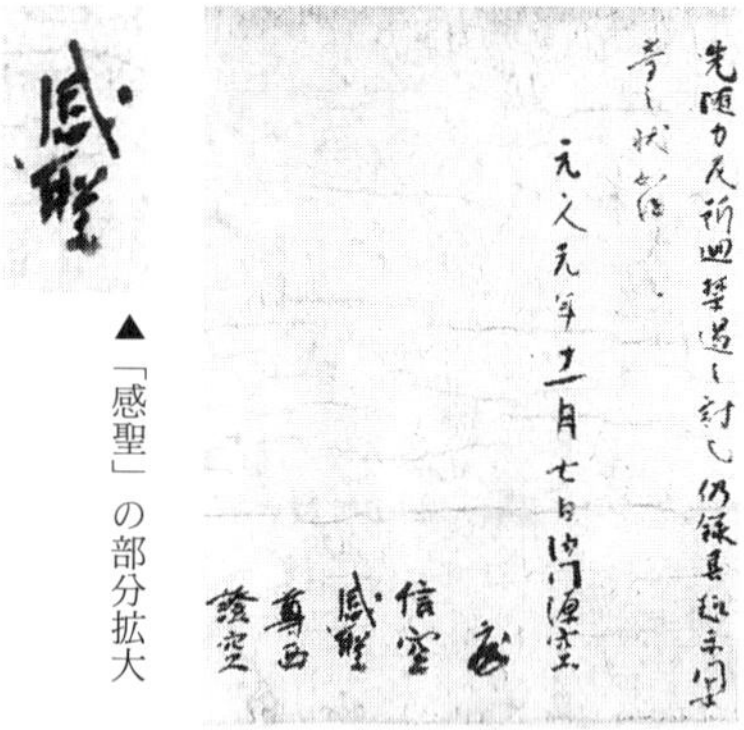

図3　京都・二尊院「七箇条制誡」

▲「感聖」の部分拡大

内容から本像の造立より約四十年前、嘉応二年（一一七〇）に洛中・四条坊門より櫛笥坊門の一角を所有していた「ふんのしろう」という人物に関わる土地の処分状であるが、これらの納入品の内容からすると、東寿院像の造像の場は、慈円や真性に関係の深い四天王寺、あるいは大懺法院などの周辺であったものと考えられる。

　東寿院像の造像の場を大懺法院周辺とすると、「阿弥陀経転読巻数注文紙背文書」に「和歌三首」を書き留め、「天台宗学生感聖」と署名した感聖は、源空門下の高弟で、「七箇条制誡」では信空について署名した定生房感聖と考えられる。感聖は源空入室の七人の直門の一人で、『四巻伝』に「定生房往生の跡に、五日、法蓮上人の沙汰として、以定仏為後房主」（巻第四）という記事がみえ、源空没後の大谷房の房主になった人物と考えられる。[9] 快慶作品への源空門下の結縁は、建仁元年（一二〇一）東大寺僧形八幡神像への「親蓮」、東寿院像への「信空」などがすでに確認されているが、大懺法院という場と慈円をはじめとする天台関係の人々との関係を背景として人物を特定できる初例といえよう。「感聖」の筆跡も京都・二尊院伝来の「七箇条制誡」原本の署名にほぼ等しい。

つぎに快慶による四天王寺あるいは聖徳太子信仰に関係した記録を、重源の『南無阿弥陀仏作善集』にみることができる。その記事はまず「太子御廟安阿弥陀仏建立御堂」とあり、快慶による磯長太子廟の廟堂の建立を伝える。ついで、

厨子仏一脚　阿弥陀三尊、中尊一尺六寸、脇士、扉、大仏殿曼陀羅、行基幷、弘法大師、聖徳太子、鑒真和尚

右自安阿弥陀仏手伝得之、奉随身

とみえ、重源は快慶による太子廟堂と阿弥陀三尊像と大仏殿曼荼羅などの描かれた厨子仏の施入に結縁している。記事は「右自安阿弥陀仏手伝得之、奉随身」とあり、重源は快慶よりこの厨子仏を得て、施入に当たってはそれに随身し結縁したことがわかる。[10] この厨子仏製作の時期は定かでないが、慈円や真性といった四天王寺に関係の深い人々との関係を通じて快慶が製作・施入に関係したものと考えられ、それらは快慶をめぐる太子信仰の一端としても注目されるものである。[11]

五　清涼寺釈迦如来像修復の周辺

熾盛光堂の造像を終えた快慶は建保六年（一二一八）十一月十日に焼損した嵯峨清涼寺の釈迦如来像を修理して

いる。これは蓮華座に記された、

日本国建保六年戊寅　十二月十五日

奉修造之

大仏師法眼快慶

別当法眼任雅

執行顕善

という墨書銘から知られる。この清涼寺釈迦如来像を快慶が修復するに至る経緯について、この修理銘のみから知ることは容易でない。銘記にみえる別当法眼任雅と執行顕善はともに園城寺より出仕した僧綱であるが、この復興事業に当たっての経済的基盤は、源空門下の念仏房（念阿弥陀仏）が中心となり知識勧進を貴賤の人々にすすめ、その翌年七月には釈迦堂の上棟にまでこぎつけている。念仏房はもと天台の学侶であったが、のちに源空門下となり、同寺の西隣に嵯峨往生院を創建して隠棲していたことが知られている。日蓮の「念仏者令追放宣旨御教書集列五篇勘文状」によると、この時期の清涼寺には破戒不善の専修念仏者が寺僧の住房を勝手に相承し、止住していたことがその記事にみえるが、その中心人物がこの念仏房であった[12]。

またこれと同時期の建保七年（一二一九）、洛中における専修念仏者の止住の問題は広がり、慈円の大懺法院も僧坊に居住するものが少なく、そこへ念仏者たちが入り込んで住まいしていることが問題になっている[13]。しかし大懺法院は源空入滅の地である吉水禅房に隣接した場所にあり、隆寛・証空・幸西・親鸞など源空の高弟が慈円の許を訪れており、証空は慈円入滅のときの善智識を勤め、「大懺法院条条起請事」によると隆寛は聖覚とともに大懺法院の供僧を勤めていたことなどが知られる[14]。

清涼寺釈迦像修理の翌年、快慶は承久元年（一二一九）に焼失した奈良・長谷寺の本堂十一面観音像を造立したことが『建保度長谷寺再興縁起』にみえる。長谷寺での造像は東大寺金剛力士像や播磨浄土寺阿弥陀三尊像に匹敵する大事業であったと考えられるが、同書によると、快慶は弟子の行快ら小仏師十八名とともに三十三日間という短期間でなし遂げている。長谷寺は当時興福寺の末寺であったが、熾盛光堂の造像以降、造仏賞などをその門弟たちに譲っていることからすると、快慶は独自の工房を形成していたものと考えられる。

六　仏師長快と大報恩寺・阿弥陀寺造像の周辺

ついで快慶は長谷寺での造像活動と同年、京都・大報恩寺諸仏の造像に当たっている。ここでは弟子の行快が本尊の釈迦如来坐像を造立し、快慶は眷属の十大弟子像を製作している。大報恩寺は求法上人義空（一一七一〜一二四一）が創建した寺院で、同寺本堂の棟札銘によると、ほぼ創建当初の堂舎と快慶一門による仏像群が伝えられている。

大報恩寺本堂の創建当初の棟札銘には「安貞元年　歳次丁亥　冬十二月廿六日、建三間四面大伽藍、奉安置等身釈迦如来弥勒文殊十大弟子形像焉、（中略）、天台妙法花宗釈子義空」とあり、また『東国高僧伝』（第九）の記事によると、義空ははじめ、比叡山に登り澄憲の弟子となり、現在の洛北千本の地に小庵を結んだが、のちに猫間中納言光隆の家臣岸高という人物の寄進を受けて釈迦・十大弟子を本尊とする三間四面の本堂を建立している。

ここでの快慶の造像は、義空の師である安居院澄憲を介してのものと考えられる。澄憲と快慶はすでに東大寺僧形八幡神像の造像において旧知の間柄で、澄憲の兄弟に当たる勝賢・明遍・静賢・覚憲・澄憲の息・聖覚・恵敏・

甥の貞慶・貞敏などの関係した造像をすでに行っており、藤原通憲一門による血縁関係を母体とした関係が知られている。(15)

また近年その存在が確認された京都・極楽寺阿弥陀如来立像（以下、極楽寺像と略記）の像内納入品資料は、快慶の最晩年期の信仰と人的交流を知るうえで注目される史料である。(16) その納入品の「現在過去帳」（一紙）の裏書に「[梵字]阿弥陀仏／法橋行快造之」とみえ、またその作行も師弟合作の風をみることができる。ほかに極楽寺像には「法花三十講御名帳」（全六紙・続紙）、「過去訪名帳」（四紙・続紙）、「阿弥陀如来印仏」（十一紙）などの納入品が確認されている。なかでも嘉禄三年（一二二七）七月二十四日から八月二十四日にかけて行われた法華三十講の記録である「法花三十講御名帳」には、八月十二日の「分別功徳品」の施主に「過去法眼快慶」の記事がみえ、快慶がこの造像と前後して過去者（亡者）となっていたことが知られるところとなった。しかし快慶が生涯を通じて形成した人間関係の遺産は、さらに弟子の行快による造像活動へと引き継がれることになる。

滋賀・阿弥陀寺阿弥陀如来立像（以下、「阿弥陀寺像」と略記）は文暦二年（一二三五）快慶の弟子行快による作例である。その像内からは「文暦二年五月八日入蓮願文・結縁交名」、「入道行蓮等願文・結縁交名」（以上頭部納入品）、ならびに結縁交名〈第一紙「女等交名」、第二紙「釈子義空等交名」、第三紙「中原氏等交名」、第四紙「僧勝意等交名」、第五紙「尼西妙等交名」、第六紙「藤原女等交名」、第七紙「藤原氏等交名」、消息、和歌断巻、書状断巻などが数片のほか毛髪、木炭片などの納入品が確認され、「藤原氏等交名」の巻末に「以上四千三百卅三人　書写僧澄空」の記事がみえ、造像の願主入蓮ならびに本像の結縁勧進として澄空という人物が深く関係したことがわかる。(17)

阿弥陀寺交名の結縁者には天台僧「覚愉」（一一五八～一二三三）、横川長吏「法橋実円」、醍醐寺僧「法橋宗厳」

（一一四〇～一二〇九、以上「入蓮願文」）、大報恩寺義空、それに澄憲、聖覚（以上「釈子義空等交名」）父子など鎌倉時代を代表する僧侶をはじめ、正二位権大納言「藤原為家」（一一五六年没、「尼西妙等交名」）、従三位少納言「藤原忠明」（一二四一年没）、従三位「藤原重氏」（一二五九年没）・従三位「藤原頼氏」（一二三六年没、以上「釈子義空等交名」）など当代を代表する公家たちの名がみえる。ただし覚愉・宗厳・澄憲・聖覚・従三位「藤原宗長」（一二一四年没）、正四位「藤原頼隆」（一二二七年没、以上「釈子義空等交名」）、従三位皇后宮権大夫「藤原朝方」（一二〇〇年没、「入道行蓮等願文・結縁交名」）などは、本像造立のときにはすでに物故者であることから、彼らの追善供養を目的とした結縁と考えられる。

ここで興味深いのは、上記の結縁者たちの法縁関係をあえて系譜化すると、この「結衆」は二つの法系に列なることがわかることである。一つは安居院澄憲を中心とする天台系の系譜に列なる人物で、澄憲・聖覚父子のほか澄憲の弟子義空以下大報恩寺に関係する澄空などを含むもの。もう一つは結縁者の覚愉と澄空の関係を辿ることを通じて、源空門下で諸行本願義を説いた覚明房長西（一一八四～一二六六）を中心とした系譜に連なる人々が想定される。[18]

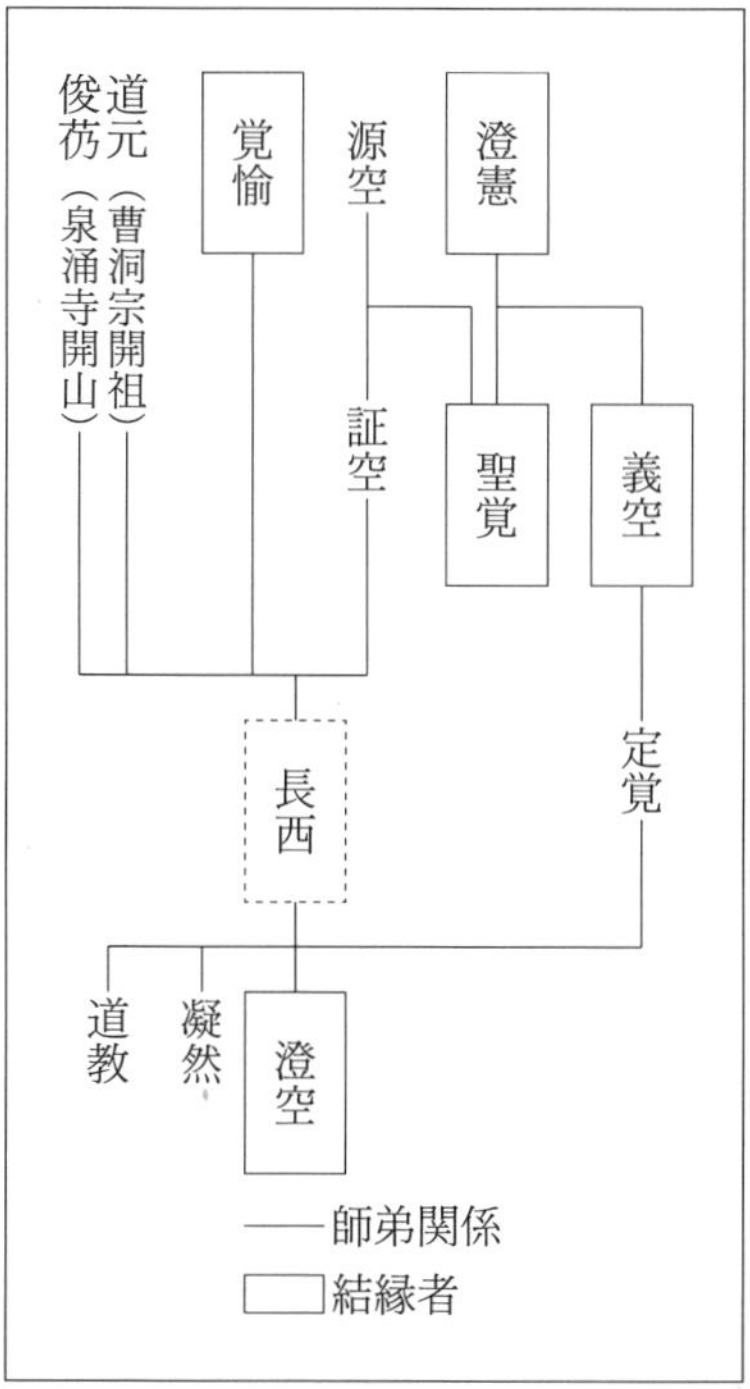

図4　阿弥陀寺像結縁交名にみる法縁関係

源空は『選択本願念仏集』のなかで「若

夫以造像起塔而為本願者、貧窮困乏類定絶往生望、然冨貴者少貧賤者甚多」（第三）と説くなど、造像起塔等の古代的な作善信仰に対して批判的な態度をみせるが、源空の遺徳をしのび、源空とその門弟たちの消息を納入したことが知られる奈良・興善寺阿弥陀如来立像や、西山往生院に関係した証空による京都・大念寺阿弥陀如来立像などの造像例も確認されている。また伊藤唯真氏の一連の研究で知られる滋賀・玉桂寺阿弥陀如来立像は、建暦二年（一二一二）十二月に源空の一周忌に弟子の源智が発願して造立されたもので、その作者はやはり行快であった(19)。

おわりに

若き日の快慶は康慶門下の仏師として南都の復興造営に関係し、さらに重源の勧進活動を通じての南都ならびに醍醐寺・高野山などとの関係、また建久年間から建仁年間にかけての遺迎院像、東大寺僧形八幡神像などにみられる村上源氏や藤原通憲・葉室顕時一門との血縁関係を背景としての造像が中心であった。快慶は生涯に多くの阿弥陀仏像を製作したが、中世における源空などによる浄土教思想の浸透は、中世の勧進聖たちによる募縁活動の手段へと連鎖していくことになる。快慶作例の多くは、募縁活動を目的とする、いわば勧進の手段としての造像であったといいかえることも可能であろう。

しかし建永元年（一二〇六）に重源が入滅して以降、快慶は天台座主慈円、安居院澄憲法印などとの関係を通じて新たな造像の場を得ることになる。とくに建暦二年の源空の入滅前後より、快慶とその一門は源空とその門下の人々と積極的に関係を結ぶことになる。東寿院像への信空、感聖の結縁、清凉寺釈迦像修理における念仏房、そして弟子の行快による玉桂寺像、阿弥陀寺像などがそれに当たる。

また慈円は『愚管抄』のなかでつぎのような記事を残している。「東大寺ノ俊乗房ハ、阿弥陀ノ化身ト云コト出キテ、ワカ身ノ名ヲハ南無阿弥陀仏ト名ノリテ万ノ人ニ紙ニ一字ヲカキテ、空アミタ仏、法アミタ仏ナト云名ヲ付ケルヲ、誠ニヤカテ我名ニシタル尼法師ヲヲカリ、ハテハ法然カ弟子トテカカル事トモシ出タル、誠ニモ仏法ノ滅相ウタカイナシ」と、重源による阿弥陀号が源空門下へ広がり行くさまを痛烈に批判している。

こうした重源と源空の関係は建永元年六月十九日の『三長記』の記事に象徴される。[20] その内容は「専修念仏の事、源空上人門弟等、一向に勧進の間、かえって諸宗を誹謗し、余行においては、出離の要にあらざる由、あまねくこれを称す、これによりて仏法衰微に及ぶべきの由、興福寺衆徒これを訴へ申す、仍て宣下せらるべきなり、その趣かくの如し、もしこの宣下に依り、念仏また衰微せば、すでに罪業なり、計ひ申さるべし」という興福寺よりの奏状に対して、源空に近い三条長兼はその処分を危惧し、諸卿を尋ねるが、そのなかで松殿基房は「先ず衆徒の奏上をもって、一旦、勧進上人重源に諮問し、その陳情をもって、興福寺に問わるべし」という提言がなされている。しかし重源は、これに先立つ六月六日に八十六歳の生涯を閉じ、源空とその一門はそれぞれ処分を受け入れることになる。

このように「興福寺奏状」を契機として南都北嶺と源空教団は一層の対立関係を深めるが、『三長記』の記事にみられるように、両者に関係の深い東大寺の重源や比叡山の澄憲といった人物をその接点とすることで、源空教団は衆徒との軋轢を、ある程度、和らげることができたのであろう。『平家物語』が「平家の怨霊にて世のうすへきよし申しあへり」と語るような時代思潮に対して、慈円の大懺法院のような寺堂が建立され、また高野山などで鎮魂の法会が催されたが、そうした場で快慶は、しばしば造像に当たり、蔓延する怨霊たちを慰撫するための仏像を制作していたと考えられる。

最後に、その出自も明らかでない快慶が、その生涯を通じてなぜこれほど多様な造像の場を生み出すことができたかという問題に触れておきたい。中世の不安定な世相を背景として活躍した快慶であるが、定朝以来の仏師の系譜を相承する運慶一門に比べ、とくに重源入滅後のその造像環境には厳しいものがあったことは想像に難くない。しかしその後の快慶は一所に留まることなく、重源による勧進活動を通じて培われた人間関係を再構築し、そして活性化しながら、新たな造像の場を広げていったものと思われる。その背景には、重源や栄西（?―一二〇七）など歴代の東大寺大勧進職がそうであったように、その身辺が身分や血縁関係に拘束されない立場、すなわち「無縁」の環境にあったことが深く関係していると思われる。快慶と関係の深い南都北嶺と源空教団が対立関係を生みつつあるなかでも快慶は清凉寺釈迦如来像の修理を行い、また快慶の弟子長快をして玉桂寺や阿弥陀寺の阿弥陀如来像を制作させているあたりの調整能力は、快慶が重源から受け継いだ遺産というべきものと思うのだが、いかがなものだろうか。

註

（1）拙著『遣迎院阿弥陀如来像像内納入品資料』（日文研叢書一九、一九九九）。遣迎院交名の資料番号は本書による。近年「□阿弥陀仏」（快慶）の結縁が確認された高野山伝来の「板彫胎蔵界曼荼羅」は唐代に製作された印仏板で、もとは真言立川流天王寺義の祖、真慶阿闍利が相伝したものであった。快慶はこの印仏板が高野山御影堂に施入されるに当たり結縁したもので、そこには遣迎院交名と同様に安徳天皇、平清盛・重盛・宗盛・知盛・重衡・維盛・阿証上人（印西）・藤原光親など、源平の争乱から承久の乱にかけての物故者の追善結縁が確認されている。拙稿「金剛峯寺所蔵胎蔵界曼荼羅板の結縁交名」（『密教文化』第二四七号、一九九七年）参照。

（2）『平家物語』巻十一「重衡被斬」など。渡辺貞麿「聖の足跡」（『平家物語の思想』、一九九一年、法藏館）、拙稿

『平家物語』成立に関係する新視点――その作者論をひろげる――」(『印度学仏教学研究』第四九巻二号、二〇〇一年)参照。

(3) 快慶は僧形八幡神像の造像後の承元二年(一二〇八)四月、岩清水八幡宮に東大寺と同一の図像による一幅の僧形八幡神画像を施入している。その紙背には「承元二年 戊/辰 四月二十八日乙卯/願主法橋上人位快慶 号アン(梵字)阿弥陀仏/法印大和尚位前大僧都祐清□務□」という墨書がみえ、快慶はここで願主として僧形八幡神画像の施入に関係している。現在この画像は室町時代の模本が伝えられている(近年焼失)。祐清は岩清水八幡宮検校で、彼の一門は建暦二年源空の一周忌に造立された玉桂寺像にも結縁しており、このことからも快慶工房と源空教団・岩清水八幡宮との関係が考えられる。拙稿「東大寺僧形八幡神像の結縁交名――造像を中心とした中世信仰者の「結衆」とその構造――」(『密教図像』第一二号、一九九三年)。

(4) 中世初期における勧進活動が活性化する背景に、本寺と別所、僧綱と聖というような、教団の中心部と周縁部、あるいは上部構造と下部構造を結びつける地縁的、法縁的な僧侶たちの「結衆」が形成されたことを物語る資料として、一心寺結縁経は興味深い。また一心寺結縁経における「仏子源空」の署名に関して同名異人説なども語られてきたが、快慶をめぐるネットワークを背景として源空がこの写経に結縁する必然性は、周辺に位置する人師の動向からも指摘できよう。中野正明『法然遺文の基礎的研究』(法藏館、一九九四年)、拙稿「大阪・一心寺結縁経にみる「結衆」の特質」(『印度学仏教学研究』第四五巻二号、一九九六年、同「中世勧進聖のネットワーク――大阪・一心寺結縁経の成立とその背景――」(『宗教研究』第七〇輯第四号、一九九七年)参照。

(5) 『門葉記』は『大正新脩大蔵経』図像部第一一巻による。杉山信三『院家建築の研究』(吉川弘文館、一九八六年)、溝口正人「三条白川坊熾盛光堂の由来と建築的構成について」(平成四年六月、『日本建築学会近畿支部研究報告集』第三二号 計画系)参照。

(6) 『古今著聞集』に琵琶の名手として伝えられる藤原孝道・中将局父子なども大懺法院において慈円の外護を受けたことが知られる人物であるが、彼らはまた東大寺僧形八幡神像にも結縁しており、快慶の造像活動に関係する人々の一人であったことが知られる。(「一、供僧器量事 右末近代古用僧徒有四種。一者顕宗二者密宗三者験者四

者説教師也。（中略）此外声名（明）法則受師伝音曲堪能階（　）衆聴為其器之輩所撰補也。又遁身於山林三業四儀隠便之後世者縁闕事違有其望之者同可補之」（『門葉記』第九一巻　勤行二）参照。五味文彦『平家物語──史と説話──』、平凡社、一九八七年。

（7）毛利久「東寿院の快慶作阿弥陀如来像　上・下」（『国華』七三四、一九五三年）、毛利久『仏師快慶論』（吉川弘文館、一九六一年）、小林剛「巧匠安阿弥陀仏快慶」（奈良国立文化財研究所十周年記念学報、一九六二年）、『牛窓町史』資料編二（牛窓町教育委員会、一九九六年）。

（8）この紙片の東寿院像への納入の意図するところは定かでないが、この記事の内容は『玉葉』や『日吉御廟子記』などの史料や説話集に残された慈円の稚児寵愛の問題が想起される興味深い内容である。『日吉廟御子記』の記事は以下のとおり。「日吉十禅師権現、児ト変ジ給テ慈鎮和尚へ御通ひニ成候。其間ノさいあひの物を、叡山ノ谷へ捨をかせられ候。それが則子ト成申候。然レバ、十禅師権現ノ社ヨリ大行事権現ノ社、是神之御通ひ被成候。其間ぶ昔ハ廊下御座つる。然レバ、其谷ナル子ヲ十禅師権現ノ御取上被成、廊下ニヲカセラレ候而、大行事権現毎日参候御神供を、食物ニアテガヒ成候（以下略）」（山本一氏校訂による）。阿部泰郎「慈童説話と稚児（下）」（『観世』一九八五年十一月号）、山本一「慈円と性愛──許されないものと許されたもの──」（『日本文学』四四─五〇五、一九九五年）、多賀宗隼『慈円の研究』（吉川弘文館、一九八〇年）、川岸宏教「四天王寺別当としての慈円──御手印縁起信仰の展開──」（『四天王寺学園女子短期大学紀要』六、一九六四年）。

（9）快慶工房の作例で和歌あるいは和歌切れの納入例としては遣迎院像・東寿院像・阿弥陀寺像・大念寺像などが知られる。感聖の和歌は「旅恋」と題された以下の二首である。

「おもひきや　くさのまくらのつゆならて　なみたにそての　しほるへしとは」

「やまかつの　そとものをあさあさましく　みへなるかたも　しらぬこひかな」天台宗学生感聖

（10）重源と四天王寺、あるいは太子信仰に関わる事績としては、建仁元年九月の四天王寺塔修造供養（「天王寺御塔奉修復之　奉修造法華寺　御堂一宇塔二基」）、ならびに二度の舎利供養と大小の法会や百万遍念仏をたびたび執行したことが『南無阿弥陀仏作善集』にみえる（「天王寺　御舎利供養二度　大法会一度　小法養度々於西門　満百

万遍度々」）。小林剛『俊乗房重源の研究』（有隣堂、一九七一年）参照。

（11）現在奈良・唐招提寺に伝来する「釈迦三尊十六羅漢図」は十四世紀の作品で、図の下方に左より弘法大師・鑑真和尚・聖徳太子が描かれている。ほかにも個人蔵のもので室町時代の阿弥陀如来像を中尊として、厨子に真宗の高僧像を描いた光明本尊が知られており、快慶によって太子廟に施入された厨子仏の系譜に列なるものと考えられる。（『聖徳太子展』図録、二〇〇一年参照）。また中世初期の四天王寺や磯長太子廟などに関係した太子信仰は南河内地方を中心に展開をみせるが、源空門下の空阿弥陀仏と四天王寺西門の念仏、親鸞と六角堂の関係、証空による磯長太子廟（叡福寺）への舎利器施入など、教団の形成期にはしばしば聖徳太子に関わる聖跡信仰を内部に取り込んでいる。菊地勇次郎「天王寺の念仏」（『日本歴史』九四・九五号、一九五六年）。

（12）『明月記』嘉禄元年（一二二五）十月十日、寛喜二年（一二三〇）四月十四日条。中野註(4)前掲書参照。

（13）『門葉記』第九一巻勤行第二、鎌倉幕府法、追加法、文暦三年七月二十四日条。吉田清「源空教団と念仏停止」（『大谷史学』第一〇号、一九六三年）。

（14）一心結縁でも慈円・真性・源空らは場を同じくして結縁写経を行っている。源空も流刑地より帰洛すると、その住房はすでに青蓮院に付属されていたが、当時院主であった慈円の差配により法楽寺無量寿院の敷地および房舎が源空に貸与されている。また証空と幸西は嘉禄の法難にあっては慈円の入室者として処分を免れている。松野淳孝「隆寛の立場」（『浄土学』第二八号、一九六一年）。

（15）藤原通憲一門と快慶による作例としては以下のものが知られる。

醍醐三宝院弥勒菩薩造像（像内銘―勝賢）、遣迎院阿弥陀如来像（納入品結縁交名―明遍・静賢・覚憲）、八葉蓮華寺阿弥陀如来像（納入品銘―明遍・恵敏）、東大寺僧形八幡神像（像内銘―明遍・澄憲・恵敏・貞敏・恵敏）、安倍文殊院文殊菩薩像（納入品銘―明遍・恵敏）、播磨浄土寺阿弥陀三尊像（『浄土寺縁起』―貞慶）、白檀釈迦如来像（『明本抄』第一裏書―貞慶、現存せず）。

（16）『極楽寺阿弥陀如来立像修理報告書』（城陽市教育委員会編、二〇〇一年）参照。

（17）本交名の書写僧澄空は明院律師・如琳と呼ばれた大報恩寺住僧。はじめに仁和寺現覚に入門するが、のちに浄土宗諸行本願義祖長西に師事した。文永年間（一二六四〜一二七五）大報恩寺にあって釈迦念仏（涅槃講・遺教経会）を再興した人物として知られる（『徒然草』二二八段）。

（18）寛喜元年（一二二九）作の京都・寂光院地蔵菩薩像の像内に墨書された銘記には「法印聖覚」の記事がみえる。やはり追善の結縁である。覚愉は寺門派の天台僧。出雲路上人と呼ばれた人物で「諸行本願」義を提唱した長西は源空の滅後覚愉の許に入室し、その教義を継承し「諸行本願」義を説いた。石橋誠道『九品寺流長西教義の研究』（国書刊行会、一九八四年）。

（19）三宅久雄「玉桂寺阿弥陀如来像とその周辺」（『美術研究』三三四号、一九八一年）。

（20）阿弥陀寺像については薄井和男「滋賀・阿弥陀寺の行快作阿弥陀如来立像」（『仏教芸術』一六七号、一九八一年）、三宅久雄「仏師行快の事績」（『美術研究』三三六号、一九八六年）。拙稿「滋賀・阿弥陀如来像の結縁交名」（『印度学仏教学研究』四三巻二号、一九九五年）、像内納入品については「平成元年度修復文化財関係銘文集成3　阿弥陀如来立像　文暦二年・寛文元年　滋賀・阿弥陀寺」（『学叢』第一三号、一九九一年）。

法然上人の生誕地について

吉田　清

はじめに

法然上人の生誕地は、美作国である。誕生寺のある現在の岡山県久米郡久米南町の稲岡北荘か、もしくは稲岡南荘である。『四十八巻伝』第一に「美作国久米の南条稲岡庄の人なり」とあるのが典拠である。上人の誕生は、「長承二年（一一三三）四月七日の正中」であった。父は、久米郡の押領使漆《うるま》時国、母は、秦氏であった。

伝承は続けて、法然上人の誕生地を述べる。上人誕生のとき、屋敷の西側にあった大きな椋の木に、白幡二流が飛んできて、梢に引っかかった。白幡は七日経って天に昇って去ったという。この木は「両幡の椋の木」と名付けられた。この木が、倒れ朽ちても異香が常に薫っていたのを、「人これをあがめて、仏閣をたてゝ誕生寺と号し、影堂をつくりて念仏を修せしむ」という。現在の誕生寺は、以前と比べて立派になって元の姿が忘れられてしまったが、本来は御影堂であったのである。椋の木と白幡は古い家のシンボルであり、白は漆氏が源氏に所属したことを言い伝えとして語ろうとしている。

一　上人の父漆時国と押領使

上人の父漆時国は、押領使であったことが伝記にみえる。最近、梅原猛氏の『法然の哀しみ』のなかで、押領使が悪行の人と規定されているのを拝見して、一度、歴史学徒として確かめたく思ったのが本文を書く契機である。押領使とは、本来は臨時に任命される令外の官で、管内の兵士を管理統率する役であった。とくに、戦乱のときに任命され、平時になれば解任される官職だったのが、のちに常置の職となり、所轄の強盗や狼藉の者を鎮圧逮捕をする役に変化する。

江戸中期伊藤貞丈の『貞丈雑記』四（役名）では、押領使の押領とは「狼藉者を押さえ其所を宰領するなり」と解釈している。塙保己一の編になる『武家名目抄』職名附録二十二上（押領使）には、「按、押領使の司どる所は、大かた追捕使に同じ」とある。

また、谷川士清の『倭訓栞』には、「代々数郡を押領して朝に服事するものゝ称也、元慶に陸奥押領大掾藤原梶長と見え、下野押領使藤原秀郷あり、三押領使といふは、奥州秀衡、伊豆裕親、肥後菊池也、天暦の頃、下総守藤有行請レ補二押領使一と見え、寛弘の時に、以二高安為正一為二淡路国押領使一と見ゆれば、国司の外専追捕を司れり、一国の政務は国司の主る所とし、兵馬の事は国司へ尋るに及ばず、押領使の任たり、（中略）国々より公役にて出る頭の事也、よて奥羽軍記に陣頭とも見ゆといえり」とみえる。

『倭訓栞』の記述をさらに検証すると、『三代実録』元慶二年六月七日辛未条に、「出羽国守藤原朝臣興世飛駅《ひやく》奏言、（中略）押領使大掾藤原梶長等所レ将援兵与二本国兵卒一合五千余人聚在二城中一、賊出二不意一四方攻囲、官軍力戦賊勢転レ盛」とある。この場合は、押領使大掾藤原梶長等の「将スルトコロノ援兵」と、出羽の城兵の「本国ノ兵卒ト、合セテ五千余人」とあることから、押領使は大和の都から臨時に派遣された援軍の長であることがわかる。しかし、「官軍力戦スレドモ賊、盛ンニ転ズ」とあって、劣勢であった。

つぎに、一ヵ月後の元慶二年七月十日条には、「出羽国飛駅奏曰、正五位下守右中弁兼権守藤原朝臣保則到レ国、察二向前之行事一、運二行軍之籌索一、遣二上野押領使権大掾南淵秋郷等一、率二上野国見到兵六百余一、屯二秋田河南一拒二賊於河北一」と、少なくとも平安前期には、国司の要請による援軍の頭を指している。さらに、上野国の押領使権大掾南淵秋郷等の率いる援兵六百余の到着を記していて、中央政府の掌握下にあることを示している。

『扶桑略記』二十二（宇多）には「寛平六年九月五日、対馬島司言、新羅賊徒船四十五艘到着之由、大宰府同九日進二上飛駅使一、同十七日記曰二同日卯時守文室善友召集郡司士卒等一仰云、（中略）即島分寺上座僧面均、上県郡副大領下今主為二押領使一、百人軍各結二廿番一、遣レ絶下賊移二要害一道上」とある。この場合は対馬島であって、島司守文室善友が郡司を集めて言い渡している。島分寺の上座僧面均と上県郡の副大領下今主の二人が押領使に任命されている。このことから、任命権は、島司が持っていたのではなく、やはり大宰府にあったとしなければなるまい。また、面均が島分寺の上座僧といえども兵士の頭というのはおかしなことで、あるいは朝鮮仏教を学び朝鮮語にたけた学僧であったとすると、外交上の交渉役であったと考えれば齟齬しない。つぎの上県郡の副大領とあるのは、副は「そえ」であるから少領ということになるのだが、この表記は郡司制の崩壊期における現象なのだろうか。二人の押領使に、各一隊、百人を二十組であるから二千人、合計四千人の軍隊の隊長を指しているわけである。

『将門記』には、「賊首兄弟及伴類等、可二追捕一之官符、以二去（天慶三年〈九四〇〉）正月十一日一、下二於東海東山両道諸国一、（中略）相次海道撃手将軍兼刑部大輔藤原忠舒、下総権少掾平公連為二押領使一」とある。刑部大輔は、

養老官位令によれば原則的には正五位下であるが、下総権少掾は、下総国が大国であり、少掾が従七位上で権であることから推考して従七位下のことである。したがって、任命人の官位は、正五位から従七位まで幅は広いが、戦時だけの臨時の職制であったのは確かで、それ程高い位階ではない。

『奥州後三年記』上には、「出羽国の住人吉彦秀武といふ者あり、（中略）栗原郡営の岡にして、諸陣の押領使を定めて軍をとゝのえし時、此秀武は三陣の頭に定められし人なり」とあって、前戦の陣頭、すなわち将軍麾下の一隊長を指している。要するに、一軍の隊長なのである。

『本朝世紀』天慶四年（九四一）十月廿三日己酉条には、「山陽南海両道諸国警固使押領使幷撃手使等、可㆓停止㆒之由官符請印」とある。山陽南海両道諸国警固使押領使と、瀬戸内諸国の警備に置かれた臨時の軍隊とその隊長というところである。九月六日に、豊後国の賊徒を凶賊使源経基が破って、瀬戸内に平和が訪れたのを機に停止されたと解せられる。

また平時の場合では、つぎのようになる。『朝野群載』二十二（諸国雑事）に、「申㆘兼㆓押領使㆒幷給㆗隋兵㆖」とあり、「押領使ヲ兼ネ、幷ニ隋兵ヲ給サレンコトヲ申サシム」と読める。本文の主語である発信人は、「従五位下下総守朝臣有行」で、続いて「特ニ天恩ヲ蒙リ、先例ニ因リ准ジ、押領使ヲ兼ネ行イ、幷ニ隋兵三十人ヲ給ランコトヲ請ウ」と、押領使に隋兵三十人を与えられんことを請うた。「右謹シンデ案内ヲ検スルニ、当国隣国司等、押領使ヲ帯シ、幷ニ隋兵ヲ給イ、公事ヲ勤メ行ウ、其ノ例尤モ多シ」とある。当下総国も隣国の国司も押領使を兼帯であり、隋兵も先の国司従五位下菅原名明が、天慶九年（九四六）八月六日の太政官符によって押領使を兼ね、隋兵三十人が給付されていたのが、隋兵要請の理由である。「凶党ノ輩アラバ、且ツ以テ追捕し、且ツ以テ言上セン」とあって、追捕の役割が明記されている。

天暦六年（九五二）十一月九日付太政官符に、出雲国司従四位下橘好古と出雲蔭時の解文「応下以二清滝静平一為二押領使一、令上レ追二捕部内奸濫輩一事」に「美作伯耆等国、申二請官符押領使一、勤二行警固事一、而此国在二二境之中一、暴悪之輩、任レ心横行」とあり、美作と伯耆二国の国境に暴悪の輩が、集まる傾向にあったのである。そして、「件等国例ニ准ジテ、静平ヲ以テ押領使ヲ裁給セラレ、且ツ凶悪ノ輩ヲ断タシメ、且ツ平善ノ風ヲ存セシメンテヘリ」とあって、広域警察的役割を与えられていたのである。

ところが、同じ天暦六年三月二日の「越前国司解」に追捕使、押領使等の停止が申請されている。内容は、在京の雑掌がいうには、「今件隋兵士卒、必ズシモ其ノ人ニ非ズ、或イハ威ヲ使勢ニ借リ、所部ニ横行シ、或ハ事ヲ有犯ニ寄セ、人民ヲ脅略ス、所部静ナラズ、還テ愁嘆ヲ致ス」とある。「隋兵士卒」とは、要するに国の抱える兵力によって国内の治安維持に悩んでいる状況を示している。しかも、押領使は、国の支配というよりも、中央政府の任免権を持つのである。平時の兵力を持てあましている感がある。地域からみれば、郡司の力は及ばない、だから国司の施政ができないという深刻さを訴えているのである。古代末期の政権は、治安の乱れに警察力が介入し、平和が訪れると肥大化した警察勢力が治安を不安定化するという矛盾に直面した。

他の押領使関連の事例をみてみると、『権記』長保二年（一〇〇〇）十二月九日条には、「参河国押領使源好」とみえる。また、『類聚符宣抄』七、長保五年（一〇〇三）三月十日の陸奥国司解状に、武蔵守従五位上平公雅の甥である正六位上平八生の押領使職の補任を太政官に申請した官符がある。『朝野群載』二十二（諸国雑事）の寛弘三年（一〇〇六）四月十一日付「淡路国司解、申請官裁事」には、正六位上高安為正をして押領使に補任されんことを要請している。淡路国の場合は四方を海に囲まれており、不正な交易がみられる。ここでは押領使の役割は、海上の警備である。いずれも国司の推挙によって、民政に対応して地方政権を支える役割として、押領使は存在したようである。

『四十八巻伝』にみえる法然上人の父は、美作国「久米（郡）の押領使漆時国」とある。つぎに押領使が史料で確認できるのは、『吾妻鏡』文治二年閏七月二日条になる。「筑後国在国司押領使両職為二本職一之間、可二知行一」とあって、幕府施政前の状況を示している。

つぎに『四十八巻伝』に上人の先祖は、「久米の押領使神戸の大夫漆の元国」とあるのをどのように解釈するのか考えたい。「神戸の大夫」とは、美作国の一宮の神戸の長老という意味と理解しておきたい。したがって、上人の生家は、国司権を維持する軍事の長の押領使家である。この職は、鎌倉幕府政権下における一国守護とは異なるものである。

二　預所

保延七年（一一四一）の春、法然上人の父漆時国を夜襲して殺したのが、稲岡の預所明石の源内武者定明であった。源内定明は、伯耆守源長明の嫡男で、堀河天皇の時の滝口であったと『四十八巻伝』には記されている。夜襲の理由を伝記は、漆時国が「いささか本姓に慢ずる心ありて」と、評している。そして、預所源定明を「あなづりて、執務にしたがはず、面謁せざりければ、定明ふかく遺恨して」と、時国が都から下向してきた預所に面謁しなかったのが原因とする。そして、定明は漆氏一族の報復を恐れて「逐電してながく当庄にいらず」とある。その後、「定明逐電ののち、（中略）其子孫みな上人の余流をうけ浄土の一行をむねとせり」とある。上人の生家は、土豪であり、一族というべき親族集団に囲まれていたといえる。定明は、一時的な感情で事件を惹起したが、この源内一家は事件の後、定住することになる。

預所には、平安末期の荘園をめぐる紛争が存在したのである。『長秋記』大治三年（一一二八）三月廿四日条に「近日七道諸国門々戸々、荘園領地、彼院女房侍等、触レ縁尋レ便、不レ謂二理非事由一、皆所々押領也、天下歎及二于万人一、一身何為レ愁哉」とある。彼院女房侍とは、待賢門院内の女房と侍のことで、ここには本家の権力を持って庄を押領する行為が示されている。

『中右記』長承二年（一一三三）五月八日条に、「行二向平等院一、九日、此寺供僧義仁阿闍梨奉先祖信濃荘、被レ奪二取他人一事、可レ申二大殿一（藤原忠通）者、給二申文一、可レ進レ之思、答了」とある。平等院の供僧義仁は、先祖相伝の信濃荘を他人に奪い取られた。そこで、この荘のおそらく本所だったのだろうか、藤原忠通に申文を給い、一の家の権威で奪われた荘を取り返そうとした。

三　漆氏と預所源定明

預所とは、平安末期の寄進地系荘園支配の形態で、本所―領家―開発領主という重層的関係なのだが、本所と領家は近親関係にある。地方の開発領主は、領家を頼って本所（家）の保護を受けるわけである。領家は、本家の「預所」と呼ばれた。仏教教団における、本寺―本山―中山―末寺といった末寺銭の納入と保護の相互関係と似ている。本所―領家―荘の重層関係は、古代末期から中世にかけての社会構造の基本形態でもある。

『殿暦』嘉承二年（一一〇七）五月三日条に、「今日依二次宣一摂津国垂水荘右大弁時範朝臣預レ之、和泉国信達荘、預二兵部大輔師俊母一」とみえる「預」、「あずかる」が初出の用法らしい。

「預所職」は、『東寺百合文書』ニの「中原親貞解　申請領家政所裁事」に、「請レ被下殊蒙二鴻恩一鹿子木御庄預所職次第相承文書等、為レ備二向後証拠一成中下御判上子細状」とある。この鹿子木御庄預所職次第相承とは、本文に「根本領主沙弥寿妙」として、ついで「重方―高方―養子重俊―聟行親―親真、次第相伝如レ此」とある。高方のとき、「国衙ノ法ニ停止セラレタメ、去ル応徳三年(一〇八六)冬比、相二具調度文書一、奉レ寄二進大弐殿実政御預一畢」と、大弐殿実政御預に寄進した。そして、「仍於二地頭預所職一者、以二本領主高方之子々孫々一、永可レ為二重代伝領之職一之由、賜二彼家下文一、代々所二相伝来一也」と、地頭預所職は、中原高方の伝領の職として相伝してきた。ところが、相伝の文書を紛失してはいけないので、殿の倉に預けたが、そこで群盗によって盗られてしまったので、領家御判再発行を願い出たものである。この場合は、根本領主が開発領主である。

二つ目は、『東寺百合文書』(ホ二一の三五)文治二年(一一八七)十月十六日付で、表題は、「八条院庁下　丹後国大内郷吉囲荘」とある。「女房弁局ヲ以テ、預所職トナス可キ事」とある。ここには、本家職に八条院領家の八条院女房弁局が預所職として認められる。

室町時代は荘園の帰属が著しく変化する可能性が大きかった。『大乗院寺社雑事記』寛正三年(一四六二)五月廿八日条にある、「当門跡領和州九条庄預所職」は、寺内末寺の福智堂であった。押妨されていた九条庄の返付を命じた文書である。

本文のはじめに、「一、自二日野一使者来三橋修理亮、就二九条庄事一奉書到来、則遣二筒井方一了」とある。大和国は、興福寺が守護で、荘園では本家に当たり、福智堂が領家預所職となる。山科の日野からの使者の三橋某が、奉書を持って到来した。すなわち、事実上の大和一国の支配者興福寺一乗院の坊官筒井方に通知したのである。領家は、預所を荘に派遣することで直接支配したのである。永原慶二『荘園』には、「特権的な在地勢力としての開発領主らしいものは存在しない」(1)とみえる。しかし、預所自ら検注を行い名百姓編成をしていた。とすれば、預所は領家の代官として現地に赴任して実務を行ったと解される。

「当庄稲岡の預所明石の源内定明」は、『四十八巻伝』割注に、「伯耆守源長明が嫡男堀川院御在位の時の滝口也」とある。この「稲岡」とは、三好基之「美作国」(2)によれば、岡山県久米郡久米南町の北庄・南庄の一帯と推定される。平安時代末期の庄については、伝わっていないが、ここは鎌倉時代末期には足利氏の所領であった。さらに、郡内南部一帯には、紀伊の熊野社領が散在していたようである。

また、ずっとのちの明治初期の作品であるから信頼性に欠けるが、誕生寺に近い人物の感のする漆間徳定の『法然上人恵月影』には、「第三夜討の段」に「弓削の荒武者定明」とある。この「弓削」の庄とは、久米郡久米南町の大半と御津郡建部町北東部に当たる一帯で、『和名抄』にある弓削郷に当たる。三好氏によると、寿永三年（一一八四）四月五日の源頼朝下文案（『久我家文書』）に、弓削は池大納言家領であったが、平家没官領となり、頼朝の手に帰したものだという。頼朝は、かつて池禅尼が頼朝の助命をした御恩に報いるため、弓削を元のように池大納言家領として再度返還し、平頼盛の知行を認めた。『久我家文書』中の「池大納言家領相伝重書目録」によれば、その後は久我家領となり、建武三年（一三三六）八月三日に、足利尊氏に安堵されている。この庄は、南北朝時代には、庄内の豊楽寺に在地領主による庄内名田の寄進が続き、庄は解体していった。

法然上人の父漆時国の暗殺は保延七年（一一四一）のことで、まだ平氏の関与はない。稲岡庄については、『法然上人恵月影』の伝承が正しければという条件付きではあるが、筆者は弓削庄を採用したい。とすると、預所源内定明の任地は弓削庄で、領家は池大納言家領となる。白幡が梢に掛かった話は、弓削庄が池大納言家領であったところから、赤に対して白を用いたと考えたい。

寿永三年（一一八四）四月五日の「源頼朝下文案」（『平安遺文』No.四一五一・四一五三）を、もう一度点検してみよう。「池大納言家沙汰」とあり、庄目録に「弓削庄美作」とみえる。そして「自院所給預也、而如元為被家沙汰、為有知行」とある。「院ヨリ預ケ給ウ所也」とあるから後鳥羽上皇が本家で、池大納言家が領家に当たる。No.四二一六の元暦元年（一一八五）十一月三日付池大納言宛「源頼朝請文」に「河内国古市郡内壺井堂通法寺敷地」の「浮免」を、池御前に対し「御功徳候之上、大切思給候者也」とみえる。

しかし、保延七年（一一四一）から寿永三年（一一八四）まで四十三年の年月が経過する。この間、少なくとも保元・平治（平治元年〈一一五九〉）以前には、池大納言家の庄であった可能性は少なくなる。正嘉元年（一二五七）九月十七日の三条局譲状案（久我家文書）には、「ゆけの庄」預所がみえる。池大納言家領は、久我家に相伝された。

つぎに、『台記』の康治二年（一一四三）七月廿四日条の本文を検討する。康治二年は、法然上人の父漆時国が夜討ちされた保延七（永治元）年から数えて足掛け三年目である。源内定明に関する本文は、つぎのとおりである。

　権大納言宗輔来談云、故堀川院御時、有二馬允定国者一本滝口、自一﨟任馬允、堀川院崩後叙、自二滝口時一常召仕、任二馬允一後猶召仕、是依二細工一也、

とある。権大納言の藤原宗輔が『台記』の著者藤原頼長家に来て言うには、故堀川上皇のとき、法然上人の父を殺した源内定明の父の定国は、元滝口であった。一﨟とはおそらく滝口の一番の長老の意味であろう。一﨟から馬寮の允に任命されたが、堀川院の崩御ののちに叙せられた。定国は、滝口の頃より常に召仕えていて、馬允になったのちもなお召仕えていたのである。これは、宗輔の庇護と細工技術によったものである。

　且令レ有レ使二于笛笙等修造一之故也、或又直承二勅命一、上崩後恋哀无レ止、常来二宗輔家一、相与語二上生存時事一、

その理由は、定国が笛や笙の修理に巧者であったゆえである。また直接勅命を承けても、堀川院が崩御された後

にも哀しみは止まなかった。常に宗輔家に来て、ともに生前の堀川院のことを語り合った。

又曰、上崩後生二龍王一在二北海一、我将二詣其所一、余（頼長）問曰、因レ夢知歟、納言云、不レ言下因二何事一知上之、又不レ問レ之、尤遺恨、納言曰已下大納言答余之詞也、又曰、大納言更又語二定国事一、幾許年之前、自今年八、九年也、定国以二其子定明一、令レ持二消息一送二宗輔一、

また、宗輔の言うには、堀川院は死後には龍王に生まれ、北海においでになる。我（定国）北海に行かんとす。頼長が「夢によって知ったのか」と問うと、宗輔は「何事によって知ったのかいわなかった。問うこともなかった。もっとも心残りである」と答えた。大納言宗輔は、さらに定国のことを語る。「何年か前の年、今から八、九年前、定国が子息定明に手紙を持たせて、宗輔に送ってきたことがあった」。

其書曰、「如二先日申一、已参二故院御在所一、常令レ奉レ恋給之由、」宗輔奉レ恋也、若見参之者可二申達一、定明本二望滝口一之間、宜便可レ挙レ申、定明不知文(某イ)、其書仮名、其先哭泣後問故、定明曰、定国下二向美作国一、出家之後、期年而造龍頭舟乗之、又以二仏経一置二其内一、懸レ帆南風烈時浮二北海一、舟差レ北速走、子息以二是日一発レ喪、以二是日一為二忌日一矣、

消息には、定国は先帝を慕っていたので、先帝のご在所（堀川院）に行った。それは、宗輔も変わらぬ気持ちであった。子息の定明は、滝口を望んでいたのだという。そしてその消息は、定国が文を知らなかったのか、仮名書きであった。宗輔は、この話に泣いたのち、さらに問うたところ、定明が言うには、定国は美作国に下向して、その後、出家したとある。また「期年」、つまり今から八、九年前の「今」とは、康治二年（一一四三）から数えて保延元年（一一三五）か、保延二年（一一三六）ということになる。法然上人の父が殺されたのが、保延七年（一一四一）であって、ごく近い事件なのである。堀川院の没年が大治四年（一一二九）であるから、保延元年は、堀河天皇の七回忌に当たる。レ点をつけて、「年ヲ期シテ」龍頭舟を造って龍王の国の北海を目指したというのである。

子息の定明は、この日を父の忌日にした。この文面を見ると、天皇の死後のようであり、法然上人の父の死の年は、定明が美作国に赴任していた期間である。

予（頼長）問曰、其消息猶在歟、答云、尚在、今上受禅之時、予　為二東宮傅一、給二滝口一人一、宗輔云、有下望二滝口一之者上、申二請欲レ補、予問曰、誰人、宗輔曰、依二故定国遺言一、欲レ補二子定明一、予依二先約一他人不二承諾一、終身為レ恥、不賞忠臣子之故也、宗輔不レ忘二遺言挙一之、賢哉、件定国・定明、等非宗輔家臣

とある。「予」は頼長のことで、「その消息今も尚在りや」と問うと、「在ります」と宗輔が答える。頼長は、今上の近衛天皇が即位されたとき東宮傅となり、滝口武士一人を給せられた。宗輔が言うには、「滝口を望む者がおり、補せられんことを願います」。頼長が「誰人ぞ」と言うと、宗輔は、「故定国の遺言によって、定明を補せられんことを申請しております」。頼長は、「先ノ約ニ依リ他ノ人ヲ承諾セズ、終身ノ恥トナシ、不賞忠臣ノ子ノ故也」と。宗輔は、「遺言ノ挙ヲ忘レジ、賢ナル哉」と言う。さらに割注に「定国ト定明ハ、宗輔ノ家臣ニ非ズ」と、わざわざ記録している。

長々と『台記』本文を挙げた。頼長と宗輔の会話から定明の父は、笛や笙の修理を通して堀川院や宗輔などの上級貴族と親交があって、珍重されていたのである。この堀川院との交流を縁にして、確かに美作国に赴任しており、その子の定明が預所職に在ったのも、このような上級貴族の推挙があったからである。そして、先帝堀川院に殉じて北海を目指して渡海した忠臣という評価を受けていたのである。その子息の預所源内定明は、法然上人の父を殺した三年後、美作国から京都に帰っており、権大納言藤原宗輔の推挙によって当時東宮傅であった左大臣藤原頼長付の滝口武士になっていた。

この事実は、法然上人の伝記にはみえないものである。したがって、上人の父は、国司の補佐役である久米の

稲岡庄居住の押領使である。おそらく預所というのは、天皇直下の女院が本家で、女院が領家の預所を現地に赴任させて年貢を徴収させた。その年貢の徴発を役割とする忠実な預所職と国司側とは対立していた。その対立とは、庄園の崩壊期にあって、開発領主と預所との間の利害をめぐる地方での経済的軋轢が、政治的対立を助長させていたものであろう。その矢面に立っていたのが上人の父の立場だったように考えられる。すなわち、定明は、庄から追われる立場にあるから、そこに抵抗があったといえる。一方、国司と押領使は、庄の解体を推進する側なのである。その武力的背景となるのが、国司機構から育ちつつあった国衙武士階層であった。したがって、つぎの時代の武士階層の中心に成長する軍団の長でもある。

漆一族のその後の生き方が分かれれば、このことは明確になると思う。

おわりに――美作国の宗教状況

久米郡稲岡庄は、平安時代初期には南北に分かれていたらしいが、鎌倉時代後期に足利氏の所領として稲岡南庄の名前でみえる。さらには、久米郡内南部一帯は、熊野社領が散在していて修験道が盛んであったことが読みとれる。

それは、稲岡庄だけでなく、美作国は、高野山系真言宗が圧倒的に多い国柄であり、仏教寺院は、久米南町では、高野山真言宗寺院が五カ寺、日蓮宗二カ寺、天台宗一カ寺、浄土宗二カ寺となる。この浄土宗の二カ寺は、誕生寺と浄土院で両方とも「字里方」である。それこそ、上人の誕生された故地だけに点として存在するのみである。真宗の存在もなく、浄土系の存在が認められないのである。

久米南町の周辺は、真言宗寺院の数が圧倒的である。そのなかでも、久米郡中央町打穴下に修験道大円寺、吉備郡真備町市場に安楽院などがみえる。いま、稲岡のある誕生寺周辺は、段々畑や田が広がる丘陵的地形である。久米南町は、ここから山手に入ったところで、誕生寺から「字別所」までの道程は、突然山岳の中に入って行く不思議な思いがする幻想的な地域である。この一帯が、弓削高原である。この弓削高原は、周囲十キロメートルはあるかと思われるすり鉢状の盆地で、山頂部分に小集落が点在し、田畑は山腹に、千枚田のようにへばり付くように作られている。一方、盆地の東側山岳を隔てて平地があり、国道五三号線が南北に縦走している。その平地が弓削庄だと考えられる。弓削庄が弓削高原に存在したとすると、農民というよりもむしろ、山に生きる杣人の荘というべきで、浄土院や誕生院は弓削高原の麓集落にあたる。先述したように、伝承かもしれないが、やはり弓削庄の平地という地域性を取る方が妥当である。

註

（1）「荘園制の展開」（永原慶二『荘園』、評論社、一九七八年、一九八頁。

（2）『中国地方の荘園』〈講座日本荘園史9〉、吉川弘文館、一九九九年所収。

参考文献

梅原　猛『法然の哀しみ』〈梅原猛著作集10〉、小学館、二〇〇〇年。

中里介山『法然』、浄土宗出版室、二〇〇〇年復刻版。

田村圓澄『法然』、吉川弘文館、一九五九年。

永原慶二『荘園』、評論社、一九七八年。

三好基之「美作国」（『中国地方の荘園』〈講座日本荘園史9〉、吉川弘文館、一九九九年）。

證空の造形芸術と信仰

中西　随功

はじめに

小稿では西山派祖證空（一一七七～一二四七）の造形芸術を通して信仰の変遷をうかがってみたい。およそ造形芸術とは人間の視覚に訴える芸術のことであり絵画・彫刻・建築・工芸などが含まれる。具体的に證空がどのような造形芸術と関係しているかとの全体像については明らかではない。だが、證空についての史料や伝記および現存している遺物等により、いささか知られる。そして、この造形芸術と深い関連を持つのが信仰である。いわゆる信仰が具承化されて造形芸術が作られるのである。それゆえに創作された造形芸術には必ず信仰の内容がこめられている。このことから造形芸術との関係を年代順に並べることにより、信仰の推移についても知られる。ここに證空の信仰について多角的に考察していく一方途(1)として、造形芸術との関わりに注目してみたい。そしてこの視点から證空と造形芸術との関連に注目しつつ信仰の変遷についてうかがってみたい。

一　専修念仏宗と造形芸術

まず、師法然（一一三三～一二一二）と造形芸術についてはいかがであろうか。実は小稿の論題は法然の専修念仏宗の信仰と造形芸術との関わり方を前提としているのである。それゆえにこの事柄はむしろ法然とその門下に及ぶものである。とりわけ専修念仏宗の信仰と造形芸術との関係が、旧仏教からの法難において問題化されるのである。(2) そこで前提となる法然の立場から造形芸術に関わり證空に及ぶ内容をみていくことにする。

法然の専修念仏宗は、造形芸術に対する立場をそれ以前の仏教から大きく展開させる。いわゆる平安仏教においては観想の修行の対象として造形芸術は多大な意味を持つものであった。そこで、おびただしい数の華麗な造形芸術が作られている。(3) もとよりこの風潮は末法思想と源信（九四二～一〇一七）の浄土教を源泉とする。いわゆる源信の『往生要集』は、天台教学に立脚する浄土教である。それゆえに源信は念仏においても観想の立場である。つまり、心観為宗実相為体の立場から阿弥陀仏と極楽浄土を深く認識するのである。一方、法然は凡夫救済の意趣から阿弥陀仏の名号を口称することを勧める。

このように全く異なる念仏観であることは周知のごとくである。だが、法然は源信の『往生要集』から多大な思想的影響を受けていることも看過できない。たとえば『往生要集』に、すでに善導（六一三～六八一）の浄土教の受容がみられること。さらに念仏は諸行に比べて修し易い行であり、しかも功徳の勝れた行であること。そして、法然は『往生要集料簡』一巻を著して称名念仏を重視する立場から『往生要集』を解釈していること。また、法然は称名念仏こそ往生行であり諸行は往生行ではないと主張する典拠を『往生要集』に確認している。その結果、凡夫の往生行として諸行を選び捨てて、称名念仏を選び取るのである。

この法然による仏道についての選取・選捨が当時に問題となることが知られる。もとより『往生要集』においても念仏を最勝の行とする。だが念仏以外の諸行を否定するものではない。つまり、源信は念仏と諸行をともに修していく立場である。この源信と法然との諸行に対する理解の差異が、社会問題の法難を起こすことになる。法然の専修念仏宗は口称を趣旨とするゆえに造形芸術の宗教的価値が薄くなる。しかし、法然においても造形芸術を全面否定するのではない。実は法然は念仏信仰の助縁となる造形芸術についての価値は認めている(4)。

こうしたことから、専修念仏宗において特色ある造形芸術が作られてくる。たとえば図像としては、知恩院蔵「早来迎図」、禅林寺蔵「山越阿弥陀図」、粟生光明寺蔵「四十九化仏阿弥陀聖衆来迎図」や「二河白道図」などである。これらは豊かな図像的な内容を持つものである。さらに法然の専修念仏宗のなかで造形されるものとして、阿弥陀如来像、善導大師像、浄土五祖図、法然上人真影、浄土曼茶羅等がある。

このなかで旧仏教からの法難に関係してくるのは摂取不捨曼茶羅である。つまり、元久の法難での『興福寺奏状』「第二図ニ新像ヲ失」における指摘である。貞慶が「地獄の絵像を見るの者は、罪障を作ることを恐れ、この曼茶羅を見るの者は、諸善を修することを悔ゆ」と、また「偏に余善を修して、全く弥陀を念ぜざれば、実に摂取の光に漏るべし。既に西方を欣び、また弥陀を念ず、寧ぞ余行を以ての故に、大悲の光明を隔てんや」と指弾している。いわゆる専修念仏と諸行、阿弥陀仏の救済の平等性についての批難である。さらに明恵（一一七三〜一二三二）は『摧邪輪』において摂取不捨曼茶羅の構図を紹介したのちに、「この像の処々に遍満して情け無き愚人等ことごとく皆これを信伏し称名の行に専一ならず」と述べる。つまり明恵は、専修念仏宗が阿弥陀仏の救いを信じ、諸行の精進を怠りさらに称名念仏をも修していないと指弾するのである。ここにも阿弥陀仏信仰と仏道との関係の在り様が問われている。当時の無住（一二二六～一三一二）は念仏者による摂取不捨曼荼羅の絵解きについて『沙石集』につぎのように記している。

都ニ念仏門流布シテ、悪人ノ往生スベキヨシイヒタテヽ、戒ヲモタモテ、経ヲモ読人ハ、往生スマジキ様ヲ、曼陀羅ニ図シテ、貴ゲナル僧ノ経ヨミテ居タルニハ、光明サヽズシテ、殺生スルモノニ、接取ノ光明サシ給ヘルヤウヲ書テ、世間ニモテ遊ケル比、南都ヨリ公家ヘ奏状ヲ奉ル事アリケリ。（中略）愚痴ノ道俗ハ、偏執我慢ノ心ヲ以テ、持戒修善ノ人ヲバ「悪人ナリ、雑行ナリ、往生スマジキ者」トテ、謗リ軽シメ、造悪不善ノ者ヲバ「善人ナリ、接取ノ光明ニ照サルベシ、往生決定」ト、打カタムル邪見、大ナル咎ナルベシ。

この内容からも専修念仏宗と釈尊の諸行との関係が法難に及んでいることは理解できる。

以上の内容から法難における専修念仏宗による造形芸術の問題点がうかがえる。ここに問題として二点を挙げることができる。

第一点は、専修念仏と諸行との関係についてである。いわゆる阿弥陀仏の浄土への往生行としての念仏と諸行の選択の問題である。あるいは専修念仏宗の立場において諸行を全面的に否定するか一部肯定するかの問題ともなる。さらには専修念仏宗の阿弥陀仏信仰と教主釈迦信仰の二尊の関係についての問いでもある。

第二点は阿弥陀仏の救済の平等性についてである。前述したごとく、摂取不捨曼荼羅に描かれている内容においては、諸行を修する者は阿弥陀仏の救済の対象とはならない。そこで、阿弥陀仏が念仏者のみを救済するのであれば、不平等となるとの問題である。

この二点は法然や門弟に課せられてくる法難における問題である。しかもこの二点はただ摂取不捨曼荼羅においてのみ問題となるのでなく、旧仏教の指弾の主旨でもある。たとえば『興福寺奏状』における「第三軽㆓釈尊㆒失・

第四妨二万善一失・第六暗二浄土一失・第七誤二念仏一失・第八損二釈衆一失」等はこの二点の指摘と共通する。そのほか、「第二図二新像一失」においては、師資相承の内容が問われる。この事柄に対して専修念仏宗は浄土五祖図にて対応している。つまり、法然は『選択本願念仏集』第一章私釈段にて「今言フ所ノ浄土宗ニ師資相承血脈ノ譜有リヤ、答ヘテ曰ク聖道家ノ血脈ノ如ク浄土宗ニモ亦血脈有リ」と述べて、血脈の人師として曇鸞・道綽・善導・懐感・少康の五師を明らかにしている。この浄土五祖図は、祖師方の恩徳を思慕し報謝するために描かれた造形芸術である。それに加えて対外的には法難に対応する意味も含まれている。このように『興福寺奏状』においても多く造形芸術に関連している課題である。

さて、法然は前の二点に対していかなる見解に立っているのであろうか。まず『無量寿経』に「如来、無蓋の大悲をもって、三界を矜哀したもう。所以に世に出興して、道教を光闡し、群萌を拯い恵むに真実の利をもってせんと欲す」という如来出世本懐の経文がある。いわゆる、衆生をして阿弥陀仏の極楽浄土に往生させるのは如来の本意である。これについて法然は『無量寿経釈』につぎのように述べている。

> 釈迦無勝浄土ヲ捨テ、此ノ穢土ヲ出デタマフコトハ本《モト》浄土ノ教ヲ説キテ衆生ヲ勧進シテ浄土ニ生ゼシメンガ為ナリ。弥陀如来穢土ヲ捨テ、彼ノ浄土ニ出デタマフコトハ本穢土ノ衆生ヲ導キテ浄土ニ生ゼシメンガ為ナリ。是則チ諸仏ノ浄土ヲ出デ穢土ニ出デタマフ御本意ナリ。善導ノ釈ニ云ハク、釈迦ハ此ノ方ヨリ発遣ス、弥陀ハ即チ彼国ヨリ来迎シタマフ彼ニ喚ビ此ニ遣ル等云々是則チ此ノ経ノ大意ナリ。

この経説の理解により、法然は具体的に「何ガ故ゾ第十八願ニ一切諸行ヲ選捨シ唯偏ニ念仏ノ一行ヲ選取シテ往生ノ本願ト為シタマフヤ」と問いを設けている。

それに自答して、

聖意測リ難シ。輙ク解スルニ能ハズ。然リト雖モ今試ニ二義ヲ以テコレヲ解サン。一ニハ勝劣ノ義、二ニハ難易ノ義、初メニ勝劣トハ念仏ハ是《コレ》勝ナリ、余行ハ是劣ナリ。所以ハ何ナレバ名号ハ是万徳ノ帰スル所ナリ。然レバ則チ弥陀一仏ノ所有ノ四智三身十力四無畏等ノ一切内証ノ功徳、相好光明説法利生等ノ一切ノ外用ノ功徳、皆悉ク阿弥陀仏ノ名号ノ中ニ摂在ス。故ニ名号ノ功徳ハ最モ勝ト為ルナリ。余行ハ然ラズ、各一隅ヲ守ルノミ。是ヲ以テ劣ト為ルナナリ。(中略)次ニ難易ノ義トハ念仏ハ修シ易ク諸行ハ修シ難シ。故ニ諸仏ノ心ト云フハ慈悲ヲ体ト為シ、此ノ平等ノ慈悲ヲ以テ普ク一切ヲ摂スル。仏ノ慈悲ハ一人ヲモ漏ラサズ一切ヲ利スベシ。

と述べる。ここに法然は勝劣と難易の二義により、明らかな見解を示している。さらに、法然は『選択本願念仏集』に「余行ハ本願ニ非ズ、故ニコレヲ照摂セズ。念仏ハ是《コレ》本願ナリ、故ニコレヲ照摂ス」と述べる。ここに法然の立場から明らかな説を述べている。

その他、専修念仏宗の造形芸術において法難と関係するものとして「二河白道図」がある。この「二河白道図」は善導の譬喩であり貪愛(水河)と瞋憎(火河)の煩悩によって消えうせるような清浄な信心(白道)でも、他の者(群賊・悪獣)の妨げを受けずに堅固に浄土往生する意趣が描かれている。この「二河白道図」について明恵が「聖道門を以て群賊に譬ふる過失」と指摘してくる。この点についての證空の理解はつぎのようである。

また、「群賊や悪獣が襲いかかってきた」というのは、大師は私どもの六根・六識・六塵・五陰・四大ということであると述べられている。そして、ここで「群賊・悪獣」というのは私共に襲いかかってくる者であるとして表されているのである。それは、私共の貪愛・瞋憎の煩悩によって悪業がますます盛んになることを表している。

ここで、群賊・悪獣を六根・六識・六塵・五陰・四大に喩え、後では別解・別行・悪見の人に喩えている。

これについては二つの理解ができる。

まず、第一は群賊・悪獣を六根等に喩えるのは、詐り親しんで我々を殺そうとする点を喩えるのである。また、群賊・悪獣を別解・別行人等に喩えるのは勝手に自分の考えを述べて相手の信心を乱すことを喩えるのであり、東岸より戻ってこいと叫ぶのはその事を喩えているのである。

もう一つの理解は六賊と六塵とを合して、両方を同時に示しているとする理解である。(5)

以上のように専修念仏宗による造形芸術が法難に関わっているのである。そのような視点から法然門下の対応について検討していくことも必須であろう。

二　證空と造形芸術

さて、證空は生涯において具体的にどのような造形芸術と関わっているのであろうか。とりわけ造形芸術に関連して法難に及ぶ前述の二点についての対応に注目される。ここで、證空の生涯について便宜的につぎの四期に区分したい。

第一期……法然のもとに入室出家してから法然入滅までの時期
第二期……西山往生院に入院してから嘉禄の法難までの時期
第三期……嘉禄の法難から六十五歳頃までの時期
第四期……六十五歳頃から入滅までの時期

この区分によると第一期は二十三年間、それ以外はほぼ十五年間ほどになる。

まず、第一期は證空が法然の許に入室出家して以来、法然が入滅するまでの期間である。いわゆる、建久元年（一一九〇）から建暦二年（一二一二）の間である。この時期は法然が五十八歳から八十歳であり、證空は十四歳から三十六歳までになる。この第一期において證空は法然より仏教を学ぶとともに諸師より修学している。(6)そして、法然が『選択本願念仏集』を撰述する会座にて、證空は二十二歳で勘文の役を勤めている。勘文とは諸事を勘《かんが》え調べて上申する文書である。それゆえに、證空は、この会座にて経論の諸書に典拠を尋ねる編集の助手をしたのであろう。この法縁によっても證空はひろく諸経論を読むことになる。

その後、證空は二十八歳で元久の法難に遇う。この法難において旧仏教は、専修念仏宗に対して釈尊観・仏道観について問うていることは明らかである。また、専修念仏宗における神祇観についても問題となる。(7)さらに證空は三十一歳のときに承元の法難に遇う。この法難のなかで證空は河内磯長の太子御陵(8)（叡福寺）にて修学する。この太子御陵には天台宗の止観の碩学である願蓮（生没年不詳）が住していた。この願蓮は法然と親交していたことが知られている。法然は證空に対して法難を避けたいという思いから、願蓮を頼みとして太子御陵に送ったのであろう。そのことから、證空の仏教研鑽の広がりも充分にうかがえるのである。とくに、證空は願蓮の住居である太子御陵内の東福院(9)にて天台止観を修学している。そして、證空は建暦元年（一二一一）四月二十三日に三十五歳で太子御陵に二重塔を建て、仏舎利器を収めている。(10)この仏舎利器は叡福寺に現今も所蔵されている。

この證空寄進の仏舎利器は、外側から鉄・銅・銀の三重の容器になっている。鉄製容器の大きさは原寸径十センチメートル程度である。そして、銅容器蓋には『法華経』方便品の銘文「是法住法位世間相常住於道場知己導師方便説」と刻み、また銀容器蓋には如来寿量品の銘文「毎自作是念以何令衆生得入無上道速成就仏身」と刻んでいる。これに続いて「建暦元年四月二十三日沙門證空造之」と記している。この事実から、證空は太子信仰の霊跡にて釈迦信仰を持ったことが知られる。この證空の釈迦信仰については慈円（一一五五〜一二二五）始行の報恩舎利講への結縁によってもうかがえるであろう。[11] 実は證空は願蓮のもとで天台止観を修学することにより、幅広い立場から仏教を理解できることにもなった。これは他の人師と異なって捨聖帰浄の体験を持たない證空には貴重な内容である。

ここで、光宗（一二七六〜一三五〇）の『溪嵐拾葉集』にみられる念仏について注目してみたい。光宗は鎌倉から南北朝時代の比叡山に口決相承していたさまざまな伝承を詳しく書き留めている。この『溪嵐拾葉集』には念仏について四種に分類している。いわゆる、秘密念仏・天台宗の念仏・通大乗の念仏・浄土宗の念仏である。第一の秘密念仏とは真言宗の立場における念仏である。本書には「念仏とは本有の風息なり。実の如く息命の息を知る。出入の息自然に阿弥陀願海に帰入するなり」と説明している。第二の天台宗の念仏については「阿弥陀の三字は空仮中の三諦なり。故に釈に云ふ、心観為宗実相為体と。唯心の浄土己身の弥陀の意なり」とある。いわゆる、これは天台止観の立場からの念仏である。第三の通大乗の念仏とは源信の『往生要集』の意趣とする。つまり、諸教において讃す所は多く阿弥陀仏に在すと述べる。第四に浄土宗の念仏とは善導の意での理解である。この念仏は聖道の此土入聖得果と異なり、浄土宗の念仏は彼土得聞である。つまり、有智無智を論ぜず、有戒無戒を論ぜず、浄不浄を論ぜず、ただ阿弥陀仏の超世の悲願に帰命していく称名念仏である。聖道が智慧を極めて出離するのに対し、法然の教旨は愚痴に還って往生すと述べる。

このことから證空が念仏を大乗仏教の上に意義づけていく教学の指向をうかがえる。法然の勧めにより證空が太子御陵に遊学することに、その萌芽が知られるのである。

第二期は法然が入滅した翌年からである。つまり、建保元年（一二一三）に慈円の譲りを受けて證空は善峰寺北尾往生院に住す。それ以来、嘉禄の法難までの間である。この時期は證空においては三十七歳から五十歳まである。この期間における證空の特色は、ひたすら善導の浄土教を研鑽していることである。それは法然の偏依善導一師の教示を受けたものである。具体的には建保三年（一二一五）五月二十九日に『観経疏』玄義分の講述を始めている。それ以後、建保四年（一二一六）五月二十八日には序分義、承久元年（一二一九）九月には定善義、承久二年（一二二〇）五月には散善義、承久三年（一二二一）八月十四日には『観念法門』、貞応元年（一二二二）八月二十九日には『般舟讃』、元仁元年（一二二四）四月二十六日には『往生礼讃』と続いて講述している。この講述は證空が三十九歳から四十八歳に亙る期間である。しかもこの講述の場所は畿内一円に及ぶのである。[12] この第二期における證空は善導に対する祖師信仰を特色としている。[13]

第三期は嘉禄の法難以後の約十五年間である。つまり、證空は貞永年間（一二三二〜一二三三）に信州善光寺に参詣し、当麻曼荼羅の模写を奉納していく頃までになる。證空のこの時期における造形芸術との関係については当麻曼荼羅にあるといえる。證空が当麻曼荼羅を拝んだのは『善慧上人絵』によると寛喜元年（一二二九）三月二十六日とある。證空は五十三歳で当麻寺に参詣していることになる。だが推察であるが、すでにそれ以前に当麻曼荼羅と出会っていると考えられる。[14] しかし、第二期に善導の教学を研鑽するなかから当麻曼荼羅の絵相の真価を発見できたのである。『善慧上人絵』には、当麻曼荼羅は善導の『観経疏』の文を移し織られていることとともに、證空が平素に指授していた教旨が証明されたと記している。その一つに第十三雑想観における三尊の身量がある。いわゆる三尊の功徳は、阿弥陀仏の依正の体を表すのであるから、その身量を同等とすべきであると證空は考えていた。実に当麻曼荼羅にはそのように織られていたのである。この感銘により證空は田地を不断念仏供料として寄進している。その寄進文が曼荼羅堂の正面の柱に書き付けられていたのが、当麻寺の宝庫から昭和十六年七月に発見され、保存されている。その寄進文は次のごとくである。

右（上闕ク）件田者［　　　　　　　　　　］催□旨之□□□当寺参詣ニ、然間拝見化人蓮糸曼荼羅、□□往生極楽之浄□□曼荼羅為体、観経解尺〔釈〕之中、殊順善導証定之義、章段分別之趣、不違短慮析簡之旨、信心□□□□弥陀仏之一望宛省対生身菩薩衆之調管絃□疑発起□□、是浄土之要門□□□、濁世之出離在此砌、本願□□□□済世［　　　　　　　　　　］、件田□□宛不断念仏供析、［　　　］［　　　］永所施入也、［　　　］［　　　］仍所記如件、

寛喜元季己丑、三月廿六日　　沙門〔證空〕（花押）敬白

その後、證空は当麻曼荼羅を模写して関東への遊化の節に諸寺に寄進している。しかも證空は当麻寺にて迎講を始行している(15)。この当麻曼荼羅の絵相は阿弥陀仏と極楽浄土である。ここに阿弥陀仏信仰は確かなものとなっている(16)。そして、證空は迎講という法会において現実に往生の相を表現していく。また、来迎図においても阿弥陀聖衆が坐像から立像に描かれるようになるのは当麻曼荼羅の影響とされる。つまり、当麻曼荼羅下縁の九品来迎図における坐像と立像とも関連する。そして、證空が立像を新様とみていた見方と関係深いとされる(17)。このように證空には造形芸術を読み解く能力とともに、表現していく活動がみられる(18)。

この第三期には嘉禄の法難が起こっている。前に述べたように、嘉禄の法難において明恵が法然の『選択本願念仏集』の内容についての批難をする。この課題は法然の門弟に対して課せられてくるのである。それについて證空は阿弥陀仏信仰から釈尊をいかようにみるかとの見解を示していくことになる。実はそれがつぎの時期において證空が具体的に造形芸術として釈尊観を表現する由縁なのである。

第四期は證空の六十五歳頃から入滅までの約十五年間である。この時期における證空は釈迦弥陀の二尊の信仰を特色とする。その内容が具体的に造形芸術に表れている。それは大山崎大念寺来迎仏像・浄橋寺梵鐘・遣迎院二尊像との関係においてうかがえる。

まず大山崎大念寺来迎仏像からは、證空が六十七歳の寛元元年（一二四三）二月一日に納入した写経等が発見されている。[19] この来迎仏像は證空や道覚法親王[20]（一二〇四〜一二五〇）らが発願し造立されている。この胎内には『無量寿経』上下巻、『阿弥陀経』『観無量寿経』の浄土三部経をはじめ、『法華経』如来寿量品、善導の『観無量寿経疏』玄義分を書写している。その場には遊心・證慧・円空・浄音・有能・慧敏阿弥陀仏・専信・範祐・遊観・念光・感空・證因の十二名がみえる。これらは證空の流れを継ぐ門弟らである。この門弟のなかで西谷義浄音は『無量寿経』の中間部の校訂を担当している。だが、一日頓写によることから書写の重複や欠落等の不備がみえる。しかし、これらの経典等の選定については證空によることは確かであろう。[21] これらの経典等のなか、浄土三部経と善導の玄義分は浄土宗の正依の経論である。とくに玄義分が選ばれているのは、善導の阿弥陀仏と浄土についての玄意が示されているからである。そして玄義分序題門には善導の仏教観が示され、また玄義分定散料簡門には、釈尊の諸行についての理解が明らかに示されている。さらに『法華経』は太子御陵の舎利器への銘文と同じ如来寿量品が選ばれ、釈尊についての注目が知られる。そして『梵網経』は釈尊の仏道を教示する円頓戒の根本経典である。この経典等の選定により、證空の釈迦弥陀二尊の信仰が現れていることが、同じく納入されているつぎの一紙により明らかである。

四戒相承　金剛宝戒　諸仏本源　敬帰弥陀
依心起行　八万余門　釈尊教説　成十六観
六字具足　開顕弘願　善悪凡夫　皆得往生
願以此功徳平等施一切同発菩提心往生安楽国
南無阿弥陀仏　沙門　證空

比丘尼　喜忍

この一紙は四戒相承ノ文と呼ばれる短文であるが、ここに證空の仏教観や信仰が簡明に示されている。とりわけ釈迦弥陀の二尊の関係については注目される。つまり、この偈文の初めには、『梵網経』に説く盧舎那仏から釈迦・菩薩・衆生へと相伝される戒法は一得永不失の金剛宝戒であり、諸仏の本源であり、弥陀に敬帰して戒徳が成就すると示されている。そして、釈迦一代の諸経典には八万余門の対機説法の法門が説かれている。

これに対して自力の修行である行門に堪えない凡夫のために他力の観門を説く。それが『観無量寿経』の正宗分十六観である。この観門によってこそ凡夫は『無量寿経』の弘願を領解する。この方途により、善悪の凡夫が等しく浄土往生できると示している。ここに釈迦弥陀の関係について證空は明確に述べているのである。

つぎに浄橋寺は西宮市生瀬町にある證空の建立寺院である。證空は嘉禎四年（一二三八）秋に有馬温泉に遊行する途中に、琴鳴山の麓で盗賊にあい、その人々を教化して武庫川に橋をかけさせる。『慧善上人絵』には、

摂州武庫川のほとりに一の伽藍をたて浄橋寺と号す。十間四面の堂をつくりて弥陀三尊の像を安置し、十三重の宝塔をたてて数粒の仏舎利を納めらる。

と述べている。このように湯乃山街道の要路になる生瀬に橋をかけた因縁から建立した寺院である。證空は六十五歳になる仁治二年（一二四一）に起工している。その二年後の寛元元年（一二四三）五月二日に後嵯峨天皇から勅願の綸旨を受けている。そして本尊として丈六弥陀三尊（重文）を奉安している。翌寛元二年（一二四四）九月には證空の発願にて梵鐘（重文）を鋳造している。しかも、この梵鐘には銘文が陽刻されている。

この銘文は『梵網経』『涅槃経』の偈文から始まる。この『梵網経』は釈迦の成道直後の経典である『華厳経』の結経である。そして『涅槃経』は釈迦の最後の説法である。さらに善導の『観経疏』玄義分の釈文、続いて浄土

三部経の要文を刻んでいる。これらの構成から釈迦の要文により、弥陀の名号に帰して衆生が往生する内容が知られる。[22] この経文の銘文に続いて證空は願文を刻んでいる。

（前略）仏子阿練若をトして堂舎を排き、浄橋寺を以て題額と為す。仍って晃氏に命じて鴻鐘を鋳ること有り、（中略）これを鳴らす毎に舎那浄満の戒体普く衆類を納得し、これを叩く毎に弥陀誓願の名声広く三有に流伝せんことを。時に寛元二年無射九月作銘曰（後略）

等とある。これにより梵鐘の響きに戒と念仏との流布を願っている。

また、白川遣迎院は證空が入滅した寺院である。この遣迎院には釈迦弥陀の二尊像が安置されている。[23] この遣迎院については『善慧上人絵』ではつぎのように紹介している。

法性寺の遣迎院は、月輪殿峯殿なども程とおからず、洛陽の化導たよりあるべければとて、光明峯寺殿の御さたにて、はじめは人屋を点じて、上人の住処とさだめられける。後に仏閣をひらきて、釈迦弥陀二尊の像を安置し、発遣来迎の利益をあおぎて、寺号をも遣迎とぞつけられける。

つまり、藤原道家が證空に帰依して伏見大路の東、三ノ橋南に建立され、釈迦弥陀二尊は安阿弥快慶（生没年不詳）作と伝える。この二尊を祀る遣迎院にて證空は宝治元年（一二四七）に入滅することにも、二尊に対する信仰の意味を考えさせられる。

三　證空の信仰の推移

證空の生涯について以上のように四時期に区分した。そして、證空の信仰について造形芸術との関連において特色をうかがってみた。いわゆる、第一期は太子御陵に納入した仏舎利器による太子信仰[24]から釈迦信仰への移行時期である。第二期は善導の疏書の研鑽と講述にみられる祖師信仰の時期である。また、第三期は当麻曼荼羅との出会いによる阿弥陀仏信仰の時期である[25]。そして、第四期は造形芸術としては大念寺来迎仏像胎内経典等、浄橋寺梵鐘の銘文、遣迎院の本尊などによる釈迦弥陀二尊の信仰の時期である。これは造形芸術を通してみた各時期の信仰の特色についての分類である。

つぎに、これらの四分類の信仰についての證空にとっての意味を尋ねてみたい。まず第一期の釈迦信仰についてはつぎのように述べる。

八日太子御陵 但シ、釈迦ハ父ノ如シト常途ノ教ニ説ケリ。又釈迦、弥陀ヲ父母ニ喩フル時ハ、釈迦ハ父ノ如シ、弥陀ハ母ノ如シト云フ。今浄土ノ法ハ二尊ノ教ナリ。委シク分別シテ、釈迦ハ父ノ如シト云フベシ。然ルヲ、一仏ヲモテ慈、悲ノ二法ニ当ツル事ハ、観門ノ面ヲモテ説ケバ、一向ニ釈迦ノ功ニ帰スルナリ[26]。

この太子御陵における講述において釈迦信仰が明らかである。

つぎに第二期の祖師信仰については善導への傾倒の時期であることから知られる。そのほか、證空の著書『女院御書』には、

まことに故上人の御房の仰せられ候ひける事こそ、ちかくは善導和尚のをしへ、とほくは釈迦如来の御遺言と、ふかく信じ思食べき事にて候へ。かへすがへす目出度候。御疑ひ候べからず[27]。

とあることによっても、釈迦の説法が善導・法然と直伝されることに感銘している。

さらに第三期の阿弥陀仏信仰は證空において根幹をなすことは明らかである。ひろく證空の著書に阿弥陀仏信仰について示している。

一切善悪ノ凡夫、弥陀弘願ニ乗ジテ等シク浄土ニ生ズベキナリ。(28)

このように簡明な言葉で、すべての衆生は阿弥陀仏の弘願によって浄土に往生できると述べている。つぎに当麻曼荼羅の第十三雑想観の三尊の身量について述べている。いわゆる三尊一体の経意の絵相について注目しているのである。

三尊、身異ニシテ、功徳等シ。故ニ、観音ヲ説クニハ、如仏無異、ト云ヒ、勢至ヲ表スルニハ、亦如観世音、ト顕ス。然ラバ、三尊ノ功徳ヲ心得レバ、唯弥陀一仏ノ功徳ナリ。是則チ、釈尊観門ヲ開キ給ヘバ、弥陀ノ弘願顕ル、事ヲ釈成セントシテ、(29)

最後に第四期の釈迦弥陀二尊への信仰についてみていきたい。そのうち大念寺来迎仏像について関わるのは次のごとくである。

釈迦ハ能ク浄土ノ法ヲ説キテ凡夫ヲ度シ給フ。観門是ナリ。弥陀ハ能ク説カレテ来迎シ給フ。弘願是ナリ。故ニ、此ノ法説カルレバ凡夫必ズ摂セラル。摂セラル、道理顕ル、故ニ、必ズ帰命スベシ。(30)

ここにはとくに四戒相承ノ文の教旨と同じ内容が示されている。

つぎに浄橋寺梵鐘について関連する内容を挙げる。

洪鐘ハ常ニ響アリト雖モ、叩カザル時ハ鳴ラズ。如来正覚ノ響常ニ説教ノ能マシマスト雖モ、当機ノ鐘木、請問ノ手ヲ以テ叩カザル時ハ、説キ給ハズ。洪鐘ノ叩クニ依リテ鳴ルガ如ク、諸教ハ請問ニ依リテ説キ給フト云フナリ。今ノ教ハ然ラズ。韋提ノ請ニ依リテ説クベシト雖モ、請ノ如クハ説カズ、韋提ノ請、行門ノ心ヲモテ序トシテ、請ノ序ヲ説キ改メテ、汝是凡夫、ト説キ顕シテ、初メテ十六ノ観門ヲ説キ給フ。既ニ観門開ケヌレバ、弘願顕レテ、在世ヨリ滅後ニ至リテ、未来悪世ノ衆生ヲ出離ノ正機トスル教ヲ弘通ス。(31)

ここに證空が梵鐘を鋳造した意趣をうかがえるのである。

また遣迎院の釈迦弥陀二尊についての理解に関わる次の文を挙げる。

①釈迦ノ大悲観門ニ依リテ、弥陀ノ願力ノ智恵ノ門開クト云フ心ナリ。是則チ、弥陀ノ弘願ニアラズバ、釈迦ノ観門アルベカラズ、釈迦ノ観門ナクンバ、又弥陀ノ願知ルベカラズ、ト定メテ、二尊ノ教ニ依リテ、凡夫出離ノ道アリト云フ心ナリ。知ルベシ。(32)

②凡夫ノ出離必ズ二尊ノ教ニ依ルヲ以テ、釈迦ノ悲ト、弥陀ノ智ト、常ニ双ビ行ズト云フナリ。云ク、釈迦ノ大悲ノ説ニアラズバ、弥陀ノ願更ニ開クベカラズ。弥陀ノ願ニアラズバ、釈迦ノ説アルベカラズ、二尊ノ計《ハカリゴト》ニ依リテ出離ノ道立ツ事明ラカナリ。(33)

③釈迦如来ハ弥陀弘願ノ慈悲ヲ外ニ主リテ、此ノ界ニ出デ給フ。故ニ、慈尊ノ名ヲ得給ヘリ。此ノ慈尊ニ遇ヒ奉ルハ、弥陀ノ弘願ニ遇フヲ要道トスベシ。故ニ、慈尊ニ遇フト云フハ、弥陀ノ願ヲ信ズルニ同ズルナリ。(34)

④垢障覆深ノ衆生ノ為ニ、五乗ノ法機ニカナハザル故ニ、直チニ観法ヲ修スルハ、事カナヒ難シ。二尊ノ教ニ依リテ往生ヲ得べキ謂アリ。其ノ二尊ノ教ハ、釈尊ノ要門ヨリ弥陀ノ弘願ニ帰スベシ。弘願ノ体ハ称名ヲ詮トス。故ニ、専ラ名字ヲ称スル、垢障覆深ノ衆生ノ易行ノ本タリ。(35)

以上のように證空における釈迦弥陀二尊についての信仰が明確に示されている。

四　信仰変遷の投影

実は證空の生涯における信仰の変遷は、そのまま浄土教信仰への帰入課程として示されている。ここに生涯の生きざまと信仰との不可分な関係を知ることができる。

つまり、證空は善導の教学を修学した結果において、浄土教の信仰の玄意を述べるのに独自の教義用語を使っている。[36] まず、行門・観門・弘願という教義用語である。つぎに、正因・正行という用語である。

この行門とは釈迦の説く法門を自力にて修行していく聖道門の立場を表す。つまり釈迦の諸経において実修すべく説かれる対機説法の諸善である。この行門は聖人のために説かれていて、凡夫にとっては成就することのできない法門である。

つぎに観門とは『観無量寿経』正宗分十六観の法門である。この観門により阿弥陀仏の弘願を観照することができる。そこに阿弥陀仏による救いを領解できることになる。ただ、正宗分十六観には定散二善を説く。だから、その徳目としては釈迦の説く行門と同じである。つまり、釈迦の仏道に対して衆生の立場からいかに関わりをもつかの差異になる。いわゆる行門は衆生に対して自力修行を勧めているとの受けとめである。それに対して観門は釈迦の要門が阿弥陀仏の他力救済の功徳を説き顕しているとの領解である。[37] そして、この観門は弘願と不二一体の関係にある。ここに證空における釈迦弥陀の二尊観の特色も現れてくる。

弘願とは『無量寿経』に説かれる本願成就の大悲である。いわゆる衆生を救済しようとする広弘の誓願のことである。この弘願は、説き顕すことのできない阿弥陀仏の御意である。ただ釈迦は弥陀の御意をうけて観門に説き示している。それが具体的に現れているのが第七華座観の住立空中の仏体であり九品来迎の仏体である。この相が證空の造形芸術のうえの二尊像として形成されていることが考えられる。

そして、この行門・観門・弘願により、衆生の浄土往生する過程も表される。[38] つまり、證空はただちに念仏を口称念仏であるとは規定せずに、阿弥陀仏の正覚成就の謂われを知ることであるとする。つまり證空は、阿弥陀仏が何ゆえに仏身の成就と仏土を建立されたかの因縁を知ることが大事であるとする。ただ、もとより浄土三部経に説示される阿弥陀仏と極楽浄土の相は、衆生の観想をはるかに超えた世界である。だから我が心にてどのように分別しても及ばない世界である。

この「及ぼそうとする観想」（自力修行門・諸経）を捨てて、「及ばないままに」一切を阿弥陀仏の本願力（弘願・無量寿経）にうちまかせていける心境（観門・観無量寿経）を勧めているのが證空の教旨である。そこで、衆生の往生はただ阿弥陀力の願力によるのである。実に凡夫の浄土往生は機の功によるのでなく、すべて阿弥陀仏の正覚成就の功徳のなかに決定している。つまり衆生は阿弥陀仏の弘願を正因として往生するのである。この弘願に気付き憑《たの》むことにより即便往生が叶うのである。これが浄土教における救いである。證空はこの救いの実感のうえに開かれてくる世界についても述べている。それは、正因・正行の教義用語による。いわゆる、正因の上の正行である。證空は正因を自覚し即便往生するところから必ず二尊の恩徳に報謝する実践が現れてくると述べる(39)。そして、正因は阿弥陀仏の弘願であり、正行は釈迦の説く仏道・戒である。これにより、即便往生ののちには戒念一味の相となる(40)。これは造形芸術としては釈迦弥陀二尊を祀る形態となる(41)。

総じて、證空の造形芸術を通して信仰を生涯の四期に当てると、つぎのごとくである。つまり、第一期は行門の立場、第二期は観門の立場、第三期は弘願の立場、第四期は正因の上の正行、戒念一味の立場となる。これは、諸宗の研鑽から釈迦信仰への移行の時期、祖師信仰の時期、阿弥陀信仰の時期、釈迦弥陀二尊信仰の時期への信仰変遷の投影でもある。

おわりに

ここに證空の生涯における造形芸術が信仰と不可分な関係を持つことについて述べた。さらに一言する必要があるのは、證空の造形芸術に対する基本的な理解についてである。いわゆる浄土教における造形芸術は、主に阿弥陀仏と極楽浄土を表現している。それにつけて真と仮に分類している。つまり、真無漏の浄土に限るもの（真）と現実に経験する世界のもの（仮）とである。実は『観無量寿経』には真仮の二相が説かれている。たとえば第八観に説く仏像は仮観であり、第九観には真観を説く。これら十六観はすべて観門との理解から、證空は真仮一同とする。つまり、仏像等は決して単なる偶像ではなく、阿弥陀仏の衆生救済の願力がこもっていると考える。まさに造形芸術そのままが衆生を救う働きをする真仏との理解になる。この具体的な内容は證空が当麻曼荼羅の第十二普観の絵相に感動していることにもうかがえる。実に浄土を観想している私自身がすでに当麻曼荼羅図に描かれているのである。この感動が證空の即便往生の信仰として現れるのである。[42] ここにも證空における造形芸術と信仰の関係の一端がうかがえそうである。

註

（1）祖師の信仰については古来よりさまざまな考察方法がなされていることは言を俟たない。基本的には著書によるが、すでに造形芸術との関連からも研究されている。さらに社会・文化等との関係にも及んでいる。だが、證空についての考察は今後に期待される。拙稿にはこの立場からのアプローチとして「門弟よりみたる西山證空とその浄土教」(『西山学報』第三七号、一九八九年)がある。

(2) 三田全信「『愚管抄』に於ける法然上人及びその門弟の行動について」(『日本仏教』二七、一九六七年)。

(3) 井上光貞『日本浄土教成立史の研究』、山川出版社、一九五六年。

(4) 法然は『選択本願念仏集』第三章段において「念仏は易きが故に一切に通ず、諸行は難きが故に諸機に通ぜず。然れば則ち一切衆生をして平等に往生せしめんがために難を捨て易を取りて本願となしたまえるか。もしそれ造像起塔を以て本願となしたまはば貧窮困乏の類は定んで往生の望みを絶たん。しかるに富貴の者は少く貧賤の者は甚だ多し。(中略)普ねく一切を摂せんがために造像起塔等の諸行を以て往生の本願となしたまわず。ただ称名念仏の一行を以てその本願となしたまへるなり」と造形芸術に対する否定を示している。だが、『逆修説法』には「かくの如く仏像もしくは刻みもしくは画く皆往生の業となると雖も然れども来迎引接の相なおその便宜を獲たり」と往生の業因となる肯定的意味を示している。造形芸術は専修念仏との関わりの面からも念仏信仰に結縁するものとの理解である。

(5) 拙稿「西山證空の二河白道譬理解について」(『西山学会年報』創刊号、一九九一年)。

(6) 拙稿「證空と顕密二教」(『西山学報』第三三号、一九八五年)。

(7) 今堀太逸『神祇信仰の展開と仏教』、吉川弘文館、一九九〇年。同『本地垂迹信仰と念仏――日本庶民仏教史の研究――』、法藏館、一九九九年。拙稿「西山における念仏と神祇」(『日本仏教学会年報』第五二号、一九八七年)。

(8) 西口順子「磯長太子廟とその周辺」(蒲池勢至編『太子信仰』、雄山閣出版、一九九九年)。

(9) この東福院は現存せず、現今も境外地になるが、願蓮の石塔が祀られている。

(10) 景山春樹『舎利信仰』、東京美術、一九八六年。

(11) 拙稿「證空の歴史的位置」(『西山学報』第三〇号、一九八二年)。

(12) 講述場所の移動の理由については伊藤唯真『浄土宗の成立と展開』にある論旨で、「法然教団は直弟を中核として、その周辺に念仏同法者が位置する拡散的な教団として形成していた」とあることから、前掲註(11)拙稿で考察している。

(13) 倉田文作「奈良来迎寺の善導大師像」(『MUSEUM』一一八、一九六〇年)。伊藤唯真「善導信仰の成立」(『浄土宗史の研究』〈伊藤唯真著作集第四巻〉、法蔵館、一九九六年)。

(14) 證空の第一期における太子御陵への遊学のときに二上山を境とする当麻寺への参詣は推察できよう。また、第二期における善導疏の講述場所として太子御陵がみえる。たとえば承久元年(一二一九)十二月二十八日、同二年(一二二〇)三月五日以前、同十二月二十九日から承久三年(一二二一)正月一日、貞応元年(一二二二)九月八日、同十二月二十九日、元仁元年(一二二四)十二月十二日から元仁二年(一二二五)一月一日と、多くは年末近くに太子御陵に赴いている。その路次に当麻寺に参詣していると考えられる。

(15) 伊藤真徹「迎講の一考察」、須田勝仁「当麻寺の迎講」(ともに伊藤唯真編『阿弥陀信仰』、雄山閣出版、一九八四年所収)。伊藤唯真「来迎会――その思想的周辺――」(『当麻寺来迎会民俗資料緊急調査報告書』元興寺仏教民俗資料研究所、一九七五年)。関信子「〝迎講阿弥陀像〟考Ⅱ」(『佛教芸術』二二三号、毎日新聞社、一九九五年)。

(16) 伊藤唯真「阿弥陀信仰の基調と特色」(前掲『阿弥陀信仰』)。

(17) 有賀祥隆『仏画の鑑賞基礎知識』、至文堂、一九九六年第四版。河原由雄「西山派寺院の寺宝調査――とくに證空系観経図の形成と発展に関する図像学的研究――」(『文部省科学研究費による第二次報告書』、一九七九年)。

(18) 『浄土教シンポジウム現代浄土教の可能性』(浄土教研究会編、四恩社、一九九八年)。

(19) 広小路亨「山崎大念寺阿弥陀像の胎内経典に就て」(『日本仏教史学』第二号、一九三一年)。青木淳「西山證空における造像の研究(一)――京都府乙訓郡・大念寺阿弥陀如来立像の造立をめぐって」(『西山学会年報』第二号、一九九二年)に詳しい。

(20) 拙稿「道覚法親王雑考」(『西山学報』第三五号、一九八七年)。

(21) 拙稿「大山崎大念寺来迎仏像の胎内経典について」(『宗教研究』第六九巻第四輯、三〇七号、一九九六年)。

(22) 三浦貫道「浄橋寺の鐘の銘に見えたる西山教義」(『信仰の友』一九二一年八月～一九二二年四月号)。

(23) 遣迎院は移転して現今は京都市北区鷹ケ峰に仏像が祀られている。

(24) 稲垣真哲「太子信仰と浄土宗西山派祖」(『日本仏教学会年報』二九、一九六三年)。
(25) 森英純「初期の西山流における当麻曼荼羅の流伝」(『西山学報』第一三号、一九六〇年)、「西山の阿弥陀仏及び極楽浄土観」(『専修学報』第八号、一九四〇年)。
(26) 『般舟讃自筆御鈔』巻第一(『西山叢書』第四巻、西山短期大学、一九九三年、二頁b)。
(27) 森英純編『西山上人短篇鈔物集』(文栄堂書店、一九八〇年、二三六頁)。
(28) 『観経疏自筆御鈔』玄義分巻一(『西山叢書』第一巻、一九九〇年、二六頁b)。
(29) 『観経疏自筆御鈔』定善義巻二(『西山叢書』第二巻、一九九〇年、七一頁a)。
(30) 『観経疏自筆御鈔』玄義分巻二(『西山叢書』第一巻、四〇頁b)。
(31) 『観経疏自筆御鈔』序分義巻一(『西山叢書』第一巻、一五二頁a)。
(32) 『観経疏自筆御鈔』序分義巻二(『西山叢書』第一巻、二一五頁a)。
(33) 『観経疏自筆御鈔』序分義巻二(『西山叢書』第一巻、二一五頁b)。
(34) 『観経疏自筆御鈔』序分義巻一(『西山叢書』第一巻、一六一頁b)。
(35) 『往生礼讃自筆御鈔』巻第二(『西山叢書』第三巻、一九九〇年、二三頁a)。
(36) この教義用語(特殊名目)については多く解説されている。最近では上田良準『浄土仏教の思想』一一、講談社、一九九二年に簡明に解説されている。
(37) 拙稿「證空浄土教における俗縁の理解」(『日本仏教学会年報』第五九号、一九九四年)にて俗縁についての理解にも及ぶことを述べている。
(38) 拙稿「證空の浄土往生観」(『仏教文化研究』第四五号、浄土宗教学院、二〇〇一年)。
(39) 石田充之『法然上人門下の浄土教学の研究』、大東出版社、一九七九年。
(40) 拙稿「證空の円頓戒」(『印度学仏教学研究』第三五巻第二号、一九八七年)。
(41) 拙稿「證空における二尊教の意義」(『印度学仏教学研究』第四六巻第二号、一九九八年)。
(42) 拙稿「證空の往生観と当麻曼陀羅」(『宗教研究』第七二巻第四輯、三一九号、一九九九年)。

中世山門史料と善導

善　裕昭

はじめに

日本では早い時期から善導が受容されてきた。すでに奈良時代には善導著述が書写されていたことが正倉院文書から確認され[1]、平安時代には浄土教の発達に伴って、源信『往生要集』、源隆国『安養集』、永観『往生拾因』、実範『念仏式』『病中修行記』、珍海『決定往生集』などの文献に善導の著述が盛んに引用された。これら平安浄土教を前提として、鎌倉時代に法然およびその門流が新たな善導解釈を提示していくとされる。

ところで現在、中世寺院史研究が活発なことからもわかるように、鎌倉時代には天台・真言、南都などの顕密諸宗が社会に広範な基盤を築いて仏教界の主流を占め続けたことは、誰しも一様に認めているだろう。とすれば、浄土教も天台・真言系のものが主流を占めたはずである。しかしそれらが顕密教学のなかに散在していることもあって、史料の発掘は十分でなくイメージさえ湧かない。いまなお法然系列の浄土教の展開を論じることが、鎌倉期浄土教全体を論じることになっている。

そこで本稿では、鎌倉期の天台宗山門における善導受容のありさまを検討していきたい。『往生要集』『安養集』

など平安期天台浄土教での善導受容は、鎌倉期になっても途絶えることなく受け継がれている。中世山門史料を検討しながら、そのことを示していきたい。これは中世における顕密諸宗の浄土教を解明していく一端となり、また法然系浄土教の善導受容との落差を見きわめていくことにもなるだろう。

一　慈円の善導受容

1　二十五三昧会の『阿弥陀経釈』

慈円は青蓮院門跡として台密修法の発展に尽くし、天台座主を四度も勤めて鎌倉初期仏教界のなかで枢要な地位を占めた。彼が二十五三昧会を行っていたことを示す史料として、東大寺図書館に所蔵される『法華経並阿弥陀経釈』がある。これは東大寺宗性が建長五年（一二五三）に、頼覚が所持していた光明院覚遍（貞慶弟子）の写本を借りて書写したものである。(2)内容は『法華経』と『阿弥陀経』の経釈を収録したもので、詳細は省くが、あきらかに延暦寺僧の手によって作成されたものであり、それが南都僧の間に伝わって伝存した。『阿弥陀経』については十五点もの経釈を収録しており、そのなかの八点に善導がみえている。そのうちの一点の『阿弥陀経釈』を示す。

次阿弥陀経者、苦海之舟機、到岸之船筏、巻唯一軸、教僅五紙、浄土之指南、往生之業因、以此教為最要、以此経為規範、具如諸師之釈事、又浄往生伝、先讃浄土之庄厳、次述教主之功徳、後示念仏三昧之行因、終引六方善逝之護念、国土荘厳者、七重行樹具七宝之花葉、八功徳池湛八味之清水、観樹則微風吹動、如作百千之伎楽、衆鳥和鳴皆唱根力之法門、観池則七宝階道、影浮梵摩尼之水、四色蓮花、光映紫摩金之岸、凡鳥声波音、悉是微妙之法門、花開葉飜、莫非解脱之色塵、実知法蔵比丘之願力、弥陀如来之変化、正報功徳者、光明無量、照十方之刹土、寿命無量、化九品之生人、化導長遠、引接無辺、因納十念、行限七日、故生彼土者、猶如成市、依之弟子無量也、随此行法、憑其誓願、誰不遂往生乎、已今当之教、願皆期不退、上中品之生人、同蒙引接、宜哉六方諸仏共致護念、五濁釈迦専述嗟讃、以之為注大概、善導和尚写此経十万巻、懐感禅師誦此経三十万遍、皆是往生之規模也、未誦者被除往生之員、纔持者決定浄土之業、実知此法異他典、能可思択、依此功徳答此法力、同法亡魂必生極楽、衆生法界利益自然、三尊衆聖悉知証明

此釈依無動寺検校慈円法印二十五三昧衆上善釈注進畢、沈思畢、

短い経釈ながら、浄土の指南・往生の業因は『阿弥陀経』が最要・規範であるとし、極楽浄土の荘厳のありさまや阿弥陀仏の功徳を要領よくたたえている。そして善導が『阿弥陀経』を十万巻書写したことや懐感が三十万遍読誦したことを「往生之規模」と述べている。つまり善導・懐感が大量の善根を積んだことを例示して、人々が『阿弥陀経』をわずかでも書写・読誦することを勧めている。大量の善根功徳を積んだ善導は、往生の手本として尊ばれているのである。『阿弥陀経』の十万巻書写は、文諗・少康『往生西方浄土瑞応刪伝』や王古『新修往生浄土伝』など中国の往生伝に記された事績である。法然も『類聚浄土五祖伝』でこれら往生伝によって善導伝を構成しているとはいえ、十万巻書写に特別の関心を払って解釈することはない。善導の大量の善根功徳を評価するこの『阿弥陀経釈』は、顕密仏教における善導受容を示していよう。

最後の識語によると、これは慈円の二十五三昧衆上善の釈によって注進したものである。もともと誰が『阿弥陀経釈』を作成し、それによって誰が誰に対して注進したかについては今後の検討課題としておきたい。「上善」の意味もとりにくい。しかし慈円の二十五三昧会で用いられた『阿弥陀経釈』の内容を伝えた史料として貴重なものである。

ところでこの識語から、この『阿弥陀経釈』が作成された時期が判明してくる。この史料をはじめて取り上げた佐藤哲英氏は、「二十五三昧会は比叡山の無動寺でも行われていたことが、次の文献ではっきりしてきた」と述べて、この史料を紹介された。(3) しかしここでの「無動寺検校慈円法印」は、比叡山上の無動寺で二十五三昧会が行われたことを示したものではなく、当時の慈円の地位を示したものにすぎない。

そこで慈円が「無動寺検校慈円法印」と呼ばれる時期を調べると、法印に叙されるのは養和元年（一一八一）十一月六日であり、無動寺検校には実寛の死闕のあと寿永元年（一一八二）七月二十九日に補されている。さらに建久三年（一一九二）十一月二十九日に顕真の死闕で天台座主・権僧正に任じられている。(4) したがって無動寺検校になる寿永元年（一一八二）から天台座主になる建久三年（一一九二）までの間が「無動寺検校慈円法印」と呼ばれる期間となろう。(5) 『阿弥陀経釈』も、この期間に作成されて注進されたと考えられる。

さらに、実際に慈円が二十五三昧を行っていたことが『玉葉』に記されている。寿永二年（一一八三）八月十五日条に、

入レ夜向二御堂一、法印（慈円）率二弟子等一、令レ修二廿五三昧念仏一、源信僧都始二此行一云々、最上功徳也、此法印、年来於二住房一修レ之、今月被レ座二此辺一、仍使レ参二御堂一被レ修、余為二結縁一、率二女房一所二聴聞一也、為二聴聞一所レ参也、天曙之後帰宅、大将同参入、余扇少々欲レ施二僧達一、法印相加八口、而依二別願一、無二如レ此事一之由法印被レ示、仍翌日送二彼房一也、

とあるのを初見とし、寿永二年九月十五日、寿永三年二月十五日、寿永三年三月十五日、文治二年（一一八六）二月十五日、文治四年二月十八日条にそれぞれみえている。慈円は寿永二年以前から住房の三条白河房で二十五三昧会を修していたが、九条兼実は寿永二年より九条殿で行わせるようにしている。二十五三昧会は、佐藤氏がいうように比叡山無動寺で行われたわけではない。そして『玉葉』の記事のいずれもが「無動寺検校慈円法印」と呼ばれ

る期間内に収まっている。このことは『阿弥陀経釈』の史料としての確かさを証していよう。すなわち慈円は、天台座主になる前、「無動寺検校慈円法印」と呼ばれる期間に、善導信仰を伴った二十五三昧会を行っていたのである。九条兼実はこの二十五三昧会を「最上功徳」と述べ、結縁のため女房（藤原季行女）と一緒に聴聞している。兼実が法然と接触をはじめるのは文治五年（一一八九）八月一日からである。とすれば兼実は、法然と接触する前からこのような形での善導信仰にふれていたことになり、専修念仏とは無関係に善導受容が広まっていることがよくうかがえよう。

なお『法華経並阿弥陀経釈』には、ここで引用した『阿弥陀経釈』以外でも「善導和尚定往生業因以此経為其定業」「善導和尚念仏セシカバ仏出口中ヨリ」などと述べて、盛んに善導の事績を取り上げている。

2　大懺法院の十五尊釈

もうひとつ慈円の善導受容を示した史料を取り上げよう。元久二年（一二〇五）、慈円は三条白河房の地を後鳥羽院に進上して、吉水の地に大懺法院と熾盛光堂を移築造営して新たな懺悔・祈禱道場としている。[6]大懺法院は、懺悔の行法によって衆罪を消滅して天下の泰平を祈ることを目的として造営された。保元の乱以後の世の中の乱れは、怨霊・亡卒が世間に充満していることに起因しており、とくに保元の乱で敗れた崇徳院や藤原忠実（知足院）の怨霊が世間を乱している。仏法の法力でこれを鎮魂して天下を安泰ならしめ、これによって慈円は後鳥羽院の国政をサポートしようとしたのである。[7]

「大懺法院条々起請事」「懺法院勤行次第」などによると、[8]大懺法院では専属の供僧三十人（成円・円能・忠快・聖覚・隆寛など）[9]が中心となって行う長日勤行・毎月仏事・毎年仏事が定められ、このうち長日勤行では、朝には法華懺法、夕には西方懺法、さらには十五尊の仏釈が輪転して読まれた。十五尊の仏釈とは、釈迦・一字金輪仏頂・毘沙門天・阿弥陀などの十五尊を、一カ月三十日をかけて開眼供養していくもので、一尊に一カ月のうち二日が配当される。

承久の乱後、貞応元年（一二二二）、三条白河房の敷地が青蓮院に返付され、慈円が新たに活動再開を志した頃に著した『懺法院十五尊釈』は仏釈の内容を詳細に伝えている[10]。これには十五尊の功徳を讃えた仏釈が三十点収められており、いずれも短篇のものながら慈円の教学面の学識をよく発揮したものになっている。そして各尊を法身・報身・応身の三身論にのっとって功徳を讃嘆しながら、怨霊の鎮魂を願うところに共通の特色がある。十五日・阿弥陀の仏釈では、

阿弥陀如来三身功徳者、不レ能二悉釈一、表白等上句必令レ驚二覚三身如来一、摩訶毘盧遮那云二遍周法界一法身也、盧遮那云二因極果満一報身也、恩徳広大釈迦牟尼如来云応身也、存略之時三身即一釈迦如来云、今以二弥陀一為レ本之時、可レ謂二三身即一阿弥陀如来一、此阿弥陀如来功徳周遍法界因円果満悉備レ之、今占二浄土於同居一迎二十方之衆生一、伝二応用於娑婆一勧二十念之往生一給、[11]

天台宗における摩訶毘盧遮那（法身）・盧遮那（報身）・釈迦（応身）の捉え方を阿弥陀の三身に転用して「今以二弥陀一為レ本之時、可レ謂二三身即一阿弥陀如来一」と述べ、応身としての阿弥陀が娑婆世界に現れて十念往生を勧めるという。さらに、

在世釈尊忽為二韋提希一以説二観経一、滅後善導又為二一切衆一製二義疏一也、漢家曇鸞・道綽・法照禅師等、依二此教一遂二往生一、本朝慈覚大師・恵心先徳、或置二七日念仏於本山一、或授二往生要集於末葉一、浅行愚痴之勧進応二濁世一而尤盛也、称念弥陀之本願叶二機縁一而誠深哉、以二有縁一為レ本、以二信心一為レ先、[12]

と述べ、ここに善導を取り上げている。すなわち釈尊は韋提希のために『観経』を説き、善導は一切衆生のために『観経疏』を製作した。中国の曇鸞・道綽・法照は弥陀浄土教で往生し、日本の円仁・源信らは弥陀浄土教を広めた。そして「今七十年来亡魂霊等、定以二此説教一存二最後称名一歟」と、[13] 亡魂・怨霊がこの弥陀供養によって最後の称名を称えて往生することを願っている。二十八日・阿弥陀の仏釈でも「凡此如来者総別功徳在二人口一、称念之行者満二当世一、宿縁有レ限、怨霊抜済之願念納受無レ疑」と、[14] 称名念仏による怨霊救済を願っている。

怨霊の鎮魂のことは阿弥陀以外の仏釈でも共通して説かれ、「以二此功力一怨霊之悪念一時退散、亡卒之得脱多生易レ成者歟」（四日・尊勝仏頂）、「妨二仏法王法一邪魔怨霊、悉召二観音之音一令レ入二普門之門一給」（十日・千手観音）、「観音甚深之利益廻二向末代之怨霊一」（十七日・十一面観音）などとあり、十五尊を供養することの趣旨が怨霊の鎮魂にあることがよくうかがえ、ひいては大懺法院建立の目的もここにある。

このように怨霊鎮魂の場において善導の『観経疏』作成のことが取り上げられる。この阿弥陀の仏釈は天台における阿弥陀供養にほかならず、善導は天台浄土教の枠組において信受されているのである。大懺法院は吉水の地に造営され、法然の吉水の草庵とは地理的に近接していたはずである。[15] しかし仏釈の内容をみても法然流浄土教と関係あるものではなく、鎌倉期の天台浄土教における善導受容を示したものとみるべきであろう。

二　道覚の善導受容——蓮華寿院の善導講

つぎに慈円の入室弟子である道覚親王を検討していこう。

『門葉記』巻九〇（勤行一）には、編者尊円が観応二年（一三五一）、青蓮院門跡管領寺院の年間にわたる勤行を書き上げて注進した史料を収めている。その序文によると、建長から元弘年間まで門跡交替が続いて寺領の現地支配が思うように任せず、さらに南北朝動乱で寺領が侵犯されて供料が確保できないため、管領寺院での定置の勤行が廃怠している。それを復興するため、無動寺・不動堂・横川楞厳三昧院・蓮華寿院などの年間の勤行を書き上げ注進したという。[16] これに先立って尊円は、貞和四年（一三四八）十二月二十三日、途絶えていた無動寺勧学講を再興している。[17] この無動寺をはじめ管領寺院の勤行供料を確保するために本史料を作成したのだろう。月日や注進の相手は記してないが、観応二年十月七日に尊円は「東塔院勧学講法則」を執筆し、室町幕府による土地の寄進、光厳院・崇光天皇の叡願を述べているので、[18] これより前に光厳院に注進したものだろう。

本史料から青蓮院管領寺院における年間の勤行や供僧人数などがわかる。蓮華寿院の箇所をみてみよう。

蓮華寿院　後鳥羽院御願、元在水無瀬殿、後移西山
供僧三人　念仏衆十二人
　長日勤事
例時　念仏衆勤之
阿弥陀行法一座
地蔵行法一座　已上供僧勤之
　毎月勤事
八日　二十五三昧　尊長法印月忌
十一日　尊勝行法　西山宮月忌
　　二十五三昧　青龍院宮月忌

二十二日　十楽講　後鳥羽院御国忌
二十四日　地蔵講
二十五日　舎利講　慈鎮和尚月忌
二十七日　善導講
毎年勤事
正月十一日　曼荼羅供、経供養　西山宮忌日
十五日　修正　如常行堂法則
二月十五日　涅槃講
二十二日　法花八講、住山者八人請定　後鳥羽院御国忌
十月十九日　経供養、顕宗名僧参勤　西山宮母儀忌日
已上当堂長日毎月毎年勤行、仏聖灯油布施物等、仮令三百余石歟、近江国平方庄役也(19)

観応二年には廃怠していたのもあっただろうが、それらも含めてこれだけの勤行が定置されていた。蓮華寿院はもともと後鳥羽院が女房尾張局の供養のため、元久二年（一二〇五）水無瀬殿に建立した。それを後鳥羽院皇子の道覚が寛元元年（一二四三）に水無瀬殿から西山に移転して、ここに居住した。(20)道覚は慈円から青蓮院門跡を継承するはずだったが、承久の乱後、鎌倉幕府がそれに反対したため、やむなく承久三年（一二二一）以降西山に籠居していた。注目したいのは毎月行事として二十七日に善導講が行われたことである。二十七日は善導忌日であることから毎

月この日に供養を行ったのであろう。この善導講が具体的にどのような式次第なのか、他に史料がないのでわからないが、道覚の善導信仰として注目すべきものである。

ところで、道覚は西山に籠居して法然門弟証空との関係ができる。大山崎大念寺阿弥陀如来像の胎内納入品からも判明するように、道覚の浄土信仰には証空が関わっている。蓮華寿院には念仏衆十二人が置かれ、このなかに証空が入っている可能性も高く、したがってこの善導講も証空の進言・関与が考えられるので、一概に山門における善導受容としてみることもできない。この点をあきらかにするため、善導講以外の勤行をも検討して蓮華寿院全体の性格を考えてみよう。

ここでは善導講のほか、尊長法印の月忌、西山宮道覚の月忌・忌日、青龍院宮慈道の月忌、後鳥羽院の国忌、慈鎮和尚慈円の月忌、西山宮母尾張局の忌日の追善供養などが行われている。まず気付くのは、道覚と関係深い人物が多いことである。そこで道覚との関係および没年月日を簡単にみておこう。

後鳥羽院は道覚の父であり、承元二年（一二〇八）、五歳の道覚に親王宣下を与えて慈円のもとに入室させている。[21]承久の乱で鎌倉幕府に敗れて隠岐島に流され、延応元年（一二三九）二月二十二日没した。尾張局は後鳥羽院が寵愛した女房で、元久元年（一二〇四）七月に道覚を生んだ。しかしその三カ月後の十月十九日に没している。[22]既述のように、蓮華寿院は尾張局菩提のため後鳥羽院が水無瀬に建立したものである。

尊長は後鳥羽院の近習として動いた山門僧であり、乳父として幼い道覚を養育している。[23]承久の乱の張本の一人であり、敗戦間近の承久三年（一二二一）六月十日には所領を道覚へ譲進している。[24]乱後は熊野・京都・鎮西などに逐電し、安貞元年（一二二七）六月七日六波羅に捕えられ、翌八日没した。[25]

慈円は道覚の師である。五歳の道覚が入室し、建保四年（一二一六）十三歳で出家受戒させ、同六年最勝四天王院で灌頂を授けている。[26] 慈円は道覚に青蓮院門跡を継承させるつもりだったが、承久の乱でそれが果たせず、良快に継承させた。嘉禄元年（一二二五）九月二十五日没している。

さらに道覚自身は、西山に二十六年間籠居したのち、宝治元年（一二四七）幕府の意向で天台座主に補され、翌年には慈円のあと良快・慈源をはさんで青蓮院門跡をも継承することになる。[27] 治山三年のあと、建長二年（一二五〇）一月十一日没した。道覚の供養は蓮華寿院を相続した北山僧正最守の沙汰だろうか。[28]

このほか慈道は、亀山天皇皇子で鎌倉後期・南北朝期の青蓮院門跡・天台座主である。晩年の暦応二年（一三三九）に蓮華寿院そばの青龍院で慈静法印・祐守阿闍梨に、同四年（一三四一）には光守法印に灌頂を授けている。晩年は青龍院ですごしたのだろう。同年四月十一日十楽院で入滅し、青龍院に葬された。[29] この関係から、ここで慈道の供養が行われているのだろう。

以上のように蓮華寿院は、慈道を除けば道覚の肉親・乳父・師匠たちの追善供養の場であり、いずれも道覚の意志で供養が始行・継続されたであろう。その供養も二十五三昧、尊勝行法、曼荼羅供、法華八講など天台の行法で行われている。善導講も、証空の進言があったとしても結局は道覚の意思によって始行されたのであり、その行儀も彼の思想を反映したものになっていただろう。しかも証空は『自筆抄』で「永隆二年三月十四日端坐入滅ノ義、実ニ然ルベシ」[30]と、善導没日を三月十四日としており、三月二十七日説をとっていない。[31] 蓮華寿院の善導講は、天台における追善供養の場において行われたものである。

三　『阿娑縛抄』明匠等略伝

『阿娑縛抄』二二七巻（または二二八巻）は、台密事相を網羅した史料として名高い。台密小川流の承澄と弟子尊澄が中心となって、仁治三年（一二四二、または仁治二年）から三十年以上をかけて編集や清書・再治をかさねて完成している。[32]このうち巻一九四～一九六の三巻は「明匠等略伝」であり、天竺・震旦・日本の三国の高僧たちの伝記史料を集めた高僧伝となっている。巻一九四は天竺・震旦部、巻一九五・一九六は日本部であり、『阿娑縛抄』の性格から天台宗や台密関係の高僧の伝記を中心に構成されている。承澄は、まず巻一九五・一九六の日本部を文永十一年（一二七四）六月に、続いて巻一九四の天竺・震旦部を翌建治元年（一二七五）八月に書している。[33]この「明匠等略伝」は『阿娑縛抄』全体のなかでは最後の段階で成立したようである。

天竺・震旦部の構成をみると、まず天竺高僧として、

1釈迦、2迦葉、3阿難、4舎利弗、5目連、6優婆毱多、7天親菩薩、8馬鳴菩薩、9龍樹菩薩、10龍智阿闍梨、11青弁（清弁）、12護法、13竺法護、14羅什三蔵、15達磨和尚、16善無畏三蔵、17金剛智三蔵、18不空三蔵

を挙げ、さらに震旦高僧として、

19南嶽思大禅師（恵思）、20恵遠禅師（浄影寺）、21天台智者大師（智顗）、22章安大師（灌頂）、23玄奘三蔵、24終南山道宣律師、25善導和尚、26一行阿闍梨、27新羅国義林阿闍梨、28新羅国玄超阿闍梨、29青龍寺恵果阿闍梨、30霊巌寺順暁阿闍梨、31道邃和尚、32行満座主、33義操阿闍梨、34法潤阿闍梨、35青龍寺義真阿闍梨、36法全阿闍梨

を挙げている。釈迦からはじまって十大弟子、大乗仏教の大成者、訳経僧、天台宗・台密の師資相承に関わる高僧たちを取り上げ、[34]それぞれの伝記史料を引用している。承澄は、これらのなかで震旦高僧として善導を取り上げているのである。『阿娑縛抄』は著名な史料でありながら、ここに善導が登場するのはこれまでほとんど言及されさた

ことがない。浄土宗や浄土真宗の師資相承の系譜をよく知る者にとっては、このような高僧の配列のなかで善導が登場するのは意外であり違和感さえ覚えるからだろうか。

善導の箇所を見ると、

一、善導和尚

西方略伝云、唐朝善導和尚、未レ詳二氏族一、伝云、阿弥陀仏化身、自至二長安一、聞二滻水声一、和尚乃曰、可レ教二念仏一、遂立二五会教一、広行勧二化人一、有二至信者一見二和尚念レ仏、〃従レ口出、三年之後、満《帰歟》二長安城一、人皆受レ化念仏、文(35)

善導伝として慈雲遵式の『西方略伝』(『往生西方略伝』)を引いている。『西方略伝』は善導弥陀化身説の初見史料としてよく知られている。ただ残念ながら伝存せず、逸文が少し残るのみである。この善導伝は、中国では王日休『龍舒増広浄土文』、宗暁『楽邦文類』、志盤『仏祖統記』に引かれ(36)、日本では幸西『唐朝京師善導和尚類聚伝』に引かれるくらいである(37)。この『阿娑縛抄』の引用も貴重な逸文となろう。ただ『阿娑縛抄』が『西方略伝』から直接引用したかどうかはわからない。『長西録』に「往生浄土略伝一巻　慈雲」とあるので単独の写本も存在したようだが、『唐朝京師善導和尚類聚伝』と本文がほぼ一致するので、あるいはこれからの引用かもしれない。

それはともかく、承澄はなぜ善導を取り上げたのだろうか。弥陀化身説に特別の関心をもったのだろうか。伝記の引用のみで私釈がなく、そのあたりの事情はよくわからない。しかし考えてみると、『阿娑縛抄』は台密事相の史料を網羅的に収集しており、個人の関心や独創的思想を展開したというよりも、当時の台密の世界における共同規範や標準を提示した性格のものである。その意味で鎌倉期の台密において善導が一般的に受容されうる存在であることを示していよう。

四　そのほか——善導像供養・安居院流・俊芿・『覚禅鈔』

慈円、道覚、『阿娑縛抄』を検討してきたが、そのほかも簡単にみておこう。

まず山門僧や貴族の間で善導像を供養することが行われている。寛喜二年（一二三〇）四月、嵯峨念仏房が往生院で善導像を供養した際、導師は安居院聖覚が勤めている。(38)同年十月、妙法院門跡で天台座主を二度勤める尊性法親王は、似絵の名手として名高い藤原信実を嵯峨に赴かせ善導を描かせている。(39)おそらく念仏房が供養した善導像を模写させたのだろう。寛元二年（一二四四）三月十四日、民部卿平経高は善導忌日に当たり、善導像の前で一昼夜念仏を行っている。(40)

このように善導像を造立・模写することが行われている。ただ念仏房の善導像供養では、一念義幸西の弟子教脱が礼讃を行っているし、平経高の周辺には証空など西山系の恒例念仏衆が存在している。(41)浄土宗系を含む多様な人物が交錯しているが、少なくとも山門僧や貴族が、嘉禄の法難（一二二七年）で専修念仏が弾圧された経緯があるにもかかわらず、善導を受容していることがうかがえる。

念仏房の善導像供養では聖覚が導師を勤めているが、安居院流の表白・願文等を集めた『言泉集』『転法輪鈔』に善導や『観経疏』の引用が散見できる。たとえば『転法輪鈔』は、澄憲の作品を中心に聖覚が編集したものと推測されている。(42)残存量は全体のなかのわずかな部分のようだが、『転法輪抄目録』から全体の構成がうかがえる。

そのうち第二箱の阿弥陀と題する所に、

一結阿弥陀二

一帖極楽証拠　尺迦沙論　宿縁　極楽分別
三界接不　安養兜卒　対論

一帖極楽讃文　龍樹礼讃　天親讃　迦才
善導　十方菩薩　彦琮攻教　教錫卅二相

一帖極楽讃文二　郡疑論卅種益　安国抄廿四楽
往生要集十等　往生論十七種成就

一帖極楽讃文三　往生論注

已上四帖同帙(43)、

とある。目録しか残らず実際の内容は不明だが、善導についての讃文か何かを含んでいたようである。第八箱にも「二帖　善導尺、一念義等」というものがあった。(44)この善導釈もわからないが、聖覚が日野に建立した丈六堂に「善導釈」があって(45)、あるいはこれと関係するのだろうか。一念義というのもよくわからないが、一念義批判の文章であったのだろうか。とすれば聖覚『唯信鈔』と通じるものがある。(46)また南北朝期に安居院流の唱導僧によって編集されたという『神道集』に「越中立山権現事」という項がある。ここでは十二所権現に阿弥陀仏の十二光仏を配当するというユニークな説を立てているが、その説明のために『往生礼讃』『般舟讃』『観経疏』や浄土三部経を盛んに引用している。(47)

また北京律で知られる泉涌寺の俊芿は、中国宋時代に盛行した十六観堂を日本にも建立するため、建保三年（一二一五）に『十六観堂勧進疏』を著している。十六観堂とは念仏三昧の道場であり、中央に弥陀宝殿を構えて周囲に十六の観堂を設ける。その部屋ごとに一人の行者がこもり、三年にわたって修行を続けるというものであり、この修行は「可謂一向専念之捷径、決定往生之直道」である。[48]この『十六観堂勧進疏』で、俊芿は「道綽・善導中唱於之西河、荘以九品観堂、書壁変相、観念弥陀、名云浄会」「南唐善導和尚、浄会盛興、三百壁之変相、令人発心、十万巻之陀経、勧衆念仏」と述べており、[49]善導が三百鋪の変相図を描いて観想を勧めたことや『阿弥陀経』を十万巻書写して念仏を勧めたことを挙げながら、十六観堂建立の必要を説いている。俊芿は、このような弥陀の観想道場を建立する際に善導の多善行為を先蹤として尊んでいるのである。建保年間といえば、隆寛・証空・幸西ら法然門弟たちが法然没直後、善導書を注釈しながら他力思想を追求しだす時期に当たっており、対照的な善導解釈が同時期に併在したことが興味深い。

このほか東密史料では、覚禅が編纂した『覚禅鈔』阿弥陀は、弥陀信仰に関する多くの典籍や口伝・知識を収集していて当時の弥陀信仰の豊富な内容や実際面をよく伝えている。阿弥陀三字・散心念仏・名号功徳・智光曼荼羅・造丈六像・泥像・孝養・発菩提心・五常・十念功徳など多様な往生行を説いており、諸行往生の典型的史料といえる。ここで善導の専修・雑修義を取り上げている。

専修浄業事

善導和尚立専雑二修、雑修者散漫修諸善業、無決定志、欠於廻向発願也、専修先身専礼弥陀不礼余仏、専称弥陀不称余号、意専想弥陀不想余境、尽夜廻向発願往生、専修者百即百生、雑修者万中一二、努力進前早求自度、無常迅速不与人期、今日雖存明亦難保、古人云、非憑他力截業惑以無期、不遇此門脱死生而無路、勉之云々[50]

雑修は散漫に善業を行うので決定の志・廻向発願がなく、専修は弥陀念仏に専心するので廻向発願して往生する。雑修は万中に一二しか往生できず、専修は百即百生である。このように『覚禅鈔』は、諸行往生的世界のなかで、弥陀念仏の一行に集中して実効あるものになさしめていく専修を勧めている。専修といっても、弥陀の本願を基準に念仏と諸行への行者の内的姿勢を問題とする法然とは異なっていよう。[51]このように法然とほぼ同時代の覚禅が専修・雑修義を取り上げているのは注目に値する。また平康頼の『宝物集』にも、専修・雑修義の論を紹介して念仏の功徳をたたえている。[52]

おわりに

これまであまり用いられなかった史料から、想像以上に善導受容の実態が確かめられるだろう。従来、鎌倉期浄土教といえば法然系浄土教の考察が中心であったため、本稿で検討した史料に十分な注意が払われてこなかった。平安期以来の善導受容は鎌倉期にも連綿と受け継がれており、二十五三昧会・怨霊の鎮魂・追善供養の場など多様な局面で信仰されるに至っている。鎌倉期山門における善導受容は一般的であったとさえいってよい。平安浄土教の発展系列も、今後はこれらに求めていくべきであろう。

高山寺の明恵は法然没直後に『摧邪輪』を著して『選択集』を批判している。善導教学とさほど関係なさそうな華厳僧が、しかも短期間のうちに善導書を盛んに引用して『選択集』を批判したのは、いささか唐突な行為にも思える。しかし本稿での指摘を念頭に置けば、当時の顕密僧の間では善導はすでに認知されていた存在であったはずである。鎌倉期における善導受容の線を描いていけば、明恵の批判は必ずしも唐突にはみえないだろう。そして明恵は善導には好意的であっても、善導義に拠った法然教学が菩提心など諸行往生を認めない点には厳しい批判を投げかけていく。法然やその門弟らをとりまく客観情勢をあきらかにすることで、新たに解明していけることも多いと思う。

註

(1) 中井真孝「経疏目録類より見たる善導著述の流布状況」(『法然伝と浄土宗史の研究』、思文閣出版、一九九四年、初出一九八〇年)など。

(2) 東大寺図書館蔵一一三函五四号、紙焼き写真による。奥書は次のとおり。
建長五年三月二十二日申時、於東大寺尊勝院中堂正面書写之畢、写本者光明院上綱覚遍之御本也、而去年之天、中冬之候、於頼覚律師之許、勤仕唱導之時、申出之畢、数月申籠之条、依有其恐、今欲返上之間、為後覧所馳筆也、後覧之輩、可哀其志而已、右筆花厳宗末葉法印宗性、年齢五十二、夏臈満四十

(3) 佐藤哲英『叡山浄土教の研究』(百華苑、一九七九年)四八一頁。八木昊恵『恵心教学史の総合的研究』(永田文昌堂、一九九六年)もこれを継承している。八木氏は識語の「上善」について「上善は慈円の指導する二十五三昧衆の一人で法華経や阿弥陀経の略釈を著作した人」(九四九頁)と指摘している。しかし二十五三昧会のスタッフ名を伝えた史料はなく、また教理用語の可能性もある。筆者は「上善」の意味については判断を保留しておきたい。

(4) 『玉葉』養和元年十一月六日・寿永元年七月二十九日条、『門葉記』巻一二八(『大正蔵』図像部一二巻二三九頁)、『慈鎮和尚伝』(『続天台宗全書』一二巻四〇三頁)、『校訂増補天台座主記』一一九頁上欄など。

(5) この期間、『玉葉』に「無動寺法印」(寿永二年十二月十九日・文治元年八月二十三日・文治二年三月十八日条など)、「無動寺検校法印」(文治三年九月二十八日条)と呼ばれるのがみえる。天台座主になって以降は「座主」「山座主」と呼ばれている。

(6) 『門葉記』巻一三四(『大正蔵』図像部一二巻三一三頁)、『華頂要略』巻三(『天台宗全書』一巻一一九頁)。大懺法院については多賀宗隼『慈円の研究』(吉川弘文館、一九八〇年)が詳しく、近年では田中文英「慈円と勧学講」(大阪大学文学部日本史研究室編『古代中世の社会と国家』(清文堂、一九九八年)が勧学講運営との関わりから取り上げている。

(7) 「発願文」など(『大正蔵』図像部一二巻一二頁)。崇徳院怨霊を恐れることは安元三年の火災以降広まり、後白河院や源頼朝などもその鎮魂を重要な政務とした。山田雄司『崇徳院怨霊の研究』(思文閣出版、二〇〇一年)。

（8）『門葉記』巻九一・九三（『大正蔵』図像部一二巻八・二五頁）。
（9）隆寛については拙稿「隆寛の思想形成」（『印度学仏教学研究』四八巻二号、二〇〇〇年）。
（10）『門葉記』巻九三（『大正蔵』図像部一二巻二六頁）。十二日・仏眼部母の仏釈に「而今所祈所願、只我一期生之間七十年来眼前所見聞妄想顛倒之一事也」とあり、慈円七十歳、元仁元年（一二二四）頃の執筆とわかる。なお彼は翌年没している。
（11）『大正蔵』図像部一二巻三〇頁。
（12）『大正蔵』図像部一二巻三〇頁。
（13）『大正蔵』図像部一二巻三〇頁。
（14）『大正蔵』図像部一二巻三四頁。
（15）白毫寺蔵大谷古地図（『法然上人研究』四号、一九九五年、口絵）。
（16）『大正蔵』図像部一二巻一頁。
（17）『門葉記』巻一三〇（『大正蔵』図像部一二巻二七一頁）。なお『門葉記』巻九九（勤行十、山上勤行二）は、尊円が勧学講関係史料を集めたものである。江戸期写本を底本とする『大正蔵』図像部本には未収録。大阪大学文学部日本史研究室架蔵写真を閲覧。本稿では『門葉記』など山門史料を多用しているが、善導記事や史料解釈に当たって平雅行氏に幾多のご教示をいただいた。
（18）『大日本史料　六編之一五』四九〇頁。
（19）『大正蔵』図像部一二巻四頁。
（20）『華頂要略』巻五五（『天台宗全書』一六巻二九一頁）、『華頂要略』巻三上（『天台宗全書』一巻一二二頁）、『葉黄記』宝治元年三月二十二日条、実導仁空『善恵上人縁起』巻三（浄土宗西山三派遠忌記念事業委員会編『西山国師絵伝　浄橋寺本』、一九九四年、二三一頁）など。
（21）『門葉記』巻一二八（『大正蔵』図像部一二巻二四九頁）、『華頂要略』巻五五上（『天台宗全書』一六巻二七三頁）。

(22)『明月記』元久元年十月十九日条。
(23)『華頂要略』巻五五上(『天台宗全書』一六巻二七六頁)。
(24)『華頂要略』巻五五上(『天台宗全書』一六巻三二六頁)。
(25)『大日本史料 第五編之三』八四一頁。
(26)『門葉記』巻一〇〇・一二八(『大正蔵』図像部一二巻六八・二四九頁)。
(27)『大日本史料 第五編之二一』四一五頁、『門葉記』巻一二八(『大正蔵』図像部一二巻二五〇頁)、『華頂要略』巻五五(『天台宗全書』一六巻二七七頁)。
(28)『華頂要略』巻五五(『天台宗全書』一六巻二九一頁)。最守の次は道玄准后が相続する。
(29)『門葉記』巻一三〇(『大正蔵』図像部一二巻二六七頁)、『校訂増補天台座主記』三三九頁。
(30)『西山叢書』一巻二頁。
(31)善導入寂日は、王古『新修往生浄土伝』の三月十四日と玄暢『帝王年代録』の三月二十七日の二説がある。
(32)『阿娑縛抄』の成立問題については、切畑健「阿娑縛抄――その成立と選者承澄――」(『仏教芸術』七〇号、一九六九年)、宮島新一「『阿娑縛抄』をめぐる二、三の問題」(『仏教芸術』一一二号、一九七七年)。
(33)『大正蔵』図像部九巻七四一・七四八・七二八頁。
(34)最澄『内証仏法相承血脈譜』に出る高僧が多い。
(35)『大正蔵』図像部九巻七二七頁。
(36)『大正蔵』四七巻二六七・一九三頁、四九巻二六三頁。『楽邦文類』には『西方略伝』序文も引用している。『大正蔵』四七巻一六七頁。
(37)『金沢文庫資料全書』四巻二〇六頁。『唐朝京師善導和尚類聚伝』は『西方略伝』から屠児宝蔵伝も引用している。
(38)『明月記』寛喜二年四月十四日条。
(39)『明月記』寛喜二年十月二日条。
(40)『平戸記』寛喜二年三月十四日条。

(41) 伊藤唯真「貴族と能声の念仏聖――『平戸記』にみる――」(『聖仏教史の研究　上』〈伊藤唯真著作集第一巻〉、法藏館、一九九五年、初出一九五九年)。
(42) 櫛田良洪「金沢文庫蔵安居院流の唱導書について」(『日本仏教史学』四号、一九四二年)。
(43) 永井義憲・清水宥聖編『安居院唱導集　上巻』(角川書店、一九七二年)二〇四頁。
(44) 『安居院唱導集　上巻』二一八頁。
(45) 『春華秋月抄草』第一七「聖覚法印作善」(『東大寺宗性上人之研究並史料　上』、臨川書店、一九八八年再刊、三四〇頁)。
(46) このほか『言泉集』では『安居院唱導集　上巻』三四(善導像供養)・一一九(『観経疏』引用)・一五五頁(『観経疏』引用)。
(47) 『神道大系　文学編一　神道集』一〇五~一一八頁。
(48) 『大日本史料　第四編之一五』四一〇頁。十六観堂については小川貫弌「浄土教受容の一形態――常行堂と十六観堂――」「宋元仏教の日本への寄与」(『仏教文化史研究』、永田文昌堂、一九七三年、初出一九五五・一九七二年)。
(49) 『大日本史料　第四編之一五』四一〇・四一一頁。
(50) 『大正蔵』図像部四巻四六九頁。
(51) 法然の専修観については平雅行「法然の思想構造とその歴史的位置」(『日本中世の社会と仏教』、塙書房、一九九二年、初出一九七九年)。
(52) 『宝物集　閑居友　比良山古人霊託』〈新日本古典文学大系40〉、岩波書店、一九九三年、三三五頁。

付記　史料調査にあたり、東大寺図書館の皆様にはお世話になりました。末尾ながら厚く御礼申し上げます。

『方丈記』の深層
——身体性の視点から——

池見　澄隆

はじめに

a　視点について

従来の文化研究（広義の）には、体系性や結晶度の高い観念・思弁を優位視し、情念や感性を劣位視もしくは無視する傾向が否めない。世に身体論や身体史論が提唱されるゆえんである。その発言はさまざまな色合いを帯びて、なお混沌たるものが含まれるが、歴史学の分野では、たとえばフランスのアナール学派の批判的継承者と目されている二宮宏之氏は、旧来の研究が「人間をいかにも頭でっかちなものと捉えてきた」ことや「ひたすら知的な存在としての人間にのみ眼を向けて来た」ことへの反省から、人間を出発点として歴史を捉えなおすことを提言している[1]。その所説を、小稿と関わる限りにおいて私なりに紹介しよう。

氏は、人間を「からだ」と「こころ」の複合体であるとみなし、ついでその前提上に形成される社会的ファクターを「きずな」もしくは「しがらみ」として捉える。これを基本視座とした研究を、氏は歴史人類学であるという。その趣旨に賛同する。

一方、氏は、ものの考え方、感じ方が「時代に共通の特性を帯びる」と同時に「社会層によって、顕著なコントラストを示すことも多い」と指摘し「ヨーロッパのような社会を対象とする時」(傍点、引用者)この点にとくに注意せねばならないと強調する。この点も同感である。ただし日本においてはヨーロッパほど社会層による差異がみられない点にも十分の注意を払う必要があろう。私見では、日本ではエリートの文化と民衆の文化が「顕著なコントラストを示す」よりも、洗練度や体系性の違いを超えて「相似形」をなす場合が、むしろ多いのである。この点を多少補足していえば、欧米で編み出された方法をわが国に応用するとき、適用し難い部分を切り捨てるのでなく、適用し難い面にこそわが国(の時代・社会)の特色を発見することにつとめるのがより有意義であると考える。

したがって、たとえばエリートの手に成る作品を対象に「身体性」の視点から解明することも大いに妥当性と必要性があり、かつその解明された深層から、あらためて表層を照射することも試みる価値があると考えている。

さて、小稿の対象である鴨長明『方丈記』に即して、右の論点を整理しておこう。この研究はこれまで、まさに「頭でっかち」で「知的な」面にのみ関心が注がれてきた傾向がある。しかもそれは、研究者の近代主義的思惟を逆投影してきた傾向と重なる場合が多いのである。

つぎに『方丈記』の場合、「からだ」「こころ」はそれぞれ「身」「心」と表記されるのが通常である。そこで小稿では身と心の複合体を「身心感覚」とし、それを前提に形成される社会関係の要素を「世間感覚」と表すことにする。身心感覚を基礎とし、世間感覚を加えたものの全体が「身体性」である。テキストにおける「身」の概念の多様性については種々の先行研究がある。ここでは①社会的存在としての自己、②自分自身、③からだの三者があり、しかも③のからだは①②のいずれにも関連をもつ点だけを確認しておこう。

b　手法について

『方丈記』はさまざまな先蹤作品を踏まえている。なかでも、たとえばその粉本とされる慶滋保胤『池亭記』から十五例の引用や借用がみられる。『池亭記』にはまた「白氏文集」から二十一例の引用・借用が見出せる。『方丈記』は一方、『池亭記』を介することなく直接に「白氏文集」から三例ばかり引用・借用している。また他の作品においても、和歌に関してはより複雑、多様な模倣や踏襲がある。一体、このような成り立ちをもつ作品を対象とするとき、その個性や独創性はいかにして求め得るのであろうか。また先蹤作品との関係をどのように捉えればよいのであろうか。

稲田利徳氏(2)は、国語学の立場から『方丈記』の文体の一面を「先蹤の漢詩や和歌の表現を綴れ織りにした」ものとし、「和歌」に限定したうえで、その特色を「歌語的措辞の融解」であると論じている。いま必要な限り私なりの紹介をすれば、つぎの諸点が骨子となる。先蹤の歌の表現や発想を借りながら、それを自分の文章のなかに融け込ませ生かしていることを「融解」と呼ぶ。その種類・方法は、特定の先蹤歌をそのまま摂取したものから、不特定の和歌を援用したものまで多様であり、そのいずれも元の作者名は明示されない。その理由は、長明が「自分の切実な体験を透過した思念であることを誇示する」と同時に、一方「先蹤歌を背後に潜在させ、先人達の思念との相乗効果を目論んでいた」とする。また「摂取されている和歌や措辞は、当代の少し教養のある享受者であれば、その典拠を想起できる、かなり人口に膾炙した和歌」であったという。基本的に賛同できる。のみならず、和歌以外の作品についても、この手法はより拡大して応用できると考える。

ここで「典拠と残像」について述べたい。残像（アフターイメージ）とは一般に、ある刺激のもとに反応する感覚・視覚に関して、その特定の刺激が止んだのちに残る心象をいう。和歌と比べて散文の作品の場合、引用・借用の部分は、切り捨てられる部分よりもはるかに多くなりがちである。

先蹤の文献から引用・借用した部分はもとより、切り捨てた内容についても、作者においては残像として表現のなかに生き続けているのであり、当時の享受者にあってもそれは了解済みであったと思われる。つまり作者によって摂取された作品のある部分と、（摂取されなかった）その周辺部とは、現像と残像の関係にある。小稿は、作者長明のイメージをはじめとする諸感覚を解明するとき、この「残像」を重視するものである。

一　身心感覚

『方丈記』全篇を、小稿が拠るテキスト(3)に従って五段に分ける。はじめに長明の身心感覚がきわだつところを中心に検討を加えよう。

只、ワガ身[a]ヲ奴婢トスルニハシカズ。イカヾ奴婢トスルトナラバ、若ナスベキ事アレバ、スナハチ己ガ身[b]ヲツカフ。懈カラズシモアラネド、人ヲ従ヘ人ヲ顧ミルヨリヤスシ。若アリクベキ事アレバ。ミヅカラアユム。苦シトイヘドモ、馬・鞍・牛・車ト心ヲナヤマヌニハシカズ。今、一身[c]ヲ分チテ、二ノ用ヲナス。手ノ奴、足ノ乗、善ク我ガ心ニカナヘリ。身心[d]ノ苦シミヲ知レレバ、苦シム時ハ休メツ、マメナレバ使フ。使フトテモタビ〳〵過グサズ。物ウシトテモ心ヲウゴカス事ナシ。イカニイハムヤ、常ニアリキ常ニハタラクハ、養性ナルベシ。ナンゾイタヅラニ休ミ居ラン。

第四段、日野の方丈での閑居の楽しみを述べた一節である。傍線aは「自分自身」であり、傍線bは自分の「からだ」であり、傍線cも「からだ」である。傍線dは「からだ」と「こころ」の意であり、いわゆる身心一元論の立場の表明として注目しておきたい。道元『正法眼蔵』などにも頻出する、中世的身体観の一面である。

つぎに注意したいのは波線を付した「常ニアリキ常ニハタラクハ、養性ナルベシ」のフレーズである。これは仏道修行ではない。常にからだを動かすことは健康法なのだという。世を逃れた隠遁者が、養性に意を用い、積極的に実践しているのである。日野近辺の山野を跋渉する具体相は第三段にうかがえる。

歩ミ煩ヒナク、心遠クイタルトキハ、コレヨリ峰ツヾキ炭山ヲ越エ、笠取ヲ過ギテ、或ハ石間ニ詣デ、或イハ石山ヲ拝ム。若ハ又、粟津ノ原ヲ分ケツヽ、蟬歌ノ翁ガ跡ヲ訪ヒ、田上河ヲワタリテ、猿丸大夫ガ墓ヲタヅヌ。

傍線部分に示される、かれの行動半径の広さと健脚ぶりには瞠目させられる。[4] ちなみに、長明よりはるかに若く、長明の生き方に関心をよせていた源家長は、隠遁後の長明に思いがけなく出会ったときの印象を「それかとも見えぬ程にやせおとろへて」[5]と日記に書き残している。ただしこれは養性の結果からだの筋肉が弾力的に締った姿が、長明とは異なり、依然、貴族的社会に生活する家長の眼には衰弱と映ったのであろう。当時、仏教者は養性に関心があったようで、時代がやや降った鎌倉末期、無住が『雑談集』に「養性ノ事」[6]に一章をさいている。「人モ肥タルハ、肉スギテ力ヨハク、気短シ。〔貧人の─引用者補〕疲レタルハ中〳〵骨ト皮バカリニシテ気ツヨク侍リ」「貧家ハ、ヲノヅカラ、養性スル程ニ雑病ハノガレテ、古病ヲ悲シム」。古病とは飢えのことである。

『方丈記』にはこれに先立ち、琵琶の名手でもあった長明らしいつぎのくだりがある。やはり草庵の楽しみを述べるなかで「ヒトリ調ベヒトリ詠ジテ、ミヅカラ情ヲ養フバカリナリ」とある。さきにみた養性が「身」に比重をおいていたのに比べ、この場合の養情は「心」に比重をおいていることは確かであるが、大事なのは養性と養情のいずれにおいても身・心がセットになっている点であろう。「身心」の語が想い合わせられる。

つぎに長明の身心感覚を『方丈記』第二段に展開する「世ノ不思議」のうちに見届けよう。餓死者の群の記録にみられる死生感と、大火の描写にみられる色彩感はことに重要である。

死生感覚としてはじめに挙げたいのは、本書では「死」について「死ヌ（二）」という動詞で表現しており、「死」という名詞で表されるものは一例もない。つまり死を屍体という具体相で把えているのであって、観念的に捉えてはいない証拠であろう。これに関連して「無常」の語も一例のみである（第一段末尾）。

養和の飢饉の惨状の一節である。

〔さほど悪くない服装をした者が〕ヒタスラニ家ゴトニ乞ヒ歩ク。カク侘ビシレタルモノドモノ、歩クカト見レバ、スナハチ倒レ臥シヌ。築地ノツラ、道ノホトリニ、飢ヘ死ヌル物ノタグヒ、数モ不知。取リ捨ツルワザモ知ラネバ、クサキ香世界ニ充チ満テ、変リユク貌・アリサマ、目モ当テラレヌコト多カリ。

長明にとって「死」とは身が飢え、腐敗し、異臭を放つ過程であった。

ほかにも仁和寺の隆暁法印が、死者に仏縁を結ばせるため死体の額に「阿字」を書き、その数が左京の四方を限って「スベテ四万二千三百余」にのぼったことや、
母ノ命尽キタルヲ不知シテ、イトケナキ子ノ、ナヲ乳ヲ吸イツ、臥セル
などの描写がある。ことに乳児の事例への着眼には、長明の「親なし」という自画像（後述）との関連がうかがえる。いずれもかれの身心感覚に基づく死の把え方として特異である。

つぎに色彩感覚をめぐって注目されるのは、「世ノ不思議」の最初にあげられている「安元三年四月廿八日」の大火である。「風ハゲシク吹キテシヅカナラザリシ夜」に出火し、結局「朱雀門・大極殿・大学寮・民部省ナドマデ移リテ、一夜ノウチニ塵灰ト」なったという。その火炎の描写がすさまじい。

吹キマヨフ風ニトカク移リユクホドニ、扇ヲ広ゲタルガゴトク末広ニナリヌ。遠キ家ハ煙ニムセビ、近キアタ

リハヒタスラ焔ヲ地ニ吹キツケタリ。空ニハ灰ヲ吹キタテタレバ、火ノヒカリニ映ジテアマネク紅ナル中ニ、風ニ堪エズ吹キ切ラレタル焔、飛ガ如クシテ一二町ヲコエツ、移リユク。其中ノ人、ウツシ心アラムヤ。或ハ煙ニムセビテ倒レ臥シ、或ハ焔ニ眩レテタチマチニ死ヌ。

この一節を含む文脈の趣旨そのものは、「人ノイトナミ皆愚カナルナカニ、サシモ危キ京中ノ家ヲツクル」ことが大層、無益なことだというところに落ち着く。ただし身心感覚のうえで看過できないのは、第一に波線を施した部分の「吹キマヨフ風」の表現である。稲田氏は、この歌語的措辞が『新古今集』時代に盛行したものであったことを指摘したうえで、その状景――方向も定めず狂ったように旋回する強風に雲や木の葉が吹き散らされるさま――と、火焔が吹き散らされ、激しく逆巻きながら延焼地がみるみる拡大していくイメージを重ね、相乗効果を企図したものとみる(7)。

この大火の記憶が、失意の青年期のかれに決定的に打ち込まれた負の刻印となったであろうことは、先学諸氏の指摘するところである。第二に、傍線を施した部分、つまり「火」に関わる「赤」色の表示を踏まえて長明の表現意図の背景や意味を探りたいと思う。というのは『方丈記』のほぼ全般にわたって、火およびその他の事物による「赤」色の表示、さらに「赤」色を印象付ける記述が、他の色に比べて格段に多くみられるからである。煩をいとわず列挙しよう。

[第一段] 昔シアリシ家ハマレナリ。或ハ去年焼ケテ今年作レリ。/或ハ露落チテ花残レリ、残ルトイヘドモ朝日ニ枯レヌ。

[第二段] ……アヤシキ事ハ、薪ノ中ニ、アカキ丹ツキ、/四大種ノナカニ水・火・風ハツネニ害ヲナセド/若狭キ地ニ居レバ、近ク炎上アル時、ソノ災遁ル、事ナシ。

［第三段］モシ桂ノ風葉ヲ鳴ラス夕ニハ／桜ヲ狩リ、紅葉ヲモトメ、／叢ノホタルハ、遠ク槇ノカヾリ火ニマガヒ、／埋ミ火ヲカキヲコシテ

［第四段］タビ〳〵炎上ニ滅ビタル家、又イクバクゾ。

長明が『方丈記』において、かくも多くの「赤」色を用いたという事実とその意味は、やがて『方丈記』第五段の深層を探るうえでの鍵となるものと考える。

二　世間感覚

『方丈記』本文の検討に先立ち、『方丈記』以前を一瞥しておきたい。長明の若き日の行動や自己認識、さらには本書執筆直前の状況などが『方丈記』全篇に色濃く影を落としているとみられるからである。

十九歳で父（賀茂御祖神社の正禰惣官）を失ったかれは、自身を「親なし」と称している。(8) また第三者の表現としても「みなしご」と呼ばれており、そのうちの一つは自著『無名抄』に引用するものである。(9) つまり自身もそのように称し、他者がそのように呼ぶのを受け容れていたのである。(10)

父という最大の庇護者を失って、いわば一切の遮蔽物が除去され、八方からの光源に曝される裸形の自己というイメージが「親なし」という自画像にこめられているのであろうか。かれは、世間の自分に対する評価とそれに基づく処遇にきわめて敏感である。藤原俊成の『千載集』にかれの一首が入集したとき「生死の余執ともなるばかりうれしく侍るなり」(11)と手放しで喜びをあらわしている（三十四歳）。また後鳥羽上皇が河合社の禰宜の欠員補充に長明を当てようとしたことをもれ聞いて「よろこびの涙せきとめがたき気色」(12)であった。もとより破格の待遇では

あったが、家長という若年の第三者にも十分、察知される喜び方であったのである。それだけに、この企画が一族のうちの反対によって実現をみることなく終わったことへの落胆は察するに余りある。その反動であろう、上皇が示した次善の案――これまた格別の厚遇ではあったが――に対しては長明自らこれを拒否するのである（五十歳頃）。その穏当を欠くふるまいを家長は「こは〳〵しき心」「あまりけちゑんなる心」[13]と記した。長明遁世の動機に深く関わる一件であったとされる。晩年、日野に住いを移してから、かれは鎌倉に赴き、将軍源実朝に数度対面したが（五十七歳）、長くは滞在せず日野に戻り、翌年『方丈記』を執筆するのである（五十八歳）。このときの事情について、実朝・長明両人ともなんら語るところはない。神田秀夫氏[14]が「実朝にふられたことが、その落筆をうながした一因とみてよかろう」と評しているのは興味深いが、これが長明の「名聞利欲に対する煩悩の最後の炎を消し止め」た、とみるのは賛じ難い。私見では、このとき長明はある種の屈辱を噛みしめていたと思われ、それこそが執筆動機の一部をなしたと考えるからである。以上のような対人関係上の事歴が、『方丈記』の、とくに「世間感覚」と通底していることは明白である。

つぎに『方丈記』の本文に即して世間感覚を検討しよう。そのキータームとして「恥」という感情語を挙げることができる。私見では、恥には大別、三つの類型がある[15]。具体相をみるに先立って作業仮説として述べておこう。

（一）「対世評反応」としての衝迫的煩悶。これは世間の優劣基準に基づく評価に対する反応である。

（二）「対自照反応」としての衝迫的煩悶。これは我れと我が身を恥ず、という例である。

（三）「対冥照反応」としての衝迫的煩悶。これは前二者と異なり、超自然的存在の照覧に対する反応である。したがって単なる恥ではなく「慚愧」というのが適当である。

もとより恥の発生条件や、恥のあらわれ方は時代・社会によって異なる。

『方丈記』には「恥」の語が明確にみられるのは四例である。それらについて順次、検討をくわえたい。

若貧シクシテ、富メル家ノトナリニ居ルモノハ、朝夕スボキ姿ヲ恥ヂテ、ヘツラヒツ、出デ入ル。

富者に対する貧者の恥、つまり「対世評反応」である。貧富という世間的価値基準に立つ負の評価への衝迫的煩悶であることは、自明のことのように思われるが、ではなぜ、「貧」が負の価値であるのか。

じつはこの一節が拠っているとみられる『池亭記』[16]は、つぎのように述べる。

富める者はいまだ必ずしも徳有らず、貧しきものはまたなほ恥有り。

富者が必ず徳あるのであれば、貧者はその徳なきを恥じる道理がある。しかし、富者が必ずしも徳あるわけではないのに、貧者は貧しさを徳なき結果として恥じている。この説明には儒学的背景が察知されることを確認しておこう。

さて『方丈記』、他の三例はいずれも長明自身の述懐である。

第三段の草庵の楽しみを述べたくだりである。

若念仏物ウク読経マメナラヌ時ハ、ミヅカラ休ミ、身ヅカラ怠ル。サマタグル人モナク、又、恥ヅベキ人モナシ。

仏者としての怠業について、仏に対する罪悪感はまったくない。そのうえで、身心の安楽さの理由として、そばに「サマタグル人」「恥ヅベキ人」も無いことを挙げる。安楽か否かの判断基準に他者=世間の存在をおいているのである。

つぎにやはり閑居の楽しみを語った第四段には二カ所みられる。

人ニ交ハラザレバ、姿ヲ恥ヅル悔モナシ。

趣旨はさきの第三段の例とほぼ同様であるが、ここではことばを継いで、ただしこのような楽しみは、「富メル人ニ対シテ言フニハアラズ。只ワガ身ヒトツニトリテ」昔と今を比較したまでであるという。では世間の価値観から解放された自由・自主の心境にあったか、といえば答は否である。さらにことばを続けてつぎのようにいう。

自ヅカラ都ニ出デテ、身ノ乞匃トナレル事ヲ恥ヅトイヘドモ、帰リテコ、ニ居ル時ハ、他ノ俗塵ニ馳スル事ヲアハレム。

たまたま京に出かける機会があって、自身が乞食のような姿形・風采になったことを恥じることがあっても、帰宅してこの方丈に居るときは、他の者が世俗の業に奔走しているのを憐れむ余裕さえあるという。したがってかれの想念には、庵の内外を問わず、つねに都＝世間が存在し続けている。その述懐による「恥」がいずれも「対世評反応」に止まるゆえんである。

右に検討してきた「身心感覚」と「世間感覚」の関係を端的に示すのが、有名なつぎの一節である。

世ニ随ヘバ身苦シ。随ハネバ狂セルニ似タリ。イヅレノ所ヲ占メテ、イカナル事ヲシテカ、暫シモ比ノ身ヲ宿シ、タマユラモ心ヲヤスムベキ。

これは、『宝物集』や『沙石集』にも同様の一節がみられ、中世当時から行基菩薩のことばとして知られていたことがわかる。説話集であることから、当時代に共有の心性であり、時代全体が共鳴した心情とみてよい。「世ニ随ヘバ身苦シ」と「随ハネバ狂セルニ似タリ」という二律背反を解決する方途は「狂セルニ似タリ」と「世」から批評されることを恐れないことに尽きる。元来、世を捨てるとは世間の価値観を超えることである。しかしここには世間の思惑やまなざしから解放されておらず、自由になろうとして求めるのは「暫シモ比ノ身ヲ宿シ」「タマユラモ心ヲヤスムベキ」ところである。同様の一節をもつ他の両書には「何処隠一身」（『宝物集』）、「何ノ処ニカ此ノ身ヲカクサン」（『沙石集』）という。長明も「日野山ノ奥ニアトヲ隠シテ……」と第三段で述べる。

ここにいう「身を隠す」とは、まず、物理的にからだを世間の眼から遮蔽することを意味する。しかしそれは単なる世間との断交を意味しない。現に長明は、日野の山野を散策するなかで、ひとたび捨てた世間を故郷として望見しているのである。

若ウラ、カナレバ、峰ニ攀ヂノボリテ、ハルカニ故郷ノ空ヲノゾミ、木幡山・伏見ノ里・鳥羽・羽束師ヲ見ル。

くわえて都からの情報にも耳を傾ける。

自ヅカラ事ノタヨリニ都ヲ聞ケバ、コノ山ニ籠リ居テノチ、ヤムゴトナキ人ノカクレ給ヘルモ、アマタ聞コユ。

つまり長明にとって理想的な住居の条件とは、世間からのまなざしを遮蔽すると同時に、世間への展望性をもつことであった。そのことは、長明の身心が世間という「しがらみ」と「きづな」のあいだで揺曳していたことを示している。

長明は、三十歳にしてそれまでの父方の祖母の家を出て賀茂川近辺に転居し、さらに五十歳以降、大原に転住、そして五十四歳の頃、日野に移住している。いわば「自己隠匿」の情熱に導かれて移住を重ねているのである。したがって方丈の記は、移住論としても読解できる。実際日野の方丈さえ、移転当初は終の棲家とする意思は毛頭なく、更なる転居のための工夫を怠っていない。「土居ヲ組ミ、打覆ヲ葺キテ、継目ゴトニ懸金ヲ懸ケ」たのも、

若心ニカナハヌ事アラバ、ヤスク外ヘ移サムガタメ、

であった。

三　末章（第五段）の深層

以上の検討結果を踏まえながら、『方丈記』最終の段の考察に入ろう。

小稿の拠ったテキストは全体を五段構成とみており、その根拠は「詩序」を五段に分けて書くという『王沢不渇鈔』に基づいた、大曽根章介氏の提言である。校注者佐竹昭広氏はこれを受けて、第五段を「自謙句」「卑下詞」の段として読むべきことを提唱する。そこで問題は第五段に自謙・卑下の詞句がどのように見出せるか、である。ちなみに校注者自身は、第五段の全体に長明の仏者としての生き方の不徹底ぶりを読みとり、その不徹底ぶりこそ自謙句・卑下詞の「明証」であると論じる。(17) しかし、不徹底であることが、鎌倉当時において自謙・卑下の対象となったのであろうか。思うに、これは、徹底・明瞭を是とし不徹底・不明瞭を非とする、近代主義的な価値観の逆投影ではなかろうか。「身体性」の視点には、このような面に、特段の周到な注意が要請されるのである。結論のみを先どりしていえば、ここでの自謙・卑下の詩句は「若コレ、貧賤ノ報ノミヅカラナヤマスカ。ハタ又、妄心ノイタリテ狂セルカ」という自問にみられると考える。

さて第五段のうちでもとくに重要な部分を掲出する。

シヅカナルアカ月、コノ事ハリヲ思ヒツヾケテ、ミヅカラ心ニ問ヒテ言ハク、世ヲ遁レテ山林ニ交ハルハ、心ヲ修メテ道ヲ行ハムトナリ。シカルヲ、汝、スガタハ聖人ニテ、心ハニゴリニ染メリ。栖ハスナハチ浄名居士ノ跡ヲケガセリトイヘドモ、持ツトコロハワヅカニ周梨槃特ガ行ニダニ及バズ。若コレ、貧賤ノ報ノミヅカラナヤマスカ。ハタ又、妄心ノイタリテ狂セルカ。ソノトキ、心、更ニ答フル事ナシ。只、カタハラニ舌根ヲヤトヒテ、不請阿弥陀仏両三遍申テ已ミヌ。

于時、建暦ノ二年、弥生ノ晦コロ、桑門ノ蓮胤、外山ノ菴ニシテ、コレヲ記ス。

ここに描かれた状景の空間と時間に留意したい。まず居住空間の状況は「仮ノ庵ノ有様」（第三段）として南側に竹の簀子を敷き、その西に閼伽棚を造り「北ニ寄セテ障子ヲヘダテテ阿弥陀ノ絵像ヲ安置シ、ソバニ普賢ヲ画キ、マヘニ法花経ヲ置」いて「東ノキハニハ蕨ノホトロヲ敷キテ、夜ノ床ト」していた。つまり西北の隅に安置した弥陀・普賢と『法華経』の三者が、東側の寝床からでも、常時、至近距離で視界に収まっているのである。

つぎに時間帯としては「シヅカナルアカ月」である。暁、あるいは未明とは、古来、聖なる時として知られる。当時からひろく人口に膾炙した歌謡集『梁塵秘抄』(18)から「あかつき」を詠った例を挙げよう。

仏は常に存せども、現ならぬぞあはれなる。人の音せぬ暁に、仄かに夢に見え給ふ。

「暁」という時間帯、つまり夜と朝の境目の時点で、夢か現か判然しない、意識と無意識の境界において、しかし仏は「見え給ふ」のである。その暁は、

あか月静かに寝覚めして、思へば涙ぞ抑へ敢へぬ。儚く此の世を過しては、何時かは浄土へ参るべき。

というように往生浄土への志を想い起こさせ、この世の過ごし方への内省へと向かわせる機会でもある。仏のみならず、菩薩もまた立ち現れる。

草の庵の静けきに、持経法師の前にこそ、生々世々にも値ひ難き普賢薩埵は見え給え。

暁の語は省略されているが、同様の聖なる時とみてよい。『往生要集』とともに『法華経』を身辺から離さなかった、その意味で持経法師の一面ももつ長明にとって『法華経』普賢勧発品を踏まえたこの歌は、ひとつの頼みとするに足るものであっただろう。また『宝物集』(19)に、

暁に　見つるゆめこそうれしけれ　つとめてねたる　しるしと思えば　（読み人知らず）

一心につとめて早暁に寝た効験であると思えば、暁にみた聖衆来迎の夢が何ともうれしい、という。

つぎに長明と同時代の成立で、かれ自身の作が十首入集している『新古今集』では、著明な歌人の歌が参看できる。[20]

「百首歌の中に、毎日晨朝入禅定のこゝろを」と題したつぎの内親王の歌はいくらか複雑である。

閑かなる　暁ごとにみわたせば　まだふかきよの　夢ぞかなしき　（式子内親王）

「静安な暁ごとに定に入って、心を澄ませて見わたせば、まだ夜の闇は深く、自分は深い煩悩の夢から覚め切れずにいる。悲しいことだ」という歌の趣旨は、傍線部を「衆生」に置き換えて、衆生は（深い煩悩の夢から覚め切れずにいる。悲しいことだ）というふうにも解釈できる。この解釈では、作者が地蔵菩薩の心になって、晨朝ごとに入定し衆生済度を念じている地蔵が衆生の夢＝煩悩の深さを見わたしている状景を詠ったものということになる。

以上のように暁という時間帯の特色として仏・菩薩が現れ給うという歌が、平安末期の歌謡集から鎌倉初期の勅撰集に至るまでみられることは、それが時代に共有の感覚であったことを明証する。その感覚は、仏・菩薩の出現を目の当たりにしたというよりも、聖なる時間帯のなかで身心感覚を全開するとき、自ずと仏・菩薩の照覧を感受したと解するべきだろう。仏・菩薩に対して、人は受動的に見られる存在なのである。では当時、仏・菩薩の出現ないし照覧のなかで、人はいかなる反応を示したのか。これを知るうえで『方丈記』成立後、数年にして長明によって編まれた『発心集』[21]のつぎの説話例が興味ぶかい。

或る上人は、道中、乞食たちの会話を耳にし、かれらの世界にも幸運や立身出世があり、それも前世の果報なのだというかれらの理解を知るに及んで、我々人間のあり方の愚かさを「仏菩薩の事にふれてはかなく見給ふらん事思い知られて、あはれに恥づかしく覚え侍りしか」と語ったという。
　またある貧僧が、夢によって自分の「貧報」つまり前世の業の報いとしての貧なる境涯を知るに至って、あだ心を改めたという話を示したあと、宿縁を知らずに俗世の幸せを求める世人の愚かさを思うにつけ「仏天の知見こそ、いと恥づかしくはんべれ」と評している。

　このように仏・菩薩のまなざしや知見を感得するときの感情として語られている「恥」とは、まさに冥衆の照覧に対するもので「対冥照反応」としての衝迫的煩悶すなわち「慚愧」とみてよい。ここに「世間感覚」、とりわけ「対世評反応」の「恥」とは方向・次元を異にした「冥照感覚」の素朴なありようを確認しておきたい。さらに『方丈記』執筆時点での長明において、これら『発心集』にみる「冥照感覚」がまったく無縁であったとは断じて思われない。両書の、いわば地続きの感覚素地を見届けておきたい。

　以上のような時・空のなかで『方丈記』第五段は読み解かれねばなるまい。さて、自謙・卑下の詞句はどこに見出せるであろうか。

　「ニゴリニ染」みた「心」や「周梨槃特」にだに及ばざる「行」も、たしかに自己否認の表現であろう。しかしそれは通仏法を基準にした、その意味で時代を超えた、公式的な自己否認である。それに対して長明自身および長明当時の価値感情からみた自謙・卑下の情念としては、「貧賤ノ報」ゆえの「悩」と、「妄心」の果ての「狂」が該当すると考える。聖なる時、仏・菩薩の照覧のなかで、慚愧の念をともなう自問・自答が試みられる。その自問――前世において己が犯した行業の果報としての、現世における「貧賤」なる身ゆえの懊悩か、はたまた煩悩に汚れ果てたる我が心の発狂か――。

　一体、当時の「貧賤」観は三世にわたる因果律で捉える傾向が通常であった。たとえば『続教訓抄』[22]には「前世ニ物ヲ惜シミ、功徳ヲ作ラザリシ者ハ、コノ世ニ貧窮下劣ノ身ト生ル」という。また『東大寺諷誦文稿』(23)には「昔世、三宝所において恭敬の心无き人は此世に、貧窮下賤の人となり、一切の人に㥄蔑せらる」という。しかもその「貧人は、生ける時、飢寒の耻を被る」ともいう。

実際、「貧」とは「飢・寒」をさす。それは「身心」を直接に打撃し、侵害するものである。くわえて世間的にも貧者は一切の人の「㥄蔑」の対象ともなり、「飢寒」は恥の発生条件でもあった。「貧窮」が「下賤」「下劣」とそれぞれ熟して用いられるのはこのためであろう。「狂」もまた恥の発生条件である。

さきの切実で性急な自らへの問いかけに対して「心」は「更ニ答フル事ナシ」と沈黙を守る。

ちなみに『池亭記』の末章において、右の自問と通じ合う一句がみられる。

上は天を畏れ、下は人に愧づ。

保胤、晩年に及んでからの居宅造営を「誠ニ奢盛ナリ」と内省し、天・人への畏敬と愧恥を吐露するのである。この「畏」と「愧」の感情は長明のより生々しい自問の感情と交響すると思われる。

さて自答すべき「心」は「答フル事」がなかった。その「心」に対置さるべき「身」は何をなし得たか。「舌根」による念仏である。

只、カタハラニ舌根ヲヤトヒテ、不請阿弥陀仏両三遍申テ已ミヌ。

古来、最大の難語とされる「不請」論議に比べ、「舌根」は自明のこととして埒外に放置されている。はたして問題はないのであろうか。

たしかに文意としては、六根の一としての舌根をもって阿弥陀仏号を称えた、というに尽きよう。ではなぜ「舌根」なのか。思うに口称の念仏を表現するとき、「舌根」を用いる例は皆無ではないが通常みられない。尋常ならざる表現意図がそこに秘められていたと解すべきであろう。

ここに一篇の唐詩がある。白居易「遊二悟真寺一詩」[24]である。「白氏文集」にも収められる、その一節、

身ハ壊《ヤブ》ル、モロハ壊《ヤブ》レズ。舌根、紅蓮ノ如シ。

ある写経僧の手に成った「蓮花頌」をその弟子、揚難は、死してのちも誦偈を止めることなく百億千の数を満たしたという。長明の身心感覚にとって「舌根」の「紅蓮」はいかなる意味をもったであろうか。

ちなみに同似の説話例、法華読誦の効験として死後も舌根が朽ちなかったという説話は唐代より盛行され、わが国においても『日本霊異記』『法華験記』『今昔物語集』、さらに『太平記』に至るまで、連綿と継承されている。そこでは舌の「赤」色が強調される。

さて長明二十三歳、絶望的なまでの状況にあったかれが遭遇した、安元三年の大火の猛炎とその拡大の描写については すでに述べた。そのとき以来、本書の諸処に「赤」色への切実な関心がみられ、それはかれの人生の原風景ともいうべきものであった。

大火およびその他の事物の「赤」色イメージと白居易詩「舌根」の「紅蓮」のアフターイメージ。これらの重複した心像が「答フル事」なき「心」に代わる「身」の中核としての「舌根」に凝縮したものと思われる。舌根は、身に属しながら内に蔵匿され、しかも心の内実を外に向かって表明する機能を持つ。その意味で舌根は身心感覚の中枢に位置し、その機能は対世間性を帯びる。

あえて請うまでもなく、照覧し給うた仏。遮蔽すべくもなく隠避すべくもないまま一方的に透視される長明。ここに対冥照反応としての衝迫的煩悶が察知される。

長明の深層に息づく「赤」色のイメージとは、「身心」への痛覚である「恥」（広義の）感情の象徴ではなかった

か。僧名「蓮胤」もまた「赤」色をもつ。

むすびにかえて

長明の身心感覚と世間感覚に即して『方丈記』の深層を読み解いてきた。最後にたどりついたのは、『方丈記』全篇に流れる「赤」色イメージをめぐる、色彩のシンボリズムの問題であった。その解明は今後の課題とするが、ここではその手控えとして二、三の点を記しておく。

「赤」色と恥の関連を表す文字として「赧《タン》」がある。恥じて顔が赤くなるという意味である。赤らむというからだの表情と恥というこころの作用を一字に込める。その用例として「観二其色一赧赧然」（孟子—滕文公下）。「候遂密雲、赧然而出」（顔子家訓、風操）などをあげることができる（諸橋轍次『大漢和辞典』）。

一方、人類学の立場からの注目すべき所論がある。日本文化の古層のカラー・シンボリズムについて、常見純一氏は、青色が発芽・伸長・成長・成熟といった旺勢な「生」の状態を特徴とするのに対し、「赤」色が、成熟し切った状態・老成・枯死の特徴をもつという仮説を提示している。[25] 無常を主題とする『方丈記』の表層を深層から考察するとき、参照すべき論考の一つであろう。

註

（1）二宮宏之「参照系としてのからだとこころ——歴史人類学試論——」（『社会史研究』八号、一九八八年）、視点・方法についてはほかに、池上俊一『歴史としての身体——ヨーロッパ中世の深層を読む——』（柏書房、一九九三年）、荻野美穂「身体史の射程――あるいは、何のために身体を語るのか――」（『日本史研究』三六六号、一九九三年）など参照。

（2）稲田利徳「『方丈記』の文体――歌語的措辞の融解――」（『国文学　解釈と鑑賞』五九―五、学燈舎、一九九四年）。

（3）新日本古典文学大系39（佐竹昭広校注）、岩波書店、一九八九年。

（4）新潮日本古典集成（第五回）の校注者・三木紀人氏は、長明の行動半径を十キロ余に及ぶと指摘する。

（5）『源家長日記』（続々群書類従第一五）。

（6）『雑談集』四、三弥井書店、一九七三年。

（7）稲田利徳「『方丈記』解釈覚え書――冬ノ木ノ葉ノ風ニ乱ルルガ如シ――」（『解釈』三七巻九号、一九八一年）。

（8）桜ゆゑかたをか山にふせる身もおもひとげねばあはれおやなし（『夫木和歌抄』〈簗瀬一雄編『校註鴨長明全集』〉、風間書房、一九五六年）。

（9）『無名抄』「不可立歌仙之由教訓事」（註（8）前掲書）。

（10）註（4）前掲書「解説」に、「当時みなし子とは十歳頃の人について用い、十代半ばを超えた人物をこのように呼ぶ例は知られない」という。

（11）『無名抄』「せみのを河の事」（註（9）に同じ）。

（12）註（5）に同じ。

（13）註（5）に同じ。

（14）日本古典文学全集27「解説」、小学館、一九七一年。

（15）拙稿「慚愧の精神史――その初発としての『霊異記』――」（『日本思想史学』二六号、一九九四年）。

（16）『池亭記』（『本朝文粋』〈新日本古典文学大系27〉、岩波書店、一九九二年）。

（17）註（3）前掲書「解説」。

（18）『梁塵秘抄』〈新日本古典文学大系56〉、岩波書店、一九九三年。

(19)『宝物集』〈新日本古典文学大系40〉、岩波書店、一九九三年。
(20)『新古今和歌集』〈日本古典文学大系11〉、岩波書店、一九九二年。
(21)『発心集』〈新潮日本古典集成5〉、新潮社、一九七六年。
(22)正宗敦夫編『続教訓抄』〈日本古典全集〉、日本古典全集刊行会、一九三九年。
(23)築島裕編『東大寺諷誦文稿総索引』〈古典籍叢書八〉、汲古書院、二〇〇一年。
(24)『漢詩大系』12、集英社、一九六四年。
(25)常見純一「青い生と赤い死——日本文化とくに沖縄における古層的カラー・シンボリズム研究へのアプローチ——」(大林太良編『神話・社会・世界観』角川書店、一九七二年)。

付記　本稿は、二〇〇一年度、佛教大学海外研修(ロンドン大学・SOAS)での研究成果の一部である(二〇〇二・七・七)。

中世仏教における本尊概念の受容形態

早島　有毅

はじめに——問題の限定

本尊という言葉は、インド仏教で誕生し、九世紀中頃から日本仏教の展開のなかで定着していった仏教用語の一つである。中村元氏の『広説仏教語大辞典』によると、「本師・本仏ともいう。供養し、礼拝する対象となる尊像」といい、「一堂宇において供養される尊像中の主たるもの」との義も挙げられている。『日本国語大辞典』にも同様な語義が記されており、これが現在までの通説の一つとなっている。[1]だがこのような理解では、辞典という限られたものであっても、二つの点で問題があるように思える。

その一つは、こうした記述に本尊という用語がインドや中国さらに日本の社会で、仏教を信仰する人たちにとって、どういった存在であったのか、という視点が欠落していることである。もう一つは、第一の問題と深く関連するが、本尊という存在は、時代によって、人々の理解のしかたが異なると思うことである。日本の中世社会を例にすると、本尊とは自己の願いを満たす崇高な存在と認識され、「人のもの」としての田地を寄進されて「仏のもの」として所有する権利を保持する存在であった。[2]だがその一方で、農民一揆などに対しては、本尊の威力でそれを鎮圧する機能を保有する存在としても、認識されていたのであった。[3] こうした事例は、日本の中世社会だけでなくインドや中国でもみられるようであり、辞典などで示される意味のように、一律に断定するわけにはいかないのである。

とするならば、本尊という仏教用語はその成立過程から、各国でどのように受容され変貌していったのか、改めて論究される必要があろうが、ここでは日本の仏教において、その言葉がどのように受容されたのかに問題を絞り、以下の点からこの問題を追究したい。まず第一に、インドで本尊という概念が成立した意味を問う。第二に日本の社会でその言葉がどのように理解されて受容されたのかである。こうした追究は、これまでの中世仏教史研究にはみられず、その点で大きな裨益となると思える。

一　インドにおける本尊概念の成立

周知のように、本尊という用語は、自己の悟りを得ることを救いの原理とする仏教において、当初の一端を伝える原始仏教の経典には見出せない。この言葉が確認し得るのは、七世紀前後に成立したという『金剛頂経』や『大日経』などの密教系経典である。『金剛頂経』において本尊とは、以下のように述べられる。

若し勤苦加行すれは、即ち自体に於て困苦を生す、是に由りて法に於て錯乱を生し、専注して諸の成就を作すことあたはず、（中略）設ひ、いまだ曼荼羅に入らざるもの有るも、及び諸障悩有るもの、但し当に本尊の相応行に依りて、成就法を修する者は、刹那のあいだに於て、皆悉く此の大欲楽三昧自在主と諸金剛部王を円満となす、[4]

これは、瑜伽の行者が般若の智つまり悟りの境地を、いかに迅速に獲得できるか、その方法を説いているところである。本尊とは造型化された大日如来を中心とする諸仏諸菩薩を指すが、その役割が「本尊の相応行に依りて、成就法を修する者」といい、瑜伽の行法のあり方との関連性で述べられているのは、注意されよう。

瑜伽行者の修行の特性とは、自己に元来から仏性を具しているとの認識のもと、大日如来の本誓の絶対性を信じ、階悌的に行に相応する諸尊を選択して、究極的に如来と同一化しようとする方法にある。ここには、大乗仏教成立以降の「如来の絶対の力」を信ずる如来蔵思想が根底にみえる。それはさておき、ここでの本尊とは行者の仏性を顕現化させる役割を担った如来、すなわち大日如来と諸尊総体を指すといってよいだろう。このことは、例えば十二世紀に成った仏教図像学の基本文献『サーダナ・マーラー』に、本尊とは瑜伽行者の心に内在する種子、つまり仏性を具現化した像といっており、時代が降るにしても、そうした考えが早くからあったといってよいのでなかろうか。しかも、『大日経』の註釈書に、本尊とは「自尊」ともいっており、修行僧各個に所持されるものと考えられていたのである。とすれば、修行者個々人が悟りの境地を得るために所持された、自己の仏性と共有する如来諸尊こそ、本尊といわれていたと措定してよいだろう(5)。

問題とすべきは、自己の悟りの達成を救済の原理とする仏教において、こうした本尊を必要とした意味にある。このことについて詳述する力量は現在の私にないものの、五世紀末頃からの大乗仏教自体のあり方に起因する、と思われる。

五世紀末から七世紀末までの大乗仏教は、般若の空思想を基礎の教理として展開し、中観学派や唯識学派の思想を産み出していった。なかでも、大乗仏教の宗教的実践つまり菩薩行を基礎付けようとする唯識学派にあって、空の境地に到達するために人我と法我という二我の否認という主張が提起された。このような論理は、要するに菩薩行が二無我を悟るということにあるが、その意味は衆生が悟りの境地を得るために、煩悩が生ずる基となるのが我執であり、般若の智の障害となっているのが法我である。だからこそ、人無我を観想して煩悩を断絶し、法無我を観想して所知障を断ずるという実践が必要となる。こうした実践課題、我執を離れ真実の自己を実現しようとするなかで、仏を観想する瑜伽の行法が展開してきたのである。この行法の特色は、インド在来の俗信である八種の自在力つまり神秘的霊力の機能によって、この世で成仏し得るという点にある。(6) 本尊という概念は、こうした行法のなかで唯識学派の法無我の概念から論理的に展開して成立したといってよいだろう。

以上のように、本尊とは基本的に仏教の原理つまり自己の悟りをどのような修行で達成し得るか、との実践的目標のなかで成立し、しかもそれは、修行者各個に所持される性格にあったのである。やがて本尊は、仏像の誕生とあいまって、その一方で経緯は定かにし得ないものの、仏の正覚を究極的に表現する像としても確立してくる。(7) 中国で翻訳された経典で「本尊を見るに円満にして地に悉す」と説かれるのは、そのことを示唆している。本尊とは、こうした二つの意味が合致して成立した概念といってよいだろう。それでは、六世紀に日本に伝来した仏教においで、本尊とはどういった意味合いの言葉として受容されていったのであろうか。次節では、このことについて論究してみよう。

二　本尊の概念の日本での受容形態

六世紀からの仏教の展開において、本尊という言葉は八世紀に書写された経典に記載されているにしろ、どう受容されたのかを示す文献はいまだ確認し得ない。九世紀初頭までの仏教の多彩な伝搬状況を記す『日本霊異記』にも、造仏関連の記述が多く散見するにしろ、この言葉は全く記されないからである。管見の範囲での初見は、九世紀中頃の弘仁年間に著されたという空海の『即身成仏義』である。そこで本尊とは、「四　四種曼荼各不離」を説く過程で、第一の大曼荼羅と第三の法曼荼羅の意義を解説するなかでのみ、以下のように述べられている。

> 一には大曼荼羅、いはく、一一の仏菩薩の相好の身なり。またその形像を彩画するを大曼荼羅と名づくまた五相をもって本尊の瑜伽を成ずるなり。また大智印と名づく。（中略）三には法曼荼羅、本尊の種子真言なり。もしその種子の字を各本位に書く、これなり。また法身の三摩地及び一切の契経の文義等みなこれなり。また法智印と名づく(8)。

松本照敬氏の指摘によると、この書は平安時代初期仏教界にあった南都法相宗の三劫成仏説を否定し、この身のまま成仏し得るという論拠について、「二経一論八箇の証文」から引用して説いたものという(9)。ここでの本尊とは、『金剛頂経』で説かれたとおりの概念を用いて、修行者の仏性を顕現化させる役割にあった崇高な存在、大日如来それ自体を指していたのである。このことは、要するに本尊という言葉が空海独自の解釈になく、経典で説かれたように用いられていたことを示唆する。晩年に至って著された『秘密曼荼羅十住心論』において、『儀軌経』から「瑜伽の観智とは、即ち是れ本尊及び真言印等を観念するなり」と引用し、身・口・意の三密が相応する観想の智慧を本尊から説明しているが(10)、この事実は、そのことをなによりも示していよう。

このようにインドで成立した本尊という言葉は、九世紀中頃の空海の著述において経典の引用文のなかではじめて登場したのである。しかもこの本尊という語は、大同元年（八〇六）の空海の『請来目録』によると、

> 密像深玄にして翰墨に載せがたし。更に図画を仮りて悟らざるに開示す。種々の威儀、種々の印契、大秘より出でて一都に成仏す。経疎に秘略にしてこれを図像に載せたり。密蔵の要、実にここに繋れり(11)。

とあり、多くの場合、成仏への修行の過程に要する図像の曼荼羅に描かれる仏菩薩を指す、と考えられる。この空海請来の曼荼羅は、現存しないものの、胎蔵大曼荼羅・金剛界九会曼荼羅各七幅が目録にあり、これらが本尊と措定され請来されていたのであろう。

問題なのは、六世紀から九世紀まで多くの仏像や仏画が請来されたり制作されていたにもかかわらず、それらを本尊と呼称する事例がほとんど皆無であった、という事実である。このことから本尊という語が古代社会において、実態を伴いながら定着するのにはかなりの時間を要したと思われる。とすれば、その要因はどこに求められるのであろうか。このことについては分明にし難いものの、九世紀までの社会で、仏菩薩の像や画像が人々にどのように認識されていたのか、ということと深く関係するように思われる。

このことをよく示すのは、八世紀初頭に著された『日本霊異記』[12]の仏教関係の数多くの説話の内容にある。吉田一彦氏の鋭い指摘によると、ここで描かれる仏像や仏画とは、経典に記述される抽象的な仏菩薩から理解されていたのでなく、一種の神とみる観念のもとに擬人的に捉え、しかも救済と制裁の二つの機能を持つ畏怖すべき存在と認識していたのでなかろうか[13]、というのである。この見解に沿って本書の内容を検索すると、吉田氏の指摘はたしかに妥当と考えられる。例えば、上巻第五話には周知のように、仏教受容の際の崇仏派と廃仏派との抗争が記載されているが、そこで仏像とは「隣国の客神」という表現で理解され、作者景戒自身も「客神とは仏の神像なり」と注記しており、仏像自体たしかにある種の神観念のもとで理解されていたのである。このほか、仏像が擬人的に理解される例は、上巻第七話の三谷寺の創設縁起や、中巻の第二十二話「仏の銅像、盗人に補られて、霊しき表を示し、盗人を顕す縁」など、枚挙に暇のないくらい確認し得るのである。

以上を要するに、九世紀までに仏教を受容した人々にとって、仏菩薩の像や画像とは、従来からの神観念を踏襲して擬人的に捉えられ、自己の願いを達成してくれる、畏怖すべき存在として認識されていたといえよう。こうした思考のもとにおいて、仏菩薩が自己の信仰対象として崇高な存在であり、自己の仏性を顕現化させる本尊という思弁的な概念が理解され得なかったのは、容易に想定できる。ここに本尊という言葉が当初の古代社会に定着し得なかった一因があるといってよいだろう。

とするならば本尊という言葉は、いつ頃から仏教界に受容され定着したのであろうか。空海以後の真言密教においては、たとえば九世紀後半の『秘蔵記』に「我が本来自性清浄の心は、世間出世間に於て最勝最尊なり、故に本尊といふ、また已成の仏の本来自性清浄の理も、世間出世間に於て最勝最尊なり、故に本尊といふ」といい、インドの瑜伽行のなかで確立された「本尊義」は、たしかに思弁的に理解されていたのである[14]。さらに十一世紀中頃制作の仁王経曼荼羅の奥書に、「門跡以本為本尊、増益曼荼羅也」とあり[15]、この語が真言密教内部において、かなり浸透していたことが知られる。しかしそれ以外の宗派、とくに最澄以降の顕密仏教化された天台系仏教の世界では、十世紀後半の『日本往生極楽記』まで、その語は確認し得ないのである。しかも、そこにあって本尊の用語は、四十二説話のなかで二例ほどしか見出せない。さらに、十一世紀初頭の『大日本国法華験記』に至っても、ほんの二、三例しか確認し得ないのである。要するに、天台系仏教界において、この語がなかなか定着し得なかったことは注意すべきである。

ところが、十一世紀中葉以降に『日本霊異記』とそれ以降の説話集を再編増補した、『今昔物語集』には、そう多くないものの、九例ほどの本尊の語を検索し得る。この九例の説話は、『日本霊異記』から一例、『大日本国法華験記』から四例、『散逸地蔵菩薩験記』から二例、未詳の二例を出典に叙述されているが、そこに天台系仏教界での本尊の性格を知る用例が三つほど見出される。以下に掲げたのは、『今昔物語集』を基軸に先行説話と対比したものである。

①（該当の本文なし）

而ル間、結縁ノ為ニ葛木ノ山ニ入テ修行セムト思テ、十月許ニ入ヌ、（中略）而ルニ、極テ高ク大ナル椙ノ木有リ、其ノ本ニ宿シヌ、本尊ヲ懸奉テ、其ノ前ニシテ法花経ヲ誦ス、（増補）（『今昔物語集』巻十二第三十八）

（『大日本国法華験記』上巻三十九）

②兵部夢覚めて弥大きに驚き恐れ、持経者に向ひて涙を流して懺悔し、退き去りてこのことを従者に語りぬ、両三日を経て、持経者、深く世間を厭ひ離れ、持経持・仏を具して、夜半をもて永く出で去れり、

（『大日本国法華験記』中巻七十二）

而ル間、持経者、二三日ヲ経ル間、此ノ事共ヲ思ヒ次ケテ、深ク世ヲ厭テ、本尊・持経ヲ具シ奉テ、夜半許ニ其ノ家ヲ窃ニ出テ去ナムトス

（『今昔物語集』巻十七第四十）

③昔故京の時に、一の愚人有り、因果を信け不、僧の食を乞ふを見、扮りて繫がむと欲す時に僧、田の水に走り入る、追ひて執ふ、僧忍ぶることを得不して、呪縛す、愚人顚俯し、東西に狂ひ走る、僧は即ち遠く去り、かえりみること得不、

（『日本霊異記』上巻第十五）

今昔、古京ノ時ニ一ノ人有リケリ、心愚ニシテ因果ヲ不信ザリケリ、（中略）其ノ人乞食ヲ見テ、嗔ヲ成シテ打ムト為レバ、乞食逃テ田ノ水ノ中ニ走リ入ルヲ、此人追テ打ツ時ニ、乞食侘ビテ持ツ所ノ呪ヲジュシテ、本尊助ケ給ヘト念ズ、而ル間、此ノ人忽ニ被縛ヌ、然バ、俄ニ東西ニ走転テ、倒レ迷フ、乞食ノ僧ハ逃テ去ヌ、

（『今昔物語集』巻二十第二十五）

①の『大日本国法華験記』では、持経者、叡山西塔の僧円久の臨終説話で、死去から四十九日に至るまでの間、生前同様の『法華経』を読誦した奇瑞について述べている。ここに記した文は、新たに書き加えられたものである。

増補された文に本尊という語が見出されるのは、十一世紀中頃からそれが流布され始めた一つの証左となろう。ちなみにここでの本尊は、画像と推定される。②の場合も①の法華信仰に関わる持経者の話であるが、「持経・持仏」という用語が、「本尊・持経」という呼称に変化した事例である。③の場合、①や②と異なり、自己の信仰の対象とした本尊に、降りかかる災難からの救いを求めた用例である。こうした事例は、同じ『今昔物語集』巻三十一第十四の説話に、「憑奉ル本尊ニ我ヲ助ケ給ヘト、心ノ内ニ念ズル事無限シ」とあり、この頃からみられる本尊の用例と考えられる。

こうしたことから判断すると、顕密仏教と化した天台系仏教界においては、十一世紀中頃に至って本尊という言葉が一般的に用いられるようになった、とみてよいだろう。だがここでの用例からみても、本尊の意味は先に措定した真言密教のそれと異なるのは、確かなことのように思える。一体、天台系仏教での本尊には、どのような特性があったのであろうか。このことの確認がまず必要となろう。

その第一はこの段階において、法華信仰での本尊の位置が「本尊・持経」つまり「本尊ヲ懸奉テ、其ノ前ニシテ法花経ヲ誦ス」というように、その前で経典を読誦する存在として認識されてきたことにある。これには、どういった意味が求められるのであろうか。この手がかりとなるのは、②の『大日本国法華験記』において、持経者が「持経・持仏」を具して去ったという記述である。八世紀初頭からの仏教信仰において特筆すべきことは、『法華経』を読誦したり書写する行為こそ、積罪を浄化する効能がある、(16)と信じられていたことである。この場合、この行為は「持仏」つまり保持した仏の前で行われるのでなく、独自な行為として修されていたのである。この事例としては、例えば『日本国法華験記』上巻第六に、『法華経』書写と弥陀・尊勝両像への往生祈願とが区別して記述されている。しかもこのほかの説話においても、同種の行為を確認し得るので事実といってよい。とすれば法華信仰において、本尊の位置が右のように措定されたのは、両者の宗教行為を合体化した、新たな宗教儀礼の誕生を意味していたのである。

第二は、個々人が帰依する仏菩薩の本尊が、現世で降りかかった災厄を切り抜ける役割を持っていたということである。『今昔物語集』には、こうした事例はほかにもみられる。例えば巻十一の第二十四「久米の仙人、始造久米寺語」において、女人に心を汚され仙人になることを諦めた久米仙人が、「本尊何カ助ケ給フ事無カラム」と考えて本尊に祈願した話が記述される。これは法力を持った仙人といえども、仏教の本尊に祈願するという興味ある説話であるが、それ以上にこうした意味の本尊が、広範に信じられていたことを示すよい例であろう。(17)このような本尊がいつ頃からみられるのか、定かにし得ない。だが十世紀後半に成立した『宇津保物語』「としかげ」において、主人公俊蔭が航海途上で遭難した際、「七歳より、俊蔭が仕うまつる本尊あらはれ給へ」と祈念し、はるか南の地に上陸した話にみられるので、早い段階から用いられていたのは確かである。

第三は、上記の説話集にみられない浄土教信仰での本尊である。このことを具体的に示すのは、『日本往生極楽記』第六話でのつぎの僧正増命の臨終のくだりである。

延暦寺座主僧正増命は、左大史桑内安岑が子なり、父母児なし、祈りて和尚を生めり、(中略)太上天皇、師となして迴心戒を受けたまへり、戒壇の上に紫金の光を現ず、見る者随喜せり、(中略)和尚俄に微き病ありて、一室を酒掃して、門弟子に告げて曰く、人と生れて限あり、本尊我を導きたまふ、汝等近く居るべからずといへり、(中略)音楽空に遍く、香気室に満てり、和尚西方を礼拝して、阿弥陀仏を念ず、香を焼きて几に倚りて、眠れるごとくして気止みぬ、

文意から、ここでの本尊とは、阿弥陀仏の像か尊勝仏の像を指しているが、本尊とは、自己を救済のため浄土へ

導く存在として示されている。同様な本尊の位置づけは、第十六話の僧正延昌のやはり臨終の際の話にある。そこで本尊に向かって往生のとき阿弥陀仏の来迎を祈念し、糸でもって仏の手と結び、往生したという。こうした事例は、十二世紀に入っての『拾遺往生伝』にも多くみられるので、浄土往生信仰の定着とともに確立されていった、と考えられる。

こうした天台系仏教の本尊の性格は、空海が請来し真言密教の展開のなかで確立した、即身成仏への修行の指針となった思弁的な本尊論と、基本的に異なっていたのは確かである。なによりも、ここでの本尊とは、帰依する個々人の仏性と内的連関性がなく、祈願と守護の対象となった至高の存在であったからである。このような本尊の系譜は、定かにし得ないものの、先に吉田氏が『日本霊異記』を素材として検討した仏菩薩の属性、救済と制裁の機能に連なった畏怖すべき存在との関連が、濃厚なように思われる。ただ擬人化された仏菩薩の像や画像が、どうした経緯で本尊と呼称されるようになったのかは、不明である。そこにはおそらく、天台系仏教の密教化に伴う『瑜伽師地論』などの密教系聖経書写との関連を想定し得るものの[18]、確証を得られず、今後の課題となろう。

おわりに——残された課題

かくして、七世紀中頃にインドで成立した本尊という概念は、九世紀中葉から十一世紀後半にかけての真言密教や天台系仏教において、以上のような意味のもとで理解され受容されてきたのである。だが、十一世紀末から十二世紀初頭にかけての『中右記』や『長秋記』などの公家の日記には、本尊という言葉はあまり用いられておらず、まだ社会に定着していなかったと考えてよいだろう[19]。『今昔物語集』に九例しか本尊の語を見出せなかったのは、ある意味で当然なことであったのである。
　とするならば、本尊という言葉はどのような経緯を経て、中世社会に浸透していったのであろうか。つぎの課題はこうした過程を確定し、その具体例を検討することにある。

註

（1）このほかに『望月仏教大辞典』がある。ここには、この意味以外に、現在の各宗派の本尊義が詳述されている。なお、この辞典類以外の研究は管見の範囲では見当たらない。
（2）中田薫「本尊の権利能力」（『法制史論集』三下、岩波書店、一九八五年）。
（3）『大日本史料』第八編之三、三〇頁。
（4）『大正新脩大蔵経』八。原漢文。
（5）以上の叙述は、北村太道「密教における悟りと救い」（『悟りと救い——その理念と方法』、平楽寺書店、一九八九年）によるところが多い。
（6）中村元「インド思想一般から見た無我思想」（『自我と無我』、平楽寺書店、一九六八年）からの理解による。
（7）石田尚豊編『密教画』〈日本の美術三三〉、至文堂、一九六九年。
（8）『即身成仏義』（『弘法大師空海全集』第二巻、筑摩書房、一九八三年）。
（9）松本照敬「解説　即身成仏義」（『弘法大師空海全集』第二巻）。
（10）『弘法大師空海全集』第一巻、筑摩書房、一九八三年。
（11）『弘法大師空海全集』第二巻。
（12）以下の説話集は新日本古典文学大系（岩波書店）や日本思想大系（同）による。
（13）吉田一彦「寺と古代人」（『日本古代社会と仏教』、吉川弘文館、一九九五年）。
（14）『弘法大師空海全集』第三巻、筑摩書房、一九八三年。

(15) 平田寛「絵仏師史料」(『絵仏師の時代』、中央公論美術出版、一九九三年)。
(16) 吉田註(13)前掲論文。
(17) 平雅行「末法・末代観の歴史的意義」(『日本中世の社会と仏教』、塙書房、一九九二年)。
(18) 田中塊堂『日本写経綜鑒』、思文閣出版、一九七四年。
(19) こうした本尊という語の事例が多くみられるのは、十二世紀後半の九条兼実の『玉葉』からである。

古代・中世における別所寺院をめぐって
――二形態の別所寺院の経営と寺僧・聖による仏教信仰の流布を中心に――

奥野　義雄

はじめに

古代・中世の仏教史研究上で、別所寺院および聖について先鞭をきった論考は、井上薫氏の「ひじり考――平安時代浄土教の発展――」といえよう[1]。

この聖の研究動向については、伊藤唯真氏の「聖仏教研究の課題と方法」で詳細に行論されているので[2]、あらためて言及は控えたいが、別所を主に聖についても論究された高木豊氏の「院政期における別所の成立と活動」[3]、念仏宗教団および三昧聖の展開に視点を当てた伊藤唯真氏の「念仏教団の性格と形態」[4]、「行基墓地開創の伝承――『行基菩薩草創記』をめぐって――」と「行基系三昧聖の由緒とその墓寺」[5]などを、ここで掲げておきたい。

とくに、高木氏の論究は、院政期に限定した論題であるが、その前後の時期を含んで別所の展開と別所型の活動を総括的に捉えている。また、伊藤氏の論究は、近年視点を当てられてきている三昧聖の活動と展開について把握されている。このような視点で両氏の論究を掲げておきたい。

聖の研究は、さきの伊藤氏の「聖仏教研究の課題と方法」から、先学諸氏によってなされてきていることがうかがえるが、別所の研究はさほど沢山あるとはいいがたい。

すでに挙げた高木氏の論稿と西田圓我氏の「別所と散所――その形態をめぐって――」が[6]、仏教史研究上、別所に焦点を絞って論及された研究であり、それ以後別所に関する研究は見当たらない。

ただ、「古代・中世の別所について――とくに信仰の場としての別所から寺院経営主としての別所への画期を中心に――」の小論を昭和六十年に公にしたが、これは、主に俊乗坊重源の創設した別所の寺院経営とそこに止住する僧＝聖の耕地（農業）経営の形態を検討したものである[7]。

その折に、いわゆる重源の別所以外の別所の寺院経営の実態はどのようなものかという点、別所の草創時期から展開に至るまでを大雑把に捉えると、別所寺院は当初から二形態存在していたのではないかという点、さらに別所寺院経営に伴って、民衆への仏教信仰の流布があったかもしれないという課題を久しく持ち続けていた。

そこで、ここでは以前から持ち続けていた課題である別所の二形態、別所の寺院経営、そして民衆への仏教信仰の流布について検討していきたい。

一　別所形成から別所の二形態への展開

別所の研究は、さきに述べたように聖（集団）の宗教活動の研究に比べるとあまり多くない。とりわけ、別所成立と活動について論究された高木豊氏の別所研究は、すでに触れたように、院政期に限定しながらも、その前後の時期も視野に入れた総括的な論考である[8]。

ただ、同氏は別所の論究において、別所に対する主な観点を本寺―末寺＝別所に絞っているといえる。すなわち、

「別所における宗教活動」の別所への結縁の項で、

　別所は一面では、本寺を離れた僧の隠栖・自行精進の場所、諸国遊行の聖の寄住の場所であったとともに、一面では、在地の人びとの教化・結縁の場であった。（中略）地方に成立した別所を、某寺の子院・末寺化していく所以ではなかったか。

と論述され[9]、別所が本寺―末寺・子院の関係へと展開していくことを想定されている（傍点―引用者、以下同様）。
また、同じ項で同氏は、

　本寺の働きかけによりその子院と化し、末寺となって包摂されていき、別所の名と実体を放棄せざるを得なかったのではないか。地方に創設された、本寺をもたぬ別所は、一つにはその地域に定着したことや、別所として与えられた特権の恒常化に基づいて別所の名をはずしていったであろう。

と行論し[10]、別所の二形態の展開を想定されている。院政期を中心に論究された結果から別所の二形態を想定されているが、院政期以前からずっと時期が下がっても、この事象は現実にみられるといえよう。まず、この事象を史料――主に『平安遺文』と『鎌倉遺文』――からうかがいながら、別所の二形態のうち、一形態（本寺―末寺関係を呈しない別所の存在形態）は、さらに荘園・公領制社会の現実に対応した派生形態を創り出すことも提示したい。

　そこで、すでに別所研究で例示されている史料も含め、次にあらためてうかがっていくことにしたい。

　現時点で別所として捉えられる古い史料は康平五年（一〇六二）二月　日付の「僧忠覚譲状案」にみえる「無縁山寺」であろう。すなわち、「譲与慈悲尾山寺一処事」に続いて、

　右件山寺、元者往古聖人為鎮護国家利益衆生、所草創建立無縁山寺也、仍為忠覚師資相承処也、爰雖有受法弟子其数、於観円者、自生季十一歳出家之後、（中略）余命有限、因之山寺一所并□仏本尊顕密聖教房舎内財資

具、相副荘園公験所々施入帳、永以所譲渡也、（中略）興隆仏事、勤修法花八講、不可有闕怠矣、（下略）

とあり[11]、聖人草創の山寺（房舎内本尊仏や資財、さらに荘域内の山寺所領を証明するための公験・施入帳を含めて）を弟子観内に譲与することが明示されている。

僧忠覚が譲渡しようとする山寺は、聖人（聖）が草創したもので、「別所」の明示はないが、別所寺院であったと考えられる。そして、いかなる理由でこの寺院を相承したかは不詳であるが、この譲状には、相承した僧忠覚と何らかの繋がりをもつ「所々住僧」である石清水権寺主僧円明寺住僧、宝山寺僧入縁、宗成寺僧による加判がみられる。

この山寺と同様に、「別所」の明示はみられないが、別所と理解できる史料がある。延久四年（一〇七二）□□月五日付の「前権律師某解案」にあらわれる堂舎がそれである。すなわち、「謹解　申請法隆寺政所　明裁事」に続いて、

請殊蒙　裁許空閑地一町苅掃草木、結構庵室之状、

在平群郡八条十里拾四坪字蓁田池坤者

右、件地者、是為山野藪蕀之原、無人領知、既於寺家西嶺之麓、有便念仏、就中一僧卜此砌、□□□□間堂宇、

大衆感彼態、可安置弥陀尊像、

とあり[12]、山野藪蕀の空閑地一町域に庵室を構えたことが分かる。そして、この庵室は数間の堂宇であり、この堂舎には阿弥陀如来像が安置され、そこで念仏唱名がおこなわれていたことも理解できる。

山野藪蕀の空閑地に構えた堂舎が別所であった証は、この解案からはうかがえないが、法隆寺および同寺領と関わる別所であったことは、承保二年（一〇七五）四月十二日付の「法隆寺金光院三昧堂牒」の「而念仏堂灯油料僧

法長奉施入之、平群郡畠六段、為此三昧堂己有便宜」という記述と「法隆寺西別処金光院三昧堂牒」という記載から充分に考えられる[13]。

院政以前よりすでに別所には、本寺を持たない寺院としての別所と、本末関係はともかく本寺と関わる寺院としての別所の二形態が存在していたことになろう。

言い換えると、一〇六〇年代には、すでに本寺に所属しない別所と本寺に所属する別所との二形態が存在していたといえる。そして、二形態の別所は一二六〇年代あるいは一三二〇年代までみられる。とくに、本寺に所属しない別所は一三二〇年代に至るまで存在していたことが、嘉暦二年（一三二七）六月十八日付の「某下知状案」にみえる「紀州重禰郷別所成願寺」という文言から理解し得る[14]。この別所成願寺については、下知状案の記述と関連させて本寺を持たない別所の存在形態のところで述べていきたい。

そこで、別所の二形態について、若干年次を追いながら検討することにしよう。

史料A、寛治五年（一〇九一）八月十一日付の「肥前国僧円尋解[15]」

右件地、本自無領主、而今切掃□、擬建立一宇草堂、

※「空閑荒野地壱処新号別所」「河上宮定額僧」「同宮講衆僧聖範」「三昧僧法称」とあり、河上宮神宮寺の僧侶と同三昧僧の連署あり。

史料B、建久三年（一一九二）九月二十七日付の「僧重源下文[16]」

右、荘内有数宇之旧寺、併以破壊、（中略）因茲卜当荘東北字鹿野原片端、取集朽残堂具、構立仏閣一宇、安置数体仏像、其別所号南無阿弥陀仏寺、其堂薬師、又新加立浄土堂一宇、奉安置皆金色阿弥陀仏丈六三尊立像、

即相語三十口浄侶、勤行不断高声念仏、

史料C、建長二年（一二五二）十一月□日付の「法眼某下文[17]」

下　粉河寺内誓度院
可早守旧跡建立一堂事
右、院領東限山峯 南限実宝寺領 西限山峯 北限高橋 如此云云、（中略）於別所者、不可有其煩矣、所宜（ママ）承知、依状行之、以下、

史料D、建長六年（一二五四）十月十一日付の御草本の「明恵置文案」(18)

梅（栂）尾別所者、高尾寺之一院也、本山窂籠之時、故本願上人御房御草創之堂舎等皆以荒廃、（中略）申請隠岐法皇幷本山別当衆徒等為別所、

以上、史料Aから史料Dまでの別所は、いずれも本寺に所属するが、史料Aと史料Bの別所は新しく草創された別所で、史料Cと史料Dの別所は由緒のある旧跡に再建された別所である。

とりわけ、史料Bにみる別所は、俊乗坊重源の創設による。東大寺造勧進上人として活躍する重源によって建立された別所は、史料Bの播磨国南無阿弥陀仏別所以外に、周防国牟礼令別所、高野新別所専修往生院、鐘楼谷別所、渡部別所などがある。

とくに周防国東大寺別寺牟礼令別所は、重源の持つ別所への意識をあらわし、別所の経済的基盤と経営規模を示している。この別所の経済基盤と経営規模については後述することにして、本寺―末寺関係のない別所について述べることにしよう。

まず、本寺のない別所を五例ほど次に掲げることにしよう。

史料a、久寿二年（一一五五）正月　日付の「僧湛慶譲状」(19)

件別所者、是湛慶之三上御荘令開発尅、切開深山奥、令建立壱宇伽藍、招居住僧等、

史料b、養和二年（一一八二）四月二十八日付の「野寺僧弁慶申状案」(20)

於件寺内者、弁慶之父故清元入道開発之地也、（中略）清元件堂を壊上開発之地建立、其寺内田畠皆悉令施入、永順聖人を院主トシテ預居畢、

※「是偏寺内僧等を似今追却、自今以後、公文湛与之阿党別所荒廃也」とあり。

史料c、天福元年（一二三三）五月二十八日付の「親元法師請文[21]」

親元法師知行之時、進止仕候き、山田別所者、領家之沙汰候き、

史料d、建長五年（一二五三）十一月　日付の「念阿弥陀仏処分状案[22]」

件別所者、念阿弥陀仏草創之仏地也、而令寄進御祈禱畢、（中略）於彼別所者、僧行実所譲渡之也、

史料e、文永十一年（一二七四）四月　日付の「玉睿寄進状案[23]」

寺者、無縁建立之別所、弥陀如来之道場也、勧進奔波之以助力、既送多年之星霜、仏性灯明之供備、

史料aから史料eに至る別所は深山開拓の地であり、無縁建立によるものであり、いずれも本寺をもたない。

そして、さきの本寺―末寺関係の別所形態と同様に、十一世紀後半あるいは末期から十三世紀後半あるいは十四世紀初頭まで、本寺―末寺関係のない別所が実在していたことがうかがえる。

このように史料A・B・C・Dと史料a・b・c・dをみるかぎり、別所の成立期と考えられる十一世紀中頃から終焉期ともいえる十四世紀初頭までの期間、二形態の別所が並行して存在していたといえる。

そして、この二系統の別所は互いに関連し合うことなく、一方は本寺との関係を持ち、他方は本寺を持たずに無縁あるいは隠遁性を保ち続けるようである。

とくに本寺との関係を保つ別所のなかでも、十三世紀前後に播磨国や周防国に東大寺領を基盤に創設された重源の別所は、同じ本寺を持つ別所に比べて多くの所領を占有している。また重源の別所は、本寺―末寺関係のある別

所と比べるかぎり、特異な別所であると考えられる。

二形態の別所ともに共通する点は、必ずしも阿弥陀如来仏を本尊としていないことで、薬師如来仏や観音菩薩仏を本尊にしていたことが、延久四年（一〇七二）□月五日付の「前権律師某解案」[24]、天福二年（一二三四）八月五日付の「比丘尼清浄等寄進状」[25]、そして仁治二年（一二四一）十一月六日付の「尼願蓮田地寄進状」[26]などからうかがえる。

また、重源の別所はいうまでもないが、別所には複数の僧侶あるいは聖が住んでいたことも、久寿二年（一一五五）正月　日付の「僧湛慶譲状」[27]、養和二年（一一八二）四月二十八日付の「野寺僧弁慶申状案」[28]、建久三年（一一九二）九月二十七日付の「僧重源下文」[29]、承元三年（一二〇九）八月　日付の「僧西明解」[30]、そして建長五年（一二五三）七月九日付の「道興書状案」[31]などからうかがえる。

さらに、保延五年（一一三九）七月二十八日付の「鳥羽上皇院庁下文案」をみると、「一可永為大伝法院沙汰聖人陸拾口事」「然則件別所聖人、永為大伝法院之沙汰」とあり[32]、別所聖人が六十人もいたことや、別所聖人は大伝法院の沙汰によることを明示している。

言い換えると、院庁下文案によって大伝法院沙汰の六十人の別所聖は、大伝法院別所聖集団ともいえる（同下文案から、この別所聖集団は、いわゆる高野聖と称されるものであろう）。

別所に居住する聖の人数のこと以外に、別所寺院がおそらく止住していた聖に相承されていく情況は、別所寺院―聖↓定住化の前提を想定させてくれよう。

とくに、本寺を持たない別所においては、住僧から住僧（弟子）へ相承・譲渡されていくことが分かる。別所の相承あるいは譲渡の情況を示す史料の二、三を次に挙げることにしよう。

まず、すでに触れた、別所と考えられる康平五年（一〇六二）二月　日付の「僧忠覚譲状案」に表現されている無縁山寺の草創建立の山寺＝別所は、「為忠覚師資相承処也」と明示されているように[33]、草創建立された聖人から忠覚が相承したものであった。

その後、本寺を持たない別所を相承・譲渡された情況を呈する史料は、一二〇〇年代後半に至らないとあらわれてこない。すなわち、建治二年（一二七六）九月二十二日付の「定延家地譲状」の「合一所　号別所」「右八件敷地者、定延所相承領知也（中略）一期領知之後者、可被譲教舜定願房也」という記載[34]、永仁二年（一二九四）十月十三日付の「良弁譲状」の「此所ミ者、良弁為重代相伝所領之間、弟子最家阿闍梨良弁甥譲与之処、最家令死去畢」という文言[35]、そして正安二年（一三〇〇）三月三日付の「長印置文案」の「同国岩門郷別所毘沙門寺院主職、同免田在家等者、大進栄印并文珠丸仁譲与之処、（中略）文珠丸ニ悉無残所譲与者也」という記述[36]がそれであり、本寺―末寺関係のない別所にみられる事象である。

そして、このような別所の相承あるいは譲渡は、康平五年（一〇六二）の無縁草創の山寺＝別所を除外すると、十三世紀後半から十四世紀初頭までの期間にみられる。

つまり、当然ながら、本寺を持たない別所にみられる事象であり、鎌倉時代に集中することを特色としている。言い換えると、本寺―末寺関係の別所の相承あるいは譲渡がみられないのは、本寺の意向が反映していたためであろう。また、本寺を持たない別所の相承あるいは譲渡は、別所草創の聖人＝聖僧の意図のみで実行できたといえる。

このように別所には、二形態が十二世紀中頃から一四〇〇年代初頭に至るまで並行して存在し、別所の草創の要因によってそれぞれ特色ある展開がなされたといえなくはない。

では、二形態の別所は、別所の経営基盤および寺院経営においても特色を示すものであるのかを、別所経営関連の史料から次にうかがってみることにしよう。

二　別所寺院の経営基盤と寺院経営

二形態の別所が存在することと、二つの別所寺院に住侶する聖や僧侶の人数の多少のこと、そして本寺を持たない別所は草創の聖人＝僧から相承あるいは譲渡されることなどを提示してきた。さらに、これらの事象から、二形態の別所ともに共通する点と共通しない点を明示してきたが、別所の寺院経営基盤や寺院経営についても、同様なことが提示し得るのではないかと想定し、ここでは経営基盤となる所領の多少と併せて寺院経営について検討することにしたい。

ただ、さきにも述べたが、いわゆる重源の別所については、東大寺荘園領主を背景に別所寺院の所領の確保によって、ほかの本寺―末寺関係を持つ別所と異なり、寺院経営も他の別所寺院の経営とでは大差がある。重源の別所の寺院経営については、すでに別稿で述べたことがあるが(37)、再度重源の別所寺院経営の在り方も垣間見ることにしよう。

十一世紀中頃からあらわれた別所の大半は、その経営基盤や寺院経営についての詳細な記載がある史料は少ない。しかし、若干の史料には、別所の経営基盤と寺院経営を示唆してくれるものがある。

そこで、まず承安三年（一一七三）十二月　日付の「安倍頼広寄進状」をみると、

而今招居無縁僧弁海、建立別所・并奉崇字魚見妙見宝殿等無懈怠、為其供僧、奉従国司始至于保司并人民百姓、為令奉祈息災延命恒受快楽、所欲令勤仕長日仁王講演也、

とあり[38]、滝山別所では息災延命および恒受快楽の祈願に長日仁王講演が講じられ、仁王講を主たる法会としていたことがうかがえる。

しかし、同寄進状には、「右件所者、頼広之先祖伝之所領也」「無見作田畠」と明示されているが、現作田畠がない所領とのみ捉えられ、経営基盤はいかなるものかは明確ではない。しかし、同別所の寺院経営《ママ》について、承元三年（一二〇九）八月　日付の「僧西明解」の「以去承安年中、堺四至為別所、以其地利、備仏精灯油、所充置住侶之衣食也」という文言から[39]、地利によって仏性灯油料や住侶の衣食の糧に充てたことがうかがえる。

さらに、同別所に久松名五町が寄進されていることが、建保二年（一二一四）正月　日付の「美作国留守所勘定案」から分かる[40]。

別所寺院の仏性灯油料などの用途について明示している二、三の史料を次にまとめて挙げることにする。

史料一、承保二年（一〇七五）四月十二日付の「法隆寺金光院三昧堂牒[41]」

可被永検納所領畠地子年料三斗之状、（中略）而念仏堂灯油料僧法長奉施入之、平群郡畠六段、為此三昧堂已有便宜、

史料二、正治二年（一二〇〇）十一月八日付の「周防国司庁宣案[42]」

可早任分配旨、免除東大寺別寺牟礼令別所南无阿弥陁仏不断念仏幷長日温室等用途田畠事、

史料三、文永三年（一二六六）六月　日付の「肥前国郡郷検注帳案[43]」

石松名

見作田六丁三反

損田二丁七反四〻

損田三丁五反一ゝ
除
地蔵堂免一丁五反
河上別所山来迎院仏性灯油免一丁五反

以上の三つの史料から、畠地子参斗を念仏堂灯油料に用いること（史料一）、不断念仏・長日温室などの用途田のこと（史料二）、そして仏性灯油料（免田）に使用する一丁五反の田のこと（史料三）がうかがえるとともに、聖僧の念仏勤仕にともなう灯明用の灯油料が主な用途であったと想定し得る。

とくに、史料二に関連する重源の別所の経営基盤と寺院経営については後述するが、史料二には、「田十二町者、自八日辰時至十五日、毎月七ケ日夜不断高声念仏衆十二口衣食料、口別一町充之」「田三町六段者、毎月薬師講・阿弥陀講・舎利講三ケ度講延《ママ》僧供料、反別壱段充之」などと明示されている(44)。

史料一から史料三までの別所の経営基盤と寺院経営に関する断片的な内容は、本寺―末寺関係の別所寺院のことであるが、本寺を持たない別所寺院については、史料四、史料五、史料六を掲げた。

史料四、仁治二年（一二四一）十二月付の「某院田地売券(45)」

件水田者、壱岐別所御塔用途被寄進処也、而為塔婆造営、限直米六十斛・本斗定相副御寄進状、于僧□院沽却既畢、

史料五、建長五年（一二五三）十一月付の「念阿弥陀仏処分状案(46)」

件別所者、念阿弥陀仏草創之仏地也、（中略）於彼別所者、僧行実所譲渡之也、寄進水田幷数所田畠等房舎敷地四至堺之内、可令進退領掌、

史料六、文永十一年（一二七四）四月　日付の「王睿寄進状[47]」

寄進　西方寺灯油料畠壱段半事

（中略）

右、寺者、無縁建立之別所、弥陀如来之道場也、（中略）爰充一段半之畠地、欲桃未来世之灯明、以狭少之料所、備仏陀最要、

以上の三史料をみるかぎり、本寺—末寺関係のない別所の寺院経営基盤である所領は、本寺—末寺関係にある別所に比べると小規模であることがわかる。

言い換えると、本寺を持たない別所の寺院経営基盤の所領田畠は、狭少の水田〔所領実数不明〕（史料四、史料五）であり、一段半の畠地（史料六）であった。一町歩前後から数十町に及ぶほどの所領田畠を経営基盤とする本寺を持つ別所とは異なる。そして、本寺を持たない別所の経営基盤の詳細な記述がないかぎり、別所寺院の経営はさらに明確さを欠く。

このことは、本寺を持つ別所においても同様であり、この二形態の別所の寺院経営にともなう主な用途は、念仏唱名にともなう灯油料（史料一）、不断念仏・長日温室などの用途料（史料二）、仏性灯油料（史料三）、塔婆造営料（史料四）、そして灯油料（史料六）などであったと考えられる。

しかし、これ以上のことは史料一から史料六をみるかぎり、寺院経営とこれにともなう諸用途（料）は提示し得ない。

ただ、いわゆる重源の別所に関連する史料には、別所寺院としての経営基盤および寺院経営に関わる記載は少なからずみられる。

そこで、ほかの二形態の別所と同様な視点で考えるには課題をもたらすが、重源の別所関連の史料から、別所寺院の経営基盤と寺院経営の在り方の示唆を得ることにしよう。

そこで、再び正治二年（一二〇〇）十一月八日付の「周防国司庁宣案」からみていくことにしよう。「施入」の文言に続いて、

水田二十三町五段、陸畠三町、田一町者、毎日仏餉灯油料、田十二町者、自八日辰時至十五日、毎月七ケ日夜不断高声念仏衆十二口衣食料　口別一町充之、
田三町六段者、毎月薬師講・阿弥陀講・舎利講三ケ度講延（ママ）僧供料、反別一段充之、
田九段者、承仕三人衣食料、人別三段充之（但潤月仏餉灯油者承仕可令備之）、田六町・畠三町者、長日温室之維那六人衣食料、人別田一町・畠五段充之。

とあり[48]、「東大寺別寺牟礼令別所（周防別所阿弥陀寺）」には、十二人の念仏衆と三人の承仕と六人の維那の止住がうかがえる。

そして、この別所での中心的存在は、いうまでもなく十二人の念仏衆であり、彼らには、毎月七カ日の不断高声念仏（七日念仏）の衣食料や毎月の薬師講・阿弥陀講・舎利講の講演僧供料を充行ったことが分かるとともに、最も比重の大きい経費が毎日の仏餉灯油料であったことも施入田畠数からうかがえる。また、承仕や維那に対する衣食料も施入田のなかから見込まれていたことが分かる。

したがって、周防別所の寺院経営には、毎日仏餉、毎月七カ日の不断念仏（七日不断念仏）、毎月の薬師・阿弥陀・舎利の三カ度の講演があったことになる。また、同庁宣案には「於此別所者為法皇御祈願所、永以可停止諸寺別当之課役」という記述があり、法皇祈願所としての法会も寺院経営には含まれていたと考えられる。

さらに、正治二年十一月　日付の「周防国在庁官人置文」に「仏性田五段」「灯油五段」および「往生講田一町二段」とあり[49]、これらの仏事法会用途も当然ながら含まれていたといえよう。

周防別所の場合、念仏衆によるこれらの仏事法会をおこなうことによって、別所寺院経営が成り立っていたと考えるべきであろう。

そして、周防別所の住侶の念仏衆は、寺院経営を主体に勤仕することはいうまでもないが、さきの正治二年十月の「周防国在庁官人置文」は、念仏衆（承仕や維那も同様）らが施入された田畠の配分によって、農業経営にも必然的に携っていたことも提示してくれる。すなわち、同置文には、

智阿弥陀仏一丁
念仏衆料田十二町
都乃寄地内五段
上小乃五段
青阿弥陀仏一丁
吉木本郡五段
富海五段
称阿弥陀仏一丁
佐波令一段
都乃寄地内中品中生下
牟礼令八段　中品中生下、

とあり[50]、念仏衆にそれぞれ一丁の田畠が充行われ、正治二年十一月　日付の「周防阿弥陀寺田畠坪付」の、

佐波令九段定一町一段
美香里二十五坪、中品上生　是延
立石里二十六坪一段未申角　武延
下村里五坪一段　重遠

という記載によって[51]、念仏衆らに配分された田畠には作人がいて、配分された一町の田畠の農業経営の負担があったこともうかがえる。

このように周防別所・阿弥陀寺の寺院経営をみてきたが、本寺を持つ別所のなかでも周防別所は、ほかの別所に比べて規模的に大きく、寺院経営もその大きさが想定し得る。

しかし、ほかの本寺を持つ別所や本寺を持たない別所の多くは、寺院経営の規模自体、周防別所に比定し得るとは考え難い。

ただ、すでに掲げた史料と併せて考えられることは、二形態の別所とも仏性・念仏唱名（不断念仏も含め）が主たる仏事法会であり、別所寺院の規模によって、これに付加されるものとして薬師・阿弥陀などの講演や祈願などの仏事法会が想定できる。

したがって、二形態の別所（重源の別所は特異な別所寺院と考えて、他の別所）とも、別所寺院経営は経営基盤に左右されるとともに、別所自体の規模によると考えられるであろう。

では、別所寺院に止住する僧＝聖による念仏信仰への関与の有無はいかなるものであったであろうか。併せて、古代・中世の中規模寺院に止住する僧侶あるいは聖による念仏信仰の民間への流布はいかなるものであったかも含

めて、次で若干検討したい。

三　中世寺院・別所住侶の僧・聖による仏教信仰流布の加担形態の素描から

古代・中世における別所寺院の聖（聖人）の民間での仏教信仰に関与した痕跡は、ほとんど別所関係の史料からはうかがえない。

ただ、別所寺院の聖による仏教信仰の契機をつくる事象を読みとることができる史料として、さきに挙げた承安三年（一一七三）十二月　日付の「安倍頼広寄進状」がある。この寄進状には、

> 右件所者、頼広之先祖相伝之所領也、（中略）而今招居無縁僧弁海建立別所、（中略）為其供僧、奉従国司始至于保司幷人民百姓、為令奉祈息災延命恒受快楽、

とあり[52]、人民百姓に至るまで、息災延命や恒受快楽の祈願をおこなわしめた様子が明示され、別所寺院の聖（住僧）と民衆との接点がうかがえる。

また、ずっと時期が下るが、文永十一年（一二七四）四月　日付の「玉睿寄進状案」には、「寺者、無縁建立之別所、弥陀如来之道場也、勧進奔波之以助力、（中略）仏性灯明之供備、（中略）然者、勧進遊阿弥陀仏、永領知件畠地」と記載され[53]、勧進によって仏性灯明の費用を賄っていたことがわかる。勧進をおこなった遊阿弥陀仏がいわゆる別所聖であることは確かであり、遊阿弥陀仏が勧進した人たちは、おそらく往時の民衆であり、彼らに喜捨された浄財で仏性灯明ができたと考えられる。さらに、民衆の浄財の寄附行為の前提には、阿弥陀仏への崇敬と念仏唱名が聖によって説法されたと想定し得る。

そして、勧進形態によるものではないが、さきの承安三年から約一世紀ほど遡った延久四年（一〇七二）　月五日付の「前権律師某解案」に「大衆感彼態、可安置弥陀尊像」とあり、[54] 別所（「別所」の明示はないが、記載内容から想定）を草創した僧＝聖に対して大衆が阿弥陀如来像を安置すべきとした文言には、別所聖と大衆を結びつけた阿弥陀仏尊像と念仏への信仰が内在しているといえよう。

しかしながら、別所寺院―聖―勧進（寄進）―民衆という繋りで、民間へ仏教信仰が流布していったことは想定し得るが、史料にこの繋りによる仏教信仰の流布への一端の明示はない。

ただ、寺院―聖―勧進（寄進）―民衆という繋りによって、仏教信仰の民間への流布は史料にもあらわれ、勧進聖の実態の一端を垣間見ることができる。

その一例を箕面・勝尾寺文書からうかがっていくことにしたい。勝尾寺は、周知のように別所ではなく、神亀四年（七二七）に僧善仲・善算の開基といわれ、天平神護元年（七六五）には光仁天皇の開成皇子が入寺し弥勒寺と号し、その後勝尾寺と改名された。また、承元三年（一二〇九）から建暦二年（一二一二）まで法然上人が同寺に止住していたという。

この勝尾寺と聖との結びつきは、すでに『梁塵秘抄』の和歌にもあらわれていて、「僧歌」に、

聖の住所は何処《どこ》何処《〱》ぞ、箕面よ勝尾寺よ。播磨なる、書写の山、出雲の、鰐淵や。日の御崎、南は。熊野の。
那智とかや、

と詠われ、[55] 十二世紀後半には勝尾寺の聖の存在は弘く知られていたといえる。

勝尾寺の聖が衆知されていた時期から約六、七十年後の嘉禎元年（一二三五）十二月二十八日付の「僧聖舜寄進田畠置文」に、次のような記載がある。すなわち、

一段在萱野村　　所当参斗器物同前
依聖舜勧進、藍物入道宗実、寄進本堂三ケ月灯油用途畢。
畠一段在萱野村　　所当油弐升八合定
依聖舜勧進、河尻備中局、寄進本堂二ケ月灯油用途、
畠一段在萱野村　　所当油弐升八合定
依聖舜勧進、河尻伊与君、寄進本堂二ケ月灯油料了
已上合一町八段田一町六段畠二段、本証文並手継等、
皆類聚而納入箱一合、謹以施入畢、

（中略）

一　宛置本堂薬師如来、千手観音、永代夜灯用途事
米九斗渡瀬所当四斗八升、遠応所当三石内一斗二升、監物入道宗実寄進萱野田一段所当三斗、　油八升之直ニ擬之、並備中局、伊予君施入畠、所当油四升、合一斗二升、

とあり(56)、勝尾寺に止住する聖舜の勧進活動によって得た田畠を同寺本堂の灯油用途料として寄進したことがうかがえる。

聖舜が聖であったか否かは明確ではないが、聖舜の勧進によって浄財を寄附した人たち（この場合、民衆といえないかもしれない階層）が存在し、彼らの仏教への帰依・信仰は、浄財寄進行為によって充分想定できよう。

さきに触れた周防別所と同様に、山岳寺院である勝尾寺の場合も灯油料が主な用途であり、この用途料の確保のための勧進活動が存在していたことも考えられる。念仏＝仏教信仰を弘める手段としてではなく、勧進の手段とし

て念仏の弘まりがあったといえよう。

このように別所寺院と別所以外の寺院の勧進活動によって、念仏＝仏教信仰が流布されていく情況の一端をみてきたが、勧進以外の宗教活動によって、十三世紀中頃における民衆が念仏（仏教）に接していく事象の一例を次に掲げてみることにしよう。

> 小原ニ上人アリケル。無智ナリケレドモ、道心アル僧ニテ、（中略）同僧朋両三人相語テ、道場ニ籠リヰヌ。カヽル聞ヘアリケレバ、（中略）小原ノ僧正モ結縁セムトテ、往生講行ヒナムドシ給ケル、（中略）念仏ノ聴聞ノ志アリトテ、都ノ名僧共請ジテ、七日ノ別時ノ念仏始ケリ。サルホドニ、京都中ノ道俗男女、聞及ニ随テ、結縁セムトテ集リ、ヲガマムト云ヘバ　出テヲガマントナムシケリ。

とあり[57]、小原（大原）に止住していた上人ら三人の僧（「同朋ノ聖」）による往生講に大原の僧正の結縁にともなって七日間の別時念仏が執行され、この別時念仏に京都中から道俗男女が集まったことを明示している。

大原にいた聖僧たちは、往生講に結縁した僧正らによる別時七日念仏によって京都中から民衆を呼び寄せ、念仏＝仏教信仰の流布に加担したことになろう。そして、七日念仏にともなう灯油料などは、おそらく集参した民衆の喜捨によったと考えられる。

往生講への民衆の参集とともに、「又七月十四日ノ夜、盂蘭盆ノツトメノ為ニ御堂ニ参ジテ、僧共経ヨミ、陀羅尼ミテケルヲ、在家ノ雑人多ク参テ」云々とあるように[58]、ある山寺の僧（聖か）による盂蘭盆の法会に在家の人たちが参集したこともうかがえる。

したがって、念仏＝仏教信仰が流布していく契機には、伊藤唯真氏が聖の宗教活動として「治病、葬送、祭祀などへの関与が生じる」と論及されたように[59]、聖（寺僧も含めて）によって葬祭や祖先祭祀がおこなわれていた一端がうかがえるといえよう。ただ、「法隆寺別当次第」から、[60]保安二年（一一二一）十一月二十一日の法隆寺の開眼供養に小田原（別所）聖人「御房経源」や「静慮房」などの関与がうかがえ、仏教法会（供養）への加担も、別所寺院の聖たちの活動範囲であったと想定できる。そして、そこには念仏＝仏教信仰が内在し、聖（寺僧も含めて）による仏教信仰への流布が考えられる。

おわりに

古代・中世の別所は本寺のない別所と本寺を持つ別所の二形態が存在していることを提示してきたが、二つの別所形態がどのように展開していくかは、今後の課題としたい。

また、古代・中世の別所寺院の経営で大規模・小規模とも基本になる法会の必須用途は灯油料であり、規模によって複数の法会が営まれていたといえよう。そして、経営の経費は所領田畠の農耕や勧進や講の宗教活動によって賄われていたと考えられる。

さらに、寺院経営の経費獲得の活動（勧進や講）によって、民衆への仏教信仰の流布の一端を聖や寺僧が担っていたことも垣間見ることができたが、仏教信仰の民間流布の素描にとどまった。これについても、〈念仏三昧〉と〈三昧聖〉、〈別所聖の遊行〉と〈別所寺院への聖の定住化〉の課題とともに後日の機会に譲ることにしたい。

註

（1）『ヒストリア』一号所収、一九五一年。

(2) 伊藤唯真『聖仏教史の研究　上』〈伊藤唯真著作集Ⅰ〉、法藏館、一九九五年。
(3) 高木豊『平安時代法華仏教史研究』、平楽寺書店、一九七三年。
(4) 伊藤唯真『聖仏教史の研究　上』〈伊藤唯真著作集Ⅰ〉、法藏館、一九九五年。
(5) 伊藤唯真『聖仏教史の研究　下』〈伊藤唯真著作集Ⅱ〉、法藏館、一九九五年。
(6) 西田圓我『古代・中世の浄土教信仰と文化』、思文閣出版、二〇〇〇年。
(7)『古代研究』三〇、元興寺文化財研究所考古学研究室、一九八七年。
(8)～(10) 高木豊「院政期における別所の成立と活動」(『平安時代法華仏教史研究』)
(11)『平安遺文』第三巻、第九七九号文書（以下同様に、平安遺文三―九七九と略す）。
(12) 平安遺文三―一〇九〇。
(13) 平安遺文三―一一一二。
(14)『鎌倉遺文』第三十八巻、第二九八七〇号文書（以下同様に、鎌倉遺文三八―二九八七〇と略す）。
(15) 平安遺文四―一二九九。
(16) 鎌倉遺文二―六二一。
(17) 鎌倉遺文一〇―七二五三。
(18) 鎌倉遺文六―四二六二。
(19) 平安遺文六―二八〇九。
(20) 平安遺文八―四〇二三。
(21) 鎌倉遺文七―四五〇二。
(22) 鎌倉遺文一〇―七六五〇。
(23) 鎌倉遺文一五―一一六三九。
(24) 平安遺文三―一〇九〇（「可安置弥陀尊像」とある）。
(25) 鎌倉遺文七―四六八五（「薬師如来利生之道場」とある）。

(26) 鎌倉遺文八—五九五八（「奉施入□大聖観自在尊水田事」とある）。
(27) 平安遺文六—二八〇九（「令建立一宇伽藍、招居住僧等」とある）。
(28) 平安遺文八—四〇二三（「別所荒廃也、住僧等之離山也」とある）。
(29) 鎌倉遺文二—六二一（「即相語三十口浄侶、勤行不断高声念仏」とある）。
(30) 鎌倉遺文三—一八〇八（「備仏精灯《(ママ)》油、所充置住侶之衣食也」とある）。
(31) 鎌倉遺文一〇—七五七七（「惣別所院内貴賤老少諸僧群集」とある）。
(32) 平安遺文六—二四一二。
(33) 平安遺文三—九七九。
(34) 鎌倉遺文一六—一二四七三。
(35) 鎌倉遺文二四—一八六七二。
(36) 鎌倉遺文二七—二〇三八八。
同史料と同様な情況を呈する嘉元四年（一三〇六）二月二十二日付と考えられている「聖雲譲状」にも「別所新光寺免田畠并山野寺内坊地等事」「件寺者、比丘阿聖〻人最□《(初カ)》建立地也、其後聖雲令相承畢」とあり、阿聖聖人から聖雲に相承されたことがうかがえる。
(37) 奥野義雄「古代・中世の別所——とくに信仰の場としての別所から寺院経営主としての別所への画期を中心に——」（『古代研究』三〇、元興寺仏教民俗資料研究所、一九八七年。
(38) 平安遺文七—三六五〇。
(39) 鎌倉遺文三—一八〇八。
(40) 鎌倉遺文四—二〇八〇。
(41) 平安遺文三—一一一二。
(42) 鎌倉遺文二—一一六一。
(43) 鎌倉遺文一三—九五四七。

(44) 鎌倉遺文二―一一六一。
(45) 鎌倉遺文八―五九七八。
(46) 鎌倉遺文一〇―七六五〇。
(47) 鎌倉遺文一五―一一六三九。
(48) 鎌倉遺文二―一一六一。
(49)〜(50) 鎌倉遺文二―一一六三。
(51) 鎌倉遺文二―一一六四。
(52) 平安遺文七―三六五〇。
(53) 鎌倉遺文一五―一一六三九。
(54) 平安遺文三―一〇九〇。
(55)『梁塵秘抄』〈日本古典文学大系73〉、岩波書店、一九六五年。
(56)『箕面市史』史料編一。
(57) 沙石集巻第四「(七) 臨終ニ執心ソルベキ事」(『沙石集』〈日本古典文学大系85〉、岩波書店、一九六六年)。
(58) 沙石集巻第八「(九) 結解タガヒタル事」(前掲『沙石集』、〈日本古典文学大系85〉)。
(59) 伊藤唯真「ヒジリと民間仏教」(『仏教民俗の研究』〈伊藤唯真著作集II〉、法藏館、一九六五年)。
(60)『法隆寺史料集成』三、一七〜一八。

Ⅲ　中世後期

中世の浄華院と金戒光明寺

中野　正明

はじめに

中世浄土宗教団の研究を進めるうえで、浄華院と金戒光明寺各々の寺史および両寺院を取り巻く諸条件を課題とすることは非常に重要である。とくに室町時代中期、ようやく浄土宗寺院の活動が歴史上みられるようになる頃、社会は足利政権のもと武家の台頭はなはだしい時代ではあるが、京都に位置する寺院でも零細な新興寺院といえるような存在の寺院にとっては、まだ縉紳の権威を頼り、寺院の格式、あるいは宮中における地位確立を目指す必要があった。

浄華院の寺史については、つとに伊藤祐晃・石橋誡道ら各氏の論考(1)、近年では中井真孝・宇高良哲両氏(2)をはじめ多くの所論(3)が発表されるに及んで、中世浄土宗史上きわめて重要な視点が提供されつつあるといえる。金戒光明寺に関しては古く藤本了泰氏による詳しい所論(4)があるが、その後これを補うものは出ていない。

筆者は中世にも浄土宗社会といえるような存在を想定している。中世末期から近世にかけて寺院の本末関係が確立していくその前段階において、浄土系寺院が相互に種々の関係を有した例を多くみることができるからである。

具体的には個々の浄土系寺院の寺史を解明し、さらには公家衆・武家両社会との関係を詳細に検討することによって、幅広く考察していかなければならない。ここに取りあげる浄華院と金戒光明寺との関係は、ともすると従来知恩院・知恩寺を中心とした見方が強いなかで両寺院が確実に中世浄土宗社会形成の一翼を担っていたものと考えられることから、これまであまり注目されてはいないが、両寺院の関係とくに一時期住持が兼帯された点に注目しながら、当時の浄土宗寺院が抱えていた問題点を論ずる一視点としたい。

一　黒谷流円頓戒の相承

金戒光明寺は黒谷流円頓戒の嫡流として中世には受戒の道場ともなった。そのいわれはもちろん叡山西塔黒谷に遡るわけであるが、この黒谷流円頓戒の相承と中世浄土宗教団との関わりが重要な問題なのである。浄華院の檀越万里小路時房の日記『建内記』[5]の記述から浄華院第十世等凞の香衣着用勅許に至る経過が詳しく知られる。同記正長元年（一四二八）六月二十四日条には、

前住玄(定玄)公上人辞世頌拝二見之一、真筆如レ新、添二恋慕之思一者也、
其頌云、阿弥陀仏　円念一口ゝゝゝゝ　洪願力故　円念一口　十万跬歩
黒谷戒法唯受一人正流事、玄公上人御遺書被レ与二当住等凞上人一、同拝二見之一、
当住香衣著用事、予可二申沙汰一之由存、仍如レ此事等聊出二不審一之故也、他流誠難二比肩一事也、弥重々々、

とある。これは後で詳しく述べるが、浄華院において時房が等凞と浄土宗の相承について閑談したときの記事である。『末代念仏授手印』を披見した感懐を述べ、その後に拝見した前住定玄の辞世の頌を掲げているが、それには

黒谷の戒法は唯受一人正流であると書かれており、他流には比肩し難きことであると記している。そして、翌正長二年（一四二九）六月九日条には浄華院長老等凞香衣着用の記事が確認される。そのなかで「浄花院者鎮西一流之正脈」であると同時に「戒法又黒谷一流正統」であることを謳っている。また永享十二年（一四四〇）二月十七日条には、

今日沙弥玄周十四歳受二衣鉢一受二大戒一日也、彼自二昨日一参二安養院一、是等凞上人居住也、辰刻遂二其節一、（中略）愚息已成二仏体一、二世所願成就之兆也、自愛々々、（中略）今日所レ受之戒者黒谷一流秘法云々、

とある。これは時房の息玄周の受戒の様子を記す箇所であるが、ここでも玄周の受けた戒は黒谷一流の秘法であることを特記している。このように、浄華院に伝わる戒は黒谷流円頓戒の正流であると主張していることが分かる。しかしながら、浄華院にどうして黒谷流円頓戒が正流として伝わるのであろうか。この疑問は徐々に解明されていくことになるが、ここではこの黒谷流円頓戒の相承を少々遡ってみていくことにする。

法然上人（以下、尊称を略す）は叡山西塔黒谷において師叡空より円頓戒を授かった。そのことは栂尾高山寺所蔵元仁元年（一二二四）十一月二十八日付「信空付法円頓戒戒脈」につぎのようにある。

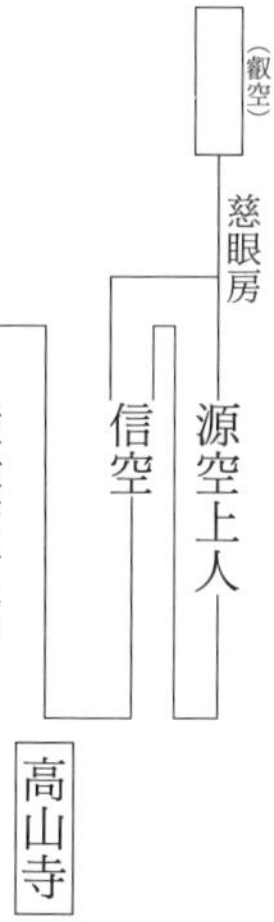

右証人結縁□之内奉レ伝二授於玄朝律師一畢、

元仁元年十一月廿八日　　沙門信空

これは信空が高山寺玄朝なる者に戒を授けたときの戒脈であるが、ここに信空は叡空と源空の二人から受戒したことが示されている。同様の表記は清浄華院所蔵文保元年（一三一七）二月十八日付「了恵道光付法円頓戒戒脈」においても確認されるとともに、同戒脈によると、信空から二尊院湛空、求道への相承がみられることと、了恵は良忠と湛空から相承した慈明、覚空なる者の三人から相承されていることなどがあげられる。

さらに、鎌倉宝戒寺に京都白川法勝寺住持恵鎮が惟賢に天台菩薩戒を授けた付法状が伝わっている。『宝戒寺文書』[6] 元弘三年（一三三三）七月二十九日付「恵鎮付法天台菩薩戒戒脈」には、

良忍上人　大原　光静房
睿空上人　黒谷　慈眼房
慈眼上人　同谷　法然房
信空上人　白川　法蓮房
湛空上人　嵯峨　正信房
恵尋上人　黒谷　求道房
恵顗上人　同谷　素月房
伝信和尚　興円　神蔵寺堯光房
恵鎮　　惟賢
右、元弘三年癸酉七月廿九日、於二洛陽白川法勝寺一、為二即身成仏一授レ之了、
住持沙門恵鎮（花押）

とある。この付法状は恵鎮の跡を承けて宝戒寺の住持となった惟賢によって鎌倉宝戒寺に伝わるようになったもの

と考えられるが、ここにいわゆる法勝寺流円頓戒の戒脈を確認することができる。そして、この相承譜を後掲の「黒谷住持職記」と比較することにより、法勝寺流相承譜と金戒光明寺相承譜の恵顗までが一致することが分かる。

さらに、坂本西教寺には法勝寺が応仁の乱によって焼失したとき移管された記録類を伝存するが、そのうちの『法勝寺雑録』(7)に弘安九年（一二八六）正月二十七日付恵尋置文が掲げられており、その第二条目には、

一、(第二条目)黒谷本堂・経蔵・湯屋・慈眼坊等者、先師(湛空)上人一円進止之所也、仍於二検校職一者、雖レ奉レ譲二妙法院之門主一、於二当谷一嫡々之五師相伝之瀉瓶・経蔵・聖教・房舎・□帳並法成寺法咒(咒法カ)等者、譲二賜求道(恵尋)一之間数十年知行敢以無二違乱一、仍所レ付二属于人一也、以二正円一為二上首一、素月・行禅各随二残留一可レ為二長者一、於二此瀉瓶一者、永不レ可レ出二他所一、可レ留二置于当谷一者也、

とある。恵尋は黒谷本堂・経蔵・湯屋・慈眼坊は先師湛空の管理するところであったと記し、相伝の瀉瓶・経蔵・聖教・房舎等とともに求道、正円、素月、行禅らに譲っている。これらの物件の多くは了恵道光編『黒谷上人語灯録』漢語巻第十所収「没後起請文」第二条目に掲げられる物件、すなわち法然が建久九年（一一九八）四月八日付で遺言状を認めた際に財産分与として信空に譲ろうとしたものと共通する部分が多い記述である。

ところで、後掲「黒谷住持職記」によれば恵顗素月の跡を継いだのは寿観任空となっているが、前述した坂本西教寺所蔵『法勝寺雑録』には寿観任空の記録もある。正和三年（一三一四）七月十七日付任空譲状には、

西塔院黒谷事、稟二先師(恵顗)之譲附一令二進上一之処、多年持病連々相侵之間、一円所避状献二尭光上人一也、早興二隆真俗二諦一、永可下令二門葉相承一給上、以二祖遺命一以下委細載二別帋一令レ献之状如レ件、

正和三年七月十七日

沙門任空

とある。これは任空が先師恵顗から譲られた西塔院黒谷について、多年持病につき尭光興円に譲ることを証した譲

状であるが、ここに黒谷が恵顗から任空に受け継がれたことを確認することができる。さらに、『中院一品記』(8)暦応三年（一三四〇）八月二十三日条には、

天晴、抑今日洞院前右府公賢公、於二徳大寺公晴亭一有二如法経十種供養一云々、（中略）導師新黒谷寿観《任空》上人云々、

とあり、洞院公賢が徳大寺公晴亭において如法十種供養を行ったときの導師に「新黒谷寿観」を招請していることが確認される。おおよそこの頃までには新黒谷、すなわち金戒光明寺の創設を求めることができるものと推測され(9)、寿観任空が新黒谷の寺僧として活動している例証とすることができる。このように、黒谷流円頓戒の系脈は法勝寺流のそれとに分流するなかで相承され、実際にも西塔黒谷において受け継がれ、のちに白川あるいは新黒谷の地に継承されるようになる。また『法勝寺雑録』には貞和三年（一三四七）二月二十九日付恵鎮付属状が掲載されており、それには「本尊、顕密・戒聖教等、並黒谷・神蔵寺・元応寺・法勝寺以下山洛寺院諸国末寺等、悉以所レ奉レ委二附道光上人一也」とあるように、この頃の黒谷はまだ天台宗団の一員としての活動であったことが確認される。

二　清浄華院所蔵「黒谷住持職記」について

『清浄華院文書』にはつぎのような「黒谷住持職記」がある。この史料は初期金戒光明寺史、さらには浄華院と金戒光明寺の兼帯などについて考察するうえで貴重な記録といえる。左に全容を掲載する。

伝戒相承之次第

金戒光明寺代々

法然坊 源空上人
法蓮坊 信空上人
正信坊 湛空上人
求道坊 恵尋上人
素月坊 恵顗上人
寿観坊 任空上人
我観坊 範空上人
等玉坊 運空上人
法勝寺住持 示観大徳
僧然 忠恵上人
勅諡 定玄和尚 是ヨリ浄華院代々（第五世是ヨリ）新黒谷戒灌頂法流相伝、
恵照国師 浄華院江法流相伝故新黒谷ヲ従二称光院様一末寺ニ被レ成二勅許一候、
同第六世是新黒谷住持
此上人へ新黒谷住持候、
称光院御宇ニ新黒谷ヲ被レ成二勅許一、
函龍 聖深和尚
珠明 等珍和尚 嘉楽門院御知識
御土御門院御知識 興恵和尚
威照 良真和尚 此一代ニ応仁一乱ニ新黒谷炎上ニテ四十余ヶ年広野罷成所ヲ

秀　馨　和　尚　此一代ニ今ノ新黒谷再興、

●看坊浄華院ヨリ申付衆中ゝゝ　次第

理聖大徳

永心上人　但黒衣也

雲西上人　同

正玉大徳

善海上人　同

雲西再住

弘誉上人

性誉上人

宇高良哲氏は記録の作者について、「歴代の最後に記されている性誉は浄華院・金戒光明寺の両寺を兼帯した道残の前の住職であり、その筆跡からみてこの黒谷金戒光明寺世代記は道残によって作られたのではないかと推定している」と解説されている。(10) 道残は正親町天皇の請いによって越前西福寺より浄華院の第三十二世に晋董、のちに金戒光明寺の第二十二世として移住、両寺の本末論争を結着させたが、その後再び金戒光明寺の独立を促すこととなり、これが秀吉の許しを得ることがかなわず越前西福寺に隠棲した傑僧としてよく知られる。作者をこの道残と想定しても、題目を「伝戒相承之次第」とするなど何を意図してこれが作成されたのか不明な点もある。まず前述したような法勝寺流・黒谷流等の円頓戒相承譜と比較することによって、素月坊恵顗までは一致することが確認される。寿観坊任空についても前掲の『法勝寺雑録』および『中院一品記』の記述によって確認できた。つづいて大正年間、浅井法順の編になる『黒谷誌要』[11]第二「歴代略譜」と比較してみると、「黒谷住持職記」の記述と歴代譜はそのほとんどが一致しているといえるが、「黒谷住持職記」には運空と定玄の間に示観・忠恵の名があるのに対し、この二人の名は『黒谷誌要』にはみられない。そして「黒谷住持職記」にこの運空・示観・忠恵の三人を「法性寺住持」とする註記は「法勝寺」の誤謬とみられるが、法勝寺をも兼帯していたのであろうか興味深い。『黒谷誌要』では第七世範空を示観房としているが、これは同記に「我イ」と註記するとおり、我観房を前述の示観と混同したために生じた誤謬であろう。同様に第八世運空を我観房とするが、これにも「等玉イ」と註記するように等玉房の誤謬であることが考えられる。両方とも第七世範空と第八世運空とで混同が起こったための誤記であるが、示観のように『黒谷誌要』にはみられない僧名の存在が「黒谷住持職記」に確認されることによって、これらの経過が窺い知れたのである。また『黒谷誌要』の第十一世良秀僧尋と第十四世良玉僧秀の名が「黒谷住持職記」には確認されない。反対に「黒谷住持職記」の「看坊浄華院ヨリ申付次第」の記述ではあるが、『黒谷誌要』に「正玉、善海」の名は見当たらない。

「黒谷住持職記」の記述についてさらに傍証を求めると、まずは『建内記』嘉吉元年（一四四一）四月四日条には、今夕参二詣白蓮社御石塔一、次参二於栖賢閣一、次於二安養院一謁二等熈上人一、有二茶礼一、黒谷留守坊主聖深大徳参会了、

次帰家、

とあり、「黒谷留守坊主」として聖深の名が確認される。「黒谷住持職記」には「看坊浄華院ヨリ申付次第」との記述があったが、聖深の時代はこれよりもう少し前に当たることから、黒谷が浄華院より留守坊主を置いて管理されるようになったのは聖深の頃からの可能性が強い。同じく『建内記』文安四年（一四四七）三月二十日条には、

向二浄花院一、如法念仏日中之程也、次於二影前一焼香、次謁二長老一、次於二松林一謁二安養院・金戒（聖深）寺等一、次於二方丈

影前有二論義一、予聴二聞之一、証義前住良秀上人花開院、・当住玄秀上人、講師前住聖深上人金戒寺、前住安養院等凞上人、八十五歳、於二簾中一聴二聞之一、問者等胖・良玉也、聴衆十人着座、謁食十余人在二弘庇座一、講論一座四問、以上香衣・香袈裟、了退下、次於二方丈一面々参着、有二茶礼一、次帰畢、

とある。これは時房が浄華院に如法念仏に訪れたときのものであるが、ここに講師として安養院の等凞とともに「前住聖深上人金戒寺」という記述が確認される。この部分は多くの僧名があるなかで整理するのには最も都合がよい。すなわち浄華院の当時の住持は玄秀であったが、浄華院の前住は八十五歳の等凞をはじめ良秀・聖深と三人健在しており、等凞は安養院に、良秀は花開院に、聖深は金戒寺にそれぞれ住していたということである。

さらにまた時代は少し降るが『金戒光明寺文書』[12]永正九年（一五一二）七月日付金戒光明寺再興勧進帳に「勧進沙門理聖敬白」とはじまり、「請特扣二十方檀門一蒙二四衆助力一、洛陽東山再建新黒谷金戒光明寺、専二緇素結縁一之状」と題されるとおり、この理聖の勧進によって新黒谷金戒光明寺が再建される。おそらくは今日の基礎はこの再興によって成ったものと思われるが、「黒谷住持職記」には良真に「此一代ニ応仁一乱ニ新黒谷炎上ニテ四十余ケ年広野罷成所ヲ」と註記され、秀馨に「此一代ニ今ノ新黒谷再興」との註記があるので、秀馨[13]の代に「黒谷住持職記」にあるように、看坊理聖の勧進によって行われたものと理解される。「黒谷住持職記」は、これらのほかにも課題となり得る重要な註記が存するなど、浄華院と金戒光明寺の寺史とくに初期の歴代を考察するうえに信用の置ける貴重な史料ということができる。

三　浄華院と金戒光明寺の兼帯

中世の浄華院と金戒光明寺の寺史を考えるときに、一定期間両寺が兼帯されていた事実は重要な問題点であり、このことが当然ながら両寺の寺史を左右する契機となり、また当時の浄土宗社会において大きな意味を持っていくことになる。

ここで、浄華院と金戒光明寺の兼帯について明治四十四年編集の『清浄華院誌要』[14]、および『黒谷誌要』とによって、とくに中世における歴代住持を整理しておく（○印は両寺の住持としてその名が確認されるもの、括弧内のイは異本の記述を意味する）。

歴世数	浄華院歴代住持（『清浄華院誌要』）	金戒光明寺歴代住持（『黒谷誌要』）
1	円光大師法然上人源空大和尚	開祖大師法然房源空上人
2	正宗国師弁長聖光坊弁阿	法蓮房信空上人
3	記主禅師良忠然阿弥陀仏	正信房湛空上人
4	礼阿上人然空	求道房恵尋上人
5	向阿上人証賢	素月房恵顗上人
6	玄心上人寂幽	寿観房任空上人
7	玄教僧正証法	示観房範空上人（イ我観房）
8	敬法大僧正恵鎮坊貞凞僧全	我観房運空上人（イ等玉房）（イ蓮空上人）
9	○定玄大僧正僧然	○定玄僧然上人
10	○仏立恵照国師等凞僧任	○仏立恵照国師等凞僧任
11	○僧尋上人良秀	○良秀僧尋上人
12	良尊上人勝縁	○聖深阿縁上人国龍

13	○阿縁上人聖深	○等珍僧海上人珠明
14	玄周上人南興寂然	○良玉僧秀上人
15	等胖上人斉玄	○威照良真上人
16	○等珍上人僧海	○称念秀馨上人
17	○良玉上人僧秃	極誉理聖上人
18	等瞔上人皎月	栄誉永真上人（イ永心上人）
19	○良真上人如月	西誉雲栖上人浄蓮社
20	玄照上人暉玉	弘誉伝心上人専蓮社
21	玄珍上人瑞鳳	性誉法山上人源蓮社
22	○秀馨上人英蓮社善誉	○道残源立上人然蓮社愚同良智
23	良周上人天蓮社満誉	
24	良元上人明蓮社淳誉	
25	等俊上人念蓮社戒誉	
26	寿光上人仏蓮社願誉	
27	荀才上人任蓮社風誉	
28	三休上人息蓮社閑誉（イ満蓮社定誉法光）	
29	大拙上人保蓮社全誉	
30	亮叡上人閣蓮社麟誉	
31	良休上人心蓮社龍誉（イ専誉）	
32	○道残上人然蓮社良智源立	

これを見ても分かるとおり、金戒光明寺は第二十二世道残を除くと第九世定玄から第十六世秀馨までは浄華院の住持と同じ名前が続く。これはこの期間兼帯していたか、あるいは浄華院の住持となる前に住していたか、退任したのちに隠居住持となったかのいずれかがずっと続いた結果であることに間違いがない。

『黒谷誌要』第二「歴代略譜」第九世「定玄僧然上人」の項には、

上人は大納言万里小路仲房卿の子なり、十二歳通玄比丘に就て得度し、後ち浄華院敬法上人に師事して浄業を受く、又南北に周遊して諸教を学ひ、特に意を戒律に用ゐ運空・忠恵の二師に随ひて円戒並に灌頂を相伝し、終に当山第九世に補せらる、応永五年二月浄華院を相続して両山を兼ぬ、

とあり、定玄のとき応永五年（一三九八）二月に両山を兼帯するようになったとしている。前掲「黒谷住持職記」によると、定玄に「浄華院第五世是ヨリ戒灌頂法流相伝」との註記があるが、浄華院第五世とは事実上の開山である向阿証賢より起算したものであるから、定玄のときから浄華院と金戒光明寺両方で戒灌頂法流の相伝が始まったものとみなされる。これは『清浄華院文書』応永五年二月九日付敬法譲状には、

譲補　浄華院長老職事

僧定玄相二副代々手継真俗券契幷都鄙諸末寺今古寄進状等一

右一室衆僧宜下令レ存二其旨一給上、仍所二譲与一如レ件、

応永五年二月九日　　敬法（花押）

とあり、応永五年二月に敬法が浄華院長老職を定玄に譲与したときの譲状が伝存していることで確認される。さらには同記の仏立恵照国師すなわち等凞に「浄華院江法流相伝故新黒谷ヲ従二称光院様一末寺二被レ成二勅許一候」との註記があり、これを線で囲んでいる。さらに同じくそのとなりに「同第六世此上人へ称光院御宇二新黒谷ヲ被レ

成二勅許一」と註記している。これらの記述から新黒谷は等凞のとき、称光天皇の勅許により浄華院に法流を相伝するゆえに浄華院の末寺となったようである。ともかくも浄華院と金戒光明寺の兼帯は定玄・等凞の代で定着することとなり、天文八年（一五三九）秀馨が没するまで約百四十年間に亙って続いたのである。

四　浄華院等凞の香衣勅許

浄華院が隆盛を誇るのは第十世等凞のときである。等凞には没後[15]に後花園天皇から「仏立恵照国師号」なる国師号が下賜されている。浄土宗の国師号下賜はこれが最初であり、浄華院の宮中における地位を示すものと位置付けられる。等凞は定玄の跡を継ぐと時房を介し称光天皇の信仰を得ることとなり、ついには香衣着用の勅許を蒙ることになるが、こうした一連の浄華院隆盛の経過に浄華院と金戒光明寺の兼帯という問題が関係しているように思われることから、時房の日記『建内記』の記事を中心に検討を加えることにしたい。

まず等凞香衣着用の裁許について記す同記正長二年（一四二九）六月九日条を掲げる。

正長二六九、

浄花院長老等凞上人、香衣着用事、為二門徒之懇款一、予依二当時之由緒一執申入之処、今朝三宝院(満済)准后披露、蒙二裁許一、云二当時一云二後代一、一室之眉目此事也、時―房執申之条無二相違一条、面目此事也、今夕向二門跡一之時准后承之、直罷三向寺院一示二住持一、触二門徒一了、早令二着用一可レ参二室町殿(足利義教)一之由指南了、此事廬山寺者西山之一流也、鹿苑院殿(足利義満)御代勤二渡唐御使一之時被レ聴二香衣一、于レ今住持之人着用也、浄花院者鎮西一流之正脉也、而依レ無二扶持之輩一衣鉢似レ有二勝劣一、為二上人上足之弟子聖光上人(源空)之稟承一旲レ于レ他之処、不便之上、戒法又黒谷一流正統也、元广（興円）・法勝（恵鎮）已着レ之、是又参二帝師一之故歟、等凞上人 称光院御知識也、其寄尤重者哉、誰謂二非拠一哉、彼是有二存旨一執申了、無為自愛々々、住持令二迷惑一、衆僧令二歓喜一者也、雖レ非レ可レ依二裳衣一、添二世俗之信仰一、為レ勧二若輩之稽古一也、可レ云二興隆之因縁一者哉、前住定玄上人予叔父也、蒙二毎事之扶助養育一無二比類一、聊似下報二彼恩一者上哉、

祖父祖母（万里小路仲房）・亡父（同嗣房）両代臨終善知識事、浄華院敬法上人也、三衣一鉢同前、亡父出家師同敬法上人也、剃髪役彼当住等凞上人也、亡母同前、又亡母臨終善知識等凞上人也、

定玄上人者祖父御息、先公御弟也、亡母幷予円頓戒師匠也、予自二少年一養育恩山是高、当住上人者定門者、敬法上人之弟子、定玄上人之同寮也、戒法幷住持附属者定玄上人之所二許授一也、由緒之趣如レ此、

先公者初（初）妙喜円月（建仁寺妙喜庵）中厳〔巌〕和尚之弟子也、終帰二浄土宗一、於二浄花院一遂二素懐一、以二敬法上人一為二師匠一也、

時房はこの日、自分の仲介によって浄華院等凞が香衣着用の裁許を蒙ったことについて、一室の眉目このことと喜んでいる。将軍義教の信任厚い三宝院満済の披露によると記されているが、『満済准后日記』(16)の同日条には「入レ夜浄華院長老香衣着用事申入処、不レ可レ有二子細一之由御免」とあり、三宝院満済の斡旋であることが確認される。『建内記』正長元年（一四二八）六月十六日条には「浄華院長老香衣著用御免事、談二合准后一、尤可レ然之旨被レ示レ之、但今日赤口舌日也、追可レ有二左右一云々」とあり、時房は一年前のこの頃から満済に働き掛けていたことが確認される。そして『満済准后日記』正長二年六月十三日条には「浄華院長老今日着二香衣一参二御所一云云、祝着之由畏申也」とあり、満済も等凞が香衣を着用して室町御所に参殿したことを喜んでいる。これは前掲の記事でも、時房も早く室町殿に香衣を着して参るべきであることを指南していた。

ところで、この『建内記』の浄華院等凞香衣裁許の記事には勅許の条件が詳しく記されていて興味深い。それは

廬山寺は西山一流の寺院であるのに三代将軍義満のときに入唐使を勤めて(17)以来香衣の着用を聴されているが、浄華院は鎮西一流の正脈で法然上人上足の聖光上人からの正嫡であることは他と異なるものであると述べ、戒法もまた黒谷一流の正統であるとしている。そして、戒法といえば元応寺や法勝寺が香衣を聴されている理由が帝の師として参殿したからというのであれば、等凞は称光天皇の善知識ではないかといっている。そして、敬法の代からの万里小路家との因縁と叔父定玄による扶助養育への報恩を強調し、同門である等凞への思いの丈を記している。また最初に取りあげたが、この勅許のちょうど一年前に当たる『建内記』正長元年（一四二八）六月二十四日条には、

向二浄花院一、終日閑談、彼宗相承次第被レ談レ之、予依レ吴レ于レ他、代々手印（鎌倉然阿上人、与礼阿然空上人、法光明院并開山向阿上人与第二玄心和尚、）被レ聴二拝見一、宿因之至、感懐無レ極者也、

とある。時房は浄華院で浄土宗相承の次第について語っているが、このとき代々の手印を拝見し感懐を極めている。時房が見た手印とは、然阿良忠が礼阿然空に授けた『末代念仏授手印』と、向阿証賢が玄心に授けた『末代念仏授手印』であると註記しているが、これは現在も清浄華院に伝わる什宝であり、前述の鎮西流の正統とはまさにこれら『末代念仏授手印』の存在を指すものである。

また等凞が称光天皇の善知識に命ぜられたのも前年のことである。称光天皇はもともと病弱であったが、『建内記』正長元年（一四二八）六月十一日および六月二十一日条の記事によると、崩御を間近にひかえ、浄華院で逆修の如法念仏会を修しており、等凞は金色の阿弥陀三尊と黄金の阿弥陀像を安置してこの如法念仏を営んだことなどが記されている。このように浄華院等凞の香衣勅許の要件として、第一には鎮西流の正統であること、第二には戒法が黒谷の正統であること、そして第三に称光天皇の善知識であること、この三点が要件として挙げられる。ここ

に浄華院が所有した『末代念仏授手印』を根拠とする鎮西流の正統と、黒谷金戒光明寺を兼帯することによって得た黒谷流円頓戒の正統とを主張することが可能となった結果、浄華院の由緒はますます堅固なものとなり、天皇・将軍をはじめ貴緇の崇敬を集める契機となっていったものと理解される。浄華院が意図していたかどうかは分からないが、定玄の頃より新黒谷、すなわち金戒光明寺に伝わる黒谷流円頓戒を浄華院が相伝し、いわば換骨奪胎したことによって浄華院の隆盛が決定的となっていったのである。

おわりに

浄華院と金戒光明寺の関係は両寺院の寺史のうえからは知られているが、さらに深く考察を進めることによって、この問題は当時の浄土宗社会の中核を成すことに気が付く。宮中における位置ではすでに三鈷寺・廬山寺等の西山流寺院の存在があり、鎮西流寺院はまだあまり認知されていなかったのであろう。そのなかでの浄華院等熈の香衣勅許であった。このあと、たとえば越前西福寺が永享二年（一四三〇）十二月に将軍義教の祈願寺となり[18]、文安二年（一四四五）三月には後花園天皇より勅願所の綸旨を下賜されたり[19]、知恩院・知恩寺も宮中に参内することがみられるようになるなど[20]、他の鎮西流寺院も急速な発展をみせていくようになる。これらはいずれも浄華院が、とくに金戒光明寺の黒谷円頓戒の正流を相承する形で兼帯するようになったことが左右しているものと想定され、当時の浄土宗社会にとって重要な意義を持つものであったのである。

両寺の兼帯はまた霊宝類の管理にも影響を及ぼした節がある。各々の霊宝類の変遷をめぐる考察は別稿に譲るとして、このことは金戒光明寺独立への起因となるなど今日につながる問題として大いに興味深いが、浄華院と金戒光明寺両寺院には本稿で論じたごとき連綿としてつらなる寺院としての性格が存することを、十分に理解しなければならない。

註

(1) 伊藤祐晃「清浄華院草創考」(『浄土宗史の研究』、伊藤祐晃氏遺稿刊行会)、石橋誠道「清浄華院蔵古文書考証数件」(『三教授頌寿記念東洋学論叢』、平楽寺書店、一九五二年)等参照。

(2) 中井真孝「中世の浄華院について」(『仏教文化研究』二二号、一九七四年)、宇高良哲「浄土宗京都浄華院成立年次考——特に新出の浄華院文書を中心に——」(『大正大学研究紀要』七一輯、一九八五年)参照。さらに静岡県島田市智満寺より発見された隆寛本法然伝をめぐる議論として、宇高良哲「新出の隆寛作「法然上人伝」について」(『大正大学研究紀要』六九輯、一九八三年)、中井真孝「隆寛作「法然上人伝」に関する若干の問題——特に浄華院と一枚起請文をめぐって——」(『人文学論叢』一八号、一九八四年)等がある。

(3) 中野正明「中世浄土宗寺院の展開——越前西福寺と京都浄華院との関係について——」(『日本仏教史学』一六号、一九八一年)、福田行慈「浄華院秀馨について」(『三康文化研究所年報』一八号、一九八五年)、鈴木成正「浄華院の発展について——特に等凞の活動を中心として——」(『三康文化研究所年報』一八号、一九八五年)、野村恒道「源智の俗縁と浄華院」(『仏教文化研究』三三号、一九八八年)等参照。

(4) 藤本了泰「黒谷金戒光明寺々史の一考察——恵尋、恵顗の行業、寺門の三展開、寺號の事——」(『大正大学々報』三〇・三一号、一九四〇年)参照。

(5) 大日本古記録『建内記』、以下同じ。

(6) 『鎌倉市史』史料編第一所収。

(7) 東京大学史料編纂所所蔵本。

(8) 同前。

（9）『清浄華院誌要』第二歴代「十世仏立恵照国師」には、浄華院の兼管として叡山の元黒谷を移し新黒谷と称するようになったのは文安三年（一四四六）のことと明記している。
（10）宇高註（2）前掲論文「浄土宗京都浄華院成立年次考」参照。
（11）『浄土宗全書』第二〇巻所収。
（12）京都金戒光明寺所蔵。水野恭一郎・中井真孝編『京都浄土宗寺院文書』（同朋舎、一九八〇年）参照。
（13）福田註（3）前掲論文参照。
（14）註（11）に同じ。
（15）『清浄華院誌要』第二歴代「十世仏立恵照国師」には、仏立恵照国師の国師号下賜を文安三年（一四四六）等凞在世中のこととしている。
（16）『満済准后日記』下（続群書類従完成会編、一九二八年）所収。以下同じ。
（17）『吉田家日次記』応永十年（一四〇三）二月十九日条によると、廬山寺明空志玉が天龍寺堅中圭密らとともに入明しているが、このことをいっているものと推測される。
（18）玉山成元校訂『西福寺文書』（続群書類従完成会編、一九七三年）。中野註（3）前掲論文参照。
（19）同前。
（20）『看聞日記』永享七年（一四三五）七月十六日条には知恩院、同記同八年八月十三日条には知恩寺の参内記事がみられる。こののち徐々に両寺院の将軍拝謁、宮中参内の記事等が増えている。

地域権力と寺社

——陣所を訪ねる人々——

貝　英幸

はじめに

『正任記』は、文明十年（一四七八）十月一日から三十日の一カ月間にわたって記された在陣日記で、同年の大内氏による筑前出兵の際、政弘の宿所となった博多聖福寺継光庵で記された。(1)

同記が記された文明十年は、応仁文明の乱の収束とともに帰国した大内氏にとって、一つの転機となった年である。すなわち、当主政弘は文明九年（一四七七）十一月、京都から本拠周防へ帰着したのち、翌文明十年には陶弘護を筑前国守護代に任じ、同国経営の安定化を図る一方、該地域における対抗勢力である小弐氏攻略を本格化する。同年七月には陶弘護を先駆けに筑前へ出兵し、文明元年（一四六九）以降、対馬国守護宗貞国と結び筑前を支配していた小弐政尚（政資）と対決する。

こうしたなか、領国の統治についてみると、例えば『大内氏掟書』に収録された家臣団統制関係の法令が、文明十三年（一四八二）にはじめて出されていることを考えれば、(2)それ以前の家臣団統制は別にして、帰国後の政弘の行った統制策が、その後の義興、義隆と続く大内氏権力に引き継がれていったと理解することができる。

こうした筑前国への出兵と内政の充実へ向けた取り組みという、二つの大きな事柄を考えれば、『正任記』が記された文明十年は、政弘にとって領国経営の再構築に着手した年に当たり、同記は「後期大内氏権力」発足期の記録と位置付けることができる。

ところでこの『正任記』を使った研究としては、佐伯弘次氏による大内氏の筑前国支配について詳細に検討した研究、および大内氏評定衆についての研究が挙げられる。(3) とりわけ大内氏の筑前国支配についての研究は、同記の特徴である記録中に収められる知行宛行や安堵の文書を用いることにより、大内氏と家臣団、あるいは入部先である筑前国人衆との関係を綿密な分析を通じて、大内氏の（とくに大内政弘の）北部九州支配のありようが明らかとなった。

さて、『正任記』はいま一つの特徴を有している。すなわちそれは陣所への来訪記事の多さである。なかでも寺社勢力の来訪の多さは特筆に値するもので、来訪時彼らが持参した物品は、近年盛んになった贈答の社会的な意味を考える材料としても注目されるばかりか、政治史の面からも大内氏と寺社勢力との関係を考えるうえにおいて見逃すことはできない。(4)

『正任記』中の寺社の来訪については、すでに佐伯氏が「従来から大内氏との関係を持ち、継続しようとする意図」を指摘しておられるが、(5) 同記は、単なる在陣日記としての性格を越え、大内政弘の右筆・奉行人を勤めた相良正任による執務日誌ともいえる特徴を有している。単に大内氏の筑前出兵の詳細を知るだけでなく、その分析からは、当該期の大内氏権力の実態をうかがうことも可能と考える。

本稿では、『正任記』を大内氏の執務日誌とみる認識に立ち、同記中にみえる寺社の来訪記事を再考してみたい。

一　陣所近辺の寺社勢力

まず最初に、陣所近辺の寺社勢力の動向について述べておく。

『正任記』中にみえる寺社の来訪記事のうち、最も多くを占めているのは、陣所近辺の寺社勢力である。ここでいう陣所近辺とは、おもに筑前国内を指すことになるが、大内氏の入部が直接的な影響を与える範囲ということでいえば、豊前北部もこれに含まれる。

ところで彼ら陣所近辺の寺社は、地方寺社の例に漏れず所領のほとんどが膝下領である。いうまでもなく軍の出兵、駐留という事態は、所領の荒廃を招く可能性が高い。しかしその反面、すでに国人などの押領を受け知行が困難になっている所領などは、出兵を機に当知行を回復する絶好の機会でもあった。とくに、ここにみる大内氏の筑前出兵のように、当主自らが入部するような場合、通常の所領回復の手続きをとらず当主に直接願い出ることも可能であり、その場合所領回復の可能性はより高まるといえよう。ともあれ大内氏が筑前に入部するという事態は、北部九州地域の寺社勢力にとって、所領の盛衰に直結するきわめて重大な問題であったことは確実である。

さて、『正任記』にみえる寺社勢力の行動については、すでに佐伯氏の研究がある。佐伯氏は、大内氏の入部に際して「筑前寺社の大内氏への接近の傾向」が認められ、さらにそうした傾向は「所領保全－還補を大内氏に期待した」ものと解しておられる。(6)『正任記』中には、数多くの寺社勢力が確認されるが、それら寺社勢力のなかでも陣所近辺の寺社の場合、先述のように出兵は所領の盛衰に直結するわけであり、佐伯氏が指摘をする傾向はより顕著に現れるはずである。

ここでは観世音寺、英彦山（以下、彦山と略す）の事例を確認する。

観世音寺は、大内氏の博多入部後、最も早期に陣所を訪れた寺社の一つである。また陣所訪問の目的も、他の多くの寺社が政弘入部に対する祝言のごとき抽象的な理由であったのに対し、具体的な要求事項を携え来訪しているのが注目される。

一宰《マヽ》府観世音寺留守房顕参上候、当寺建立初以来記録幷寺領注文但文書等無之云々、又奉加帳築山殿御判、同
　探題教直御判已下也、各御一見畢、

右は『正任記』十月二日の記事であるが、それによれば、同寺留守房顕は陣所を訪れる際、多くの文書や記録を携えていたことが知られる。房顕が持参した文書・記録は、同寺建立以来の記録および寺領注文、さらには先代大内教弘や九州探題渋川教直が加判した奉加帳などであり、それらは寺領や伽藍に関する証文であった。つまり房顕は、同寺の資財に関わる重要な証文類であり公験ともいうべき書類を持参したのである。こうした公験類の提出が、政弘による何らかの対処を期待したものであることはいうまでもないことであるが、その理由は翌々日四日の記事で明らかとなる。

一観世音寺勧進奉加帳被加御判了、

この記事によれば、大内政弘は房顕が二日に持参した公験類のうち、勧進奉加帳に加判している。先にみたように、房顕が提出した文書類には寺領注文など所領に関する文書も含まれてはいたが、同時期の観世音寺は、寺領について全くといっていいほどその詳細をうかがうことはできない。それればかりか寺そのものが「諸堂塔婆回廊みな跡もな」[7]い状態であったことが知られることから、観世音寺にとって当面の課題は、寺領の回復ではなく伽藍の再建にあったと考えられる。すなわち房顕による公験類の提出は、政弘による奉加帳への加判を得ることにあったと

みてよい。[8] 観世音寺は伽藍の復興費用捻出活動をより円滑に進めるためにも、北部九州に一大勢力を形成する大内氏当主の御判を得ることを期待し、陣所を訪れたのであろう。房顕が政弘の許を訪れる際、同寺の所領に関しては文書を添えず寺領注文を提出するだけであった理由も、こうした点を裏付けているといえよう。

いずれにせよ房顕は、奉加帳への加判を得た。『正任記』には翌五日、観世音寺が抹茶・梨などを携え再度陣所を訪れているのが確認できる。同日条には観世音寺の来訪を記すのみで、政弘によって加判された奉加帳はおろか、観世音寺からの来訪者についても詳細を記載していないが、以後同寺が陣所を訪れた様子はないから、同寺の目的はこれによって達成されたとみてよかろう。

つぎに、同じく陣所近辺の寺社勢力の例として彦山の来訪をみてみよう。彦山は七日にはじめて陣所を訪れ、二十二日には所領安堵の判物を手にする。この結果だけをみれば、先にみた観世音寺の場合と違いはないのであるが、伽藍までが荒廃し逼迫していた観世音寺に対し、一定の勢力を保っていた彦山の場合は事情が大きく異なっている。

当該期の彦山については、広瀬正利氏、長野覚氏らの研究があるが、[9] 長野氏は当時の彦山の特徴について、座主である頼有が『海東諸国紀』に「武才有り」とある点に注目され「当時武才有りと国外にも知られた背景には、はるか平安の昔から大宰府に強訴して藤原長房を逐電上洛させた彦山衆徒の伝統や、その後に勢力を蓄えたと考えられる山伏などの武装衆徒集団が存在したからにほかならない」と、彦山座主および衆徒の武力を高く評価された。さらにまた、そうした彦山の武力は「おそらく室町時代に彦山聖域は、治外法権的な守護不入権が確立していたと思われる」というように、頼有個人ではなく、彦山全体が保有するものとの理解を示された。[10] もっとも、氏の述べる「治外法権的な守護不入権」が成立していたかどうかを『海東諸国紀』の記事のみで判断することはできず、その解明には当該期における彦山の組織全般を考える必要があるが、当時の彦山が相当の武力を保有していたことは疑いあるまい。

ところで『正任記』には、先に『海東諸国紀』において「武才あり」と評された頼有が政弘の陣所を訪れているのが確認できる。

(a)一彦山座主頼有法印為御礼参賀、御太刀・五百疋進上候、息帥律師（ママ）初而懸御目了、御太刀・御馬千疋進上候、同人（杉武道）披露候、

(b)一彦山座主父子、依仰参候候、御斎有之、雖為妻帯之身、於他所者不向魚味云々、御相伴人数者、興文蔵主・一路・杉大膳亮重親・勘解由左衛門尉武道等也、御肴三献、法印御太刀銀作進上候、法眼御打刀銀作進上候、

まず史料(a)は、十月七日、彦山座主頼有がはじめて陣所を訪れた際の記事である。頼有は子息を連れ、政弘の許を訪れているが、記事からも明らかなように、ここでは父頼有に連れられた息男帥律師が、政弘に「初而懸御目」かる場であった。ただ、『正任記』には息男の名が記されていないことに注意しておきたい。

つぎに史料(b)十月十五日条である。彦山座主父子は陣所で行われた「御斎」に参加しているが、ここで注意すべき点はこの御斎の参加者である。記載されている御斎参加者は、興文蔵主・一路・杉重親・杉武道とあるが、そもそもこの御斎は何を目的に催されたのであろうか。

まず参加者の顔ぶれを検討してみると、重親・武道の両杉氏は、両者とも大内氏奉行人で、筑前および豊前に強い影響力を持つ重臣である。一方の杉武道はこの戦には父杉重道の代理での出陣だったものの、頼有の紹介者である。もう一方の杉重親は、当時すでに相当の高齢であり、家臣団のなかでも老臣的な立場にあったと考えられる(11)。

つぎに一路および興文蔵主は、いずれも大内氏の使僧として活動する禅僧である。とくに興文蔵主は、翌文明十一年以降は大内氏在京雑掌として京都で活動するようになるが、このときは陣僧として筑前花尾城開城の交渉に当た

っている[12]。こうしてみると、彼ら御斎参加者の顔ぶれは、いずれも大内氏の戦略上重要な役割を果たし得る人物であったということが指摘できる。

つぎに疑問となるのは、頼有がこうした性格の御斎へどのような理由で同席したのかという点である。広瀬氏はこの点について「彦山座主が社領保持のために大内家の被官的立場で、その戦力の一端を担っていたことが知られる」と述べられているが[13]、注目すべきは、座主父子が大内氏側の「依仰」り御斎に相伴している点ではなかろうか。『正任記』中において、大内政弘からの召しにより陣所を訪れているのは、ここにみた彦山以外では、わずかに興隆寺が確認されるのみである。いうまでもなく、興隆寺は大内家の菩提寺であって、『正任記』中でも同寺別当をはじめ惣山および諸坊から陣所への頻繁な来訪が確認される。そうした興隆寺と彦山を同列に捉えることはできまい。ましてや「大内氏の武将的待遇をうけていることがわかる」といった評価[14]を下すことは早計にすぎるといわざるを得ない。彦山がわざわざ陣所へ招かれたのは、それなりの理由があったはずであり、しかもその理由は彦山側ではなく、大内氏側にあると考えるべきであろう。

とはいえ彦山座主がどのような情報を提供したか、実際のところその具体的な内容はうかがえない。ただ、十月十九日条には、

仁保十郎弘名事、依彦山座主頼有有計略、

とあり、政弘に反旗を翻し、同月四日に誅罰された仁保弘名のことに関して、座主頼有が計略をめぐらしたことが確認される。『正任記』の「有計略」という表現から考えても、ここでの彦山は軍を出すなど実際に手を下すというよりは、計画や情報を提供するといった形での協力であったように思われる。

そして二十二日条にはつぎのような判物が発給された。

一彦山領御判案文
豊前国田河郡宝珠山八町地〈宝珠山遠江守跡〉、同郡益田八町地〈益田丹後入道跡〉等事、有子細、年来雖混武領、別而令還補了者、早守先例、可被全山務之状如件、
文明十年十月十九日　御官位　御姓　御実名　御判
彦山座主御坊

内容は彦山の膝下である豊前国内の所領二カ所の還付を認めたものだが、ここで重要なのは、判物が十九日付で発給されている点である。すなわち座主頼有が仁保弘名のことについて計略を行った記載と所領還補の判物発給は同日で行われており、加えて、先にみたように頼有は、計略の直前には攻略上重要な役割を担う家臣たちとの御斎へ同席しているわけであるから、ここでの所領還補も、彦山のそうした行動に対する一種の報償的性格と呼べるものであったことは疑いあるまい。彦山は大内氏にとって有益な情報をもたらすことによって所領の還補を得たと考えられるのである。

さらに翌二十三日条には、

一就今度出陣之儀、宿所江渡御、御太刀〈金覆輪〉・鳥目千疋宛給人数、
吉見・益田・三隅・平賀・厳島并彦山座主父子〈御剣計〉等也、
（中略）
則為御礼各参上候、或御太刀・千疋、或御太刀・御馬進上候、各御対面候、彦山座主御太刀・絵二幅進上候、

とあるように、頼有父子は、宿所へ渡御した大内政弘より、今度の「出陣之儀」につき太刀などの褒美を受け取っている。これまた彦山に対する恩賞に違いはないのであるが、座主父子と同時に褒美を受けた者から考えて、単純

に恩賞と考えることはできない。

すなわちここで彦山座主父子とともに恩賞を受けた者は、いずれも筑前出兵直前まで大内氏に敵対していた中国有力国人たちで、幕府の仲介により大内氏に協力することとなった勢力である。[15] さらにここでの座子父子は、『正任記』では別記されているように、褒美の内容でもかかる勢力とは別の扱いを受けており、単に軍功に対する恩賞と理解することはできない。中国国人たちへの恩賞は、出兵への合力について、すなわち大内氏への帰順に対する報償としての性格であった可能性が高く、彼らと同時に恩賞を受けた座主父子についても同様の性格があったと理解すべきであろう。ましてや座主父子はそうしたなかでも特別な扱いを受けているわけで、それを「大内氏の武将的待遇」あるいは「彦山座主が社領保持のために大内家の被官的立場で、その戦力の一端を担っていた」と単純に理解することはできないのである。

ところで、『正任記』が記された十月中、大内氏にとっての主たる目標は、小弐氏の残党討伐に伴う落人の捕縛・帰順、花尾城に立て籠もる麻生家延対策、肥前の千葉胤朝への合力であった。なかでも小弐氏の残党は筑前南部に散発的に出没しており、落人探索のための情報は大内氏にとって重要な意味を持っていたと思われる。そうした情報は地域に密着することではじめて知ることのできる限られたもので、在地の状況に精通した者によって入手し得るものであったことは想像に難くない。豊前北部から筑前南部にかけて一定の武力を保持していた彦山が、こうした情報の提供者となったとは考えられないだろうか。当該期、山伏が在地に密着した活動を行っていたことはよく知られているが、[16]『正任記』中においても陣所を訪れる山伏は確認できる。[17] もちろん山伏の活動と彦山を短絡的に結びつけることは慎まねばならないが、彦山が自らの配下にある山伏などにより独自の情報網を備えていた可能性は高い。そうした山伏の持つ独自の情報網は大内氏にとって有益であったと考えられる。大内氏は彦山の持つ情報力にこそ期待していたとは考えられないだろうか。

彦山と山伏の活動についての具体的な関係については、現時点では他の事例を示すことができないため、後考を期す以外にないが、彦山への所領還付を、所領を介しての地方寺社勢力による地域権力への接近、あるいはまた、大内氏による地域寺社勢力の取り込みという形で単純に理解することができないのは確実であろう。

二　中央寺社勢力

本章では、陣所を訪ねた中央寺社勢力について検討する。

『正任記』中で確認できる中央寺社勢力は、六日の嵯峨善入寺、七日の北野社宝成院、十日の三鈷寺、十三日の東福寺とその数は少ないが、彼らの目的は概ね一致しているとみてよい。

(c)一嵯峨善入寺領熊毛郡麻合郷庄主梵好都寺参謁候、百疋進之、両国御祝言也、
(d)一防州小周防今乗院尊空使参謁候、巻数進上候、次彼本寺洛陽西山三鈷寺昔者号往生院、領筑前国席田郡両免田事、可直務之由被申候、至一乱已前、幡生安芸守盛忠為請人之由私証等持参候、

右は、(c)が十月六日に嵯峨善入寺が陣所を訪れたときの、一方の(d)が周防国熊毛郡今乗院が十日に陣所を訪れたときの様子である。(c)、(d)いずれの場合も、寺名および所領の所在地が記されている。仮に彼らの来訪の理由が大内氏の入部に対する祝言であったにせよ、領主としての寺院とその所領、所在地が大内氏側に認識されたことがわかる。たとえば、(c)における善入寺の来訪記事では、善入寺の来訪の目的は「両国御祝言」にとどまっている。これは、善入寺の来訪が、具体的な要求事項を携えていないということもあろうが、それ以上に戦闘地域でない周防

国からであることが関係していると思われる。

一方、(d)の今乗院の場合は、『正任記』の記述からもわかるように、陣所を訪れたのは周防国内の今乗院の使僧であるが、彼の使僧は筑前国内の三鈷寺領免田の直務を要求している。しかも使僧は、来訪に際して「一乱已前」の「私証等」を持参しており、結果として要求が実現した様子はうかがえないものの、先述の善入寺とは明らかな違いがみてとれる。

これに対し、具体的な要求事項を携えて来訪した例として、北野社宝成院の要求が実現した事例をみておこう。

一北野宝成院明充代龍泉院明猷・同弟松光院明順、自長州員光保参賀候、巻数各進上候、次当院領筑前国遍智院分吉田但馬守弘平請領跡可直務之由被成御判、

右は十月七日条で、それによれば北野社宝成院明充の代理として龍泉院明猷・松光院明順の両名が政弘のもとを訪れたことが記されている。明猷らは巻数を進上するとともに、同院領である筑前国遍智院分についての直務を求めている。

こうした明猷・明順の来訪に対し、大内政弘は、早速つぎのような判物(18)を与えている。

北野社領筑前国遍智院分代官職事、於正税者致其沙汰、於余得者混武領、既恩補雖経年序、今度在洛中被抽祈禱精誠之間、為其賞至自今以後永代、宝成院明充僧都可被全直務者也、仍状如件、

文明十年九月廿五日

御官　御姓　御判

文書の内容は、宝成院より申請のあった同院領筑前国遍智院分について、それ以前同所を請負っていた吉田但馬守弘平に代わって同院の直務を認めたものである。文書ではこの処置を、前年までの大内氏の在洛時の「祈禱精

誠」の賞としているが、実際のところ、この処置が宝成院側からの働きかけによるものであることは想像に難くない。ただこの文書で重要なのは、文書の発給日が九月二十五日であること、つまりは判物自体の発給は『正任記』の記述が開始される以前ということであろう。

すでに述べたように、『正任記』の記述自体は大内政弘が博多に到着した十月一日より書き始められている。したがって政弘をめぐるさまざまな事柄は、当然十月一日以降のことが記されているのであるが、同記は相良正任の執務日誌としての性格をも併せ持っており、政弘の入部前から継続する問題については、十月一日以降の事柄に並行する形で記述され、必要に応じて関係文書が収録されるという特徴をもっている。したがって右の宝成院の直務に関する問題は、文書の発給日からみても、政弘の博多入部以前より継続する問題と理解すべきであり、文書は同記の記録開始時点ですでに発給されていたと考えるべきであろう。ちなみに文書の発給された九月二十五日は、大内氏方が小弐氏方を大宰府において破ったちょうどその日に当たることから、この戦闘と関わりがあるものかと推測される。あるいは、小弐氏方の武士による請負となっていたのであろうか。

ともあれこうしたことから考えれば、彼ら代官僧の博多来訪も、政弘の博多入部との関連を考えるのみではなく、大内氏と宝成院両者のそれ以前からの関係を考慮する必要がある。

そこでつぎに、明猷・明順二人の代官僧について考えてみよう。

ここで陣所を訪ねた宝成院代官明猷・明順は、七日条では「龍泉院明猷・同弟松光院明順」とあることから、両者が兄弟だったことがわかる。明猷については詳細は不明なものの、一方の明順は、のちに北野社における松梅院と宝成院との相論の際の中心人物として知られる(19)。

明順はここでの活動ののちほどなくして帰京するが、帰京後は、長享から延徳、永正年間にかけて「宝成院明順」として活動している。[20] 長享二年（一四八八）三月には「知行分摂津国榎並下庄東方地頭職・同四分壱・同国郡戸庄地頭職・越前国社庄等事」をめぐり同じ北野社の松梅院禅椿を論人に出訴しているほか、[21] 永正五年（一五〇八）三月十一日発給の「室町幕府奉行人連署奉書」においては、「光薗院相伝之古文書」を提出し、北野宮寺領丹波国船井荘十一村半分奉行職についての御判御教書の発給を申請していることが知られる。[22] 松梅院、宝成院を基軸にした北野社内部の対立関係については、すでに小泉恵子氏が「常に将軍権力を拠りどころとし、それに連動する形で活動していた」と述べられているが、氏はそのなかで宝成院と松光院との「信頼関係」を指摘しておられる。[23] のちに宝成院の中心人物として活動する明順が、ここでは「松光院」として、また宝成院代官として活動している事実はまさにこの指摘を裏付けているといえる。

では、このときの彼らの活動はどのようなものであったのだろうか。もっとも『正任記』には彼らの来訪記事があるのみで、彼らの具体的な活動の内容が明らかになるわけではない。ただ明猷・明順らが、「自長門国員光保参賀候」と、長門国員光保から博多へ来ていることは注目できよう。

長門国豊東郡員光保は、暦応二年（一三三九）二月十八日発給の「光厳上皇院宣」により、「法善幷金剛般若経長日転読料所」として地頭職の安堵が確認できる所領で、[24] 史料的な制約はあるが、大内氏領国における宝成院領の一つとして、天文年間までその存在が確認できる。

こうした点から考えれば、明猷・明順らの行動は、大内氏領国における宝成院の荘務の一環ととらえられるとともに、彼ら代官僧が担当する荘務の範囲が、長門から筑前にまたがる相当な広域に及んでいたこととなる。おそらく明猷・明順は、大内氏の小弐氏への勝利、あるいは筑前国遍知院に関する文書発給を聞きつけ、荘務を行っていた長門員光保から、政弘の入部先である博多へやってきたものと思われるのである。

最後に、大内氏領国における宝成院領のその後について述べておこう。当該期の宝成院の所領については、享禄四年（一五三二）十二月二十九日発給の「北野宮寺宝成院当知行所々目録案」[25]によっておおよその様子を知ることができる。同目録には、計十二カ所の宝成院領が記されているが、それにはここで明猷・明順らが直務の依頼をした筑前国遍智院も、また直前まで彼らが滞在していた長門国員光保のいずれの名も記載されてはいない。もちろん目録の作成が、『正任記』の記された文明十年（一四七八）から考えれば、五十数年ものちに作成された物であること、また目録自体が「当知行」の所領目録であることも注意する必要がある。

しかし大内氏領国における同院領は、さらに時期は下がるものの、天文五年（一五三六）には、豊前国京都郡「稗田村」、同国築城郡高墓荘の二カ所の宝成院領が段銭を免除されている[26]ほか、天文二十二年（一五五三）には、大内義長によって「分国中所々彼直務地」について、守護使不入および諸役の免除を保障された[27]ことが知られる。またここで明猷・明順が滞在をしていた員光保については、天文十八年（一五四九）頃、つぎのような文書が確認される。

就今度豊東郡寺社半済之儀、北野御神領事、従郡奉行人相催之条、前々御免許之子細、帯証文御申之次第、具遂披露候、於証文者、於何之寺社無尽期之間、以証文之上御免許之儀、更不被及御了簡候、乍去雖何時、御出陣之時者、可被遂在陣之条、当時半済催之儀、可被閣之由被仰出候、然者可止催促之旨、対郡奉行人成奉書候、可被差遣候、恐々謹言、

十一月廿五日　　武任（花押）

興盛（花押）

宝成院[28]

右の文書は、大内氏奉行人である相良武任と内藤興盛の連署書状であるが、その内容は、豊東郡における寺社半済の催促停止を同郡奉行人に命じたことにつき、その旨を宝成院に知らせたものである。右の書状に関しては文書の厳密な発給年代は確定できないものの、大内義隆末年のものと推定してまず疑いあるまい。このほか、同時期の「北野神社文書」に含まれる大内氏領国関係の文書は、すべて宝成院との関係がうかがえるものばかりであるが、そうした文書では、ここにみた明猷・明順と同じく「明」の字を持つ代官が複数確認される。なかでも明源は、明順と同じく荘務に関しての西国への下向ののち、北野社での活動が確認できる。[29] また明源の関わった直務地（明らかではない）についての安堵には「於正税運送之地者」[30]という文言もみえる。大内氏領国内の同院領は依然実質的なものであったと理解してもよかろう。

以上みてきたように、宝成院の場合は、すでに文書の発給されたうえでの来訪であるが、広範囲を股にかけた代官の活動からは、遠国の所領をいかにして維持し、確実な形で当知行を実現していくか、という当該期における荘園領主としての中央寺社勢力の姿がうかがえるのである。

これまで中央寺社勢力の訪問をみてきたが、最後にその特殊な例として東福寺の場合を挙げておきたい。東福寺の訪問は、政弘の博多入部から十日あまりを経た十三日に確認される。

一自東福寺使下着候、巻数幷三百疋進候、御渡海御祝言之由也、当住者文伯和尚諱元郁也、

記事の内容は、東福寺よりの使僧が来訪したことを記しただけの簡略な記事であるが、その記述からは他の中央寺社勢力の来訪記事とは異なった印象を受ける。これまでみてきたように、三鈷寺、嵯峨善入寺、北野宝成院などの中央寺社勢力は陣所を訪れる際、そのいずれもが大内氏領国内の所領、あるいは筑前国内の所領確保を目的としていた。もちろん所領の回復という彼らの最終的な目的は表だってはみえない場合も多い。しかし宝成院の事例の

ように最終的に所領回復の判物が発給されていることから、彼らの目的がそこにあったことは明らかである。そうしたことからいえば、東福寺も大内氏の領国内には所領を有しており、年貢徴収などで大内氏と関係があり、この来訪をそうした関係を維持するための活動、大内氏との関係を円滑化せんとする活動の一環と理解することも可能ではある。

しかし『正任記』の記述には、東福寺が所領に関する問題を持ち込んだ様子はうかがえず、来訪の目的も「渡海之御祝言」ときわめて抽象的な理由である。わざわざ使僧を派遣してまで陣所を訪ねた真意を理解しかねるのである。

東福寺と大内氏の関係(31)は、おもに周防国内の同寺領を媒介として、すでに南北朝期より確認できるが、応仁文明の乱以前における両者は同寺領の守護請などごく限られた関係でしかなく、それは通常の地域権力と荘園領主の関係を越えるものではない。しかし応仁文明の乱後、とくに文明末年以降、両者の関係は新たな段階を迎える。寺領支配に関しては、当該期にみられる末寺僧や下向した寺僧代官による支配と並行する形で、同寺評定衆や住持の下向が行われようになる一方、日明使節派遣問題をめぐっては、勘合符の獲得、使節の構成をめぐり特異な結びつきをみせることとなる。こうした両者の関係を考えるとき、東福寺と大内氏を結びつける直接の契機となったと思われる事柄がある。住持了庵桂悟の周防下向である。

文明十八年（一四八六）四月、東福寺住持了庵桂悟は「為寺領赴防州」き、以後東福寺からは同寺評定衆や住持の下向が頻繁となる。一方了庵が、永正八年（一五一一）の日明使節において、正使として大内船に乗船し、のちに起こる寧波の乱の原因となったことを考えれば、文明年間の周防下向が、その後の了庵と大内氏との関係、東福寺と大内氏の関係の基礎となったことは明らかである。

ところで『正任記』では、寺社の訪問について記すような場合、とくにその目的が所領の回復などであった場合、来訪者や訪問の目的などを詳細に記すという特徴がある。それに対しこの東福寺についての記述は、まず記述自体が非常に簡略であるのに加え、記者の相良正任自身「渡海之御祝言之由」とその来訪の理由を東福寺側の口実と捉えたかのような記述である。ちなみに同じく祝言を述べるために来訪した他の寺社の記述をみてみると、「両国御祝言也」(嵯峨善入寺)、「御入国祝言也」(豊前国分寺)、「御入国御礼也」(氷上山興隆寺)、「両国之儀参賀也」(周防石城山社務代)とことごとく確定的な記述に終始しており、東福寺についての記述とは明らかに異なっているのがわかる。記述からは、先に述べたような東福寺と大内氏のごとき密接な関係は全くうかがえないばかりか、記者正任は陣所を訪ねた東福寺を疑うかのような姿勢さえみせているのである。その意味から考えても、ここでの『正任記』の記述が「御祝言」に続けて「之由」と記す理由は考慮されねばならないのである。

おわりに

これまで、『正任記』を例に、守護の陣所への寺社勢力の来訪をみてきた。検討に際しては、来訪する寺社勢力を陣所近辺の寺社と中央寺社勢力の二つに分けてみてきたわけだが、検討を通じて指摘し得た点と今後の課題を述べ、まとめに代えたい。

まず陣所近辺の寺社勢力は、来訪に際しさまざまな要求を抱え陣所を訪れている。それは、軍の入部により、所領のみならず寺社そのものが被害をうける危険を孕んでいる一方で、戦闘を契機に不知行化した所領や荒廃した所領の回復が見込めることによるものであった。そして彼らの活動は、証文や文書を持参しての所領回復要求という中世における一般的な手続きを基礎とはしながらも、観世音寺のごとき奉加帳への加判を求めるという、いわば間接的な回復活動を目的としているものもあった。

一方、中央寺社勢力の目的は、そのほとんどが荘園領主としての活動、つまりは寺領の確保、および寺領の確保に向けた大内氏との関係保持にあったとみてよい。『正任記』中にみえる中央寺社勢力は、いずれも大内氏領国に所領を有しており、立場的には領国内の荘園領主という意味において共通している。異なっているのは、戦闘地域となっている筑前国内に所領を有していたか否かのみであった。

最後に指摘しておきたいのは、彼ら寺社勢力が、こうした一連の対応を迅速に行っていることである。『正任記』中にみえる寺社勢力のなかで、具体的な要求事項を携え陣所を訪れた者たちは、いずれも記録の早い段階で確認される。つまり彼らは大内氏が着陣してほどなく来訪しているのである。地域権力の伸長による寺領の不知行化が進行する当時の状況において、戦闘の発生という新たな事態は、彼ら荘園領主層に対し、迅速な対応を迫るきわめて重大な問題であった。とりわけ中央寺社勢力は、遠国という物理的な支配の困難さを抱えていたわけであり、支配の継続は迅速な対応にかかっていたといってもよかろう。そしてそうした事態への対応が、現地で活動する代官層の行動や情報収集能力に依拠するものであったところに、当時の荘園領主層の構造的な限界を示しているともいえよう。

こうしたなかにあって、本稿では興隆寺の動向については全く言及できなかった。菩提寺でもある興隆寺の行動は、守護の出陣といういわば非常時に、菩提寺がどのような役割を果たしていたのかを考えるうえにおいて重要な問題であるが、単なる来訪の問題として考えるだけではなく、権力と宗教の関係全般に関わる問題でもあり、今後の課題としたい。

註

（1）本稿での『正任記』は、『山口県史』史料編　中世一（一九九六年）所収のものを参照した。また本文中への同記よりの引用参照については、日付内容が不明なもののみとした。

（2）文明十三年（一四八一）三月五日「奉行人掟条々」（「大内氏掟書」『中世法制史料集』第三巻　武家家法Ⅰ）

（3）a佐伯弘次「大内氏の筑前国支配について――義弘期から政弘期まで――」（『九州中世史研究』一号、一九七八年）、b同「大内氏の評定衆について」（『古文書研究』第一九号、一九八二年）。

（4）筧雅博「饗応と賄」（朝尾直弘他編『日本の社会史』第四巻　負担と贈与、岩波書店、一九八六年）、盛本昌広『日本中世の贈与と負担』（校倉書房、一九九七年）。

（5）佐伯註（3）前掲a論文。

（6）佐伯註（3）前掲a論文。

（7）「筑紫道記」（『続群書類従』）。

（8）『正任記』中では、ここで検討した観世音寺以外にも十月五日に崇福寺が奉加帳を持参している。また二十四日には博多祇園社の造営について、大内氏自らが奉加帳の調進を命じている。

（9）広瀬正利『英彦山信仰史の研究』（文献出版、一九九六年）、同「中世の彦山」（川添昭二・広瀬正利編『彦山編年史料古代中世編』、文献出版、一九八六年）。長野覚『英彦山修験道の歴史地理学的研究』（名著出版、一九八七年）。同「英彦山山伏の在地活動」（中野幡能編『英彦山と九州の修験道』〈山岳宗教史研究叢書十三〉、名著出版、一九七七年）。

（10）長野註（9）前掲書。

（11）松岡久人「大内氏の豊前国支配」（『広島大学文学部紀要』二三巻二号、一九六四年）。

（12）興文の活動については、拙稿「地域権力の雑掌僧とその活動――大内氏の対幕府政策と興文首座――」（『鷹陵史学』第二五号、一九九九年）参照。

（13）広瀬註（9）前掲書。

(14) 広瀬註(9)前掲書。
(15) 佐伯註(3)前掲a論文。
(16) 榎原雅治「山伏が棟別銭を集めた話」(『遥かなる中世』七号、東京大学文学部国史研究室、一九八六年)、同「中世後期の地域社会と村落祭祀」(一九九二年度大会報告増刊号『歴史学研究』六三八号、一九九二年)。
(17) 十月二十九日条において、肥後国球麻相良左衛門尉為続の使者として、二名の山伏が宿所を訪れている。
(18) 宝成院に対する判物発給は、明猷・明順が最初に宿所を訪れた十月七日条と、十九日所の二カ所に記載されている。両判物は全く同じ内容であり、正任による誤記の可能性もあるが、十九日条では、判物案文に続いて「為御礼、当院代龍泉院明猷律師参謁候」とあることから、七日条では使僧両名に対し判物の内容が示され、十九日に至り判物が下されたものかと思われる。
(19) 相論の詳細については、小泉恵子「松梅院禅能の失脚と北野社御師職」(『遥かなる中世』八号、一九八七年)が詳しい。また、北野宝成院については野地英俊氏の教示を得た。
(20) 「目代盛増日記」長享二年二月九日条(『北野天満宮史料』目代日記)。また「北野社家日記」長享二年二月十八日条(『史料纂集』「北野社家日記」、以後同日記よりの引用はすべて同書による)に「宝成院明順」とある。
(21) 『北野社家日記』長享二年三月十二日条。
(22) 「北野神社文書」一〇一号。(『史料纂集』「筑波大学所蔵北野神社文書」、以後同文書よりの引用はすべて同書による)。
(23) 小泉註(19)前掲論文。
(24) 「北野神社文書」三二号。
(25) 「北野神社文書」一三一号、一三二号。
(26) 「北野神社文書」一三三号。
(27) 「北野神社文書」一五四号。
(28) 「北野神社文書」一五八号。史料纂集では、本文書を天文二十二年十一月二十五日付「興盛・武任連署書状」と

するが、以下の理由からこの推定は首肯できない。

理由として指摘しておきたいのは、発給者の問題である。本文書の内容は長門国豊東郡寺社半済について述べたものであるが、同国関係の文書を発給できるのは大内氏の関係者ということになり、本文書の発給者である「武任」、「興盛」の二名は大内氏奉行人クラスの人物と考えるのが自然である。このように考えるならば、「武任」は大内氏奉行人の相良武任、もう一人の「興盛」は同じく大内氏奉行人であるとともに長門国守護代でもあった内藤興盛ということになり、文書名称も「大内氏奉行人連署書状」とすべきである。

さらに発給者の一人を相良武任とするならば、彼は大内氏滅亡直前の天文十九年九月に出奔、その後陶隆房によって筑前花尾城を攻められ自刃している。したがって『史料纂集』校訂者が推定する天文二十二年に相良武任が文書の発給者となることは不可能であり、本文書の発給は、少なくとも彼の出奔以前、すなわち天文十八年以前まで遡ると考えるべきである。

ところで、この文書において宝成院は、豊東郡中の寺社半済催促の停止という一つの成果を得たわけであるが、ここで注目すべきは、文中に記される宝成院と大内氏とのやりとりの様子と大内氏の裁断である。

まず、宝成院は「前々御免許之子細、帯証文御申」とあるように、同院領について自らが所持する証文を示すことによりその権利を主張し、寺社半済の催促停止を求めている。それに対し大内氏側は、「於証文者、於何之寺社無尽期之間、以証文之上御免許之儀、更不被及御了簡候」と述べ、証文による権利主張はいかなる寺社であろうとも認められないという姿勢を示し、宝成院の主張をいったんは退けている。ところがその一方で大内氏は、「乍去雖何時、御出陣之時者、可被遂在陣之条、当時半済催之儀、可被閣之由被仰出候」とあるように、出陣中は半済催促が閣（擱）かれるため半済催促そのものを止めるという、前段の文脈とは全く逆の、きわめて不明瞭な見解を示す。その結果、宝成院の要求は認められるのであるが、この両者の主張およびその結果を考えれば、ここでの大内氏の姿勢は、公験類の提出により自らの権利を主張するという中世社会における一般的な手続きを否定するものであり、当主の意向によって決定を下すという大内氏独自のものということができる。最終的な結果は宝成院の要求が実現するものの、その意味は大きく異なっていたと解すべきであろう。こうした大内氏の姿勢が、どの程度実現、普及したか、あるいはどれほど意図されたものであったかについて、現時点では確定的なことは述べられないが、ひとまずは大内氏の領国経営の一端を示すものとして理解してよかろう。

(29) 明源は、天文十八年十月二十二日付「室町幕府奉行人連署奉書」(「北野神社文書」一五〇号)において、「宝成院明源事、今度従西国令上洛、可相加当宮寺祇官旨言上」と、西国より上洛ののち北野社で活動している。

(30) 天文二十二年後正月十八日付「大内義長書下」(「北野神社文書」一五五号)。

(31) 東福寺と大内氏の関係については、拙稿「室町戦国期における東福寺の所領支配とその変化――周防国得地保の場合――」(『鷹陵史学』一七号、一九九一年)、および拙稿「中世後期における地域権力の対外交渉と寺院――交渉実務を中心に――」(佛教大学総合研究所紀要別冊『宗教と政治』、一九九八年)を参照されたい。

中世における寺社参詣と「穢」

野地　秀俊

はじめに

寺社へ参詣をするという行為は、今も昔も、真摯な信仰から発せられたり、切実な願を叶えるためであったり、はたまた、物見遊山や観光が目的であったりと、一見、変わらない様子に思えるが、私たちが寺社へ参詣する際のある種の「気楽さ」、たとえば寺社へ「参る」のではなく「行く」という感覚のような、そのような寺社参詣に対する人々の意識には大きな違いがあったように思われる。私たちが神社へ行った際に何気なく行っている手水で手を洗い、口を漱ぐという行為。お寺へ行ったときにお香の煙を体に当てるという行為（これは現在では、少し違う効能を求めてするのだが）。これらの行いをするとき、私たちはどれほどその本来の意味を考えているだろうか。今では簡略化されたこれら「清め」や「祓い」の作法。寺社へ参るときに、なぜそれをしなければならないのかという認識。このあたりが私たちと中世の人々との寺社参詣に対する意識の違いに現れてくるように思われる。

中世後期、とくに十五・六世紀の時代、は「寺社参詣の時代」といっても過言ではないほど寺社参詣が盛んに行われるようになったといわれるが(1)、私たちはあまりにもその現象を「気楽」に考えすぎていないだろうか。中世の参詣を考える際に基本的な文献となるのが、新城常三氏の『新稿　社寺参詣の社会経済史的研究』であるが[2]、そのなかで新城氏は、「中世参詣発達の諸因」のうち「武士・民衆の成長」を「決定的要因」として挙げ、その他の要因として、交通条件の発達・参詣路の整備、寺社側の積極的な参詣への誘致と受け入れ体制の整備などを挙げている。つまるところ、武士や民衆の経済的・社会的成長と立脚していた荘園制が衰退していくなかでの寺社側の経済的欲求が相まって、寺社参詣隆盛という社会現象が生まれたというのである。新城氏に代表されるように、寺社参詣の隆盛については、華やかな見方が大勢を占めているのが現状であろう。しかし、宗教施設としての寺社の特殊性・清浄性が強かった時代、そこには何の問題も矛盾も出てこなかったはずはない。それは、「触穢」の問題である。

寺社、とくに神社の触穢に対する特殊性は説いても[3]、私たちは、そのような場所へ参詣という形で出入りする行為への追究にはあまりにも無頓着だったように思われる。具体的には、触穢の問題を抱きつつ参詣人を受け入れる寺社側のシステムや意識の変化、それに伴う矛盾への葛藤と克服、という問題である。

私はかねてより、中世における寺社と社会との関わりや京都における都市文化を考える手段として、「参詣文化」の解明を標榜しているが[4]、その「参詣文化」の根幹となる参詣の構造（システム）は、これらの問題を解いてこそ明らかになると考える。そこで本論文では、十五・六世紀の寺社参詣の隆盛をも支えた参詣の構造を触穢の問題を通して明らかにしていく。自然、参詣人を受け入れていたとされる御師の役割を見直し[5]、寺社参詣のメカニズムのなかに位置付け直す作業にもなってこよう。

一　「甲乙人」の参詣

延徳二年（一四九〇）三月二十一日、当時朝野の崇敬を集めていた北野社は、同月十七日から本殿に閉籠していた土一揆と細川政元の軍勢との戦闘により灰燼に帰してしまう。このとき北野社は、基本的に二つの復興を目指すこととなる。一つは物理的な本殿などの再建であり、もう一つは神社としての「清浄性」の回復である。

後者は、戦闘で討たれた死体や焼失した建物の「焼灰」など「穢物」の処理をするいわゆる「キヨメ」の問題であるが、(6)これらの問題については、「肉食等制禁」(7)する河原者に注目した下坂守氏や横井清氏の論考や、死体処理をめぐる問題から北野社の空間認識を明らかにした吉村亨氏の論考などすでにいくつかの成果を得ている。(8)とくに、肉食を禁忌する河原者に関しては、回復しなければならない神社の「清浄性」を考える際に重要となってくる。なぜなら、「キヨメ」という職掌によって神社へ出入りする河原者も肉食という触穢を避けることによってのみ、神社の境内に入ることを許されたのであり、神社における触穢思想の特殊性が見て取れるからである。(9)

また、前者の再建の問題については、その過程で表出した「松梅院派対宝成院派」という祠官同士の内部対立について鍋田英水子氏が言及している。(10)さらに、この対立がこのときはじめて起こったものではなく、すでに南北朝期には表面化していることを小泉恵子氏が明らかにしており、(11)かなり前の段階から潜在化していたことがわかる。

このように松梅院も宝成院も、長年くすぶり続けてきた内部対立のなかで、お互いに勢力を広げんがため、隙あらば、と機会を狙っていたのであった。そして、この土一揆による社殿炎上という非常事態は、まさに絶好の機会であり、事実、お互いの利害関係から、その後の復興事業ではことごとく対立することとなるのである。

このような復興における内部対立のなかから浮かび上がってくる問題はさまざまであるが、これから取り上げる問題は、少し趣が違ってくる。それは、三月三十日に宝成院から松梅院禅豫へ出されたつぎのような言い分から始まる。

一、自二宝成院一以二小野寺一申様、　当社法花堂修造事、急度難二事行一候、其上法花堂事者、一乱中嵯峨釈迦就二安置一、甲乙人等参詣間、不レ可レ然由内々達二　上聞一処、御同心由申レ之、当坊返答云、一乱中釈迦安置事、更不レ及二触穢一、当社参詣人之上者、曾不レ可レ成レ穢、早々被レ加二修理一、還幸儀式為二厳重一者、尤可レ然由返事在レ之、[12]

本殿再建までの間、御神体や神輿を安置しておく仮殿が必要であり、その整備が急務であったところ、焼失を免れた法花堂に白羽の矢が当たった。法花堂には、文安元年（一四四四）の麹座騒動によって本殿が焼失した際に、仮殿とされた先例があったからである[13]。そして、「一向荒廃之間[14]」修理をしなければならず、三月二十八日には松梅院から宝成院へ修理の要請が出されていた。ところが、造営奉行としてその修造を果たさなければならない宝成院から、法花堂を仮殿とすることに対して異議が唱えられたのである。

ひとつは、法花堂の修造をすぐに成し遂げるのは無理である、ということであったが、実は、松梅院派の祠官たちは、仮殿遷座の日として、陰陽頭が治定したという四月二日を設定していたのである[15]。

数日の猶予しかないこの嫌がらせのような日取りに、宝成院も頑なになったのかもしれない。つぎに、法花堂は「汚穢不浄之在所[16]」として仮殿にはふさわしくないとしたのである。その後、宝成院は、「死人・甲乙人乱入之在所之間、一定令レ穢畢[17]」とか「或今度閇籠衆令二生涯一、或称二法花堂一、為二不浄之在所一[18]」などあらゆる難癖をつけ、法花堂が「不浄」であることを強調し、拒み続ける。そのような「不浄」の理由のひとつとして、応仁の乱のときに

（一時的に）嵯峨の釈迦堂の釈迦像を移して安置しており、「甲乙人等」が参詣したことも挙げられたのであった。参詣が「穢」に繋がる。

前述のような寺社参詣に対して「気楽さ」しか持っていなかった私は、宝成院が当然のように行ったこの主張に衝撃を受けた。参詣が「穢」に繋がるとはどういうことなのだろうか。

そこでいま一度、前出史料の松梅院禅豫の返答をみてみると、参詣が「穢」に繋がるのは、どうも「甲乙人」の参詣であることがわかる。「甲乙人」の確定がカギになりそうである。

「甲乙人」に関しては、すでに私たちは笠松宏至氏の明快な論考を得ている[19]。いくつかあるという語義のなかから、今回取り上げた史料の「甲乙人」を探ってみたい。

笠松氏によれば、「甲乙人」は以下のように定義される。

①ある事柄に特定されない人々。不特定多数の人々。

②「凡下百姓等[20]」のようにある程度低身分の人々。侮蔑的な意味を含むこともある。

③一定の資格（由緒）を持たない人々。

一般的には、①の意味で解釈されることが多く、私たちの参詣に対するイメージからしても、多くの不特定の人たちが参詣するということに違和感はないであろう。しかし、それがなぜ「穢」になるのか、という疑問に対する答えは少しぼやけてしまう。

また、②のように「甲乙人」をある階層の人々に特定した場合にも、「穢」との関係がみえてこない。たとえ、「甲乙人」に侮蔑的な意味が含まれることがあっても、その侮蔑感は決して「穢」の問題から派生したものではないからである[21]。では、③はどうであろうか。参詣と資格（由緒）、というのはあまり結びつかないようにも思えるが、以下この点に注目して考えてみたい。

二　参詣と「物忌令」

参詣における資格というものはあるのだろうか。つぎにみる史料は、祇園社の例で時代も南北朝期まで遡るが、その点で示唆に富んでいる。

一、自二粟飯原許一、此間三条殿蜜（密）可レ有二御参社一、物忌令可二注進一云々、仍注二進之一、則罷二向彼亭一之処、参二御所一云々、伺二御所一之処、不レ及二見参一、伊地知他行、(22)

室町幕府の奉行人粟飯原清胤から御師顕詮に、三条殿（足利義詮）(23)が内々に祇園社参詣をするとの通達があった。そして、そのために「物忌令」を注進するように要請があったのである。参社をするために「物忌令」を見せてもらう点が大いに注目される。このことについては、すでに岡田重精氏により「（「物忌令〈服忌令〉」とは）伊勢神宮および諸社において、庶民の参詣者が増加するに伴い、その神聖性を保持するのを主旨として参詣のための斎戒精進ないし禁制を整理したもので、そこには具体的な生活局面と密接にかかわる斎忌の領域が展開する」(24)との指摘もなされているが、このような既存の説明では、あたかも、はじめから「物忌令」が参詣人のために用意されていたような印象がぬぐえない。

伊勢神宮「物忌令」の基になったといわれる『古老口実伝』（正安二年〈一三〇〇〉成立）(25)が、禰宜などが日々の神事を勤めるために参宮する際の禁忌をまとめたものであることや、つぎの「諏方上社物忌令」(26)からもわかるように、原初的には、日々、神主や禰宜など祠職の勤めに際して、神社の「神聖性を保持するのを主旨として」まとめられたものがあり、それをもとに編集されたのが「物忌令」であったと考えるべきであろう。現在目にすることの出来る「物忌令」の多くが、注進状や注文の形であるのもそのためなのである。

一、将軍家ヨリ当社ノ物忌令依テ二御尋《タツネ》一、伊豆山ノ別当弘実《コウシチ》並《ナラヒニ》衆《シュ》徒等センキシテ諏方之大事神道ノ内ヨリヒミツノトコロヲヌキ出テクンニ返シ、神祇モムノヒ、キニヲオセテ、カノ物忌令ヲ嘉禎三年丁酉十一月廿一日作出テ、日限之処ヲハ父母恩中経之説ヲ引テ、近キヲハフカクコク、遠キヲハアサクウスク所レ令レ定也、同暦仁元年戊戌十二月十三日ニ、伊豆国北条左近蔵人大夫正信ヲ御使者トシテ当社へ被レ渡、ソレヨリシテ嘉禎年中之物忌令ヲ所レ被レ用也、当国之内ハ無二是非一、タトイ他国ナリト云共、当社ヲ仰申サム輩ニヲイテハ、此旨ヲ委クテムテンアルへキ者也、此末ナル聞書之処ヲハイルカセニ人ニミスへカラス、何モ〳〵可レ秘々々、（後略）

これは、「諏方上社物忌令」に続く「物忌令」成立の由来を説いたものである。伊豆山神社（走湯山）の別当や衆徒が編集をしているものの、その素になっているのはやはり「諏方之大事神道」であり、さらに「ヒミツノトコロ」であるのは注目される。こうした「物忌令」の素になるような故実は、神社が代々秘伝として伝えてきた規式であり、本来は「何モ〳〵可レ秘々々」というように、誰彼かまわずに見せるようなものではなかったのである。さらに、故実を代々守り伝えてきたのが神社であったといっても、それはほんの一部の祠職に握られていた。

庁宣

可下早相二触美濃尾張等国一普令上存二知太神宮参詣精進法一事

副下法目録

右

二所太神宮者、異二于天下之諸社一、所謂元々本本以二清浄一為レ先、屏二仏法息一、以二正直一為レ宗、而再二拝神祇一、故禁二経教一、忌二僧尼一、戒二妖言一、退二巫覡一、皆是神明之遺勅、二宮之規範也、爰頃年以降、巫等号二太神宮先達一、於二参宮之路次一行二新儀之軌式一、剰背二朝家憲章一、不レ弁二神宮古典一、不レ糺二甲乙丙之移展一、令レ決二断触穢不浄一云々、所行之至、甚以無レ謂、為レ神有レ恐、為レ世不信也、於二向後一者、参二詣太神宮一之諸人、堅守二式目一、更不レ可二違犯一之状、所レ宣如レ件、以宣、

文保二年二月十七日

禰宜度会神主十人皆判

一常良、二行文、三朝棟、四良行、五行尚、六行宗、七家行、八貞陰、九雅任、十貞郷、

これは『文保記』の書き出しに載せる有名な庁宣であるが[27]、本来「清浄」でなければならない神宮を汚しているのは、「巫等」が「太神宮先達」と号して参詣人たちを呼び込むことに尽きる。そして、それは「巫等」が「朝家憲章」や「神宮古典」(律令や神宮古来の触穢規定)を守らずに「新儀之軌式」を行うことによって不浄な参詣人が入り、引き起こされる、というのである。また、「日吉社服忌令」(仁安二年〈一一六七〉)では「右平癒之後百日之内不レ可レ従二神事一、而ルニ近代巫覡等ノ中ニ不レ満二日数一有二参宮一[28]」となっており、「巫覡等」のような下級の神職たちが触穢に関して無頓着であったことがうかがえよう。

それに対し、禰宜などの祠職たちは、自分たちこそ「大事神道」や「神宮古典」などを保持し、遵守することによって、さらには秘事であるそうした規式を「物忌令」としてまとめ、参詣人に注進することによっても、神社の清浄性を守っているのだと主張するのである。

そして、そのような主張をしている外宮の度会神主たちが御師であったことは決して偶然ではないだろう。[29]「物

忌令」を媒介とした御師と檀那というシステムのなかにこそ、参詣における「資格」のカギが隠されているからである。

三　神社参詣のルール

話はまた北野社へと戻る。室町幕府第十代将軍足利義材（のちの義稙）の六角討伐に参加するため、延徳三年（一四九一）八月十九日に上洛した但馬守護山名政豊に、松梅院禅豫はすぐさま二十二日には必勝祈願の巻数を送っている。[30] 政豊は、その五日後の二十七日には近江へ出陣してしまうが、ほぼ一年後の延徳四年七月、陣中にもかかわらず禅豫は政豊に師檀関係の話を持ちかけるのである。

（七月三日）一、山名殿御師事、以㆓村上㆒望申処、内々御領状由今朝申云々、殊厳申也、
（七日）一、今日山名殿　当社御縁起御聴聞有度由被㆑仰之間、令㆓参上㆒読㆑之、同御実名御相伝在㆑之、御酒在㆑之、殊御尺御盃種々懇之至也、
（一〇日）一、今朝為㆓山名殿御使㆒村上来臨、御太刀金・御折紙千疋拝領也、酒在㆑之、ウソノ鳥□□次進入申也、
（一一日）一、村上方へ以㆓書状㆒遣㆓弥五郎㆒也、
（一三日）一、自㆓山名殿㆒給㆓御書㆒、御懇至、祝着至也、
（一七日）一、山名殿へ物忌令㆑書進入候、御書給㆑之、殊御文言過分至也、

これは、その後の禅豫と政豊のやり取りを『北野社家日記』の記事から拾ったものである。師檀の話を「内々」

に承諾した政豊は、早速、禅豫に北野社の「御縁起」の講読を依頼する。縁起の講読は、一足先に上洛し松梅院へ寄宿していた一族の山名六郎政之も、神馬を奉納したのちに依頼しているし、[31]鞍馬寺の例であるが、宿坊では参詣人に縁起を読み聞かせていたことなどから、[32]御師と檀那の契約のなかで欠かせない要素であったと考えられる。また、こうした縁起は、それぞれの御師や宿坊が檀那から寄進された縁起を所持し、場合によっては相互に貸し借りをしていた。

（延徳四年正月十四日条）

一、自二宝成院一以レ使申様、自二大内方一当社御縁起私房へ寄進候、自然用之時者可レ借由申、返答者、不レ限二此条一当社へ奉納望在レ之者可レ承候、私へ寄進儀案内不レ及二覚悟一之由申処、住房へ寄進勿論由、重而使申云々、[33]

（後略）

（同年七月五日条）

一、今日宝成院へ　当社御縁起事可レ借由以二国分一申遣処、於二路次一損所在之間、経師屋へ為二修復一遣レ之候、来候者可レ借由返事在レ之、申二遣子細一者、当年大内寄進之時何時も所用在レ之者可レ借由使在之間、申遣者也、[34]

禅豫は、政豊に御師の契約の内定をもらうと、先手を打つように、すぐに宝成院が大内政弘から寄進された縁起を借りようとしていたのである。この禅豫の行動からも、師檀の関係を結ぶことと縁起の講読が不可欠なものであったことをうかがうことができる。ここにも、松梅院と宝成院の意地の張り合いが垣間見え、結局は貸し借りは成立しなかったが、実は、禅豫は自坊の縁起を持っているのに宝成院から借りようとしていたのである。新しい、壮麗なものを見せたかったのか、もしくは近江へ持っていくということで、万一の場合、他坊のものであれば、という打算的な考えもあったのか、犬猿の仲である宝成院とでも縁起の貸し借りということが行われようとしていたことになるのである。

また、こうした御師の檀那への縁起の講読という活動は、下級宗教者の参詣曼荼羅による活動を想像させる。両者は、御師による縁起の独占とそれに代わる参詣曼荼羅の創出という対立構造のなかから分化したものと考えるのだが、このことについては後考を期したい。

縁起を講読してもらった政豊は、太刀や折紙銭の布施をし、禅豫はいよいよ「物忌令」を注進することになる。この「物忌令」の注進が終わると両者間の交流は一旦収まりをみせる。つまり、この「物忌令」の注進をもって、御師と檀那の契約が一段落ついたと考えられるのである。神社の由来やそれを信仰するための心得を伝授してもらった政豊は、ここに晴れて檀那として北野社へ参詣する「資格」を得たのである。

御師という参詣のシステムは、参詣人の増加に伴う寺社側の受け入れ体制といった簡単なものではなく、寺社の清浄性を理由に「物忌令」や縁起などを知らない参詣人に寺社への参詣を認めず、そうした情報やアイテムを独占することによって増え続ける参詣人を独占しようとする、御師たちの戦略的なシステムであったのではないだろうか。

於ニ当神前一各定御初尾取次事、
御参詣人不レ寄ニ大名小名一一座成共、由緒有レ之於ニ御旦那一者、雖レ為ニ誰々御番一、如ニ先規一御初尾以下御取次可レ在之事、
一、各其由緒も無レ之御参詣人を相頼、取次有レ之事、切令ニ停止一候事、
一、但各雖レ為ニ社参之刻一、従ニ御参詣人之方一御初尾以下取次被レ成、御誂候ハヽ、如ニ先規一御取次可レ有之事、
右衆評如レ件、

天正十五年九月十三日

顕栄　　祐栄
順栄　　順慶
深藝　　順秀
　　　　玉盛

時代は下がるが、祇園社でも増え続ける参詣人を受け入れるシステムに多少の歪みが生じたらしく、それを糺すためにこのような事書が発せられた(35)。そのポイントとなるのが、「由緒」のある「御旦那」であるのか、「由緒」のない参詣人なのかという本来の参詣システムへの修復であった。「由緒」ある参詣人とは、これまでみてきた状況からすれば、御師と檀那の契約を結び、「物忌令」や縁起を見せてもらっている心得た参詣人のことと理解できる。そして、「由緒」のない参詣人、つまり「資格」のない参詣人の初穂を取り次ぎせず排除しようとしているのである。

「資格（由緒）をもたない」。たいへんまわりくどいこととなったが、ようやく当初の疑問の答えにたどり着いた。つまり、「由緒」のない参詣人こそ宝成院が主張した「甲乙人」なのではないだろうか。この「甲乙人」は単なる「不特定多数の人々」ではない。そして、「甲乙人」の参詣が「穢」に繋がるのは、「物忌令」も知らない「由緒」のない参詣人だったからなのである。

本来は御師と師檀関係を結び、「物忌令」や縁起を見せてもらってから参詣するのが正式な参詣のルールだった。そして、そこからはずれた者は「甲乙人」として排除されたのである。それは、増加の一途であった参詣人の独占と、それに伴い危ぶまれる寺社の「清浄性」の保全とを一緒に解決できる、御師にとっては画期的なシステムであったのだろう。しかし、その「清浄性」は彼らにとって決して建前のものではなく、それがなければ「物忌令」や縁起という情報の独占も意味のないものとなってしまうし、参詣人の独占も果たせなくなってしまうという、立脚点にほかならないのである。

しかし、民衆の飽くなき信仰心はそのような御師たちの思惑などをはるかに越え、参詣のシステムからあぶれた大量の「甲乙人」を生み出すこととなった。そして、そのような「甲乙人」を受け入れたのが下級の神職であったのである。

四　宮仕と「甲乙人」の参詣

御師による参詣のシステムから排除された「甲乙人」であるが、実際には彼らの参詣が行われていたことは、北野社法花堂の例をはじめ、これまでみてきた史料からも明らかであろう。そして、「甲乙人」の参詣を積極的に受け入れていたのが、『文保記』に出てきた「巫等」のような下級神職たちであった。

祇園社でも同様に「神子」や宮仕が、諸人にお守りなどを配り初穂を取っていたり、また、「神楽所」（南大門の東北）と呼ばれる場所で、参詣人のために神楽を舞ったり玉串を渡すなどしていたことがわかっている。[36]

また、北野社の場合も、「穢」にとらわれず参詣人の受け入れに積極的だったのは、宮仕（承仕とも言う）というやはり下級の神職であった。

一、自二承仕中一、当社霊神還幸遅々迷惑仕候、若此儘延引在レ之者、当坊開二大門一可レ入二参詣人一旨致二訴訟一也、遅々儀、更非二当坊疎略一、宝成院無沙汰之由申遣也、但重而経二上裁一、可レ及二下知一由返答在レ之、[37]

宝成院が「甲乙人」の参詣によって法花堂が穢れていると主張した同じ日、承仕（宮仕）によっても松梅院へ訴えが出されていた。本殿炎上後、参詣人の出入りは「無二是非一次第也[38]」という状態が続いていた。それに業を煮やした承仕らが、御神体が避難している松梅院に入れてでも参詣人を招致しようとしているのである。

また、それより二カ月ほど前、足利義視が亡くなったことにより「天下触穢[39]」の状態になり、一切の神事が取りやめとなった。その際、北野社への参詣も問題となったが、

一、就二天下触穢一当社参詣人事可二制止一哉由申処、預迷惑由内々申レ之、但去年も参詣人□□停止儀者無レ之間、
不レ及二申付一者也[40]、

というように、天下触穢にもかかわらず参詣人の停止には至っていない。そして、ここにおいても「預」（これも宮仕が担う役職名の一つである。本殿や諸堂の荘厳や宿直番といった職掌に由来するものと考えられる）が難色を示しているのである。このときには、天下触穢における参詣人停止の先例がなし崩し的に守られなくなっていたらしく、長享三年（一四八九）三月に九代将軍足利義尚が六角討伐の陣中で亡くなったときの天下触穢に関する記事では、

天気殊勝、依二御所様御他界一天下触穢、仍当坊事者、就レ参二上御所一為二乙之穢一、依レ之卅ヶ日社参停止、但御祈禱以下事者以二代官一奉レ勤レ之、先規者如レ此之時退二当坊一、於二他宿一雖レ致二其成敗一、今時分用心等依レ無二了簡一、令レ居二住坊中一為二丙之穢一也、当坊へ出入之社人者、其日社参不レ可レ叶候、令レ混二乱乙之穢一社人等事、可レ為二同前一者也、為二向後一注置者也、（中略）已往者天下触穢之時者、参詣人社中ニ不レ入之由見也、今時節儀者、中々不レ及二是非一次第也、但又近年無二此沙汰一云々[41]、

と松梅院禅豫の嘆きが聞こえる。このような状況を作り出したのも、宮仕の活動によるところが大きいと考えられるのである。そして、ここにはっきりと禅豫と宮仕の行動原理の差異がみられる。つまり、あくまでも「物忌令」

を守り三十日の社参停止を遵守する禅豫と、触穢も気にせず参詣人を呼び込もうとする宮仕。彼らは、御師になるような上位の祠官とは全く違った論理で寺社と関わっているのである。

こうした宮仕については、北野社の場合、細川涼一氏の宮仕家に伝わった史料を使った一連の研究があり[42]、「参詣文化」という点では、阿諏訪青美氏が東寺鎮守八幡宮の宮仕を取り上げ、宮仕そのものの実態はもとより、参詣人を受け入れる様子や散銭の配分などを着実に明らかにされ[43]、単なる掃除などの雑役に奉仕する下級神職というかつての宮仕像を膨らませることに成功している。このように、宮仕を取り上げた研究は、最近ようやく俎上にのぼってきた感もあるが、事例としてはまだまだ多彩とはいえない。また、その分析の方法も、寺社の内部集団をしっかりと確認したうえで、それぞれの集団の交流と対立、神仏への奉仕の意識、行動範囲など、「組織」という捉え方だけではない視点が必要となるであろう[44]。

たとえば、上位祠官の立脚点は先述したように「物忌令」などによる「清浄性」であり、彼らはそれによって神社に社参し、神仏に奉仕するのであるが、宮仕などは何故に本殿への出入りを許され、神事などに供奉できるのであろうか。

この件に関して、大変興味深い事例がある。先の土一揆の際、実は、祠官や宮仕たちは、万一社殿が炎上したときにはどのようにして御神体を運び出すか、あらかじめ話し合いを持っていた。その際に、普段内陣に入れない者はどうするのか、という問題が浮上するのだが、その解決方法が「其時盛増目代モ彼承仕中ノキ衣ヲ借キ承仕中ニ同心仕候[45]」というものであった。「キ衣（黄衣）」を着ればよいというのである。この黄衣こそ宮仕（承仕）が神事のときのみならず普段から着用しなければならないものなのであった[46]。黄衣といえば春日の黄衣神人が思い起こされるが、宮仕もそういう意味において神人として捉えることが可能かもしれない。春日の黄衣神人が強訴する際に黄衣を脱ぎ鳥居に懸けることはよく知られるが[47]、その行為は、たしかに自らのアイデンティティーを捨て離職する意味もあったろうが、本来本殿にも入れる身からまさに「甲乙人」へ変身し、境内という聖域の入り口である鳥居に懸けることによって、これから神木や境内を穢すぞ、という脅しだったのではないだろうか。

いずれにせよ、黄衣は宮仕の立脚点のひとつといえ、彼らの職掌を考えるうえでも重要なポイントとなってこよう。また、職掌ということでは、細川氏も指摘しているが[48]、宮仕たちが自らの天神奉仕の起源を菅原道真に仕えた祖先の十河能福という人物が神前の番をしたことに求めているのも興味深い。宮仕らは上位祠官のような「物忌令」によって清浄性を保つというような制度的・官僚的ではない論理で神仏に奉仕していたのである。そして、繰り返しになるが、この両者の立場をきちんと見極めないことには寺社の本質もつかむことができないのである。

おわりに

参詣隆盛に隠された寺社と「穢」とのせめぎ合い。「参詣文化」を考えるときに、受け入れ側の意識は忘れられがちである。しかし、その視点で参詣を見ることによって、既知のものとは違う「御師による参詣システム」の構造が明らかになったと思う。さらに、そこからあぶれた「甲乙人」の参詣を受け入れる宮仕や巫女などの下級神職の存在や御師たちとの差異を浮かび上がらせることができたのではないかと思う。

今後は、四章でも少し触れたように、下級神職の解明とともに、寺社の構成員や参詣人と「場」の問題[49]、つまり、誰がどこまで出入りできるのかなど、今回の参詣と「穢」という視点を活かしつつ、「参詣文化」における、ひいては中世の寺社における人と空間の問題についても明らかにしていかなくてはならないと考えている。また、寺社と触穢という点では、「参詣文化」に伴う「穢」の問題が、中世後期の触穢思想の変質に与えた影響や、それとも関連して、「物忌令」や祓いを通じて寺社と関わっていく吉田家の活動などにも注意を払っていく必要があろう。

たとえば、今回取り上げた法花堂が不浄か否かという争論の際に「今日吉田方へ遣レ人候処、折節宝成院よりも密蔵院・小野寺以二両人一、為二松梅院一法花堂非二不浄一由申条曲事也、既死人・甲乙人乱入在所之間、一定令レ穢畢、其旨吉田方可レ給二一筆一由所望云々」(50)といったように松梅院も宝成院も最終的には吉田兼倶にその審判を仰いでいるのは興味深い。そのほか東寺の例では、やや時代は遡るが、文明十一年（一四八六）に東寺鎮守八幡宮が土一揆によって焼失したときも、寺内の触穢の認定について吉田社の神主（兼倶か）に意見を求めている(51)。この両者の例では、「清祓」というお祓いによって清浄性が回復されるという処方までしてもらって、実際、北野社では兼倶によって「清祓」が執り行われることとなる(52)。そして、さらに遡った応永十年（一四〇三）十一月の『吉田家日次記』（内の「兼敦朝臣記」）に載せる御霊社の記事なども非常に象徴的なものである(53)。

十三日丙辰、晴陰、雪花散乱、
御霊社服紀令事、彼神主相二尋予一之間、仰云、大概雖レ令二存知一、宮寺准拠可レ然歟之趣、仰含之処、此社東南院宮南都被二管領一也、而被レ活（沽）二却社辺之（ママ、於カ）土蔵一了、仍自二彼土倉一計二補神主一、則雖レ参二住社内一、曾不レ知二神事之礼一、日来聊存知候巫女以下追々他界了、所詮雖二今案一、偏可二相計一云々、仍如レ此書遣了、（後略）

この史料は、御霊社が東大寺東南院門跡の管領で、そこから土倉へ売却され、その土倉によって新儀の神主が補任されたために故実が失われてしまったという、非常に興味深い事実を提供してくれるが、今ここで注目すべきは、祠官の独占情報であったはずの「物忌令」について、御霊社の前神主が吉田兼敦（兼倶の祖父の兄）を頼り、注進してもらっているということである。吉田家が諸社の「物忌令」を集め体系的にまとめていたことはすでに知られているが、そのようにして集積された「物忌令」や触穢に関する情報が、逆に寺社側によって求められるという事態になっているのである。寺社における触穢の認定は、鎌倉期から南北朝期の頃では、基本的に自らが所持する故実（本稿二章参照）や過去の事例などを鑑みて判断を下すか、それで判断しかねる場合などは明法博士に触穢の事例を挙げてもらい認定してもらうという方法をとっていた。[55] それが次第に「物忌令」の情報によって触穢の第一人者になった吉田家に依存するようになっていったわけで、それと同時に「物忌令」自体も、寺社参詣における潔斎の心得を抜粋したものから、次第に触穢規定そのものを指すものになっていったのである。こうした寺社の吉田家への依存傾向がどのように社会に影響を与えたのか。それが明らかになれば、中世から近世への宗教や思想の変化の流れも見えてくるであろうし、我々の「気楽」な参詣までの道のりも見えてくるはずなのである。

註

（1）たとえば、京都市編『京都の歴史』第三巻　近世の胎動（京都市史編さん所、一九六八年）、真野俊和「室町期における宗教の風流化と寺社参詣」（山本世紀編『論集日本仏教史』第五巻　室町時代、雄山閣出版、一九八六年）、拙稿「中世後期における鞍馬寺参詣の諸相――都市における寺社参詣の一形態――」（『京都市歴史資料館紀要』第一八号、京都市歴史資料館、二〇〇一年）など。

（2）新城常三『新稿　社寺参詣の社会経済史的研究』、塙書房、一九八二年。

（3）横井清「河原者又四郎と赤――民衆史のなかの賤民――」（『中世民衆の生活文化』、東京大学出版会、一九七五年）、大山喬平「中世の身分制と国家」（『日本中世農村史の研究』、岩波書店、一九七八年）、勝田至「中世触穢思想再考」（『日本史研究』三五六号、日本史研究会、一九九二年）、山本幸司『穢と大祓』（平凡社、一九九二年）など。
（4）拙稿註（1）前掲論文。
（5）御師を統括的に論じた研究は管見の限り無く、御師についての共通認識を持つに至っていない。個別研究の蓄積が急務であり、本稿もその一助たることを目標としている。現在のところ、御師の定義は、檀那との契約により①祈禱をして巻数（祈禱報告書）や札を渡す、②寺社に参詣に来た際に案内や世話をする、といったところが一般的になっているが、どのような階層の者なのかなど研究者によって認識がずれる部分も多く残っている。また、「参詣文化」ということからすると、御師とは呼ばれていなくても、参詣人を受け入れる宿坊や茶屋に関しても御師の視野の中に入れるべきと考えている。
（6）大山註（3）前掲論文。
（7）『北野社家日記』延徳二年（一四九〇）四月十三日条、（以下、『社家』と略す）。
（8）CDI編『京都庶民生活史』（京都信用金庫、一九七三年）第一章第四節「信仰と生業」（下坂守氏執筆担当）、横井註（3）前掲論文、吉村亨「雨垂考」（『中世地域社会の歴史像』、阿吽社、一九九七年）。
土一揆の経過についてはそれぞれの論文のなかで一通りの説明がされているが、横井氏のものが詳しい。
（9）寺社における触穢観念と延喜式などの触穢規定の差違に関しては、勝田註（3）前掲論文などでも言及されている。
（10）鍋田英水子「中世後期「北野社」神社組織における「一社」」（『武蔵大学人文学会雑誌』二九巻一・二号、武蔵大学人文学会、一九九七年）。
（11）小泉恵子「松梅院禅能の失脚と北野社御師職」（『遥かなる中世』八、東京大学文学部国史研究室、一九八七年）。
（12）『社家』延徳二年三月三十日条。
（13）法花堂が文安の回禄後の仮殿であったという直接の言説ではないが、たとえば『社家』延徳二年四月八日条にある吉田兼倶宛の松梅院禅豫書状には「仍去文安之仮殿相残候間、任二先規一霊神等可レ奉レ成二還幸儀式一之条、於二当宮物忌令一者無二予儀一候、殊先仮殿事、惣而死人雖下無二出入儀一候上、今度甲乙人乱入之在所候間、可レ奉レ移二霊神二之条、永不レ可レ叶由申族候哉、」とあり、「文安之仮殿」が、当面話題となっている法花堂であることは明らかであろう。

(14)『社家』延徳二年三月二十五日条。

(15)『社家』同年三月三十日条「社家連署状案」（この文書は抹消されている）。同年四月五日条「社家連署状案」。また、『北野目代日記』（以下、『目代』と略す）同年四月二十四日条では、松梅院から北野社別当曼殊院良鎮へ、「北野社仮殿遷座日時、四月二日申時卯、廿九日辛亥時酉」という「ひとりの注文」が送られているが、良鎮も「御せんさの事めてたく候、さりなから当社御ゑんしやうハ三月廿一日にて候、四月二日の日とりハ御ふしん」と疑問を感じている。

(16)『社家』延徳二年四月五日条。

(17)『社家』同年四月八日条。

(18)『社家』同年四月二十八日条。

(19)笠松宏至「甲乙人」（『法と言葉の中世史』〈平凡社ライブラリー〉、平凡社、一九九三年）。

(20)笠松註(19)前掲論文によれば、『沙汰未練書』に「甲乙人等トハ、凡下百姓等事也」との記載がある。

(21)寺社参詣と「穢」という点で、人や牛馬の死体処理など「穢」に繋がる職掌を持つような被差別身分の参詣についても言及すべきであろうが、いまのところそれに対する史料も見解も持っていない。癩病者や乞食などの社会的弱者の参詣の事例は多く見出せるものの、河原者や犬神人などの寺社参詣はどうだったのであろうか。境内への進入ということでは、「一般に中世では、癩病なども含めて特定の被差別身分が神社境内に入ってはならないとする規定はない」という勝田氏の見解がある（註(3)前掲論文）。先述のような「肉食を禁忌する河原者」のように潔斎をしていれば問題はなかったのだろうか。『今昔物語集』巻第十五には、湯浴みをし、念仏を唱え、極楽往生を願う餌取法師が出てくるように、被差別身分の神仏への信仰そのものがなかったとは考えにくい。今後の課題として残る。なお、この件も含めて、村上紀夫氏にはいろいろとご教示を頂いた。

(22)「社家記録」二一（『増補続史料大成』「八坂神社記録」第一巻）観応元年（一三五〇）四月十一日条。

(23)「三条殿」とは、元々、足利直義邸や直義自身を指していたが、この前年に直義は錦小路へ邸宅を移され、その後、鎌倉から召還された義詮が居住していたのである。また、年未詳十二月十五日付「祇園社宝寿院顕詮書状」(「社家記録　三　正平七年正月七日条紙背文書」)に「将軍并鎌倉殿御祈御師」とあることから、この頃、顕詮が将軍になる前から義詮の御師になっていた可能性は高いと思われる。
(24)岡田重精『斎忌の世界――その機構と変容――』、国書刊行会、一九八九年。
(25)『群書類従』第一輯、群書類従刊行会。
(26)『神道大系』神社編三〇　諏訪、神道大系編纂会、一九八二年。
(27)『群書類従』第二九輯、続群書類従完成会。
(28)『神道大系』神社編二九　日吉、神道大系編纂会、一九八四年。
(29)伊勢の御師というと、伊勢山田などの在地の御師を想像しがちだが、度会、荒木田などの禰宜クラスの神官も御師として参詣人を受け入れていた(西山克『道者と地下人』、吉川弘文館、一九八七年)。それは、「とはずがたり」にもあるように、度会神道の大成者度会光忠が、三の鳥居までしか入れない参詣人をもっと内へ案内したことにも端的にあらわれている。本来入ることのできない場所(本殿や内陣など)へも御師によって出入りが可能となる。そこに、聖域と俗界の媒介者としての御師の姿をみることができるであろう。
(30)『社家』延徳三年年八月十九日、二十二日条。
(31)『社家』同年八月十一日、十九日条。
(32)『碧山日録』寛正二年(一四六一)三月十三日条。
また、鞍馬寺蔵『鞍馬蓋寺縁起』の奥書の一つには、
明徳三年壬申、従二四月九日一七日箇日夜企二参籠一、宿坊於二戒光坊一所レ令レ所二望此縁起一散失云々、仍借二用他坊円頓房之本一之間、雖レ有レ憚二鳥跡一如二写本一令レ記レ之畢、筆者高野山安養院住僧金剛仏子理光、
鞍馬寺乖光坊伝主宥海津師、権大僧都法印阿闍梨定兼、一和尚法印暹覚在判
とある。

(33)『社家』延徳四年正月十四日条。
(34)『社家』同年七月五日条。
(35)天正十五年九月十三日付「祇園社執行・一社衆議事書案」(『祇園社記雑纂』四〈『増補続史料大成』「八坂神社記録」第四巻〉)。
(36)脇田晴子「中世祇園社の「神子」について」(『京都市歴史資料館紀要』十号、京都市歴史資料館、一九九二年)、同『中世京都と祇園祭——疫神と都市の生活——』(中公新書、一九九九年)。
(37)『社家』延徳二年三月三十日条。
(38)『社家』同年三月二十二日条。
(39)天下触穢については、黒田日出男「こもる・つつむ・かくす——〈王〉の身体をめぐって——」(『王の身体王の肖像』、平凡社、一九九三年、初出『日本の社会史』第八巻、岩波書店、一九八七年)をここでは挙げておく。
(40)『社家』延徳三年一月九日条。
(41)『社家』長享三年(一四八九)四月一日条。
(42)細川涼一「中世の北野社と宮仕沙汰承仕家——京都橘女子大学所蔵「北野社宮仕沙汰承仕家文書」の補任状から——」(京都橘女子大学女性歴史文化研究所編『家と女性の社会史』、日本エディタースクール出版部、一九九八年)、「西京散所と北野社」(財団法人奈良人権・部落解放研究所編『日本歴史の中の被差別民』、新人物往来社、二〇〇一年)、「「北野天神縁起」と鎌倉時代の北野社——宮仕と大座神人を中心に——」(鎌倉遺文研究会編『鎌倉期社会と史料論』、東京堂出版、二〇〇二年)。
(43)阿諏訪青美「室町期における東寺鎮守八幡宮の宮仕と庶民信仰」(『日本史研究』四五〇号、日本史研究会、二〇〇〇年)、「中世後期の寺院社会と散銭」(『日本歴史』六三六号、日本歴史学会、二〇〇一年)。
(44)私も以前、祇園社の「専当・宮仕」が、執行職を独占する紀氏一族の「坊人」として私的に従属していることを指摘したが(「「社僧」再考——中世祇園社における門閥形成——」〈『佛教大学大学院紀要』二六号、佛教大学大学院、一九九八年〉)、それは私的とはいえ、きわめて政治的な事情(派閥や役職の斡旋など)によって成り立っていた関係と考えている。そのような政治的・身分的な関係とは別に、両者の神職としてのアイデンティティーがどのような論理で成り立ち、どのように違うのかという分析が必要であろう。なお、祇園社の「専当・宮仕」については、下坂守「山門公人の歴史的性格――『祇園執行日記』の記事を中心に――」（『奈良史学』一一号、奈良大学歴史学会、一九九三年）、三枝暁子「南北朝期における山門・祇園社の本末関係と京都支配」（『史学雑誌』一一〇編一号、史学会、二〇〇一年）にも言及がある。

(45)『目代』延徳二年三月二十一日条。

(46) たとえば、『社家』永正四年（一五〇七）五月一日条の「宮仕五人着二黄衣一」など。

(47) 坂井孝一「春日社黄衣神人の空間――黄衣を鳥居に懸ける事――」（五味文彦編『中世の空間を読む』、吉川弘文館、一九九五年）。

(48) 細川註（42）前掲論文。

(49) この点について寺院の例だが、山岸常人「聴聞の場」（『中世寺院社会と仏堂』、塙書房、一九九〇年）が、具体的な参詣の場としての礼堂や局に言及していて参考になる。

(50)『社家』延徳二年四月八日条。

(51) 文明十八年（一四八六）九月十八日付「吉田社神主某書状」（『東寺百合文書』を函二八八号）。

(52)『社家』延徳二年四月九日、二十八日条。

(53) 応永十年（一四〇三）十一月十三日条。

(54) 岡田註（24）前掲論文。

(55) たとえば、「社家記録」一（『増補続史料大成』「八坂神社記録」第一巻）、康永二年（一三四三）十二月七日条にある祇園社の例など。

豊臣秀吉と大徳寺

竹貫　元勝

はじめに

中世後期の禅宗は、五山から林下に主導権が移る時期である。林下は曹洞宗と大応派の大徳寺、妙心寺などをいうが、こと大徳寺と妙心寺については、山隣派と称している。その山隣派の興隆は、戦国期から近世初期において、目を見張るものがある。

戦国大名と密接な関わりのなかで展開した大徳寺と妙心寺は、下剋上の時代を生きるそれらの菩提所塔頭を内設した。天下統一を成し遂げた豊臣秀吉（一五三六〜一五九八）もこの山隣派に関わりを持った。織田信長（一五三四〜一五八二）の葬儀を大徳寺で盛大に催し、また、鶴松（棄丸・棄君）の葬儀を妙心寺で催している。

長い間子宝に恵まれなかった秀吉は、五十四歳になって、はじめて側室淀殿の懐妊があり、生まれた一子が鶴松であった。その鶴松は、三歳で夭折した。天正十九年（一五九一）八月五日が逝去の日である。法名は、祥雲院殿玉巌麟公神童（『鹿苑日録』祥雲院玉巌恵麟台霊）と称した。その葬儀を行ったのが妙心寺であった。東山には、菩提寺の祥雲寺が創建された。開山は南化《なんか》玄興《げんこう》（妙心寺五十八世）である。文禄二年（一五九三）には、ここで三年忌の法会が催される。その導師をつとめたのは、直指宗諤《じきしそうがく》（妙心寺五十一世）ともいわれ、初七日には南化玄興が陞坐して法語を述べたという。のちに祥雲院殿霊屋（玉鳳院内）や、棄丸坐像および木造玩具船、棄丸所用小形武具などが妙心寺に所蔵されることになる。

このように、妙心寺で鶴松の葬儀をおこなった秀吉は、信長の葬儀を大徳寺に執行し、一院二寺の創建を企てる。そのうちの一つは今日に至るまで存続し、一つは廃絶、一つは計画倒れに終わっている。ここでは、天正期後半の大徳寺と秀吉について、うかがうことにする。

一　秀吉の信長葬礼

1　信長の葬儀

大徳寺に秀吉が関わるのは、天正十年（一五八二）のことであった。まずは信長の葬儀についてみておくことにする。

天正十年六月二日の未明、本能寺の変で没した信長であったが、秀吉は、葬儀場を大徳寺として、天正十年十月十五日にその葬儀を催した。

仏事は、十月十一日に始まり十七日に終わる。『太閤記』の「信長公御葬礼之事」によると、「十月十一日転経、十二日頓写施餓鬼、十三日懺法、十四日入室、十五日闍維、十六日宿忌、十七日陞座拈香」という日程である(1)。

転経は経典（大蔵経）の転読であり、頓写施餓鬼は亡者追善供養のための多くの僧による写経、死者供養仏事の懺法、闍維は荼毘のことで、つまり葬儀である。宿忌は前夜の物忌み、陞座拈香は亡者追薦の仏事である。

この信長葬儀には、勧修寺晴豊（一五四四～一六〇二）や吉田兼見（一五三五～一六一〇）が関心を持ち、日記に書きとどめている。初日の十一日について、勧修寺晴豊は、「今日より大徳寺てんきやうニ候て、法事始申され候、今日伝経也、此中楽人下行事申事也、さりなから今度程大そうの事あるましく候間と申ニより、五拾石出候也(2)」と、五十石の経費が出されたことを伝えている。「伝経」は「転経」のことである。また、吉田兼見は、「於大徳寺伝経、五山之大衆悉出頭云々、為見物罷向、貴賤群集也(3)」と記し、大徳寺で五山の禅僧が参席し、盛大に催されたことがわかる。ついで翌十二日は頓写施餓鬼、十三日は死者供養仏事の懺法が催されるが(4)、禁裏、公家などから経が贈られた。

翌日の十四日は、尾張の織田信雄、美濃の信孝などが「あすのそうれいおさへに被出候よし申、さうせつ物とものけ申候也(5)」と、十五日の葬礼にそなえる。

十五日の闍維は後述するとして、十七日の陞座拈香で仏事は終わることになるが、最後の十七日も「於大徳寺五山之大衆半斎云々、五百余人在之云々、各施物在之、長老・西堂次第減少云々(6)」と、五百人もの僧が大徳寺に集まり、朝粥と正午の斎の半ば頃の時刻に当たる半斎があり、半斎諷経の法会がもたれた。これで信長葬儀の仏事は無事かつ盛大のうちに修了し、秀吉の目的は成った。

ところで、十月十一日に始まる仏事の中心は、十五日の闍維である。この葬儀の様子について、『太閤記』は「御葬礼之為体、驚目計也、棺槨以金紗金襴嚢之、軒の瓔珞欄干擬宝珠、悉鏤金銀、八角の柱尽丹青、八面の間の彩色、御紋の桐引両筋なり、以沈香彫刻仏像、奉安置棺槨之中(7)」と記しており、棺槨は金紗金襴でつつむなど目を見張る豪華さである。その棺槨には「仏像」が安置された。その「仏像」について、『晴豊公記』は「ちんにて木さうつくり入候由候(8)」、また『言経卿記』は「大徳寺ヨリ長坂へ天徳院殿御葬礼有之、カンニハ木像ヲ入也云々」

と、木像を納棺したと特記している。[9]

葬儀は「今朝宗早天より大徳寺へ見物共、京中より参候[10]」と、多くの見物人が集まるなかで、「八方こしに、こしさきハいけた子、これハ信長めのと也、あとハをつき、信長子也、羽柴ちくせん太刀也、いろき千人なり、長岡兵部大夫なと被出候[11]」と、輿前は池田輝政、あとは信長子（羽柴秀勝）、太刀を奉持する秀吉と続いた。位牌は信長の八男長丸が持した。参列者は三千余人、烏帽子藤衣の装束であった。[12]警護は、「惣廻りには決埒、羽柴小一郎長秀警固大将として、大徳寺より十町計の間、警固の武士一万有余、守護路之左右、弓鉄炮其外鑓長刀を立つゞけ、すさまじき事も又類し[13]」と、大徳寺より十町にわたる地域に武士一万余人がかりだされるという厳重さであった。さらに「近国に侍る信長公につかへ奉りし諸士」も参会した。[14]

葬儀に参列した僧は、「始五岳、洛中洛外諸宗不知幾千万云数、各宗刷威儀、集会行道有、五色天蓋輝日、一様之旗翻風」で、「香之煙如雲似霞、供具・盛物・亀足・造花作七宝荘厳せり、寔九品浄土となん云共、恥べからざる事[15]」であった。

さらに『兼見卿記』は、信長葬送の儀について、「五山其外諸寺諸山不残一人罷出[16]」、また「倚盧之衆千五百人在之、筑州着倚盧而持太刀、惟住五郎左衛門名代三人、長兵上洛、人数不知数云々[17]」と記す。長兵は長岡藤孝であり、倚盧は倚廬で喪中に住む小屋のことであるが、喪に服す衆千五百人、筑州つまり秀吉も倚廬に着した。さらに「五山其外諸寺諸山不残一人罷出」と、五山をはじめ諸寺から僧が出頭し葬儀に臨んでいる。

ともあれ、十五日の葬礼には、集まった洛中洛外諸宗の僧は幾千万というほどの多さであったが、烏帽子に藤衣を着けた僧により五山僧を先頭にして法会が進められた。葬儀の役配（役者の次第）は、

一、鎖龕　怡雲和尚　　一、掛真　玉仲和尚

一、起龕　古渓和尚　　一、念誦　春屋和尚
一、奠湯　明叔和尚　　一、奠茶　仙岳和尚
一、拾骨　竹澗和尚　　一、秉炬　咲嶺和尚(18)

であった。鎖龕をつとめた怡雲宗悦《いうんそうえつ》、掛真の玉仲宗琇《ぎょくちゅうそうしゅう》、起龕の古渓宗陳《こけいそうちん》、念誦を春屋宗園《しゅんおくそうえん》、奠湯の明叔宗哲《みょうしゅくそうてつ》、奠茶の仙岳宗洞《せんがくそうとう》、拾骨の竹澗宗紋《ちくかんそうもん》、秉炬は笑嶺宗訢《しょうれいそうきん》など、いずれも大徳寺に名を残す禅僧がつとめている。

2　葬礼挙行に至る経緯

ところで、『太閤記』によると、信長の自刃後の秀吉について「壬午七月中旬、秀吉卿御次丸を相伴ひ、上洛ましまして、於本能寺、前将軍御腹めされし寺にして、御愁歎甚しく、涙数行、正体もましまさぬ形勢、哀にも殊勝にも見てけり(19)」と、御次丸、つまり秀勝を伴って上洛した秀吉は、本能寺において、自刃した前将軍信長の逝去をなげき悲しみ、涙をながした。信長は「元来種姓たつとき人」ではない秀吉の無双肩の才器を認めて取り立て、諸侯の数に加え、のちには数国を領することを許し、織田家の旧臣には嫉みに思うものもいたが、信長はそれを事としなかった。その恩は山より高く、海より深く、骨髄に徹し忘れない秀吉であった(20)。しかし、秀吉は十月まで信長の葬儀を催すことをしなかった。

その秀吉が葬儀に踏み切るのは、「秀吉永き夜のねざめに、昨友今日の怨讎と成、前栄は後衰と移り易りぬ、誰有て期来日乎、厚恩を報ぜずして衰ふる身となりなば、噬臍とも益なかるべしとて(21)」と、『太閤記』は信長に対する報恩謝徳の意をもって葬儀をすることになる経緯を記している。そこで、「於龍宝山大徳寺、十月初旬より、一七日の法事執行行ひ奉らんと、あし一万貫、幷八木は播州より精白にして千石、大徳寺納所へ相渡し、奉行として

杉原七郎左衛門尉・桑原次右衛門尉、副田甚兵衛を加えにけり、其用意漸く成て[22]」とある。

このようにして、秀吉が信長の葬儀を大徳寺で催すことの決定には、かなりの時間がかかっていることを知る。秀吉が葬儀を催す動きをするのは、天正十年（一五八二）九月十三日のことであるが、それは後に述べるとして、注目したいのは、その間に信長の菩提供養がすでになされていたことである。

『玉仲遺文』によると、天正十年六月二日、「総見院殿贈太相国一品泰巌大居士石塔」が造立されている。

夫塔者、始乎竺之多宝仏、盛乎唐之慈恩寺、是徳位之表顕也、制雖有大小、而所感大願力、便湧出宝塔矣、娑婆世界搏桑国泉州堺南之住、大願主今井宗久禅人、天正十年龍集壬午林鐘初二日、伏値太相国薨、重建十三級石塔、而安置仏舎利、以表顕一代之武徳、要脱生死也、教曰、有仏塔処、即是如来転法輪処、即是如来入涅枠処、正恁麼時即是台霊同一処也、何以故衆我入海、同姓釈氏、山野不然、只拈向一辺去、咄為之銘、銘曰[23]、

というものである。

このように、秀吉の葬儀挙行に先んじて、堺の商人今井宗久（一五二〇～一五九三）が十三重石塔を造塔して信長の菩提供養をなし、石塔銘も書かれた。

納屋衆の今井宗久は、信長にいち早く接近した人物として知られる。『信長公記』によると、永禄十一年（一五六八）宗久は、信長に名物松島の茶壺と紹鷗茄子を進呈している[24]。名物茶器の蒐集をする信長の茶の湯による風雅を充たすうえで一役買った人物である。また、宗久は、千利休（一五二二～一五九一）を信長に紹介した一人であったと推測される。信長と利休が茶の湯を通じて交わるのは、元亀元年（一五七〇）四月頃ともみられるが、やがて信長は利休を茶頭に抜擢する。

宗久の求めにより「総見院殿贈太相国一品泰巌大居士石塔」銘を書いたのは玉仲宗琇（仏機大雄禅師）であった

が、この玉仲宗琇はさらに六月八日の初七日を修しており、香語も述べている。また、不動明王像が造像され、さらに『法華経』の頓写もされている[25]。

『太閤記』に「歴々の宿老衆有ければ、御葬礼の儀、催しなんもいかゞあるべきと、憚不軽ば、とかう延来て、九月に至るまで其沙汰もなし[26]」とあるが、九月に至って出たその「沙汰」とは、天正十年九月十三日の「羽柴秀吉進納作善料目録」である。これは秀吉が信長の菩提供養を目的に起こした行動として、大徳寺に知られる最初の文書である。九月十二日に羽柴秀勝が信長の百日忌法会を大徳寺において営んでおり[27]、この「羽柴秀吉進納作善料目録」が出されたのは、実にその翌日のことであった。「惣見院殿御作善料之事」として、一万貫文と太刀、馬、鞍（梨地金具金覆輪御紋桐鳳凰）、鐙（梨地御紋桐鳳凰）を作善料として寄進しているが[28]、「御葬礼御太刀」と信長の葬儀挙行の意がこの作善料の寄進で表明したことになる。信長没後三カ月後のことであった。

3　玉仲宗琇

ところで、「大願主今井宗久禅人」に請われた大徳寺の禅僧は、玉仲宗琇という人物であったが、信長の葬儀を催すことになる秀吉にとって、それに先がけて信長の追善供養を行った玉仲宗琇と今井宗久の存在は、注目すべきものであったと思われる。

玉仲宗琇については、「玉仲、諱ハ宗琇、春林俶ニ嗣グ、日向櫛間院ノ人、自号闡提子又休々子、永禄十三戊午二月十三日奉　勅入寺、泉南禅通二世、本山ニ黄梅院・天瑞寺ヲ創ス、天正九辛巳十二月二十九日、正親町帝特ニ仏機大雄禅師ト賜フ、慶長九甲辰十一月十六示寂、世寿八十三、頌ニ曰、生也不来、死也不回、機輪通変、瞎驢聴雷ト、金鳳山天瑞寺ニ塔シ、祖堂ニ安牌、歴住、龍源門下瑞峯派[29]」の伝がある。永禄十三戊午は庚午（元亀元年）であるが、大徳寺の春林宗俶（仏通大心禅師）に嗣法し、和泉の禅通寺、大徳寺塔頭黄梅院、天瑞寺を創建したことなどが知られるが、行状についての情報は少ない。

秀吉と関わりを持つ大徳寺僧としてよく知られているのは、古渓宗陳（一五三二〜一五九七）であるが、この玉仲宗琇についての注目はほとんどされていない。

天瑞寺の創建については後述するとして、玉仲宗琇の堺における禅通寺住持二世のことは見逃せない。堺の禅通寺は嘉暦年中（一三二六〜一三二八）開創で、大応派の可翁宗然（?〜一三四五）を開山とするが、その後春林宗俶（仏通大心禅師、大徳寺九八世）が中興しており[30]、玉仲宗琇は中興後の二世住持になったとみられる。春林宗俶の法嗣が玉仲宗琇で、永禄十三年（一五七〇）に大徳寺に奉勅入寺し一一二世住持となる。

玉仲宗琇は、商人や茶人の帰依を得たとみられる。『玉仲遺文』には「淡治屋宗意禅人像之賛語」があり、淡治屋宗意禅人は堺北（庄）の住人で玉仲宗琇に参禅して悟り、柏庭宗意の称を与えられた。しかし、まもなく行脚に出てしまう。そのとき玉仲宗琇に遺書を残し「贐銀百鎰於愚也[31]」と、銀百鎰を贈った。鎰は二十両とも二十四両とも、三十両ともいわれる金の重量の単位であるが、百鎰は決して少額ではないと思われる。玉仲宗琇は賛に「巨富肥家無比倫」と述べている。

玉仲宗琇は堺の富豪との親交をもったが、茶人との関わりでは武野紹鷗（一五〇二〜一五五五）像の賛をしたり、さらに今井宗久が武野紹鷗二十五回忌を催したとき、石塔銘を記している[32]。

この頃、堺に活躍した大徳寺僧としては、古嶽宗亘《こがくそうこう》（一四六五〜一五四八）・大林宗套《だいりんそうとう》（一四八〇〜一五六八）、笑嶺宗訢、古渓宗陳などがいるが、これらの大徳寺僧は大仙院開山古嶽宗亘を派祖とする大仙派で、大徳寺北派の禅僧である。十字屋宗伍、天王寺屋宗達（津田宗達）、武野紹鷗、津田宗及（天王寺屋三代目当主）、千利休、今井宗久、北向道陳、山上宗二《やまがみそうじ》などの帰依者をもった。大徳寺は堺の豪商、茶人と繋がりをもったが、主流は大徳寺北派の禅僧であった。

その北派に対して、龍源院開山東渓宗牧を派祖とする龍泉派は大徳寺南派と称されているが、南派の禅僧の多くには堺との密接な関わりを見出すことができない。江州の大雲寺・中興寺、勢州の正法寺などを開創した東渓宗牧をはじめ、相模の早雲寺を開創した以天宗清《いてんそうせい》、越前の福原寺、玉雲庵を創した天啓宗歅《てんけいそういん》など諸地方での活動が目につく。また玉仲宗琇は小早川隆景の帰依を得て塔頭黄梅院を開創する。(33) 玉仲宗琇や師の春林宗俶《しゅんりんそうしゅく》はその南派に属するのであるが、両者が堺に足跡を残していることから、南派の禅僧としては特異な存在といっても過言ではない。

信長は、永禄十一年（一五六八）入京のとき、二万貫の矢銭を堺にかけたが、それを支払い、信長の直轄地となる堺である。秀吉も堺の財力、鉄砲などの武器産業に着目し、政権樹立の財源を堺に求めた。また、信長、秀吉は、茶の湯に関心を示し、千利休を取り立てたことは、よく知られている。織豊ともに重視した堺の豪商であり、その豪商の持つもう一つの顔である茶人との関わりを求めた。大徳寺は、そうした堺、茶人との親交の強いところであった。

信長は、中世的権威の弾圧の過程で叡山の焼き討ち、一向一揆との戦いなど宗教勢力の排撃を行った。しかし、一方では「岐阜」の命名や「天下布武」の語を提言した沢彦宗恩《たくげんそうおん》という山隣派妙心寺の禅僧を抱え、大徳寺については、元亀元年（一五七〇）十一月に御朱印寺領を安堵(34)するなど、大徳寺の外護者的動きを呈している。

秀吉が天下取りとなるためには、天正十一年四月二十日の賤ヶ岳の戦いでの勝利を待たねばならないが、その前段階としての信長の葬儀は重要事であり、堺、豪商、茶人などとの関係を持つ大徳寺をその場所に選んだのは、信長と大徳寺の関係を認めたうえのことであったとみられる。

しかし、大徳寺は先記のごとく北派と南派を形成しており、信長の追善供養にはじめて関わったのは南派の玉仲宗琇であった。秀吉は堺を重視するだけの理由で大徳寺での信長葬儀を挙行するというわけにはいかなかった。諸戦国大名への目配りも当然考慮しなければならなかった。諸戦国大名と繋がっていたのが南派である。その点で玉仲宗琇の存在は看過できない存在であった。

秀吉の目配りが具現されているのが、十五日の葬儀の役配である。鎖龕をつとめた怡雲宗悦、掛真の玉仲宗琇、拾骨の竹澗宗紋が南派の僧であり、起龕をつとめる古渓宗陳、念誦の春屋宗園、奠湯の明叔宗哲、奠茶の仙岳宗洞、秉炬の笑嶺宗訢が北派である。北派と南派の両派による葬儀であったことがわかる。さらに、後述する総見院は古渓宗陳が開山に請われたが[35]、天瑞寺は玉仲宗琇を開山としており、これも両派への配慮の一つと考えられる。

二　総見院の創建

信長の葬儀を催した秀吉は、十月十七日に信長の位牌所の建立にのりだした。『太閤記』は「十七日に至て満り、かくて御位牌所として、建立一宇号惣見院、同卯塔為作事料、銀子千百枚渡之、其上永代無相違やうにと、寺領五拾石大徳寺近辺におゐて、現米五百斛を以買得し、令寄付畢、無残所忠臣かなと、心のそこより、其比の俗感じあへりけり[36]」とするが、これについては天正十年（一五八二）十月十七日付の「羽柴秀吉寄進物目録」が大徳寺に所蔵されている。それには、

為総見院殿贈大相国一品泰巌大居士御位牌所建立、寄進物渡申分之事、
一、御太刀一腰　不動国行　総見院殿永代可為御校割事
一、銀子千枚　総見院殿御作事方
一、銀子廿五枚　総見院殿御卵塔之用
一、御懸盤　五膳
一、御呉器　七ツ入　付御皿十五、御再進
鉢、同杓子、御箸一膳、
右、御紋桐、金銀金具有之、揔李地、
一、銀子百卅五枚　八木五百石充、
右田地五十石買得之事、内卅石者、
総見院殿毎日朝暮御霊供田之事、　付本膳御菜五ツ　御汁壱ツ、二之御膳御汁壱ツ、御菜三ツ、但御名日、
朝者五之膳、晩者三之膳可被備事、
一、一日之下行八木九桝充、内三桝朝暮之御膳方、残六桝有之、衆僧朝暮一人四合充、然者三十日衆僧十五人
之飯米有之、合八木弐石七斗、
右　総見院殿御膳、長老斎・非時、揔弁十二ケ月八木卅弐石四斗也、
一、八木廿石、是者　総見院所々御修理方之用、
一、壱万貫残銭
千四百貫文　総見院殿方丈之絵幷畳其外万入目之用仁可被相立候、

右、渡申所如件、

天正拾年壬午

十月十七日　　羽柴筑前守

秀吉　花押

総見院[37]

とある。

総見院殿贈大相国一品泰巌大居士御位牌所建立、寄進物渡申分として、御太刀一腰（不動国行）、銀子千枚（総見院殿御作）、銀子廿五枚（総見院殿御卵塔之用）などの寄進があった。さらに銀子百卅五枚（八木五百石充）の寄進をし、そのうち三十石は、総見院殿毎日朝暮御霊供田で、内訳は平日における朝暮の膳や忌日の朝は五膳、晩の三具膳などの費用である。さらに、一日の下行は米九桝充で、そのうち三桝は朝暮の御膳方、残六桝は衆僧に朝暮一人四合が充てられる。また、衆僧十五人に対し、三十日間の飯米として二石七斗が充てられた。総見院殿御膳、長老の斎・非時も合わせて、十二カ月で米三十二石四斗をもって運営される試算がなされての寄進であったことになる。さらに、総見院所々修造費として二十石、それに一万貫の残銭という余裕がもたされ、千四百貫文が総見院殿方丈の襖絵や畳その他の費用として用立てられていた。

ここに秀吉が信長の菩提所総見院に寄せる忠節を知る。それは天正十一年（一五八三）六月二日に信長一周忌法要を催していることにも見出し得るが、参列した秀吉は、十二間四方に新造された位牌所を「様体一向不更利」と不満をもち、取り壊しを命じている。[38]「不更利」は「不便利」と思われ、取り壊しの本意が判然としないが納得のいく菩提所造りをしての信長菩提供養を意図したものかもしれない。

この総見院では、関白任官の年の天正十三年三月五日、「於大徳寺大茶湯被成興行、京・堺茶湯仕衆茶道具持罷寄候、堺へ南北ヲ分ケ、宗易ト宗久折紙ニまわし申候、堺衆廿四五人罷上候、紫野たつちう方々似相たる屏風下にてかこひ、茶湯面々上仕候、秀吉様御馬廻衆・大名衆も茶湯仕ル衆も右之分也、京衆五十八斗罷出候(39)」と、茶会を催している。ここに総見院は、秀吉の権威を誇示する格好の場としての意義も有するようになる。

三　天正寺創建計画と金鳳山天瑞寺創建

1　天正寺創建計画

天正十二年（一五八四）十月四日、秀吉は、紫野天正寺建立のため境内敷地並びに船岡山を古渓宗陳に寄進した。「羽柴秀吉寄進状」に、「新紫野天正寺敷地境内東西百間、付紫野間可為林、南北百弐拾間并船岡山之事、至于尽未来際令寄進訖、専仏法紹隆、可被奉祈天下太平者也、仍状如件(40)」とあり、天正寺の境内地は紫野大徳寺の紫野地に対して新紫野としていて、紫野大徳寺との間は林で区切られる。紫野大徳寺との境を明確にする天正寺の創建を企てたとみられる。寄進された船岡山はほぼいまの龍翔寺の地域であるといい、そこはのちに触れる天瑞寺の旧地であったといわれている。

ところが、その天正寺は創建されずに終わった。すでに、天正十二年十二月一日に正親町天皇から「天正寺」の勅額(41)を得ていたにもかかわらず、それを中止したのである。

開山となるはずの古渓宗陳が、天正十六年（一五八八）に秀吉の怒りに触れ、九州に配流されたことと関係しているという。その古渓宗陳を参禅の師としていたのが千利休であった。この頃の利休は、秀吉の茶頭として彼の絶頂期にあったが、利休は古渓宗陳の送別をするために、聚楽第のなかにある利休屋敷において茶会を開いている。

さらに、利休は秀吉に対して古渓宗陳の赦免を請うた(42)。

古渓の配流先は、九州である。小早川隆景の領内にあった大同庵というところに蟄居していた。そこでの古渓は、茶会を開くなどしていた。秀吉に許されたのは天正十七年（一五八九）で、古渓は帰京した。

しかし、古渓が秀吉の怒りを買い配流に処せられたその理由がはっきりしない。古渓を配流したことが天正寺の創建を中止させた原因ということになると、秀吉は、古渓にこだわりを強く持っていたことになる。それほどの古渓を処罰したとなれば、よほどのことがあったとみられるが、それがつかめない。

それはともあれ、おそらく秀吉は、総見院と並べて天正寺という秀吉開基の寺を大徳寺近隣域に創建することが目的であって、天正寺創建の意義を「天正」という年号を寺号とする寺の建立に置いていたとみられる。しかし、それを中止した。秀吉の心境の変化なのか、あるいは天正寺建立に意義を見出す必要がなくなったのか、さらに代替の計画を思いついたかである。天正寺創建の中止がいつであったのかも明確でないが、天正寺の寺地寄進がなされた翌々年の天正十四年は、東山の方広寺創建が着手される年である。方広寺造営の事業は、一時中止されるが、天正十六年に再開される。実にその開山にも古渓宗陳が招請されることになっていたという。それはならなかったが、天正寺の創建が中止されたのは、秀吉が方広寺の創建を思いついたことと関係があるのではないかと考えたい。「天正」という年号を寺名にするのは、権威の誇示を意図する発想とみることができ、一方、方広寺創建の眼目は大仏建立にあって、それはまさに威勢を顕示するもので、天正寺創建に通ずるものがあるのではないだろうか。方広寺創建の推進過程で、天正寺の造営事業に意欲を失ったとみることはできないだろうか。

その意欲喪失の要因に、もしかすると古渓宗陳との間に意見の違いが生じたことにあったともみることができよう。

方広寺造営は、藤堂高虎をはじめ諸大名に建材の運上を命じている。それに対して天正寺の造営は、寺地の提供と船岡山の寄進はあったが、造営費のことは知られていない。あるいは造営費の財源は、古渓宗陳の力量、言い換えれば古渓宗陳をとりまく外護者、すなわち茶人である堺の豪商たちの寄進に求めていたのかもしれない。だからこそ、古渓宗陳はその収支に神経をとがらせ、秀吉の怒りを買うことになったということも考えられる。もちろん、これは推測の域を出るものでない。

2　金鳳山天瑞寺創建

総見院創建より五年を経た天正十六年（一五八八）、秀吉は天瑞寺を大徳寺に創建する。山号は金鳳山と号した。天瑞寺の開山には、先記した玉仲宗琇が請われた。

玉仲宗琇は、「金鳳山天瑞禅寺方丈棟宇銘」を記しているが、それに「今茲天正十又六稔龍集戊子、有我萱堂之不例、況於春秋高矣、難夕而保朝、卜寿蔵之地、新建大伽藍、号曰金鳳山天瑞寺也、厥之貴介弟大納言秀長、奉鈞命、便命匠工、自六月十八日至八月十八日、鳩工已竟矣、美哉、輪焉奐焉、修善則延命、誠哉斯言、萱堂之病忽爾平瘳也」(43)とあり、この天瑞寺創建は大政所（母なか・春岩大夫人）の病気平癒を願ってのものであった。寿塔の創建ということになるが、八月十八日に落成をみている。実に起工から二カ月という短期造営事業であった。

さらに、玉仲宗琇は「庫司棟梁之銘」、「土蔵之銘」、「天瑞寺本尊牟尼王開光明之語」、「鐘楼棟宇之銘」(44)などを記している。また、天正十八年五月、玉仲宗琇は天瑞寺の梵鐘銘を書いている。(45)

天正十七年秋には、天瑞寺の規縄を定め、誦経勤行、参禅問道、侍真輪差の僧の勤行・献餉・点茶湯・香華、納所・典座の出納計算の厳正、高談高喚応や歌舞酒讌の禁止、道人の賞罰に関すること、掃除をすること、普請に関すること、夜盗白賊者が到来したときは刃傷しないで、棒打して逐い出せなど、事細かな規定をもうける開山玉仲宗琇であった。[46]

建立された天瑞寺には、客殿の中間に狩野永徳筆による総金色彩色の松一式があったのをはじめ、大書院には狩野永徳筆の山水図など水墨画の襖絵があったことが知られている。また、玉仲宗琇は天瑞寺十境の頌をつくるが、それにより湖信楼・坐雲亭・万松山・截水橋・南屛山・含暉峰・落暉峰・青鷹嶺・今宮社・鞍馬堂がその十境であったことを知る。[47]

大政所（春岩大夫人）は、文禄元年（一五九二）七月二十五日に八十歳で逝去している。豊臣秀次は、大政所天瑞院の葬儀を天瑞寺において営む。その際、南禅寺と大徳寺との座位高下をめぐる論争が再発する。[48]

このように、総見院を創建し、天瑞寺を創建した秀吉であったが、大徳寺の外護者となった秀吉は、大徳寺の保護をなした。天正十年（一五八二）十月二十三日、大徳寺領並びに門前以下田畠山林等を安堵する。「羽柴秀吉書状」に、「任総見院殿御朱印旨、如先々御当知行尤候」とあるが、[49]信長は元亀元年（一五七〇）十一月にその御朱印を大徳寺に出していた。

天正十三年三月十日に秀吉は、大徳寺並びに塔頭・諸末寺領等を安堵し、臨時の課役と徳政を免除する。[50]また、天正十七年十二月一日、大徳寺門前境内の地子等を免除した。[51]天正十九年九月十三日には、大徳寺に対して、朱印地一五四五石を下付した。その御朱印寺領は、大宮郷の一一六九石三斗二升のほか、北山内・西賀茂内・谷山田村内・西院内にあった。秀吉の大徳寺に対する外護意識をうかがえる数値である。[52]

その秀吉は大徳寺に一つの要求する。「於当寺内、ふとさ第一之竹を被撰、百本為寺中ほられ、伏見へ可有進上之旨、被仰出候、届候事ハ我等之奉行に申付候、ほり候事ハ当寺門前之者共ニ可被申候、様子わろくほり候てハ不入物ニ候間、其段いろにも可被入念事肝要候、此方之人足入候て、ほらセ候ハヽ、諸事寺中悪く仕候ハんと存、如此候、恐々謹言」[53]と、大徳寺に対して竹を求めている。秀吉は、天正二十年八月、隠居所造営の普請を伏見に始めた。翌文禄二年閏九月には居を据えるが、その伏見への竹上納は毎年で、秀吉没年の慶長三年（一五九八）まで続いた。[54]

おわりに

秀吉は、信長の葬礼を機に、総見院、天瑞寺を創建し、さらに天正寺創建をも企てた。大徳寺にこだわる秀吉であったことを知った。ときの大徳寺は、朝廷と関わり、諸戦国大名を外護者とし、堺の豪商と親交し、茶人の崇敬を得ており、禅文化をも育んでいた。そうした政治的経済的文化的な魅力を持つ大徳寺に注目したのは、信長であった。その信長を継いで政権を握り、天下統一をはたそうとする秀吉が、大徳寺を取り込むことによる効果の大きいことにいつ頃から気付いたのか、それは明確にはつかめないが、信長の葬儀挙行で大徳寺取り込みに成功する。それは信長のあと天下統一をなす覇権者としての正統性を顕示する意義も持った。

信長の葬儀と位牌所総見院の造営については、天下一統を狙ううえでの政治的効果を計算してのことであったろう。天正十年十月二十三日の大徳寺領並びに門前以下田畠山林等の安堵は、信長の大徳寺外護を継承したことになる。また当時の大徳寺が持つ堺の豪商たちとの関係も、大徳寺および大徳寺僧の持つ人脈を介して、信長と堺のそれを継承したことになる。

天正寺創建の企ては、正親町天皇から勅額を得ており、それが天正十三年の関白任官の前年であったことからすると、朝廷接近の兆しをみせる一事であったのかもしれない。

註

(1)『太閤記』巻第三「信長公御葬礼之事」(『改定史籍集覧』)。
(2)『晴豊公記』天正十年十月十一日条(『続史料大成』)。
(3)『兼見卿記』天正十年十月十一日条(『史料纂集』)。
(4)『晴豊公記』天正十年十月十二日条。
(5)『晴豊公記』天正十年十月十四日条。
(6)『兼見卿記』天正十年十月十七日条。
(7)『太閤記』巻第三「信長公御葬礼之事」。
(8)『晴豊公記』天正十年十月十五日条。
(9)『言経卿記』天正十年十月十五日条。
(10)『晴豊公記』天正十年十月十五日条。
(11)『晴豊公記』天正十年十月十五日条。
(12)『太閤記』巻第三「信長公御葬礼之事」。
(13)『太閤記』巻第三「信長公御葬礼之事」。
(14)『太閤記』巻第三「信長公御葬礼之事」。
(15)『太閤記』巻第三「信長公御葬礼之事」。
(16)『兼見卿記』天正十年十月十五日条。
(17)『兼見卿記』天正十年十月十五日条。
(18)『太閤記』巻第三「信長公御葬礼之事」。

(19)『太閤記』巻第三「信長公御葬礼之事」。
(20)『太閤記』巻第三「信長公御葬礼之事」。
(21)『太閤記』巻第三「信長公御葬礼之事」。
(22)『太閤記』巻第三「信長公御葬礼之事」。
(23)「玉仲遺文」(『続々群書類従』)。
(24)『信長公記』永禄十一年十月条(『改定史籍集覧』)。なお『今井宗久茶湯日記書抜』(『茶道古典全集』)は、永禄十三年四月朔日、松島の茶壺と趙昌筆「菓子の絵」を献上したとする。
(25)『蒲庵稿』(『大徳寺禅語録集成』第四巻)。
(26)『太閤記』巻第三「信長公御葬礼之事」。
(27)『法用文集』「高桐院蔵玉甫和尚卒哭忌入室語」、『一黙稿』。
(28)『大徳寺文書』第九四号。
(29)『龍宝山大徳禅寺世譜』。
(30)『龍宝山大徳禅寺世譜』。
(31)『玉仲遺文』(『続々群書類従』)。
(32)『玉仲遺文』。
(33)『玉仲遺文』。
(34)『大徳寺文書』第八五号。
(35)古渓宗陳が秀吉により九州配流となり、その後玉甫紹琮(一五四六～一六一三)が住持となる。両者を開山とするものもある。
(36)『太閤記』巻第三「信長公御葬礼之事」。
(37)「羽柴秀吉寄進物目録」(『大徳寺文書』第三二四二号)。
(38)『多聞院日記』天正十一年六月二日条。

(39)『今井宗久茶湯日記書抜』(『茶道古典全集』)、この件については「中川文書」、『兼見卿記』、『顕如上人貝塚御座所日記』『津田宗及茶湯日記』などにも知る。
(40)『大徳寺文書』第三二四三号(『大日本古文書』家わけ第十七)。
(41)『大徳寺文書』第七号。
(42)芳賀幸四郎『千利休』、吉川弘文館、一九六三年(新装版一九八六年)。
(43)『玉仲遺文』(『続々群書類従』)。
(44)『玉仲遺文』。
(45)『玉仲遺文』。
(46)『大徳寺文書』第三二四四号。
(47)『大徳寺文書』第三二四六号。
(48)『鹿苑日録』文禄元年七月廿二日。
(49)『大徳寺文書』第九六号。
(50)『大徳寺文書』第九八号、九九号。
(51)『大徳寺文書』第一〇八号。
(52)『大徳寺文書』第四四号(『大日本古文書』家わけ第十七　大徳寺文書別集真珠庵文書之一)。
(53)『大徳寺文書』第二四四八号(『大日本古文書』家わけ第十七)。
(54)『大徳寺文書』第一一四号。

豊臣期所司代の寺社に対する職掌について

――前田玄以発給文書の分析――

伊藤　真昭

はじめに

豊臣期の所司代が寺社に対してどのような職掌を有していたかを考えることが本稿の課題である。豊臣政権の寺社政策について、これまでの研究史では寺社への統制・支配を強化したとしてきたが、それは現実に寺社と直面していた奉行人の検討を通して得られた結論ではなかった(1)。そのため本稿では、豊臣政権の直轄地京都において寺社と直面していた所司代と寺社の関係を、発給文書から検討していきたい。もちろん所司代は寺社だけでなく、町や朝廷もその管轄であったが、こうした問題関心から本稿ではあえて対象を限定する。

筆者は豊臣期の所司代前田玄以の発給文書を蒐集中である。現在その数は五百通近い。そこには寺社・朝廷・町といった所司代として発給されたもののみならず、大名や豊臣家家臣宛などあらゆる発給文書が含まれている。近い将来、何らかの形で多くの人の目に触れるようにしたいと考えている。

ここではそれら筆者の蒐集した文書をもとにタイトルに示した課題に迫っていきたいが、いろいろと問題点もある。最大のそれは、無年号文書が多いということである。この時期の特徴でもあるが、公的な内容を持っていても書状形式のものが多く、それらには年号が付されていない。年紀を推定する手段のひとつに花押の変遷があるが、前田玄以の場合ほとんど変化がないため有効ではない。もうひとつは官位の変遷である。玄以は天正十二年（一五八四）二月より民部卿法印、そして文禄五年（一五九六）五月より徳善院僧正となるので、ひとつの目安になる。だが官途の記載がなく「玄以（花押）」のみのものもあり、これについては内容以外に年紀を知る術はないが、関連史料によって年紀を確定できるものは決して多くない。したがって変遷を追う場合も限られたものにならざるを得ない。現在全四八四通のうち、年紀の記されているもの、および年紀を確定できるものが三二七通で、残りはすべて年紀未確定文書である。

ところで、豊臣期所司代の職掌を考えるうえで参考となるのは、織田期の所司代である村井貞勝の職掌がどのようなものであったかである。これに関しては最近の松下浩氏[2]と久野雅司氏[3]の研究がある。前者は①所領安堵、②警察・裁判、③寺社統制、④特権免許、⑤役賦課の五項目に、後者は①所領安堵、②役賦課・諸役免除、③特権免許、④警察・裁判、⑤寺社統制、⑥朝廷との交渉の六項目に分類し、どういった事項が所司代の権限に基づくものなのかを考察している。そこから得られた結論は、前者では②の警察・裁判のみが所司代の権限で、他は信長の権限であったとする。一方後者では①～③が信長の権限であり、④～⑥を所司代の権限であったとする。

しかし両者の分類で問題となるのは、対象と職掌とが混同されている点である。朝廷・寺社・町共同体といった対象に対して、どのような職掌を所司代が持っていたかは個別に検討する必要がある。対象によっては所司代の職掌に違いがあることも十分に考えられる。そこで本稿では課題設定に従い、寺社を対象として、豊臣期の所司代が持っていた職掌を考察していく。

ここではこれらの研究を参考にして、寺社に対する所司代の職掌を、①所領に関する行為（所領安堵・所領寄進・検地)、②役に関する行為(役賦課・諸役免除)、③検断に関する行為、④裁判に関する行為(糺明・裁許)、の四項目に分類する。なお前田玄以発給文書はほとんどが未刊史料であるので、煩雑ではあるが、できる限り全文を掲出する。

一 所領に関する行為

1 所領の安堵

所領安堵は、これまでの由緒により所領を安堵するものである。依拠する由緒とは「如前々」「如先々」「任当知行之旨」「任先規之旨」といった漠然としたものもあるが、「寄進候証文」といった現に存在する根拠となる文書、とくに「信長被仰付之上者」「如春長軒(村井貞勝)折紙」「帯御朱印」といった前代の信長朱印状及び村井貞勝折紙に典拠を求めているものもある。その特徴は、所領安堵の文書が発給されるのが、その初期に限られるということである。最も遅いものでも、天正十三年(一五八五)三月十日付大徳寺宛のものである。しかもこれは秀吉による安堵状の添状であり、単独で出されたものではない。これらは秀吉が関白任官以前の、まだ所司代の基盤が未確立の時期に発給されたものである[4]。この時期は個々の寺社からの申請による個別安堵の時期であるといえる。同年十一月に、洛中洛外の寺社宛に一斉に秀吉より所領が寄進されるため[5]、それ以後所司代による所領安堵は添状の形式も含めてみられない。

2　所領の寄進

所領の寄進は秀吉の朱印状によって行われる性格のものであったため、所司代の権限による寺社への所領寄進は全くないはずである。ただ羽賀寺[5]・泉涌寺[6]・賀茂社[7]に対してつぎのような文書が発給されている。

①丹州船井郡上護摩村之内を以、四拾石可有御寺務候、恐々謹言、

天正十三年　　民部卿法印

閏八月廿八日　　玄以（花押）

泉涌寺

役者中

これらの事例は一見、丹波亀山城主としての行為だと考えることができる。しかし玄以が亀山城主となるのは文禄四年の秀次事件以後のことである。この泉涌寺領上護摩村は玄以丹波入部後の検地で替地が宛行われている。

②為丹波国上湖《(護)》摩村替地、舟井郡以青戸村内四拾石事、遣候訖、全可有寺納候也、

文禄四

十月二日　（朱印）《(豊臣秀吉)》

泉涌寺

この替地は玄以の判物ではなく、秀吉の朱印状でなされているので、天正十三年の場合もやはり秀吉の朱印状が存在したはずである。したがってこれらの事例は秀吉の所領寄進に対する添状であるといえる。

玄以発給文書のうち、はっきりと「寄進」と書かれているのは一通だけである。それは没収した「桜町之科人跡

職・田畠散在」を清水寺成就院へ五条橋造営のために「寄進」したものである。[8] 科人の跡職は所司代の検断権によって没収されたものであるので、秀吉の上意を得たうえでの寄進というよりは、所司代の権限で土地を寄進した可能性が高い。

　また所領寄進の変形として替地寄進がある（表1）。妙顕寺の場合は妙顕寺城建設のための移転であり、当然秀吉の意志に基づくものである。しかし妙顕寺には玄以の裏判のある移転地の絵図が残されているため、[9] 替地の選定については所司代の権限であったようである。ほかにも文言に「地形之絵図」や「指図」とあり、絵図が作成されたことがわかるのは、妙蓮寺、[10] 浄福寺、そして報恩寺である。[11] 三時智恩寺宛は同内容の秀吉朱印状（天正十四年五月十一日付）もあるが、日付は玄以の方が早く、朱印状が追認した形になっている。したがって領知高に変更のない替地は所司代の裁量でできたと思われる。残る青蓮院宛（「此方より替を可進之候」）・北野社宛（「御供料之替、於西院村水帳分遣」）も「進」や「遺」に尊敬語を使用していな

表1　替地

年月日	寺社	内容	出典
天正11年9月3日	妙顕寺	妙顕寺城建設のため二条妙顕寺の替地	妙顕寺文書
天正13年3月5日	報恩寺	一条報恩寺替地として百々河の西にて屋敷を渡す	報恩寺文書
（天正13年）12月24日	青蓮院	丸山安楽寺・長楽寺屋敷分誤編入に付き替地	個人蔵
天正14年4月12日	三時智恩寺	神足の替地として上久世にて	近衛家文書
天正15年12月21日	妙蓮寺	大徳寺領内にて新屋敷、大徳寺には替地	妙蓮寺文書
天正15年12月23日	浄福寺	戻橋の屋敷を相国寺南の石橋の巽にて	浄福寺文書
文禄元年12月17日	北野社	御供料の替地として西院村にて	北野天満宮史料・古文書纂

いため所司代の裁量と考えられる。

3　所領の検地

天正十三年（一五八五）、秀吉ははじめて京都において竿入れ検地を実施した。[12] 所司代はこの検地にも関与していた。このときの検地奉行は松浦弥左衛門重政・大野与左衛門尉光元・一柳勘左衛門尉直次・山口次左衛門尉宗長・民部卿法印前田玄以の五人である。[13] この五人のうち所司代の位置付けはどうであったのだろうか。実際の竿入れ以外に、所司代が検地にどのように関わっていたのかをみていく。

③東山永観堂寺領分、浄土寺と御朱印御座候、即御帳・田地共ニ御引渡候て可給候、為其此使僧被越候、恐々謹言、

民法

（天正十三年）十一月廿六日　玄以（花押）

一勘（一柳直次）左様

人々御中[14]

天正十三年検地の朱印状は「検地之奉行在々請取之、相渡[15]」すことになっていた。朱印状を請け取った各寺社はその朱印状を携えた使僧を所司代に遣わして「御帳・田地」の引渡しを求めた。所司代は各検地奉行に対して右のような書状を書き、使僧はその書状と朱印状とを持って検地奉行のもとへ赴いた。検地奉行は朱印状に記載されている場所と石高に対応した「御帳」、すなわち検地帳を作成し、各寺社に「御帳・田地共ニ御引渡」した。永観堂には「山城国浄土寺内永観堂へ相渡分」と記された同年十一月晦日付の検地帳が、一柳直次によって作成されて

いる。[16] 同内容の書状は長福寺[17]・高山寺[18]にも宛てられている。

前田玄以は五人の検地奉行の一人であるが、このように所司代としてその中心的役割を果たしていた。しかし検地そのものは、秀吉の意志に基づいたものであり、所司代の単独事業ではないし、引き渡す場所の選定も各検地奉行に任されていた。

以上、所領に関する行為は、替地のみ所司代の裁量で、それ以外は秀吉の意志に基づくものであったといえる。

二　役に関する行為

1　役賦課

役を賦課する文書よりも、役を免除する文書の方が圧倒的に多い。賦課については、大仏廻りに植える松、[20] 伏見城建設のための竹、[21] 聚楽第への石、[22] 禁裏北門の据え石運搬人足、[23] 禁中作庭用の植木[24]や石[25]等、建築資材の賦課が多いが、大仏廻りの松はおおむね一万～三万とその本数は莫大である。たとえば賀茂社ではつぎのように三万本が賦課されている。

⑤大仏殿廻ニ可被植御用候、従当社松苗三万本可被出旨候、然者来春種を蒔植候時分、彼地に至て可被持寄候也、

　　　　民部卿法印

（天正十六年）七月九日　　玄以（花押）

賀茂

　惣中[26]

同内容のものは松尾社[27]・長福寺[28]にも残されている。この文書は年紀が記されていないが、つぎの文書により天正十六年（一五八八）のものだとわかる。

⑥天正十六年仁被仰付候松苗三万本之儀、居置申候、右三万本之内弐万本生長仕候、何時にても御意次第上可申候、以上、

文禄三年　　　　　　天龍寺役者
十月四日
民部卿法印様
御奉行

松苗之儀付而松勝(松田政行)右衛門尉殿へ案[29]

当初は、「来春」つまり天正十七年に「大仏廻」に植えられる予定だったが、実際には「生長」してから植えられた。天龍寺では六年間「生長」させてから「上」げている。その後天正二十年頃の正月に植えられることになった。

⑦大仏廻に植させらるへき旨候て最前被仰付候松苗之儀、早経年たる事、定而被罷置可為生長候、来春時分を以植させらるへきにて候条、可被成其意候、松員数之事ハ、先年折紙に申候間、不可有由断候、恐々謹言、

民部卿法印
極月十八日　玄以（花押影）
北野
惣中[30]

⑧　猶以早四年已前ニ申触候条、定而可為生長候、松のたけ已下此者ニ見せまいらせ候事、

度々以折紙申候松苗事、今月中者植させらるへき旨候、当社ニ何本ほと在之との義、書付可給候、先年員数者申触候へ共、猶以慥当分可承候、為其申候、不可有由断候、恐々謹言、

民部卿法印

（天正二十年カ）正月十四日　玄以（花押）

北野

社家中[31]

前者は稲荷社[32]・下鴨社[33]に、後者は等持院[34]に同内容のものがある。内容的には⑧を受けて⑥で天龍寺から「生長」した本数が報告されたといえる。

寺社からの松は大仏関係だけでなく、伏見城の築城や、徳川家康や前田利家に遣わされた松苗も寺社に賦課されたものであった。[35]

さらに竹も賦課の対象であった。

⑨当寺境内公儀毎年上竹事、自今以後御免之上者、竹木等一切不可掘採伐採、縦誰々雖為所望不可有同心、況令沽却儀於在之時者、可為曲事、為修理用所之時者遂案内可被随其者也、

慶長三　徳善院

九月十八日　玄以（花押）

等持院

役者中[36]

この文書は、「公儀」へ毎年上納していた境内の竹を、今後は免除するというものである。他に同内容のものが一六通現存する。修理のときにも所司代の「遂案内」げなければならなかったように、役が免除されていても豊臣政権によって規制を受けていた。

なお、なぜこのときに、こういう内容のものが発給されたのか考えてみたい。秀吉はちょうど一カ月前の慶長三年(一五九八)八月十八日に亡くなっている。しかし文面では「御免」とあるように表面上その主体は秀吉である。したがってことさら「御免」とすることで秀吉の死を秘するためのものであったといえよう。そしてそれが初月忌にあたる日に出されることによって追善作善の意味が込められたのではないだろうか。その他の免除が個別的であるのに、これだけ多くの寺社に一斉に出されているのは異例である。

2　諸役免除

諸役免除の具体的な内容は「夫役」や「人足」役等である。これは寺社が豊臣政権のために役を負担することを免除したものである。

表2をみると、ほとんどすべてにおいて典拠となる文言が添えられている。たとえば北野社の場合、文禄元年(一五九二)のときは「帯御代々御下知」が基準であり、慶長五年のときも「前々」とある。慶長三年の嵯峨釈迦堂宛のものには「被御免除」、同年九月八日付遍照心院宛のものには「御免除」、さらに同年九月十八日に、寺社に一斉給付された上竹免除の判物(⑨)には「御免」とある。これらはいずれもその主体は所司代ではなく、すでに亡くなっている秀吉である。

ただ天正十二年(一五八四)八月三日付南禅寺宛の場合のみ「相除之」とあり、所司代の主体と取れるが、この

表2　諸役免除

年月日	寺社	内容	典拠	出典
天正11年9月日	鹿苑寺	山林竹木人足其外諸役	「従前々」、「為御寺可被仰付候」	「玄以法印下知状」
天正11年11月6日	妙音坊	寄宿	「前々」	「玄以法印下知状」
天正11年11月18日	鹿王院	竹木人夫以下臨時課役等	「村井如申付候時」	『鹿王院文書の研究』
天正11年11月18日	鞍馬寺	棟別人夫伝馬御借材木惣而臨時課役已下	「御代々之証文分明」	「松本浄一家文書」
天正11年11月18日	真如堂	非分課役陣取寄宿以下	「如近年」	「玄以法印下知状」
天正11年12月20日	長福寺	人足竹木以下幷陣夫等	「重畳被成御朱印」	『長福寺文書の研究』
天正11年12月20日	浄花院	寄宿以下	「叡慮」	「玄以法印下知状」
天正11年12月23日	大覚寺	人夫幷臨時之課役以下	「如春長軒折紙」	「玄以法印下知状」
天正11年12月23日	賀茂社	山林竹木人足非分之課役以下	「如先々」	『賀茂別雷神社文書』
天正12年4月7日	妙心寺	剪採竹木臨時之課役・門前被官人夫等	「被任数通之　御下知御朱印幷今度秀吉御判形之旨」	「妙心寺文書」
天正12年8月3日	南禅寺	門前境内人足諸役	「相除之」（典拠なし）	『南禅寺文書』
天正12年9月1日	妙法院	東山鹿谷諸役人足等	「任先々旨」	『妙法院史料』
天正12年9月1日	妙法院	門前菅谷諸役人足	「任先々旨」	『妙法院史料』
天正12年9月3日	妙顕寺	地子幷諸役以下	「一切不可在」（典拠なし）	『妙顕寺文書』
天正12年9月3日	松梅院	北野境内夫役	「従前々」	『北野神社文書』
天正12年12月13日	天龍寺	当寺門前境内人足諸役幷相懸竹木	「如先々」	「天龍寺文書」
天正13年3月10日	大徳寺	臨時之課役等	「被任先規之旨被成秀吉御判」	『大徳寺文書』
天正13年5月13日	浄福寺	寄宿等	「任前々之旨」	「浄福寺文書」

天正13年12月13日	遍照心院	山林竹木・境内人足諸役・寄宿等	「被任御判形之旨」、「御免除」	「大通寺文書」
天正15年7月9日	鞍馬寺	鞍馬境内山林	「数代之証文分明」	『華頂要略』
天正15年12月14日	勧修寺	夫役	「従　院御所被仰出候」	「勧修寺文書」
天正19年閏1月11日	賀茂社	寄宿	「従先々」「御免除」	『賀茂別雷神社文書』
文禄1年12月13日	北野宮神人	夫役・地子銭	「帯御代々御下知」・「御免除」	『北野天満宮史料』
慶長3年9月8日	遍照心院	境内竹木人足其外諸役寄宿等	「御免除」	「大通寺文書」
慶長3年9月18日	等持院他16カ寺	当寺境内公儀毎年上竹	「御免」	「等持院文書」、他16カ寺
慶長3年11月20日	清凉寺	境内山林・上竹	「被御免除」	「清凉寺文書」
慶長5年5月18日	松梅院	北野境内夫役	「従前々」	『北野神社文書』
4月晦日	本能寺	寄宿	「御屋敷御普請」	「本能寺文書」
(天正16年頃)1月8日	賀茂社	寄宿	「先年ことく」	「賀茂別雷神社文書」

時期はまだ「京都奉行」時代でその基盤が不安定な時期のため、秀吉の意志による可能性は高い。同年九月三日付妙顕寺宛のものにも「一切不可在」とあるが、こちらは妙顕寺城造作に伴う移転に関するものであるので、秀吉の意志によるものであろう。

このようにほとんどすべてにおいて新規の諸役免除の権限は所司代にはなく、安堵または秀吉の意志を受けた諸役免除ということになろう。

三　検断に関する行為──「成敗」・「曲事」

「成敗」文言に注目してその主体をみてみると、初期においては寺社が成敗の主体となることがあったことがわかる（表3）。

⑩当寺領於山内柴木盗取之族在之者、被任先規法度之旨、為寺家可有成敗、次柴木売山之事、以有様可有沽却候也、

天正十二年　民部卿法印
八月十九日　　玄以（花押）
上醍醐寺
役者中(37)

これには上醍醐寺領の山内で柴木を盗み取る者がいたら「為寺家可有成敗」とある。つまり所司代ではなく、被害を受けた寺家が直接犯人を処罰できるのである。ここには「此方へ可被申越候」といった文言もないことから、所司代への報告も必要なかった。つまり自検断が公的に認められていたのである。寺社以外にも目を広げていくと、「為座中可成敗候」（天正十二年四月、錫座中宛(38)）、「今度中村売子弥次郎毎背座法之条、人々成敗申候、弥以如先々為座中堅加申付候」（天正十一年十一月、石清水八幡宮住京神人中宛(39)）、「何角与申候者可有御成敗候」（天正十一年六月、森長介宛(40)）といった文言を持つ文書がある。これらはいずれも天正十三年までのもので、所司代の成立する以前のものである。しかし成立以後こういった文書は二度とみられなくなる。たとえば天正十七年段階ではつぎのように

表3　検断

年月日＊	差出	寺社	宛所	検断対象	文言	逮捕主	成敗主	書止	出典
天正12年8月19日	民部卿法印	上醍醐寺	上醍醐寺役者中	柴木を盗む者	「成敗」		寺家	也	醍醐寺文書
天正17年8月5日	民部卿法印	仁和寺	成多喜・惣在庁・寺家	置目に違犯する御内衆	「成敗」		所司代	也	早稲田大学所蔵文書
天正17年12月22日	民部卿法印	向日社	向日神主殿	柴等を刈り取る者	「一切令停止」、「成敗」	寺社	所司代	也	向日神社文書
(天正18年)9月10日	民部卿法印	北野社	松梅院	恣にする大工等	「曲事」			恐々謹言	北野神社文書
文禄3年4月	民部卿法印	諸寺	諸寺中	行儀悪い僧	「被仰出」、「曲事」			也	妙心寺文書等
3月5日	民部卿法印	広隆寺	太秦広隆寺	山林竹木伐採	「御朱印」、「申越」			也	広隆寺文書
3月10日	民部卿法印	神応寺	神応寺	法度を背く僧	「承」			也	神応寺文書
5月10日	民部卿法印	天龍寺	池裏・川端	広沢池の堤を切る者	「曲事」、「成敗」	在所	所司代	也	天龍寺文書
5月10日	民部卿法印	天龍寺	天龍寺役者中	柴等を刈り取る者	「御法度」、「成敗」		所司代	也	天龍寺文書
6月26日	民部卿法印	北野社	北野役者中	郷内に浪人を抱え置く者	「曲事」、「御成敗」	所司代	所司代	恐々謹言	北野神社文書
7月9日	民部卿法印	松尾社	松尾社家中	簗違乱	「此方へ可被申」			恐々謹言	松尾大社史料集
7月28日	民部卿法印	北野社	北野惣中	竹木伐採	「一切不可伐採」、「曲事」、「成敗」		所司代	恐々謹言	北野神社文書
10月13日	民部卿法印	北野社	西京惣中	西京町内で悪逆人に宿を貸す者	「御成敗」		所司代	也	北野天満宮史料
12月14日	民部卿法印	鹿王院	嵯峨・池裏・北山百姓中・借主中	年貢未進・借金未返済	「曲事」			也	鹿王院文書
12月21日	民部卿法印	天龍寺	天龍寺役者中	立田があること	「曲事」			也	天龍寺文書
文禄5年8月3日	徳善院	天龍寺	天龍寺境内・諸塔頭門前中	地震による失人	「御法度」、「曲事」、「成敗」	所司代	所司代	也	天龍寺文書
慶長3年9月16日	徳善院	鹿苑寺	鹿苑寺役者中	先坊主の借金返済要求	「申越」			也	鹿苑寺文書

慶長3年9月18日	徳善院	等持院等	等持院役者中等	上竹売却	「御免」、「曲事」			也	等持院文書等
(慶長4年)7月21日	徳善院	金戒光明寺	黒谷金戒光明寺	本寺への不出仕僧	「承」			恐々謹言	金戒光明寺文書
2月10日	玄以	南禅寺等	山内・北山・南禅寺門前等	日用に出る百姓	「曲事」、「成敗」	所司代	所司代	也	妙心寺文書
2月11日	玄以	北野社	西京・大将軍惣中	関白様御馬を置くこと	「申越」	西京・大将軍惣		也	北野天満宮史料
4月3日	玄以	松尾社	朝原・上桂・下桂等	松尾山で木根を掘ること	「注進」	谷中		也	東文書
4月9日	玄以	南禅寺	深草百姓中	年貢未進	「曲事」			也	南禅寺真乗院文書
6月5日	玄以	妙法院	妙法院殿内今小路殿	山林伐採	「曲事」			也	妙法院史料
6月18日	玄以	教学院	鴨川百姓中	年貢未進	「曲事」			也	大橋理祐氏所蔵文書
7月3日	玄以	清水寺	桂川表在々所々	保津川より流れ出た清水寺材木を隠し置く者	「成敗」	所司代	所司代	也	成就院文書
7月4日	玄以	賀茂社	上賀茂惣中	川除け土手石を取ること	「注進」	惣中		也	賀茂別雷神社文書
7月28日	玄以	松尾社	西岡之内松尾・谷・山田惣中	山林竹木伐採	「一切不可伐採」、「曲事」、「成敗」		所司代	也	東文書
9月26日	玄以	安楽寿院	竹田庄奥田勘解由との	年貢未進	「曲事」			也	安楽寿院文書
10月15日	玄以	勧修寺	東土川百姓中	人夫油断	「曲事」			也	勧修寺文書
12月14日	玄以	稲荷社	稲荷社領在々百姓中	年貢未進	「曲事」			也	羽倉文書
12月21日	玄以	大徳寺	河上郷・大宮郷・北山郷百姓中	年貢未進	「曲事」			也	大徳寺文書
12月23日	玄以	南禅寺	南禅寺廻・稲荷・深草百姓中	年貢未進	「曲事」			也	南禅寺真乗院文書

（＊年紀のないものは年未詳）

なっている。
⑪当社山内之松柴其外篠草等ニ至る迄苅取事一切令停止之上、隣郷之者猥苅取候者即搦捕可申越候、可加成敗候也、

天正十七
十二月廿二日　　玄以（花押）
向日
神主殿(41)

ここでは「可加成敗」とあることから、その主体は寺社ではなく所司代であった。違反者がいても勝手に寺社側で処罰してはいけないということになる。このことは豊臣政権による検断権の独占を意味する。寺社側に許されていることは違反者の逮捕と所司代への通報のみであった。

「成敗」文言のほかに検断に関しては「曲事」文言があるものもある。「曲事」と「成敗」がセットになっているものもあるが、その多くは単独である。「曲事」は「成敗」よりは処罰文言がない分、軽いニュアンスである。また「自然違犯之輩於在之者、急度可被申越候也」などと所司代への通報のみが記されているものがある。所司代の意志が記されていないため、文言のみで判断するとこれが最も軽いが、どちらもその言外には所司代からの圧力があると考えていいだろう。なぜなら、書止文言はほとんどが「也」で終わっており、所司代が強い態度で臨んでいることがわかるからである。

ただその対象者には注意する必要がある。検断対象をみてみよう。寺社そのものへの検断文言があるのは、つぎの三点、つまり神応寺宛、金戒光明寺宛、諸寺中宛だけである。神応寺宛には「自然背法度寺僧於有之者、急度可

承候、任御諚可随其候也」とあり、金戒光明寺宛には「惣而本寺へ出仕等之時、不可有懈怠事候、於由断之寺者可承候」とある。どちらも「可承候」と所司代への通報が規定されていた。しかも神応寺には秀吉の「御諚」があった。これらはどちらも寺社後援策の一環といえるだろう[42]。前者は「八幡禅宗」の「本寺」である神応寺の法度に従わない寺僧に対して、また後者は本寺としての金戒光明寺へ出仕しない末寺に対して、豊臣政権から圧力をかける効果がある。つまりこの文書によって受益するのは神応寺であり、金戒光明寺なのである。残った諸寺中宛のものは、文言のみをみると豊臣政権から寺社内部に介入しているようにも読めるが[43]、実際には寺社側の運用によって骨抜きにされているのである[44]。この三点以外でも、年貢未進や借金未返済、山林竹木伐採など、寺社が被っている、あるいは被る可能性のある損失・損害を防ぐために発給されている。

以上、寺社に対する所司代の検断権は、寺社そのものに対してではなく、寺社を後援するために発動されていたことがわかった。

四　相論に関する行為――「申越」・「糺明」・裁許

相論が惹起し検断に至るまでに、糺明と裁許がある。玄以発給文書のなかにも明らかに相論に関するものとわかる文書がある。それらを提示しよう。

⑫嵯峨角倉分山之儀ニ付而、当寺目安を披見候、就其様体可承届候間、慥存之役者可給候也、

十月廿四日　　玄以（花押）

徳善院

天龍寺
役者中(45)

まず「嵯峨角倉分山之儀」について、天龍寺より所司代に「目安」が提出されている。ただ徳川期にはみられる所司代の目安裏書は、これまでのところ見つかっていない。この「目安」を披見した玄以は事情をよく知る役者を所司代へ召還している。しかしつぎのように召還に応じず出頭しない場合もある。

⑬広隆寺儀ニ付て可相尋事候て、昨日被越候へと申遣候処無其儀候、如何候事哉、今日早々伏見ニ至て可被越候、不可有由断候也、

徳善院
二月二十日　玄以（花押）
桂宮院
床下(46)

どちらの文書も書止が「候也」であり、また後者には「不可有由断候也」とあるなど、かなり強い口調である。相論の場合寺社に強い態度で臨んでいることがわかる。

つぎに裁許状を提示する。

⑭為当社々務神前御番之参銭六七八十十一月合五ヶ月代官職之儀付、今度梅坊弟子定林坊申分依有之、遂糺明之処、院宣幷証文等分明之上者、為理運之条、弥永代直務不可有相違状如件、

天正十六　民部卿法印
三月十五日　玄以判

祇園執行
宝寿院(47)

このように寺社の訴訟は所司代が「遂糺明」げ、「理運」といった裁許を下すのであるが、その基準は「院宣幷証文等」の典拠となる証文類であった。そこには所司代の恣意が入る余地はなく、客観的な判断基準が求められていたのである。また泉涌寺のように天皇家との縁が深いところは所司代以外の訴訟ルートがあった。

⑮就当寺雲龍院之儀、寺中与法音院被申分事、彼院者別而依為　禁裏御寺、為　叡慮被遂御糺明候之処、衆中理運之旨分明之上者、雲龍院之儀、為衆儀一円仁可被相計候也、

天正十五　民部卿法印
十一月十日　玄以（花押）
泉涌寺(48)

雲龍院は「禁裏御寺」であるので、所司代ではなく「叡慮」によって糺明されている。しかし最終的に所司代から伝達があったことは寺社訴訟の最終窓口が所司代であったことを示しているといえよう。

このように一部を除いて、寺社からの訴訟は所司代に提訴され、糺明・裁許を得た。提示した文書のように、文言に訴訟があったことを明確に示している場合は問題ないが、たとえばつぎの文書の場合ではどうであろうか。

⑯当郷大徳寺領年貢無沙汰之由曲事候、時分柄之儀候間、早々可皆済候、於不然者、急度可譴責候也、

十二月廿一日　玄以（花押）
河上郷
大宮郷

北山郷　百姓中(49)

この文書では「無沙汰之由」とあることから、所司代は直接年貢未進を把握しているのではなく、伝聞である。ではどこからその情報を入手したのだろうか。大徳寺領河上郷等に「皆済」を命じているので、この文書によって直接利益を得るのは大徳寺であることは明確である。またこの文書が実際の宛所ではなく大徳寺に残されていることからも、この文書が大徳寺の提訴を受けて発給されたことは確実である。

このように考えると文書の受け取り側に利益をもたらすような内容のものは、訴訟があった結果、発給されたものと判断してよいだろう。たとえばつぎの文書ではどうだろうか。

⑰慈照寺被官人等給分飯米事、寺領少分云、殊彼者共無奉公之由云、旁寺家無益之費候之条、所詮彼分以納所寺続候様可有之儀肝要候、恐々謹言、

天正十五　民部卿法印

二月十九日　玄以（花押）

光源院(50)

これは、慈照寺被官人等への「給分飯米」は「寺家無益之費」なので、彼等に飯米を給付することを停止し、寺納することを認めたものである。ここでも「殊彼者共無奉公之由」と伝聞である。ここでの利益は光源院にあるので、やはり光源院の訴訟による結果、発給されたものであるといえよう。

以上相論の糺明・裁許については、秀吉の「御諚」を得ることもなく、所司代の専権事項であったといえる。

こうした訴訟の背景には、豊臣政権のつぎのような姿勢がある。

⑱当寺山林竹木等事、不可伐採之、堅相改可申付候旨、今度被成御朱印之条、自然違犯之輩於在之者、急度可被

申越候也、

三月五日　　民部卿法印

玄以（花押）

太秦

広隆寺[51]

ここには「急度可被申越候也」とある。こういった文言がある文書は他にもある（表3）。つまり所司代が訴訟を奨励しているのである。つぎもそうである。

⑲急度申候、仍大仏殿近辺候間、当所山林不可苅取候旨被仰出候条、可被成其意候、若違背之者於在之者可被申越候、自然令用捨不被申候者惣郷可為曲事候也、

六月五日　　玄以（花押）

妙法院殿御内今小路殿[52]

ここでは妙法院が山林を刈り取る者を捕らえても妙法院の判断で処分することは禁止され、所司代への通報が義務付けられている。もし通報を怠れば「惣郷可為曲事」との処罰規定があった。その背景には、所司代による違反者取り締まりの独占、つまり所司代以外が違反者を勝手に処罰してはならないという自力の否定と、武力を背景としたその徹底があった。

こうして豊臣期には、所司代が唯一の紛争解決機関となり、また所司代も訴訟を奨励したため、提訴される訴訟が増大していった。こうした状況が徳川期（とくに慶長年間）へも引き継がれていったのである。[53]

おわりに

以上、結論として、寺社において所司代の権限として発動されていた職掌は、③検断に関する行為と④訴訟に関する行為であり、①所領に関する行為と②役に関する行為は、秀吉の意向を受けたものであったと考えられる。そしてとくに注意しておきたいのは、検断は寺社内部に対してではなく、年貢を未進する寺社領の百姓や、寺社からの借金返済が滞る借主などに対し、寺社が受けている、あるいは今後受けるであろう被害・損害を防ぐために発動されていたことである。その検断権は無限定なものではなく、寺社からの訴訟（通報を含む）を前提としたものであった。これは慶長期における徳川政権の、訴訟を前提とした寺院法度の発布形態に繋がっていくことになる。

このように、豊臣期所司代の発給文書の分析でも、豊臣政権による一方的な寺社への干渉や介入はほとんどみられず、むしろ豊臣政権による寺社後援策が明らかになった。この寺社後援策については別のところで詳しく述べた[54]ので、ここでは再説しないが、これまでの研究史で指摘されてきた、統一政権による「寺社支配」や「寺社統制」は再検討する必要があることを最後に指摘して擱筆したい。

註

（1）最近の研究として朴秀哲「豊臣政権における寺社支配の理念」（『日本史研究』四五五号、二〇〇〇年）があるが、これも同様である。

（2）松下浩「「天下所司代」村井貞勝の京都支配――織田政権家臣団研究（1）――」（『滋賀県安土城郭調査研究所

研究紀要』二、一九九四年）。
（3）久野雅司「織田政権の京都支配――村井貞勝の職掌の検討を通して――」（『白山史学』三三号、一九九七年）。
（4）豊臣期所司代の成立については拙稿「秀吉関白任官と所司代の成立」（『日本史研究』四一九号、一九九七年）参照。
（5）「古文書纂」二（東京大学史料編纂所影写本、以下東史影と略す）。
（6）「泉涌寺文書」一三〇（赤松俊秀監修『泉涌寺史』資料編、法藏館、一九九四年）。
（7）『早稲田大学所蔵荻野研究室収集文書』一〇五。
（8）「玄以法印下知状」（『続群書類従』二三下）。
（9）「妙顕寺文書」二（東史影）。「大雲院文書」（天正十五年六月二日付）にも玄以の判のある絵図がある。
（10）『大徳寺文書』一〇七（『大日本古文書』）。
（11）「報恩寺文書」七、「浄福寺文書」三二（いずれも水野恭一郎・中井真孝編『京都浄土宗寺院文書』、同朋舎出版、一九八〇年）。
（12）検地に関する詳しい考察は、下村信博「公家・寺社領と天正十三年検地」（本多隆成編『戦国・織豊期の権力と社会』、吉川弘文館、一九九九年）を参照。
（13）「岩佐家文書」（京都市歴史資料館写真）。
（14）宇高良哲・福田行慈・中野正明編『京都永観堂禅林寺文書』四五（文化書院、一九九二年）。
（15）「兼見卿記」（東京大学史料編纂所謄写本）天正十三年十一月二十二日条。
（16）「禅林寺文書」（東史影）。
（17）石井進編『長福寺文書の研究』一二〇六（山川出版社、一九九二年）。
（18）「高山寺文書」（京都大学文学部日本史古文書室謄写本『編年文書』一八六）。
（19）「東文書」一一（東史影）。
（20）松尾大社史料集編修委員会編『松尾大社史料集』七一（吉川弘文館、一九七七年）。『長福寺文書の研究』一二一二。

(21)『大徳寺文書』二四四八。「武家文書其二」一一（松岡久人編『広島大学所蔵猪熊文書』、福武書店、一九八三年）。

(22)「名古屋市博物館所蔵文書」。

(23)「賀茂別雷神社文書」。

(24)早稲田大学図書館編『早稲田大学所蔵荻野研究室収集文書』一〇三（吉川弘文館、一九七八年）。

(25)「清涼寺文書」六四（『京都浄土宗寺院文書』）。

(26)「座田文書」三（東史影）。

(27)『松尾大社史料集』七一。

(28)『長福寺文書の研究』一二一二。

(29)「天龍寺文書」七〇一（京都府立総合資料館写真）。

(30)『北野神社文書』（史料纂集　古文書編）一八五（続群書類従完成会、一九九七年）。

(31)『北野神社文書』二一九。

(32)「羽倉文書」（東史影）。

(33)「名古屋市博物館所蔵文書」。

(34)「等持院文書」（東史影）。

(35)「東寺百合文書」ウ―一六六（京都府立総合資料館写真）。

(36)「等持院文書」（東史影）。

(37)『醍醐寺文書』四〇五二（『大日本古文書』）。

(38)「玄以法印下知状」。

(39)「玄以法印下知状」。

(40)「玄以法印下知状」。

(41) 「向日神社文書」(東史影)。
(42) 寺社後援策については、拙稿「豊臣政権における寺社政策の理念」(『ヒストリア』一七六号、二〇〇一年)参照。
(43) 註(1)前掲朴論文。
(44) 註(42)前掲拙稿論文。
(45) 「天龍寺文書」五五五。
(46) 「広隆寺文書」(東史影)。
(47) 「祇園社記」雑算第四(史料大成『八坂神社記録』四)。
(48) 「泉涌寺文書」一三八。
(49) 『大徳寺文書』二四四九。
(50) 「光源院文書」(東史影)。
(51) 「広隆寺文書」坤(東史影)。
(52) 妙法院研究会編『妙法院文書』一一三(吉川弘文館、一九八〇年)。
(53) 杣田善雄「近世前期の寺院行政」(『日本史研究』二二三、一九八一年)。拙稿「慶長期における徳川家康と畿内神社――『西笑和尚文案』の分析を通して――」(『待兼山論叢』二八、一九九四年)。
(54) 註(42)前掲拙稿論文及び拙稿「京都の寺社と統一政権」(今谷明・高埜利彦編『中世・近世の宗教と国家』、岩田書院、一九九八年)。

本願寺末寺年中行事の成立と意味

草野　顕之

はじめに

戦国期本願寺教団の構造を、本寺―中本寺―末寺―道場という重層的な縦系列で捉えるのではなく、本寺本願寺と地域教団の中核をなした「直参衆」との結びつきのなかで捉えるべきであるという、近年の本願寺教団史研究の視座は、これら直参衆が本願寺に対して勤めていた三十日番衆役や、頭役の研究の深まりによって開かれたといえる。(1)これら二つの直参役は、直参衆が地域教団を代表して本願寺に上り、御影堂で催されるさまざまな儀式に参加するという形式を取って、したがって御影堂に安置される親鸞真影に勤仕するという形で金銭を本願寺に上納し、場合によっては労働力（兵力）を提供するという宗教行事役であると捉えられている。(2)したがって、安定的な教団運営を行うためには本願寺儀礼の固定化が必要となり、戦国期の本願寺においては、年中行事の確立が強く要請されたのであった。(3)

ところで、こうした本寺本願寺での動きは、必然的に直参衆の寺院における儀礼の固定化＝年中行事の確立を促したものと推定される。それは、直参衆が地域教団の代表である以上、直参衆が本願寺に対して勤めた宗教行事役は地域教団へと敷衍され、地域教団の門末（在俗門徒・門徒道場）による直参衆寺院に対する宗教行事役の勤仕として発現したと、ひとまず想定されるからである。したがって、本願寺における宗教行事役の確立＝儀礼の固定化＝年中行事の確立は、直参衆寺院における宗教行事役の確立＝儀礼の固定化＝年中行事の確立を押し進めたはずであるから、さらにその下にあった門徒道場での年中行事の実態などを具体的に検討することは、戦国期本願寺教団の地域的な展開を知るうえで欠かすことのできない事柄である(4)。

ところがこれまで、こうした観点に立つ研究や史料の紹介は、十分なされてきたとはいえない。近年発刊が相ついでいる自治体史を概観しても、寺院史料として古文書や什物等の紹介は増えてきているのに反し、こうした年中行事等を記した古記録類の紹介をみることはほとんどない。それは、年中行事はあくまで寺院内部の宗教活動を知り得るだけで、それが地域の教団構造やひいては戦国期本願寺教団全体の史料となり得るという認識が、いまだできていないことによると考える。

そこで小稿においては、管見し得た二点の本願寺末寺年中行事記を紹介するとともに、そこからうかがい得る本願寺年中行事の展開過程について、いくつかの知見を述べてみたいと考えている。

一　本願寺末寺年中行事のあり方

戦国期本願寺教団における、直参衆寺院など末寺の年中行事が、いかなる形式で行われていたのか、まず従来より知られた史料から推測しておきたい。

戦国期の本願寺宗主蓮如の門弟で、篤信者として知られる越中赤尾の道宗は、常々つぎのように語っていたと伝えられる。

一、アカヲノ道宗マフサレサフラフ。一日ノタシナミニハアサツトメニカヽサシトタシナメ、一月ノタシナミニハチカキトコロ御開山様ノ御座候トコロヘマイルヘシトタシナムヘシ。一年ノタシナミニハ御本寺ヘマイルヘシトタシナムヘシト云々。コレヲ円如様キコシメシヲヨハレ、ヨクマフシタル、トオホセラレサフラフ。[5]

すなわち、道宗は一日の嗜みを自坊における朝勤とし、一月に一度は近在の親鸞御影のある寺院へ参詣することとし、一年の嗜みを本寺本願寺への参詣であると述べたという。この史料は、おそらく門末レベルの年中行事に関する最古の史料と考えられ、道宗の発言を誉めたという円如が教団を代表する時期が、永正十六年（一五一九）〜大永元年（一五二一）頃と考えられるので[6]、道宗の発言の時期もほぼその頃と考えてよかろう。

道宗の発言のうち、一日の嗜みはさておき、まず第一に注意しなければならないのは、一月の嗜みである近在の親鸞御影への参詣ということである。というのは、当該期に親鸞御影が安置されたのは、本願寺の一族寺院である一門一家衆寺院と、直参衆寺院だけであったという戦国期本願寺教団の慣例からすると、ここでいう一月に一度の参詣というのは、一門一家衆寺院か、道宗が属した地域教団の代表者＝直参衆寺院への参詣を指すことになるからである。それは、先に述べた直参衆寺院への地域教団門末による宗教行事役勤仕を意味すると考えられるのである。

第二に注意されるのは、一年の嗜みといわれる本寺本願寺への参詣である。これはおそらく十一月の親鸞の命日に修される報恩講への参詣を指していよう。あとに述べるが、戦国期の本願寺教団においては、報恩講への参詣は全国門末の、半ば義務化された勤めとしてあったようで、直参衆が多くの門末を率いて本願寺に参詣したことが記録に残されている。

赤尾の道宗の発言から知られる、年中行事に関わる二つの事実は、以下のような他の史料によって確認される。

第一の毎月の親鸞御影への参詣については、近江堅田本福寺の記録に、

一　於当寺毎月十八日御念仏御頭之事

正月　法西

二月　兄かちや　弟道円

三月　唯賢

四月　次郎兵衛法覚

五月　法住拾与五郎左衛門

六月　今堅田　伴阿ミ

七月　外戸道場法覚

八月　真野宿老八人

九月　和邇

十月　かうしや

十一月　大北兵衛

十二月　西浦大道ノ衆　兄与太郎介　弟藤兵衛　次弟三郎大夫　アフラ又四左衛門　イヲケノ尉

以上十二組(7)

とみられるように、毎月十八日に行われていた本福寺での念仏寄合を、各地域の門末（在俗門徒・門徒道場）が当番を決めて担当していたという事実との連関性を想起させられる。この本福寺での事例は、各月の寄合にかかる費用や労働力が、地域別の門末に割り当てられていたと解釈でき、こうした地域教団の中核をなした直参衆寺院に対

する地域教団全体による宗教行事役負担が、直参衆の本寺本願寺に対する経済的・人的負担の基盤を形成していたと考えられるのである。

つぎに第二の本願寺報恩講への参加という問題も、重要である。赤尾の道宗が篤心的念仏者であるということを割り引いても、こうした発言がなされるということは、全国的には多くの門末が報恩講に参詣したであろうことを推測せしめる。事実、時代はやや降るものの、天文十七年（一五四八）の大坂本願寺において報恩講中に参詣した門末のうち、信仰告白というべき「改悔」に発言した人物の数は、六日間でのべ百三十六名の多きに上っており[8]、おそらくはその何十倍もの門徒たちが参詣していたであろうことが推測される。さらに、永禄年間（一五五八〜一五七〇）になると、

毎年甚だ盛なる祭（報恩講）を行ひ、参集する者甚だ多く、寺に入らんとして門に待つ者其の開くに及び競ひて入らんとするが故に常に多数の死者を出す。而も此際死することを幸福と考へ、故意に門内に倒れ、多数の圧力に依りて死せんとする者あり。[9]

という、キリスト教宣教師ガスパル・ビレラの報告にみられるような、熱狂的信仰状況をみせるに至るのである。

以上、従来の史料より推測し得る、二様の戦国期本願寺門末の儀礼との関わりからは、末寺年中行事について、以下の二つの点を確認し得ると考える。

第一は、一口に本願寺末寺といっても、地域の中核をなした直参衆寺院と、それに宗教行事役を勤めた門徒道場とでは、年中行事のあり方がかなり異なっていたであろうことである。すなわち、直参衆寺院には親鸞御影等が下付されており、そうした御影を中心に地域門徒団が交替で勤仕する毎月の寄合が行われていたと推測できるのに対し、門徒道場ではそうした定期的な寄合は想定できず、毎日の朝勤めなどの日常的で簡素な儀式が行われるにすぎ

なかったのではないかということである。

第二に、報恩講に関しては本寺本願寺への参詣が主であることから、直参衆寺院においても、門徒道場においても特別の儀礼が行われた可能性は低いということである。もちろん、すべての門末が毎年決まって本願寺に参詣したとはいえないし、一つの寺院に複数の僧職が籍を置いておれば、一方が本願寺に出仕し一方は自坊で報恩講を勤めたということもあり得るので、可能性として指摘しておくに留めたい。

ともあれ、従来より知られた史料によると、こうした末寺年中行事に関する予見が成立する。これを記憶に留めながら、節を改めて、新出の二点の年中行事記の分析を行っていこう。

二　本願寺末寺年中行事記の検討

後掲した二点の末寺年中行事記は、一点は滋賀県海津願慶寺に所蔵される『末寺衆年中行事』[10]（以下、願慶寺本と略す）であり、いま一点は同じ滋賀県の高島浄照寺に所蔵される『年中行事記』[11]（表題欠、仮称、以下浄照寺本と略す）である。

願慶寺本は「右ノ書者、従常楽寺、河内慈願寺ェ被遣候也　文禄元年二月二日」と奥に記されることから、文禄元年（一五九二）の成立になり、もとは一家衆寺院である常楽寺から直参衆寺院である河内慈願寺へ遣わされた一本であることがわかる。また、全体は年中行事記に当たる「可然坊主衆年中法事之作法」と「葬式之儀式」との二部に分かれているが、今回は主として前半の年中行事記部分の検討を行うこととする。

つぎに、浄照寺本は年記がなく、成立年次は不明であるが、浄照寺には、今回は検討しないが『葬式之儀式』という一本も所蔵されており、その奥には「元和五稔　林鐘中旬　浄妻（花押）」とみられる。紙質や筆致などから、浄照寺本『年中行事記』もこれと同時期、すなわち元和五年（一六一九）頃の成立と認められる。この『葬式之儀式』も、参考のために掲示しておいた（本書五〇二〜五〇四頁）。

以上のように、この二本の年中行事記は成立に二十七年の差があり、必ずしも比較検討するのに適しているとはいえないかもしれないが、年中行事という事柄自体、一度決定されると変更の少ない分野であると考えられるので、ひとまず比較検討の俎上にあげてみよう。

さて内容に触れる前に、二本の年中行事記が所蔵される願慶寺と浄照寺の、教団における位置について一言触れておこう。

まず願慶寺は、文明十三年（一四八一）二月二十三日付で空珍が本願寺順如から法名を下付され、以降歴代住職や坊守が本願寺歴代より法名を受けていることから、[12]戦国期初頭から本願寺直参衆であったと考えられる。のみならず、高島郡内に九カ寺の門徒道場を有し、現在の高島郡海津地域の門末で形成されていた海津十日講の主要メンバーでもあり、[13]この十日講を代表して、直参衆の宗教行事役としてあった三十日番衆に勤番していた記録も残されている。[14]

つぎに浄照寺は、明応三年（一四九四）四月に本願寺実如から下付された方便法身尊像を所蔵しており、その裏書には、「□　　□他力堂妙光寺江州高嶋郡音羽庄打下　願主釈□□」とあるから、戦国期には他力堂妙光寺＝福井県小浜市妙光寺の門徒道場として存立していたようである。[15]したがって、前節との関連でいえば、小浜妙光寺に対して宗教行事役を勤めていた可能性が高く、少なくとも戦国期には、自坊には親鸞御影は有していなかったことになる。

さて、願慶寺本・浄照寺本二つの年中行事記を比較検討するとき、①両者に差違のある記述、②願慶寺本のみにみられる、あるいは多くみられる記述、③浄照寺本のみにみられる記述、の三通りの場合があることがわかる。これらの箇条を列挙してみると、以下のようになる。

①両者に差違のある記述

a．声明の軽重……願慶寺本が重たい箇所（願慶寺本23条）、浄照寺本が重たい箇所（浄照寺本1条）

b．衣体の軽重……願慶寺本が重たく、浄照寺本が軽い箇所（願慶寺本33条、浄照寺本15条）

②願慶寺本のみにみられる、あるいは多くみられる記述

c．五尊への給仕の詳細（願慶寺本3・10・13・14・36の各条）

d．上壇の狭間障子に関する記述（願慶寺本4・39の各条）

e．鐘楼に関する記述（願慶寺本11条）

f．実如・証如御影に関する記述（願慶寺本10・25条）

g．法談・談合に関する記述（願慶寺本8・16・18・30の各条、浄照寺本4条）

h．彼岸に関する記述（願慶寺本11・12の各条）

i．親の忌日に関する記述（願慶寺本7・29の各条）

③浄照寺本のみにみられる記述

j．親鸞御影や蓮如御影の有無による給仕の違い（浄照寺本2・13・16・17の各条）

これらの違いが生まれた理由を、その箇条ごとに検討してみると、まずa項の声明の軽重に関しては、この年中行事を教えた者の立場の違いによると、ひとまず考えられよう。すなわち、願慶寺本は奥書からわかるように常楽

寺という一家衆であるのに対し、浄照寺本は『葬式之儀式』の奥に「泉龍寺殿関東へ御奉加之御時、相模国釜倉にて、諸坊主衆御望ニ付而、直札トシテ書授被成」たというように、御堂衆の泉龍寺が鎌倉で書き授けた本の写しであるという。一家衆も御堂衆も本願寺の儀礼を担当する坊主身分であるが、両者には現在に至るまで声明作法に若干の伝承の差違をもっており、そうした差違が現れたとみることは可能であろう。もちろん、二十七年という両書の成立の時代的差違である可能性も残されてはいる。

つぎに、d項の上壇の狭間障子に関する記述とe項の鐘楼に関する記述についてであるが、これはおそらく慈願寺・願慶寺と浄照寺との堂宇の規模・形式の差違から生じたものと考えられる。直参衆寺院であった慈願寺や願慶寺は、内陣と外陣をもつ現在の真宗寺院に近い御堂の形式であったのに対し、浄照寺はこの時期の道場がほとんどそうであったように、内陣・外陣が一体化した座敷御堂形式であったに相違ない[16]。したがって、内陣と外陣とを仕切る狭間障子は慈願寺や願慶寺にしかあり得ず、浄照寺本には記されなかったのである。同様に、鐘楼もこの時期には直参衆クラスの寺院にしてようやく設置し得た施設であったと考えてよかろう。

h項の彼岸に関する記述とi項の親の忌日に関する記述は、追善供養に関わる意識と結びついている。さらにそれは前項と同じく、御堂に当寺前住職の御影や法名軸などが懸けられているかどうかといった、御堂自体の構造に関わる問題と、真宗寺院が祖先崇拝の拠点となる時期と関連していよう。このうち前者は、のちに述べるc項とも関係して、各種御影類を安置する内陣の施設が整えられていたか否かという問題である。すなわち、c項から慈願寺や願慶寺は五尊（本尊・親鸞・前宗主・聖徳太子・七高僧の五つの御影）を安置し得る内陣施設をもった御堂を有しており、当然その寺院の歴代住職の法名や御影類をも安置していたと考えられるのである。これに対して座敷御堂形式であったと推測される浄照寺は、そうしたものを安置する物理的空間がなかったのではないかと考えられよう。

また後者については、小稿における本願寺末寺年中行事の検討の範囲を超えた問題であるから、小稿ではこれ以上の深入りは止めておきたい。

b項の衣体の軽重、c項の五尊への給仕、f項の実如・証如御影、j項の親鸞御影や蓮如御影の有無による給仕の違いなどに関する記述は、小稿の課題の一つである本願寺末寺寺院の教団内身分と深く関わるであろう項目である。前節で述べたように、戦国期本願寺末寺は大きく直参衆寺院とその門徒道場とに区分され、両者の年中行事には大きな違いがあったと推測される。その大きな違いを生み出した要因が、それぞれの御堂に安置されたであろう御影類の違いである。前節においては親鸞御影に限って説明しておいたが、この両年中行事記に書かれた内容からすれば、j項からは親鸞御影のみならず蓮如御影が、f項からは本願寺前々宗主実如および前宗主証如の御影が、またc項からは聖徳太子・七高僧御影など五尊の安置が直参衆寺院には許されていた一方で、門徒道場には一部しか許されていなかったことが判明する。またb項からは、そうした安置する御影類や御堂の形式によって、依用する衣体の差異が生まれたことが判明する。浄照寺本第15条において「白小袖・すゑひろノ扇を持申候」とするのは、報恩講の勤めに際しての衣体の規程であるが、願慶寺本第33条の場合は、「正月小袖と心得タルハ不足なり」と一段重い衣体（衣や袈裟の着用）の依用を規定している。堂班や寺格といった教団内ヒエラルヒーが未熟であった文禄段階で[17]、衣体の差異は御堂に安置された御影類の内容によって生まれていたのではないかと想像されるのである。

さて最後にg項にみられる法談・談合に関する記述であるが、浄照寺本では第4条にのみみえている。これは、四月十五日から本願寺で夏の御文が拝読され、法談が行われることについて、たとえ本願寺への参詣が叶わなくても、仏法聴聞の思いを強めるように法談せよとされているが、これと同じ事柄が、願慶寺本においては第16条に述べられている。願慶寺本には、他にも第8・18・30条などにも法談に関する記述がみえており、これらのことから直参衆寺院では法談の機会、言葉を換えれば門徒の寄合が多くもたれていた可能性も読みとることができよう。ともあれ、こうした法談の規程は僧職による俗人への教化に結びつく問題であり、教化者と被教化者が分離していく問題と深く関わっていると思われるが、今回これ以上は踏み込まない。

以上、願慶寺本・浄照寺本の両年中行事記に記された内容の差異について、その意味するところを概観してみたが、前節との関係でいえば、第四番目に指摘した御影類の安置の違いから生まれる年中行事の差異の問題が、両年中行事記の性格の違いを示す最も大きな要件であったことが指摘できよう。ただ、浄照寺本の第2・13・16・17条などからは、親鸞や蓮如の御影が、次第に門徒道場へも免許され始めている様子がうかがい知れ、前節で述べた推測と少しく事態は異なってきている。さらに、これまで触れてこなかったが、前節で戦国期の本願寺末寺では報恩講は勤められなかった可能性が高い、と推測したにもかかわらず、両年中行事記には報恩講の勤め方に関する記述が、かなり多くみられてもいる（浄照寺本11条〜15条、願慶寺本31条〜33条）。こうした齟齬は、両年中行事記のいかなる性格を意味しているのか、またそこから本願寺末寺年中行事の成立をどう推測し得るのか、節を改めて見通しを述べてみたい。

三　本願寺末寺年中行事成立の時期

前節で検討した浄照寺本・願慶寺本の両年中行事記の記載内容から、両本の性格と、そこからうかがい得る本願寺末寺年中行事成立の時期を推定してみたいが、その際、手がかりとなるのは、①浄照寺本の2・13・16・17条にみられる、「蓮如様無キ安置ニも……」、「御開山様安置之所にハ……御開山様無安置所にハ……」、「御開山様安置所なれは……」等の蓮如や親鸞などの御影類安置の有無に関する記載と、②両年中行事記に報恩講の記事が掲載されていること、の二つである。

このうち、最初に①について検討してみると、まず確認されることは、末寺年中行事の場合、安置されている御影の有無により、その儀礼の内容が変化するという事実である。すでに早島有毅氏は、戦国期本願寺教団において直参衆寺院にのみ与えられた親鸞御影の使用目的を、法会の際に行われる斎のためであったとされ、「座の中央正面にその会の目的に適った名号や人物像を掛けて、列席者が縦列の座次で同一の食事を」したと述べられているが、(18)まさにそのことを実証するものといえよう。さらに、先述したように、こうした御影類を免許されたのは、戦国期には直参衆寺院だけであり、門徒道場には免許されなかったのであるが、この浄照寺本の場合、蓮如や御開山＝親鸞の御影が、近世に入って門徒道場にも免許され始める過程に記されたものと判断し得る。したがって、この浄照寺本は、直参衆とその門徒道場との安置物に関する規程が厳密であった戦国期本願寺教団における門徒道場の実態を知る記録にはなり得ないと考えなくてはならない。

これに対して願慶寺本は、直参衆寺院として安置すべき五尊（本尊・親鸞・前宗主・聖徳太子・七高僧の五つの御影）が、すでに安置されているという前提で記されている。そして、1・3・36条などにみられるように、正月の修正会には五尊それぞれへ鏡餅・御仏供・御影供などで荘厳を整え、ツケタケ（附茸）によって燃香をするなどの作法を取るべきことが記されている。(19)また、10条に見られる法然祥月、13条にみられる聖徳太子祥月、15条にみられる蓮如祥月などには、それぞれの御影前でツケタケによる燃香、または蠟燭への点火など、しかるべく荘厳することが述べられ、五尊の調った寺院としての必要な給仕法が明示されているのである。その他、10・28の各条においては蓮如御影のみならず、実如や証如の御影が安置されている場合の給仕法についても触れているが、こうした直参衆寺院が、本願寺歴代宗主のうち誰の御影を安置するかについては、やはり早島氏が、直弟関係を結んだ歴代の御影が安置された、と述べられたことと対応している。[20] このように、願慶寺本の場合、戦国期の直参衆寺院が有したであろうと推定される御堂の安置物と、ほぼ対応するような声明作法が完備した年中行事記と考えられ、この本が記されたのは文禄元年であったとしても、直参衆寺院においては、もう少し早い段階からこうした年中行事記が記されていた可能性が高い。

ただ、願慶寺本の場合、報恩講の記述がある点において、そのまま戦国期の直参衆寺院年中行事記とするには躊躇せざるを得ない。そのことについては、先述のように、浄照寺本にも報恩講の作法がみられており、むしろ浄照寺本の方が詳しく述べられていることから見通すことができるのではないかと考えている。すなわち、報恩講は戦国期には確かに本願寺での報恩講に全国の門末が結集することを基本としていた。しかし、おそらく石山合戦期を境目として、次第に自坊で勤めることが一般化していったと考えられないだろうか。[21] 先に述べたように、天文期には百三十六名にも及ぶ多くの門末が参加した改悔についてみても、天正十七年（一五八九）の段階に至ると、「坊主衆両三人改悔被申候」というように極端に少なくなっている。[22] 何らかの理由でこうした状況が生まれたとすれば、願慶寺本においても浄照寺本においても、自坊で勤める報恩講の作法が含まれていても不思議ではないし、報恩講の記述が浄照寺本に多いことは、浄照寺本が、報恩講を自坊で勤めることが自明のこととなった段階以降に成立したことの証左ではなかろうか。それとは逆に、願慶寺本の場合、報恩講に本願寺に出仕することを自明のこととしていた、すなわち自坊での報恩講が行われなかった時代からの伝統が影響して、全体の箇条に占める報恩講記事が少ないのではないかと考えている。

おわりに

以上、三章にわたって検討してきた、本願寺末寺年中行事記の性格と、本願寺末寺年中行事の成立時期の問題を総括しておくと、以下のようになる。

①本願寺末寺年中行事は、戦国期から五尊を自身の御堂に安置し得た直参衆寺院においては、相当早くより形成されていた可能性が高く、年中行事記も早くから著されていたはずであり、願慶寺本年中行事記はそうしたものの流れを汲み、石山合戦以降に発展する末寺報恩講の記事が付加された年中行事記と考えられる。

②一方、直参衆寺院に所属していた門徒道場における年中行事は、戦国期には本願寺や直参衆寺院での年中行事に参加することに主眼があったため、日常的で簡素な朝勤めなどに限られており、年中行事記が成立する可能性は低かった。浄照寺本は、門徒道場が五尊を安置し始める近世期の、初め頃の様相を示すもので、そうした御影類の御堂安置が始まったことを受けて、道場坊主が年中行事記の必要性に駆られて、本願寺御堂衆から教えを請うて成立したものであった。

年中行事の研究は、本願寺教団史研究のなかでもあまり進んでいない分野であり、全国の真宗寺院に所蔵される年中行事記も、綿密な調査が進んでいるとはいい難い。今後の調査活動によって、新たな記録が発見されることを期待してはいるが、おそらく本論で検討したように、直参坊主衆寺院や一家衆寺院では願慶寺本より古い成立になる年中行事記が発見される可能性があるが、門徒道場寺院においては、浄照寺本を大きく凌ぐ古さの年中行事記は見出せないのではないかと考えている。大方のご叱正をお願いして擱筆する。

註

（1）金龍静「「卅日番衆」考」（『名古屋大学日本史論集』上巻、吉川弘文館、一九七五年）、早島有毅「戦国期本願寺における「頭」考」（『真宗研究』二六輯、一九八二年）。
（2）金龍静「蓮如教団の発展と一向一揆の展開」（『富山県史』通史編 II中世、一九八四年）、同「蓮如教団と一向一揆との関連性」（北西弘先生還暦記念会編『中世社会と一向一揆』、吉川弘文館、一九八五年）など。
（3）草野顕之「戦国期本願寺坊主衆組織の一形態」（北西弘先生還暦記念会編『中世仏教と真宗』、吉川弘文館、一九八五年）、同「戦国期本願寺教団における年中行事の意味」（『大谷学報』六七―一、一九八七年）、同「史料紹介 永正十七年元旦ヨリ儀式」（『仏教史学研究』三〇―一、一九八七年）など。
（4）戦国期本願寺末寺が、直参衆寺院とそれに属する門徒道場とに区分されることについては、草野顕之「戦国期本願寺直参考」（福間光超先生還暦記念『真宗史論叢』、永田文昌堂、一九九三年）を参照いただきたい。
（5）『昔物語記』（『真宗史料集成』第二巻、同朋舎出版、一九七七年）。
（6）金龍註（2）『富山県史』論文。
（7）『本福寺由来記』（『真宗史料集成』第二巻）。
（8）青木忠夫「本願寺証如筆、報恩講等年中行事関係文書」（『同朋大学佛教文化研究所紀要』一八巻、一九九八年）。
（9）「永禄四年八月十七日付ガスパル・ビレラ書簡」（『耶蘇会士日本通信』）。
（10）滋賀県高島郡マキノ町海津願慶寺蔵、仁科和志氏のご教示による。
（11）滋賀県高島郡高島町勝野浄照寺蔵。
（12）福間光超・早島有毅・西脇修「湖西地域における真宗教団の展開」（『龍谷大学仏教文化研究所紀要』第一八集、一九七九年）。
（13）『今津町史』第一巻（今津町、一九九七年）。
（14）『天文日記』（『真宗史料集成』第三巻、同朋舎出版、一九七九年）天文十二年九月十七日条。
（15）註（12）論文。『高島町史』（高島町役場、一九八三年）。

(16) 草野顕之「医王山における真宗の足跡」(医王山文化調査報告書『医王は語る』(富山県福光町、一九九三年)において紹介した福光町能美の願成寺の例などを想定している。

(17) 本願寺教団における寺格制度の成立については、草野顕之「近世本願寺坊主身分の一考察」(『大谷大学研究年報』第四二輯、一九九二年)を参照いただきたい。

(18) 早島有毅「本尊と影像(その図様と用途)」(『一向一揆と石山合戦』〈週刊朝日百科日本の歴史26〉、一九八六年、朝日新聞社)。

(19) 真宗の荘厳と声明作法などについては、仁科和志『真宗大谷派の行事と仏具』(法藏館、一九九四年)を参照されたい。

(20) 早島註(1)論文。

(21) 本願寺教団における年中行事の近世的展開については、草野註(17)論文を参照いただきたい。

(22)『天正十七年報恩講記』(『本願寺史料集成　西光寺古記』、同朋舎出版、一九八八年)。

本願寺末寺年中行事記

【凡例】

一、翻刻に当たっては、使用する漢字は原則的に常用漢字を用い、旧字体や俗字等は使用しなかった。また変体仮名は通規の平仮名に直した。
一、適宜、読点・中黒点をつけた。
一、欠損文字は□で示し、誤字・脱字は右傍に（　）して注した。
一、適宜、翻刻者による注記を（　）で記した。
一、抹消部分は左傍にゝを付した。
一、割り書きは〔　〕で表示した。
一、浄照寺蔵の両本は、漢字全体にルビが付されているが省略した。
一、本文での検討のために、箇条ごとに通し番号を付した。

◎願慶寺本『末寺衆年中行事』

（表紙）「
　　末寺衆年中行事（印）
」

可然坊主衆年中法事之作法

1　元日朝勤　御本尊・御開山様・前住様蠟燭たて、正信偈舌々の行、毎月廿八日之朝勤のことく、白小袖を着し、

すへひろを持へし。御鏡ハ五ケ日、六日の朝勤過て取置申候。花の真、松をたて候。〔梅・椿なと下草能候〕

2一、元日、日没常のことく。二日朝勤、如常。

3一、元三ノ朝勤マヘニ、御本尊・御開山・御代々・七高祖・太子コト〱ク、ツケタケ《（附茸）》ヲ置申候。同御仏供・御影供、皆々へ参候。三ケ日如此候。

4一、元三ノ朝勤前ニ、上壇ノサマ、コト〱ク取放申候。三ケ日朝毎如斯。

5一、四日ニ別条なく候。

6一、五日にも別条なく候。勤已下常のことく。

7一、二親之正月ニ、花束あるましく候。同持仏堂へもなく候。但、毎月の親の忌日ニハ、台夜・朝・日中ニハ、中尊・御開山へ蠟燭立へし。

8一、六日ノ朝勤ノ上ニ、御文大略一帖目ノ初から読候由申伝候。十五日ヨリ内、法談も、御文も、無常ノコトハリ、其用捨あるへき事ト承候。

9一、元日ノ和讃、弥陀成仏。

10一、廿五日ハ、法然ノ御前ニツケタケトリ、其朝勤ノ和讃、本師源空世ニ出テ次第六首、同日御影供参候。年中毎月如此。二月、実如様安置所ニハ、毎月朝・日中アリ。御正月とて別条なく候。

11一、たとへハ三日ヨリ、彼岸ニ入候ハヽ、二日ノ酉刻ニ御本尊・御開山へ花束参候。其外ノ御影前へハカサリナク候。鐘ヲツリタル程ノ寺ナラハ、初中後・日中アリ。彼岸中、旦夕ノ勤常のことく。但、七日之間、朝勤毎ニ蠟燭立候。

12一、彼岸中、毎朝太子・七高祖マテモアラユル内陣香炉ニハ、皆ツケタケ取申候。

13 一、二月廿二日、聖徳皇御正月也、然共何ニテモ別条なく候、常のことくの御勤也。但、太子ノ御前へ朝勤・夕勤の時、ツケタケ取、朝勤ノ御和讃ハ、仏智不思議ノ誓願ヲ、聖徳皇ノメクミニテ、以上六首。
14 一、太子へ御影供スワリ候、右之分ハ十二月なから、毎月ノ勤行ノソシキ如此。
15 三月ノ節供、二日の晩ヨリ桃花を真ニ立候。蓮如様安置之道場ニハ廿四日御待夜ハなくと、廿五日ニハ朝・日中、如来ノ御前ト、御開山ノ御前ト、蓮如上人御前ト蠟燭参候。
16 四月十五日ノ朝勤ニハ、御本師(寺)様ニハ今日から夏ノ御文有よし被申候而、歩ヲハコフコトコソ不叶共、セメテ道場等へモ参詣たしなまるへきよし、法談可然候。
17 五月節供、四日之晩から菖蒲を真ニ立、何にても草花にてかこひ申さるへく候。
18 六月炎天之比ハ、法談已下長座無用ニ、但、処の時宜ニよるへし。

七月盆

19 一、十三日ノ晩ニ、御本尊・御開山へ花束参候。待夜なし。
20 一、御伝ノ間ト、正面玄関ノ北ノ方ト、南ノ方ト二所ニ、灯籠ツルヘシ。御伝間ハチイサシ、広縁ノハ大也。
21 一、槇ノアル所ニハ、華ノ真ニ用へし。
22 一、十四日朝勤マヘニ、灯籠二ツへ火入同敷、朝勤常のことく草なり。
23 一、同日、待夜かる〳〵と、和讃六首。
24 一、十五日朝勤、廿八日之朝のことし。
25 一、同日、日中有。
26 一、同日、太夜なし。

27一、十六日之朝勤、常のことく、御文過てから、コト〳〵クカサリ取置申候。

八月

28証如様安置之道場ニハ、十二日晩かる〳〵と御台夜、十三日朝・日中、御本尊・御開山・証如様御前へ蠟燭立申候。

十月

29一、父にても、母にても、上人御命日ニ往生候ニ、まへの日ニ取越て、精進するも候、又おなし日にても、いつれも定りたる事なく候。

十一月

30朔日、朝勤前にても、以後ニテモ、法談。当年のうちに存命之満足、今月ニアヒタテマツリ、尤有かたし、今日からハ、各常よりも覚悟を御引かへ候て、日来のあやまりを翻て、たしなミ候へと催促尤ニ候。今日から廿八日迄ハ、おこたる人ハおしへ、化他の心かけ、自行化他輸(緩)怠有ましく候。

31一、御開山御仏事取越ても、または当日をあてゝ、惑(或)は三日、あるひハ五日入の待夜に御影供なし。翌日からハ、朝勤と日中の間ニすへかへ、昼夜御仏供・御影供を、結願まてすへとをし候。

32一、結願ノ斎過候て、斎之衆退散なきうちに、御開山之御影供アゲ、正面ニ机ヲタテ、其上ニ御影供ノ鉢ヲすへ申候。鉢ともに机の上ニをき、先其寺の住寺ニ是をいたたき、それより諸人ニひろめ候。

33一、坊主タル人ハ、正月小袖と心得タルハ不足なり。報恩講を年中の晴と心得、とりばうき・雑巾・畳の面かへまでも、御正忌を専ニいたすへく候。

34一、十二月ノ餅つきには、幾日ニつき候とも、御本尊・御開山・前住様へ、御仏供鉢ニ餅二ツ宛入申候而、朝勤前ニソナヘ申候。朝勤過テアゲ申候て、モリカヘテソナヘ申候。

大晦日

35一、七ツ時分から、かさり申候。

36一、御本尊ヘ御鏡五枚、御開山ヘ同しことく、前住様ヘ三枚也、七高祖・太子ヘ壱枚ツヽ、御代々ナラヒテ御掛ケ候とも、二枚ツヽ也。

37一、大晦日、台夜なし。

38一、太子・七高祖ヘ壱枚ツヽ。

39一、上壇ノサマモ、常ノマヽニテ、取不申候。

40一、御本尊・御開山様、元日計定灯也。

葬式之儀式

沐浴して入棺、持仏堂ノ前なれハ、其前ニテ蠟燭たて、勤舌々・短念仏ニテ、廻向願以此功徳、仏前別之間ナレハ、屏風ヲ死人の前ニタテ、監(臨)終仏を其屏風ニ掛之、勤申候、勤過てから、本尊ノ脇ニ屏風絵を、外へしてまわして置へし。

一、入棺之時、髪をそりてから、手ニ数珠をかけさせ、合掌させて、こよりにておやゆひの左右を取合て、かたくゆひ、ゆかたひらの上ニ、とうなわをかけ、頭ニすミほうしをかふらせ候。

一、葬の出立、上中下有へし、丁蠟燭、上百丁ト、中五十丁、下八丁ト。

一、蠟燭たてやう、町はつれから、たとひ遠近候ハん、見合て立候。

火屋のたてやうハ如此
火屋立様如此

チチチ
ギンハク　カマ（火屋絵）　シラツチニテヌリ候
此間三間　（机絵）　此間二間半　導師　坊主衆
チチチ

こしハ正面の扉よりかたニかけたる人々、まつ火を入候、堂僧二ツノ松明を、一ツニ取合、火を付、両人へ渡ス、両人火わたし候伝有。

一、桶ノ蓋ヲハリ名号
三通リ、真・行・草也、書順
南無阿弥陀仏（行）
南無阿弥陀仏（真）
南無阿弥陀仏（草）

一、女房輿ハ、出立ノ勤ヨリ先ニ葬所へ遣、

一、鈴ウツ人、侍者・下知三人宿ニテキハ□へシ、又墓ニテヒクヘキ和讃ノ事、坊主衆へ兼て申渡スヘシ。

一、仏前ニ死人ヲ置坊主ナレハ、桶ニ衣ヲキセ候、善門なりとも、衣　御免ノ人ニハ同前、女ナラハより不叶ハ、女ニハヲイヌノ引かけ候。

一、大松明、次ニ坊主衆、次ニ

トウロ

（絵）　（絵）

こし　此あと諸人

（絵）　（絵）　灯籠ハ六も可有

一、堂僧火屋ヨリ案内次第ニ、焼香スル也、ソレヨリ先ニスルハ、導師ノ越度也。

一、拾骨ノ時ハ、机ニモリ物ナシ、三具足ニ蠟燭ト樒計也、骨桶ト少キ足付ト、ツヽミキヌト、箸二揃持候。

一、火屋から骨ヲ持来テ、机ニスヘテから、焼香スルモヨク候、先ニスルハ導師ノ恥辱也。

一、勤申ハテ、拾骨ヲ先へ遣、坊主衆其跡ニ引、然宿ニテハ、勤かる〳〵と、和讃三首也、廻向願以此功徳也。

右ノ書者、従常楽寺、河内慈願寺ェ被遣候也。

文禄元年二月二日

◎浄照寺本『年中行事記』（仮称）

1 □□□（一、元旦カ）朝勤せゝ（舌々）真也。蠟燭立申候。

2 □□□（一、三月廿）四日、御台夜　蓮如様安置之故也。但、蓮如様無キ安置ニも、一期之間御文聴聞申、御恩報謝之ためとて台夜・朝・日中申候。

3 一、三月二日ノ晩依、内陣皆々桃花ノ真立申候。

4一、卯月拾五日ノ朝勤ノ上ノ法談ニ、今日依七月十五日まて、御本寺様にハ夏ノ御文聴聞望とて、諸国依参詣候。遠国の事上洛申事こそハ不及共、今日から其思ひを作、常依も御影前へ参詣をも運ひ、随分法儀心かけ候へと談合有可候。

5一、五月四日ノ晩依、菖蒲真を立申候。同六日朝勤過て依、花の真立替申候。

6一、七月十三日ノ晩から、中尊ト御代へ花束参候。

7一、七月十四日依、槇ノ真立申候。十四日ノ御逮夜、蠟燭立、焼香致、和讃三首也。

8一、同十五日ノ朝、蠟燭立、和讃六首。

9一、同十四日ノ晩から、内陣之南方ト、御堂正面ノ広縁ニ、五色ノ灯籠ツリ申候。

10一、九月八日ノ晩ニ、内陣皆々菊ノ真立申候。

11一、霜月報恩講、三日にても、五日にても、待夜から花束参、御仏事之間ハ、日中・待夜蠟燭焼香参候。但、朝勤にハ蠟燭立不申候。但、御仏事之間ハ御影供、昼夜共其まゝ。但、朝勤ト日中ノ間に、盛替申候。

12一、御仏事ニ入之御待夜にハ、御仏供・御影供備不申候。但、御台夜非時之衆候へハ、御影供参候。

13一、御開山様安置之所にハ、如来様ト御開山様御前計厳(飾)申候。御開山様無安置所にハ、御代之御影様一尊へ厳申候。

14一、結願ノ斎過テ、内陣取置申候。

15一、何時にても、焼香いたすほとの勤行にハ、白小袖・するひろノ扇を持申候。

16一、十二月大晦日ニ、如来・聖人ノ厳、二所也。御開山様安置所なれは、御鏡御本尊へ五枚、御開山様へ五枚也。

17一、御開山様無安置所にハ、御本尊へ三枚、御影様へ二枚也。

◎浄照寺本『葬礼ノ儀式』

葬例（礼）ノ儀式

女房衆ハ立チ番ニサキニヤリ申候

（蠟燭絵）　（蠟燭絵）

火ヤトラウソクノ間一間　同一間

（蠟燭絵）　ツクエトラツソクアヒタ二尺　ササフノ折ヤウ口伝有

火屋ノ四方ニ　ソクダイ　机ト導師　鐃持　｜｜｜

蠟燭立候　（火屋絵）　火屋　此間二間半　（机絵）　カウロ　ノ間九尺　導師　侍者　｜｜｜

作花　カウハコヲモツ

六本　｜｜｜

｜｜｜

又四本ニテモ　皆坊主衆也

同二尺

（蠟燭絵）

火ヤトラウソクノ間一間　同一間

（蠟燭絵）　（蠟燭絵）

けんそく衆

（蠟燭絵）　（蠟燭絵）　（蠟燭絵）　（蠟燭絵）

町ラツソク也

盛物次第　上々五十合　上下卅六合　中廿四合　中下十二合　下六合　下々二合

一、野辺送り出時、宿にての勤前ニ、棺ヲ仏前ノ正面へ出し置、導師ハ棺ノ前ニ居て、十四行偈ヲ始候。但、世尊我一心依り超請《（調声）》アケ候。帰命尽十方から助音往生安楽国ト納テ、超請南無阿弥陀仏〔南ノ字ニテ鈴打〕、次念仏助音、南ノ字にて鈴打候。三返目ニ超請念仏アケ、廻向ハ世尊我――、又我世彼尊――。

一、墓へ行道ノ次第。大タイマツ、イロヲ着タル者、カツキテ、此間ニ余人ナシ。（絵）

次、導師、次坊主衆、次コシ、次送衆。

一、灯籠二ナレハ、コシノサキへ右ト左トニ、又灯籠四ナレハ、コシノ跡ニ二、先へ二、両へひらかせて□ろきニ持遣候。

一、火屋へコシをかきすへてから、コシノ跡ト先をかきける人、火ヲ入テから、焼香致、勤初申候。

一、火屋へコシの入時ハ、正面から入、棺ニ火ヲかけて、皆出時ハ、火屋のうちの方から出、左の方へまハり、坊主衆ノ有ル坊主衆ノ左ノ方ニ辰《（立カ）》テなミ居申候。

一、勤正信偈過から、けんそく衆次第〳〵ニ焼香致候。

一、和讃ノ内から焼香致たる衆ハ、墓から一町モ半町モサキへへたて、道すちの右之方ニ、一処ニなミ居而、坊主衆其外へ礼をいたし申候。

一、ハイヨせノ時ハ、机・打敷・三具足・シキミ一本・らうそく一丁計也。

一、骨桶ノ高サ、五寸五部、足付ケハフチヲヒキク。
一、骨ヲヒロウハシ、カタ〱ハ木、かた〱ハ竹、木ト竹トハシ一せんニして。
一、骨桶ノ中へ風吹クナレハ、石ヲツヽミテ、兼テ入置申候。机から落タルハ、人々とかく申なし候。骨桶ヲチサル用意也。
一、此外、御一流ニ無益ハ、天蓋・幡・下火・イハイなと一切無用。
一、法名ニ、西心ト不可書、上下ノ字ヲ取合レハ悪ニ成候。信ノ字、真か。
右、此集式、泉龍寺殿関東へ御奉加之御時、相模国釜倉にて、諸坊主衆御望ニ付而、直札トシテ書授被成、其書本ヲ御前にて習字仕、写申候。難去と思召被遊候間、外見被成間敷候。

元和五《四》稔　林鐘中旬　浄妻（花押）

Ⅳ　近世・近代

檀家制度の成立過程

――熊本藩領を中心として――

圭室　文雄

はじめに

本稿では熊本藩領を中心に取り上げ、檀家制度の成立過程を検証してみたいと思う。

檀家制度の成立過程には大別すると、四つの段階があると考えている。第一段階は一五五〇～七〇年頃で、寺がこれまでの開基檀家ならびにその一族の菩提供養から、民衆の葬祭を積極的に行うようになった時期である。ゆるやかな寺檀関係形成の時期といってよいと思う。(1)

第二段階は一六一四～一五年頃で、幕府が伴天連追放令を出し、キリシタンを捕え、強制的に仏教に改宗させ、身分保証のため「転切支丹寺請証文」を作成させた時期。政治権力の強制による寺檀関係といえる。このことが契機となり、キリシタン以外の人々も寺との関係を結ぶようになったと思われる。(2)

第三段階は一六三一～四〇年頃で、幕府が鎖国令をしき、一方でキリシタンの本格的な弾圧に乗り出した時期で、とりわけ島原の乱以後、日本人全員に寺請証文を義務付けた時期である。(3)

第四の段階は日本人全員の戸籍（宗門人別帳）が作成された一六六五～七〇年頃である。この時から寺院の住職の請印がなければ戸籍に入ることはできなくなった。それゆえ、檀家制度の成立がほぼ完璧に形成された時期といえる。この戸籍の作成に寺が関わりをもったことが、それ以降葬祭檀家を軸とした寺院経営が安定していく契機となったといっても過言ではない(4)。檀家制度はおおよそこのように段階を踏んで成立した。

ここでは以上の四つの段階で、檀家制度がどのように形成されたのか、またこのような四段階に寺が数多く開創されたのは何故なのか、その実態を検討してみたい。

ここで取り上げた熊本藩は、第一代藩主加藤清正が天正十六年(一五八八)熊本へ入国し、その子忠広が改易され、その後、寛永九年(一六三二)細川忠利が小倉より入国し、明治四年(一八七一)まで細川氏歴代藩主の支配が続いた。総石高は五十四万石であった。肥後国十三郡と豊後国三郡がその支配地であった。ところで本稿で対象としたのは、豊後国三郡(約二万石)を省き、肥後国十三郡のみとした。石高は約五十二万石である。豊後国三郡を外したのは、肥後国と若干、宗教事情が異なるからである。また現在の熊本県域でいえば、球磨郡(約五万石)は相良氏が支配する人吉藩であり、天草郡(約二万五千石)は、寛文十年(一六七〇)以降は幕府の直轄領となっている。それゆえ球磨郡・天草郡は省いた。

さて、それではまず、明治四年現在の熊本藩領の各宗派が檀家(菩提)をどの程度所持していたかをみてみたいと思う。

一　熊本地方の檀家と寺院

1　明治初年の檀家数

表1　各宗派の郡別檀家数　（1871年現在）

宗派／郡名	天台宗	古義真言宗	新義真言宗	臨済宗	曹洞宗	黄檗宗	浄土宗	一向宗（東）	一向宗（西）	時宗	日蓮宗	合計	一向宗の比率
玉名	15	13	0	0	6	0	183	1936	15981	7	286	18427	97.2%
山鹿	37	18	0	0	54	0	208	116	6475	0	92	7000	94.2
山本	0	2	0	2	0	0	0	0	1450	0	0	1454	99.7
合志	0	0	0	0	0	0	0	600	2334	0	0	2934	100.0
菊池	3	0	0	4	40	0	50	315	3615	0	28	4055	96.9
阿蘇	10	9	0	15	206	0	141	1068	7059	0	230	8738	93.0
飽田	135	9	9	135	884	8	1511	6294	25913	0	3131	38029	84.7
託摩	0	0	0	2	19	0	0	597	2306	0	0	2924	99.3
宇土	5	0	0	45	20	0	353	390	4502	0	72	5387	90.8
上益城	50	0	0	0	5	8	20	397	5544	0	68	6092	97.5
下益城	8	0	0	0	125	0	142	1019	6825	0	32	8151	96.2
八代	4	0	0	49	123	0	319	2587	7285	0	354	10721	92.1
葦北	6	0	0	6	0	0	139	339	3906	0	50	4446	95.5
合計	273	51	9	258	1482	16	3066	15658	93195	7	4343	118358	92.0
百分比	0.2	0.04	0.007	0.2	1.3	0.01	2.6	13.2	78.7	0.006	3.7	100.0	
一カ寺当たりの檀家数	16	9	9	13	37	8	65	189	273	7	85	193	

①熊本城下は飽田郡に含む。
②一カ寺当たりの檀家数はそれぞれの宗派の寺数から檀家0の寺院を差し引いた寺数で割ったもの。

まず熊本藩領の寺と檀家との関係をみてみたい。**表1**は明治四年（一八七一）五月、熊本藩が民部省に提出した『熊本藩諸宗本末寺号其他明細帳』（国立国会図書館所蔵）のなかから檀家数を取り出し、郡単位・宗派単位に表示したものである。横の欄の「合計」は郡単位の檀家軒数である。「一向宗の比率」とあるのは郡単位の合計軒数のうち、どの程度の割合で一向宗（東・西合わせて）の檀家が含まれているかを表示したものである。つぎに表の縦の欄を説明すると、熊本地方の北から南に郡ごとに表示している。「合計」とあるのは、各宗派ごとの総檀家軒数を示している。「百分比」は総檀家数に占める宗派ごとの比率である。「一カ寺当たりの檀家数」はそれぞれの宗派寺院がどの程度の平均檀家数をもっているのかを表示した。

さてこの表をみると明らかなように、一向宗の檀家数が圧倒的に多い。西本願寺末寺の檀家が全体の七八・七%、東本願寺末寺の檀家数が一三・二%、合計すると九二%を占めることになる。このことから残りの八%の檀家を他宗派で奪い合うことになっている様子がわかる。

つぎに各郡ごとの一向宗檀家が占める割合をみてみよう。一番右の欄をみるとわかるように、合志郡は一〇〇%一向宗である。全体をみると城下町を含む飽田郡のみが八四・七%であるが、農村地帯である他の郡はすべて九〇%を超える比率で一向宗の檀家である。そのうち七郡は九五%を超えている。まさに熊本藩領は一向宗地帯といえる。

ところで最下段の各宗派ごとの一カ寺当たりの平均檀家数をみていただきたい。全体の平均檀家数は一九三軒となっているが、この数を超えるのは、何と一向宗西本願寺末寺のみである。つまりこの一向宗西本願寺派で全体の平均値を引き上げていることがわかる。これについで多いのは、一向宗東本願寺末寺の一八九軒である。第三位は日蓮宗の八五軒、第四位は浄土宗の六五軒といったところである。これ以外の諸宗派はいずれも五〇軒以下の檀家しか持っておらず、その多くは菩提檀家の葬式のみでは寺院経営ができず、祈禱に依存するか、農地を手作りするかによらなければ生活できなかったことがわかる。つぎに一向宗以外の宗派について検討してみる。

まず天台宗は総数で二七三軒であるが、飽田郡がほぼ半数を占めている。しかしこの地域の寺でも菩提檀家を抱える寺院で四一〜五〇軒の間に入る寺は三カ寺にすぎない。全体としてみても「無檀家」の寺が三七カ寺を占め、飽田郡の二カ寺の最高は四一軒であり、これとて葬祭のみで暮らせる寺院ではあるまい。

真言宗についても総数で五一軒にすぎない。「無檀家」寺院は五五カ寺にものぼり、檀家持寺院の最高は一三軒にすぎない。この宗派も葬祭での生活はできない。

臨済宗の檀家も総数が二五八軒であり、一向宗西本願寺派の末寺一カ寺分の平均値にも満たない数字である。とりわけ城下町を含む飽田郡に集中しているこの宗派も「無檀家」寺院が多く、一九カ寺を数えるし、最高でも檀家数は四一軒である。

曹洞宗もやはり飽田郡に集中している。しかしこの宗派もほぼ半数の寺院は「無檀家」寺院である。一〇一軒以上の檀家を持つ寺院は三カ寺のみで、全体の三・三％にすぎない。大半は五〇軒以下である。この宗派も葬祭のみでは生き残れない。

浄土宗は飽田郡に集中しており、農村部の伸びは小さい。しかし三郡は零であるがこれを除いては広範囲に檀家を押さえている。

日蓮宗も飽田郡に檀家が集中している。しかし浄土宗同様、少ないながらかなり広範な地域で檀家を獲得している。

黄檗宗・時宗は数量的にみて比較の対象にはならないと思う。

以上、一応諸宗にわたり検討してみたが、やはり何といっても、この地域で絶大な勢力を誇るのは一向宗西本願寺派と東本願寺派である。西本願寺派は全地域にその勢力をむらなく拡大している。これに対して東本願寺派は、相対的にみれば北部よりも南部地域の方が檀家が多い。

つぎに宗派ごとの寺院数を明治四年段階で表示してみた。**表2**がそれである。

表2　明治4年の熊本藩領の諸宗寺院分布

宗派／郡名	天台宗	真言宗	臨済宗	曹洞宗	黄檗宗	浄土宗	一向宗(東)	一向宗(西)	時　宗	日蓮宗	計
玉　名	2	5	2	5		3	14	53	1	4	89
山　鹿	2	4	2	4		1	1	28		1	43
山　本		1	1					4			6
合　志	4		1	2		6	2	11			26
菊　池	1	1	2	5		1	1	12		2	25
阿　蘇	7	1	1	9		2	12	30		1	63
飽　田	20	20	18	31	1	34	29	77		41	271
託　摩	1	1	3	13			4	12			34
宇　土	3	4	1	4		4	4	17		2	39
上益城	5	2		4		1	4	36		2	54
下益城	5	2		13	2	3	7	34	1	1	68
八　代	3	17	5	4		6	11	35		3	84
葦　北	1	2	2			3	13	15		1	37
合　計	54	60	38	94	3	64	102	364	2	58	839
百分比	6.44%	7.15	4.53	11.2	0.36	7.63	12.16	43.38	0.24	6.91	100
正徳5年との差	−56	42	−14	−3	1	3	4	21	0	3	

2　明治初年の諸宗派の分布

まず**表2**を説明しておきたい。横の欄は宗派を示しており、「計」は郡ごとの寺院合計である。縦の欄は**表1**と同じように北から南へ郡名を記している。「合計」は宗派ごとの総寺院数である。「百分比」は総寺院数のなかでの宗派ごとの占める比率である。ここでも断然、一向宗が多く、東・西合わせると五五・五％に及ぶ。

さて明治四年の熊本藩領の寺院分布をみてみると、第一位一向宗西本願寺派三六四カ寺、第二位一向宗東本願寺派一〇二カ寺、第三位曹洞宗九四カ寺、第四位浄土宗六四カ寺の順となっている。もう少し大きく分けてみると、密教系（天台宗・真言宗・日蓮宗）は一七二カ寺で二〇・五％、禅宗系（臨済宗・曹洞宗・黄檗宗）は一三五カ寺で一六・一％、これに対して浄土系（浄土宗・一向宗・時宗）は五三二カ寺で六三・四％となる。圧倒的に浄土系が強いことがわかる。しかもそのなかでも一向宗東・西派を合わせると全体の五五・五％を占めていることには注目すべきである。

先述のごとく、この一向宗寺院が五五・五％であるにもかかわらず、全体の檀家数の九二％を占めており、それに対して四四・五％を占める他宗派の寺院が約八％の檀家を分け合って把握していることがわかる。熊本藩領に関する限りでいえば、寺請制度が施行されるまでの時期に一向宗寺院がまず進出し、とくに寺請檀家の多くを把握したことがうかがえる。一向宗寺院が熊本藩領に進出した時期については後述する。

つぎに江戸時代の史料でみてみよう。史料は正徳五年（一七一五）「肥後・豊後寺社本末帳」（熊本県立図書館所蔵）である。**表3**がそれである。

表3　正徳五年の熊本藩領の諸宗寺院分布

宗派／郡名	天台宗	真言宗	臨済宗	曹洞宗	黄檗宗	浄土宗	一向宗(東)	一向宗(西)	時宗	融通念仏宗	日蓮宗	山伏	計
玉名	4	4	7	5		3	14	52	1		4	4	98
山鹿	2	2	1	4		1	2	26			1	3	42
山本		1	1					4					6
合志	4		1	1		2	2	11				1	22
菊池	1		2	1			1	12			2	1	20
阿蘇	44	1	1	9		2	14	29			1	37	138
飽田	28	5	23	40	1	34	30	75		1	38	40	315
託摩	1		3	14		2	4	10				1	35
宇土	4		3	5		4	5	17			2	3	43
上益城	8	1	1	4		1	4	36			2	2	59
下益城	6	2	1	10	1	3	7	24	1		1	2	58
八代	7	2	6	4		6	13	33			3	21	95
葦北	1		2			3	2	14			1	2	25
合計	110	18	52	97	2	61	98	343	2	1	55	117	956
百分比	11.51%	1.88	5.44	10.15	0.21	6.38	10.25	35.88	0.21	0.1	5.75	12.24	100

3　正徳五年の諸宗派の分布

表3は**表2**より百五十七年遡った時期の数字である。まず表の説明をしておきたい。横の欄には宗派をとり、「計」は郡ごとの合計寺院数である。縦の欄には北から南へ郡ごとに記している。「合計」は宗派ごとの寺院の合計の数字である。「百分比」は総寺院に対する宗派ごとの比率である。

全体を郡ごとにみてみると、飽田郡は城下を含んでいるので寺数が多いことがわかる。この他では、阿蘇郡が山岳修験の阿蘇山伏と天台宗寺院が多いことが目立つし、また玉名郡は高瀬町を、八代郡は八代町をかかえており、いずれも交通の要地であり、港町であるため人口が集中しているので、寺数も多い。

高瀬町は熊本藩北部の最大の町で、加藤清正が朝鮮出兵した際の兵站基地となったところである。また穀倉地帯である菊池川流域の二十万俵の米を河口の高瀬湊に積み出す高瀬御蔵があり、ここから二十万俵を大坂堂島へ積み出していた。寛文六年（一六六六）、熊本藩の支藩・細川新田藩（のち高瀬藩）三万五千石の陣屋が置かれている。高瀬町内の北側に寺町が設置されていた。

八代町は熊本藩の南部最大の町で、藩主細川氏の八代城代が置かれ、家老松井氏が支配している。球磨川の河口に位置し、産業の中心地であったが、とりわけ新田開発が大規模に行われたところでもあった。

つぎに**表3**を宗派ごとにみてみると、全体的に寺数が多いのは城下を含む飽田郡であるが、天台宗は前述のごとく阿蘇郡が多い。真言宗は寺数が少ないので目立った特色はない。臨済宗は藩主の菩提寺である妙解寺・泰勝寺があった関係で、飽田郡が多い。曹洞宗は中本山大慈寺が飽田郡川尻町にあったことから飽田郡に集中している。黄檗宗と時宗、融通念仏宗は寺数が少ないので省く。浄土宗は町人の信仰が強い飽田郡に集中している。一向宗東本願寺末・西本願寺末は、いずれの地域でもかなりの進出をみるが、強いていえば飽田郡がとび抜けて多い。これは城下に東本願寺末の延寿寺、西本願寺末の西光寺・順正寺が存在し、その塔頭がかなり多く含まれていることによる。これらの三カ寺はいずれも熊本藩領の触頭寺院であり、この寺は、中本山の役割を果たしている。日蓮宗は細川氏の前の藩主が加藤氏であったが、本妙寺は初代藩主・加藤清正の菩提寺で、加藤清正の墓もある。またこの寺は藩内の触頭を務めており、塔頭も多い。このことが飽田郡の数字に影響していると思う。山伏はこの地域では圧倒的に京都醍醐三宝院系の当山派修験である。その拠点の一つが阿蘇山であり、もう一つが城下の熊本であった。そのことが数字に表れている。

つぎに宗派ごとにみてみると、第一位は一向宗西本願寺派末寺の三四三カ寺で三五・九%、第二位は山伏の一一七カ寺で一二・二%、第三位は天台宗の一一〇カ寺で一一・五%、第四位は一向宗東本願寺派の九八カ寺で一〇・三%、第五位は曹洞宗の九七カ寺で一〇・二%と続く。さらにもう少し大きく分けると、密教系（天台宗・真言宗・日蓮宗・山伏）が三〇〇カ寺で三一・四%、禅宗系（臨済宗・曹洞宗・黄檗宗）が一五一カ寺で一五・八%、浄土系（浄土宗・一向宗東本願寺派・同西本願寺派・時宗・融通念仏宗）が五〇五カ寺で五二・八%である。ここでも浄土系が強く、それにつぐのが密教系であることがわかる。

そこで**表2**と**表3**を比較しながら、若干検討を加えてみたい。この間には百五十七年の差があるが、そのなかで最も大きな特色といえば、慶応四年（一八六八）の神仏分離令により大量の破却寺があったことであろう。とりわけこの政策が起点となり廃仏毀釈政策が展開した。その結果、葬祭檀家を持たない祈禱的な性格の強い各宗派は大打撃をこうむることになった。

まず**表2**と**表3**を比較して気が付くことは、**表3**にある十二宗派が、**表2**では十宗派になっていることである。

総数でいえば、九五六カ寺から八三九カ寺に減少している。その差は一一七カ寺である。とくに山伏と融通念仏宗が姿を消している。江戸時代には一一七カ寺と一向宗西本願寺派につぐ第二位の勢力を誇った山伏の消滅は大きい。

つぎに宗派ごとに少し詳しくみてみると、表3に比べ、表2で寺院数が増加しているのは、真言宗の四二カ寺、一向宗西本願寺派の二一カ寺が目立つところである。このほかにわずかながらの増加は、一向宗東本願寺四カ寺、浄土宗・日蓮宗の各三カ寺、黄檗宗一カ寺といったところが続いている。時宗は変化はみられない。そこで増加した真言宗・一向宗西本願寺派について、もう少しみてみると、明治四年に真言宗が飛躍的に増加したのは、山伏寺が改宗したものがほとんどである。先述のごとく、熊本藩領は醍醐三宝院系の当山派修験が多かったため、その多くが真言宗に改宗している。このことから真言宗寺院は江戸時代に比べると、明治四年には約三、三倍の寺数へと急増している。

ついで一向宗西本願寺派の増加であるが、これは江戸時代に比べると六・一％程度の伸びである。これはこの宗派の特色として、持仏堂や阿弥陀堂と称する堂宇を、熊本藩領の中本山（触頭と称している）の西光寺・順正寺が「西光寺通寺」「順正寺通寺」と称して藩内各地に置いたことによる。これらの「通寺」は、西本願寺からの承認を得て、さらに「紙寺号」や本尊の「木仏」（阿弥陀如来像）を与えられた新寺である。幕府は新寺の建立を寛永八年（一六三一）に禁止したが、この正徳五年（一七一五）以降の百五十七年の間、依然としてこの地域では、新寺が増加していたことがわかる。また一向宗東本願寺末寺についても中本山延寿寺が同様の手法で「延寿寺掛所」として新寺を増加させている。浄土宗・日蓮宗については神仏分離令の影響がほとんどなかったことの証左といえる。

つぎに寺院数でかなり減少した宗派をみてみよう。第一位は先述のごとく山伏一一七カ寺、第二位は天台宗五六カ寺、第三位は臨済宗一四カ寺、第四位は曹洞宗三カ寺である。

まず山伏であるが、明治政府は明治五年（一八七二）九月十五日、修験宗を廃止し、天台・真言両宗所属とする、としたが、熊本藩領においてはすでにその一年以上前の段階で、修験宗（山伏）を廃止し、真言宗に改宗させていることがわかる。とりわけ当山修験の袈裟頭で、熊本城下観音坂にあった仏勝院は、五人扶持で、祈禱料白銀五枚を藩主細川氏が毎年与えていたが、明治四年の段階ではすでに真言宗寺院となっている。明治政府の布達より前に、醍醐三宝院は配下の当山修験を真言宗寺院の末寺として位置付けている様子がわかる。しかし真言宗へ改派した山伏寺院もその多くが葬祭檀家を持っておらず、明治五年以降「無檀寺院」としてその後、廃寺とされる例が多かったことも指摘しておきたい。

ところで、同じ密教系でありながら天台宗寺院の減少は激しい。江戸時代に比すれば半分しか残っていない。天台宗延暦寺直末の熊本城下藤崎八幡宮の別当寺である神護寺が廃寺になり、同社の社僧三カ寺およびその多くの末寺も廃寺となったこと、また阿蘇神社の別当寺である学頭坊西巌殿寺と衆徒二〇カ寺、行者一八カ寺が廃寺となったことが大きい。阿蘇の衆徒と行者は寺領合計約九百石と、祈禱檀家約五万軒を支配していた。このほか、天台宗寺院は領内の神社の別当寺・供僧寺が多かったので、これらがいずれも廃寺となった。熊本藩領に関する限りでいえば、神仏分離令の影響が最も大きかったのは山伏と天台宗といえる。臨済宗については藩主細川氏の菩提寺である領内随一の妙解寺（寺領八七五石）と、泰勝寺（寺領四三〇石）があったため、臨済宗寺院は家臣や商人の檀家を持つ寺が数多く建てられたが、明治四年、藩主細川氏が仏葬祭から神葬祭に転じたため、両寺とも廃寺となり、その多くの末寺も潰されている。このほか多くの寺領を持っていた寺も廃寺となった。曹洞宗は檀家は少ないながら庶民の葬祭を中心に展開したため、神仏分離令の影響はそれほど受けていない。

以上のことから、江戸時代以来順調に勢力を伸長してきたのは、一向宗西本願寺派、それについで同宗東本願寺派であり、明治以降も檀家制度を足場に順調に展開していったことが明らかになる。とりわけ一向宗は全檀家の九二%を押さえており、さらに熊本藩領では一向宗の寺院は毎月二十八日には報恩講を行い、その日は檀家一軒につき白米八合から一升ずつ一向宗寺院に提出している。この報恩講は一月を初恩講、二月を二恩講のごとく呼んで十二カ月続けている。葬祭のみの収入ではなく、寺にとっても報恩講で毎月上納される白米の量は経済的に大きな基盤となった。たとえば領内で最大の檀家を持つ西光寺・延寿寺はいずれも檀家が三千五百軒であり、檀家一軒月当たり白米一升とすると、年間白米四百二十石の収入であったことがわかる。これは領内第一の寺領を持つ妙解寺が実収入二百六十石前後だったのに対し、はるかに多い。それでは、このような一向宗の一人勝ち的状況を作り上げた一向宗寺院の開創がいつ頃であったのかをつぎにみてみたいと思う。一向宗寺院（東西含めて）がいつ頃からこの地域に進出してきたのかについて、表示してみる。

二　一向宗寺院の展開

1　一向宗の進出時期

さて**表4**について検討してみよう。ここで表示したなかで横の合計の欄をみていただきたい。多くの寺院が開創された時期をみると、その数字が多いのは、早いところでは天文年間、ついで慶長年間、寛永年間、寛文年間あたりであろうか。このほかでは、単年度の数字でみると承応年間、明暦年間あたりが目につくところである。一応、天文・慶長・寛永・寛文の四つの時期に特色があることはすでに指摘したところである。もう少し詳しく検討するために、単年度数についてみてみよう。和暦はそれぞれ年数が異なるので、それを一年分として計算したのが「単

表4　熊本藩領における一向宗寺院の開創年代（1715年現在）

年号	郡名／西暦	玉名	山鹿	山本	合志	菊池	阿蘇	飽田	城下	託摩	宇土	上益城	下益城	八代	葦北	合計	単年度数
明応	1492～1500								1							1	0.11
文亀	1501～1503															0	0
永正	1504～1520	1	1						1					1		4	0.24
大永	1521～1527								3							3	0.43
享禄	1528～1531															0	0
天文	1532～1554	8	1	2		2		2	1			1	2	1		20	0.87
弘治	1554～1557	1														1	0.33
永禄	1558～1569	2											1			3	0.25
元亀	1570～1572								1							1	0.33
天正	1573～1591	1	3			1		2		1				2		10	0.53
文禄	1592～1595					1			2				1			4	1
慶長	1596～1614	6	9	1	5	4	7	6	25	5	8	4	8	7	1	96	5.05
元和	1615～1623	5	1		1	1		2	5		2	4	1		1	23	2.56
寛永	1624～1643	15	6		4	2	19	12	20		9	12	8	16	6	135	6.75
正保	1644～1647	2	1		1		1	1				2	1	1	1	11	2.75
慶安	1648～1651	3							2		1	2	2	2	1	13	3.25
承応	1652～1654	7	2		2		4	1	2			1		2	1	22	7.33

明暦	1655～1657	3	1	1			1	1	3			3		1		14	4.67
万治	1658～1660							1	2			1	1	1	1	7	2.33
寛文	1661～1672	5	3			2	11	1	4	1	2	7	4	8	4	52	4.33
延宝	1673～1680									1				1		2	0.25
天和	1681～1683	1										3		2		6	2
貞享	1684～1687															0	0
元禄	1688～1703	3						1								4	0.25
宝永	1704～1710							1	2				1			4	0.57
不明		3											1	1		5	
合計		66	28	4	13	13	43	31	74	14	22	40	31	46	16	441	

年度数」である。たとえば承応年間の七・三三という数字は、この時期に一年に七・三三カ寺が平均的に建てられた寺数ということになり、一向宗の寺の開創が集中した時期であることを示している。つまりこの数字が多いほど、その時期に一向宗の寺の開創が多かったことになる。そのようにしてみてみると、一年に一カ寺が建立されたのは文禄年間がはじめてで、その後、寛文年間までは一年に一カ寺以上が建てられている様子がわかる。とくに開創寺院が多かった時期をみると、第一位は承応年間七・三三カ寺、第二位が寛永年間六・七五、第三位が慶長年間五・〇五で、つまりこの三つの時期はいずれも一年間に五カ寺以上の寺が開創されている。

さて、それではもう少し時期を大きく分けてみてみよう。たとえば一年に一カ寺の開創を超えた文禄年間から以後の寺数をとってみると、文禄から宝永までは総数で三九三カ寺となる。年代不明の五カ寺を差し引くと、総合計は四三六カ寺となるので、全体の約九〇％の寺院は、この一五九二年〜一七一〇年の百十九年間に開創されたことがわかる。さらにそのなかでも教線の伸長が止まる延宝年間以降を除くと、慶長〜寛文年間までの七十七年間で三七三カ寺となる。つまりこれは全体の八六％にのぼる。熊本藩領に関する限りでいえば、この時期こそが一向宗寺院が熊本地方に急展開した時期であり、全領の九二％の檀家を把握した時期であったこともいえよう。つまり民衆の葬祭を押さえたのは、まさにこの七、八十年間であったことがわかる。一向宗寺院が庶民の葬祭を独占したのは、親鸞や蓮如が布教した時期でもなければ、一向一揆が盛んであった時期でもない。まさに寺請制度が施行された前後の時期であった。

では、一向宗寺院は熊本藩領の村々にどの程度の密度で浸透したのであろうか。これについては、全体では一カ寺当たり二・一七カ村（大字）となる。つまり現在の大字でいえば二カ村に一カ寺の一向宗寺院が展開している。郡によってはややばらつきはあり、これは村の数や規模にもよるので速断は避けたいが、概して寺数の多い郡は百分比の比率が下がり、このことは一向宗の信仰が村落に浸透していることを示している。

この**表4**は正徳五年（一七一五）「肥後・豊後寺社本末帳」から、寺伝による開創年代を一向宗のみ抄出したものである。もとより、後述のごとく合志郡の項で検証するように、寺伝の誤りも若干見出すことができたが、一応そのまま表示した。

また、この**表4**では、一向宗西本願寺派と同宗東本願寺派を合計した数字で示した。東西の比率について詳しくは**表3**でみていただきたいが、西本願寺派七に対して東本願寺派は二の比率であり、圧倒的に西本願寺派末寺の方が多い。しかも東本願寺派の触頭・延寿寺は寛文五年（一六六五）、延寿寺月感が西本願寺の本山学寮の能化西吟との教学論争に敗れて、東本願寺派に転派したもので、それまでは末寺を含めてすべて西本願寺派であったので、本来は東本願寺派といわれる寺は四カ寺のみであった。この四カ寺はいずれも寛永九年（一六三二）細川忠利が小倉藩から熊本へ入国した折、随伴してきた僧侶が創建した寺である。つまり寛永九年以前の熊本藩領はほぼ一〇〇％が西本願寺末寺であった。そして寛文五年以降、延寿寺末が東本願寺派になった。

つぎに領内三カ寺（触頭）の開創をみてみると、最も古い開基伝承をもつのは西光寺である。以下三カ寺とも史料は正徳五年（一七一五）「肥後・豊後寺社本末帳」による。

西光寺については、

明応年中了宗と申僧、山鹿郡片保田村一宇致建立、其以後永正十五年従本寺寺号申請候、然処天正年中西光寺三代了欽儀従清正公熊本江被召出、片保田村西光寺を古町江引移申候、其節寺地五反御免地被仰付候、

とある。最初城北の山鹿郡方保田村で開創したのが明応年間であり、永正十五年（一五一八）本山本願寺から西光寺の寺号免許を受け、城下に移転したのは天正年間、とあるが、加藤清正の入国は天正十六年（一五八八）六月である。これ以降ということになると、加藤清正が城下町整備に着工するのは慶長七年（一六〇二）以降で、寺町が形成されたのはもう少し時代が下がるので、現在地に移住したのは早くとも慶長七年以降と思われる。

順正寺について同史料では、つぎのごとく記している。

大永元年慶徳と申僧致開基候、境内表口廿九間四尺五寸、裏廿七間入北ノ方口拾八間、南方五拾弐間半御免地ニ而候、

とある。しかしこれにも異説があり、大永元年（一五二一）慶徳（長嶺有直）が寺を開いたのは豊後国緒方郷で、その後、彼は天文十二年（一五四三）頃肥後国へ入り、阿蘇郡・益城郡・八代郡・芦北郡・天草郡と布教の旅を続け、天文十九年（一五五〇）上益城郡腰尾村で没したとされている。つまり現在地の開創は弟子の慶空である。彼

は天正十五年（一五八七）飽田郡牟田口村に順正寺を建て、加藤清正の要請で現在地に移ったとされているので、やはり西光寺同様、慶長七年以降、城下の現在地に移ったと思われる。しかし、『新熊本市史』通史編第三巻近世Ⅰでは、西光寺と順正寺の熊本城下移転は文禄末年（一五九五）頃と推測している。

延寿寺はつぎのように記されている。

延寿寺大永二年空珍と申僧、合志郡於板井村致開基候、其後慶長六年月感住持之節熊本ニ引移申候、前廉ハ西派ニ而、京都興正寺末寺ニ而候処、寛文五年十二月東本願寺致派替候、境内口四拾七間、入六拾五間半従前々御免地ニ而候、

とある。最初大永二年（一五二二）合志郡板井村に開創されたが、慶長六年（一六〇一）城下の現在地へ移り、寛文五年（一六六五）月感のとき、西本願寺派から東本願寺派へ転派したと記されている。なお、同史料の合志郡板井村の項をみると、延寿寺掛所があり、

熊本延寿寺古跡ニ而候、延寿寺慶長十六年熊本城下ニ引移申ニ付、其寺跡致建立、則懸（掛）所仕候、寺中御年貢地ニ而候、

とあり、古跡に現在延寿寺掛所があること、熊本城下へ移ったのが慶長十六年（一六一一）であることが記されている。先述の延寿寺の項より十年遅くなっているが、むしろこの方が正しいのではないかと思われる。なぜならば、加藤清正の寺町の設立がこの頃だからである。

以上肥後三カ寺（触頭）といわれる寺の縁起をみてきたが、加藤清正が城下町政策により、寺町を新設し、領内の有力寺院を集めていることがわかる。その時期は早くみて慶長七年（一六〇二）、遅くみて慶長十六年（一六一一）頃と思われる。このような段階に城下町に移った寺、とくに西光寺・延寿寺が、江戸中期にはそれぞれ檀家を

三五〇〇軒ずつ持っているし、順正寺は二九五〇軒持っている。このことからみれば、寺檀関係が形成されたのは一六一〇年以降と考えていいと思う。

以上三カ寺のほか、天文年間より以前の開創との開基伝承を持つ寺が五カ寺あるので、一応検証してみたいと思う。

まず永正年間のもので、玉名郡南関村の正勝寺は「永正年中道栄と中僧致開基候、境内御年貢地ニ而候」とみえている。しかし境内地が年貢地であることからみると、慶長総検地（一六〇八）以前の開創ではないし、この寺の本寺である山鹿郡湯町光専寺は開創が天正六年（一五七八）であるので、この寺の申告通りの開基伝承を信じることはできない。

つぎは山鹿郡下高橋村専称寺であるが、この寺の開基伝承は、

専称寺永正十三年致開基候、境内御年貢地ニ而候、

とある。この寺についても慶長検地以降の開創と思われるし、この寺の本寺は熊本の成満寺であるが、成満寺が山鹿郡御宇田村に開創されたのは天正十五年（一五八七）であるので、この開基伝承も疑問が残る。

三番目は八代郡上野村徳敬寺である。この寺については、

徳敬寺永正十五年寿玄と申僧開基、寛永六年了円と申僧寺号申請候、寺中御年貢地ニ而候、

とある。一向宗は寺号公称をもって開創としているので、この寺の実質的な開創は、寛永六年（一六二九）である。

四番目は熊本京町仏厳寺である。

仏厳寺永正十年了善と申僧致開基候、境内口三拾間、入三拾壱間従前々御免地ニ而候、

とある。この寺は永正十年（一五一三）の開創で、境内地は年貢免除地とみえており、本山は本願寺端坊とある。

末寺は一四カ寺を支配している。しかし異説もあり、永正十年に了善が仏厳寺を開創したのは、豊後国直入郡大塚村であり、その子良順が肥後国合志郡竹迫村に寺を移し、四代良訓のとき、現在地に移したとしている。しかし寛永十年（一六三三）の「肥後藩人畜改帳」の竹迫村には、仏厳寺の記載がないので、すでにこれ以前、熊本城下に移ったものであろう。とすると、仏厳寺の成立年代には疑問が残る。

大永年間では先述の延寿寺と順正寺はすでにみたので、残るのは一カ寺、永福寺である。この寺の所在地は城下本坪井町である。

永福寺大永二年正善と申僧致開基、境内口三間、入拾五間、町並外ニ壱反拾三歩ハ地子地ニ而候、

とある。この寺も年貢地であることから一六〇八年以降と思われ、やや疑問が残る。本寺は京都本願寺内端坊とある。

以上、中本山格の三カ寺、ならびに永正・大永年間の開基伝承を持つ五カ寺、併せて八カ寺の開創年代を推定してみたが、いずれも疑問が残る。もう少し時代を下げて考えなければならないと思う。これらのことから推定すると、おそらく天文元年（一五三二）以前には、熊本地域には一向宗の寺院は存在しなかったと考えていいと思う。

つぎに一向宗の寺院の実態をもう少し明らかにしてみたい。史料が割合、まとまっている合志郡について検討してみたい。合志郡は**表1**で明らかなように、一向宗の檀家が一〇〇％の唯一の地域である。

2　一向宗寺院の実態

表5のイの部分は、正徳五年（一七一五）「肥後・豊後寺社本末帳」より、寺名・村名・開創年代・宗派・開山・境内地が除地であるのか年貢地であるのか、を拾い出して作成したものである。一応、史料に記されている寺伝に

表5　合志郡の一向宗寺院の実態

	イ 正徳5年段階							ロ 寛永10年段階							ハ 享保5年	ニ 明治5年
	寺名	村名	開創年代	西暦	本寺	開山	境内区分	寺名	本堂名	本堂坪数	境内坪数	田畑持高	牛馬数	家族構成	家族構成	檀家数
1	厳照寺	竹迫	慶長16	1611	西本願寺	了祐	年貢地	厳照寺	御堂	28	600	4.5	牛1 馬1	15	15	300
2	延寿寺	板井	〃 16	1611	東本願寺	不記	不記	存在せず							12	300
3	大願寺	苦竹	〃 17	1612	西本願寺	浄誓	年貢地	一向寺大願寺	道場	20	210	1.68	馬1	8	11	235
4	光徳寺	田島	〃 19	1614	〃	了玄	〃	光徳寺了元	持仏堂	10	不記	不記	馬1	4	10	223
5	浄蓮寺	鳥栖	慶長年中	1614	〃	明玄	〃	じょうれんじ	持仏堂	12.5	438	7.5	馬2	14	14	537
6	真教寺	原口	元和年中	1623	〃	了忍	〃	真教寺	御堂	20	300	不記		3	20	142
7	浄念寺	新所	寛永17	1640	〃	慶哲	〃	存在せず							15	100
8	教法寺	鳥栖	寛永年中	1643	〃	立正	〃	了正	持仏堂	10	150	2.5	牛1	7	6	150
9	仏教寺	二子	〃	1643	〃	了順	〃	了順	持仏堂	8	219	5.89	牛1 馬1	6	12	128
10	等覚寺	住吉	〃	1643	〃	寿清	〃	宗無	本屋	4.5	105	0.91		2	6	38
11	法性寺	上正	正保年中	1647	〃	宗雪	〃	存在せず							4	39
12	光尊寺	大津	承応2	1653	〃	祐円	〃	一向坊主	持仏堂	6	180	0.48		7	19	360
13	光行寺	上陣内	〃 2	1653	東本願寺	不記	不記	存在せず							13	300

注　イ　正徳5年（1715）「肥後・豊後寺社本末帳」（熊本県立図書館）
　　ロ　寛永10年（1633）「肥後藩人畜改帳」（熊本県立図書館）
　　ハ　享保5年（1720）「肥後・豊後御領内寺数人数改帳」（熊本大学図書館〈永青文庫〉）
　　ニ　明治4年（1871）「熊本藩諸宗本末寺号其外明細帳」（国立国会図書館）
＊開創年代の項で～年中とある場合はその末年の年を西暦で記した

よる開創年代順に並べた。その結果、一六一一年〜一六五三年にわたる四十二年間にすべての寺院が開創されていることがわかった。合志郡についていえば、その後は一向宗寺院は開創されていない。つまりこの時期こそが合志郡の檀家を一〇〇％つかんだ時期である。本寺の項は西本願寺派、東本願寺派を示したが、西一一に対し、東二の割合である。開山は東本願寺派末寺二カ寺のみ不記であるが、他は記されている。また境内区分はやはり、東本願寺の二カ寺のみが不記であるが、他の一一カ寺はいずれも「年貢地」とされている。熊本藩領の総検地は慶長十三年（一六〇八）に行われているので、この段階では合志郡の一向宗寺院は建立されていなかったことがわかる。その後「年貢地」である田畑や山林に一向宗寺院が進出してきたと考えていいと思う。

表のロの部分は、イよりも八十三年以前のそれぞれの寺の様子を表示したものである。史料は寛永十年（一六三三）「肥後藩人畜改帳」である。前年の加藤忠広の改易後に小倉藩から入国した細川忠利が、一年後に領内すべての村にその明細を書き上げさせた史料である。

まず寛永十年の史料で寺名の項をみてみると、イの史料の一三カ寺のうち、寺名を持っているのはわずか五カ寺にすぎない。ついで僧侶名のみは三カ寺、一向坊主とのみ書かれているのが一カ寺、この段階で寺名も僧名もでてこない寺「存在せず」が四カ寺である。つまり寛永十年段階で寺としての条件を備えていたのは、わずか五カ寺にすぎない。

一方「存在せず」とある四カ寺の内の延寿寺は、寺伝の開創年代が正確とはいえない。東・西本願寺には、末寺に「木仏」と「紙寺号」を与えたときの史料が断片的ながら残っているが、延寿寺をはじめとする四カ寺は、もちろんそれにも見出すことができない。延寿寺は寛永十年の史料には「掛所」としてさえ記されていない。

さて、つぎにこの時期存在した九カ寺の本堂の名称をみてみよう。御堂二、道場一、持仏堂五、本屋一である。

御堂とあるのはまずは本堂と同じ意味と思われるが、それ以外は本堂の前段階であろう。とりわけ持仏堂の数が多い。この持仏堂こそが寺に昇格して本堂になった寺の前身と思われる。なぜならば、この「肥後藩人畜改帳」の合志郡の村々には農民の屋敷地に数多くの持仏堂が存在しているからである。有力な農民の場合は複数の持仏堂を抱えている。持仏堂の総数は一九一カ所あり、それぞれ農民の屋敷地に点在している。

本堂の坪数は大きいもので二八坪、最小で四、五坪といったところである。農家の持仏堂も同じような規模である。ところで九カ寺の境内坪数は最大が六〇〇坪、最小が一〇五坪である。

田畑持高は最大で七・五石、最小で〇・九一石である。石盛一二とすると最大で六反歩強、最小で八畝歩である。牛馬数というのは役畜として農耕に使ったものである。つまりこのことから考えると、熊本藩の寺請制度の開始が寛永十一年（一六三四）であるので、その前年にあたるこの表でみる限りは、一向宗寺院ならびにその前身とみられるこれらの寺院は、檀家を把握する以前には農民であり、生活の基盤が農業経営であったことがわかる。しかし、農民の持高に比するときわめて低い部分にあたる。

最後の欄の家族構成は、一向宗の場合は妻帯しているので、家族単位で男女を合計したものである。とくに人数の多い寺は奉公人を含んでいる。

ハは享保五年（一七二〇）「肥後・豊後御領内寺数人数改帳」によるものである。寛永十年段階と比較すると、多くの寺はそれほどの変化はみられないが、他はおおむね増加している。とくに増大している寺も見受けられるが、これは檀家制度の確立により経営が安定したことを示していると思う。

ニは明治四年（一八七一）「熊本藩諸宗本末寺号其他明細帳」から抄出した檀家軒数である。二カ寺ほどは五〇軒以下の寺もあるが、他の寺は葬祭のみによる経営が可能であったといえる。とりわけ承応二年（一六五三）段階においても三〇〇軒以上の檀家を獲得することが可能であったことは、檀家制度の成立にかなりの時間がかかったことをうかがわせる。

以上みたように寛永十年の寺請制度以前の寺の実態とそれ以降を比較すると、寺の経営が格段に安定したことがうかがえる。また合志郡のみから推定すれば、一向宗寺院の開創は寺請制度施行前後に集中していることがわかる。そしてこの一向宗寺院が合志郡の檀家を一〇〇％把握しているとすれば、他宗派の寺院は葬祭という点からみれば、いずれもこれ以降の成立と考えていいと思われる。

3　寛永年間に集中する一向宗寺院の開創

これまで検討してきたように、一向宗寺院の開創は寛永年間に集中している。そこでその実態を明らかにしてみたい。西本願寺派寺院の開創を示す史料として、龍谷大学図書館に「木仏留」（本願寺史料集成『木仏之留・御影様之留』所収）が残っている。ただし、この「木仏留」は慶長二年（一五九七）から寛永十八年（一六四一）の期間のものが残っているが、欠年のものがはなはだ多く、編年順にみることはできない。とりわけここで対象とする寛永年間のものは、寛永十八年のものしか残っていない。しかもその寛永十八年も七月二十八日から八月二十八日までのもので、追記として一カ寺のみ十月二十八日のものがある。総数で二八七カ寺分である。北は出羽国から南は肥後に至る全国の末寺である。単純に十二か月をかけてみると、この年だけで三四四四カ寺となる。

木仏とは阿弥陀如来（一向宗寺院の本尊）の木像のことで、西本願寺法主良如が付与したものである。一般的にいえば、木仏と同時に「紙寺号」（寺号免許状）つまり寺名を法主が付与しており、寛永十八年のものには記されていない。しかしこれも当然同時に付与されたものと思われる。同様の史料は東本願寺にも残っているが、これも揃っているわけではない。さてここでは西本願寺の「木仏留」を表示して表6を作成した。熊本藩領に関する限り、ここに登場するのは二八カ寺である。

表6について説明しておくと、横の欄には、寺名・郡名・村名・僧侶・木仏付与年月日までは「木仏留」から抄録した。開創年（寺伝）については寛永十八年より七十五年後の正徳五年（一七一五）の寺社本末帳より採った。このとき熊本藩は寺院に開創年を書き上げさせている。

寺名の欄で№25は後年の史料で追跡できないので、空欄とした。古川町とあるので、中本山順正寺の塔頭と思われる。

なお開創年の空欄は「寺社本末帳」に記されていないので、空けておいた。

まず「木仏付与年月日」の項をみてみると、寛永十八年七月二十八日「専崇寺」から同年八月二十八日「等覚寺」までの二八カ寺を拾い出すことができる。しかしもう少し詳しくみると、八月十三日以降の約半月に集中している様子がわかる。当然のことながら同年月日付のものが多いこともわかる。先般の表4では、寛永年間の単年度平均は六、七五カ寺であったが、寛永十八年は単年度で二八カ寺を拾い出すことができる。しかもこれがほぼ一か月の数字とすれば、実際にはこの数字よりももっと多くなるであろうことがわかる。

それではなぜ、寛永十八年がこのように多いのであろうか。この数字の根拠をもう少し考察してみよう。寛永十一年（一六三四）、熊本藩主細川忠利が領内全域にわたって村ごとに寺請証文の提出を命じ、その前提として家ごとに菩提寺からの寺請証文の提出を命じた。そしてそれぞれの家の菩提寺に裏判を押させている。このような史料は熊本大学松井家文庫の史料に大量に残されており、その一部は、『玉名市史』史料編に活字化されている。キリシタン一揆ともいわれた島原の乱で原城が落城したのは寛永十五年二月末日である。幕府はこの年九月には、天領

表6 「木仏留」にみる熊本藩領一向宗の開創年代（1641）

	寺名	郡名	村名	僧名	木仏付与年月日	開創年(寺伝)	摘要
1	専崇寺	飽田	細工町	了徹	寛永18・7・28	寛永10	
2	専称寺	〃	小嶋	了玄	〃　〃	寛永15	
3	光楽寺	〃	高橋	了知	〃　8・13	寛永18	東本願寺派へ
4	長専寺	〃	白石	明閑	〃　8・16	天正年中	〃
5	正泉寺	〃	小嶋	浄尊	〃　〃	寛永18	
6	光念寺	下益城	小川	明心	〃　〃		
7	西楽寺	飽田	川尻	了為	〃　8・17	寛永3	
8	金光寺	上益城	陣	了玄	〃　〃	慶長11	
9	光久寺	阿蘇	小国西里	祐玄	〃　〃	寛永18	
10	即生寺	飽田	紺屋町	嶺雲	〃　8・18	寛永17	
11	向台寺	〃	京町	円識	〃　〃	寛永10	
12	光永寺	〃	〃	善通	〃　〃	正保元	
13	西福寺	上益城	南早川	正円	〃　8・19	寛永18	
14	照光寺	八代	塩屋町	慶円	〃　〃	寛永18	
15	正福寺	飽田	高橋	慶讃	〃　8・22	寛永19	
16	明尊寺	上益城	南田代	祐正	〃　8・24	寛永16	
17	来照寺	玉名	立花	宗味	〃　〃	寛永18	
18	来顕寺	〃	青野	祐讃	〃　〃	寛永18	
19	真教寺	阿蘇	黒渕	玄加	〃　〃		
20	円林寺	飽田	古川町	了安	〃　〃		東本願寺派へ
21	善正寺	阿蘇	小国宮原	西順	〃　〃	寛永17	
22	浄蓮寺	宇土	網津	善慶	〃　〃	寛永18	
23	浄国寺	八代	下村	了徳	〃　8・25	寛永16	
24	光明寺	葦北	津奈木	教信	〃　〃	寛永18	
25		飽田	古川町	慶味	〃　〃		
26	光専寺	阿蘇	高森	休意	〃　8・26	寛永18	
27	明教寺	飽田	細工町	了円	〃　〃	寛永15	
28	等覚寺	〃	熊本	樹誓	〃　8・28		

のすべての人々に菩提寺を決めさせ、幕府が寺請証文のヒナ型を作成し、菩提寺から寺請証文を提出するよう命じている。それに応じて各寺院からの寺請証文は一カ月後の同年十月には提出されている。一方、幕府は全国の高札場に切支丹高札を建てさせ、その根絶をはかるため、高額の褒賞金をかけ、密告を奨励した。

このような動きに対して、先述の合志郡の一向宗寺院でみたように、寺以前のレベルであった持仏堂や堂庵に僧を定住させ、それを次々と寺へ昇格させ、寺請檀家の「証文」を作成させることになったのである。逆にこの時期、寺請のための寺の成立を積極的にすすめていったのが、熊本藩領における一向宗寺院の動きであったととらえることができる。まさに「干天の慈雨」という絶好の機会をとらえたのである。このような動きこそが寛永十八年の「木仏留」に急増する一向宗の寺院ととらえていいと思う。もちろん、「木仏」を望むのは持仏堂に住む僧侶の側であったし、「木仏」の値段もかなり高額であるので、その前段階として、檀家を把握し、それから醵金させなければならないので、すでに念仏講中的組織は木仏付与の前にできあがっていたとも考えられる。また「木仏留」にみられるように、同日にかなり多く木仏を付与しているので、すでにそれより半年か一年くらい前から各地の持仏堂に住む僧侶から申請していたとも考えられる。しかしいずれにしても幕藩領主の積極的なキリシタン弾圧政策と全国民への寺請証文の義務付けこそが、一向宗末寺の増大と関連するであろうことは間違いないであろう。

開創年については七十五年後の史料で示されたものであるが、寛永十八年と正確に記している寺は一〇カ寺にすぎない。空欄を除く残りの一三カ寺はいずれも成立年は正しくはない。しかし先述のごとく若干の差は致し方がないとすれば、寛永年間くらいまでを許容範囲として、天正年中とする長専寺、慶長十一年の金光寺あたりは、あきらかな間違いといえるかもしれない。正保元年光永寺はむしろ新しい年号で登録した例である。

さて、これまた先述したように、この一カ月間で西本願寺は末寺二八七カ寺に対して木仏を付与して新寺を建立している。いったい一年間でどの程度の木仏を作製したものであろうか。このことから察すると、西本願寺ではかなり多くの仏師を抱えていたと考えられる。またこれだけ大量の木仏を運送するには、これまた当然のことながら専門の運送業者も抱えていたと思われる。東本願寺においても同様と思う。

おわりに

熊本藩領の一向宗寺院の成立と関連させ、檀家制度の成立の様子を検討してみたが、檀家制度の成立は、庶民の側から信仰により菩提寺を選択したものではなく、幕府のキリシタン弾圧政策に呼応するかたちで、寺が形成され、寺請証文を得るため庶民が寺檀関係を結ばざるを得なかったことによるといえよう。熊本藩領に関する限りでいえば、寺請制度前後に一向宗西本願寺派が末寺を増加させ、藩全領域で檀家を独占したといえる。以下問題点を箇条書きにして示す。

第一に明治四年段階での檀家数をみると、熊本藩領の全戸数の九二％を一向宗の寺院が檀家として押さえている。

第二に明治四年の諸宗の分布状態をみると、やはり一向宗（東本願寺派・西本願寺派）が圧倒的に強く五五・五％を占めている。一方その他の宗派は四四・五％を占めているが、檀家数は全体の八％を分けあうかたちとなり、寺院数と檀家数は必ずしも照応していないことがわかる。

第三に正徳五年の寺院分布をみると、明治四年とはやや様相が異なる。まず総寺院数が九五六カ寺で、明治四年より一一七カ寺多い。つまりその差が、慶応四年の神仏分離令で廃寺に追い込まれた寺である。しかしそれは全体としてみれば、一二・二％であった。とくに被害が大きかったのは山伏で、ついで天台宗であった。また一向宗は東西合わせて四六％であり、明治四年に比べると九％低い。一向宗の末寺数が増加していくのは、西本願寺派は「通寺」、東本願寺派は「掛所」と称し、中本山の出張所的寺をまず作り、それを昇格させていったことによる。

第四に熊本藩主細川氏は、菩提寺で歴代藩主の墓所である妙解寺・泰勝寺を明治四年に廃寺にし、これまでの仏葬祭をやめ、神葬祭に転じた。このことにより、むしろ明治四年以降に臨済宗の廃寺が増加した。

第五に一向宗寺院が大量に進出するのは、天文・慶長・寛永・寛文の四つの時期であり、教線の拡大が止まるのは延宝期である。いずれも最初に記した四つの段階と照応していることがわかる。とりわけ数量的に多いのは寛永期であるので、檀家制度との関連で検討してみた。

第六に一向宗寺院が最も早く熊本藩領に進出したのはいつ頃かを寺伝で検討してみたが、あくまで寺伝によるものので確証はないが、おそらく天文年間以前には成立していないと考えていいと思われる。本格的進出は慶長末年以降と思われる。

第七に一向宗寺院の村落への浸透をみると二カ村（大字）に一カ寺くらいの割合である。

第八に寺請制度施行前の一向宗寺院で寺名を持つのはそれほど多くはない。そしてこの段階まで寺の役割を果たしていたのは持仏堂的な存在であり、そこに僧侶が住みつき、農業経営で生活を支えていたと考えられる。

第九に寺院数が集中する寛永期の断片的史料である「木仏留」で寛永十八年七月から八月の一カ月を表示してみたが、このわずかな時期に熊本藩領で二八カ寺を拾い出すことができた。寺請制度施行前後の時期こそが、一向宗展開の時期と照応しているといえよう。

註

（1）『寒川町史』10〈別編寺院〉のうちの「高野山高室院月牌帳」にみられるように相模国の場合は天文十九年（一五五〇）頃から庶民の戒名（法名）が激増している。同様の史料は高野山蓮華定院（信濃国）、高野山清浄心院（北関東）にもあり同様のカーブをえがいている。民衆の葬儀に寺が積極的に関わりはじめていることがわかる。

（2）拙稿「慶長十九年の寺請証文について」（『風俗史学』第三六巻四号）。

（3）拙著『葬式と檀家』、吉川弘文館、一九九九年。

（4）拙著『日本仏教史』近世、吉川弘文館、一九八七年。

徳川王権始祖神話の論理と性格
――『松平崇宗開運録』の論理――

大桑　斉

はじめに

「仏教的世界としての近世」（拙稿、『季刊日本思想史』四八号、一九九六年所収）という課題を考察する一環として、仏教が幕藩制国家をどのように意味付けたかを究明する作業がある。すでに「『松平崇宗開運録』覚書――解題にかえて――」（『近世における仏教治国論の史料的研究』、研究代表者大桑斉、平成十・十一年度科学研究費補助金研究成果報告書所収、以下「覚書論文」という）において、幕藩制国家論の研究動向がその宗教性を問題にする段階にあることを指摘し、『松平崇宗開運録』という書は幕藩制国家の宗教性を究明する文献として読まれるべきことを提言し、その基礎的作業として『松平崇宗開運録』の成立や諸本、内容構成、思想的特質に関して若干の考察を加えた。本稿では、「覚書論文」を踏まえ、とくにその論理構造や思想的特質に関して再度考察を加えることを目的とする。また、近時発表した「徳川将軍権力と宗教」（『岩波講座　天皇と王権を考える』第四巻、二〇〇二年五月）では、本稿を発展させ『松平崇宗開運録』を徳川将軍権力の始祖神話と位置付けた。

江戸の世界に「徳川家康」はいない。東照大権現・東照宮・東照神君あるいは権現様が存在しただけである。

「徳川幕府」という存在もなく、御公儀があっただけである。権現様の御公儀、東照神君の始めたもうた御公儀が江戸世界の政府や国家であり、その始祖神が東照神君であり権現様であった。したがって江戸時代の政府や国家は、仏神に淵源し、その権威性に依拠するものであり、そのためにその始まりを説く神話が必要であった。

『松平崇宗開運録』という書は、松平氏の発展並びに徳川家康の天下掌握は弥陀から授与されたと説くことで、一種の王権神授説をとる始祖神話である。版行されることはなかったが、それを大樹寺勢誉・登誉、増上寺存応の伝記形式に変更して再構成した『浄宗護国篇』が刊行され（漢文本は正徳二年刊『浄土宗全書』第一七巻所収、和文本は正徳五年版本のみ）、また『松平啓運記』とか『大樹帰敬録』と題する類本を含めて全国の図書館で八十余点の写本が現存することが、先般の共同研究によって確認された。このほか浄土宗寺院などに所蔵が予想されるから、本書は徳川将軍権力の始祖神話として江戸中後期には広い範囲に流布したと想定される。

歴史学界でも、『松平崇宗開運録』の存在は早くから知られていたが、歴史史料としての信憑性に問題があるという理由で、研究対象とされることがなかった。しかしながら、本書は松平氏の歴史や徳川家康の伝記史料としてではなく、徳川王権の始まりの神話として読まれるべき書であり、近世仏教治国論という観点からは、きわめて重要なテクストなのである。本稿は、江戸世界に流布した徳川将軍権力の王権始祖神話として、また仏教治国論として、その論理を明らかにすることを目的とする。

一　内容と成立

『松平崇宗開運録』の内容を簡略に紹介しよう。上巻では、遠祖新田義重に始まり、始祖徳阿弥から広忠に至る松平一流の歴史並びに家康幼年期までが語られる。徳阿弥の松平婿入り、泰親・信光・親忠という系譜、親忠への勢誉愚底の勧化、伊野田合戦と大樹寺創建、清康の是字の夢、森山崩れ、広忠の伊勢落ちと岡崎城帰還、そして家康の誕生、駿河への人質、尾張連行と奪還、松応寺建立などがその内容である。なかでも大樹寺勢誉愚底の松平親忠への勧化説法が重要で、武士の習いとしての殺生や合戦と浄土往生の両立する道を求める親忠に対して、勢誉は武士の家職は三民を助ける菩薩の行であり、一殺多生と説き、その故に諸神諸菩薩の加護があり、往生は必定と説く。この勧化の内容は、中巻での家康への大樹寺登誉の説法として反復される。後に示すように本書の原形が家康一代記であることからすれば、親忠への勢誉の勧化は、のちの登誉のそれを原形とするものと考えられる。この勢誉の勧化の後、伊田野合戦の亡魂を供養する寺が建立され、将軍の寺を意味する大樹寺と命名されるが、勢誉はいく度も生まれかわって、民を憐れむ松平家を助け、遂には天下を取らせ、将軍に就ける大願を表す寺名と語る。

中巻では、家康の駿河時代から秀吉への臣従までが語られる。はじめに駿府での祖母源応尼の養育と知源院手習いなどの幼時と、のちにこの知源院を華陽院と改めて再興したことが語られる。後述するように本書の最初の筆写本がこの華陽院の歴誉によって成立するのは、こうした所縁によるものである。物語は、元服した元康の大高城兵糧入れ、桶狭間の合戦と進み、このとき大高城にあった元康は大樹寺に逃れて切腹しようとするが、登誉にいさめられ、さらには武士の家業に関する勧化を受ける。ここが中巻のハイライトで、親忠への勢誉の勧化が登誉によって再現され、弥陀からの天下授与が示唆され、伝法、逆修と厭離穢土欣求浄土旗の授与などが語られる。大樹寺の合戦に神仏の加護で勝利した元康は岡崎城に入城し、再び登誉から天下掌握の予言とそのための心得の遺言を聞く。それは弥陀からの天下授与の時節を待てというもので、その遺言に従って秀吉に臣従し、やがて江戸へ入城する。

このように、上巻での勢誉の勧化の再現（実は原形）としての登誉による勧化、そこにおける弥陀からの天下授与の予言が物語を貫く縦糸となっている。

下巻は、天下授与の予言を軸に、秀吉の死を弥陀からの天下委託と捉え、江戸入城における増上寺存応との出会い、その勧化、それによる関ヶ原合戦の勝利、存応と天海の実社神権者神を廻る論争、大坂の陣における黒本尊の活躍、家康の死と日光改葬、大権現号、御影安置などが語られる。また松平の天下が弥陀の授与によるものであることが十八願と松の字（十八公）と関連させて説かれるなど、弥陀天下授与論が主軸となっている。このように『松平崇宗開運録』という書は、大樹寺の勢誉と登誉の勧化によって武士の家業を衆生済度の菩薩行と観念した松平歴代と家康を神仏が守護し、ついには弥陀から天下を授与される、という物語である。

つぎに、『松平崇宗開運録』の成立に関して。先稿「覚書論文」では諸本の筆写奥書を中心に考察し、以下のような仮説を提示した（考証の詳細は「覚書論文」を参照されたい）。

『浄宗護国篇』の序文などによれば、その原形は観智国師増上寺存応に始まり、その法系のうちで定誉随波―明誉符念―顕誉祐天と伝承された物語であったといわれる。存応に始まること自体を確かめる史料を欠くが、諸本の奥書の検討から、この物語が増上寺に伝承され、祐天が関与したことは確実である。その写本群は三系統に別けられる。第一は『啓運記』またはそれに類似の題名を持つ最も古い形態と判断される一群である。駿府華陽院歴誉の筆写奥書を有する刈谷市立図書館本『松氏開運記』および宮内庁書陵部所蔵静幽堂叢書所収『松氏啓運記』がそれで、筆写年次は前者が元禄十二年（一六九九）、後者が元禄十七年（一七〇四、宝永元年）と相違しているが、前者を正とすべきであろう。同じく刈谷市立図書館村上文庫本『啓運記』も、筆写奥書を欠くものの、同一系統本とみなし得る。これらに特徴的なことは、流布本が始祖徳阿弥から説き起こす松平一流記と家康一代記を合せた内容であるのに対し、松平一流記の部分を欠き、家康一代記のみで構成されていること、また、「覚書論文」では言及できなかったが、その後の検討で、これら第一系統の諸本には流布本の思想的特徴である鈴木正三の職分仏行説がみえていないこと、である。言い換えれば、『松平崇宗開運録』の最も古い形態は、家康一代記を内容とし、職分仏行説を含んでいないものである。暦誉の筆写奥書には「増上寺方丈不出之書を以書写之」とあって、増上寺伝来本であったと伝える。

暦誉が増上寺で『松平啓運記』を筆写した五年後の元禄十七年に、江戸城中の将軍綱吉の御前で顕誉祐天が物語ったと伝える写本群が第二の系統をなす。豊橋中央図書館本『松平啓運記』は「元禄十七甲申天三月十五日御城ニて聞書」、「右之次第ハ祐天上人御師範か御伝授也」という筆写奥書を持つ。「御城ニて聞書」の文言はないが、右と同じ年記の筆写奥書を持つ蓬左文庫本『松氏古記』もこの系統に属する。この一群は先の第一系統の『松平啓運記』と家康一代記であることで共通しながら、職分仏行説を取り込んでいることにおいて異なる。職分仏行説は、祐天の書写になる『伝法要偈口訣』に重要な論理として取り込まれているから、祐天は将軍御前で、第一系統の『松平啓運記』にこの説を付加した家康一代記を物語ったと考えられる。将軍綱吉御前で祐天が厭離穢土欣求浄土の軍旗の由来を長々と物語ったと『中村雑記』にみえていて、これが本書の大樹寺における登誉の勧化のことを指すから、祐天が御前で家康一代記を語ったことは確実とみられる。そこで第二系統写本群を「祐天御前物語家康一代記」と名付けた。またこの奥書は祐天がその「師範」より伝授したことをいい、増上寺側の伝承と齟齬がない。この系統に属するものとして、右のほかに岡崎市立図書館本『松氏啓運記』がある。

祐天は、さらに将軍家宣時代の宝永六年（一七〇九）～正徳二年（一七一二）に再び御前で物語ることがあった。大谷大学図書館林山文庫本『松平崇宗開運録』の筆写奥書に「右者　文照院様御時代、増上寺祐天大僧正於御前被請心之由」とあることから、このことが知られる。このたびの物語は記録され江戸城宝蔵に収納された。岡山大学池田文庫本『松平崇宗開運録』奥書には、元文（一七三六〜一七四一）はじめ頃に「宝物殿中ニ而御坊主衆写取奉候」とみえ、江戸城宝蔵に納められた本があったことが知られるが、それが家宣御前物語の記録であろう。これが元になった写本群が第三の系統であり、家康一代記の『松平啓運記』に松平一流の歴史を増補したもので、この系統が流布本となった。筆写奥書の年代の古いものでは宝永八年（一七一一、正徳元）の京都池田政二旧蔵本『松平崇宗開運録』(この名称を持つ本の初発本)があり、また『啓運記』の名称を残すが、大谷大学楠丘文庫本の宝暦六年（一七五六）書写本は宝永元年（一七〇四）書写本の再写、岡崎市立図書館本(織田顕信氏旧蔵本)の宝暦八年書写本は宝永二年書写本の再写である。このように宝永初年に流布本の形態が成立しており、元禄十七年の綱吉御前物語後に祐天が松平一流記を増補したのであろう。名称としてはいまだ『啓運記』が使われていたものが、家宣御前物語を契機に『崇宗開運録』と変更されたのである。

八十余点の写本をすべて検討し得ていないので、いまは三系統の典型を示すに留めるが、そのような検討から成立過程を整理すれば以下のようになろう。存応に始まる家康一代記が増上寺に伝承され(口伝であろう)、おそらくは祐天によって文章化されて『啓運記』が成立し、元禄十二年に駿河華陽院歴誉によって書写された(第一系統)。同十七年に祐天はこれを将軍綱吉の御前で物語り、そのとき、大樹寺登誉の元康への勧化に、職分仏行説を取り込んだ(第二系統)。さらにその後、おそらく祐天によって『啓運記』に松平一流記が加えられ、宝永元年（一七〇四）頃から書写本が作成される(第三系統)。祐天はその本に基づいて家宣御前で物語を行った。その物語は記録され江戸城宝蔵に収められたが、元文初年に写本が作られ、流布本となった。こうした展開には増上寺による正徳二年（一七一二）の漢文本『浄宗護国篇』、同五年（一七一五）の仮名本刊行が関わっていよう。

二　天下弥陀授与説をめぐって

『松平崇宗開運録』の多岐にわたる内容のうちで思想史的に問題となるのは、天下弥陀授与説およびそれを導く仏教的諸論理である。登誉の元康への勧化を中心にして、本書の思想構想や論理を追っていきたい。またあわせて、『松平啓運記』から『松平崇宗開運録』『浄宗護国篇』への論理の変化をも明らかにしたい。それらの作業のために、『啓運記』を上段に、『開運録』を下段にとって、両書の比較を試みる。内容に（一）～（七）の番号を付し、共通または対応する部分に傍線A～Mを、増補された注目すべき部分㋑～㋭に波線を、それぞれ付した。

松氏啓運記（宮内庁書陵部蔵静幽堂叢書所収）

元康不斜悦コビ給ヒテ先切腹ハ思ヒ留リ玉ヒヌ。カクテ其夜ハ終夜上人ト物語シタマフ。

（一）上人仰ケルハ、公合戦シテ[A]多クノ人ノ首ヲ切取リ給フハ畢竟何ノ為ニカシタマフベキ。

公答テ曰、[B]次第ニ一国一城ヲモ切取テ後ハ天下ノ主トナ

松平崇宗開運録（池田政二旧蔵本）

元康公斜ならす御悦ひ、さそ〳〵憑母敷御心底いか成宿縁に候へハかく御恵ミに逢のミか、又御加勢にまて預る事何れの世にかハわすれんと良感し給ひける。

扨上人元康公に対して君ハ十七歳の御時より今年に至まて度々の戦場に只人の首を取らんと思召斗に候やと尋給へハ

元康公聞召、武士の戦場に向ひてハ人の首其数を取を以て詮とするなり。

（一）上人の云、[A]多人の首を取畢竟何にか仕給ふそ。

元康公曰、[B]一国一城宛次第斯取敵を退治し運を開き、終に天下の主とならんと思ひ候也。

ラン。

(二) 上人曰、[C]天下ヲ取リテハ何ノ為ニカシタマフベキ。

公答曰、[D]先祖ノ名ヲ挙テ天下ヲ末孫ニツタヘ永ク我家ノ栄花ヲナスベシ是武士ノ家業ナリ。

(三) 上人云、[E]人ノアタヘザル首ヲ取リ、人ノアタヘザル国家天下ヲ奪取テ、我物トセント思フハ奸盗ノシワザナリ、況ヤ先祖既ニ死シ去テ徒ニ其名ヲ挙ゲタリトモ身ニヲイテ何ノ益カアラシ、サレバ[F]天下ヲ奪トルモ非道ナレバ、全ク子孫ニ伝ルベカラズ。タトヒ我身百年ノ栄花ヲタモチ得ルトモ一夜ノユメノ心地ゾスベキ、一朝空ク世ヲサラバ永劫地獄ノ苦ニ沈マン。

公ノ云、[G]タトヒ永劫ノ苦ニ沈ムトモ是ヲツトメズンバイカンセン。今生ハ夢ナリトモ此家業ヲツトメヲワンヌ、後生ハ上人ヲ頼入候。

(四) 上人云、サテハ君ニ天下ヲ治ル意地コソ教ベシ。古来ノ[H]北条九代尊氏ノ子孫十余代トイツレトモ続テ天下ヲ取ルトイヘトモミナ奸盗ノ意地ヨリヲコレバ年々ノ乱止事ナシ、万民ノ憂日々不絶、[I]弥陀如来衆生済度ノ誓願アレトモ此乱ニヨリテ衆生ヲ済ヒ給フコトアタハズ、夫六道生死ノ中ニヲイテ悪趣ハ苦ニ沈ミ天上ハ楽ニ着ス、唯人間ノミ仏道修行ノ地ナリ。然レバ[J]天下ヲ平カニシテ一切ノ人民ヲ仏道ニヲモムカシメ弥陀如来済度ノ誓願ヲ

(二) 上人の曰、[C]天下の主と成りて何の為にかし給ふぞ。

元康公曰、[D]先祖の名を揚子孫に天下を譲り永く繁昌せしめ武名を挙後代に残さん為也。

(三) 上人聞給ひ暫して曰、[E]人の宝を我宝とし人の国を我国とせんと思ふハ盗賊の所為にして武士の意地にあらす、設一旦運強て[F]天下を取共本心非道ならハ子孫に永く伝るへからす、其身一代栄花に誇共一夜の夢の如ならん、既に命終なハ永劫修羅のくるしミを受給ハん。

公曰、[G]たとへ盗人の業に似たり共武士の家業なれハ是悲もなし。最前よりも申ことく後世の事ハ偏に和尚を頼入と有けれハ、

(四) 上人聞給ひ、扨ハ武士の道を左やうに心得給ふかや、愚成御所存かな、夫誠の本意といふハさやうの義にてハ候ハす、㋑唯是衆生済度の菩薩の行也、然ゆゑんハ抑天下の人民家業まち〳〵なりと云へ共士農工商の四民を出す、㋺四民の業しかし菩薩の行也。其所為ハ武士なきときハ天下治りかたし、農家耕すんハ人何をか食せん、番匠商人皆相寄て互に相資て世を渉、其中に武士ハ四民の最長にて治世には明君聖賢の語をミて其教の如く国土の

トケシメント思ヒ定メ此意地ヲ以テ天下ヲ治メ給ヘ。

公云、今運命キワマリヌ、此身大敵ヲ受カタシ、モシ天下ヲトラバ其意地ニモヨルベケレトモ、天下ヲ取事モ叶フマシケレバ、其意地ヲ存ルトモ何ノ益カアラン。

(五) 上人ノ云、[K]名号ヲ唱ル人ニハ諸天善神守護スベシトノ誓願アリ、イワンヤ若其意地ヲ以テモシモ天下ヲ取給ハヾ人民ミナ念仏ニ帰スベキ事ハ治定也、諸天善神何ゾ君ヲ守ラザラン、弥陀如来ハカタシケナクモ衆生ノ往生スルトキ来迎シタハントノ誓アレトモ、日夜ノ合戦ニテ人隙ナク、弥陀ノ誓願モ益ナケレバ今我天下ヲトラバ

政道具に執行ふ時ハ悪人も自善人となる。扨乱世の時ハ孫子呉子等か軍法を以て帷幕の中に軍す也。然に君今迄ハ是悲共天下を領せんと思召斗にて[H]名利熾なる故に悉奸盗武士の城にして全真の武士の道にあらす、されハ北条九代足利拾五代相続すといへ共壱代として安穏ならす、国家の治りたる事を聞す、木曾義仲猛威をふるハれ、然共子孫相続せす、皆是武士の本意にあらさる故也、(ハ)凡大将の心地云ハ、大にもあれ小にもあれ世を乱し民を悩す悪徒を退治し、日本を一綴に治め国家の人民を安穏ならしめんと仁慈を専にし敢て自分の娯楽を挟ます、只人を救ひ助んと思ふ心こそ真の武士にしてほさつの行とハ申也。殊に君ハ代々浄土宗なれハ件のことくに急度心を決定し戦場にても念仏を申し〳〵下知し給へと教化し給ふ。

元康公聞召、仰にハ侍れとも左ニ而ハ心よハく臆病盛に成へく候得ハ勝利得かたからん。然ハ何程万民の為とぞんじながらも、左やうの心持がたし、との給へハ

(五) 上人の曰、扨々愚なる仰かな、寔ニ死を先ニするハ武士のならひ也、殊に以君の御先祖清康公ハ廿五歳にて卒し御父広忠公廿四歳にて逝去也。されハ君ハ短命の流類なれハ、明後日ハ討死と決定し最前申如急度心地を窮給ひて、弥陀の本願に(ニ)任せ[K]称名念仏の利剣をもって悪人を退治し給へハ、則利益の殺生也。〈抑菩薩慈悲垂ル

一統ノ念仏ニナスベシ、諸天善神念仏守護ノ願アラバ守リ給ヘ、南無阿弥陀仏ト切テ懸ルナラバ何ノ敵ニカ勝タザラン、弥陀ノ利剣ニアタル敵人ハ有マシキゾカシ、是ヲコソ乱タル世ニハ武ヲ用ユルトハ云也。公聞召シテ信伏シ名号信心ヲ起シタマフ。

日折伏摂受ノ二ツ有、仏道豈生ノミ用ヒ死ヲ施サヽルヘケンヤ。若其一ツカ、バ偏也ト云ツヘキナリ〉。既に敵と戦ひ御最後の時ハ一心に念仏し給へ、[L]若定業にて討死の時ハ極楽往生疑なし、扨彼界へ生なハ則穢国ニ立還り悪人を退治せんと思召、死す共生るとも、とにも角にも共に万民の為と一向最渡利生の御心たに真実にましまさハ非業の死ハなきものぞかし。[M]其故ハ如斯安心決定したる念仏の修行者ハ諸仏菩薩諸天善神守護し給ハんとの誓あるによって也。諸天善神守護ましませハ、たとへ敵大勢にして味方ハ小勢なる共外護の軍兵とて味方の目にハ見へね共敵の方へハ数万の軍兵に見ゆる者なり。勿論仏菩薩の加勢なれハ敵少も働き得す、後へハ引退とも前へハ進ます、終に敗目し味方の利運となる、されハ[I]弥陀如来ハ善悪の機をえらます一切衆生悉我国に迎へ取らんとの御請願あれ共、只我も人も名利盛んにして我慢強悪人多して国土治らされハ万民安穏ならす、是によって自念仏申者少し、念仏の行者少けれハ弥陀本願の行も空しくなりて往生遂る者稀にして悪趣に堕するもの甚多し。悲哉往易して人無とハ蓋此謂也。されハ君愚僧の勧に随ひて今迄意地をひるかへし真の武士の心にて[J]天下を納め念仏の行を世間に繁昌させ、万民を現当二世共に相助んと大悲利生の御志にて強敵を退治し給ハヽ、仏菩薩諸天善

(六)上人又云、L若モ定業アリテ明日討レタマヒナバ我ラハ非業ニ切腹シテ君トトモニ還来穢国シテ此日本国へ立カヘリ天下ヲ一統ニセン、君モシ長命ノ業アラバ念仏ノ行者ニハ非業ノ横死ナシ、決定シテ御道ヒラキ玉ハン、爰ニテ疑ヲ切リタマヘ、其疑ノ切リヤウハ生ルナラバ念仏ヲ以テ天下ヲ治メ死ナバ往生ノ後又此国ニカヘリ天下ヲ一統ノ念仏ニセント思ヒ定メテ更ニウタガフ事ナカレ。公ノ云、イカニ疑ヲ切トモ敵ハ大勢アリ、小勢ノ身方ナレバタトヒ長命ノ定業アリトモ非業ノ横死有ベシ。

(七)上人云、M念仏守護ノ行者ニハ諸天善神雲ノコトク擁護シタマヘバ我コソ不知トモ敵ノ目ニハ幾万騎有ト見エヌベシ。此大勢ヲ見ルナラバ何ノ敵カ面ヲ合スベケンヤ、人数ノ多少ニ心ヲツクベカラズ。

神の守護有て国家を悩す悪人ハ自滅すへし其時国家穏にして民栄へ浄土往生の勧をなし順次に解脱を得輩多かるへし、されハ弥陀歓喜し諸仏護念し善神禍を除悪鬼怒を息め愧民所を去。此時に㋭弥陀の諸神より天下を取て君へ渡し給ふ也。如何能得心し給ひけるやとあって、

(六)又和尚曰、K南無阿弥陀仏々々と切掛弥陀の利剣に余る強敵ハなきものそと仰けれハ、元康公あつと感し、扨々御示し有難く候と仰られ、

(七)和尚又死なハ浄土へ参らん、生なハ念仏の功を積、とにも角にも此身にハ安し煩ふ事そなし、安心決定し玉へと叮嚀に御勧化あり。〈抑此勧化昔勢誉上人親忠公へ御示ニ毛頭違ハす。故ニ乃当住持登誉ハ先ノ勢誉上人ノ再来ト云〉。

傍線部分A~Mが両書に共通して存在し、下段がより長文になっていることから、『啓運記』をアレンジしたものが『崇宗開運録』であることは、一目瞭然であろう。ただし、I~Mはその順序が大幅に入れ替わり、その間に

長い増補がある。その差異は何か。『啓運記』の論理を検討することから始める。

問答のうちで上人（『松氏啓運記』では名を記さず、『崇宗開運録』は大樹寺登誉）は以下のように論理を展開する。問答（一）から（三）では「武士ノ家業」の罪業性が指摘される。すなわち、A「人ノ首」・B「城」・「国」・C「天下」を奪うD「武士ノ家業」はE「奸盗ノシワザ」と批判され、それをD「我家ノ栄花」というなら、来世はF「永劫地獄」であると諭される。合戦をこととするような武士の有り様が全面的に否定された江戸中期の時代性を反映している。家康が、G武士の「家業」が地獄なればこそ後生は上人に頼むと、後生の救済のみの信心をいうのに対して、問答（四）で勢誉は「天下ヲ治ル意地」を教示すると、現世における武士の職分を問題にする。それは、I「弥陀衆生済度ノ誓願」が乱世によって成就され難いから、J「天下ヲ平カニシテ一切ノ人民ヲ仏道ニヲモムカシメ弥陀如来済度ノ誓願ヲトケシメン」ことにあるという。つまり武士の職分である平天下は弥陀の衆生済度の誓願を助けることを目的とするというのである。武士職分＝〈弥陀補佐〉説といっておこう。続く問答（五）では、〈弥陀補佐〉の実践によって、K「天下ヲ取給ハヾ人民ミナ念仏ニ帰スベキ事ハ治定」であり、「我天下ヲトラバ一統ノ念仏ニナスベシ」と念じて戦うなら諸天善神が守護し、平天下の「武」は「弥陀ノ利剣」となるという。〈弥陀補佐〉説がさらに深められ、人々を念仏に帰依させることが武士の職分であると宗教的意味が強調されている。問答（七）では味方が小勢でもM「敵ノ目ニハ幾万騎有ト見エ」るのは、武士の〈弥陀補佐〉を諸天善神が守護するからであり、問答（六）のようにL「念仏ノ行者ニハ非業ノ横死ナシ」となるのは、もし討ち死しても「往生ノ後又此国ニカヘリ天下ヲ一統ノ念仏」にする「還来穢国」があるからである。ここまで進めば、現世では弥陀の誓願成就を助け、死して往生を遂げ、再び娑婆に還来する武士は、菩薩に等しくなる。

登誉と家康との問答はこのようにして終わるが、それに続いて登誉が元康に伝法を授け、逆修を行う場面がある。

元康に「上人ノ別導ヲ受ケ極楽ノ聖衆トナリテ合戦セバヤ」といわせているように、ここに元康は「極楽ノ聖衆」となったのである。菩薩となったと言い換えてもよいだろう。こうして登誉は、「如来ヨリ天下ヲ君ニ授ケ玉フベシ」と遺言する。菩薩家康が弥陀から天下を授けられるのは当然のこととなる。家康の他界の段においては、「家康公ハ新生ノ始覚ト弥陀如来ノ実智ノ本覚ト還同一致ノ内証ヨリ和光同塵ノ東照大権現ト顕レタマフ」と本体阿弥陀如来とされるのである。『啓運記』はこのように、登誉によって弥陀の誓願成就を助ける菩薩であることが明かされた家康が、弥陀から天下を授与される物語であった。しかしながら、弥陀天下授与説はいまだ正面に据えられず、むしろ家康菩薩説が中心で、それによって当面する合戦が勝利に終わることを予言する性格が強い。

『崇宗開運録』では『啓運記』の論理が天下弥陀授与説を中心に大幅に強化される。そのために鈴木正三の職分菩薩行説が取り込まれる。すなわち問答（一）～（三）ではA～Fのようにほぼ共通の文言が連ねられ、とくに新しい論点がみられないが、（四）においては波線㋑部分のように武士の道は「唯是衆生済度の菩薩の行也」と、『啓運記』にみられなかった文言が採用されて、さらに続けて㋺「四民の業しかし菩薩の行也。其所為ハ武士なきときハ天下治りかたし、農家耕すんハ人何をか食せん、番匠商人皆相寄て互に相資て世を渉」という、鈴木正三の職分菩薩行説、すなわち「農業則仏行なり。（中略）信心堅固なる時は、菩薩の行なり」「何の事業も皆仏行なり」「鍛冶番匠をはじめて、諸職人なくしては、世界の用所、調べからず。武士なくして世治べからず。農人なくして世界の食物あるべからず」（『四民日用』）がここに援用されている。武士の職分が〈弥陀補佐〉であることを菩薩行と言い換え、これによって武士は「奸盗」から一転して菩薩に昇格する。それによって㋩「国家の人民を安穏ならしめんと仁慈を専」とし「人を救ひ助んと思ふ心こそ真の武士にしてほさつの行」であると論理化された。正三の職分菩薩行説は上巻での勢誉による親忠への勧化にもつぎのようにみえていて、それを補強している。

夫天下の万民多しといへとも士農工商の四民を出す、四民の行ふ所皆則菩薩の行なり、如何となれハ三民を助け一民ハ又三民を救ひ互に相助合もの也、其中にも武士ハ四民の最上なり、其武士の上にて菩薩の行と申ハ先治世にハ文を用ひ乱たる世にハ武を用ゆ。

このように職分菩薩行説を基本に据えることで、『啓運記』の家康〈弥陀補佐〉説は、家康菩薩説に強化された。そのことによって『啓運記』問答（五）にみえていた「弥陀ノ利剣」という言葉は、『開運録』でも同じく問答（五）に「称名念仏の利剣をもって悪人を退治し給へハ、則利益の殺生也」と「利益の殺生」という言葉に置き換えられて展開され上巻の親忠への勢誉の勧化で、

悪人有て多くの人をなやまさハ一殺多生とて一人をころしておふくの人を助るやうに行ふものにて候、則ほさつの修行也。

と、「一殺多生」という言葉に転じられ、戦闘行為は菩薩の修行と捉えられている。菩薩行とされることで、還穢国説も菩薩の応化という教学的根拠を獲得することになる。

職分菩薩行説の採用によって、『崇宗開運録』では『啓運記』に現れた諸論理が整序され論理的連関を持たされたのであるが、それによって〈天下弥陀授与〉説が論理化される。問答（五）の後半では『啓運記』の問答（四）に置かれていたⅠ部分が修正されて「国土治らされハ万民安穏ならす、是によって自念仏申者少し、念仏の行者少けれハ弥陀本願の行も空しくなりて往生遂る者稀」になったといい、真の武士によって天下が治まり念仏が繁昌するなら、弥陀は歓喜し、㋭「此時に弥陀の諸神より天下を取て君へ渡し給ふ也」と〈天下弥陀授与〉説へ結びつけられている。こうして徳川の天下は、弥陀の誓願を実現する衆生済度の天下であり、徳川将軍は末代における弥陀の代行者＝菩薩と意味化されることになった。菩薩行説の導入によって〈天下弥陀授与〉説は王権神授説の位相に

まで至っている。

こうして『開運録』は〈弥陀天下授与〉説を具体的に展開する。桶狭間合戦後に大樹寺に立て籠って登誉の勧化を受けた元康は、続いて「浄土の付法」を授けられ、「安国院殿徳蓮社崇誉道和大居士」の法号と厭離穢土欣求浄土の軍旗などを授けられ、これによって攻め寄せた敵を打ち破り、岡崎入城を果たす。これを祝うに登誉は元康に六万遍日課念仏を課すとともにつぎのように遺言する。この部分は『啓運記』の言い換えである。

今日心静に御顔を見奉れハ御長命の相有、然ハ君御一生の内に天下を領し給ふへしそ、誠に目出度御事かな。(中略)弥陀如来より君へ天下を渡給ハぬ間ハ必天下を領せんと急給ふ事なかれ、釈迦弥陀より造作なく天下を御引渡有迄ハ随分御心を永持、強男なる大名の下知につき、若其人亡ひなハ、又余の大将にしたかひ唯其国を治め、如来より渡ル時節を待給ふへし。

弥陀からの天下授与の時節を待てというこの登誉の遺言に従って、信長・秀吉に随い、関東へ入部し、やがて秀吉の死を迎える。このとき、

太閤の御遺言に秀頼若年なれば天下の政を家康公へ任するとの御事也。(割注略)如是折柄こそ往昔登誉上人仰置れし釈迦弥陀より天下を渡し給ふ時節ぞかし。

と、ここに時節到来して弥陀から天下が授与されたとするのである。その後関ヶ原合戦に出陣するに当たり増上寺存応に吉例の十念を求めると、つぎのような返答があった。

和尚いわく、さる事ならバ公も又おかしき御問被成やうかな、公の天下ハ弥陀より御請取の天下にてハ御座なきか。

この部分は『啓運記』の大坂の陣への進発に当たっての存応の言葉「君ノ天下ハ大菩提心ノ心地ヨリ本願名号ノ

利剣ヲトリテ治メタマフコトナレバ」を書き換えたものとみられ、〈天下弥陀授与〉説として明確化されている。『開運録』が〈天下弥陀授与〉説に従って筋を運んでいることがうかがえよう。

一方、『浄宗護国篇』では論旨そのものは継承されるが、相当の変容がみられ、〈天下弥陀授与〉説はみられない。武士の職分論は漢文本では「武是菩薩之行」「菩薩之武」（勢誉伝）とか「武業者菩薩之慈行大権之善巧也」（登誉伝）とあって、武士は菩薩行＝慈悲の実践者として「大権」すなわち弥陀によって巧まれた存在であり、「殺ヲ以テ殺ヲ止メルノ道」を実践する者とされている。そしてまた、

公、若シ天下人民ヲシテ永ク禍毒ヲ離レ、速ニ蘇息ヲ得シメント欲セバ、人皆悦服シ、向ウ所皆下リ、遂ニ天下ヲ有シ、国祚延長ス。此ハ是将軍ノ身ヲ現ジテ菩薩ノ行ヲ修ス。然レバ則チ股肱籌策ノ臣、将士戦亡ノ者、同ジク解脱ヲ得テ等シク浄土ニ生ズ。

とあって、〈天下弥陀授与〉説は見られなくなり、将軍を菩薩行の実践者とすることで、むしろ仏教治国の側面を重視しているである。

このようにみれば、『啓運記』から『開運録』への発展は、武士の職分論から進んで東照大権現以来の徳川の天下＝御公儀を、弥陀から与えられた政権であり仏教による治国を実現するものと意味化しようとしたということができよう。『浄宗護国篇』はそこまで進むことなく武士・将軍の職分を仏教治国とすることに留まっている感がある。

三　若干の教学史的考察

これらの独自な『松平崇宗開運録』の論理はどのような教学的根拠を有するのであろうか。おそらく〈天下弥陀授与〉説は他に類例をみないものであり、教学的に明確な根拠を持つものではないと予想される。江戸浄土宗教学に暗いところから、それについては他日を期し、ここではそれらの諸説のうちのいくつかのタームへ目を向けてみたい。

登誉の元康への勧化の始まりとなった「武士の家業」（殺生）と往生というテーマは、『開運録』では、親忠への勢誉の勧化の段で親忠が、「願は武芸をもすてつしかも又浄土往生仕るやう候ハ、示し給へ」という問として登場する。この文言は、『法然上人伝』（四十八巻伝）のうちで甘糟太郎が法然上人に「弓箭の家業をもすてず、往生の素意をもとぐる道侍らば、ねがはくは御一言うけ給はらん」と願った言葉を想起させる。この問に対して法然上人は、弥陀の本願は機の善悪を選ばず、「罪人は罪人ながら名号をとなへて往生」するのであり、「弓箭の家にむまれたる人、たとひ軍陣にたゝかひ命をうしなふとも、念仏せば本願に乗じ、来迎にあづからん事ゆめ〳〵疑べからず」と、ただ念仏によって往生と説く。甘糟太郎はこの法然上人の言葉によって不審を晴らして戦い、深手をこうむり、「太刀をすてゝ合掌し、高声念仏して、敵のために身をまかせ」、往生を遂げたのである。『崇宗開運録』には、これに相当する討死の場面がないので、この部分は採用されなかったのは当然としても、法然上人の答えの文言もまた見出せない。わずかに「若定業にて討死の時ハ極楽往生は疑ひなし」（前掲『崇宗開運録』問答（五）のL）という文言がみえ、法然上人の言葉を踏まえるかのようであるが、その関係は明確ではない。

時期的には『開運録』より後の書であるが、宝暦十二年（一七六二）成立の『称念上人行状記』巻下「淀納所念仏寺の事」（『浄土宗全書』第十七巻）には、河村高雄という武士の同様な悩みに対して甘糟太郎と法然上人の物語が引かれ、加えて「剣戟をふるひ戦ふにも念仏を忘れす称すへし。念仏に諸仏護念の益あり。利剣即是弥陀号」など説かれているのは、「是全く菩薩の行」ともいわれていて、『開運録』の影響とも考えられるが、あるいは武士の殺生と往生の問題がこのように諸仏護念と利剣の名号で解される伝統があったことを示すかもしれない。討死＝往生よりも、生を全うした家康の戦いを往生に結び付けねばならない。そこから「弥陀の利剣」が強調されたのではなかろうか。「弥陀利剣」という言葉は、周知のように善導『般舟讃』の「利剣即是弥陀号　一声称念罪皆除」が出典であり、『平家物語』巻十「戒文」で平重衡が「こゝにたゝかひ、かしこにあらそひ、人をほろぼし、身をたすからんと思ふ悪心のみ」と武士の罪業を歎くのに対する法然上人の言葉に「〈利剣即是弥陀号〉とたのめば、閻魔ちかづかず。〈一声称念罪皆除〉と念ずれば、罪みなのぞけりと見えたり」とあるように、往生の障りを切り開く鋭利な武器としての名号という意味であった。『啓運記』ではKのうちに「南無阿弥陀仏ト切テ懸ルナラバ何ノ敵ニカ勝タザラン、弥陀ノ利剣ニアタル敵人ハ有マシキゾ」、『開運録』でもほぼ同様に問答（五）で「弥陀の本願に任せ称名念仏の利剣をもつて悪人を退治し給へハ、則利益の殺生」と用いられるのは、罪を皆除する利剣＝名号ではなく、敵を滅ぼす鋭利な武器＝剣の意味に転化されている。このような用例がどのあたりから出現するのかが問題であるが、いまは留保せざるを得ない。

「弥陀利剣」は『開運録』では右のように「利益の殺生」と転じ、また先に示したように親忠への勢誉の勧化に「悪人有て多くの人をなやまさハ一殺多生」と、「一殺多生」へ展開されている。『浄宗護国篇』漢文本でも「一殺多生」が用いられる。すなわち、

身存スレバ則チ念仏之功ヲ積ミ、命亡レバ則チ浄土之生ヲ受ク、若生若死、悲歎有ルコトナカレ、是ノ如ク思念シテ旗ヲ掲ゲ軍ヲ行ヒ、屍ニ伏シ数万肝脳ヲ地ニ塗ル、而シテ是我仏、一殺多生ノ善巧、聖主ノ乱ヲ救ヒ暴ヲ誅スルノ義兵也。

とあり、和文本でも「大聖仏智の教説。一殺多生の義なり。無量の輩をして安穏ならしむる善巧にて侍り」と、ともに武士の戦闘行為は万人を安穏ならしめる弥陀の方便の意味で用いられている。

この「一殺多生」説は『大方便仏報恩経』や『瑜伽師地論』に由来するといわれる。後者第四十一では、

如し菩薩、劫賊盗の財を貪らんが為の故に多生を殺さんと欲し、或は復た大徳の声聞独覚菩薩を害せんと欲し、或は復た多くの無間地獄を造らんと欲するを見ば、是の事を見已りて発心思惟すべし。我れ若し彼の悪衆生の命を断ぜば那落迦に堕せん、（中略）我れ寧ろ彼を殺して那落迦に堕するとも、終に其をして無間の苦を受けしめじと。（中略）憐愍の心を以て而も彼の命を断ず。（国訳一切経）

とあって、「一殺多生」という文言がみえるわけではない。趣旨としても悪衆生の堕地獄を救うために自ら殺生を犯して堕獄することを厭わないことであって、『開運録』などの用例とは一致しない。この言葉の浄土宗での展開に関しては、良暁『浄土述聞抄』（浄土宗全書第十一巻所収）に「決疑鈔ニ瑜伽論ノ利益殺生ヲ引テ」云々の語がみえることを知り得ただけで、いまは留保せざるを得ない。ただ謡曲『鵜飼』に「またある夜忍び上つて鵜を使ふ、ねらふ人びとばつと寄り、一殺多生の理に任せ、かれを殺せと言ひ合へり」（日本古典文学大系『謡曲集上』）とか、井原西鶴の『懐硯』に「一殺多生と孝の道にかなふと思ひさだめ」（『定本西鶴全集』三）などの用例があるように、かなり一般的に使用されていたようである。

おわりに

残された課題はなお多いが、いまは留保し、〈弥陀天下授与〉説というような王権神授説が何ゆえ綱吉治下の元

禄期に成立したかということを述べて結びとしたい。

そもそも徳川政権は豊臣政権を簒奪した軍事政権であるところから、その正統性がアキレス腱であった。始祖家康が東照大権現となったのは、神聖王権を構想してその弱点をカバーしようとしたのであり、当初から宗教権威をその権力の源泉に据えなければならなかった。また一方で、百姓を支配し収奪する政権であったから、それを正当化するに撫民仁政、というよりは万民救済＝慈悲をスローガンとしたのである。簒奪と収奪の軍事政権から万民救済の慈悲の政権へ転換しようとする三代家光は、東照宮を整備し国家祭祀とすることで家康の神聖王権路線を継承拡大し、家光自らも家康の再誕と称することで宗教的権威性を再構築した。しかるに五代綱吉に至っては、将軍継承における問題性もあって、自らの神格化による神聖王権の再構築の途は絶たれていたから、万民救済＝慈悲という課題を表面に押し立て、それを生類憐みの令という仏教的政策として表明することで徳川政権の正統性を確認しようとしたのである。このような綱吉政権の固有の弱さと、始祖家康以来ほぼ一世紀を経てその神聖性が再構築されねばならない段階に至っていたこと、これらの条件が王権神授説という形態を生み出した背景であろう。それは始祖東照大権現の神聖性を超える、より高次な権威である阿弥陀如来によって政権を粉飾するものでなければならなかった。ここに〈天下弥陀授与〉説の基盤があろう。

元禄段階が、武士の存在意味を弁証することを必要としていた段階であったことは、儒学における武士論、さらには『葉隠』などの成立において明らかである。こうしたなかで、秀吉を天下の大盗賊とする議論も出現していたのであり、『開運録』の武士「奸盗」説はそのような背景で読まれねばならない。その止揚を目指すものが武士の職分〈弥陀補佐〉説として万民救済の菩薩行とする本書の言説であり、それが「弥陀利剣」＝「一殺多生」の論理となったこともみやすい道理である。

基本的に、徳川政権が万民救済をスローガンとした政権であったこと、これが綱吉段階の特殊性に媒介されて、菩薩行説、〈天下弥陀授与〉説を生み出したのである。それが弥陀を中心とした言説となったのは、先述のような権威の超越性の問題とともに、万民救済という政権のスローガンに相応する、万民救済の最高の仏が弥陀であったことによろう。その結果、東照大権現は、日光山王権現であるとともに阿弥陀でなければならなくなる。『啓運記』が、先述のように家康没後に東照大権現弥陀同体説を記さねばならなかったこと、また『開運録』において還来穢国が強調されてくるのは、弥陀の還相回向、応化の弥陀の観念によって、東照大権現の本地を弥陀に想定するものである。これは、たとえば『東照宮御遺訓』の原本と考えられる『井上主計頭覚書』（前掲大桑科学研究費報告書所収、また同書所収の平野寿則「『井上主計頭覚書』と近世初期の政治的イデオロギー」参照）や『東照宮縁起』にみえる家康阿弥陀仏説（曽根原理『家康神格化への道』、吉川弘文館、一九九四年参照）を継承するものである。

くわえて、現世安穏・後生善処という民衆の救済願望を納得させるには、来世をも含めた救済が求められるが、それをなし得るのは弥陀にほかならなかった。したがって、『開運録』の〈天下弥陀授与〉説は、平天下・治天下を弥陀が徳川氏に命じたのはひとえにその衆生済度の誓願を実現させるためであると語られねばならなかった。弥陀の委託を受けた徳川政権によって制度化された寺請制は、民衆の後生善処を仏教に委託するものであり、いわば寺を通じて民衆の死後世界を管理したのである。寺請制度は単に生きた人間の戸籍制度ではなく死者の国家管理なのである。綱吉期の元禄五年に新寺禁止令が出て寺請制が確立するのも偶然ではない。こうして徳川政権による幕藩制国家は、弥陀を王権授与者として民衆の現当二世を支配・管理する国家となった。王権神授説が求められる所以がここにあった。

近世における修験僧の自身引導問題について

――とくに武蔵の事例を中心に――

宇高　良哲

はじめに

神職の自身葬祭問題については、岡田荘司氏が「神道葬祭成立考」（『神道学』一二八所収）で解説されているように、辻善之助・市村其三郎・朝山皓・西田長男氏らの研究が多数ある。しかし修験僧の自身引導問題については、管見では、辻善之助氏が『日本仏教史』近世編之三（一一八頁）に、「ついで文政九年に、天領の代官伊那半左衛門から、武州の新大滝村の熊野権現の神主が神葬祭を致したいといふので伺出た。この時にも本人及び跡相続の者は宜しいが、妻その他家内の者は判を受けなければならぬと言渡してゐる。（徳川禁令考）幕府は一般にこの方針を以て通して来たのである。唯茲に一の例外として、修験には特例が許されてゐたと見える。即ち文政十年に但馬石橋村の修験より、家内一同自ら修験の法によって引導して葬式をしたいと願出た。之に対して、家内一統自身引導は容易に許さざることであるけれども、菩提寺と納得づくで、且つ村方に於て故障なければ許すといふ指令が出てゐる。修験は普通の神職と異るに依つて、特例を設けたものであらうか。尚一つ修験の例として、年号欠、寅の四月に、同じく家内まで許された例がある。それの注に、神主にも下総国猿島郡猫実村松崎播磨といへる者の家内残らず自身葬祭を許るされた例があると記してある。これは極めて異聞に属することである。（徳川禁令考）」と記されているが、修験を神職の特例として扱っているのは、後述するように江戸幕府の宗教政策の実体に即していない。また『国史大辞典』（吉川弘文館）の「自葬」の項で、五来重氏は「自葬は修験道では従来から行って来たが、江戸時代の寺檀制度の確立によって、山伏自身だけの自葬しか認められなくなった。その後、江戸時代末期には山伏の家族まで自葬が認められることになっていた」と述べられている。五来氏の説の方が実体に即している。また後述するように羽塚孝和氏が山本坊の問題のなかで修験の自身引導を取り上げられているが、意外に修験僧の自身引導に関する本格的な研究は少ないようである。

私は近年埼玉県の宗教関係史料の整理にあたっている。『埼玉県寺院聖教文書遺品調査報告書』『埼玉県神社関係古文書調査報告書』（埼玉県教育委員会）の両報告書を基本に、県内の宗教関係の重要史料を『埼玉県史』資料編18〈宗教〉に所収した。また本論文の中核をなす武蔵の本山修験の先達越生山本坊の史料については、単独で近世寺院史料叢書4『武蔵越生山本坊文書』（東洋文化出版）として刊行した。本論では自身引導問題を中心としているので、史料の引用が限定されている。全容についてはこれらの史料を参照していただきたい。史料の整理過程で、私は秩父の修験僧の自身引導問題について、興味ある一連の史料を確認することができた。そこで従来未開拓であったこの問題について、史料紹介を兼ねながら私見を述べてみたい。江戸時代武蔵の修験は本山派と当山派が代表的なものであるが、本論で主として取り扱うのは本山派修験の事例である。なお、当山派修験については的確な史料の裏付けを見出し得ないが、全体的な流れは当山派修験も本山派修験とほぼ同様なものであったであろうと推測している。

一　秩父地方の修験僧の宗旨請合証文の発給について

延享元年（一七四四）八月の秩父地方の宗門人別改めの際に、修験僧の宗旨請合証文の発給をめぐって曹洞宗の菩提寺八カ寺と、武蔵の本山派修験の先達山本坊との間で、修験僧とその妻子の取り扱い方について訴訟となっている。秩父の曹洞宗の本寺広見寺には、このときの訴訟の証文類の控が残っている。延享元年八月付の願書をみると、

乍恐書付を以奉願上候事

一、拙寺共檀那之内山伏妻子等迄、代々宗旨受合来候処ニ、此度入間郡越生村山本坊ヨリ一円通事無之、宗旨受合手形之儀、去ル六月中忍表ニテ受取候と、宗旨奉行当八月秩父御改之定日ニ被仰渡、驚入申候、依之拙寺共受合手形、御受取不被成候、左候得ハ請合来候檀那無所以離檀仕候、依テ細（再）度奉願候得共、決テ受取候儀不罷成と被仰候、左様ニテハ宗門之請合猥ニ罷成、各寺寺役相立不申ニ付、前々之通リ拙寺共請合印形仕、寺格相立申候様ニ奉願上候、右之筋ニ依テ請合印形一件之儀、無是非御訴訟申上候、御吟味之上、寺社御奉行様迄奉願上度奉存候、何分ニも御慈愛を以、各寺願之通リ被為仰付被下候ハハ、難有可奉存候、以上、

延享元甲子八月　満光寺
浄光寺
宝雲寺
光明寺

法長寺
福蔵寺　鑑司
常雲寺
正光寺
上

とある。広見寺の末寺満光寺以下七カ寺は、自己の檀家である修験の山伏と妻子の宗旨請合証文の発給をめぐって、武蔵の本山派修験の先達越生山本坊と争っている。この八カ寺側の願書をみると、延享元年以前は、これらの八カ寺が山伏と妻子の宗旨請合証文を発給してきた。この慣例に従い、同年八月にこれらの宗旨請合証文を発給しようとしたところ、領主阿部豊後守正喬の忍奉行所より、同年三月にすでに山本坊から山伏と妻子の宗旨請合証文が奉行所に提出されているので、今回は不要であるといわれている。八カ寺側はこれは納得がいかないといって奉行所に訴えている。この願書だけでは山本坊側の言い分が明白でないが、同月付の広見寺添簡をみると次のごとくである。

差上申添簡之事
拙寺末当国秩父郡大宮郷満光寺・同郡日野村浄光寺、右両寺檀那ニ本山派之山伏有之候、古来ヨリ宗旨之儀妻子共ニ請合来候処ニ、此度越生山本坊ヨリ自身引導申立、領主阿部豊後守殿御役人中へ宗旨請合証文差出申候間、離檀之筋罷成、代々請合来候宗旨請文印形相済不申、迷惑仕候段相願、登山仕候間、御吟味之上、御取上被遊被下候ハヽ、難有可奉存候、為其添簡如此御座候、
延享元甲子年八月
武州秩父郡大宮郷　広見寺
龍隠寺　御役者中

これは秩父の曹洞宗本寺広見寺が、末寺の満光寺と浄光寺が本山派修験先達山本坊と山伏の宗旨請合証文の発給について訴訟となったので、曹洞宗の関三箇寺であり、僧録所である越生の龍穏寺によろしく斡旋してもらうように出した添簡である。これをみると山本坊側は修験は自身引導の法度があることを主張して、忍領主阿部豊後守正喬の奉行所へ宗旨請合証文を差し出していることがわかる。これに対して広見寺側は旧来の慣例に背き迷惑であると異議を申し立てている。この訴訟は曹洞宗の菩提寺側の主張が認められたようである。延享元甲子年九月十二日付の請状をみると、

差上申御請一札之事

一、拙寺共義、山伏檀那宗旨請合証文、去年迄指出シ来候処ニ、当御改より越生山本坊一派引導之由ニテ、請合差出シ候旨奉行衆被仰聞候、依之三録所へ相達、江戸御上屋敷へ罷出、右之段申上候所ニ、只今迄之通り寺請合ニ可仕旨、於御会所ニ被仰渡之旨承知仕候、江戸御上屋敷ニテも、右之通り松原佐太夫殿被仰渡候間、前々之通拙寺ヨリ山伏檀那宗旨請合証文差出可申候、請印如此御座候、以上、

延享元甲子年九月十二日　　八ヶ寺

三代官宛

とある。この秩父八カ寺の訴訟は曹洞宗の関三箇寺越生龍穏寺の仲介を経て、ついに忍領主阿部家の江戸上屋敷での裁許となり、阿部家用人松原佐太夫は、前例どおり山伏の宗旨請合証文は曹洞宗八カ寺が発給することを伝達している。そのうえ、日時は前後するが、九月五日付の阿部家用人松原佐太夫の申渡書をみると次のごとくである。

一、例年之通宗旨改有之節、秩父山伏十六人宗旨請合之儀ニ付、判形不相済由、今般申来候ニ付、何れニも宗旨請合替リ候事ハ、此方より難申付儀ニ候、只今迄之通可改旨被申付候、

一、先達テ山本坊ヨリ忍へ被指出候帳面ハ、互ニ宗旨請合之帳面ニ候、兼テ願届等之趣も無之事ニ候間、留置候帳面、此度差戻し候様ニ、在所へ申越候、
一、此上請合替リ候事ニ候ハヽ、願等も出シ、其趣を以吟味有之、前々相極事候、已上、

九月五日

阿部豊後守内　杉原佐太夫

右之通、八ヶ寺へ渡候也、

このように阿部家用人杉原佐太夫の申渡書をみると、秩父山伏十六人の宗旨請合証文の発給は、前例どおり曹洞宗八カ寺からとなり、同年五月に修験の先達山本坊から提出された宗旨請合証文の帳面は差し戻しとなっている。前述の九月十二日付の請状は、江戸の阿部家用人松原佐太夫の申し渡しを請けて、八カ寺が在所の忍奉行所の三代官に結果を伝達したものであろう。

このように延享元年八月から九月にかけて、宗旨請合証文の発給権をめぐって争われた訴訟は曹洞宗八カ寺側の勝利となったのであるが、山伏の自身引導の問題は依然残っていたようである。翌年九月と推定される無年月日の八カ寺請書の案文は次のごとくである。

差上申御請書之事

一、山伏本山ヨリ一派引導之義、又々被申渡候由、今宮坊ヨリ願出候ニ付、寺社御奉行月番大岡越前守様へ御聞合之上、山伏当人ト相続共ニ二人ハ一派引導ニ被仰付候、其外家内ハ菩提所を相頼候テ、寺請合ニ可仕候、不残一派引導ニハ不被仰付候、此段左様ニ可被相心得之旨、御書付を以被仰渡候、
右之趣、八箇寺一同ニ委細奉畏候、御請書、仍テ如件、

年号月日

八箇寺

斎藤重左衛門殿

延享二年丑ノ九月十八日ニ相済申由、領主之代官山伏之儀被申渡候趣、弐通也、

これは延享二年（一七四五）九月に曹洞宗八カ寺から忍の代官斎藤重左衛門に宛てた請書である。これをみると前年宗旨請合証文の訴訟では勝利を収めた八カ寺側であるが、再度、秩父大宮郷の本山派修験年行事今宮坊から山伏の自身引導の件について訴えられ、江戸の寺社奉行大岡越前守忠相の裁許によって、今度は山伏の場合、本人と相続者の二人は自派の自身引導、それ以外の家族は菩提寺の引導で、宗旨請合証文も菩提寺の発給となったことがわかる。本人と相続者の宗旨請合証文は当然修験側で発給することになったものと思われる。寺社奉行大岡忠相は当時詳細な日記を書いており、大岡家文書刊行会から『大岡越前守忠相日記』として刊行されているが、この一連の訴訟に関しては全く記載がみられない。特筆するほどの訴訟ではなかったのであろう。慣例どおり裁許したものと思われる。

この秩父の修験の宗旨請合証文の発給権の争いはさまざまな問題を含んでいるので、まず江戸幕府の修験の自身引導に関する基本的立場を整理しておきたい。梅田義彦著『日本宗教制度史』〈近世篇〉五〇九頁所収の岡山藩の藩法のなかの元禄六年（一六九三）正月朔日付の山伏宗門改前書をみると、山伏の自身引導と宗旨請合証文について次のように想定されている。

一、本山方山伏は本寺聖護院御門跡末流児嶋五流之霞下にて御座候、自分は不及申、弟子共迄一等に天台宗、妻子共は諸宗何にても勝手次第に檀那寺を頼申候間、寺請判可被仰付候、山伏死去之節は他之出家を頼不申、自己に滅罪取行候事、毎年大峯修行仕候付、右之通之由、聖護院御門跡之坊官衆より証文状取候て、寺社御奉行へ指上申に付、其通御免被成候事、

一、当山方山伏は、本寺京都醍醐三宝院御門跡末流、御領分にては岡山野田屋町快長院支配にて御座候、宗旨之儀、自分は不及申、弟子共迄一等に真言宗、妻子共は諸宗何にても勝手次第檀那寺を頼申候間、寺請判可被仰付候、山伏死去之節は他の出家を頼不申、自己に滅罪取行候事、毎年大峯修行仕候付、右之通之由、三宝院御門跡より証文状取候て、寺社御奉行へ指上申に付、其通御免被成候事、

これをみると、岡山藩では元禄六年の時点で、本山派山伏は聖護院門跡方に属したので、自分と弟子は天台宗、妻子は諸宗勝手次第に檀那寺を頼み、寺請証文をもらうことになっている。山伏死去のときは他の出家を頼まず、自己にて滅罪を執り行うとあり、山伏は自身引導が認められていたことがわかる。当山派山伏は三宝院門跡方に属したので自分と弟子は真言宗、その他は本山派山伏と同様ということになっている。この法度は岡山藩のものであるが、各藩ほぼ同様であったものと思われる。

たとえば『三峯神社史料集』一所収の安永三年（一七七四）六月付の三峯本山派修験連署の宗門人別一札をみると、

差上申一札之事

拙僧共毎年宗門帳差出候節之儀、御尋ニ御座候、依之左ニ申上候、

一、拙僧共幷世継之者一人之儀者、天台宗本山修験ニ而自身引導相守候旨書之申候、且妻子等の儀者、面々菩提寺有之、宗旨請合印形菩提寺ヨリ差出申候、

一、天台宗本山修験　　武州秩父郡古大滝村　百姓山伏　吉祥（印）
百姓妻帯ニ付、御代官前沢藤十郎・名主武右衛門、妻子菩提所之儀者、先祖代々武州秩父郡下飯田村光源院末同郡古大滝村禅宗峯向寺檀那

一、同　　同　村　長泉坊（印）

右吉祥同断

一、同　　同　村　教蔵院（印）

百姓妻帯ニ付、御代官前沢藤十郎・名主角右衛門組下、妻子等之儀者、武州秩父郡下飯田村光源院末

禅宗当村石永寺檀那

（以下九名省略）

安永三年午六月　　吉祥（印）

御本山　御役所

（以下十一名連署省略）

とあり、武蔵の三峯修験は本山派に属しているが、岡山藩の藩法どおり、本人と世継は天台宗で、自身引導である。妻子は他宗の菩提寺から引導を請け、宗旨請合証文も発給されていることがわかる。

つぎに修験道では享保七年（一七二二）に両派ともに法度を制定している。武蔵羽尾の旧金剛院所蔵の享保七年七月付の聖護院法度にはつぎのごとく記されている。

一、修験道自身引導勿論、近来末々に至テハ、猥に他宗之僧徒を雇、血脈を続、引導を請候徒も在之候様ニ相聞候、失其道、自他之法系混雑之至リ也、自今ハ従其先達々相改、古来之通可相守事、

これをみると、享保七年頃修験道では自身引導が原則であったが、この原則が守られず、他宗の僧徒から引導を請けていたものが多かったようである。そのため、このときに再度修験道の自身引導を確認していることがわかる。

つぎに『祠曹雑識』巻七十二所収の武州忍石原村長寿院長円の「当山修験記録」所収の享保七年寅七月付の当山派修験法度をみると、

一、修験一派ニテ滅罪取納候処、法事等有之節ハ、斎非時一汁三菜・禁酒タルヘシ、且又一派之内一派引導并宗旨請合証文等指出来候所も有之、又は他家之引導請之、宗門請合他寺へ相頼候処も有之由、粗相聞候、何レ之所トモ難計候、一派引導并宗旨請合差出来所ハ格別、他宗之引導并宗旨請合之儀不都合ニ候間、連々其処之御支配方へモ申達、他宗へ不入組様可為尤事、

とあり、当山派修験でも一派で自身引導と宗旨請合証文を実施していたところもあり、他宗の引導や宗旨請合証文を請けていたところもあったことがわかる。そこで、このときに再度、今後は必ず自派で両者を実施するようにと定めている。両派ともにこのように改めて法度を出して再確認しているところをみると、かなり他宗から引導と宗旨請合証文を請けていたものが多かったことが推測される。

二 武蔵の本山派修験先達山本坊と年行事今宮坊の争論について

武蔵の本山派修験では享保七年（一七二二）に自身引導と宗旨請合証文の実施を再確認していたにもかかわらず、前述のとおり秩父地方の本山派修験では、あいかわらず延享元年（一七四四）に至ってもなお、曹洞宗寺院から引導と宗旨請合証文を請けていたことがわかる。

それではなぜこのような状況のなかで、秩父地方では延享元年から急に山本坊が他宗の引導や宗旨請合証文の発給に干渉することになったのであろうか。この理由を調べてみたい。

山本坊には延享三年九月付の山本坊と今宮坊の詳細な裁許状が現存している。なお、山本坊の史料は現在埼玉県立文書館の所蔵となっている。この訴訟は両者が修験の支配地域である霞の支配権をめぐる争いである。しかしこ

の紛争の根幹となったのは、今宮坊の自身引導の問題である。この裁許状の分量は膨大なので、本論文では自身引導に関する部分だけを引用する。裁許状の全体像については、前掲の拙著『武蔵越生山本坊文書』を参照していいただきたい。また羽塚孝和氏が「武州本山派大先達・山本坊について」（『日光山と関東の修験道』山岳宗教史研究叢書8所収）のなかでこの裁許状を引用して山本坊と今宮坊の争論を解説されているので、そちらも参照していただきたい。延享三年八月付の秩父年行事今宮坊裁許覚をみると、まず山本坊側の申立ては次のとおりである。

一、当二十五年以前享保七寅年、従　宮様被　仰出候御掟書之内、自身引導之御作法、今宮坊初幷触下同行迄、于今相守不申候事、

（中略）

一、御掟書之内、同行相果申候節ハ、其先達へ早速相届申候御定法ニ御座候処、触下同行相果申候テモ、一切相届不申候事、

（中略）

一、今宮坊初諸同行迄、不残他宗ヨリ菩提判仕候、当正月十六日、同行大寿院相果候節モ、死去之届モ不仕、禅宗満光寺引導仕候事、

（中略）

右ヶ条之趣、少モ相違無御座候、以上、

延享三寅年八月　　　　　　　　山本坊　判

森　御殿　御役人衆中

これをみると、二十五年以前の享保七年の聖護院法度で再度本山派修験の自身引導が規定されているにもかかわらず、秩父の年行事今宮坊をはじめ触下同行は実施していない。また配下の同行が死亡した際には、先達山本坊に

届け出なければいけないのに、これも一切届け出ていない。さらに今宮坊はじめ同行まで、すべて他宗から宗旨請合証文を請けている。同行大寿院が死去した際には曹洞宗の満光寺から引導を請けている。この満光寺が最初の広見寺文書に出てくる八カ寺の一つであり、満光寺などが秩父の修験の引導や宗旨請合証文を実施していたことが裏付けられる。山本坊はこれらのすべてが本山派修験の法度に違反しているといって今宮坊を難詰している。

この山本坊の申立てに対する今宮坊二代兵部の返答書は次のごとくである。

乍恐御吟味ニ付以書付申上候

一、二十五年以前、自身引導之儀被　仰出候処、只今ニ至相守リ不申候事、

此儀先年被　仰出候節、御請申上置、只今迄御法式相守リ不申延引仕候段ハ、秩父郡同行之儀ハ、山作・農業計リ仕、殊ニ檀家モ無御座同行多御座候ニ付、只今迄延引仕候、従先達段々吟味御座候ニ付、去ル丑（延享二年）ノ秋中、阿部豊後守（忍領主・正喬）殿領内之儀ハ、自身引導之儀申立相済申候、未御代官伊奈半左衛門（忠逵）殿御支配所相残候、

（中略）

一、同行相果候節、早速先達へ相届候事、

此儀ハ相果候テモ、先年ヨリ先達方へ早速相届候儀ハ無御座候、改等之節、相届来候先格ニ御座候、

（中略）

一、今宮坊初同行不残他宗ヨリ菩提判仕、去ル亥（寛保三年）ノ正月、大寿院相果候ニモ、禅宗満光寺引導仕候事、

此儀、右自身引導之箇条ニ申上候通、領主阿部豊後守殿方へ、去秋相済候儀ニ御座候、大寿院相果候ハ、先年之儀ニ御座候故、満光寺引導請申候、

（中略）

延享三寅年八月

秩父今宮坊名代　二代　兵部　判

聖護院宮様　御役人中様

今宮坊二代兵部の返答は、秩父の山伏同行は山作や農業ばかりで、檀家もなく、経済的に大変なので、享保七年の法度を承知しながらそのままになってしまった。しかし先達山本坊から吟味があったので、延享二年（一七四五）の秋から忍藩主阿部豊後守正喬に願い出て、忍藩内では山伏は自身引導となったといっている。これらの主張は前述の広見寺文書の内容と一致している。

今宮坊兵部の返答書に対して、山本坊は再度つぎのように反駁している。

秩父年行事今宮坊二代兵部返答書指上申候ニ付、拙僧方へ御吟味被　仰付候、依之逐一言上仕候趣、左之通御座候、

一、自身引導之事、

兵部申上候ハ、先年被　仰出候節御請申上置、只今迄御法式相守不申延引仕候段、秩父郡同行之儀ハ、山作・農業計仕、殊ニ檀家モ無御座同行多御座候ニ付、只今迄延引仕候ト申上候、

右之返答曾テ難相立奉存候、自身引導之御作法ニ、山作・農業幷檀家之有無ニ拘リ可申儀無御座候、左候ハ、右之趣前度ニ拙僧方へ相達、了簡請候ハ、御法式相立候様ニ可仕品モ可有御座処ニ、子ノ年（享保十七年）・午ノ年（元文三年）、七年め七年めニ自身引導相守リ候、偽リ之証文差出、今更右之段言上仕候儀、年来奉掠御上、此節ニ至リ猶更虚偽を以言上仕候儀、甚以職分不相応之儀ト奉存候、（中略）同六月宗旨請合証文差出、宗旨奉行安食彦兵衛へ相渡申候テ、事相済申候処ニ、右拙僧方ヨリ差出申候請

合証文、忍ヨリ江戸へ差越候儀、役人少々延引仕候内、豊後守殿領内之修験ハ、十六ヶ寺之菩提仕候寺方之内八ヶ寺、豊後守殿江戸上屋敷へ罷出、殊之外六ヶ敷申候由、上屋敷ヨリ領分忍へ申来、拙僧方ヨリ差越候請合証文江戸へ遣候儀、延引ニ罷成、宗旨奉行・代官不調法ニ罷成、難儀仕候間、右寺方之訳相立候迄ハ、右之請合証文御預リ可給候、（中略）

一、同行相果候節、早速先達へ相届候事、
兵部申上候ハ、相果候テモ、先年ヨリ先達方へ相届候儀ハ無御座、改之節相届来候先格ニ御座候由申上候、
享保十五庚戌年八月被　仰出候年行事御掟書第三之御箇条ニ、修験者相果候ハ、死去之届早速其先達へ可申事ト被　仰出候、年行事御掟之儀ニ御座候へハ、手前へ写所持仕罷在、右之段申上候ハ、難心得奉存候、
（中略）

一、今宮坊初同行迄、他宗ヨリ引導仕、大寿院儀相果申候節、禅宗満光寺引導仕候事、
兵部申上候ハ、去秋地頭阿部豊後守殿へ相済候由申上候、
此ヶ条之儀ハ、委細申上候通ニ御座候間、別テ言上不仕候、大寿院相果候儀ハ、先年之儀ニ御座候ト申上候、大寿院相果候儀ハ、四年以前寛保三亥年正月十六日之儀ニ御座候、自身引導之御法式相改申最中之儀ニテ、去ル元文五申年、御下知書頂戴以後之儀ヲ、何となく先年と申上候儀、弥以所存難心得奉存候、
（中略）

延享三寅年九月

山本坊　判

森　御殿　御役人中

山本坊は山伏の自身引導に山作・農業や檀家の有無は関係ないといい、さらに年行事今宮坊は享保十七年（一七三二）・元文三年（一七三八）の七年目の改めごとに、先達山本坊に自身引導を守っているという偽証文を提出していたことを難詰されている。さらに山本坊の主張をみると、前述の延享元年から二年にかけての忍藩への働きかけも、山本坊が行ったものであり、今宮坊は積極的ではなかったようである。今宮坊側には経済的事情があったとはいえ、このようにその他の箇条でもことごとく山本坊に論破されている。その結果、延享三年十月付の聖護院坊宮衆達書には、

大宮年行事今宮坊自身引導之儀、不届在之ニ付、今宮坊唯今迄致支配来候場所之内、従荒川西此度被　召上候処、其方依為由緒之場所、今段新規為御取立、支配之儀被　仰出候間、此旨可有存知者也、

延享三年寅十月

藤木志摩守（印）

岩坊法印（印）

今大路師（印）

越生先達　山本坊

とあり、この訴訟は山本坊側の勝利となったことがわかる。史料の引用は省略したが、今宮坊への申し渡しと併せて考えると、今宮坊は自身引導を守らなかったため、本来年行事を追放されるところであるが、年行事に留め置く代わりに、荒川西の霞を没収され、同地域は新たに山本坊の支配となったことがわかる。この訴訟に関連して秩父の本山派修験ではさまざまな問題が発生していたのである。

つぎに文化元年（一八〇四）三月付の榛沢の花園村の旧万光寺所蔵の薬王寺快春証文をみると、

一、貴寺女子之儀、是迄拙寺方ニテ致宗判候処、先年御触モ御座候ニ付、当年ヨリ修験道一流ニテ宗旨印形被成候、御断之趣致承知候、依之当寺方宗判相除申候、然上ハ於当寺構一切無御座候、為念一札差出申候所如件、

文化元甲子年三月日　　　　薬王寺快春（印）

万光寺様

長徳院様

前書之通、少モ相違無御座候、以上、　　　　名主　利助

とあり、文化元年以降、御触により本山派修験の妻子も宗旨請合証文は修験寺院より発給することが可能になったことがわかる。さらに辻善之助氏が紹介されているが、『徳川禁令考』所収の文政十年（一八二七）七月付伺状には、

但州石橋村修験大乗院家内共一統引導之儀伺

書面、当山修験大乗院親妻子家内不残一統引導之儀、容易ニ難成筋ニ候へ共、菩提寺示談納得之上、於村方モ一同故障之筋無之上ハ、願之通承届、証文取之、可被差出候、右ハ寺社奉行中へ掛合之上申達候、以上、

亥七月

とある。これは当山派修験の史料であるが、これをみると修験は本人と後継者の二人だけに許されていた自身引導の権利が家族まで拡大されていたことがわかる。辻善之助氏は『日本仏教史』近世編之三のなかで、修験の自身引導を特例としているが、五来重氏がいわれているように、文化元年以降は町方・村方・菩提寺側に異論がなければ、修験の家族まで宗旨請合証文の発給と自身引導の執行が、修験寺院によって可能になっていたようである。

おわりに

このほかに拙著『武蔵越生山本坊文書』所収の233、234、268、269、270、271番の史料をみると、江戸時代後期の秩父や入間の本山派修験寺院は、葬儀の際に、先達山本坊に届け出て、院代から焼香を請けること、具体的には葬儀を執行してもらうことが原則であったが、貧地の寺院が多く、経済的理由により末寺五十余院で一時金として回向料二十両を前もって差し出す代わりに、以後隣寺同志で焼香することを山本坊から許可されている。この修験の隣寺焼香制度は自身引導の変則的な形として注目されるものであるが、紙数の都合上別の機会に詳述して補完したい。

近世の念仏聖・大日比三師の福祉思想

長谷川匡俊

はじめに

先に筆者は浄土宗における仏教福祉思想の系譜研究の一環として、捨世派念仏聖・関通（一六九六～一七七〇）の福祉思想に関する若干の考察を試みた。(1) 小論はその関通を師と仰ぎ、決定的な影響を受けた法岸（一七四四～一八一五）にはじまり、法洲（一七六五～一八三九）・法道（一八〇四～一八六三）へと継承される「大日比三師」を取り上げ、その実践と著作を通して福祉思想を探ってみたいと思う。(2) 彼らは十八世紀末（法岸が西円寺の住職を継いだのは一七七九〈安永八〉年）から幕末にかけて、長州大津郡大日比西円寺を舞台に、同地域の民衆へ徹底した専修念仏教化を展開し、今なおその風儀はさまざまなかたちをとって受け継がれている。

なお、大日比三師の信仰と教化に関しては、すでにいくつかの先行研究もあり、(3) また筆者自身もかつて論及したことがあるが、ここでは少しく視点を変えて、(1)念仏勧化による民衆の生活に根ざした福祉意識の醸成と福祉的実践の思想（これをひとまず生活福祉の思想と称しておく）、(2)仏教福祉の実践原理たる布施＝施行など利他的善行と念仏との関係、(3)身分制社会における浄土教的な平等の人間観、の三つの方面から主題にアプローチを試みる。

一　生活福祉論

三師の教化活動の際だった特徴は、『法岸和尚行業記』に「村中の老若男女、一人も残らず、日課念仏を誓受し、田うつにも、薪こるにも、菜つみ、水くみ、網ひき、釣をたるるにも念仏せざるものなく、猶ことしげき、世渡りの中にも、毎夜暮六ツ時より、五ツ時までは本堂に参詣して念仏する事、常の式となれり」と記されるごとく、地域民衆の実生活に即して念仏の浸透がはかられ、かつ生活が念仏によって基礎付けられ、促され、改善されていったことではなかろうか。

法岸・法洲の風儀を継承した法道の場合について、『行業記』中の「垂誡」から具体例を紹介してみよう。まず農業や漁業など、村民の生業に関してである。たとえば、田植えをするときは念々不捨の思いを忘れず必ず念仏を唱えながら植え付けなさい。そうすれば太陽は阿弥陀仏の垂迹だから「不求自得」の利益があるにちがいないという、殺生を生業とする漁民たちに対しては、「当村は田圃少き海浜なれば、殺生を家業とせざるを得ざれども、意楽起悪正見、意楽起悪邪見といふ事あり。かく殺生を生業とするは、固より意楽は悪なれども、かゝる悪業をなす事よと詫るは正見なり、生業なればと許すは邪見なり、此正邪の際をよく〳〵弁知せざれば、往生の得不に関係する一大事なり」と説いている。(4) ここには、村民の生産活動そのものが念仏によって意義付けられ、さらにこれに従事する生活者の内面を支える念仏信仰が示唆されていよう。

このうち漁民教化に関しては、念仏は村民の生命尊重・生類愛護の思想（福祉意識）の涵養に大きく貢献している。大日比が位置する青海島の東端には通《かよい》村があり、この両村はかつて鯨漁が盛んであった地域である。通村の向岸寺第五世讃誉（のちに西円寺開山となる）は、延宝七年（一六七九）鯨の菩提を弔うために観音堂を建立し、さらに元禄五年（一六九二）には鯨の位牌と墓と過去帳まで作って鯨の霊に念仏回向した。詳細は省くが、讃誉の教化に発し、これを受け継いだ大日比三師の教化によって村民の日常生活に定着した生命尊重・生類愛護の思想と慣行は、注目に値する。

ところで、生業と殺生の両立という現実的課題に対して、法岸の師関通は、殺生罪の重きを熱心に説き、かつ銭貨を与えて魚鳥を放たせ、それを生業としている者には財を与えて業を変えさせるほどの徹底ぶりであったから、肉食を止める者もあり、魚鳥を商う者は村内に出入りしなくなったとまでいわれている。(5) こうしてみると法岸は（そして法洲・法道もまた）、敬慕してやまない師関通の不殺生の教えを重く受けとめながらも、地域の就業環境や漁民の実生活を直視し、むしろ村民が「殺生の縁」によって生かされているという現実を踏まえ、彼らに対し生命への感謝と生類愛護の念（禽獣魚介との共生の自覚ともいえる）の宣布につとめたといえよう。(6) そしてまた、殺生を生業とすることによって生計が成り立つ地域であったことが、関通の流れを汲む大日比三師をして、ことさら念仏教化にかりたたせることになったといえるかもしれない。

つぎに、これまでもしばしば指摘されてきたところだが、法岸が創始した「世界最初の日曜学校」と称される「子ども念仏会」や「胎教（妊婦の念仏）」、母子の念仏などは、西円寺住職・綿野得定氏の指摘にもあるように、児童福祉の観点からも興味深い問題を投げかけている。(7) 法道は「御垂誡」のなかで、妊娠五カ月に達したら、胎児のために日課念仏十遍を誓受し唱えなさい、そうすれば生後に必ず利益があるといい、産後百日たったら、さらに十遍を加え、子が三歳になるまでは母親がこれに代わって勤め、四歳になったら子に日課を授け、子が自らすすんで念仏を唱えるように教えてあげなさいと、念仏による胎教や育児を系統的に指導している。また流産してしまったときなど、そのまま寺にも知らせずに埋葬してしまう者が多いが、それこそ家滅亡のもとになると注意を促がしている。われわれはこのようなところにも、仏教による生命の尊厳、児童の尊厳の思想的系譜を読み取ることができる。

法道は「御垂誡」を通して、民衆が守るべき信仰と倫理を諄々と説いている。さらにその懇切な教導は、当地方の民衆生活の実情に即して、仏事の営み方から、結婚・妊娠・出産・農事・生業・迷信などにまで及ぶものであった。まさにそれは、三師が地域住民と生活を共にし、人格的な接触を通して信仰の扶植をはかり、生命尊重を基調として、住民の福祉意識と生活の質を高め、かつ地域の共同性を形成せしめるものでもあったのである。以上述べてきたところの帰結として、筆者は西円寺を拠点とした大日比三師による教化活動を、社会教化を中心とした宗教的セツルメントの一典型と位置付けたい。もとよりかかる活動の精神的支柱はまぎれもなく専修念仏の信仰にあった。

二　施行論

1　六波羅蜜と念仏

ここでは法洲の施行論ともいうべきものを、まず大乗仏教の実践体系としての六波羅蜜行（六度ともいう。以下、原文の引用以外は「六度」に統一する）と念仏との関係を通して少しく考えてみたい。

六度とは、布施・持戒・忍辱・精進・禅定・智慧のことだが、法洲はこれを自力で実践することがいかに困難であるかを示したうえで、「斯くわが身を見限り、唯本願の大悲を仰て一筋に念仏すれば、上来の六波羅蜜の行も自ら具はるが、超世本願不思議の名号なり」[8]と名号（念仏）の功徳を強調する。ただし、この道理が成り立つのは、弥陀の「五劫思惟の善巧」が念仏のなかに込められてあるからであって、六度などのいわゆる余行が修められないから仕方なく念仏するのだと、念仏を消極的に捉えるようなことがあってはならないと注意する。そして、「其人の邪見を押え旧来の信者の念仏一行を不足なく敬信する為め」[9]に、念仏を修するなかに自力ではかなわぬ六度の行がおのずから込められてある道理を説き示すといって、六度の一々に言及しているが、ここでは利他的な慈悲行である「布施」についてふれるにとどめたい。

布施には財施・無畏施・法施の三種がある。この三つが自然に備わるというのは、たとえば、念仏すれば、「順次に往生を決着」するゆえ、人はそれぞれ分に応じて財施をなし、また念仏を勧めるときには、「後世を怖畏する心」を除くので無畏施となり、わが往生のために唱える念仏に「聞く者滅罪三途息苦の徳あり、況や願以此功徳の回向、故れ実に法界遍満広大」の法施であるといい、このような理由によっても「六波羅蜜の妙行は皆本願念仏の法門の中に」あるということが分かると述べている。[10]つまり、念仏の実修がそのまま施行などの六度を内在化させ、かつそれを促がす（力用がある）ということであろう。

この念仏と六度との関係は、同時に念仏と余行との関係にもあてはまる面があるが、法洲はこの二者の関係に「捨てる」という行為を媒介させて、次のような論を展開した。すべて仏法では「捨てる」ということが肝要だが、今日の人々に、世を捨て、身を捨てよと言ったところで、所詮は無理な注文である。弥陀は五劫思惟の間、そのようなことを承知して、それを捨てよとは言われなかった。けれども「唯一ツは決して捨てねばならぬことがある。其捨るとは我身は罪悪の凡夫なれば外にたすかる法はない。唯本願念仏のみと決択し我身を頼み余行を物立つる執情、是一ツはさっぱりと捨ねば往生はならぬなり、外の事こそ捨てることが出来まいけれど、悪い我身を悪いと捨て、勤め課せられぬ余行に、捨てにくいこと微塵もなきなり云々[11]」と、わが身と余行とを「捨てる」ことを勧めている。そのうえで、専修念仏門の余行論をこう説明する。「捨るは捨ぬなり（余行を捨て念仏すれば往生して、余行をも成就するなり云々）、捨ぬは捨るなり（不応の余行を捨ずして念仏せざれば、生死を離るゝことを得ず、故に下々来々して余行をも捨て果てるなり云々）[12]」と。余行を仮に施行などの慈悲行に置き換えるとすれば、ここには還相回向としての慈悲行、あるいは安心決定後の慈悲行の肯定が示唆されているかに察せられる。また往生の条件たらざる慈悲行に執着して念仏しなければ、生死の迷いを脱することあたわず、結果的に真の慈悲行たり得なくなるということでもあろう。

関連していま一つ、念仏と余行とのあいだの優劣について、余行は「一隅を守る所含の法」で、念仏は「万徳円に備ふる能含の行」だとする説を紹介しておこう（このほか念仏と余行との比較論は所々見受けられるが、小論では福祉的行為を念仏との関係のなかで意味付けることに力点をおいている）。法洲は『譬喩経』に登場する、もっぱら持律座禅に励むが施行をなさない兄と、もっぱら布施修福を好むが破戒無慚の身である弟の、二人の仏弟子の因果を語り「是を以て、諸余の法は各一隅を守りて功徳全からざる事を知りて、念仏の利益を貴むべし、已に布施の行あれども、破戒の罪あれば、畜趣の象となり、持戒座禅の行あれども慳貪の罪あれば、貧乏の報を感ずる、其布施の行の難行なる事、持戒座禅のつとめ難き事、応レ知[13]」と、余行の限界が述べられ、これに対するに、破戒無慚にしてさしたる施行もせぬ身でさえ往生を遂げさせてくれる称名の勝行なることが説かれた。

2 「随縁の善」の勧め

他者の善を随喜すれば、自分が善を修した功徳と異なることがないとは、「随喜他善」の意であるが、念仏門において、念仏以外の善根すなわち余行を回向するさいの正当な論理とはどのようなものであっただろうか。

法洲は『浄土要略抄講説』巻下のなかで、余行を嫌うということは、「諸行無益と云ふには非らず、口称の妨げになる故也」と述べ、さらに「今一切の善根を回向すると云ふは、企て設けてするにはあらず、自然随縁のこと也、随縁とはいへ共念仏の妨げとなれば修せぬなり(14)」と、あらたまった善根というのではなく、まさに「随縁」の善、それも念仏の障りにならぬ範囲でなされることを勧めている。そして、こうも言っている。念仏者が縁に随って善行をなすというのは、貧しき者に物を乞われたとき、不憫に思って有り合わせの物を施すようなもので、「何ぞ我は念仏者なれば檀はら蜜の雑行はせぬ」とは言わないであろう。不憫なことと思い、娑婆の苦界なることを知れば、かえって念仏は進むものである。念仏講に向かう途中、幼な子が井戸へ落ちそうになっているのを見て、「我は専修の行者なれば慈悲をするは雑行なり」と思って助けないであろうか。むしろ走って行って助ける慈悲の心があるからこそ、「あゝ我等が心行はあの幼なき者と同じことなれば、阿弥陀如来を始め奉り聖衆方のあら危なや退堕の井戸へ落ちねばよいが不便のことや(15)」と昼夜心を痛めてくださっていることが有り難く思われ、一入念仏が進むというものだと。また「或本堂の再建仏菩薩の荘厳、金を貸してつぶれる家を立たせ、飢饉の施行、病者に薬を与へ下女下男をも不便を掛けて使ふ等、其上分々に戒をも持つ殺生せぬとて念仏の障りに」なるわけではなく、「酒呑ぬとて淫事をせぬとて欲慎めば夫程ひまになる故勤め好なる」ものだが、「極重悪人無他方便助け玉へ南無阿弥陀仏と申すべき也(16)」と、それぞれ縁に随い機に随って善行をなし、念仏を唱えるように勧め、最後に浄土宗における「随縁の善」の位置付けを以下のように説示している。

返すぐ〵も余の善根は露塵なくても念仏だに申せば十即十生百即百生ぞと地盤を思ひすゑて、其上にて随縁の善は随分になすべし、成し終れば捨はせぬ往生の為めに回向するなり、微細なことなれば能々聞分けて心地をするゑねばならぬ、聖道門の意になると何でも善事でさへあれば其功徳を取集めて往生することのやうに思ひ、邪義になれば随縁の善をもなせば雑行雑修とけがらはしき物の様に思ひ忌み、どちらも偏なれば浄土宗の意ではない、[17]

ここでは第一に、安心決定のうえでの「随縁の善」を勧め、第二に、そこでなされた善根を往生のために回向すること。第三に、聖道門における善行（諸行）往生論と「邪義」（一向宗の教義を指すものかと推察される）派の「随縁の善」＝雑行雑修論のいずれをも偏執として退けていることが知られ、法洲の教学的立場が示されている。

以上、法洲が徹底した専修念仏の立場から、布施や善行をどのように考えていたものか、若干の論及を試みた。見逃がし得ぬのは、法洲はまた「慈愍深重にして、弟子等を愛護せらるゝこと切なりければ、随侍みなその慈恩を感戴しあへり。また孝子の貧しきをミてハ、その養ひを資給し、鰥寡孤独貧窮病難等を見聞きしては、扶助賑済いと深切なり」[18]とされていることである。同様に、法道についても『行業記』は「是よりさき国庁、師の行実を賞し、白銀若干賜ハリし。其文に云、西円寺住職法道、従来志操正しく、懇に檀越の為に法勤し、又鰥寡貧困を賑救せしかば、村中自ら感服し、宗教倫理両ながら心を用ひて教示[19]」されたと記している。まさに両者の慈悲行は、執われのない「随縁の善」というべきであろうか。

三　平等論

1　現世の差別から極楽の平等へ

福祉思想を問うにあたり、ここではその中核をなす「差別と平等」の問題を、法洲の平等論に焦点をあてて検討してみたい。そのさい対象とする述作は『海徳本願合勧録』二巻[20]である。本書の名は、善導が『往生礼讃』中の初夜礼讃に「弥陀智願海、深広無二涯底一云々」と弥陀如来の本願を海に譬えて讃嘆したのによる。本文の構成は『華厳経』の「大海十種の徳」になぞらえて、本願の深甚なることが一種ずつ讃嘆されていくが、ここでは第三と第四の海徳に着目する。法洲の主たる教化対象が、海に面した生活環境下にある民衆であることを思えば、より身近な譬えとして心に響くものがあったであろう。

さて、第三の「余水入海失本名徳」とは、大海に流れ入る前の川の水はそれぞれ名を異にするが、「大海へ流れ入れば皆悉く一種の水と成て本の名は無也[21]」という理《ことわり》になぞらえ、いま阿弥陀如来の大智願海の大海もまたこれと同じで、衆生の機類（資質や能力）は千差万別だけれども、極楽へ往生して流れ入れば、上は天親・龍樹の菩薩から、下は我らのごとき悪人女人の垢凡夫までも、同一無差と変わり目がないことを指していう。もとよりそのためには、本願を頼み念仏を唱えることが要件となっている。このように、ここでの言説の主たるテーマは、（往生する以前の）現実の世界における差別と往生後の平等についてである。

まず、現世での差別相と往生後の平等相について法洲は次のように述べる。

此世の貴賤上下の違ひ、彼人は位が高い此人は低いと云に就て、何ぼう心を苦め、瞋恚の炎を燃す事やら計り知れぬ事也、高きは下きを慢り卑きは貴きに対して媚び諂ひ、わづかな町人百姓の中でも庄屋年寄と云ふ様な者には、水飲百姓借家住居髪結用人抔は腰を屈めねば成らず、至て下れる乞食の中でさへ頭ら手下と高下が有て、互に心を苦めるが此世の習ひ、人々我の無い者はない故に、夫れ相応に己を立て少しなり其人より上にと思ふより、喧嘩口論と成り大きに成ると合戦にも及ぶ、是れ何故なれば衆生が平等で無く、貴賤上下の差別有る故也、爾るに極楽の大海に往生すれば、平等一種の菩薩なれば、位争ひじゃの互に慢り媚び諂ふのと云ふ心

を苦むる事は名を聞事もなき也云々(22)、

現実の不平等すなわち貴賤上下の差別が、人々の不満・いかり・慢心・嫉妬・諂《へつら》いなどを生み、争いを惹起するもとになっているとし、しかし、往生を遂げれば誰でも平等に菩薩となれるのだから、かかる不満や争いから起こる苦しみというものを聞くこともない。そして、だからこそ「娑婆世界の不平等なる苦みと、極楽の平等なる楽みとを思ひ競べて、此土を厭ひ彼の土を欣ぶ心を起し念仏増進せらる可し(23)」と、浄土宗の総安心「厭離穢土・欣求浄土」の心を起こして念仏に励むよう誘導している。

このことは、現実の差別が深刻であればあるほど、平等を望むがゆえに、ややもすれば現実逃避的になりかねないが、往生を現世において得られるものとするならば（あるいは往生を願求する立場からは）、往生後の出世間的価値基準を以て、現実の世間的価値や秩序に煩わされない――現実の価値や秩序を相対化する――いわば精神的自立に身を転ずることともなるといえよう。

2　平等の人間観へ

つぎに法洲は、第四「普同一味徳」すなわち、諸の川水の味も大海に流れ入れば、その味は同一の塩水になるということを、弥陀の智願海の法に即して、(1)名号、(2)極楽往生後の姿形、(3)往生後に悟る「平等法性の理」、にそれぞれ譬えて説き明かしている。

はじめに(1)については、大海は平等の塩水だから、誰がなめても塩辛い味がするように、名号もまた弥陀如来が、一切衆生を一子のごとく思い建てられた「平等智願海の名号」ゆえ、誰が唱えても往生するという味に変わりがない（一味平等に往生する）。(2)については、大海はどこも同じ潮で変わり目がないように、極楽に往生した人は姿形に変わり目なく平等であるという。その理由は、阿弥陀如来が一切衆生の「法性平等の一理」を悟ったうえで立てた本願力により建立された極楽であるから、その極楽の大海に流入し往生したほどの人ならば、「平等一相変り目無く三十二相悉皆金色の姿と成る[24]」というものであった。この人々が抱く姿形による差別的感情は、なかなか拭い難いものがあるが、法洲は「凡そ此娑婆世界の人々貴と無く賤と無く此容に不同あるに付て、心を苦しめ罪を造る事数限り無き事也、色の白き人は黒い人を賤しめ侮り己れが容に慢心を起し、色黒き人は白きに対して慚ぢる心に成り、羨む心に成りて罪を造る、其外大小高下と云ふて、容が大きかつたり小さかつたり、背が高かつたり低かつたりする、夫に付ても罪を造る[25]」といい、好醜に関しても具体的事例を多く載せている。そして、「彼の極楽は姿容平等一相にして悉皆金色彩かに容に見め好きの悪きのと云ふ差別無く別け隔て無く、三十二相の妙相好一度び受け得てよりは、尽未来際無哀無変と衰へるの変るのと云ふ事無れば、妬むの侮るのと云ふ事は夢にも無く、平等一相と成る故に、仏も猶雪山の如く等一にして浄きが故にと説き玉へり[26]」と、往生後の姿形の平等一相を結論付けている[27]。

(3)については、悟りの内容（本質）に関することなので、かなり理論的な説明が加えられている。法洲は往生後の姿形の平等のみならず、証するところの「法理」がまた平等であることを海水の一味に譬え、「此土の上ではあの人は賢い人ぢゃ学文がある、あの人は愚かな不学文盲なのと別があれ共、極楽へ往生すればみな同じ平等法性の理を悟るゆゑ、賢愚の差別は無く平等なり[28]」と、現世における賢愚の差別も往生を遂げた暁には平等になるといい、その「平等法性の理」について「是れ則ち森羅万法の根元にて、人々に具へて居る所の一心の意[29]」だとする。この「平等法性の理」=「一心の意」をめぐっては『般若心経』の「空即是色、色即是空」（原文のママ）の理を引き、譬えを用いて懇切に説き示している。

つまり「手にも取れず目にも見えず、何を是とし定む可き物のない[30]」ことを指すのだという。では、その本体は「無」かといえば、「縁に触るれば仏ともなり菩薩ともなり、二乗人天地獄餓鬼畜生の十界の姿を自由自在に顕はす[31]」もので、「仏法の根元根本」でもある。この真理を学ぶ者を菩薩というが、なかでも平等の理を「一分悟ったを初地の菩薩」といい、これを「夜の明けたる如く薩張と悟り玉ふたを仏」という。これに対して、「迷ふて真闇なるが人々我等が如き凡夫」であって、以上のような理を譬えていえば「塩」のようなものだ。その本は水で、塩だと定むべき実体はないが、火を用いて煮るという縁にふれれば、白い色を現じ、形ができる。しかしまたその塩を漬け物などに用いれば、その形はなくなってしまう。だから、その本体は空であるというよりほかないと。かくして、「塩」という実体を固定的に定められないように、われわれの一心もまた同じで、ちょうど塩が縁にふれて種々の色を現ずるように、「悪縁に触ては地獄の炎の赤銹ともなり、痩衰せし餓鬼の青銹ともなる[32]」し、また「世善をなして人天の白い粉ともなりて、十界の姿歴然たり、是れ即ち空即是色也、其歴然と顕れたる姿に実体無れば亦縁に触れて転ずる所は、即ち色即是空、何んと能く塩に似た物に非ずや[33]」と。

ところが、往生を遂げれば、皆平等にこの法性の道理（あらゆる存在は因縁生起するもので、固定的実体はないということ）を悟るので差別がなくなる（正確には、差別心から解放されると言ったほうがいいだろう）。それはちょうど大海の水のどこをなめても味が異ならないようなものだという。そしてもう一つ、「法性平等の理」を悟れば、塩の力用によって食物を腐らせず、保たせるように、「自身の修行も退き怠る気遣ひ無く、不退の徳を得て成仏に至る迄生死を経ず、又他の衆生を化益し済度するにも障り無く心の儘に是を導く、無窮の徳を備へて自行化他共に堅固なる[34]」と結論付けた。

3　むすびにかえて――法洲の平等論の意味

江戸幕藩制社会は身分制度が貫徹された封建社会であって、同一身分内の序列も厳然としており、加えて貴賤・貧富・老若・男女の別のほか障害の有無や容姿の美醜などによる、さまざまなレベルでの差別の実態があった。そこには、表面化するか否かの違いはあっても、差別への不満や当事者間の確執、そして心の葛藤に苦しめられた人々の存在があった。このような社会を前提にして、上述の法洲の平等論の意味を以下に考えて「むすび」にかえたい。

第一に、もとより社会的事実としての差別を否定するものではないが、往生後（極楽）の平等すなわち宗教的平等を積極的に説き示したことは、念仏を信仰する人々のあいだに大きな自信と誇りを与えずにはおかなかったであろう。

第二に、この場合の往生は、死後の極楽往生を説くものではあるが、それにしても往生を願う人（念仏者）にとっては、現実の価値や秩序（身分制社会における差別）がそのまま死後に反映されるものではなく、それが相対的なものであることを感得させる契機となったと考えられる。

第三に、往生することによって得られる証《あかし》が、あらゆる存在には固定的実体がないということを悟ることであるならば、こうした説示もまた、念仏者すなわち往生を願う人には、現実の相対差別から主観的に自由になる励みとなり得たであろう。

第四に、このようにみてくると、法洲の教説には、念仏者（往生を願う人）に平等の人間観を育てさせ、かつ念仏信仰の人々のあいだにおける平等（対等）意識を高める要素が含まれていたといえよう。それはまた、大日比浦を中心としたこの地方の人々の価値観や生活に多大な影響を及ぼしたものと思われるが、ことに地域の共同性の創出といった観点から見直すべき余地がある。

註

（1）拙稿「近世の念仏聖関通の福祉思想」（桑原洋子教授古稀記念論集編集委員編『社会福祉の思想と制度・方法——桑原洋子先生古稀記念論集——』、永田文昌堂、二〇〇二年）。

（2）小論ではひとまず「人がよりよく生きるための支援を動機づけ、かつその対象となる人間あるいは衆生をどうみるか、つまり人間観を基礎付ける思想」と捉えておこう。

（3）たとえば、綿野得定「仏教と児童福祉」（佛教大学仏教社会事業研究所発行『佛教福祉』六号、一九七九年）、児玉識「長州のばあい——大津郡大日比、通両浦と浄土宗——」（『歴史公論』111・近世の仏教、雄山閣出版、一九八五年）、阿川文正「大日比西円寺と大日比三師について」（阿川編『大日比西円寺資料集成〈往生伝之部〉』、一九八一年）、丸山博正「大日比三師と徳本行者の教化について」（戸松啓真編『徳本行者全集』第六巻研究編、山喜房佛書林、一九八〇年二月）など。筆者も拙著『近世念仏者集団の行動と思想——浄土宗の場合——』（評論社、一九八〇年）ほかでふれている。

（4）拙稿「浄土宗念仏者の理想的人間像—後期—」（笠原一男編著『近世往生伝の世界』、教育社、一九七八年）一七三〜一七四頁。

（5）長谷川註（1）前掲論文参照。

（6）たとえば法道の「御垂誡」（『大日比三師講説集』上巻、大日比西円寺、一九一〇年）のなかに「已ことを得ずして為す殺生なれば、なるだけ残忍なる殺生は禁ずべき事なり、彼大敷網、撤《トウ》網、夜漁《ヨブレ》の類、（夜分、魚の寝たるを撐て取を、方言にこれを夜ぶれといふ）、又は鳥銃猟等は、皆すまじき残忍なる殺生なり、世教にすら残忍の殺生を誡めて、釣而不レ網、弋不レ射レ宿といへり、況や出世無上の大教を信受せる念仏の行者に於てをや」（八頁）と残忍な殺生を厳しく戒めている。
(7) 綿野註(3)前掲論文参照。
(8)「大原談義聞書鈔講説」巻上(前掲『大日比三師講説集』中巻、九九頁)。
(9) 同前。
(10) 同前、一〇〇頁。
(11) 同前、一一七頁。
(12) 同前。
(13)「迎接曼荼羅講説」巻一(前掲『大日比三師講説集』上巻、四〇七頁)。
(14) 前掲『大日比三師講説集』上巻、九六四頁。
(15) 同前。
(16) 同前、九六五頁。
(17) 同前。
(18) 杜多圓暢編『法洲和尚行業記』下(西円寺蔵版、一八八一年)十丁オ。
(19) 同前、十一丁ウ。
(20) 前掲『大日比三師講説集』中巻所収。
(21) 同前、八七七頁。
(22) 同前、八七九頁。
(23) 同前。
(24) 同前、八八一頁。
(25) 同前。
(26) 同前、八八三頁。
(27) この姿形の平等一相に関しては、近代に至って椎尾弁匡が、浄土宗の社会事業の理念を弥陀の四十八願に求めた論文「浄土宗義と社会事業」(『浄土宗社会事業年報』浄土宗務所社会課、一九三四年)において、第三「悉皆金色の願」、第四「無有好醜の願」を取り上げ言及している。法洲の着眼に啓発される。
(28) 前掲『大日比三師講説集』中巻。
(29) 同前。
(30) 同前。
(31) 同前、八八四頁。
(32) 同前。
(33) 同前。
(34) 同前、八八五頁。

真宗者による初期部落差別撤廃運動とその限界

――山口県の場合――

児玉　識

はじめに

宗派別にみて、部落の人々には真宗の比率が圧倒的に高く、しかも熱心な信仰者が多い。したがって当然のことながら、「真宗教団と部落」に関する研究は早くから盛んである。ただ、その研究は、教団内で部落の人々が受けた差別の実態やそれに対する教団中枢の対応などを歴史的に追求することの方が主で、地方在住の真宗教団人が個々に行った部落差別撤廃のための運動についての研究はそれに比べてはるかに少ない。とくに初期（大正時代中期まで）の場合においてその傾向が強い。これは、教団の一部に部落差別がいまなお存続していることから、それを一掃するためには、なによりも差別を温存してきた教団体質の実態を過去に遡って究明することが求められるからで、今後もこうした研究が大切であることは論をまたないところである。しかし、だからといって、地方にあって門信徒とともに不当な差別に悩まされて立ち上がった部落出身僧や、それに共鳴して救済の手を差し伸べた部落外出身の教団人が行った差別撤廃運動の歴史についての研究を軽視してならないこともまた説明を要しないことである。もちろん、これまでもこうした研究がなかったわけではない。ただ、周知のように当時の真宗の運動家の多くは熱烈な天皇崇拝者であり、それに、もろもろの制約を受けて、発言も行動も微温的で、その運動も部落解放運動というよりも部落改善運動の域を出ず、その運動がかえって差別の元凶たる国家に対する批判意識を弱める役割を演じたとして後世の運動家から厳しく批判されており、そうしたことから、これらの運動を歴史的に究明することに意欲を感じる研究者は少ないようである。たしかに、結果的にみてそのような批判がなされたのも当然と考えられるような運動が多かったことは否定できないであろう。

しかし、結果がそうだったからといって、これらの運動の歴史的研究までもが軽んじられてよいはずはない。むしろ、一部献身的な教団人の努力がなぜ単発で終わり、十分な成果をあげ得なかったかを探ることは、今後の運動のあり方を考えるうえで重要な意味を持つはずであり、そのためにも個々の運動を掘り起こし、その到達点や限界点を考察することを怠ってはなるまい。

よくいわれているように江戸時代の真宗教団では、部落寺院に対して本末関係、剃刀、寺格等において厳しく差別し、それを制度化していた。しかし、近年の研究によると、近世中期以降、部落の人々は「その経済力を基礎にねばり強く平等を求めていく」運動を展開し、部分的にではあるが、頑迷な教団をある程度譲歩させ「実質的な平等を勝ちとっていった」(1)ケースもあったようである。とすると、こうした部落寺院に結集されたねばり強い平等追求の運動は明治以降どうなっていったのであろうか。それを検討することは、近代部落史を考えるうえでも重要な意味を持つと思われる。

部落史研究全体の傾向としては、現在では融和運動についても、「融和運動における地域性や個別性に注意をはらう時、決して融和運動を十把一からげに評価し、とるに足らぬものと無視し去ってしまうことのできない部分があることに気づくだろう」(2)といった見方から、その歴史を客観的に研究することが推進されているが、「真宗教団と部落」という観点からの研究においては、その点での取り組みがまだ立ち遅れていると思われる。そこで本稿では、こうした研究上の不備を少しでも補うためのひとつの試みとして、山口県における大正時代中期までの初期運動に限定して、部落差別撤廃のために行動した数人の真宗教団人の足跡をたどり、その運動がどのような成果をあげ得たか、またあげ得なかったかを考えてみたい。

一　周南地方に芽生えた初期運動者の輪

1　河野諦円の実践とその影響

山口県の場合、真宗者による部落解放運動＝同朋運動への取り組みは、全般的にあまり活発ではないといわれている。しかし、それは現在のことであって、かつては必ずしもそうではなく、むしろ全国的にもあまり例をみないような運動が早くからいくつも展開されており、決して同朋運動の後進地ではなかったと私は思う。

たとえば、女性を対象に部落改善事業に取り組んだ団体および事業について考えてみるに、すでに北野裕子氏が明らかにされているように(3)、都濃郡の河野諦円による婦人美成会が全国でも最も早く、京都府乙訓郡の寺院の場合よりも八年も前の明治十九年（一八八六）に結成されている。しかも、他寺院の場合、ほとんどが裁縫、作法の修得や講話聴聞といった程度のものにとどまっていたのに対し、河野の寺では「部落子女の自覚喚起、修養と倹約奨励」といった精神、経済両面からの覚醒、自立をはかるものであり、その斬新な取り組み方は全国的にも特筆すべき運動であったといえよう。

また、河野は女性を対象とした美成会だけでなく、同じ明治十九年には仏教青年会を、同三十六年には戸主のための進徳教会を、同三十七年には信用購買組合をと、さまざまな層に働きかけて、村内に種々の組織を結成しているが、これらはいずれも全国的にも稀にみる早期の組織作りである。さらに驚くのは、こうした生活改善のための運動だけでなく、国家権力の差別的体質に対しても敢然と立ち向かい、その横暴な行為を阻止することに成功していることである。すなわち、陸軍の機動演習にあたり部落のみが宿舎割りから除外された際、河野は部落民一同の連判状を携えて連隊本部に乗り込んで抗議し、軍部の差別的処遇を撤回させたり(明治三十四年)、また、四十二連隊に入営した青年から、軍隊内の「身上明細簿」に差別記載があり、それに基づいて部落出身者が不当な差別を受けていることを聞きつけ、連隊長に掛けあって、そのような書類を取り消させたりもしている(大正三年)。このほかにも、一日一銭貯金を奨励するなど(明治三十六年)、部落改善のために内に対しても外に対しても多大の力を傾注した。

こうした河野の行動については、河野自ら昭和三年(一九二八)に「差別の闇を縫ふて」と題して『融和事業研究』[4]に稿を寄せており、またそれに基づいてすでにいくつもの論著[5]が出されているので、これ以上論ずる必要はないが、ただ、ここで述べておきたいのは、以上からも分かるように河野は単に精神面での覚醒だけを説いたのではなく、実生活での改善にも力を注ぎ、それが大きな成果を上げ、いまも多くの人々が河野の業績に深く感謝し、その遺徳を讃えていることである。運動の進め方については、いろいろな評価の仕方があろうが、河野のやり方は現地の人々にとって、今日からみても非常に効果のある方法だったと考えられる。

ところで、こうした河野の行ったような運動が、県内の他地域でもみられたわけではない。そこから、これは河野の個人的な抜群の力量によるものであって、これをもって山口県の同朋運動が早くから進んでいたとはいえないと反論する人もあろう。しかし、注目したいのは、河野の運動に強く心を動かされて、方法は違うが、実践行動に出た人のあったことである。つぎに述べる徳山徳応寺の住職赤松照幢もその一人である。

2　赤松照幢とその周辺

まずはじめに、脇英夫氏[6]の論文によって赤松照幢の行動について簡単に述べておこう。

赤松は廃仏毀釈の際に活躍した与謝野礼厳（京都岡崎の本願寺派願成寺住職）の二男で、与謝野鉄幹の実兄である。明治十九年に、徳山徳応寺住職で、維新後の西本願寺の宗政を担った赤松連城の長女安子の婿養子となって徳応寺へ入寺した。その年、かねてからの念願の慈善運動の実践を目指して山口県積善会を設立、それ以後、徳山婦人講習会（のちの白蓮女学校）、防長婦人相愛会、同育児所（女囚携帯乳児収容）等をつぎつぎに設立し、妻安子と力を合わせて慈善事業と女子教育に専念した。そしてそれぞれに大きな成果をおさめたことは広く知られているところであるが、大正二年（一九一三）に安子が過労のため死去すると、育児や女子教育関係の方から手をひき、部落改善事業に余命を捧げることを決意したようで、徳応寺住職を退いてS部落に娘の常子や弟子を伴って移住し、部落の人々と親しく交わる生活に入った。惜しくも、翌年八月、地区の青少年たちと海水浴中に心臓麻痺で急逝したことにより、赤松の地区での活動はわずかに八カ月余で終わりを告げてしまったが、しかし、短期間ながらもここでの赤松の運動は、当時の他地域の運動と比べて非常に進んだものであったといえよう。なかでも特筆すべきは、村内の民家を購入して村民「会堂」を設置し、村民集会や児童学習指導等の場としてセツルメント活動をしたことで、これほど早くからセツルメント活動をした例は全国的にも珍しいといわれている。

この赤松は前記の河野諦円と親交があり、彼を「僧侶の中でも最も優れた人物の一人」（『土曜講話』第一集[7]）と言っていたという。おそらく赤松の部落問題への関心も、河野の積極的な行動を目の当たりにすることによっていっそう高まっていったことであろう。河野の行動に同調した人は、彼の地区の人々以外には決して多くはなかったと思われるが、しかし、彼が点じた灯は、少なくとも赤松には確実に継承され、実践されていたといってよいであろう。

以上、脇氏の論文に基づいて赤松の運動について略述し、その運動が河野と関係があったことを指摘した。では、その赤松と河野の親交はいつ頃から始まったのであろうか。正確なことは分からないが、少なくとも明治二十三年（一八九〇）の段階で、すでに両者は思想的に共鳴し合う間柄であったと私は考える。それを示すのは、赤松が刊行していた雑誌『善のみちびき』第一号である。これより先、赤松は、積善会の運動をより広く拡大する場として、明治二十一年より月刊誌『山口県積善会雑誌』の刊行を開始した。これには県内各地の豪農、豪商や真宗の僧侶、篤信者らが多数投稿しており、かなり広い読者層を得ていたと思われる。この雑誌は明治二十三年に体裁を一新し、誌名も『善のみちびき』と改められたが、注目されるのは、その『善のみちびき』第一号の新入会員名のなかに河野諦円の名がみえることである。前述のようにこの頃すでに河野は自坊において部落改善運動に取り組んでおり、その河野が入会しているのは、河野も赤松の慈善運動に共感するところがあったからであろう。したがって、遅くともこの頃からすでに二人は部落問題について話し合う機会を持っていたにちがいあるまい。

赤松自身は、この時点ではまだ部落問題について発言はしていないし、行動も起こしていない。しかし、当時すでに赤松も部落問題に強い関心をもっていたと思われる。というのは、明治二十二年に大阪西成郡西浜町に部落改善運動推進団体として設立された「公道会」において、赤松の義父連城がしばしば講演をしているところからみて[8]、当然、赤松も思想的に連乗の影響を強く受けたであろうことが推測されるし、それにまた、『善のみちびき』第一号には山口の部落寺院住職で、のちに「〈山口県水平社〉創立の立役者[9]」となった隈井憲章の長男隈井求馬が「咲けよ慈愛の花」と題する一文を寄稿しており、隈井と赤松も親しい間柄であったろうことが想像されるからである。当時、部落出身者が雑誌に差別に関する自分の意見を掲載したということを寡聞にして私は知らないが、そのような場を提供しているところに、部落に対する赤松の熱い思いがこの頃すでに芽生えていたと読みとることができるのではなかろうか。隈井はこの一文のなかで、罪悪を犯す根元は「要するに慈愛の花凋委し、私欲瞋怒等の荊棘繁茂」したことによるとして、慈愛の必要性を強調し、最後に「嗚呼『善のみちびき』よ、汝能く吾人同朋を導きて、汝が培養する慈愛の花の馥郁たるを弄せしめよ。嗚呼吾人同朋よ、卿等は宜しく『善のみちびき』の為に導かれて、繁茂せる煩悩の荊棘を刈除せよ」と、『善のみちびき』同人と部落民の双方に訴えかけている。ここには、差別に対する激しい批判の言葉はみられず、初期改善運動家にふさわしい発言となっている。しかし、だからといって、これを意識の低さによるものと批判するだけでは隈井を正しく理解したことにはなるまい。当時の厳しい差別社会にあって、慈善運動家たちを味方に引き入れるためには、これ以上に過激な言葉を吐くことは得策ではないと考えた隈井にとって、これが精一杯の叫びだったのではあるまいか。当時の慈善運動家たちが彼の言にどれだけ耳を傾けたかは分からないが、しかし、少なくともこれを掲載した赤松や義父連城、同人河野らは隈井の良き理解者であったとみてまちがいなかろう。したがって、明治二十三年の時点で赤松の周辺に、部落問題に積極的に取り組もうとする真宗者の運動が、小規模ながらも芽生えつつあったといえるのではなかろうか。

ところで、明治二十三年といえば、ちょうどこの年にかつて私が紹介したように[10]、山口の一青年上山満之進が日本で最初と思われる部落史に関する研究論文「山口県下士族と平民の沿革」を雑誌『学友』に発表したことが想起される。上山は、その翌年には直接部落に入って啓蒙運動を展開したり、県庁書庫の古文書を繙いて部落史年表を作成したりして、たいへんな活躍をしている。これまで私は、上山の運動は周囲のだれの感化によるものでもなく、まったく上山個人の考えから始められたと考えていたが、あるいはこれも、徳山の赤松の周辺にこの頃萌しつつあった慈善運動の一環としての部落改善運動の機運に刺激されたのかもしれない。そういえば、『善のみちびき』第一号には山口で刊行されていた雑誌『学友』の広告も載っており、両雑誌の緊密さも推測され、それを見ていると私には右のように思えてならない。それはともあれ、積善会の活動を通して赤松はこうした運動に携わっている人たちとの交流を深め、やがて彼らの情熱に動かされて、晩年、ついにすべてをなげうって部落改善運動に身を投じていったのであろう。

そしてさらに注目したいのは、赤松が行った部落改善運動もまた彼の死とともに消滅したのではなく、これを受け継ぐ人があったことである。赤松が設立した会堂「尚白園」が、彼の死後もその遺志に沿ったかたちで運営され、隣保館事業がいまも継承されていることは脇氏の論文にも書かれている通りであるが、それ以外にも赤松の影響を受けた人は少なくなかったようである。玖珂郡高森地方で部落改善家として活躍した河村恵之もその一人である。

河村は、山口県師範学校卒業後、玖珂小学校勤務時に部落問題に強く関心を持ち、希望して高森小学校に転じ、地区分教場の主任として子弟教育だけでなく、一般家庭の生活や地区の改善のために多大の尽力をした人物である。[11]その河村が著した同和運動体験記『一如来現』[12]によると、彼は大正七年（一九一八）十二月に県内の部落を訪問することを思い立ち、単身、自転車で西へ向かい、徳山、右田、山口、萩、下関、宇部の各地を回って講演や座談会等を行っている。そのさい、最初に訪れたのが赤松のところで、「徳山には赤松照幢氏貧民窟改善の実状を聞き、教えを受く。仏心一如の教えを受く」と赤松より仏教的立場からの平等論を教わったことが分かる。河村は寺院住職との交わりが多かったというが、[13]これもこのときの赤松の感化によるのかもしれない。「一如来現」という本の題名そのものが、このときの「仏心一如」からヒントを得たものかどうかは分からないが、河村が赤松の運動から大いに感銘を受け、いっそう熱心に改善運動に専念していったことはまちがいない。

こうした内部の改善にのみ終始し、差別の国家責任を論じない部落改善運動は、布引敏雄氏が言われるように、「差別事件の頻発やデモクラシー的状況下における人々の前進が見られはじめると」その限界性を露呈し、否定されるようになったのであった。しかし、同じく布引氏が、赤松の死後、地元新聞の彼の死に関する記事の内容が差別的なものであったことから、部落の人々が団結して新聞社や警察へ激しく抗議をしたことを引用して指摘されるように、「赤松照幢の隣保事業的部落改善運動によって目覚めた人々による団結と抗議は部落改善運動をこえたものへと成長しはじめて[19]」いたのであって、赤松の運動は単に部落の生活改善を促進させるだけでなく、部落の人々の意識を目覚めさせるうえで一役を果たしていたのも事実で、それを軽視してはなるまい。

晩年の赤松の行動をみて、徳山の町では「徳応寺の院主が社会主義者になった[15]」と言って、非難するものが多かったという。当時、社会主義者の烙印を押されることは、社会的に厳しい迫害を受けるのを覚悟しなくてはならないことであったろうが、それに怯むことなく、娘常子とともに部落に移り住み、そこの人々と寝食をともにしながら改善運動に邁進した赤松には、一生を慈善運動に捧げ、女囚に代わってその赤子に自分の乳を与えたりもしたといわれている亡妻安子に通ずる情熱と行動力が感じられる。その情熱と行動力が部落の人々の意識をも成長させたのであろう。

以上、山口県の周南地域に、真宗者による改善運動が他地域よりも比較的早くから行われていたこと、しかもそれが孤立した運動ではなく、少数ながらも同調者のあったことを簡単ながら述べてきた。

しかし、残念ながらこれらの運動に対して、近隣の大半の寺院住職はまったく無関心であったし、また西本願寺当局もなんら支援の姿勢を示さなかった。したがって、組織的な運動を展開することはおおよそ不可能な状態であったと思われる。

ところが、明治末年になると、同じ山口県内から中央に出て組織的運動を推進しようとする僧侶が現れてくる。

つぎにそれをみていこう。

二　運動の組織化を目指した岡本道寿と帝国公道会

1　玄界灘の孤島に胚胎した帝国公道会

大正二年（一九一三）、帝国公道会は「帝国の一部に在る所の虐げられたる少数同胞を保護し、その向上発展を輔け、これをして他の多数同胞と共に平等均一の幸福を享受せしめん」（「帝国公道会経過一班」[16]）という言葉を掲げて結成された。同会の主導者は明治初年以来、差別撤廃問題に深く関わりを持っていた旧土佐藩士の大江卓であったが、創立の発起人は下関沖の六連島の本願寺派西教寺の岡本道寿であった。右の「帝国公道会経過一班」にも「我が帝国公道会は玄界灘の一孤島六連島に胚胎し、大正元年六月十八日岡山県に呱々の声を掲ぐ。その主唱者は六連島西教寺の住職故岡本道寿師にして、岡山の人某氏之を輔く」と、この会そのものの起源は六連島にあったことを記している。

帝国公道会は、大江卓を主導者とし、板垣退助、大隈重信、渋沢栄一、犬養毅等の政財界の大物や華族を網羅した団体で、部落の人々に対し、封建的賤民制度を廃止した明治天皇への報恩を説くと同時に、部落外の人々に対しては、部落の人々への同情と差別の反省を求めて、部落差別の解消を目指して設立されたものであった。ただし、その背後には、調和、親睦による融和によって社会主義の浸透を防止するねらいがあり、藤野豊氏が述べられているように「それは天皇制の擁護を前提にしたものであった」[17]。そのため、部落の人々の期待を裏切ることが多く、やがてその恩恵性、欺瞞性が鋭く批判されるようになったといわれている。しかし、この会を発起した岡本が部落問題に取り組んだそもそもの動機は、そのような体制擁護の立場からではなく、社会の底辺で冷遇されている人々を救済するために、古い制度や体質を新しい集団、組織の力で改善しなくてはならないという純粋な気持ちからであった、と私は考える。それは、後述する岡本の青年期の言動や岡本の父の言葉からも推測されるところであるが、また、奈良県に誕生した部落改善団体「大和同志会」の機関誌『明治之光』創刊一周年記念にあたって「真宗本派の悪政を指摘し、之れが改善を絶叫し」[18]と、本願寺の僧籍にありながら、本願寺の差別体質に果敢に挑戦する同会へ強い言葉でエールを送っていることからもうかがわれる。少なくともこれは、前記の河野や赤松らにはみられなかった姿勢である。

ところで、この岡本についてはこれまでまったく研究がなされておらず、不明な点が多い。そこで、ここではこれまでに入手した若干の史料を手がかりに、多少の推測を交えながら岡本の行動とその背景について考えてみたい。史料がきわめて少なく、実証性に欠けるが、今後の岡本研究に少しでも資するところがあれば幸いである。

現在、六連島の西教寺には岡本に関する史料としては、わずかに西本願寺執行長梅上沢融から岡本へ宛てられた書簡と、岡本から米国フィラデルフィア大学教授ソマビル博士宛の書簡（写し）があるのみである。

前者は、明治三十四年（一九〇一）十月九日付で、「真宗信徒生命保険会社」拡張のための社員派遣について配慮を依頼したものである。内容的に理解できない部分もあるが、「御承知之通身元確実ナル信徒諸氏之発起ニ係リ、年々其ノ純益金之内ヨリ御本山直接之慈善事業ニ寄付致候定款ニテ」とあるところからみて、これは当時、西本願寺で梅上沢融が中心になって推進し、その前月に設立の認可を得た「大日本仏教慈善会」に関係する書簡と思われる。「大日本仏教慈善会」は、孤児貧児の養育、罹災救助、免囚保護等の慈善事業を行うことを目的に、本願寺法主を総裁として設立された財団である。これに関する依頼状を本願寺執行長が岡本宛に出していたことからして、この時期にすでに岡本が貧しき人々の救済運動に強い関心を持っており、しかもそれが中央にまで知られていたことと考えられる。同じ山口県内でも、下関や山口などの交通繁華なところならともかく、玄界灘の孤島六連島にはるばる依頼状が送られたとは、当時、慈善運動家として岡本はかなり幅広く活躍していたのかもしれない。

つぎに、後者の岡本から米国フィラデルフィアへ出した書簡（明治三十七年）は、『大阪毎日新聞』紙上で、布教師派遣計画のあることを知り、「貴下ノ御承諾ヲ得候場合ニハ西教寺ト申ス下名所有ニ係ル処ノ寺号及ビ安置スル処ノ仏像経巻ヲ奉侍シ、本山ナラビニ官庁ノ許可ヲ得テ御地ニ移転仕度万々ノ希望ニ有之候ニ付、貴下信仏報恩ノ上ヨリ下名ノ希望ヲ納メラレ候ハヽ、一死以テ仏教弘通ノ為メ貴下ノ志ニ酬ハントス」と、渡航希望の熱い気持ちを吐露している。

右の二つの書簡にはなんの関連もないが、しかし、慈善事業といい、海外布教といい、当時としてはどちらもよほどの勇気がなくてはできないことで、岡本は当時の田舎寺の住職としては珍しく血気盛んで積極的な僧侶であったと想像される。そして、この積極性がのちに彼を部落改善運動へと駆り立てた原動力となったと思われるが、こうした積極性はどのような環境のなかで培われたのであろうか。

2　岡本道寿と佐々木照山

現在も西教寺の庫裡には「海照山」と書かれた扁額がかかっている。これは、佐々木照山の筆になるもので、彼は岡本ときわめて昵懇で、当寺で生活していたこともあり、この扁額もそのときに書かれたものといわれている。(19)

では、岡本にも強い影響を与えたと思われる佐々木照山（安五郎）とはいかなる人物であろうか。『豊北町史』（一九七二年刊）や伊藤忠芳氏の「照山研究と私」[20]等によって略述しておこう。

佐々木は明治五年（一八七二）、豊浦郡阿川村に生まれた。青年時代の一時期、粟野小学校に勤務、のち日清戦争時に満州に渡り、さらに戦後、台湾に転じて総督乃木希典のもとで仕えたが、三十年に退職、雑誌『高砂』や新聞『新高山』を発行して日本政府の植民地政策を弾劾した。三十四年、一転して鉱山発見の目的をもって蒙古に入ったが、孫文の三民主義に共鳴して辛亥革命を援助した。

その後、四十一年、政友会の強い山口県にありながら、あえて反政友会の立場から立候補して当選、憲政本党非改革派に属して藩閥内閣を批判した。また地元では、下関港改良工事に対する反対運動が起こると、反対派の沖仲士に荷担して市議会批判を行い、さらに長州鉄道問題では、衆議院議長大岡育造を向こうにまわして車夫の味方をした。

これらのことからも分かるように、佐々木は常に強きものよりも弱きものの方に味方する、反骨精神に富んだ人物であったといえよう。そして、このような政治姿勢をとる佐々木であってみれば、当然、部落問題についても無関心ではあり得なかったのではなかろうかと推測されるが、事実、佐々木も部落問題に強い関心を持っていたようである。たとえば、吉田松陰の部落差別への抵抗の姿勢を示した記念碑として有名な、豊北町瀧部地区の「列婦登波の碑」建立のきっかけをつくったのは、佐々木だったようである。すなわち、佐々木の二度目の選挙中の行動を記した『蒙古王敗残録』[21]によると、明治四十五年（一九一二）五月、選挙運動で瀧部を訪れた佐々木は、この地の宮番の娘・登波が艱苦に耐えて亡夫の仇を討ったにもかかわらず、被差別の身であるがゆえにその事績を賞するもののないのを惜しんだ松陰が書き記した登波顕彰の文章「討賊始末一篇」について、これを彫した顕彰碑を建立することを村人に提案し、賛同を得たのであった。佐々木はこのことにつき、「階級制度のやかましき封建の当時に於いて、忠孝節義を見て、身分族籍を顧みざりし松陰先生はさすがに一代の風雲児」と付記している。こうした佐々木の態度からだけでも、彼は当時の一般知識人や政治家よりも部落問題についてはるかに真剣に考えていたと思われる。選挙戦の真最中の多忙なときに、わざわざ時間を割いて登波の顕彰碑建立に思いを馳せるとは、よほど部落問題に情熱を持ったものでなくてはできないことであろう。そして、岡本もこのような佐々木と親しく交わることによって部落問題への関心を高めていったのであろうというのが私の推測するところである。

佐々木は、登波の記念碑について語った十日後の選挙で落選するや、捲土重来を期して六連島に渡り、新聞『六連報』を発刊し、これによって政治批判を展開した。わざわざ辺鄙な六連島へ移り住んだところからみても、佐々木と岡本の絆はよほど強いものだったと思われる。

佐々木が六連島から発信した『六連報』の創刊時の状況はこれまですべて不明であったが、先年、多田穂波氏が襖の下張り[22]からその第一号を発見されたことにより、かなり明らかになってきた。すなわち、第一号の発刊は大正元年八月三十一日で、毎月六回の発行であったことも判明した。したがって、佐々木は落選後直ちに行動を起こし、わずか三カ月あまりで発刊にこぎつけたのである。その第一号には『六連報』創刊の祝辞が多数載せられている。それらは異口同音に玄海の一孤島六連島から中央政界に向けて批判の矢を放たんとする佐々木の壮図を讃えており、佐々木の行動が広く世間の注目を集めていたことが察せられる。その一つに、「関門海峡の口、玄界灘に臨みて島嶼あり、六連といふ、照山佐々木君茲に盤踞し、育英事業の傍ら六連報を発刊す」といった祝辞があり、佐々木が『六連報』の発行とともに育英事業も手がけていたことがうかがわれる。その育英事業とは、六連島に「植民学校」[23]を設立することだったらしい。その結末については分からないが、いずれにしてもこうした社会運動を一人でやれるはずはなく、これらを遂行するうえで岡本が大きく力となっていたことは想像に難くない。そして、佐々木とともにこうした運動に従事する過程で、岡本は社会改善の意欲をますます強め、やがて部落改善運動に深く関わっていくようになったのであろう。

それにしても、佐々木にしろ岡本にしろ、こうした反骨精神に富んだ人物が政友会の強い山口県の北浦の一角から出たことに興味を感ずるが、そうした人材を輩出させる土壌がこの地域にも早くからあったのであろうか。こうした分野について私はまったく不勉強で論ずる資格もないが、ただ、豊北町歴史民俗資料館所蔵の雑誌『灯栖光』第二号にはこうした問題を考えるうえで興味深い内容がみられる。この雑誌は豊浦郡阿川村の「点灯会」という青年有志の会が刊行したガリ版刷雑誌で、第二号は明治二十三年に発行されている。編集人は佐々木安五郎（のちの照山）と守永正太郎で、多くの阿川村の青年たちが投稿している。当時のこの地方の青年の思想を知るうえで恰好の史料なので、その一、二を掲げておこう。カッコ内の名前は投稿者のペンネームである。

◯（前略）教員ガ集会言論ノ自由ニ就テ窮屈ナル箱ニ入レラレタルハ果シテ条理ニ叶フヤ否ヤヲ考ヘ条理ニ叶ヒシモノナレバ夫レ迄ナリ、若シ夫レ条理ノ許サザル所ナラシメバ云フベシ、舌ノ爛レル丈ケ云フテ云フテ前路ニ横タハル荊棘ヲ打チ払フベシ（中略）諸君ハ諸君ノ脳裡ニ印セヨ、日本臣民ハ言論集会出版ノ自由ヲ有スト云ヘル憲法ノ明文アル事ヲ印セヨ、而シテ進メ進メ、進ンデハ活路ノ運動ヲナセ、進ンデ奮然タル勇気ヲアラハセ（後略）。（平民童子）

◯サビタ刀ヲ捨テテ今ジャ自由ノ剣ヲ取ル（中略）自由ノ剣ニハ一致平等ノ光リアリ、一致平等ノ光リハ貴賤貧富老若男女、禰宜ト釈子ト甚六トオサントノ差別ナク、公平一様ニ照シツツアリ、何ゾ士族ト平民トノ間ヲ立テンカ、況ンヤ平民ト平民ニ於テヲヤ、（中略）コッチカラ貴殿言葉ヲ遣フ時ハ、オマヘラーガ、汝共ガト云

フ言葉ハ止メテモライタイ（後略）。（腕力童子）

右の引用からだけでも、明治二十年代に北浦地方に自由、平等を主張する青年たちのグループがあったことは明らかである。佐々木はこうしたグループの一員で、決して彼だけが孤立した存在だったのではなかったのである。そして、六連島に住む岡本も、こうした北浦地方の青年の間にみなぎっていた斬新な空気に接して政治的に目覚め、しだいに自立心を強め、一時はアメリカ開教を目指したりもしたが、その後、佐々木の政治運動に参画しているあいだに部落問題の重要性に気づき、やがてこれに生涯を賭けて取り組む気になっていったのではなかろうか。

3　帝国公道会での岡本道寿の動向

岡本について、西教寺では、大正のはじめ頃大阪の金台寺という寺に入り、のちに帝国公道会の運動を始めたということが伝えられているのみである。また、金台寺（大阪市北区）の方でも、六連島から入寺した人があったらしいが、その人はのちに寺を出たと伝えられているとのことで、岡本がどこでどのような生活をしていたのか、まったく分からない。墓の所在すら確認できない。そこで、ここではとりあえず帝国公道会関係の史料のみによって、六連島を出てからのちの岡本の行動について考えてみよう。

「帝国公道会経過一班」は「創立の由来」として、先に示したように、帝国公道会が六連島に胚胎したことを述べたあと、大正二年に上京した岡本が人を介して板垣退助を訪ねて彼の気持を伝えたところ、板垣はその趣意を嘉奨すると同時に板垣の友人大江卓を紹介したことを記しているが、その板垣への仲介の労をとったのは前項で述べた佐々木照山だった。(24) かくて岡本は、かつての土佐藩士で、明治初年にいち早く身分差別の撤廃を建言、のち後藤象二郎の大同団結運動や板垣の立憲自由党創立等に関わった経験を持ち、さらに財界でも顔の利く大江卓と二人で帝国公道会の設立にあたることとなったのであった。その大江は帝国公道会の設立に関しつぎのように述べている。

帝国公道会即チ本会ノ来歴ヲ掻摘ンデオ話ヲ致シマスレバ、大正元年六月十八日ニ岡山県ノ幡司為三郎氏ガ岡本道寿氏ヲ訪ハレテ協議ヲサレタト云フコトガ公道会ヲ開ク第一ノ導火ニナッタノデゴザリマスル（中略）夫レヨリ岡本氏ガ此ノ特殊部落ノ改良融和ト云フコトニ奮起シテ同志者ヲ募ルコトニ奔走サレタノデアリマス、夫カラ大正二年二月二十日ヲ以テ公道会ノ趣意書ヲ発表シテ会員ヲ募集スルコトニナッテ（中略）

此ノ公道会ナル名称ハ岡本氏ノ付シタル所ノ名称デアッテ、其ノ名称ハ少シモ変更致シマセン、併シナガラ其ノ趣意書ニ、或ハ銀行ヲ起ストカ、学校ヲ起ストカ、云フヤウナコトノアッタノヲ改良シテ、唯今皆様ノオ手許ニアリマス趣意書ト大同小異ノ趣意書ニ改良ヲ致シマシタケレドモ（「帝国公道会創立総会議事速記録」）[25]

ここから分かるように、帝国公道会は岡本が中心になって組織作りに奔走し、その名称も岡本の命名したものが認められたのであったが、しかし、当初、岡本が企図していた銀行、学校の設立計画は大江の反対にあって潰れてしまい、岡本の理想とするところとは違ったかたちで展開することとなったようである。岡本が具体的にどのような銀行、学校を構想していたのか知る由もないが、いずれにしても近代的設備を充実することによって、部落の人々の経済、教育環境を抜本的に改善することこそが帝国公道会の使命であると考えていたのであろう。こうした部落の人々に対する物質的な支援に重点を置こうとした岡本とちがって、大江は、その後の彼の行動からみても、差別する側、差別される側双方（とくに後者）の精神的覚醒に力を入れようとしていたように思われる。したがって、岡本は帝国公道会発足当初からやや出鼻をくじかれたことであろう。

しかし、帝国公道会は会長に渋沢栄一、主唱者に板垣退助、大隈重信、犬養毅、久原房之助、団琢磨、頭山満等、政財界の大物がずらりと顔をそろえ、たちまち会員四百五十余名を擁する巨大な団体となり、広く世間の注目を集めるところとなった。このような急速な組織の拡大は、大江の幅広い人脈に負うところが大きかったと思われる。多くの著名人は彼の勧誘に応じて入会したのであろう。これに対し、岡本は主として本願寺関係者や部落を管理する行政へ直接働きかけてその改善を促すことに力を入れたようである。たとえば、大正三年（一九一四）十月には東西本願寺へ出向いて、本山より部落寺院住職に対して部落改善に励むよう厳訓を要望し、また、京都市柳原町の衛生改善に関することを京都府知事に勧告している。こうした行動には、部落の人々の生活向上のために教団や行政を動かすことが帝国公道会の使命と考える岡本の姿勢が現れているように思われる。ここには、部落の人々に道徳性を注入することにやっきとなるよりも、教団や行政に対し、その責任を組織でもって問い糺そうとする、その後の運動でとられた形態の萌芽がみられるといえよう。帝国公道会がこういう面にもっと力を入れていたならば、これは部落の人々に希望と勇気を与えることになったであろうが、大江の主導のもとに政財界の著名人ばかりでふくれ上がった帝国公道会の主流はその方向へは進まず、もっぱら部落の人々へ道徳的自覚を促すことに力を入れ、部落民の期待を大きく裏切るものとなってしまった。それは、大江の次の言葉からもうかがえる。

（前略）公道会の運動に対しても部落民は往々不足を唱へて吾々に訴えることがある。即はち公道会は吾々と部落民を保護して吾々に代つて吾々が社会に対して言はんと欲する所を言つてくれる守護神かと思つて居つたが、部落のこう云ふ点はけしからぬ、ああ云ふ点は善くないと欠点をあげて吾々を苦めると訴へるのでる。しかしこれは公道会の精神に充分に通じないから起る不平であって、彼等を一般社会と融和せしめ、互いの感情を緩和して継子扱いにされて居る待遇を改めしめんとするには、いきおい部落民の欠点は欠点として彼等に教へて反省せしめねばならぬから、気に入らないことを知りながら善意の忠告を与へざるを得ないのである。部落に直接関係ある僧侶諸士においてもどうか此の精神をもつて指導改善を図っていただきたいものである。

（『中外日報』大正四年八月十九日）

ここには、部落の人々と大江とで帝国公道会に対する期待が大きくかけ離れてきていることが明確に現れている。部落の人々は、差別を温存させている社会体制そのものに対する批判を、非力な彼らに代わって代弁してくれることを帝国公道会に期待したのだったが、大江らが帝国公道会に期待したのは、現実の社会体制を維持するために帝国公道会に結集した人々の力によって部落の人々の道徳性を高め、その抵抗を最小限にくい止めることだったのである。「僧侶諸士においてもどうかこの精神をもって」というのも、そのための宗教利用にほかならない。つまり宗教を、部落の抵抗を骨抜きにするための手段として利用しようとするものである。それは、「我々は、総べての人間に少しの差別もないほんとの御同行の世の中を作りださねばならぬ。人間どうしがいがみあいしている差別の世界をすてて、総ての人が皆同じように付合をし、お互いに抱きあう事の出来る、うるはしい暖かな世界をこしらえあげねばならぬ。それでこそ初めて親鸞聖人の思召しにも適い、ほんとうの御恩報謝にもなるのだ[26]」と信じていた部落の人々とは大きな隔たりがある。しかし、帝国公道会そのものが民衆世界とはほど遠い、多くの雲上人を主要メンバーとする団体であってみれば、それも当然のことだったのかもしれない。はたして彼らに、いわれなき差別に悩まされ続けた人々への思いやりが少しでもあったのか疑わしくなるほどである[27]。

しかし、岡本の場合はいささか違っていたのではないかと私は思う。それは、たとえば岡本の亡くなった翌年の大正八年（一九一九）の「同情融和大会」での佐々木照山の言葉を記した『中外日報』（二月二十七日）のつぎの記事からも推察されよう。

佐々木照山氏は公道会をして今日をあらしめたる隠れたる功労者を紹介したしと、山口県六連島本派西教寺住職故岡本道寿氏が父なる先住が、雲丹（うに）の味噌漬を発明し、海産の遺利を計り、道寿氏に託するに水中の遺利を計りしが如く人生不遇の者の為に努力せんことを以ってし、岡本氏憤然社会より冷遇せらるる同胞の為に活躍せんことを発願し、東奔西走大江天也氏と図り公道会を起すに至りたり。

右の文から明らかなように、岡本は父の影響を受けて早くから「社会より冷遇せらるる同胞」救済に強い情熱を持ち、その実現のために帝国公道会設立にあたったのであって、その動機がきわめて純粋であったように思われる。これに比べて、「善意の忠告」といった美名のもとに部落の人々に反省を求めることに主眼をおく大江主導の帝国公道会活動には純粋さにおいて欠けるものがあったことは否定できないところである。したがって、発足当初から岡本は帝国公道会主流に対して違和感があったことと推測されるが、両者は、そもそも宗教と差別の関係についての考え方において大きな隔たりがあったと思われる。元来、大江は「彼等（注、部落の人々）はたいてい殺生をした為めに仏教の信仰が深くなるに従って卑しめられた」（『中外日報』大正四年十月二十六日）という、差別の起源を仏教に求める考え方であった。これに対して即座に仏教側から反論が出されている（『中外日報』同十月三十日）。そこでは、「私は仏教の思想が彼等を卑しめたといふよりも神道が我国古代より〈清めの祓〉のことを種々やかましく云て之を政令に事実に行いて、人民に大懸隔ある階級制度を形成したことは非常に著しい歴史的事実であって（中略）現に彼等の部落には神社を設けて崇拝せるものは甚だ希有で大抵の部落は神社はないのである。是は明らかに神道より絶対に軽蔑せられて取り扱われた左証ではあるまいか」と、仏教ではなく神道が差別の元凶であったことを主張している。このように、当時、差別を発生させ、温存させた宗教として、仏教説と神道説の両方があり、そのいずれを取るかで争われていたのである。これについての岡本の意見を記したものは見当たらないが、まちがいなく岡本は真宗者として後者＝神道元凶説に立っていたであろう。

しかし、大江をリーダーとする帝国公道会では前者＝仏教元凶説が有力で、やがて部落に神道を注入することによって差別を解消しようとする運動が展開されるようになり、『社会改善公道』第一号（大正七年十一月）の伝えるところによると、大正七年（一九一八）、奈良県では各部落代表者会で、氏神参拝を奨励すること、神明棚を設けること、氏神社なき部落には神社を設けることなどが決議されている。これは、神社から排除されていた部落の人々に対し、一見、親切な方法のように思えるが、しかし、部落の人々が求めたのは、部落外の人々と同じ神社の祭りに、同じ資格で参加することで、部落に新しく神社を設けることではなかった。それに、これは神祇不拝を基本教義とする真宗を何百年にわたって護持してきた部落の人々の熱心な信仰心を妨害する行為で、部落の人々に多大なショックを与えたことであろうが、部落の人々だけでなく、差別問題に関わってきた真宗者は、こうした運動の進め方に一様に大きな戸惑いを感じたにちがいあるまい。

元来、「清めの祓い」を行うことをもって本分としている神道関係者は、前記『中外日報』（大正四年十月三十日）の記事にみられるように、清めのために部落の人々を神域から排除する意識が優先するばかりで、部落差別撤廃運動にはきわめて冷淡であったが、こともあろうにそれら神道関係者にその任務を負わすとは、だれの目にもおおよそ現実を無視した方策と映じたことであろう。にもかかわらずこのような提言をするのは、部落差別撤廃の美名のもとに、神道崇敬の念の弱い部落に国家神道を浸透させようとする下心があったからとしか考えられない。

ただ、岡本はこれが決議されるより十カ月前に死去しており、この決議を耳にすることはなかった。しかし、すでに晩年の岡本には周囲のこうした気運は十分に伝わっていたことであろう。真宗僧の岡本としては、せっかくの帝国公道会が思いもしなかった方向に歩みだしたことにいらだちを感じながら、淋しく息を引き取っていったのではなかろうか。いうまでもなく、差別を温存、再生産してきた本願寺の伝統的体質は厳しく批判されなくてはならない。部落の人々の間で、同胞教団にあるまじき体質として本願寺に対する非難の声が日増しに高まりつつあったのは当然のことである。しかし、だからといって、その声を味方にして、国家神道体制下でなお神祇不拝を基本教義とする真宗信仰を熱烈に信奉してきた部落の人々に神道を強制するようなことがあってはならない、という思いが病床の岡本の頭に去来していたのではなかろうか、と私は推測する。

大正十年（一九二一）の第二回同情融和大会で配布された「帝国公道会経過一班」は末尾に、

是より先き大正七年一月、岡本道寿氏病を以て逝く。師は本会の主唱者にして、其の創業発軔の功没す可からざるものあり。天もし仮するに寿を以てせば、更に社会に貢献する所ありしならんに、まことに惜しむべき也。

と記している。しかし、これ以上の命を保つことができたところで、もはや岡本の理想を実現することは不可能な方向に、帝国公道会は進み始めていたのであった。その結果、やがて帝国公道会はその欺瞞性が部落の人々から鋭く非難されるようになり、全国水平社結成以後は急速に活動が停滞していったのであった。

それにしても、岡本はどこで何歳で死んだのか、遺族はどうなっているのか、そうしたことがいっさい分からない。いく人かの部落史研究者に尋ねてもみたが、情報は得られなかった。あれだけの仕事をした人物なのに不思議なことである。不思議といえば、さらに不思議なのは、帝国公道会の機関誌『公道』に岡本の筆になる論文、論評がまったく掲載されていないことである。岡本の書いたものとしては、わずかに地方巡回の日時、場所を記した報告（毎号）と「弾直樹追賞の事情」（第二巻第三号）と題する史料紹介の一文があるのみで、彼の主義、主張を述べたものは一切みられない。帝国公道会の主唱者であるにもかかわらず、機関誌に何も執筆しなかったとは、はなはだ不可解である。あくまで推測の域を出ないが、岡本は帝国公道会では下働きのみをさせられ、自分の意見を述べる機会は与えられなかったのではなかろうか。いずれにしても、岡本が『公道』に執筆しなかったところにも、大江とのあいだに不協和音があったのは確かと思われるが、それは、社会主義の浸透防止を主目的とする大江の考え方に岡本がついていけなかったからではなかろうかと私は考える。

おわりに

真宗者による部落差別撤廃運動＝同朋運動にたずさわった数人の山口県人について、初期（大正時代中期まで）に限定して検討してみた。彼らはいずれも、差別を再生産する国家そのものを批判する姿勢は持っていなかった。しかし、彼らの運動が、国家秩序維持を主目的として部落問題に対処し、差別撤廃の名のもとに、国家神道の部落への浸透を図ろうとした大江卓ら当時の知識人、政治家の運動とは本質的に大きな隔たりがあったことは確かだと思う。そして、そう思えば思うほど、こうした個々の教団人の純粋な運動を結集して教団規模の全国的な運動を展開しようとしなかった当時の教団指導層の姿勢が、いまさらながら悔やまれることである。当時すでに本願寺教団の部落差別に対する冷淡な態度を批判する声がマスコミを賑わせていたにもかかわらず、教団はいっさいそれを無視し続けた。そして本稿で取り上げた僧侶たちのような運動に対しても教団は一顧だにしなかった。こうした状況のなかでやがて水平運動が起こると、教団はその差別体質を厳しく糾弾されることとなるが、それと同時に、これまでの教団人の運動もすべて差別者の責任を追及しない運動として否定されてしまった。たしかにそれは、教団、国家への批判性を欠如した運動だっただけに、水平運動の視点からは容認し難いものであったろう。

しかし、だからといってその歴史研究までもが軽視されてよいはずはない。多くの人々が無関心であった時代にあえて部落差別撤廃のために立ち上がった宗教者の足跡をたどり、その成果と限界を歴史学的に探ることは、「真宗教団と部落」の問題を考えていくうえで現在においても意味のあることと考える。

ところで、同朋運動が山口県では比較的早い時期から行われていたとする見解を述べたが、これについて私自身確固たる自信があるわけではない。まだ全国的に初期運動の掘り起こしが進んでいないだけで、今後の研究によっては私見は大きく訂正しなくてはならないかもしれない。あるいは、すでに研究され、報告されているのに私がそれを知らない場合があるかもしれない。誤りが判明すれば訂正することにやぶさかでない。

もし私見が正しいとすると、ごく少数とはいえ同朋運動が山口県内で早くから行われたのはなぜかということも検討する必要があるが、これについて私はその原因の一つとして、豊前学派の影響もあったのではないかと考えている。というのは、江戸時代末期頃から、防長の真宗僧には豊前に遊学するものが多く、良きにつけ悪しきにつけその影響を強く受けているが、その豊前学派は当時の真宗教団内では珍しく社会的実践を重んじるところに特色があった学派で、たとえば豊前宇佐郡水崎村西光寺の東陽円月を中心とするグループにみられるように、さまざまな社会福祉運動をする僧が多かったからである。(28) といっても、このあたりのことに関して私自身深く研究しているわけではなく、今後の課題として提示しておくにとどめたい。

このほかにもなお論ずべき点は多いが、早や与えられた紙数を大幅に超過したので、すべては後日を期したい。

註

(1) 山本尚友『被差別部落史の研究』、岩田書店、一九九九年、四一四頁。
(2) 布引敏雄『融和運動の史的分析——山口県融和運動の歴史——』「はじめに」、明石書店、一九八九年。
(3) 北野裕子「西本願寺の婦人融和運動」(千葉乗隆博士古稀記念『日本の社会と仏教』、永田文昌堂、一九九〇年)。
(4) 河野諦円「差別の闇を縫ふて」(『融和事業研究』第二輯、一九二八年)。
(5) 北川健「明治前期山口県の未解放部落問題」(『山口県地方史研究』三一号、一九七四年)、同「大和同志会と山口県の部落差別撤廃運動――『明治之光』に見る解放運動への曙光――」(『山口県文書館研究紀要』第一二号、一九八五年)、布引註（2）前掲書等。
（6）脇英夫「赤松照幢の部落改善セツルメント」(『山口県地方史研究』五二、一九八四年)。
（7）赤松照幢述『土曜講話第一集』(徳山女学校内金蘭会蔵版、一九〇九年)。
（8）「東雲新聞」(『同朋運動史資料』一、浄土真宗本願寺派基幹運動本部、一九八三年)。
（9）北川健前掲『山口県文書館研究紀要』所収論文。
（10）拙稿「部落史研究の先駆――上山満之進の場合――」(『日本社会の史的構造』近世・近代、思文閣出版、一九九五年)。
（11）重枝慎三「部落差別と教育――融和教育を中心として――」(『新光』一九七七年三・六月号)、『周東町史』、布引註（2）前掲書等。
（12）山口県文書館蔵。
（13）熊毛町故河村恵之氏夫人河村タヅミ氏談。
（14）布引註（2）前掲書、二三頁。
（15）防府市富海、入江覚氏談。
（16）註（8）前掲『同朋運動史資料』一所収。
（17）藤野豊「融和団体〈帝国公道会〉史論」(西播地域皮多村文書研究会編『公道復刻版』別巻、一九八二年)。
（18）『明治之光』第二巻第二号、一九一三年。
（19）西教寺住職西村真詮氏談。
（20）『仁幾女』四号、豊北町郷土文化研究会、一九八九年。
（21）真継義太郎『蒙古王敗残録』、雲山堂、一九一二年。
（22）豊北町多田穂波氏家蔵。
（23）『防長新聞』(明治四十五年七月二十五日)に「佐々木安五郎氏は予て県下豊浦郡六連島を以て将来東洋の喉咽を

扼するの要所と為し、此地に植民学校設立の計画をも同志の諸氏と計画中の由なるが」とある。
(24) 藤野註（17）前掲論文。
(25) 『近代部落史料集成』第六巻、三一書房、一九八六年、所収。
(26) 栗須七郎「水平運動の精神」（『水平道』、水平道舎、一九二八年）。
(27) 藤野氏は大江が「同情を唱えつつも」被差別民に対し「尊大かつ差別的であった」ことを指摘している（藤野註(17)前掲論文）。
(28) 拙稿「月性と真宗教団」（三坂圭治編『維新の先覚・月性の研究』、マツノ書店、一九七九年）。

追記　本稿のおおよその構想を練っていた段階の二〇〇〇年九月一日に本願寺山口別院（小郡町）において「同朋運動五十年・御同朋の社会を目指す法要」が開催され、その席で布引敏雄氏が「山口県部落解放運動に尽くした真宗僧」と題して講演された。たいへんに有意義な講演で、学ぶところが多かった。とくに山口照円寺文書に基づいて紹介された幕末から明治中期にかけての隈井諦詮の改善運動や差別に対する果敢な反対行動は全国的にも最も早い時期の事例のようで、その事実をはじめて知って私は非常に驚いた。山口県で同朋運動が比較的早くから行われていたことを本稿で強調したが、私が考えていたよりももっと早くからこの運動に取り組んでいた人物のいたことがこれで明らかになり、意を強くした。近く「長州藩部落寺院史の基礎的研究」と題して『部落解放研究』第一四一号に発表されると聞いているが、学界に貴重な一石を投じることと思う。それを踏まえて今後、同朋運動史の研究が活発化することを期待してやまない。

付記　本稿執筆にあたっては多くの方々のご助力を得た。とりわけ下関市六連島西教寺前住職故西村真詮氏および浄土真宗本願寺派同和教育振興会の毛利勝典、鷲山和貴子の両氏には史料調査にさいし非常にお世話になった。厚く御礼申し上げたい。

山口講学場の教学と経営
――山口県文書館所蔵の史料を中心に――

野田　秀雄

はじめに

檀林制度に基づく浄土宗の宗侶養成機関は、明治維新政府の成立により消失した。それに代わり、檀林以外の地で小規模ながらその学風を継承しつつ、地方で宗侶養成を目的として設立されたものに山口講学場[1]がある。その設立の経緯について、かつて「山口講学場をめぐる諸問題」と題して発表したことがある[2]。そのなかで防長二国領内の浄土宗寺院の意志統一をはかりながら、知恩院・増上寺・山口藩庁の間を往来して、その開設に尽力した萩報恩寺伊藤無関の東奔西走する姿を中心に、その開講に至るまでの過程について概略を述べた。本稿ではその段階では詳しく言及し得なかった教学と経営維持策に焦点を当て、可能な限り史料の紹介をかねて講学場の史的意義について考察したいと思うのである。基礎史料としては山口県文書館所蔵の『報恩寺申出一件』と『浄土宗鎮西派改正一件ニ付報恩寺ヨリ差出候書面』の二冊があるが、そのうち本稿で引用している史料は後者のみであり、そこからの引用史料の典拠は省略することとする。

一　講学場の規約の制定

明治三年（一八七〇）三月、現有は宗命をおびて山口に赴任し、同八月には長州学校副師に命ぜられた[3]。その現有の指導のもとで山口講学場の開講に向け、すでに萩報恩寺無関が増上寺と交渉して「学場之規律者、増上寺ゟ定来候を基本とメ、学場役付之者取扱、触頭本寺ゟ強而令指揮候儀者有之間敷候事云云」とした取り決めを大前提として、山口において着々と準備が整えられていった。その基本的な方針に従ってまとめあげた規約・役職名簿・課業などを開講直前になって次のとおり報告している。

講学創建規約

〔御両国内浄土鎮西一派講学場仕法立〕

一学場所之地

　右者、故大運寺即今之福聚院善生寺を借受仕候事、

　但本堂・庫裏之内ニ而相応之場所現構候節可申上候、

一入場仕僧分、師跡及師匠之名前・当人之名簿・年齢等、前以致記録、愈入場之当日且在場之日数ハ、其節着帳仕置候叓、此名簿之文ハ、檀林江も申遣、於彼処掛籍為致候、此掛席之年月を以一派之法臘と定候事、尤綸旨頂戴之上ハ、御日並ヲ以定座次第、海内一派通規ニ御座候、但於其国々ハ住職及寺格ニ依而、班別を立候事、命終之節ハ、掛籍消帳仕候叓、

当節之行形ニ而掛籍之礼式として、其檀林江礼物贈候義ニ御座候、員数等ハ聞合之上、追而可申上候、

一掛籍弐拾年之事

宗派一同在山之年限ニ而、布薩伝法及綸旨頂戴之添状相成候事、是迠一派之様轍ヲ以書出申候、

但寺務結縁焼香亡者取扱候義ハ、両度之伝法仕後ハ差支無之候、尤檀林ニ而伝法仕候者江、為錬習再伝仕候叓、布薩相伝已上ニ無之候而ハ不相許候叓、

一在場仕候者之草鞋月俸茶料月別玄米壱斗五舛・銀拾五匁ニ相定候叓、

右ハ師匠ゟ贈出候約定ニ仕候、尤当人漸々学科進次第、場中之営事策修ニ当候仁ハ、草鞋相除、惣資補之中江接し候叓、

一入学僧之員数ハ多少ニ不相拘、草鞋持参之分ハ在修相許候叓、

尤他国之僧ハ願出、御許容相成候上ニ無之候而ハ、留在不為致候事、

一在場六拾日詰ニ為致交代候事、

右者壱ケ寺内ニ而弟子三人或ハ弐人有之候分、学科三等之中江摂入致候、初心より為致練修度、尤師跡之寺務ニ相支候義も可有之候、依之交代之仕法相立候叓、

一都而学場各司練衆之名前住職之者ハ勿論、未住職之者ニ至迄、別帋ニ而申上候叓、

惣計七条

〔学場衛護執当僧次〕

△都維 総掌金穀摂出及器具闕備 兼記僧口員数場内入出

光明寺
福聚院
善生寺
常念寺

補遺

△正範　総掌場内闔衆無簡能所匡不律挙順軏無備

常念寺
西円寺

補遺

△都監　総掌験場内資糧出納知什器備闕計僧衆入出往来之正否以公平之法

常念寺
西円寺

補闕

△講主　都管区学脉之正不講究文義軏立宗格闔衆策進登第下沈之事

報恩寺

補闕

光勝院

△助教　総掌正三等学僧音訓読法授日別課業兼試勤怠

補闕

光勝院

報恩寺
助補（マヽ）　妙香院
正道

△蔵書司 総掌知典籍首題巻員及完欠正白他 内外之部記頒与学衆事兼管蔵鑰
補助
△香厨司 総掌炊飲調菜及 食具等事
日別営斎 学衆 交番
△巡寮 総掌験警睡惰及 不軌流散事
補助
△揵椎司 掌指判年分月分日分修業 作務之剋限兼示闔衆

△日分
〔三分 日月年 課業序次〕
○驚覚　毎暁夘上刻
○仏前晨勤　驚覚即時限縷香一炷
○小食 勤行退殿即時待揵槌之報 時而列坐作法如式
○掃洒　内外共可随揵槌司指揮
○三等修業　自辰中剋至巳中剋受指授

○復誦　自巳下刻至午中剋

○正食　午中剋従揵槌列次

○息心　食後及于講会之時

○講会読　自未中剋至下刻

○薬夕　晡食律号不可過申剋

○昏時勤行　仏前称仏限縷香一炷

○自見　自酉至亥

○倚鎮　夬刻至勉強之仁者非制限但不可発声

△月分　試課業之勤隋（墮カ）更定坐次之昇沈至等之進退以年分春秋両度更定之、

○入浴　除髪　月別以二七日

○晏暇　六日　十六日　廿六日

△年分　二月望　八月望　度衆之課業更定進等、

〔勧誡法〕

○日分之勤怠罰役使賞除雑務但約翌日所置之、

○逸作至不律或以梵檀誡等之事任闔衆首頭之正範、

○三等各位定席頭二員但丁依掛籍以学功剖判之、

総判三分者依順学則及清規而仮施設之耳至永格者可受増上寺之指点者也、

ここに紹介した四項目のうち規約の本文を除く他の三項目は、すべて楷書体で書かれている。提出されたものを藩当局がそのまま綴じ込んだと思われるもので、学場の所在地・入学僧身分・月謝・入学者数・学習日数・在籍者名簿等に関する規約・役職名および担当者名簿・三分課表・勧誡法などを知るに及んで、おそらく藩庁祭祀局[4]も学場の全容を把握し、納得したことと思われる。

二　講学場における伝法

開講後のありさまについては『無関老師行業記』[5]（以下『行業記』と略記）には、

開講の当初には。学衆皆宗学初歩の雛僧なりければ。師自ら宗書を繙き。大意鈔、用意問答、名目図等より教育の端緒を開かれけるが。六月下旬に到り。師は伝灯師拝請の為。再び東上せられければ。山口光勝院俊徹和尚。師に代りて教授せらる。而して伝灯師下向の後に至ては。寮主現有上人を学場の都監に仰ぎ。伝灯師は三経合讃。都監は三巻、七書、十八通。教授恢嶺上人は選択集、決疑鈔、論註、四帖疏等の講筵絶ることなし。加之時々の法問には。聖浄二門、正雑二行、正因本願、天下和順等の論題を提撕せられ。殊に天下和順の際の如きは、藩庁よりも吏員の臨席ありしほどにて云云。

と、前例のない檀林以外でのはじめての学問所の状況を記している。そして三カ月を経過してからの様子は、

八月一日よりは。四十余名の学衆丹誠を抽でゝ。前加行を修しけるに。礼拝の威儀頗る厳粛に。念仏の声いと殊勝なりければ。聞く者みな未曾有の行法なりと感心せり。斯て前加行既に満じければ。十一月十七日より接近なる元周慶寺の仏殿（今の善生寺の地）を以て道場となし。徹定上人を伝灯師として。四十余名の学衆。無

［山口講学場の伝法］

回数	年月	伝法内容	伝灯師	場所	受者
1	明治3年11月	五重	徹定	山口善生寺	48(24)
2	明治4年5月	両脈布薩戒	徹定	山口善生寺	30余
3	明治4年11月	五重	徹定	山口善生寺	未詳
4	明治5年11月(一説10月)	五重	現有	山口善生寺	未詳
5	明治7年11月	両脈布薩戒	現有	萩報恩寺	101

障碍に五重の相伝を承けたり。是実に本宗四百年来其例なきことにして。即ち師が累年尽力の結果にてぞありける。尋で翌年五月再び同処善生寺に於て伝灯道場を開き。前年の四十余名は宗戒両脈を伝へ。本年新入の学衆は五重を相承せり。於是防長二州の内。四十余名の能化を養成し。つねに住職者を欠くの憂なきに至れり。師の素志はじめて達せしとや云ふべけれ。

とあり、第一回目の伝法が成功したことを伝えている。このなかで「本年新入の学衆は五重を相承せり」とあるが、ここでその五重相伝執行の時期を明確にしておく必要があろう。『行業記』には伝法の受者について、「明治三年十一月四十八名[6]、同四年五月未詳、同五年十一月未詳、同七年十一月百零一名」としているが、この記事にはいささか疑問が生じる。そこでまず伝法そのものの沿革について整理するために、『浄土宗大辞典』の〈伝法〉および〈箇条伝法〉の解説によってその経緯を要約すると次のようになる。

聖冏以後五重伝法の制による往古（古式）伝法は、縁山三世聖観の改革により室町末期まで約九十年間続いたとされる。しかし室町末期の相次ぐ戦乱の激しい時代に長期間の加行は実質上不可能となり、時代の要請に応じて加行期間を二十七日間に短縮せざるを得なくなった。そこで道感二師[7]によって箇条伝法と称されるものに改革された。この制度では五重自証門（浅学相承）後十五年を経て宗脈化他門（碩学相承）を相伝してはじめて布薩戒（明治以降廃止）および円頓戒を授けることになっていたのである。この過程を前提に講学場でさらに内容を短縮して簡略化したとしても、五重から宗脈への順序は不変とみるのが妥当である。したがって講学場における伝法もその段階を経て執行されたであろうことは相違ない。すなわちそのことを基本にして伝法の段階を考えると、第一回目の明治三年十一月の四十八名は五重相承の受者であり、第二回目の翌四年五月は、その五重相承者に対して宗戒両脈が相承されたということになる。そして第三回目は同四年十一月の新入学衆の五重相伝となる。(8) 次いで翌五年であるが、その年は学場の永続をめぐっての施策や国の宗政改革なども加わって混乱したためか、五年五月に伝法が執行されたという記録は見当たらない。十一月（一説に十月）に至って、山口善生寺において第四回目の伝法が五重相伝として行われた。(9) 明治六年も実施されたことを物語る記録は皆無で、翌七年十一月第五回目の伝法があり、受者一〇一名であった。(10) なお伝灯師は第三回までが徹定で、あとの二回は現有である。場所も第四回までは山口善生寺で、第五回目は萩報恩寺であった。これらを表にすると別表（前頁）のようになる。

三　講学場の人事

最初の伝法が行われてのち、その役職をめぐって藩庁は知恩院に対し、触頭の不適格さを指摘して善処するように働きかけた。これに対して知恩院は藩庁にその人選を委ねることとなり、その結果、無関が藩直命によって勤めることになったのであるが、(11) そのときの無関の意気込みを次の記録により知ることができる。

当学坊之興廃、当藩内一派之興廃ニ関ときハ、一派ニおゐて大政事之所たり、而して其職司他処ニ属して可ならんや、故を以て創建之所依之論決する処なり、是を以て役配尤要たるべし、都維ハ学坊之政事を司る職たり、然ときハ学坊之告令所好悪とも都維之身ニ関せさる事莫るべし、尤重任たり、重任たる時ハ其力なくんハ採へ

からす、所謂学徳ハ学ヲ以て明察公平ニ合ひ、徳を以て人望を得、此ニ事全からさる時ハ、柄権ニおられハ行
れず、其権衆力を合して預り行べし、是を以て今決議を乞、
一学場内之規則・資糧之出納増減・場衆之進退・学風之抑揚・階之昇沈・所役ヰ、必関聞之後ニ布令すへし、
仮令御役所且檀林方之命といへとも、都維役を歴すして行ふすへからず、
前条之次第伏而
公議御決択之証を乞奉る耳
明治三午
十二月十八日
報恩寺　戦慄
無関　合紀
出会高刹
尊者
各下
前条決議之上、違論無之候、
善生寺
常念寺
願成寺
光勝院
快念院
西蓮寺

法静寺
阿弥陀寺
専光寺
西円寺
心光寺
心光寺

これによって無関の講学場に対する決意と執念、さらには責任感をうかがうことができる。そしてそれまでの経費に関する精算を行っている。

一都維　　報恩寺
右ハ東京西京往通、其余檀林・寮主等送迎等、惣而学校取締、
一同輔助　　善生寺
　　　　光勝院
右者本役出張之内ハ不及出張、本役他行之節、二三人宛出張之事、
一日別玄米五合
一同菜料五分
一月給壱両
右者本役へ差当置候、若他行候而輔助出張之節ハ、日分を以て輔助賄に当ツ
一正以軏

一同輔助
右大衆在□ニ而可勤候事
一厨司
右唯今迄取締役ニ而相勤候場処、惣而御三藩内一派直末又末合順ニテ、両寺宛自会計ニテ出張相勤候事、
但次席之義ハ綸旨御日次ニ而上座壱人、末座壱人、毎月廿七日交代、万一日限相違之節者、科料を以て相定、科料之義者聊ニ而も積立候事、

浄国寺

一金弐両　小遣
一三拾匁　菜代
一拾六匁　茶代
一五拾弐匁　油代
一三拾六匁　炭代

同随従三人

一金三歩　小遣

増上寺会下

現有

一金壱両　小遣
一廿四匁　炭代

一廿六匁　　油代
　　同随従
一金壱歩　　小遣
一九拾匁　　寮主其外菜料
一九拾匁　　同断薪代
一六拾匁　　同断味噌代
一五拾匁　　同断醤油代
一弐拾匁　　同断漬物代
〆四百九拾四匁
　金四両
右扶持方ハ増上寺ゟ仕送、其余小遣等学校ニ而賄之候事、
　　増上寺会下
　　　恢嶺
一金三歩　　小遣
一日別五分　　菜料
一同玄米五合
右学校内教授助役相頼ニ而、於学校賄之候事、
右廉々之金子等、一派中各寺ニテ月別拾弐匁宛出納、兼而申談置候、但し寺之大小ニよりて分相応之割方者、

其組〳〵ニ而申談、惣高之処者増減無之様ニ相定置申候、其余増上寺ゟ出張之檀林等往来半路用相弁□□ハ
臨時割府仕候事、

覚

昨年已来講学場創建ニ付、一派取締之義被仰付難有奉存候、然処此度学場永続之仕法申談候而、右御藩内取締之義一往被差除被下置候様奉願度、已来者御三藩内学場合順之寺院、直末支末一派[12]申談、次席を以て両人宛出張引立仕度候、依之徳山豊浦御両藩内相談取窮候上御届可申上候、此段被成相届宜御沙汰被成下候様奉頼候、以上、

明治三年　　講学場

十二月　　取締役中

講学場存続の方法は役職寺院の整理とそれに伴う経費節減が主たるものであった。そして明治三年十二月十二日に「浄土宗学校取締役被仰付置候処、仕法旨之儀ニ付被差除候事」となって、山口善生寺、萩常念寺、吉敷郡間田村光勝院、煎津仙崎極楽寺、煎津大日比西円寺、熊毛郡今市正覚寺、上ノ関佐賀心光寺、同郡阿月願成寺、大嶋郡上床快念寺、同郡大賀阿弥陀寺、同郡屋代西蓮寺、熊毛郡宝積専光寺、都濃郡花岡法静寺、奥阿武郡次佐心光寺、萩報恩寺の十五カ寺に対し、取締役退任を命じたので、これらの寺院はいったん取締役を退くことになったのである。

四　講学場の教学

明治四年（一八七一）四月二十一日、藩当局が講学場にあてて実際に学習に用いる経典類について「於其宗派身業者不能申、仏籍之内何経を明かに致候而、一寺住職之撰ニ相当候哉、試験之次第可申出候事」と問い合わせてきたのに対し、同二十三日つぎのように回答している。

覚

於当宗派身業者不能申、仏籍之内何経以上を明らめ候ハヽ、住職撰ニ相当候哉、試験之次第可申出由之御沙汰相成奉畏候、几宗別之上にても大槩諸宗之教相及行業ニ通暁不仕候而者、全く住職之撰ニ的当と者難申出候得共、方今之勢其仁不可得哉ニ奉存候間、常等之宗格を撮略仕候而試験之次第申出候、超倫研窮之者ニ至候而者、他宗之経疏申迠も無之、外学渉猟仕候義、古来列祖之軌慨も御座候得共、煩敷御座候故、書出不申候、

浄土宗鎮西派正所根拠之経論釈

無量寿経二巻
天竺三蔵康僧鎧所訳
魏嘉平年間於洛陽誦

観無量寿経一巻
西域畺良耶舎丁宋元
嘉之初於京邑訳

阿弥陀経一巻
印土三蔵法師鳩摩羅什
奉姚秦之詔訳

右依経釈迦牟尼仏説

浄土往生論一巻

北天竺世親論宗所述

菩提流支三蔵於支那訳

東魏曇鸞註典同註疏

右依論

観無量寿経疏四巻　唐朝大師善導述

行儀分　同師述

選択本願念仏集二巻　円光大師源空述

浄土鎮西宗要集六　正宗国師聖光述

同　鎌倉宗要　記主禅師良忠作

同　二蔵二教頌義　了誉聖冏述

同　浄土名目図并見聞三巻　源空図説了誉釈

勅修法然上人円光大師行状四十八巻

法然源空上人語録漢字部十一巻

同　和語部七巻

以上

右於本願従源空和尚相承之鎮西派之致根拠候処之経釈ニ御座候故、寺務之試験此等を以非範ニ相備候而、自行

化他之解了之一分ニ相当候半欤、又其解義之分ハ、此階ニ至候様候者も、行業篤実ニ□□候者住職之器ニ当候分も御座候条、其域ニ依て公見之確評相用可申候、

宗派戒律之依憑

梵網菩薩戒経一巻　鳩摩羅什三蔵所訳

右仏説

同　経義記二巻　天台山智者大師述

同（衍カ）受（授）菩薩戒儀一巻　天台大師門人妙楽大師述

右出家分上之戒律於当派ハ専就此戒持犯を試候、

右之通依御沙汰書直奉申上候間、宜敷被仰出可被下候、以上、

浄土宗
講学場

未
四月廿三日

現在でも知られている所依の経典や戒律に関するもので、宗戒両脈相承するうえで重要な経典ばかりである。そして住職としての資格についても、四月二十五日「浄土宗鎮西一派住職願之節、仏籍之内試験可仕候事」と試験を義務付け、願書へは試験済の聞印を調べるようにと命じている。

五　講学場の経営維持策

明治四年（一八七一）の第三回伝法以降は、新政権の宗教政策が打ち出されたため、事態は急変していったので

ある。その前に講学場の移転という問題があった。すなわち明治四年十二月、県庁に対して、

覚

当学場之儀者、格別之御恵を以報恩寺江被下置候旨御沙汰相成、難有奉感佩候、然ル所精々尽力仕候間、於当場練衆研究勉励可仕奉存候処、昨年約定有之候増上寺ゟ会計扶持之筋も書通を以断り来候上、諸寺院順番出場之儀も困難申立候付、当学場転場仕、当分之処於萩報恩寺へ規則研究等維持仕度奉存候、此段被聞召、宜御沙汰可被下奉願候、以上、

明治四未

十二月　講□（学場闕カ）

と願い出て十二月二十二日に許可されている。しかしいったん萩へ移転したものの、やはり合議の結果不便であるとの結論が出て、翌五年二月、再び山口へ戻ることを願い出ることになった。それが許可されたのち、あらためて講学場の維持策についてその具体策を申し述べる意向を表明し、

御願申上候事

今般講学場永続仕法之儀ニ付而ハ、是迄諸寺院より出銀相嵩相成、当時節柄旁各寺難渋ニ付而者、入学之僧徒月俸等行届兼、依之至極奉恐入候得共、当申年ゟ向子ノ年迄五ケ年之間、山口市中并近在迄、月六斎之挓（托）鉢為仕度奉存候間、格別之御出入を以御許容被成下候様奉願上候、此段宜被聞召届可被下候、以上、

壬申

二月　講学場

と托鉢許可願を提出し、三月二十九日県庁寺社改正所はこれを許可している。当面はこの托鉢によって維持を計ろ

うとしたのであるが、十分とはいえなかった。そこであらためて講学場の将来について、それまでの足跡を振り返りながらその構想をまとめたのがつぎの「覚」として提出されたものである。

講学場永続之仕法奉伺候

一伝法師幷学頭下向往来路用及滞場中之入費、一昨年岩槻浄国寺随伴とも四人、増上寺ゟ出張仕候、学頭現有随伴とも弐人、都而六人

一支度金両人合金百両

右者増上寺ゟ当人とも江直渡之分、

一片道路用幷荷物運送学場着迠引当ト〆、金弐百両

報恩寺受之

合三百両当金尤路用不足ニ付、金六拾四両、

追而増上寺ゟ払出之分

三口合金三百六拾四両

外ニ滞国中之飯料引当ト〆金百両

四口合金四百六拾四両

内飯料之義ハ残金も御座候、

右者自増上寺扶助有之候分

帰京路用金百七拾両

右者当方旧御宗藩限之一派中ゟ出調仕候分ニ御座候、然ル処増上寺義方今御改正ニ付、以来扶助不相成由、

昨年十月出之書状、十一月下旬当方江着仕候、其節御役署江現書入御内見候通御座候、前段之次第ニ御座候得者、学場掛出財高凢弐倍も相増、永続之程無覚束奉存候、依之連印之三ケ寺申合セ、左之通奉伺候、

一学頭之仁属交代不仕様ニ仕度候、其所置萩俊光寺江右現有を以為致住職、当住義者御聞届を以且中取扱、惣而世務所置仕度候、

然ル時ハ彼仁年分賄及衣料、彼寺檀施ニ而節量相続可仕候、

但学校一途之所用入費ハ、其節一派ゟ出財可申談候、

只今迠現有随伴共弐人ニ付、飯料之外壱ケ年分都而銀三〆弐百三拾八匁、別ニ衣料之引当と申而者、当方ゟハ出財不仕候、

右住職之義御許容ニ相成候得ハ、惣一派之出財余程相減、訖度永続仕候筋と奉存候、尤此義ハ俊光寺当住瑞運義、方今一派衰弊之風説を歎慨仕候得共、身柄若年且未熟ニ御座候故、宗恩ニ報候手段無之ニ付、右様気附奉伺候、

一一派伝法之義者、古来関東十八檀林之外、決而不相成掟ニ御座候上、近来更ニ古之通勅諚有之候ニ付、他方ニおひてハ古定之外、一ケ所茂無御座候処、先年御国禁之廉を以申立之次第無余儀訳ニ付、当講学場江増上寺ゟ出張之道理を以、檀林所学席同様ニ取扱候様、彼寺ゟ許容有之候ニ付而者、檀林下向無之候而ハ、不相済次第ニ御座候、

右往来入費支度金等、此方ゟ仕向仕候出財之廉、甚苦慮仕候、若強而一派中江相募候而ハ、永続之量ニ茂可相成哉茂難計奉存候間、是亦増上寺江掛合之上、現有ニ而相調候様ニ仕度、自然其儀相調不申候者、伝法僧

二十員余も有之候節者、三ケ年或ハ五年ノ内ニ伝法師順下し、宗儀附法可仕候、其節往来入費者、三ケ寺ニ而引受、惣一派へ者出調割付申間敷候、前文之次第を以場所ニハ不相拘、其節之名義取扱之義ハ、三ケ寺ニ而維持仕度候、右之数件御聞届被仰付候上ハ、早速増上寺江茂申遣セ、彼方之返答取付差出可申候、万一申立之次第相違仕候ハヽ、連印三ケ寺如何様ニも被仰付被下候、三ケ寺之儀者、已来住職交代之節も後任江申談、相違仕間敷、為其住職茂連印を以御願可申出段、堅申定置候間、此段被聞召届、宜被成御沙汰可被下候、以上、

申ノ四月

善生寺
現充（花押）
報恩寺
無関（花押）
俊光寺
瑞運（花押）

ここに至ってそれまでの増上寺依存の方策では持続性がないことを自覚したようである。すなわちこれまでの経費に関する出納の概略と、維持費節減に伴う具体的な方策などについて説明し、今後は自主的な運営策を講じていくことを、善生寺・報恩寺・俊光寺三カ寺連印で表明したことになる。これは県庁に対して提出されたものであるが、四月八日東京へ連絡することが許可され、増上寺に対してはつぎのように報告している。

学場之義ニ付三ケ寺ゟ
増上寺江差出候書通　　扣

未十月十六日御仕出之御書、十一月廿八日到着仕、洗手奉薫読候、右御請書、早春迠ニ者可指出筈ニ御座候得共、一派集会之上、此方之定議可奉申上与存、荏苒延引仕候条、等閑之罪難免、奉恐入候得共、草野之碌茎紛之所置、伏奉仰寛恕候、向後学場永続之目途粗申出奉伺候条々、左ニ記候通、宜敷御評判奉冀候、於其御山も方今御改正ニ付、令命之旨奉畏縮候、御労慮之底審察奉恐入候、依之当学場江御扶助之義、向後者不能御慈計之旨具ニ被仰下、御尤之御義奉畏候、海内為宗之風光惨慄之至ニ御座候、就中当学場之義ハ、先年来急須之洪恩を以旧藩庁之局制も相貫き、封内之一派再生之時を得候底ニ御座候処、続而社寺合併之令被行、人心聊難致合期、創建之砌之勢馳ミ、殆苦心、乍併昨五月伝脉之僧三十余員、無滞相調候儀、大僧正御深慮之万分一ニも報当仕候欤与、乍恐小子共之姑息案ニ御座候、是全く莫大之御撫育ニ而、岩槻尊前并現有御寮主前、速ニ御下向ニ相成候廉を以、当役署之引立、一入心配被致、些少之義も宦之令を以指揮有之候故、仮令心服無之も違戻之色不顕候、然ル処昨年廃藩御布令有之候而者、旧来之国禁も氷解仕、且過月已来宗判并寺送り等、几而被廃候ニ付而者、県内之宗派維持仕候吏ハ、各宗守域御護ニ相窮候、此義昨春前役頭小幡姓未然を察し、旧藩内寺院江者、諸宗一様ニ試験格之義、訖度被及沙汰ニ候、右等講学場ヲ目的ニ而之立派ニ御座候由、其后各宗学校因修難相成、勉励之姿相見候由、内々役評も有之哉、風説仕候底之処、如今当学場衰耗ニ立行候而者、他家之哄堂難防、切歯之至ニ御座候、然ル処寮主御交代、殊ニ伝灯師御下向御手当等、先年ハ御山ゟ御恵を以相調候得共、已来此方ゟ御仕向仕候上、御出張之御仁撰等可被仰付段、両三輩之商量ニてハ不相調与存候、出会仕候得共、議論粉々事、却而難成哉与存候故、一応会評ニ任せ候得共、永続之正鵠ハ唯無尽之立法ニ止リ候由、当時勢之転廻夫底ニてハ、確定与者難致欤与竊察仕候、且県庁ニおゐても旧藩尽力之創建、自然及瓦解候時ハ、一派懶情（惰）之極与申もの、県内両三之有志も無之哉、近頃真宗ニ者御両国内ニ而者、為留学洋行仕候寺院、

既ニ両三人も有之候由、古来彼宗ハ肉食妻帯之分を以清僧之末席ニ序シ、挙而下視する例なるニ、錬学之義者
桟しても不可及与云し欤、文明之御政度□忘候とも可云、尤御一派之義ハ専念与申而、学文ハ不用欤と不
存候得共、此節之御政府ニ而者、年限を以テ及第与申事ハ不相成、於貴子ハ未壮年ニも不迨哉ニ見受候間、其
心を得而修学有之度由、役院其姓ゟ俊光寺ヲ被譲候、其他習染之推監指的不失、機度赫顔徹中不堪奮発義候、
従来之趣を以寤寐俯伏感慨之逸情熾念難抑、別帋之通リ惣一派之出財方減少ニ相成候ハヽ、乍細々永続も可仕
乎与、三ケ寺連印を以県庁江伺試候処、尤ニ被存候、於役署弛張気□無之、急々増上寺之返事取付指出候ハヽ、
何分之所置可有之与、一昨七日御授ケ有之候付、則別紙指出候間県内宗致之基礎与被思召、格別一層之御高評
奉歎願候、

三ケ寺連印を以奉願候

一御山内現有御寮主御義、御在席之侭ニ而、知恩院末萩俊光寺江住職被差免候様奉願候、其趣別帋仕法書ニ申
演候、勿論於現有上人者、為宗之義候ハヽ、御山次第ニ而可致承知由被仰聞候間、此段拙僧共ゟ奉懇願候間、
宜被仰上御聞済ニ相成候様奉願候、

一伝灯師檀林御下向之吏

右御支度金及御路用、一昨年之振合も御座候得共、格外之御引立之廉を以、御人数御支度等御省略被成下
候様奉願候、勿論現有上人御滞国ニ相成候時ハ、伝灯尊前ハ本行前ゟ御出張、終行後早々御帰京被遊候都
合ニ御座候、

右両条之処奉恐入候得共、県庁之□差急掛合候様被仰渡候間、何卒御決評奉願候、御山運方等御指揮奉願候、
委細別帋ニ奉申上候廉を以、被仰上可被下候、此段奉願候、以上、

明治五壬申四月

兼福聚院
善生寺
現充
萩報恩寺
無関
萩俊光寺
瑞運

この段階にあって講学場設立のための直接的原因となった、慶応三年（一八六七）七月九日の他国出行禁止令[13]が廃藩置県の断行により無効となったのである。これについて、日付は定かではないが「演説」と称する文書のなかで「海内御一統之御時勢国禁与申義も無之ニ付而者、従前之通り登山為致候得者、古来之宗規ニ茂相応し、且檀林御下向之御煩も無之、旁便利之由心得候者間々御座候哉ニ承候、右者穏当之常言ニ御座候得共云云」と、一種の虚無感を漂わせる文言を掲げている。さらに無関は当時の不安定にして混沌とした時勢にあって、僧侶のなかには不如法な行為にはしる傾向がみられ、十分な修行も積まずに立身出世のみを目指してやまない僧侶が目立っている現象を歎いている。そして「即今廃禄減寺ハ、僧道策励之朝息共云ヘシ」と世相が一転したことに対しても慨嘆している。

六　講学場の衰退

さらに明治五年（一八七二）前半期の東京における混乱した状況は、前節の山口からの書状に対する増上寺の返書に克明に綴られている。

壬申四月十日出之書面、同十八日相達致薫誦候、然者講学場向後永続之仕法相立候ニ付、県庁へ伺書写別帋御回し致一覧候、去々庚午年中岩槻御大室・現有和尚出張、宗門之秘訣相承両度相済、御庁之御引立、別而厚御配慮被成候趣、宗門之大幸不過之、只御一同之尽力致感佩候、

一当山義、累年致疲弊候ニ付而者、檀林方且教授頭下向路費支度手宛等不行届、総而学校ニ而取賄、前以回金有之候様、去辛未十月中御断申入置候処、伝灯師始出張先振諸入用取調書を以、今後之規則県庁江御申立ニ成候処、当山ニ於而差支無之候ハヽ、何分之所置可有之御沙汰ニ付、現有和尚在席之侭知恩院末萩俊光寺へ兼職、伝灯師之義も同人江御目代、右弐ケ条願之趣、無余義情実ニ相聞、致承知候得共、今般教部御省ゟ御用ニ付、諸宗本山御呼出ニ相成、宗掟御改革被仰出候趣も有之候ニ付、願之条件聞届ニ相成候而も、不日宗規更ニ御確定可為成哉も難斗候間、何連従是及御沙汰候迠、県庁へ可然申立置有之度存候、此段御一同御心得可被成候、御細書之条々、内外多忙中審詳難及貴答、撮要而已御報申進候、

一先般教部省御立置ニ相成、諸宗寺院之内出仕被仰付候、一派ニ而者岩槻・小金御両所十等出仕、外ニ配下寺院出仕被仰出候、諸宗本山御用ニ付、一緒当月廿日迠ニ出京之御沙汰ニ付、何連も追々到着被致候、

一是迠之本坊、開拓使御用ニ付差上ニ相成、真乗院を増上寺本坊と改称、当月三日引移相済候、一山学寮支院

共、昨年末御用ニ可相成旨内御沙汰有之候処、去ル二月中更ニ御沙汰ニ相成、区別之見込相立、伺中ニ候、学寮八十軒之内五拾軒差上、残三拾軒江合併之積り、役寮も差上之内へ摂候事ニ御座候、委縷後音ニ可申進候、先者前件御答如斯御座候、恐々頓首、

壬申四月廿四日

増上寺
役所

兼善生寺
福寿院
報恩寺
俊光寺

ここに書き綴られた文面の内容が、遠く西方の山口においても多分に影響したことになるのであるが、ここにみる「累年致疲弊候」は、かつての増上寺とは異なり、たいへんな様変わりをしたことを物語っているのである。それは、まず明治四年（一八七一）一月に発せられた上地令によって、仏教各派の寺院が経済的な大打撃を蒙ったことにはじまる。それに関する詳細な考察や説明は省略するが、従来の知行地没収がいかなる結果を生ずるかについても、ここで論ずるまでもない。次いで翌五年三月十四日の神祇省に代わる教部省設置であり、そこが僧侶神官を含む教導職の研究および養成機関となったことである。同時に「三条の教憲」(14)なるものを定め、四月二十五日には教導職の職制十四級を制定し、全国の僧侶神官をして教導職に任命した。これはこの「三条の教憲」の宣布にあたらせるのが目的であった。そして各宗合同で同年五月大教院の設立を教部省に願い出てただちに許可を得、そこからの宗教上の任を帯びて浄国寺徹定と小金東漸寺豊舟両名が十等出仕（権中講義）として出府を命じられたのである。そしてその地理的立地条件や便利さのゆえか、増上寺の伽藍自体も開放しなければならなかった。維新当初、

薩摩藩を中心とした東征軍の宿陣となり、そのことが兵部省との関係を濃厚にしてしまった。さらに従来の本坊が北海道開拓使役所となり、[15]本坊は八カ院の別当寺院（御霊屋奉仕寺院）の一つである真乗院へ移ったこと、学寮八十軒のうち五十軒を召し上げられて三十校へ合併させられ、役寮も接収されたことなど、数々の痛手を蒙っていたのである。このような状態にあって、他の問題に関与する余裕とてなかったのが、その当時の増上寺の実情であった。

教部省諸置の余波は即座に山口にも及び、五年十一月十三日無開が教導職管事となり、同年九月の大教院設置に伴い、山口においても各宗合併して小教院やその付属学校が設立されていったため、講学場の存在は次第に薄れていくことになったのである。[16]明治五年十一月（一説に十月）の第四回目の伝法は、三カ寺連印の願いがあったにもかかわらず伝灯師の下向はみられず、目代伝灯師現有によって五重相伝として執行された。当初から若干の屈折があったにせよ、毎年継続して伝法が行われたのはここまでであった。

翌六年（一八七三）二月、大教院が増上寺へ移転したため増上寺の機能はさらに一転し、また山口においても四月十八日無関が中講義となり、山口県浄土宗教導取締に任ぜられた。そして各宗の取締諸師とともに小教院を中教院として、付属学校「明導学舎」を発足させて広く青年学徒の教育研修の場としたのである。[17]ここに至って講学場の存在意義は、当初設置した意図に反して自然消滅する方向へと向かわざるを得なくなった。しかしまだその段階では学僧も在籍していたのであり、明治七年八月、幡随院住職に就任した現有が十月に山口県下宗学校取締総司に任ぜられ、[18]十一月には第五回伝法が目代伝灯師現有の下で萩報恩寺において執行され、一〇一名が受者となっている。

現存する記録において明らかにされるのはここまでであり、その後の講学場の記録は見当たらない。しかしその後数年は存在していたようであるが、伝法は五回をみるだけであった。

おわりに

テーマとして教学と経営という二項目を掲げたのであるが、残念なことに適当な傍系史料がなく、詳しく考証することが不可能であったため、論旨が乏しく、終始史料紹介の域を脱し得ない結果に終わってしまい、双方ともに十分な結論を得るまでには至らなかった。しかし本稿に引用されたこれらの史料を精読することによって教学や経営に関する概要を知ることはできたように思う。

山口藩で出国禁止令が発令された直後は、その将来を案ずるあまり宗門関係者は戸惑いを感じるばかりであった。しかし無関を中心とした山口講学場開講運動は功を奏し、永年にわたる伝統を打破してその目的を達成するに至ったのである。たしかに伝法のもつ歴史的伝統的な側面から考えれば予想だにしなかったことではあるが、これも後世からの歴史的見解をもってすれば、道感二師による伝法改革に匹敵する改革であったと断言できるのではないかとも考えられる。

新しいものが生みだされるときには必ず痛みが伴うものである。そしてその結果が当初の思惑に反して意外な方向へと展開してしまうことも事実としてままある。山口講学場の場合もその一例である。苦慮して五回に及び異例の伝法が実施されたものの、その間開講から一年二カ月にして廃藩置県が断行されてそれまでの行政が一変し、宗教政策も教部省設置や大教院宣布などによって旧来の制度が一新され、それぞれの支柱を失うなどの現象が打ち続いた。労多くして築きあげられたものへの必死の経営維持策が模索されたにもかかわらず、その自然消滅への過程を辿らざるを得なかったことは、誠に皮肉な運命との邂逅といわざるを得ないのである。

それにしても山口以外に、伊予・安芸・対馬・備後・大坂・和泉・阿波などからも、同様の出国禁止令に困惑している歎願書が相次いで知恩院にもたらされていたが、このような動きが一向に見当たらないのはいかなることなのだろうか、何故山口だけなのだろうか、という不思議な疑問が残るのである。

それはともかく、この伝法改革一件が一つの布石として、後年知恩院での伝法道場開筵にあたり、明治七年八月北条的門らの連名で歎願書が権大教正養鸕徹定に提出され[19]、のち大正二年（一九一三）の伝法条例制定へと展開したのも、歴史的な事実である。

註

（1）文献には講学場のほかに宗学校・学校・学場などの呼称がみられる。
（2）藤井正雄編『浄土宗の諸問題』、雄山閣出版、一九七八年。
（3）『浄土宗大年表』、大東出版社、一九四一年。
（4）明治三年閏十月山口の政事堂は藩庁、祭祀局は社寺改正署と改称された（復刻『もりのしげり』、赤間関書房、一九六九年、五〇一頁）。
（5）明治二十三年（一八九〇）無関没後七回忌を期して出版された。発行者は遺弟西村赫春。
（6）『浄土宗年譜』（教報社、一九一五年再版）には二十四名とある。
（7）増上寺九世道誉貞把と同十世感誉存貞。
（8）このとき『行業記』の著者西村赫春が五重および円頓戒を相承している（藤井赫然『長門萩常念寺余光録』常念寺、一九三〇年、三三九頁）。
（9）このとき増上寺七十九世道重信教が五重相伝の受者となっている（藤井赫然註(8)前掲書、四四〇頁）。

（10）このとき西村赫春・道重信教両名が両脈および布薩戒を受けている（藤井赫然註（8）前掲書、三三九・四四〇頁）。

（11）藤井註（2）前掲書、二五一頁。

（12）知恩院文書の一つに『午閏十月　防長両国御直末又末孫末之扣　以上百五拾弐ケ寺　但堂庵之分除之』と題する冊子があり、これによって当時の防長二国の寺院数がわかる。

（13）『長府毛利家乗元周公十七』に「宗家（毛利敬親）二国ニ布告シ、他国ニ行ク者ヲ禁ス（中略）乙丑（慶応元年）以降国ヲ鎮シテ出テス、境外皆敵ナルヲ以テナリ、近日兵革姑ラク休ミ、内外小康ニ似タルヲ以テ、管民或ハ旅行ヲ希フ者アリ、其或ハ捕獲セラレ、国害ヲ醸ス等ノコトアルヲ恐ル、故ナリ」とある。

（14）教則三条ともいう。敬神愛国の旨を体すべきこと、天理人道を明にすべきこと、皇上を奉戴し朝旨を遵守せしむることの三カ条である。

（15）村上博了『増上寺史』（大本山増上寺、一九七四年）の「第八章　維新と増上寺」および「第十章　北海道開拓と増上寺」参照。

（16）『行業記』。

（17）同前。

（18）註（3）前掲書、『浄土宗大年表』。

（19）『知恩院史』（知恩院、一九三七年）二八四〜二九五頁。

花岡大学著『妙好人清九郎』の周辺

――「玉潭師消息」――

朝枝　善照

はじめに

花岡大学の『妙好人清九郎』[1]は、花岡の作品のなかではとくに長篇として注目される。短篇を連作して一著となす、「短篇の名手」と花岡大学を評する人もいる。この清九郎を主人公とする小説は、おそらく吉野に生まれ育った花岡大学の多年にわたる見聞と、先行の清九郎伝としてまとめられた『妙好人伝』初篇「和州清九郎」などが花岡大学の前に存在したものと思われる。深浦正文は花岡大学の『妙好人清九郎』を「史的消息の文学的表現」[2]と指摘されたが、清九郎の生活した時代、その周辺の人々について「史的消息」を詮索することも可能であろう。本稿では、花岡大学が『妙好人清九郎』の「第三部　光をはなちつつ」の「(3)　北陸路の旅」において紹介している「高徳の学僧玉潭師」に関する若干の史料とその周辺のことを調査してみたい。

一　玉潭師と清九郎

花岡大学は、「北陸路の旅」のなかに二人の僧を登場させている。

「わしは、越中の茗荷原、妙覚寺の住職、玉潭という者じや。(3)」

「ちやうど飛彈の国へ布教にきていた、摂津小曾根の泰巌師も、いっしょにかえることになり、(4)」

このように、玉潭師と泰巌師が登場して、清九郎と三人で北陸からの帰路の道連れとなっている。花岡大学が、この「北陸路の旅」を創作するために参考としたものは、永田文昌堂から刊行されていた全六巻一冊に合綴された『妙好人伝』と考えられる。(5)『妙好人伝』の成立過程を考えるならば、伊賀で編集された一巻本『親聞妙好人伝』の第三話として「和州清九郎」の物語が載せられている。(6)版本の初篇、二巻本になり、活字本として多くの人に入手しやすい流布本として印刷されたものが永田文昌堂版である。一巻本『親聞妙好人伝』の中心となっている物語は、「和州清九郎伝」である。花岡大学が参照したと考えられる永田文昌堂版『妙好人伝』によって、玉潭師と清九郎の関係をうかがってみる。

イ　寛延二年春二月　仰誓、義詮師の誘引にて大和路に旅、清九郎と対面。その時、車木村の想左衛門、今井村の貞寿という信者にも逢う。

ロ　寛延二年二月二十九日　仰誓、老母妙誓並びに、道俗二十四人で再び吉野に旅をして、左曾村の浄光寺で玉潭師の教化を聴聞。

ハ　寛延元辰の春、玉潭師、越中妙覚寺に帰寺のとき、清九郎を誘って下る。

ニ　越中より和州へ帰国のとき、飛彈より泰巌師と同道する。
ホ　寛延二年夏京にて、仰誓が上洛中の清九郎に対面、越中の旅のことを尋ねる。
へ　寛延三年庚午八月四日清九郎往生、時に七十三歳（正しくは、七十一歳）。

右のごとく「和州清九郎」の物語は、編者の仰誓が義詮師の紹介で清九郎に対面、そして篤信者の車木村の想左衛門などにも遇って、ロのように、再度大和路を訪ねて、左曾の浄光寺で看坊の玉潭師の教化を聴聞した体験談であるから、年時等も詳しく記載されている。

玉潭師は、越中婦負郡茗荷原妙覚寺の住職で、享保七年（一七二二）七月十八日の生まれ、学系としては、知空―月筌―泰巌師の門流に学ぶ。諸国遊学中、大和の左曾の浄光寺の看坊を勤めたときに、仰誓や清九郎との交遊があった。入寂は、天明二年（一七八二）七月二十三日、六十一歳のことと伝えられている。[8] 玉潭師は、妙覚寺に学塾として「善解室」を創設した。この善解室は、義孫の巧便に受け継がれ、のちに、八尾の桐谷の光雲寺の印順師に移されて「仏母堂」と改称されて婦負郡一帯の宗学を志す学徒を教導した。[10] ちなみに、妙覚寺の巧便に宗学を承けた、義浄や流昇と同門の芳流勧学の入寂は明治三十七年八月十二日、九十一歳のとき（大善院釈芳流遺影・西念寺蔵）である。八尾町および山間部二十七カ寺を「善解組」と称することも、玉潭師の善解室に由来するなど、明治に至るまで宗門の子弟の宗学研鑽とその伝統は保持されてきた。

つぎに、泰巌師について記す。小曾根の常光寺の桂巌の弟として、正徳元年（一七一一）に生まれる。月筌に宗乗を学び、「真宗法要」校刻の業に従事した。宝暦十三年（一七六三）の夏安居には『大無量寿経』を講じたが、九月十六日に至って病にて寂、春秋五十三。[12] なお、師の月筌は、知空門下の英匠として徳望高く学の博きことにより、蓮華蔵閣という学寮を開いていた。[13]

仰誓は、享保六年（一七二一）に生まれ、二十余歳にして、明覚寺の通寺、伊賀上野明覚寺に住し、僧樸の門下で、僧鎔、慧雲師等と宗学の研究に精進。学林でも「仰誓聞書最第一」と称されたという。清九郎の行状をまとめて、『親聞妙好人伝』のなかに載せたことも首肯されるところである。(14)

さて、先引のイ・ロの寛延二年の春二月に、仰誓が清九郎や玉潭師に対面したときの年齢を検討しておきたい。

清九郎　延宝八年（一六八〇）生――寛延三年（一七五〇）庚午八月四日往生

玉潭　享保七年（一七二二）七月十八日生――天明二年（一七八二）七月二十三日入寂

泰巌　正徳元年（一七一一）生――宝暦十三年（一七六三）九月十六日入寂

仰誓　享保六年（一七二一）辛丑三月生――寛政六年(15)（一七九四）四月二日巡錫中浜田覚永寺にて入寂

右の年時から、寛延二年（一七四九）二月二十九日の年齢は次のごとくである。

清九郎　七十歳

玉潭　二十八歳

泰巌　三十九歳

仰誓　二十九歳

右の年齢によると、玉潭師と清九郎が越中に旅をした寛延元年春には、二十七歳の若き日の玉潭と六十九歳の清九郎の二人に、飛彈の真宗寺(16)より三十八歳の泰巌師が同道したということになる。北陸の旅から大和に帰国した一年後に仰誓が吉野で清九郎に対面して、同年の夏、ホ、京都で清九郎と仰誓は再会。翌年、ヘ、八月四日に清九郎は往生した（永田文昌堂版では七十三歳、『親聞妙好人伝』には七十一歳と記載されている）。

玉潭師が仰誓に宛てた尺牘《せきとく》一通が、「玉潭師消息」一巻として伝来している。次節で紹介して若干の検討を試みたい。

二　「玉潭師消息」の紹介

玉潭師から、三月二十四日の日付で「仰誓大上人」という宛名にされた一通である。(17)

両度迄尊書落手、A不打置拝見仕候処、上人始皆々御安寧ニ御報謝御相続状、扨々難有不堪欣喜候、小子無別異罷有候、併本来懈怠増ニ而無勿体仕合ニ候、雖然かゝるものゝため之御本願とかねて致聴聞故、先嬉敷彼是思合報徳大行相勤申候、扨又如来教不可思議之宿縁ニ而今年始而遂拝顔、B出離之一大事数々御物語承り、殊更伊・和両国共ニ御法儀追日御繁栄真実云々、C仏願難思之御恵と踊躍至奉存候、誠ニ持留比経之昌言利物偏増之師釈能々思いられ嬉ひも身ニ余るとハ此時ならめと喜申事無限ニ尊師段々之御苦労本より仏智之御所作なるがゆへに如是、大利益之レ有るそ哉と奉存斗ニ御さ候、ツ、ひて御冥加を思召可被下候、とかく隣之宝をかぞへるがことくニ而ハ、所詮なき事と被存候、御互ニ一人〳〵嗜事ニ存候、先々此度之様子前代未聞と喜申候、D扨又拙子義も十二日発足、十五日京着、同伴十六人先々御真影被遂拝礼難有仕合、且又□□兄退院仕無此上喜申御事ニ候、宗師も同道ニ而御登、十六日ニ御下り被成候て四村西谷脇川巡回の御所存ニ候故、京ハ僅一夜之逗留ニ而御さ候、漸々其夕国よりも登人御さ候て得御意候が、皆々御相続之様子一段目出度御事ニ候、嘸此度之登ハ我祖之御木像も御苦労之甲斐有りと御喜可被成与存、毎日致拝礼候、とかく〳〵貴師も我等も仕合ものにて、よき時分之御代官職にて、自分ハ嬉、世話ハ入らず、何程病気ハ起り候ても正白キ事ニ候、併自分之御報謝ハ唯不足のミニ而成間布事ニ候、随分御大節ニ御喜可被下候、如何哉前世之因縁候や、け様之事を心置ず申上候事、又と可有事にてハ無御座、嬉仕合ニ候、老少不覚境界ニ候間、夏前迄ニ娑婆相仕廻候ハヽ、目出度御土ニ而得御意可申候、若存命いたし候ハヽ、来月緩々御物語可仕候、御同伴之御方へ宜御伝諭奉願候、抑宗門之安心ハ、たゝ仰信弥陀誓願海を要とすと候事まことに思知御礼難有覚へ候、もし伊州之衆中和州御法儀いかゞある杯といふ様なるさぐり心ならバ、け様之利益有間敷ニ、一向ニ初より信する心深りし故に如是なれわと被存候、我祖之教示ニ相応すると被存て喜申事ニ御さ候、又々鸞聖人ハ真宗末代之明師、弥陀覚王之化現なれハ御流之人々ハたゝ愚痴ニなりて御教化ニしたかふべきはづニ候、若宗祖之御初誨ニ随順する之徒ハ弥陀の本願ニハよく〳〵夙着厚人と申物ニ而候、夙着開発するが故に我祖之教にしたかふ始ニなり、仰於《ママ》祖教て一念之信を決定すれハ、弥陀の光明ニ摂取せられて、永離生死の迷れて速ニ報土ニ至て無上極果を証得すべし、此領解ニなる事、本より無碍光之喧触力ニて候へハ、光明無量之誓願良ニゆへある哉、此願成願セずんハ我正覚ならじと寿命名号より先ツはじめニ誓ひたまへり、其御すがたこそ今之帰命尽十方無碍光如来にてましますとなり、其無碍之心光ニ摂取セられたる身ハ、かならす命終れハ如来清御之蓮華より化生するかゆへに如来沙華衆正覚華化生とも被仰て候、これ仏願ニ相応する人なるがゆへにて候、これを祖師ハ光明寺之和尚之般舟賛ニハ、信心の人は其心声ニ蓮華蔵界ニすむと釈したまへりとも末灯鈔ニ御心を添て被仰て候、このゆへに一念は領解之行者ハ果縛之穢身あらん程ハ、欲も起りいかり腹立心もやまぬものにてハ候へ共、御慈悲より自然と本といがんだる心も、大キニ和ニなるべきはつなりと仰ごと候ひき、もし此御教化を守らん人ハ誠ニ人ニもぢかわず、たゞすなをに信ずるがよき事ニて候、このゆへに聖人一流之御勧化之趣ハ、信心をもつて本どセられ候とも、信心をもつて先とセられたりとも被仰て、とかく信するといふものハ愚痴ニならねバ信ぜられぬものにて候、清九郎・宗衛門をよく〳〵御覧被成候、一向かしこたてハ無御座候、これニよりて世ニ上野なき信者と申事ニ而候、とかく雑行雑修自力のすたらぬと申も（カシコダテシテノ事ニ候、其いふ言ニ曰）何のわるき事ニ而ハ存し、ぬす人するニハ似まいものを（杯トいふ心よりする事ニテ候、先コレ）□何ニもセよ祖師之教をもどく故に大なる損をいたす事ニて候、一切ノ聖教も六字（内神屋之子息也）之うちにあり、又此名号之内ニハ神も仏も皆籠れりとおしゆれとも、別々の様ニ思ふハ無明之長（右張ニあり、夜ノ字ハ□字立をかる）夜にニ迷て居るゆへにて候、底をセ（長屋ニあり）んさくするニ、本来煩悩のしわざなれは（カシコダテノアルモ）是如なき事にて候、然るに今一大事とある此御本願を疑わず、すなをにうけて喜様ニ相成事は偏ニ如来之御力と喜べき事ニ候、先々其国之御衆は初より疑之心の念なきゆへに、かゝる目出度御仕合ニ御あひ候事ニ候、大和ニ生れ候人々でも吉野山中[G]も喜ふとハいへどもハかゝあるやらんとむねにあてごふとも、いまだ見ぬ人ハ同シ国ながら、曾て知らず候、これ本とかしこきゆへにて候、三左衛門の之ことくあほうニ成候人ハ[H]、誠ニ清九・宗衛の骨骸を得られて候、これニよりて元祖も阿波之介と申陰陽師かまふす念仏、源空か念仏とかわり目なしと御喜被成て候、とかくそれゆへ何方もわかきものハなをりやすく候、本姿婆にて真実ニかしこき事をとくと習わぬゆへにて候、賢き老人達ハ喜ハうすく候、また寺方ハ何国も同しく聖教之端でも見覚へ候故、賢候へハ何としても喜うすく候[I]、とかく愚痴ニなるがまさしき弥陀の本願之当機にて候、とかく愚痴ニさへなれハ御法読も小（小字ハてふの字迄ニおよぶとしるべし）ふしなくて、小もんなるものにて候、先々御寺方ニもすなおに御喜被下候故[J]、日々宗門繁茂いたすべしと末頼母しく嬉敷候、漸く十ヶ寺の上へ少く候うちに、六七ヶ寺ニも得御意候て、御相続之様子見受候へハ、弥御宗旨御はん昌と難有奉存候、たとひ御法中がたニ小フ田とてまちたとて御信心御相続なくんは（其義）詮なく候に、皆々一大事と御心懸候故、神戸んすれハ大和で振返候、飯（此ところニ正光寺といふあり）代ハあると存喜申御事ニ候、外々之御寺方へもいまだ不得御意候へ共、御心易方へハ能々御代官職御ツとめ被成、檀越之衆中宗門之掟ニ違背なき様ニ吟味遊し光明之中之地代たる御報謝のツとめ無間断様ニ急度御勧誡可被下旨御伝頼上候、近年何方も百姓ぶん無情ニ候や、とかく光明之中之作物悪敷候て、御報謝之年貢不納ニ而、御上ミも御むねがいたミなげかしく存候、六字にて心易事ニ候間、随分御心懸肝要ニ候、本ト不心得ニ候故、本願醍醐之味を食覚へたる人少ク候、是本と不作故之事ニ候、随分御代官方ニすき間なく御教訓可被下候、法衆同位之むかしにして余程之本を御いれ候程に何とそ御冥加のためニ御恩之称名御相続専一ニ奉存候とても尽セぬ事なから、一端を報し申度斗ニ候、畢竟娑婆逗留之うちよりかく心よく世を渡る身となり、五十年之境界喜んて暮様ニ相成候事、全体如来願力之御かげニ候間、別而六太夫故ニハかねて問屋と候へハ、随分処々にて法儀之市をたてられ互望を叶へる様ニ売買可有候、世間之事とハ違ひ仏法之あきなひハ市ニあふ人ことにうるもかふも両方ともに損し行かぬものニて候、いつも快くして徳を取てもとるものにて候、さすれハ其元ニも相応のこうセんハ可有候間、六□郎故ニも余程あきなひの合点モ行たる様ニ相見へ候故、嬉存候、随分〳〵よりつき相場でも被成女中方ハとら市でも被成少々ツ、御もうふけ可有候、御経之中ニハ為衆開法蔵広施功徳宝とも説れて候へハ、たしかなるものニ而候、とかく五劫永劫之御苦労よりアらわれ候故、御互ニ損なきあきなひにて候、又一念ニ弥陀を頼奉る行者ニ無上大利之功徳を与へたまふとも不可称、不可説、不可思儀の功徳ハ、行者の身ニ満てりとも、彼清御之答身ニ得たりともあれハ、死ぬるを決定し人ハ日々喜ハまして、へらぬものハ無上宝珠之宝にて候、随分御精を出し候て、御相続肝要ニ候、御内室・御袋へも御心得被下候、又誓上人ハ弥御大セつニ御喜可被成候、若御喜なき時ハ今度の御世話も御損と申ものにて候、[K]御坊守さまニハいかゝに候や、小田町之御坊守ニ御まけ被成間敷候、御母儀ハ如何ニ候や、[L]日外之灸点ヲ時ニ御すへて然と奉存候、余程皮厚ニ候故、火が通りニクヽや候わんと折々存知シ楽シ申候、随分御保養

専一ニ候申上度事山々候へ共実ハ山ニモ城ニもたとへられぬ事なれハ、釈尊も昼夜一却□□□尽と之間、先々
あら〳〵如是にてニ候、とかく申上度事も極楽がよき御処ニ候間、御互ニ信心相続肝要と奉存事ニ候、万事何
や角や申上候貴師を軽しめて如是之事を書たりとな思召間布候、余り嬉さのまゝ覚へし事を思出して書記シ□M
シ候、是モ娑婆逗留之間のなぐさミと存候故の事ニ候、漸□子モ彼地へ被下候間便り御さ候ハヽ、御状差下可申
候、拙子義モ廿七日御逮夜過ニハ大坂へ下り度奉存候、取込候故如是ニ御さ候、シ□郎故御内室御下り懸故、
急キシタヽめ候、麁筆御免可被下候、以上

小子N
玉潭拝

三月廿四日O

呈

仰誓大上人P

机右

外々衆中様へQ

さて、右の玉潭師の消息について、理解するための手懸かりになりそうな箇所に傍線を施したが、さらに検討を試みたい。

A　両度迄尊書落手

仰誓から玉潭師に手紙が出されている。

B　今年始而遂拝顔

玉潭は、今年、仰誓に始めて会ったという。

C　伊・和両国

伊勢国とは、仰誓が上野城下の明覚寺(18)に住していたことをいい、玉潭師は大和国の左曾の浄光寺(19)の看坊を勤めていた。

D　先々此度之様子前代未聞と喜申候

玉潭師が、仰誓と朋友が聞法のために伊州からはるばる吉野まで老母妙誓尼までともなって参詣したことを、前代未聞の喜びというのであろうか。

E　伊州之衆中

仰誓が浄光寺に参詣したときの朋友は、「道俗廿四人打伴て」と記していることからも「衆中」という表現となったものと考えられる。

F　清九郎・宗衛門をよく〳〵御覧被成候

玉潭師が仰誓に対して、清九郎、宗衛門をよく観察するようにと記す。仰誓の『妙好人伝』の「清九郎」の項に、「車木村想左衛門今井村貞寿など」と朋友の名を記している。車木村の想左衛門（総右衛門のこと）と同一人物であろう。玉潭師の書状のなかに清九郎の名が記されていることに注目させられる。

G　吉野山中

清九郎やその周辺の篤信な朋友のいる場所をいうか。

H　三左衛門の之ことくあほうニ成候人ハ

仰誓の紹介した「伊州三左衛門」のことであろう。油屋の主人として、念仏をして帳面の付け落としが多いと笑われたが、その信仰の篤さに、のちには「今清九郎」と讃えられたという。

I　賢き老人達ハ喜ハうすく候、また寺方ハ何国も同しく聖教之端でも見覚へ候故、賢候へハ何としても喜うすく候

玉潭師が法に遇う悦びは、「賢き老人達」、「寺方」等にはうすく、「愚痴」になりて「本願之当機」となるべきという。

J　先々御寺方ニもすなおに御喜被下候故

玉潭師が「御寺方」ということは、Iの部分とも重ねて理解すると、おそらく仰誓のA「両度迄尊書」と玉潭師が述べた仰誓の書に、浄土真宗の安心と法悦について質問がなされていたことによるものと思われる。

K　若御喜なき時ハ今度の御世話も御損と申ものにて候

はるばると、上野から吉野山まで妙誓尼と二十四人の朋友を伴っての仰誓の聞法の旅のことをいうのであろうか。

L　御母儀ハ如何ニ候や

仰誓が老母妙誓尼を吉野山に伴ったことが玉潭師には印象に残ったものであろう。

M　余り嬉さのまゝ覚へし事を思出して書記シ

玉潭師が仰誓の書状の質問に答えるということで、いろいろと浄土真宗の安心について記したことについて、「嬉しさのまゝ」と、浄光寺で看坊中、おそらくこのような朋友や仰誓のような学僧に遇うこともまれであったので、素直に日頃思うところを書いたのであろう。

N　小子

玉潭師が仰誓より一歳年少になるために謙遜したのであろうか。

O　三月廿四日

この月日の年時のことである。Aの「両度迄」、Bの「今年始」、Cの「伊・和両国」、Dの「先々此度之様子」、Fの「清九郎・宗衛門」、Lの「御母儀ハ」等の文中の語句を考えるとき、やはり『妙好人伝』の「和州清九郎」に記述されている仰誓とその朋友の吉野参詣、左曾の浄光寺で玉潭師に拝眉してまもなくの時期を想定すべきではあるまいか。もし右の条件で年時を考えるならば、「寛延二年三月廿四日」の書とみることができそうである。

P　仰誓大上人

玉潭師が伊賀上野の仰誓に「大上人」としたのは、一歳の年長であることと、僧樸師のもとで学僧として出発していた仰誓に対しての敬意からのことであろう。

Q　外々衆中様へ

玉潭師のいた浄光寺には、仰誓が伊賀から二十四人の朋友を伴っていたことによるものと思われる。この部分からも本文書の寛延二年春ということが考えられるように思える。

右は、「玉潭師消息」として、仰誓が大切に保存して、伊賀から石見国浄泉寺に「転住」したさいにも持参したものである。玉潭師が七十の老清九郎を越中に招待したのも、越中の八尾の茗ヶ原一帯の御法義相続のためであった。寛延元年に越中に帰国して、寛延二年の春に仰誓が吉野山に巡拝して、清九郎は翌寛延三年八月四日には往生している。花岡大学の『妙好人清九郎』の「北陸路の旅」の舞台は、このような、仰誓、玉潭、泰巌師と清九郎の交友が小説化される機縁となったものである。

玉潭師が仰誓に書き記した、浄土真宗の教義について若干言及するならば、仰誓からの「安心と法悦」について質問されたことに対して、『末灯鈔』や『御文章』等を典拠として、「愚痴」「かしこたて無」「あほうニ成」て「すなおに」法を悦ぶべきこと、「御信心御相続」を第一に「境界を暮様」にと、玉潭師の安心領解を縷縷《るる》書き記している。

おわりに

花岡大学の長篇の代表作となった『妙好人清九郎』を創作するための資料の一つとして、永田文昌堂版の『妙好人伝』が存在する。本稿では、清九郎が玉潭師に招待されて、越中まで旅を続けたが、玉潭師とその周辺の人々について検討を試みることで、花岡大学の創作した小説の舞台が多少は明らかにできたようである。修業中の玉潭師は左曾の浄光寺に看坊であったが、後年、越中の妙覚寺に善解堂を創設して多くの学僧を育てたことなども、新出の「玉潭師消息」を翻刻することによって、その篤信なる人柄を理解することもできた。吉野に清九郎と玉潭師が起居し、若き日の仰誓が訪問したこと、それらの機縁で『親聞妙好人伝』が成立し、はるかに時代を越えて、吉野佐名伝の浄迎寺の住職、花岡大学が『妙好人清九郎』を創作したことにも、浄土真宗の歴史の一齣を知らされる思いである。[20]

註

（1）花岡大学『妙好人清九郎』、百華苑、一九六六年五月十日。
（2）深浦正文「信仰文学の出現」（『妙好人清九郎』第三刷「讃詞集」、百華苑、一九八一年十月十日、八頁）参照。
（3）花岡註(1)前掲書、三一九頁。
（4）花岡註(1)前掲書、三二九頁。
（5）『妙好人伝』、永田文昌堂、一九五八年五月一日。

(6) 朝枝善照『続妙好人伝基礎研究』、永田文昌堂、一九九八年二月二十日。
(7) 妙覚寺は、浄土真宗本願寺派(富山県婦負郡八尾町茗ヶ原一五〇五)。
(8) 井上哲雄『真宗本派学僧逸伝』、永田文昌堂、一九七九年九月二十日、七四頁。
(9) 光雲寺は、浄土真宗本願寺派(富山県婦負郡八尾町桐谷一〇四五)。印順師(一八一八―一八八九)近年には、桐溪順忍師が住職を務められた。
(10) 土井了宗「学国越中の人脈」(『学国越中』、永田文昌堂、一九八四年五月二十六日、三二頁)。
(11) 西念寺(龍澤伸明住職)は、浄土真宗本願寺派(富山県婦負郡婦中町上井沢一八一)。
(12) 井上註(8)前掲書、二〇四頁。
(13) 井上註(8)前掲書、八二頁。
(14) 朝枝善照『妙好人のふるさと』、永田文昌堂、一九九六年九月二十日、三一頁。
(15) 『真宗人名辞典』「付録」、法藏館、一九九九年七月三十日、二〇頁。
(16) 真宗寺は浄土真宗本願寺派飛驒組(三島俊樹現住、岐阜県吉城郡古川町三之町三―一〇)。
(17) 「玉潭師消息」の翻刻にさいして、高島幸次氏、左右田昌幸氏のご教導を賜った。
(18) 明覚寺は、浄土真宗本願寺派(上野市中野三〇二三)。
(19) 浄光寺は、浄土真宗本願寺派(奈良県吉野郡吉野町左曾八四一)。
(20) 柱本照映先生が『明覺寺誌』をまとめられた(明覺寺、平成十四年三月三十一日)。校正中のため本稿には参照できなかったが、伊賀の明覺寺のこと、仰誓師のことが記述されている。

付記　本稿に紹介した「玉潭師消息」の翻刻にさいしては、高島幸次先生、左右田昌幸先生のご教導を賜ったことを記して、両先生に謝す次第である。

教化立体紙芝居の成立

木場　明志

はじめに

紙芝居は、かつては街角や公園の一角で演じられ、あるいは寺院・教会の日曜学校で演じられ、のちには幼稚園・保育所などでの幼児教育教材として使われてきた。ずいぶん昔からあったかのように思っているが、話の展開を描いた複数の紙絵を用い、絵に沿って順に話を展開する紙芝居の形式そのものは、大正時代後半（一九二〇年頃）に現れて昭和五年（一九三〇）頃から大流行したものという。[1]研究の専門家はこれを平絵紙芝居と称しており、その前身は立絵紙芝居とする。人物の形に切り抜いた紙に竹串をつけ、話とともに動かすもので、明治二十年代（一八九七年～）の発案という。いったいに、紙芝居というからには、紙に描いた人物が芝居をするか、もしくは紙に描いた絵による芝居仕立てのストーリー物を連想する。今日の我々は後者を連想して納得しているが、どうやら紙芝居の歴史に照らすと、紙に描いた人物（紙絵）が語りに合わせて動く（芝居する）のが、紙芝居の語の原義であるようだ。そうなると、我々の多くが知っている近年まであった紙芝居は、絵を伴うお話に過ぎず、「絵ばなし」とするのが適当な名称とも思えてくる。しかし、大正末期には「絵ばなし」と名付けられた現在の絵本に相当するものがあるので、単純にこの名を平絵紙芝居に冠してしまうことは混乱を生じさせることにもなるであろう。

日本近代仏教史・宗教民俗学を専門とし、幼児教育・児童教化が専門でない私にとって、紙芝居研究は未知の領域である。そうした私が、何ゆえに紙芝居を取り上げようとするのかをまず述べておかねばならない。動機は次のようなことである。

大谷大学図書館には三編の紙芝居を所蔵する。大谷大学は短期大学部を併設し、そこに幼児教育科を持つからには、紙芝居を所蔵するのは当然でもあるが、幼児教育教材としての紙芝居は学科の研究室に備品として架蔵されている。それに対して、図書館所蔵の三編は、昭和前半期資料としてかなり後年に購入されたもので、『蓮如さま』『太子さま』『親鸞聖人』の表題を持つ仏教教化用の紙芝居である。(2) そこで何よりも興味深いことは、そのうちの二編について、『蓮如さま』が「新案立体紙芝居」との角書きを持ち、『太子さま』は「画劇」の角書きを持っていて、ともに今日の「とび出す絵本」に似た仕掛けを内蔵していることである。室内で演ずる教化立体紙芝居は、主として戸外で演じた娯楽のための平絵紙芝居の形態とは明らかに異なるのである。とすれば、街頭紙芝居の流行と教化紙芝居の制作、また、平絵紙芝居の盛行と新案立体紙芝居の制作、などの諸関係はどのようなものであったのだろうか。

それらのごく素朴な疑問に発して、仏教的題材の教化用立体紙芝居が成立する時代的社会的背景を探り、さらには宗教民俗としての一面をも指摘するに及ぼうとするのが、小稿の趣旨である。

一　教化立体紙芝居の事例

まずは、重要な事例として取り上げる教化立体紙芝居の書誌を記そう。大谷大学図書館所蔵の前掲二編、および真宗大谷派教学研究所所蔵の一編についてである。

1　大谷大学図書館所蔵『新案立体紙芝居　蓮如さま』（図1）

上巻・下巻　二冊

表題紙とも各巻十六葉（上下巻合わせて全三十二景）

縦二六・四センチ×横三八・〇センチ（B4判よりやや大きい八ツ切り画用紙サイズ）

図1　『新案立体紙芝居　蓮如さま』（母子別れの場面）

図2　『画劇　太子さま』（「南無仏」と唱える場面）

図3　『親鸞さま』（越後国府流罪の場面）

各冊とも、厚紙十六葉を横使いにして下方で綴じ、海老茶色布地を用いて綴じ目を覆う。上演の際には、綴じ目を下にして、一枚ずつ前に倒していく方式のものである。宗教的題材のためであろう、全体として色づかいは暗い。しかし、部分的ながら人物の表情と姿態に躍動感を持たせる工夫があり、ストーリー性や活劇性に配慮した跡がある。

また、表題紙を除いたすべての画面に、主要人物が背景画から約三センチ前方にとび出す仕掛けを施す。とび出す人物部分の構造は、その人物の足を前画面裏に貼り付け、さらに人物の背中から背景に繋いで支えの紙を付着して立体化している。下巻第六景「越前吉崎肉附きの面」では、般若面が姑の顔に付いているものと、蓮如の教化を受けて面が顔から離れたものと、同一人物（姑）の立体絵姿を二様作り、話の展開に応じて裏の紐を引くことで瞬時に絵姿を転換する、創意に満ちた仕掛けが組み込まれている。ただし、画面裏には彩色がない。

なお、大谷大学所蔵本には、上巻五場面、下巻八場面の計十三場面の平面部（前に倒されている前画面の裏）に上演者が独自に記した墨書が見られる。場面説明に必要な年月日や、その時の蓮如の年齢などの略記であり、観客から見て上演者が絵の右側に立って演じたと思われる方向に文字が記されている。この紙芝居には話の台本が付随していないが、もとから台本を読むのでなく、話の内容を記憶して語るものであったことを類推させる。

刊記はないが、昭和十四年（一九三九）刊行の内山憲尚『紙芝居精義』は、この紙芝居の出版を昭和十二年年三月としている。

大谷大学図書館所蔵本以外にも、『新案立体紙芝居　蓮如さま』は、真宗大谷派教学研究所が一本を所蔵し、京都市在住の幼児教育専門家私蔵の一本も確認している。ただし、そのどちらにも墨書などの書き込みはみられなかった。

2　大谷大学図書館所蔵『画劇　太子さま』（図2）

一巻　一冊
表題紙とも十二葉（全十二景）
縦二六・六センチ×横三八・一センチ
第十二葉裏に貼紙（縦八・五センチ×横八・八センチ）による刊記がある。刊記は次の通り。

昭和十三年四月廿三日印刷
昭和十三年四月廿八日発行
著作者　粟津　實
発行者　京都市烏丸七条上ル　大谷派宗務所内
粟田恵成
印刷者　京都市東山区東大路松原下
清水四丁目百七十番地
平井三郎
印刷所　同　上　　日の本紙巧社
発行所　京都市烏丸七条上ル　大谷派宗務所内

大谷出版協会

厚紙十二葉を横使いにして先記1と同じく下方で綴じ、紺色布地を用いて綴じ目を覆う。また、1同様の立体仕掛けを持つ。ただし、画面裏にも彩色が施されており、より丁寧な仕上げ形態といえる。明るい色づかいと優しい表情の人物など、情緒を重視して、子ども向けに一層工夫した跡がみられる教化紙芝居の優品といえよう。

3 大谷派真宗教学研究所所蔵『親鸞さま』（図3）

上の巻・中の巻・下の巻　三冊

表題紙とも上の巻九葉、中の巻・下の巻各八葉（全二十五景）

縦二六・四センチ×横三七・三センチ

各冊表題紙に「東本願寺教学課下附」と記した印刷貼紙（縦三・二センチ×横一五・八センチ）がある。この貼紙は、表題紙に印刷された発行機関（貼紙を剝がして確かめることができないため不詳）を覆い隠して貼られている。

各冊とも厚紙を横使いにして先記1・2と同じく下方で綴じ、海老茶色布地を用いて綴じ目を覆う。また、同様の立体仕掛けを持つ。ただし、画面裏への彩色はない。色使いが暗く、人物の表情や姿態は堅い。宗教的題材であるばかりでなく、宗祖聖人を扱うことによる生硬さが目立つといえる。教化教材としては、子どもが親しみ楽しむというよりも、子どもにも宗祖についてわかりやすく説くためのものに留まっている。紙芝居的な工夫としては、上の巻を越後流罪の言い渡し（越後での流罪生活は中の巻）で終わり、中の巻を山伏弁円の登場（弁円済度は下の巻）で終わるなど、話の続きに期待を持たせるようにしている。刊記はなく、昭和十四年（一九三九）刊行の内山憲尚『紙芝居精義』には昭和十年十月の出版と記されるが、これは前後の記述から昭和十一年十月の誤りでないかと推察される。

教化立体紙芝居の事例はこれに留まらないかもしれない。しかし、真宗大谷派の教化に直接関わる事例に限れば、これ以外にはないとしてよいであろう。真宗大谷派宗派機関誌『真宗』記事や同誌掲載の広告を見るところ、立体紙芝居刊行については、この三編しかなされていないからである。なお、大谷大学図書館所蔵の紙芝居『親鸞聖人』は、下巻十六葉（十六景）のみの平絵紙芝居であり、刊記もない。民間仏教書出版社刊行の上下二冊本のうちの一冊とみられ、日本教育紙芝居協会発行の多数の教化用平絵紙芝居に準ずるといえよう。いずれにしても、それらには立体仕掛けはない。

二　真宗大谷派日曜学校

真宗大谷派が宗派として児童教化に乗り出したのは大正六年（一九一七）ではないかと思われる。この年九月、仏教各派、キリスト教、天理教などの日曜学校関係者は、連合して子供研究会という組織を設立した(3)。その頃の真宗大谷派の児童教化推進機関は、本願寺寺務所内の大谷派児童教会であり、これは大谷派慈善協会の傘下にあった。大谷派慈善協会は大谷派門主息男の大谷瑩韶をトップに戴く機関であり、慈善救済事業の延長線上に、国民思想善導のための教化を進めていた。大谷派児童教会は日曜学校（日曜教会とも称した）の教材・教案を頒布し、月刊雑誌『ほとけの子』を刊行するなど、日曜学校事務備品を含む必要品を提供していた。[4]また、月ごとに「(親鸞)聖人伝カード」を百枚単位で頒布したが、これはのちの紙芝居[5]『親鸞さま』に繋がる内容を備えていたといえよう。これらは本願寺門前の仏教書林法藏館でも扱ったが、法藏館では大正八年(一九一九)、大淵小華の新案による一枚紙から切り出す花まつり用の「組立花御堂」や、「ののさんカード」「聖徳太子伝カード」を販売している。[6]日曜学校が盛んになり、日蓮宗が児童教会規定を制定したのもこの年だった。大谷派慈善協会の方では、雑誌『ほとけの子』を少年少女向け雑誌として一新し、日曜学校経営者らのほかに児童教会員として子ども会員を募って『ほとけの子』読者とした。[7]民間でも、巌谷小波が『お伽訓話　やまと魂』を東京の中央仏教社から寺院施本、日曜学校用に刊行するなど、[8]教材の充実は急速に進みつつあった。

真宗大谷派では、大正十年二月に大谷派慈善協会を大谷派の宗務機構に発展的に吸収して社会課を設置した。そこでは、新たに社会事業講習所を開設して社会事業従事者のための三カ月講習を始め、児童学・児童保護・託児所・幼児保護などを含む講習を行った。[9]この講習は翌大正十一年には本願寺派(西本願寺)とも提携し、連合社会事業研究所の名で行われた。[10]社会課では日曜学校経営者用の雑誌『児童と宗教』を発刊、「児童を全一的な人間に育て上げるのは宗教教育の欠くべからざること」として、「経営者に教育上の信念と根拠を与え、兼て教育の資料を供給しようと」した。[11]翌年(大正十二年)が立教開宗七百年にあたり、四月に本山で紀年法要が執行されることが教化事業推進の背景にあり、一方では、本山映画宣伝班が宗祖親鸞の一代記映画を全国に巡回し、老人・女性・児童に圧倒的支持を受けつつあり、また京都の一寺院に設置された尼蓮禅社が、婦人会・日曜学校・青年会に幻灯機による新式教化を勧めて、釈尊伝・親鸞伝・二河白道・地獄極楽などのフィルムとともに売り出しつつあった。[12]映画・幻灯が新しい教化媒体として登場した時期であった。大正十一年十二月、「真宗大谷派日曜学校規定」が発布され、「日曜学校は児童の宗教心を啓培し、円満なる品性を函養するを以て目的」とし、「日曜日其他適当の日を以て宗教教育を行ふ」と定められた。(13) いよいよ、大谷派でも独自に児童のためだけの宗教的教化の教材開発が求められる状況となったのである。児童教化教材を謳ったものとしては、大正十二年七月に、大谷派本願寺内に置かれた真宗各派協和会というところから『親鸞聖人絵ばなし』(絵本)が、美麗優雅・色彩鮮明を謳って発売されている(14)(のちには『蓮如上人絵ばなし』も刊行された)。先の社会事業講習所は社会課主催の日曜学校教師講習会に改められ、また、地域においても大阪教務所内の大阪児童会が、日曜学校教材用月刊雑誌『みどり』を刊行するようになった。

大谷派機関誌『真宗』大正十四年十二月号および翌年一月号には、日曜学校経営者が読むべき書物を列挙して紹介している。そこには理論書として、高島平三郎『児童心理講話』『応用心理十六講』『教育に応用したる児童研究』、上野陽一『児童心理』、関寛之『児童学に基ける宗教教育及日曜学校』、伊藤堅逸『児童宗教教育の基礎』、竹中慧照『日曜学校経営法』、神根悊生『日曜学校の経営及使命』、大宮季貞『日曜学校の原理及理想』、赤星仙太郎『日曜学校論集』、賀川豊彦『日曜学校教授法』が列挙され、教材書としては、荒井涙光『仏教お伽話』『仏教新オトギ』、大淵小華『お伽百喩集』、竹中慧照『仏典お伽噺』、東海夫『火の河、水の河』などが列挙されている。翌年には大谷派本願寺日曜学校研究講習会の講師を務めた松美佐雄による『日曜学校に於ける童話の話し方』も出版されたが、大正十三年刊の大関尚文『仏教日曜学校教案』が仏教日曜学校教案では最上のものという評判があったようである。(15) この書は当時において進歩した日曜学校とされていた本願寺派本願寺(西本願寺)ハワイ別院の日曜学校から生まれ、仏典からだけでなく英米独仏の小学校教科書や、イソップ物語、アンデルセン童話からも題材を採ったものであった。(16) また、浄土宗社会部編『仏教日曜学校教材』は浄土宗開宗百五十年紀年に児童教化事業興隆を図るために作成された書であった。この時期、児童教化が東西本願寺派および浄土宗を筆頭に、各宗において盛んであったことがうかがわれるところである。昭和二年（一九二七）七月に行われた各宗連合の連合日曜学校講習会は、東西本願寺と知恩院の手によって、この年にはすでに第三回目として開催されたものであった。

大谷派の日曜学校、幼稚園、託児所は昭和に入って急激に増加したようで、昭和四年六月には、それらを連合して統一発展を図るための組織として、真宗大谷派日曜学校連盟が発足した[17]。雑誌『児童と宗教』は、同年八月号からは大谷派日曜学校連盟の発行となって面目を一新して刊行されたのだった。同年十二月には日曜学校条規ができ[18]、こうして日曜学校の奨励や幹部養成が定期的、継続的に行われていった。

日曜学校は主に小学校児童を対象としたが、その目的は、昭和八年八月告達の青少年教化施設条規において、「日曜学校とは、真宗精神を基調とし、児童の宗教心を啓育し、徳性を涵養する」ことに置かれた[19]。問題となったのは、児童が真宗精神を理解し味わうことができるかどうかであったが、やはりそれは望めないとするのが大勢で、そのために仏教精神を真宗僧侶の手によって教え養うことで、自ずから真宗精神が身に付くとしたのであった。児童に対しては、具体的に見せ、知的に説き、宗教的に現すということが強調されたが、それは指導者自身の宗教的信念が伝わるようなものでなければならず、したがって宗教教育は教師自身の信念を深めることにほかならないという一面をもっていた[20]。つまるところ、宗教的情操、宗教的智恵、宗教的意思を植え付けるのが児童教化であった。世は同年四月に発生した滝川事件にみられるようにファシズムに向かっており、宗門は同月の恵信尼六百五十回忌法要を通じて女性教化を強調するなど、満州事変以降の準戦時体制下における国民の思想悪化を防ごうとする気運に満ちていた。それは、女性に委ねられる部分の多い児童教化の徹底にもつながっており、そうしたなかに、当時流行の紙芝居を教化に利用する教化紙芝居が発想され、昭和十二年頃になって立体紙芝居が新教材として登場してきたのであった。

三　教化立体紙芝居の登場

前述のように、昭和初期に進行した自由主義抑圧の背景となった、いわゆる思想悪化が、児童教化に教材の工夫をもたらしたことは疑う余地がなかろう。児童・幼児に対する感化事業が強化されているからである。大谷派では日曜学校の奨励が目立って行われた。

われわれがすぐにイメージできる平絵紙芝居は、昭和五年から大流行が始まったといわれる。[21] 昭和三年に東京浅草に住んだ画家永松武雄が紙に描いた絵を見せながら話をして飴を売ったのが最初といい、それまでの立絵紙芝居（竹串に人の形の紙を貼って話の筋に合わせて動かすもの）に代わって昭和六年にはほとんど平絵が紙芝居の世界を圧倒するようになっている。ことに、その翌年に平絵『黄金バット』が登場し、街の子どもたちの人気を独占して以来、平絵紙芝居は一世を風靡するようになったとされる。しかし、それは原色を用いた絵のどぎつさやストーリーの残虐さにおいて教育的でないとのレッテルを貼られ、昭和七年には安藤正純（当時文部次官。のちに文部大臣にも就いた）を会長とする日本画劇教育協会が生まれている。当時は「画劇」とも称されたと知られるが、日本画劇教育協会が掲げた綱領では、「紙芝居に依って児童の娯楽を兼ねたる教育補助機関」として、「紙芝居業の素質を改善」することを目標にしている。と同時に、「陸軍・文部・内務省関係官庁の援助公認」を得ることを目指すところにこの団体の時代的性格が表われていよう。[22] 翌昭和八年には紙芝居業者に講習を行い、九百人もの業者が受講したという。

こうした紙芝居の盛行に宗教的教化教材としてのヒントをまず得たのはキリスト教の今井よねという人で、[23]今井は日曜学校の子どもたちと街頭紙芝居を見て思いつき、みずから脚本を書いて街頭紙芝居画家に絵を描いてもらい、福音的紙芝居作品を制作した。そして、昭和八年には紙芝居伝道団を結成する。今井は日本日曜学校協会編の紙芝居出版にも参画する一方、紙芝居刊行会を設立して自分でも紙芝居を出版した。『聖書物語』シリーズ十二巻や『イエス伝』シリーズ十二巻、『日本信仰英雄物語』シリーズが代表作である。その頃、東京美術学校を出た高橋五山が今井に触発されて幼児向き紙芝居の刊行を始め、[24]街頭紙芝居への非教育的であるという批判を払拭する幼稚園紙芝居を制作していく。童心主義的、絵ばなし的な作風を興した高橋は、仏教口演童話活動をしていた内山憲尚や山田巖雄と提携して仏教紙芝居をも手がけるようになる。最初の作品は昭和十一年（一九三六）三月刊行の「花祭り」、次いで六月に「お盆の話」、九月に「お釈迦さまと鳩」、一月に「聖徳太子さま」が出されている。

昭和十二年には日本教育紙芝居連盟ができ、翌年には日本紙教育芝居協会に発展するなど、紙芝居が校外での教育教材から社会教育・幼稚園・託児所・学校教育のための教材へと見直されて活用されるようになっていった。そして、それは昭和十七年には戦争遂行を宣伝する国策紙芝居へとつながったのであった。

話が前後するが、昭和八年には内務省保安課が街頭紙芝居の児童に悪影響を与える恐れのあるものへの取り締まりに着手しており、日本が南京・北京の占領を終えた昭和十三年一月には、警視庁は取り締まり強化を通達した。紙芝居対策が、児童・幼児の風俗矯正と感化教育の見地から好ましくない内容への干渉におよんだとき、そこから時局に合ったストーリーやおとなしい色使いの配慮を施した教育紙芝居が発生することになる。『真宗』昭和十一年十月号によると、真宗大谷派本山では画劇宣伝班を組織して行った『親鸞聖人』『蓮如上人』（各上中下三巻）絵ものがたりの好評を踏まえ、巷間の低俗な紙芝居に代わるものとして、この秋から画劇『親鸞聖人』『蓮如上人』

の貸し出しを始めている。

街に村に児童娯楽の上に異常な関心を惹いて居りました紙芝居は、其の内容に往々低俗なものゝあるを遺憾とされてゐましたが、近時各方面に於てこれが教育化が意図され耳からの教育と共に、目よりする教育にこれを利用せんとする傾向が愈々盛んにならうとして居ります。この時、本山に於きましては先に御法要を期として画劇宣伝班を設け一般大衆に宗祖並びに歴徳の御生涯の絵物語を提示しましたところ、其の反響に大なるものがありましたに鑑み、今回画劇に依る大法宣布を試み、地方教化の資料たらんとして左記要項に依る貸出を計画致しました。

この際、教化の新方途として御活用あらんことを希望いたします。

この紙芝居は一カ所五日を限度に、一日三円、一日増すごとに一円増しで貸し出された。貸し出しの要項に「極彩色、立体図絵」とあるからには、先に紹介した事例1・3の二つに充たるかと思われるが、「各四〇場面」としていて場面数が合わないことにいささかの疑問が残る。

いずれにしても、はじめに紹介した真宗大谷派が制作に関わった立体紙芝居三点は、まさにこうした時節の作品である。

先の事例1~3のなかでは、事例3の『親鸞さま』が、刊記はないが昭和十一年十月の成立であると思われ[25]、高橋五山による平絵の仏教紙芝居刊行とあい前後して出版されたものと知られる。事例1『新案立体紙芝居　蓮如さま』は同時、またはほどなくして刊行されたようで[26]、事例2の『画劇　太子さま』は、刊記を紹介したように、その後の昭和十三年四月の出版であった。この『画劇　太子さま』については、宗派機関誌『真宗』同年三月号に刊行予告の記事が一頁を費やして載せられている。それによると、日曜学校。幼稚園。託児所。少年団。婦人会。処女会。其の他一般等の会合に際し、最好適。

さきに親鸞聖人、蓮如上人の立体画劇を刊行し、大方の好評を博しましたが、続刊の要望各方面に盛んなのに鑑み、今回聖徳太子さまを刊行することとなり、只今慎重に、謹んで、製作に従事中であります。何卒、刊行の上は、御購入の程を御依頼申し上げます。

とあって、四月中旬に限定千部を頒布実費一円五〇銭、荷造送料三〇銭で大谷出版協会を申し込み所として申し込み順に送付するとしている。続く四月号には織り込み広告があり、「愈々製本出来」「構想・原画・印刷とも頗る好評！」「品切れも近し」「申込続々殺到！」と、刊行前にも売り切れそうな文句が連ねられている。「新聞紙二分の一型背景、十二場面、解説付、頗る美麗」からは、上演にさいして立面（正面）と平面（床面）が彩色のある背景となることで、画面の大きさが一葉の二倍（ほぼ新聞紙の二分の一）となり、解説本も付されていたことがわかる。事実、見本として第五葉（景）の画と解説文とが印刷されており、粟津實による場面解説の一端を知ることもできる。

なお、注目すべきは同時に「国民精神総動員翼賛」と掲げていることであろう。同年五月号には出版を報じる記事があり、

大谷出版協会では、国民精神総動員翼賛の意味から、之を童心に呼掛けるため、過般来紙芝居の製作に専注してゐたが、愈よこのほど劇画（画劇の誤りか）〝太子さま〞が出来あがった。これは、先般社会課で製作した〝親鸞さま〞の経験に徴し十分の用意を準備して成ったもので、……日校（日曜学校）、幼稚園、託児所に適切な教材として全国で用ゐられんことを希望してゐる。

とある。送料は外地（日本の固有領土以外の地。台湾・朝鮮・中国東北地域など）の場合は七〇銭としている。広告掲

載は同年秋まで続き、さすがに発行と同時に売り切れることはなかった様子であるが、出版にかける意欲と期待には並々ならぬものがあったと知られる。また、発行母体の大谷出版協会については『真宗』昭和十二年（一九三七）八月号がその創設を報じており、真宗大谷派における文書を使った伝道の徹底統一を図るための出版組織であるとしている。従来は教学部社会課が発行していた定期刊行物その他、および各課発行の各種出版物を、すべてこの大谷出版協会において、「より広く、より良く、より多種多数に頒布する」新しい機構であると位置付けている。宗派の公式機関誌である『真宗』もこの協会の出版物となり、末寺・門徒を対象としたものから寺院対象に切り換えられ、教学課発行であった雑誌『青少年と宗教』を廃刊し、その内容は『真宗』に記載することになったのであった。また、国民精神総動員運動は、周知のように昭和十二年七月の蘆溝橋事件以降の戦時体制の時局に対応して昭和十三年九月から、『挙国一致・尽忠報国・堅忍不抜』をスローガンに大々的に進められたものである。宗教団体への文部省宗教局からの通達には、「印刷物の配布及機関誌の利用等により、趣旨の普及及指導督励を図ること」「各種の行事集会等を必ず本総動員の趣旨に合致せしめて行ふこと」の文言があった。(27)

四　紙芝居の発展と教化の系譜

紙芝居は、立絵による紙人形芝居から始まって平絵の絵ばなしに転じたものである。したがって、紙芝居の本来性からすれば、動く紙人形に中心があって、大活劇などのような派手で早い動作を絵で表現し、また動いているかのように創造させて上演するものであった。立体紙芝居は、「新案」というよりも、そうした立絵の一端を復活させた工夫であったとみることもできようかと思う。「画劇」という言い方も理解できるところである。もっとも、宗教紙芝居の特徴は話に連続性のない高僧の伝記・逸話を紹介する場面集であることで、場面の連続的展開などの活劇性は期待できるものでなく、また絵よりも教化の話に重点が置かれるものである。立体画面の仕掛けを組み入れる細工によって、少しでも登場人物の動作を際立たせようとする工夫が必要だったのであり、すでに、「立体写実折紙」「新案立体紙芝居」刊行の実績を持つ「日の本巧芸社」[28]に製造を委託して大谷出版協会の発行としたのであった。

そのように、確かに立体紙芝居は平絵紙芝居にはない登場人物を際立たせる効果を持っている。しかし、その効果は語られる話の内容や話術を通じてこそ強く現れるものである。そうした点で、教化立体紙芝居の演者であった仏教関係者たちは、実は高僧絵伝・伝記絵巻の絵解きの技術を伝統的に保有した人たちであり、そうした技術を駆使して紙芝居の上演にあたったことであろう。街頭紙芝居の絵を中心とした語りとは違った系譜の、絵解きの語りが教化紙芝居には傾注されたと推測される。親鸞聖人絵伝・蓮如上人絵伝・聖徳太子絵伝の一コマ一コマが紙芝居化されたものと考えれば、掛幅（掛図）式、あるいは絵巻式の画面が、重ねた紙絵に代わった形態ともいえよう。

街頭紙芝居は、人気の程度をみながら肉筆で一晩のうちに一回上演分を描き上げる絵師と、上演しながら飴を売る演者とが、ともに興行師に雇われて営業を行う形態であった。水木しげる・加太こうじらはそうした絵師から身を興した人たちである。そうした人たちも含めて教育紙芝居へと組織化が進んだ時代を経て、宗教教化紙芝居の頃には印刷出版物となり、感化性や絵の美しさ・優しさが求められた。絵の重要性もさることながら、紙芝居は話が伴ってはじめて成立するものであり、とくに教化教材としての作品の場合は、話の感化的内容と演者の巧みな話法が先立って存在したであろうことに特質がみられる。刺激が強くなく、残忍でなく、恐怖心を起こさず、もちろん卑猥にわたらないことが児童や幼児を対象とする教育的見地からの条件であり[29]、その条件に沿い、なおかつ宗教教化の実を挙げるのは至難である。活劇ではないから活弁風の語りではなく、静かな話し振りではまた子どもが聞いて面白くないので工夫を凝らさねばならない。そうしたことのなかから立体教化紙芝居が成立したと推測されるのである。そこに従来からの絵解きの語りが十二分に導入されたであろうことは疑い得ないのではあるまいかと思うところである。

おわりに

昭和十年（一九三五）前後の教化のための紙芝居利用は子どもたちを対象とするが、決して純粋に宗教教化のためのものではなかった。この時期の教化は社会教化の意味合いを強く持つもので、宗教的情操を養い、宗教的特性を涵養することによる思想の善導感化のための事業として、(30)政治体制を支える性格を持っていた。社会は準戦時体制からまさに戦時体制に移る頃であり、社会思想の悪化がファシズムの波に乗って叫ばれた時代であった。社会教化に宗教者が動員され、情操教育の名で宗教教育が導入されていったのである。教化という子どもには難しい内容を、当時大流行の紙芝居を教材に採り、教育的・教化的に再編したのが教化紙芝居であった。いきおい、街頭紙芝居に比べて内容が面白いはずはなく、したがってさまざまな工夫を凝らして紙芝居は教育的・教化的に生まれ変わった。ここまで紹介してきた真宗大谷派が制作した宗教教化立体紙芝居三点はその事例であり、登場人物をとび出させて立体化させるという工夫のもとに、少しでも教化の実を挙げようとしたのであった。実際のところ、最初の作品である『親鸞さま』は宗祖を扱うという重い題材のためか全体に絵が暗く表情も硬く、おそらくは話も面白く語られたとは思われないものである。続く『新案立体紙芝居　蓮如さま』になると、各地の蓮如伝の要素を摂取した波乱万丈劇の要素も含まれ、立体場面の瞬時転換の細工も加わって、教材としてはかなりの進歩を遂げている。さらに『立体画劇　太子さま』に至っては、絵の美しさ、やさしさなどにおいて出色の出来と思われる完成度を見せており、教化立体紙芝居の傑作ではないかと思う出来映えである。しかしながら、こうした進歩と完成の背景には、いわゆる時局の悪化があるのであり、悪化する時局が生んだ傑出した作品とすれば、その皮肉から、現代において見る者をして悲しい想いを抱かせるのを禁じ得ないものがある。

東本願寺は昭和十五年（一九四〇）にはじまる太平洋戦争中には、もう立体紙芝居は刊行しなかったようであり、『仏典紙芝居　マンゴーの実』全十八葉はこの時期の平絵紙芝居の作品かと推察されるところである。(31) 本願寺派児童協会は『親鸞聖人』上下二巻を昭和十八年に出版したが、この時期においては、日本教育紙芝居協会刊行の宗教紙芝居をもって宗門内の需要に充てていたのではないかと思われる。民間に優れた作品が出回ったこと、立体などというコストのかかるものを制作することも困難になってきたこと、が背景にあったのではないだろうか。絵解きのノウハウを駆使しながら、最新の日曜学校教材講習を受けつつ、各地の僧や寺族たちが紙芝居に取り組んでいた姿が思い浮かぶことである。

註

（1）紙芝居の研究書としては、昭和十四年（一九三九）、東洋書籍株式合資会社刊行の内山憲尚『紙芝居精義』が最も優れており、その歴史から諸問題に至るまでを網羅する。それ以外では、昭和四十六年、立風書房刊の加太こうじ『紙芝居昭和史』、さらには昭和五十三年、『月刊絵本』十二月号別冊としてすばる書房刊の『紙芝居・紙芝居』がある程度である。また、平成三年（一九九一）、財団法人大阪国際児童文学館が編集・発行した『大阪府立国際児童文学館財産目録　紙芝居編　一九九〇』は、解説を付していて参考になる。

(2) 大谷大学図書館所蔵の紙芝居三編については、大谷大学図書館報『書香』第一六号、平成十三年(二〇〇一)二月刊に紹介した。本稿はそれに加筆して成ったものである。
(3) 真宗教学研究所編『近代大谷派年表』による。
(4) 真宗大谷派機関誌『宗報』大正六年(一九一七)三月号に広告が載っている。
(5) 同前五月号に広告掲載。
(6) 同じく『宗報』大正八年(一九一九)三月号に広告掲載。
(7) 同前十一月号に広告記事。
(8) 同前。
(9) 『宗報』大正十年(一九二一)二月号。
(10) 『宗報』大正十一年(一九二二)二月号。
(11) 同前四月号。
(12) 同前五月号に広告掲載。
(13) 同前十二月号。
(14) 『宗報』大正十二年(一九二三)七月号に広告掲載。
(15) 『宗報』大正十五年(一九二六)二月号。
(16) 同前。
(17) 『大谷派近代年表』による。
(18) 同前。
(19) 『大谷派達令集』による。
(20) 『宗報』昭和十二年(一九三七)九月号、小山乙若丸「日曜学校経営」記事。
(21) 註(1)前掲『紙芝居精義』『紙芝居昭和史』。
(22) 同前『紙芝居精義』。

(23) 同前『紙芝居精義』『大阪府立国際児童文学館財産目録　紙芝居編　一九九〇』。
(24) 同前『紙芝居精義』。
(25) 同前。
(26) 『紙芝居精義』は『新案立体紙芝居　蓮如さま』を昭和十二年(一九三七)三月の刊行とする。『真宗』前年十月号で紹介されたもの(『蓮如上人』)と同じとすれば、そこには食い違いがある。立体『親鸞さま』と立体『親鸞聖人』が同一であるかどうかとともに、課題を残している。
(27) 国民精神総動員運動においては、「特に宗教団体に対し文部省宗教局長より達せられた依命通牒」があり、そこに本文に引用したように記されている。『真宗』昭和十二年(一九三七)十月号が全文を掲載している。
(28) 『真宗』昭和十三年(一九三八)九月号に、「新案立体紙芝居」と銘打った日の本巧芸社の広告が載っている。作品は、『肉弾』(陸軍編)、『荒鷲』(海軍編)、『日本人』(銃後美談)、『南京城光華門一番乗り』のほか、『桃太郎』『万寿姫』『ポパイの家』などであった。
(29) 前掲註(1)『紙芝居精義』。
(30) 前掲註(20)に同じ。
(31) 菊池政和氏のご教示による。氏の自坊、熊本県阿蘇郡久木野村久石の真宗大谷派江善寺には日曜学校で使用した教材紙芝居を所蔵しており、そこにみられるものからここに挙げた。

付記　本稿の成稿にあたっては、元大谷大学短期大学部教授(児童文学)斎藤寿始子氏に多大のご指導を賜った。記して感謝したい。

あとがき

伊藤唯真先生は、平成十三年三月十四日をもって、めでたく古稀の寿をお迎えになった。本書は、先生の人生の大きな節目を契機として編まれたものである。

伊藤先生は昭和二十八年に佛教大学を卒業後、同志社大学大学院へお進みになり、日本中世史・宗教史を専攻された。そして昭和三十三年以来平成八年まで、四十年近くにわたり、佛教大学において研究に邁進されるとともに、後進を指導されてきた。その間、学生部長、文学部長、学長を歴任され、佛教大学の興隆と史学科の充実のために多大な功績を残された。また大正大学、同志社大学、大谷大学、京都府立大学、関西大学へも出講され、多くの後進の育成に尽力された。平成六年四月からは浄土宗総合研究所客員教授を兼務され、平成九年四月には京都文教短期大学学長に就任、また平成十一年一月からは京都文教学園長を兼務され、今日に至っておられる。

伊藤先生は改めていうまでもなく、日本中世史、日本宗教史、宗教民俗学研究の第一人者であり、ご著書には『浄土宗の成立と展開』『仏教と民俗宗教』『日本人の信仰・阿弥陀』『日本人と民俗信仰』『法然の世紀』をはじめ、平成七年から八年にかけては、伊藤唯真著作集として『聖仏教史の研究』上・下『仏教民俗の研究』『浄土宗史の研究』の四巻が刊行されたことは読者諸氏もよくご存知のところであろう。このように伊藤先生のご専門は、歴史学、仏教学、民俗学など多方面にわたっている。

平成十二年に、伊藤先生に教えを受けた者が集まり、先生の古稀をお祝いする記念事業を計画した。その一つは、平成十三年三月二十四日に、ホテル日航プリンセス京都において開催された伊藤唯真先生古稀記念祝賀会である。

祝賀会には二百名を越える方々のご参加をいただき、また総計四百名近い方々から多大なご協力をいただいた。私たちの計画に賛同いただきご協力を賜ったすべての方々に、改めて心から感謝申し上げたいと思う。そしてもう一つの計画が、伊藤先生ご自身の編集による古稀記念論集の刊行である。記念論集は伊藤先生のご専門領域の中から「日本仏教史」と「宗教民俗学」の二分野に分けて刊行することになった。先生と有縁の研究者の方々に寄稿をお願いしたところ、二巻あわせて五十六人の方々から玉稿をいただくことができた。当初の予定では平成十三年度末の刊行を目指していたが、編集事務担当の不手際から、刊行が大幅に遅れる結果となってしまった。伊藤先生をはじめ、早くに原稿をご提出いただいた方々には多大なご迷惑をかけることとなった。ここに寄稿者すべての方々に深謝申し上げたいと思う。

今日の日本の平均寿命を考えると、七十才という年齢は決して「古来稀」な年齢とはいえない。伊藤先生には今後益々お元気でご活躍され、また私たち後進をご指導賜るように、心から祈念申し上げたい。

末尾で恐縮だが、本書の企画から編集一切の労を取っていただいた法藏館社長の西村七兵衛氏と編集長の上別府茂氏、および同編集部の大山靖子氏に対して心から感謝申し上げたい。

平成十四年九月

編集担当　今堀太逸
八木　透

執筆者紹介（五十音順・敬称略）

青木　淳（あおき　あつし）　昭和40年(1965)生、高知女子大学助教授。
朝枝　善照（あさえだ　ぜんしょう）　昭和19年(1944)生、龍谷大学教授。
池見　澄隆（いけみ　ちょうりゅう）　昭和16年(1941)生、佛教大学教授。
伊藤　真昭（いとう　しんしょう）　昭和42年(1967)生、京都橘女子大学非常勤講師。
伊藤　唯真（いとう　ゆいしん）　→奥付に記載。
今堀　太逸（いまほり　たいつ）　昭和25年(1950)生、佛教大学教授。
宇高　良哲（うだか　よしあき）　昭和17年(1942)生、大正大学教授。
大桑　斉（おおくわ　ひとし）　昭和12年(1937)生、大谷大学教授。
奥野　義雄（おくの　よしお）　昭和17年(1942)生、奈良県立民俗博物館学芸課長。
落合　俊典（おちあい　としのり）　昭和23年(1948)生、国際仏教学大学院大学教授。
貝　英幸（かい　ひでゆき）　昭和38年(1963)生、佛教大学専任講師。
木場　明志（きば　あけし）　昭和22年(1947)生、大谷大学教授。
草野　顕之（くさの　けんし）　昭和27年(1952)生、大谷大学教授。
葛野　泰樹（くずの　たいき）　昭和26年(1951)生、財団法人滋賀県文化財保護協会企画調査課長。
児玉　識（こだま　しき）　昭和８年(1933)生、龍谷大学非常勤講師。
佐々木令信（ささき　れいしん）　昭和17年(1942)生、大谷大学教授。
笹田　教彰（ささだ　きょうしょう）　昭和31年(1956)生、佛教大学助教授。
善　裕昭（ぜん　ひろあき）　昭和37年(1962)生、佛教大学専任講師。
平　雅行（たいら　まさゆき）　昭和26年(1951)生、大阪大学教授。
竹貫　元勝（たけぬき　げんしょう）　昭和20年(1945)生、花園大学教授。
圭室　文雄（たまむろ　ふみお）　昭和10年(1935)生、明治大学教授。
中井　真孝（なかい　しんこう）　昭和18年(1943)生、佛教大学学長。
中尾　堯（なかお　たかし）　昭和６年(1931)生、立正大学名誉教授。
中西　随功（なかにし　ずいこう）　昭和24年(1949)生、西山短期大学教授。
中野　正明（なかの　まさあき）　昭和29年(1954)生、華頂短期大学学長。
野田　秀雄（のだ　ひでお）　昭和12年(1937)生、学校法人小倉学園理事長。
野地　秀俊（のち　ひでとし）　昭和44年(1969)生、佛教大学非常勤講師。
長谷川匡俊（はせがわ　まさとし）　昭和18年(1943)生、淑徳大学学長。
早島　有毅（はやしま　ゆうき）　昭和18年(1943)生、藤女子大学教授。
原田　正俊（はらだ　まさとし）　昭和34年(1959)生、高野山大学助教授。
牧　伸行（まき　のぶゆき）　昭和40年(1965)生、佛教大学非常勤講師。
宮﨑　健司（みやざき　けんじ）　昭和34年(1959)生、大谷大学助教授。
吉田　清（よしだ　きよし）　昭和10年(1935)生、花園大学教授。

伊藤　唯真（いとう　ゆいしん）

1931年滋賀県に生まれる。1953年佛教大学仏教学科卒業、1958年同志社大学大学院文学研究科博士課程文化史学専攻修了。1961年佛教大学講師、1966年佛教大学助教授、1974年佛教大学教授を経て、1989年佛教大学学長。1997年佛教大学名誉教授、京都文教短期大学学長、1999年より京都文教学園長を兼任。文学博士（佛教大学）。
主な著書に、『浄土宗の成立と展開』（吉川弘文館、1981年）、『仏教と民俗宗教』（国書刊行会、1984年）、『伊藤唯真著作集』全4巻（法藏館、1995〜96年）、『日本人と民俗信仰』（法藏館、2001年）など多数。

日本仏教の形成と展開

二〇〇二年　一〇月三〇日　初版第一刷発行

編　者　伊藤　唯真
発行者　西村　七兵衛
発行所　株式会社法藏館
京都市下京区正面通烏丸東入
郵便番号　六〇〇-八一五三
電話　〇七五-三四三-〇〇三〇（編集）
〇七五-三四三-五六五六（営業）

印刷・製本　日本写真印刷株式会社

ISBN4-8318-6218-5 C3021